铁路工程结构的构造与施工

主编　姜振亚　马培德
编委(按编写内容顺序排列)
史册光　马培德　王晓放
姜振亚　廖元裳　冯卫星

中国铁道出版社
2018年·北京

内 容 简 介

全书共分四篇二十三章。包括铁路路基工程与挡土墙，铁路轨道工程，桥梁工程和隧道工程。在每一篇中除简述铁路工程结构的构造之外，主要讲述铁路工程结构的施工方法。在桥梁和隧道工程中还包含了部分公路的内容。注意反映了近年来出现的新结构、新技术和新方法，力求体现简明、新颖和适用的特点。

本书可作为铁路高校的教学用书，也可作为现场施工技术人员的参考用书。

图书在版编目(CIP)数据

铁路工程结构的构造与施工/姜振亚，马培德主编.2版 -北京：中国铁道出版社，2002.3 (2018.1 重印)

ISBN 978-7-113-04079-6

Ⅰ.铁… Ⅱ.①姜…②马… Ⅲ.①铁路工程-工程结构②铁路工程-工程施工 Ⅳ.U2

中国版本图书馆 CIP 数据核字(2001)第 05372 号

书　　名：铁路工程结构的构造与施工
著作责任者：姜振亚　马培德
出版·发行：中国铁道出版社（100054，北京市西城区右安门西街 8 号）
责 任 编 辑：江新锡　王俊法　编辑部电话：市电（010）63549455，路电（021）73099
封 面 设 计：边小川　陈东山
印　　刷：虎彩印艺股份有限公司
开　　本：787mm×1092mm　1/16　印张：23.75　字数：591 千
版　　本：1998 年 4 月第 1 版　2002 年 3 月第 2 版
2018 年 1 月第10次印刷
书　　号：ISBN 978-7-113-04079-6
定　　价：60.00元

前　　言

近年来,我国铁路建设事业发展迅猛,许多新的铁路干线建成或正在建成。在这些铁路工程的建设中,出现了许多新结构、新技术和新方法。本书试图就工程结构的施工方法作比较全面的总结和介绍。在内容安排上,每一篇中首先介绍结构的构造,然后较详细地叙述结构的施工方法。既有对传统施工方法的介绍与评价,也有对新方法、新技术的良好反映。本书旨在为铁路高等院校即将走向工作岗位的学生、为成人教育提供培训教材以及为现场施工技术人员提供参考用书。

全书共分四篇。第一篇是路基工程。主要介绍铁路路基的构造及一般施工方法。此外还对特殊条件下的路基和特殊土地区的路基施工作了较详细的叙述。关于挡土墙的内容作为一章也作了介绍。第二篇是轨道工程。首先介绍铁路轨道工程的各部组成、构造,然后重点介绍铺轨、铺道岔及上碴整道,对无缝线路及新型轨下基础也有较详细的介绍。第三篇是桥梁工程,分两大部分,即桥梁的上部和下部。桥梁下部主要是桥梁墩台与基础。在这一部分中,除介绍墩台与基础的作用、类型、构造及适用条件之外,着重介绍其施工方法。墩台方面,包括铁路的实体重型墩台、空心高墩等,也介绍了公路采用的柱式、桩排架式、薄壁轻型墩台等;基础方面,主要介绍最常用的明挖基础、沉井基础及桩基础等。在桩基础中特别对近年来常采用的钻(挖)孔桩基础进行了较为详细的叙述。桥梁上部主要是梁部的制造与架设,包括简支梁桥、连续梁桥、斜拉桥和拱桥等。第四篇为隧道工程,内容包括隧道的各部构造、隧道的施工方法、隧道施工的辅助作业(通风防尘、高压风供应、供水排水、供电照明)等。在施工方法部分着重对新奥法的使用进行了比较详细的介绍。

本书编写人员的分工为:第一篇由史册光、马易鲁、叶朝良、张保俭编写;第二篇由马培德、王晓放、王为杰、陈佩寒编写;第三篇由姜振亚、廖元裳、葛俊颖、尧丽萍编写;第四篇由冯卫星编写。全书由姜振亚、马培德主编,赵中旺主审。

在编写本书的过程中得到了石家庄铁道学院路基教研室、轨道教研室、桥梁教研室与结构工程研究所等单位的大力支持,热情地提供资料和提出宝贵意见,成教部参加了部分改编及审定,对此表示感谢。

由于本书编写时间仓促,书中难免存在不妥或错误之处,欢迎读者批评指正。

编　者

2001 年 1 月

前言

目　　录

第一篇　铁路路基工程

第二篇　铁路轨道工程

第三篇　桥 梁 工 程

第四篇　隧 道 工 程

第一篇　铁路路基工程

铁路路基是以土、石材料为主建成的一种条形建筑物。它与桥梁、隧道、轨道等组成铁道线路的整体。它要承受线路上部建筑的重量和机车车辆的动荷载，同时还要受到各种自然因素的破坏。因此，路基的稳定性、坚固性与耐久性直接关系到线路的质量及列车的安全运行。

路基的构造除指路基本体外，还包括排水设备及防护加固等部分。路基本体是路基的主要组成部分，亦是最重要的部分，排水设备和防护加固设备是为保证路基本体正常工作而设置的。

在整个铁路建设中，路基工程，不论是工程数量及工程投资均占很大的比重。修筑路基需使用大量的劳动力及施工机械，并占用大量的土地，尤其是重点的土方工程往往会成为控制工期的关键工程。由于铁路线绵延千里，修筑路基常会遇到各种复杂的地形、地质、水文与气象条件，常会给施工造成很大的困难。因此，对路基的设计与施工都不应轻视。

第一章　路基构造

路基横断面是垂直于线路中心线的截面，它的形状和尺寸，是指导施工的依据。路基横断面形式有：路堤、路堑、半堤半堑、半路堤、半路堑及不填不挖等六种，如图 1—1。

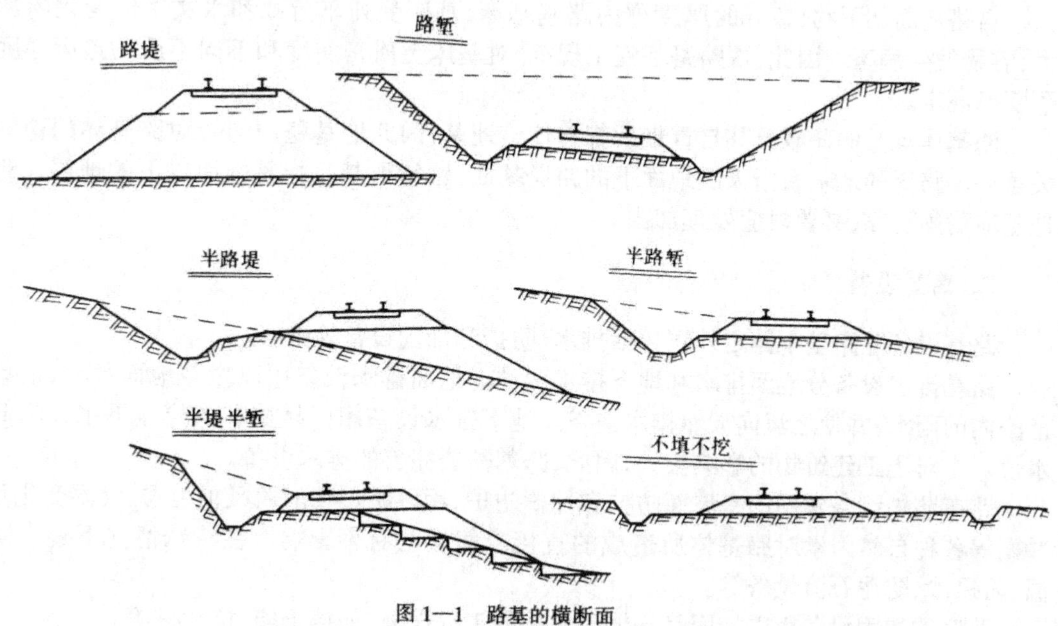

图 1—1　路基的横断面

第一节　路基的组成

一、路基本体(或称路基体)

路基本体是指各种断面形式中的填挖部分。图 1—2 所示为路堤填方本体。在顶面上铺设轨道的面称为路基面,两侧未被道碴覆盖的部分称为路肩,路基面的边缘点称为顶肩,路基面与原地面间的斜平面称为路基边坡。

由线路中心引一垂线与两顶肩的连线相交于 O 点,O 点的标高称为路基标高、顶肩的标高称为路肩标高,为方便起见,统一以路肩标高来表示路基标高。路肩标高由线路纵断面设计确定,应高出地面积水和最高地下水位。特大桥和大中桥的桥头引线的路肩标高应高出设计水位加波浪侵袭高度和壅水高度再加0.5 m,如图 1—3。

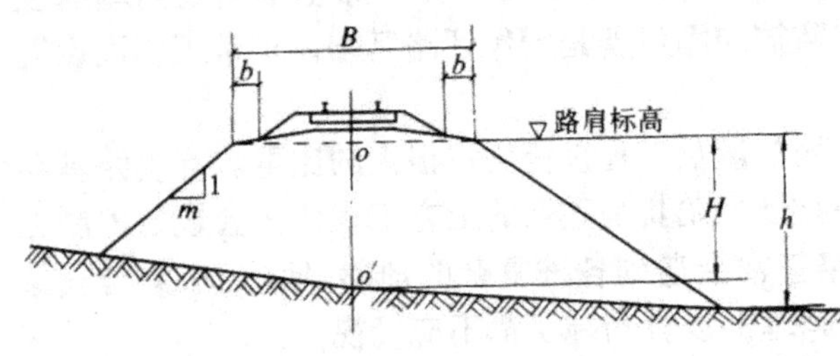

图 1—2　路堤

B—路基宽度;b—路肩宽度;H—路基中心高;h—路基边坡高。

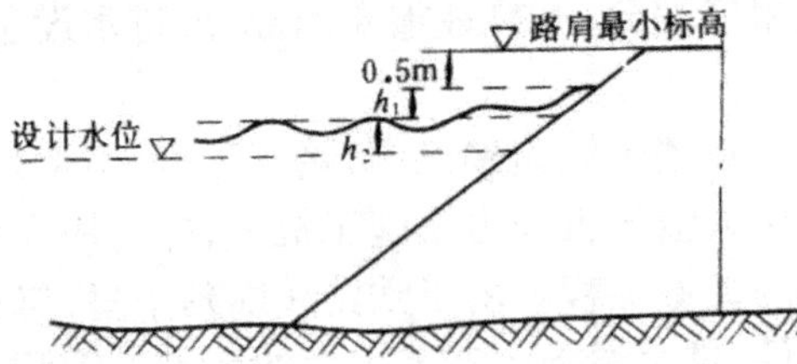

图 1—3　路基标高

h_1—波浪侵袭高;h_2—壅水高。

过线路中心引垂线与地面线相交于 O'点,该点即是线路测量时中心桩的位置,它的标高即为地面标高。路肩标高与地面标高之差称为路基中心高。路堤边坡与地面的交点称为坡脚。路堑边坡与地面的交点称为堑顶。路基边坡高度指路肩标高与坡脚(或堑顶)标高之差。当地面有横坡时,路基两侧的边坡高度是不相等的,可分别定出。边坡坡度以边坡上两点间的竖直距离和水平距离之比 $1:m$ 表示。边坡坡度对边坡的稳定有重要影响。

自路基面往下约1.2 m的厚度称为路基基床,基床受列车荷载和水文气候变化的影响较大,容易发生病害。因此《铁路路基施工规范》对基床土质密实度和不同土质的道床厚度均作了明确规定。

路基体承受的荷载及其自重最后都将传给地基,因此地基稳固与否对路基体的稳固性至关重要。路堤的地基系指天然地面下的路堤基底;路堑地基系指基床面以下的地层。路基的地基应稳固可靠,必要时应处理加固。

二、路基设备

路基设备除路基本体之外还包括排水、防护和加固设备等内容。

路基排水设备分地面排水和地下排水两种。地面排水设备用以拦截地面径流,汇集路基范围内的雨水,并使之流向天然排水沟谷。地下排水设备用以拦截和疏导地下水或降低地下水位。水对土工建筑物的影响极大,因此,路基需要完善的排水设备。

路基防护设备常用的有坡面防护和冲刷防护,用以防止和削弱风霜雨雪、气温变化及流水冲刷等各种自然因素对路基体所造成的直接或间接的有害影响。在特殊情况下还有防冻保温、防风沙、防泥石流设备等。

路基的加固设备用以加固路基体或地基的工程设施,如挡土墙、抗滑桩等。

各项路基设备都是路基的组成部分，是为确保路基体的稳固性而采用的必要的经济合理的附属工程措施，在路基设计施工中应予以重视。

第二节　路基面形状与宽度

一、路基面的形状

路基面的形状视线路数量(如单线、双线或多线)及构成的土质情况的不同，可分为有拱和无拱两种。

由渗水土或岩石(多雨地区易风化泥质岩石除外)构成的路基面，因大气降水不会在土中滞留，也不影响其强度，所以，可修成无路拱状的平面型。当路基面土为非渗水性土和易风化的软岩质土，包括作封闭处理后的以上土质，因为大气降水渗入，在土中滞积，可使路基面以下的土强度下降，在列车和轨道荷载作用下加剧变形，使路基面性状不良，因此，均应修成有路拱路基面以加强排水。单线有拱路基面常做成梯形，如图 1—4 所示，其尺寸大小，应保证工程列车运行平稳，不致产生封闭的轨枕陷槽，且有利于排除路基面的地表水，《铁路路基设计规范》规定：标准轨距单线路基的梯形路拱顶宽为2.1 m，拱高0.15 m，底宽为路基面宽度值(见表1—2)。一次修成的双线路基路拱形状为三角形，如图 1—5 所示。标准轨距的双线路基路拱高规定为0.2 m，底宽等于应有的路基面宽度值。

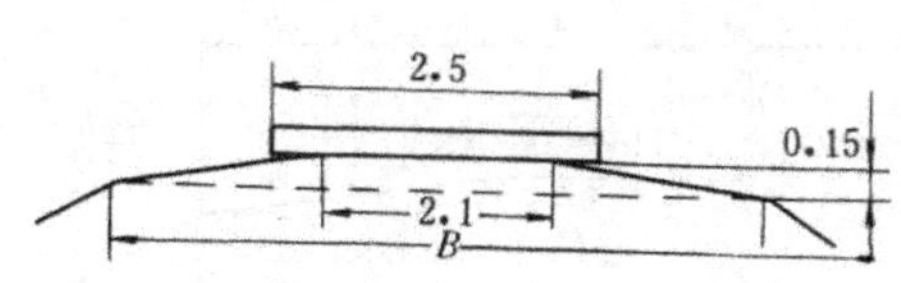

图 1—4　梯形路基面(单位：m)

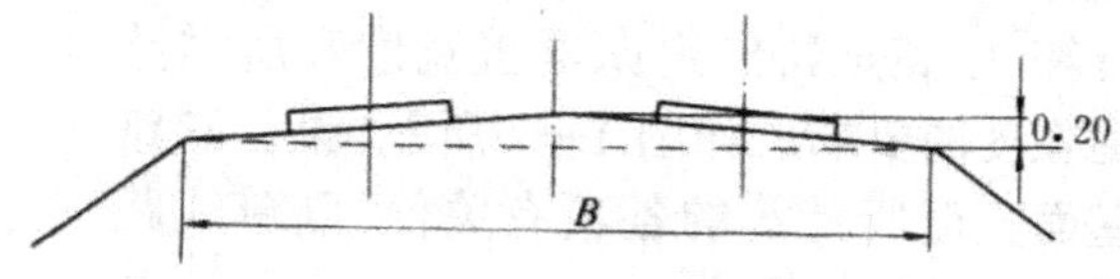

图 1—5　三角形路基面(单位：m)

站场路基因线路多，路基面宽，所以，路拱的设计应与站场排水设计结合一并考虑。依据排水要求和线路数，可设计为一面坡、两面坡或锯齿形坡。《铁路车站及枢纽设计规范》规定，路基面横向坡度及一个坡面的最大线路数，应根据土的种类、道碴种类及降雨量综合考虑确定。图 1—6 为两面坡形路拱，两侧各设置一个排水沟。

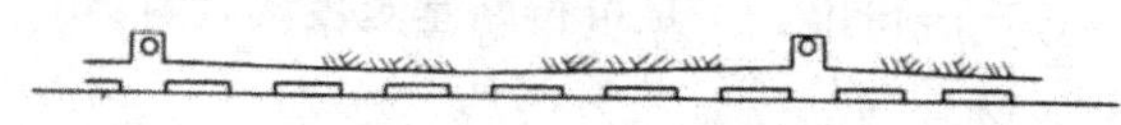

图 1—6　站场路基面的两面坡形路拱

二、路基面的宽度

路基面的宽度与路基面上的线路数量、各线间的线间距、线路等级和按此确定的轨道类型、路基面的形状和路拱的尺寸及路肩宽规定等有关，此外还与其他一些要求以及在曲线地段需作加宽等有关。以上因素的各种组合都可依据需要计算、制表，在《铁路路基设计规范》中已分别列出，供设计应用，一般可不另作计算。

(一)标准轨距区间直线地段路基面宽度

标准轨距区间直线地段的路基面宽度如表 1—1。

区间直线地段路基面宽度(m) 表1—1

铁路等级	轨道类型	单线						双线					
		非渗水土			岩石、渗水土			非渗水土			岩石、渗水土		
		道床厚度	路基面宽度		道床厚度	路基面宽度		道床厚度	路基面宽度		道床厚度	路基面宽度	
			路堤	路堑		路堤	路堑		路堤	路堑		路堤	路堑
Ⅰ	特重型	0.50	7.0	6.7	0.35	6.1	5.7	0.50	11.1	10.7	0.35	10.1	9.7
Ⅰ	重　型	0.50	6.9	6.6	0.35	6.0	5.6	0.50	11.0	10.6	0.35	10.0	9.6
Ⅰ	次重型	0.45	6.7	6.4	0.30	5.8	5.4	0.45	10.8	10.4	0.30	9.8	9.4
Ⅱ	次重型	0.45	6.7	6.4	0.30	5.8	5.4	0.45	10.8	10.4	0.30	9.8	9.4
Ⅱ	中　型	0.40	6.5	6.2	0.30	5.8	5.4	0.40	10.6	10.2	0.30	9.8	9.4
Ⅲ	轻　型	0.35	5.6	5.6	0.25	4.9	4.9						

注:①表中双线线路线间距为4 m。路肩宽Ⅰ、Ⅱ级线路路堤按0.6 m计,Ⅲ级线路路堤和各线路路堑均按0.4 m计;

②自线路中心沿轨枕底至边坡的距离,一侧值应不小于3.5 m;

③非渗水土系指黏性土(填料为细砂土、黏砂、粉砂)以及黏性土含量大于或等于15%的碎石类土、砂类土;年平均降水量大于400 mm地区的易风化泥质岩石,可以按非渗水土一栏考虑;

④路基面形状按前述规定确定。

当铁路线路不采用表列的各项计算标准时,如有特殊要求的线路和各种非标准轨距的线路等,则可以建立公式对路基面宽度进行计算,以满足特定道床覆盖宽度和所需路肩宽度的要求。如图1—7所示,设已知路基面宽度所计算的各项有关值,则单线路基直线段的宽度为:

$$B = A + 2L + 2b$$

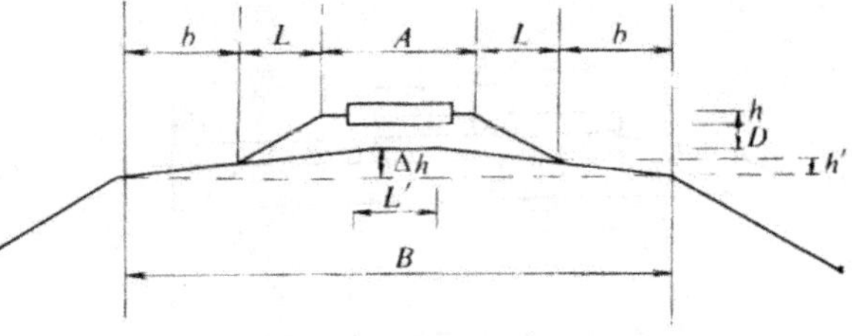

图1—7 路基面宽度计算图示

因道床边坡宽为边坡高与坡率的乘积,即 $L = mH$,边坡高可由轨枕埋入道床深 h 与道床厚 D 及路拱高 Δh 相加后,减去道床坡脚与路肩的高差 h'后得出。h'可由比值$\frac{h'}{b} = \frac{\Delta h}{\frac{B-L'}{2}}$得出。于是可得路基宽度的计算式:

$$B = A + 2m\left(h + D + \Delta h - \frac{2b \cdot \Delta h}{B - L'}\right) + 2b \tag{1—1}$$

式(1—1)可直接求 B,式中 L'为路拱的顶宽。同理可建立求双线路基的路基面计算式。

(二)标准轨距区间曲线地段的路基面加宽

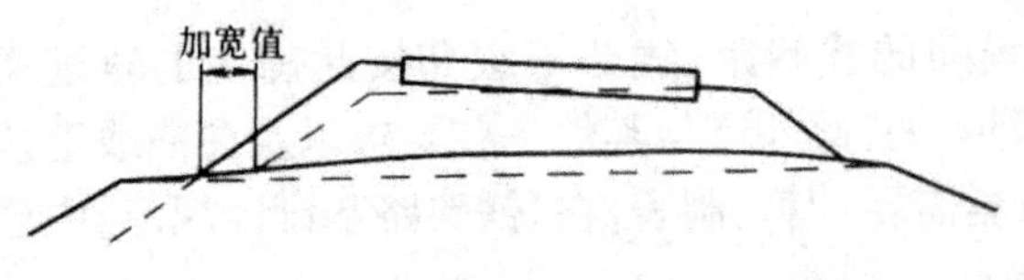

图1—8 路基曲线外侧加宽示意图

曲线地段路基面的宽度在曲线的外侧应加宽。曲线地段轨道设有超高,而超高是以在曲线外侧加厚道床来实现的,从而使外侧道床坡脚外移增大铺设宽度。为确保路肩规定的宽度,曲线外侧的路基应当加宽,如图1—8所示。加宽值的大小与铁路线路等级、曲线半径、允许的最大超高值有关,在路基规范中规定,单线曲线地段路基面曲线外侧的加宽值如表1—2所列。

双线曲线地段路基面宽度，除按表1—2规定数值进行曲线外侧路基加宽外，还应进行线间距加宽，以保证行车安全，如图1—9所示。双线曲线地段线间距加宽由以下原因形成：当两线列车交会时，外线车辆中部向内偏移而内线车辆两端向外偏移，使行车安全空间被压缩，如图1—9(*a*)；若外线超高值大于内线超高值，则两线上行驶的车辆顶部相互靠近，也减小了行车安全空间，如图1—9(*b*)。线间距加宽值的大小，在《铁路线路设计规范》中规定采用表1—3所列数据。当曲线半径为中间值时，线间距加宽值可用插入法求得，并进整至5 mm。

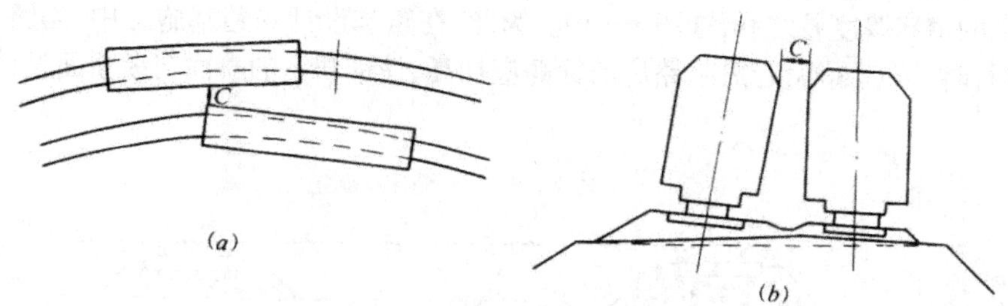

图1—9　曲线双线路基线间距加宽

对于三线曲线地段线间距加宽：第一、二线线间距加宽值可采用表1—3所列数据，第二、三线间距应按《标准轨距铁路建筑限界》中规定的曲线段建筑限界加宽办法及信号机设置情况计算确定。

曲线地段路基面加宽值(m)　表1—2

铁路等级	曲线半径	路基外侧加宽值
Ⅰ	600及以下	0.5
	600以上～800	0.4
	800以上～1 200	0.3
Ⅱ	200以上～2 500	0.2
	2 500以上～4 000	0.1
Ⅲ	450及以下	0.4
	450以上～600	0.3
	600以上～800	0.2
	800以上～2 000	0.1

曲线线间距加宽值(mm)　表1—3

曲线半径(m)	外侧超高大于内侧超高时	其他情况	曲线半径(m)	外侧超高大于内侧超高时	其他情况
4 000	55	20	600	335	140
3 000	75	30	550	345	155
2 500	90	35	500	360	170
2 000	115	45	450	380	190
1 500	150	55	400	405	210
1 200	185	70	350	435	240
1 000	225	85	300	475	280
800	280	105	250	530	340
700	315	120			

（三）站场路基面宽度

对于各类车站的站场路基，在站场与枢纽设计规范中也已作出规定：站场最外侧线路中心线至路肩边缘不应小于3 m；最外侧梯线和平面调车牵出线经常有调车人员上、下车作业的一侧，应不小于3.5 m；驼峰推送线的车辆经常摘钩地段，有摘钩作业的一侧应不小于4.5 m，另一侧应不小于4 m。站内单线如联络线、机车走行线和三角线等的路基宽度：非渗水土路基应不小于5.6 m；岩石、渗水土路基应不小于4.9 m。在站场路基设计中，常直接应用。

在路基面加宽中，由于路堤常常会在竣工之后继续出现沉降，因此，需不断起道以恢复线路的平顺状态。为了避免起道中增大的道床铺设宽度侵占路肩，路堤的路基面宽度应在施工时加宽。路堤路基面的预留沉降加宽和堤身的高度，填料的压实标准，地基的沉降，以及堤身施工工期和竣工后预置期的长短等有关。

路基面的宽度在直线段和曲线段不同,在路基面为渗水土和非渗水土时也不同,在路堤段与路堑段也有差异,所以应设过渡段使之平顺过渡。曲线段加宽的过渡段可以在缓和曲线段内完成;在直线段内变宽时常在宽度小的线段内以逐渐递增完成,段长应不小于加宽值的10倍。

三、路肩标高

在铁路线路工程中,路基面的高程由线路纵断面设计确定,并以路肩标高表示。在线路纵断面设计图中,所确定的路肩标高系按路基面为有拱路基面得出,所以,当路基面为无拱路基面时,按规定路肩标高修筑的路基面铺轨后,轨面标高将低于设计的标高,单线路基时其值为路拱高和有、无路拱的道床厚度差之和,如图1—10。为此,在路基设计和路基施工中,当路基面土质为渗水土或岩石时,路基面不设路拱,路肩的标高应加高,使铺轨后的轨面与纵断面设计相符。

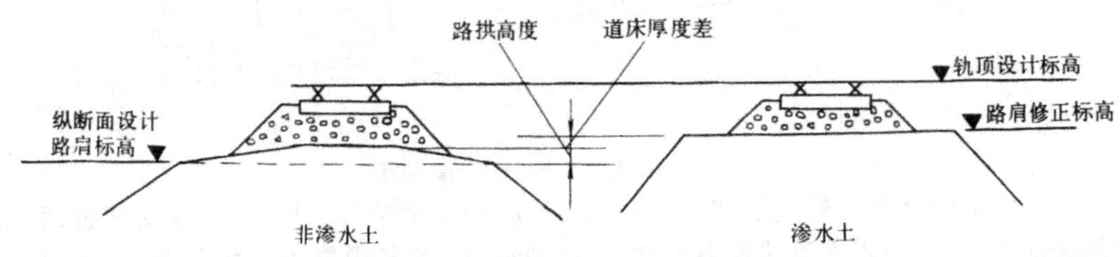

图1—10 渗水土或岩石路基的路肩设计标高

在铁路线路设计中,线路纵断面设计系按线路设计要求经综合优化得出。为了减少路基工程中的困难和确保线路的质量,在线路纵断面设计中的路肩标高应满足以下要求:

1. 特大桥和大中桥的桥头路基,水库和滨河地段可能被水淹没的路基,路肩标高应高出设计水位加波浪侵袭高加壅水高再加0.5 m;

2. 小桥涵附近路肩标高应高出设计水位加壅水高再加0.5 m;

3. 路肩标高应高出最高地下水位或最高地面积水,高出数值应根据土质的毛细水上升高度和临界冻结深度决定。

第三节 路基标准横断面

在铁路路基工程中,路基的本体,路基本体的各种防护和加固设施,在设计中常常可以遇到设计要求和设计条件相同或基本相似的情况。为了减少或避免做许多重复性的设计计算工作,将各种在设计中常遇到并可以共用的设计图式加以认定,便成为可直接引用的标准图式。路基标准图式有两种:一为在一般情况下,地基良好、无不良工程地质和水文地质问题和其他不良因素作用,路基可以按照《铁路路基设计规范》进行设计而形成的图式,这种图式有很强的通用性;二为就某些特定的条件或特定的要求而制订的图式。在特定条件或特定的要求相同的路基工程中适用,在一定范围内有通用性。路基横断面的标准图式表明路基本体的构造尺寸和各种需要设置的防护、排水等设施的基本尺寸,所以,在实际应用时,对于各种防护设施、排水设备,以及如路堤的取土和路堑弃土的处理等,还都有一定的设计计算工作,标准图式为各项设计的取值提供了依据。以下为在铁路路基工程中最为常见的路堤和路堑的标准图式。

一、路堤横断面

路堤断面主要由路基顶面、边坡、护道、取土坑或排水沟等组成。

图1—11为一单线铁路区间直线地段的黏性土路堤横断面。在图中，路堤本体的断面构造、路堤边坡的坡形、边坡坡度，均按规范的规定，在边坡高 $H\leqslant 8$ m的条件下得出；坡脚外有宽不小于2 m的护道，起防护路堤本体的作用。若在高产作物区地段，在能保证路堤稳定的情况下，路堤护道的宽度可减小到1 m。

（一）路基顶面

路堤标准设计横断面中，路基面形状和尺寸，路肩标高均按前节所述处理。

（二）路基边坡

路基边坡的坡度，应根据土质、土层成层情况及地质与水文地质条件，路基边坡高度等情况来确定。一般路堤边坡和路堑边坡的坡度见表1—4和表1—5。

路堤边坡坡度表

表1—4

填料名称	边坡高度			边坡坡度		
	全部高度	上部高度	下部高度	全部高度	上部高度	下部高度
一般细粒土	20	8	12		1:1.5	1:1.75
漂石土，卵石土，碎石土，粗粒土（细砂粉砂黏砂土除外）	20	12	8		1:1.5	1:1.75
硬块石	8			1:1.3		
	20			1:1.5		

注：1. 如有可靠的资料和经验时，可不受此表的限制；

2. 填料用大于25 cm，不易风化的硬块石，边坡采用干砌时，其边坡坡度根据具体情况决定；

3. 软块石的边坡，应根据其胶结物质成分，风化程度等决定。

（三）取土坑与护道

取土坑为填筑路堤时横向取土所挖的坑。当地面横向坡度较大时，取土坑应设在路堤靠山的一侧，既便于施工又可利用排水。当地面横向坡度不大而又较为平坦时，如取土量较大，为免除运土距离过远，取土坑应设于路堤的两侧。取土坑靠线路的一侧边坡不陡于1:1。为了便于排水，取土坑的坑底应做成2%～4%的横坡，其纵向坡度为2%～8%。

凡站场附近及有房舍的道口附近，不得挖取土坑，路堤的填料需从远处运来。

在路堤坡脚与取土坑间应留护道（如图1—11）。护道的作用是防止坡脚处被水冲刷，保证路堤的稳定。护道的宽度一般不得小于2 m。在经济作物区高产田地段，当能保证路堤稳定时，天然护道的宽度可减少到1 m。如准备将来修第二线时，则在第二线一侧的护道宽度应不小于6 m，护道的表面应做成2%～4%向外的横向坡度。

路堑边坡坡度表

表1—5

土石种类		边坡坡度
一般均质黏土、砂黏土、黏砂土		1:1—1:1.5
中密以上的粗砂、中砂		1:1.5—1:1.75
黄土	老黄土	1:0.3—1:0.75
	新黄土	1:0.5—1:1
碎石（角砾）土和卵石（砾石）土	胶结和密实	1:0.5—1:1
	中密	1:1—1:1.5
岩石		1:0.1—1:1

注：1. 黄土路堑边坡高度大于12 m时，可采用阶梯式，中部设平台，阶梯高度8～12 m；

2. 如有可靠的资料和经验时，可不受本表的限制。

（四）排水沟

修筑路堤时，如果不采取横向从取土坑内取土，而是沿着线路方向纵向移挖作填，就应在路堤两侧设置排水沟。如果地面横向坡度显著,排水沟应设在路堤的上坡一侧。如果地面横向坡度不显著,排水沟应设在路堤的两侧。

排水沟的底宽不小于0.4 m,其深度不小于0.6 m,其纵坡不应小于2‰,以免水沟堵塞。

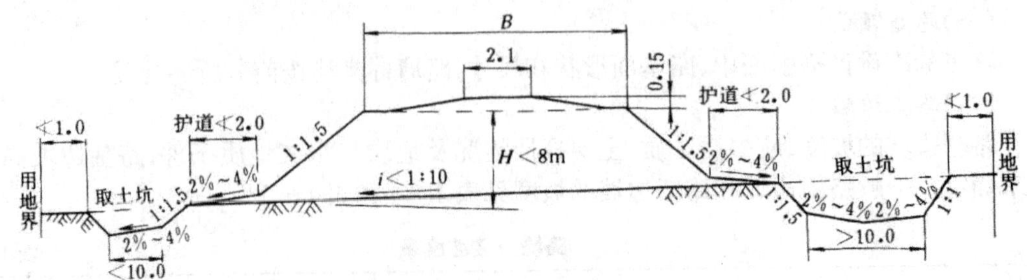

图 1—11　直线地段黏性土路堤横断面(单位:m)

(五)用地界

用地界是铁路两侧用地范围的界限,其位置距取土坑或排水沟外侧边坡顶不小于1 m处。

二、路堑标准横断面

路堑是由路基顶面、侧沟、路堑边坡、弃土堆、天沟、用地界等组成。图 1—12 为单线铁路区间直线地段黏性土路堑横断面。

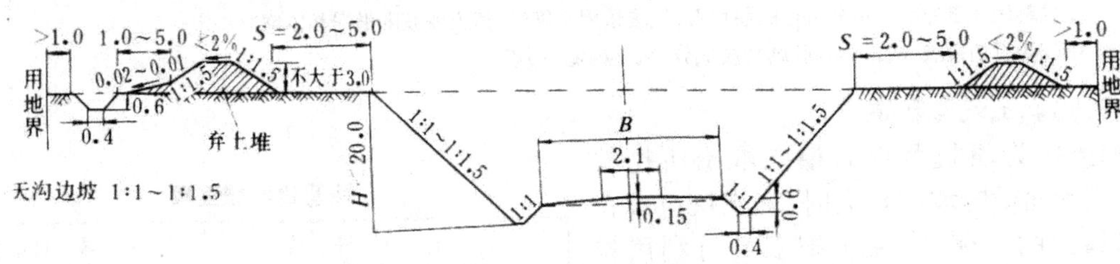

图 1—12　直线地段黏性土路堑横断面(单位:m)

(一)路基顶面

路基顶面的宽度查路基宽度表(见表 1—1),顶面形状与路堤顶面形状相同。路肩的宽度应不小于0.4 m。

(二)侧沟

侧沟是指路堑内路基面两侧与路堑边坡之间的排水沟。设置侧沟的目的是汇集和排除路基面及边坡上的地面水。侧沟的边坡靠近路基面一侧为 1:1,另一侧与路堑边坡相同。侧沟的纵坡一般与路堑的纵坡相同。但不得小于 2‰。

岩石路堑的侧沟,可做成矩形断面,其底宽及深度应不小于0.4 m(见图 1—13)。

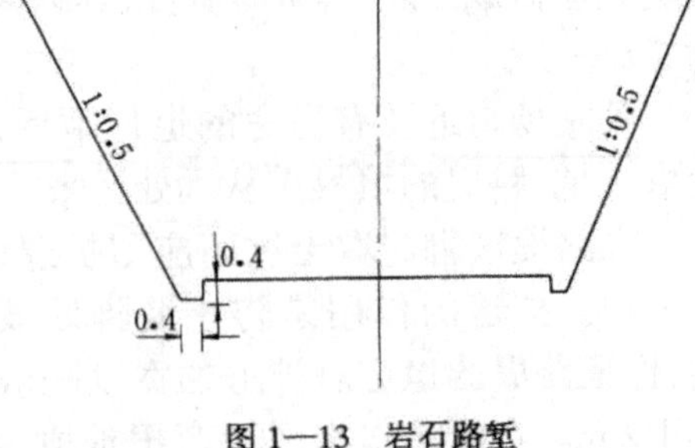

图 1—13　岩石路堑

不易风化的岩石路堑,可在道床坡脚附近砌筑挡碴墙,利用它的空间进行排水(见图 1—14)。

在深长路堑和反坡排水困难的地段,宜增设桥涵建筑物,将侧沟内的水尽快排至路基外。

(三)路堑边坡

路堑边坡的大小是根据开挖的土质种类及边坡的最大高度确定(见表1—5)。

路堑边坡与地面相交处称为路堑顶缘。

路堑顶缘以外的部分称为路堑堑顶。

(四)弃土堆

弃土堆是将路堑开挖的土方堆存于堑顶而成。一般应连续地堆置于路堑的山坡的较高侧,以拦阻山坡的地面水。如地面横向坡度较陡,为保证弃土堆本身及路堑边坡的稳定,也可把弃土堆堆放在山坡的较低的一侧。如路堑较深时,为减轻弃土的费用,可将弃土堆堆放在路堑的两侧,在较低的一侧弃土堆应间断堆筑,每隔50～100 m留出1 m的缺口,以保证弃土堆内侧的地面水能顺利地排出。

弃土堆的高度一般不宜超过3 m,它的顶部应有2%～4%的向外横坡。

弃土堆内侧坡脚至堑顶的距离,应根据路堑土质条件和边坡高度决定,可为2～5 m。保持路堑边坡稳定。

沿河弃土时,不得阻塞河流、挤压桥孔和造成河岸冲刷。

(五)天沟(堑顶水沟)

天沟设在路堑弃土堆外侧1～5 m处,用以拦阻和排除上坡方向流下的地面水,如无弃土堆时,天沟靠线路一侧的边缘至少应离路堑坡顶5 m,当土质良好,堑坡不高或沟内进行铺砌时,不应小于2 m。黄土和黄土类路堑的天沟至路堑坡顶之间的距离,一般不得小于10 m,沟内应适当加固防止渗水。天沟的深度不应小于0.6 m,底宽不应小于0.4 m,边坡一般为1:1～1:1.5,沟底纵坡不得小于2‰。

(六)用地界

用地界与路堤同。

三、岩石路堑

对于较长的岩石路堑应按有关的规定设置避车洞。不易风化的岩石路堑,由于两侧边坡较陡,进行线路维修工作时(如抽换轨枕等),感到空间不足,因此,路堑一侧的宽度自路堑中心线沿轨枕底面至边坡坡脚的距离应不小于3.5 m(曲线地段系指曲线的外侧),如图1—14。

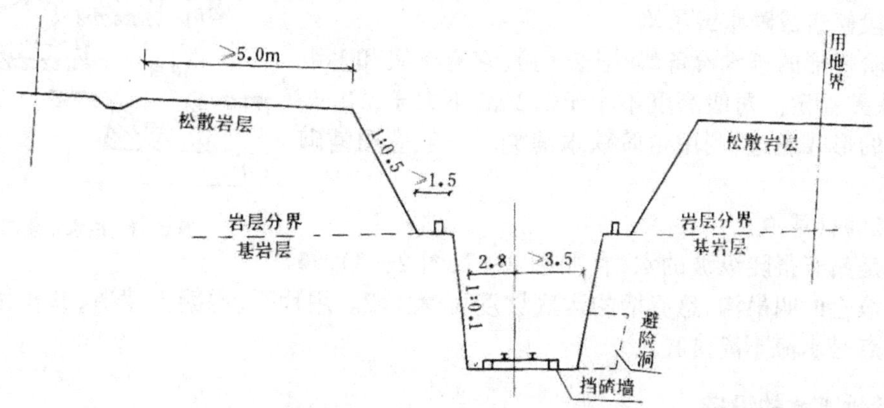

图1—14　不易风化岩石路堑

由不同地层组成的较深路堑(其深度在15 m以上),在岩层分界处需设置带挡土墙的平台,其宽度一般不小于1.5 m,如图1—14。

第二章　路基排水及防护加固

第一节　路基排水工程

大气降水(包括雨、雪、雹等)到达地表后，一部分渗入地下成为地下水，另一部分则沿地表流动形成地表水。水的作用是造成路基病害主要因素。地面水在路基面上滞流会导致翻浆冒泥；在路基面边坡上流动会造成冲刷；在寒冷的地区，土质路基被水浸湿，冬天会成为冻害，路基面隆起，到春融又造成路基翻浆冒泥。地面水渗入地下，补充地下水的水源，并会对某些含易溶盐的土溶蚀而产生陷穴。

地下水浸入路基部分土体，使其强度降低，在列车动载及其它外力的作用下，使路基发生变形。地下水浸泡路基基床，也能引起翻浆冒泥、冻胀等不良后果。路基边坡在地下水浸蚀下，能引起地表上的滑动，溜坍等边坡变形。为了保证路基经常处于干燥，坚固和稳定的状态，路基必须具有良好的排水系统，能迅速排泄最大降雨量时的地面水，并能排除影响路基稳定的地下水，或截流降低地下水位。尤其是对受水浸泡易于松软的特种土和易于软化的岩石路基，更应做好排水工程。

一、排除地面水的设备

排除地面水的设备有：排水沟、侧沟、天沟、吊沟、跌水等。无论采用何种方法，均需将路基范围内所有地面水，尽可能循最短的通路顺畅地排至路基范围以外，防止其漫流或停积。

排水沟、侧沟、天沟已在路基构造内讲过。

(一)跌水

为了避免土壤受冲刷，一般土质水沟的纵坡都不陡于8‰。如因地形关系，无法使水沟的平均纵坡不超过8‰时，则将水沟分段修筑成跌水或吊沟。

跌水是阶梯形的排水设备(如图2—1)，它有单级和多级两种，视水头差而定。每级高度不小于0.2 m，不大于2.0 m，水流以瀑布的形式通过，利用台阶跌水消能。一般应用铺砌防护。

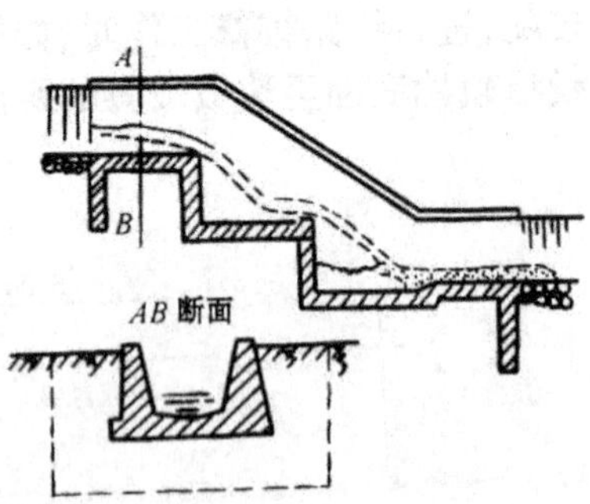

A B AB 断面

图2—1　跌水示意图

(二)急流槽(吊沟)

急流槽是具有很陡纵坡的水槽(如图2—2、图2—3)，修筑在路堑边坡上的叫吊沟，急流槽的沟底坡度可达1∶2。用片石、混凝土建造，其作用与跌水相同。其特点是水流不离槽底。

二、排除地下水的设备

地下水的排除应根据地下水的类型、含水层埋藏深度，地层的渗透性等条件，选用适当的排水设备。一般来说，当地下水埋藏浅或无固定含水层时，可采用明沟、排水槽、渗水暗沟等；当地下水埋藏较深或为固定含水层时，可采用渗水隧洞、渗井、渗管等。

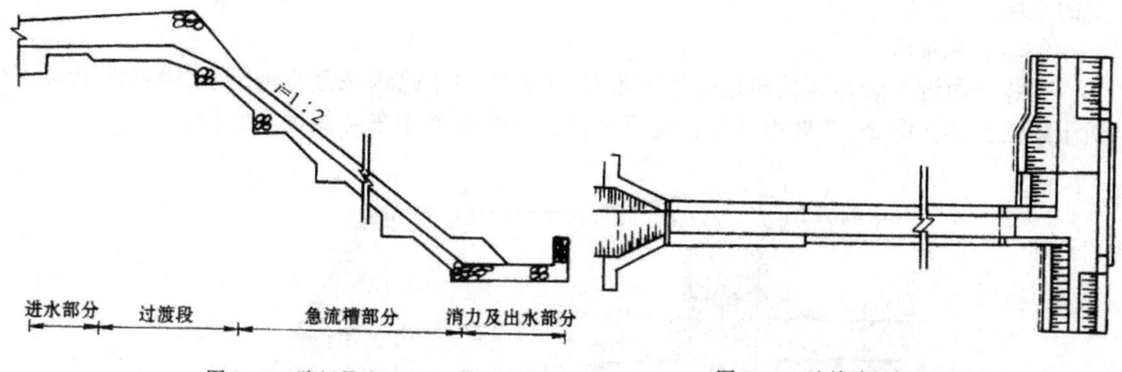

图 2—2　路堑吊沟　　　　图 2—3　连接路堑侧沟的吊沟

(一)明沟与排水槽(图 2—4 及图 2—5)

明沟一般用浆砌片石砌筑成梯形断面,沟深通常在 1～2 m内,底宽 0.4～1.0 m,沟底埋入不透水层。每隔 10～15 m设宽2 cm的伸缩(沉降)缝,缝内填塞沥青麻筋,适用于地下水埋藏很浅或水沟通过稳定地层进行较深的明挖地方。

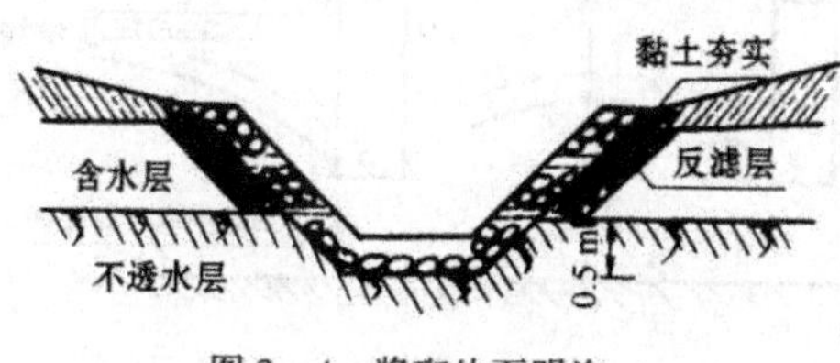

图 2—4　浆砌片石明沟

排水槽是一种宽度为 0.5～1 m,深为 0.5～2 m的矩形断面的水沟。常用浆砌片石砌筑,也有用混凝土或钢筋混凝土等材料构筑,能抵御一定的压力。它有直墙式及斜墙式两种型式。排水槽的深度大于1 m时,宜采用斜墙式。

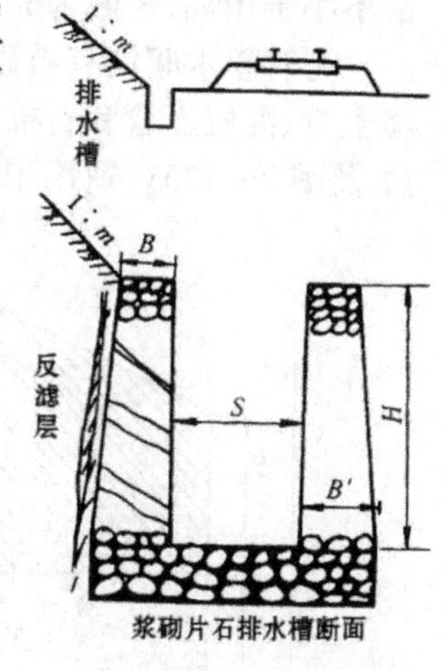

图　2—5

明沟与排水槽壁均设泄水孔以排除地下水。为了不使排水时,由于地下水的流动,使含水地层的土流失,造成泄水孔的淤塞,以及沟壁被冲空而引起的沉陷,在壁后应设反滤层。当前采用的反滤层材料有两种,一种是用粗砂、砾石或小卵石。按设计的规定的标准,将不同粒径的砂、石分成 2～3 层,每层厚度不小于 10～15 cm,组成反滤层。另一种是用无砂混凝土预制板作为反滤层。

(二)边坡渗沟

边坡渗沟适用于坡度不陡于 1∶1 潮湿易坍塌的边坡,用以引排边坡上的上层滞水或出露的泉水,使边坡稳定,渗沟一般成直条形、树枝(岔)形或拱形布置;如图 2—6。以适应排水范围的大小,渗沟通常采用矩形断面,宽不小于 1.3～1.6 m,深度根据边坡潮湿带的厚度而定,渗沟底应埋入稳

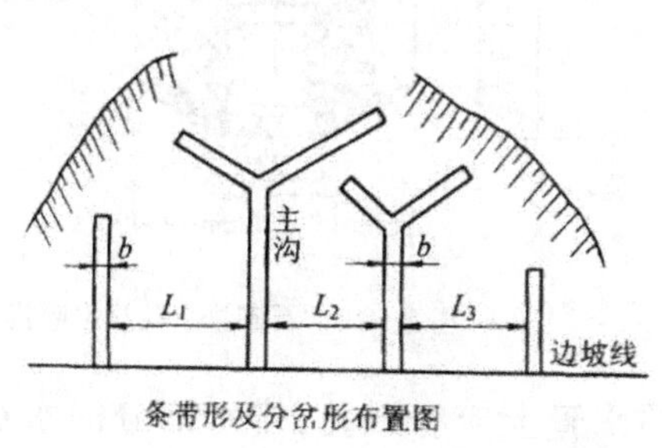

条带形及分岔形布置图

拱形布置图

图 2—6　边坡渗沟

定的土层。

(三)渗水暗沟

当线路附近有破坏路基稳定的地下水时,可修筑渗水暗沟来截排地下水,降低地下水位及疏干附近土体。图 2—7 被用来拦截地下水,图 2—8 则被用来降低地下水位。

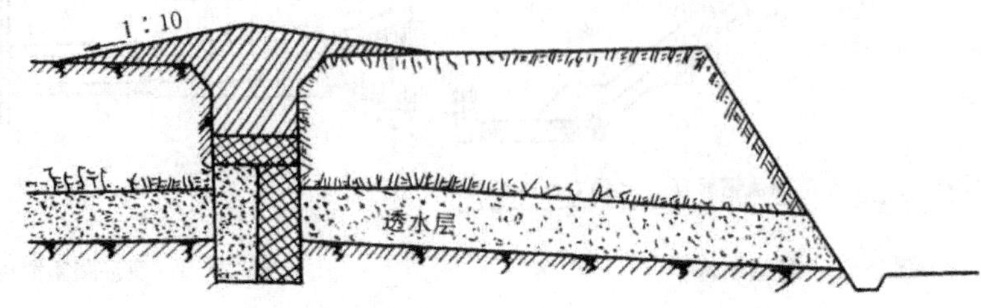

图 2—7 用渗沟拦截路堑边坡流向路堑中心的地下水

渗水暗沟从构造上可分为有管渗水暗沟和无管渗水暗沟两种。常用的为有管渗水暗沟(见图 2—11)。

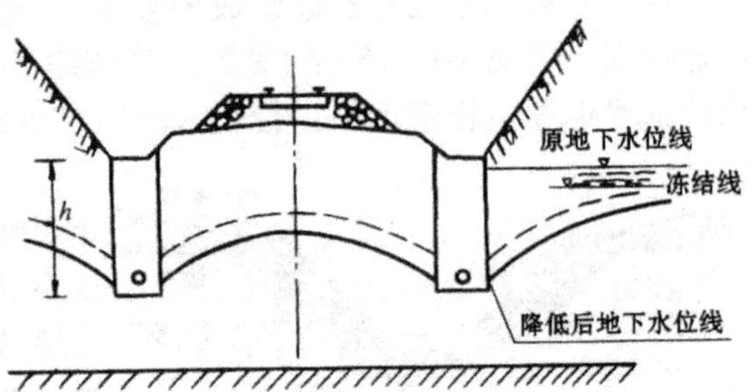

图 2—8 用作降低地下水位的渗水暗沟

无管渗水暗沟是用粗砂、卵石、碎石或炉渣等渗水材料充填而成。一般多设在流量不大,渗沟不长,无需检查井处。其纵向坡度通常不小于10‰,一般为50‰,如图 2—9。

有管渗水暗沟有石砌排水孔(图 2—10)和陶土管、混凝土管和石棉水泥管等数种(图 2—11 及图 2—12)。适用于流量较大,流程较远的地段。

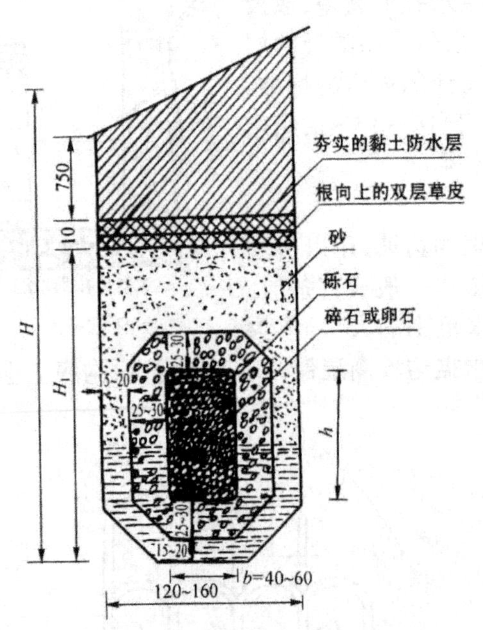

图 2—9 无管渗水暗沟

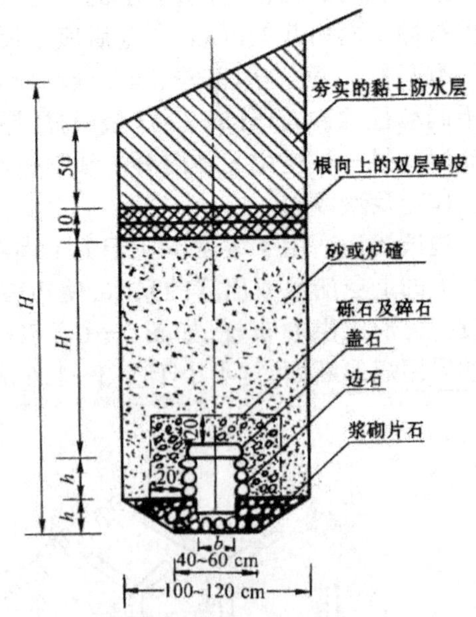

图 2—10 石砌排水孔渗水暗沟

渗水暗沟的作用是截水和排水,截水部分的水管上应有眼孔,排水部分的水管上没有眼孔,暗沟的纵坡应大于5‰,使管内流速不致太低,以免淤塞。为了检查渗沟的情况,并便于定期清理，每隔30 m或在渗水暗沟方向的转折点及纵断面变坡处修筑检查井。检查井为方形或圆形，其最小净空为1 m，检查井底应比水管底低0.3～0.4 m，检查井内应设检查梯以便检查及清理，井口应设井盖。

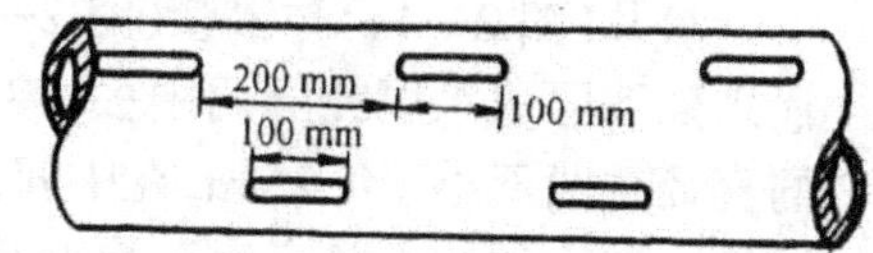

图2—11 有管渗水暗沟

(四)渗水隧洞

渗水隧洞用来截排或引排深层地下水，隧洞的施工方法，大致与正式隧道相似，隧洞应埋入稳定地层，顶部设在滑动面下，拱顶与边墙设渗水孔(图2—13)，为便于检查维修，每隔120 m左右或平面转折处及纵坡变换处也需设置检查井。

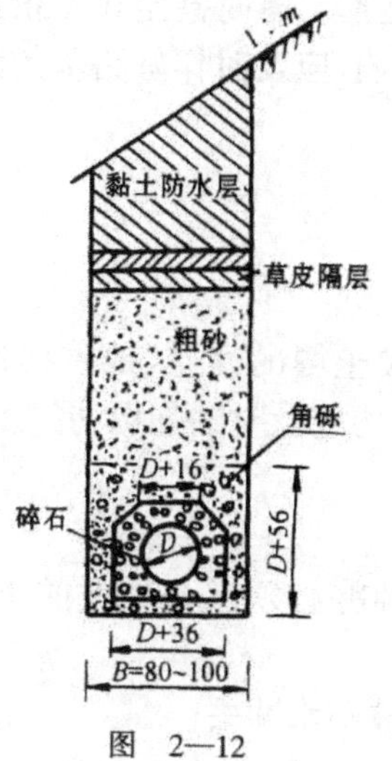

图 2—12

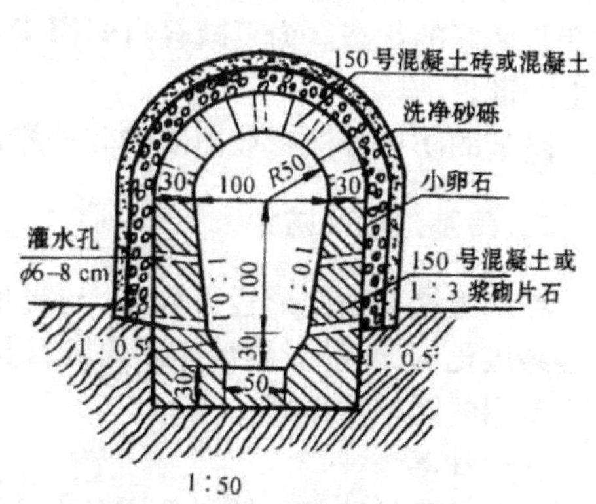

图2—13 隧洞衬砌断面

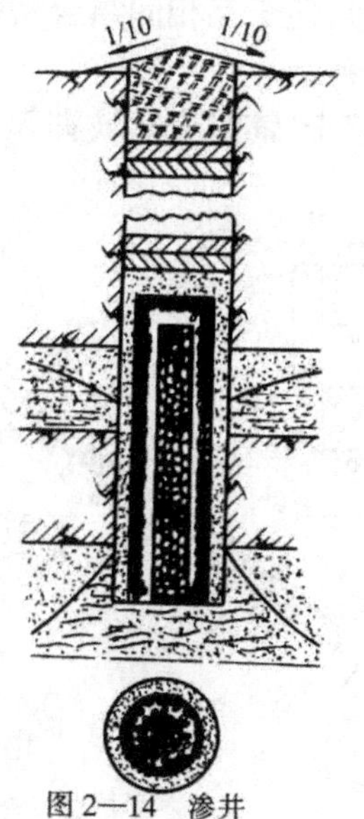

图2—14 渗井

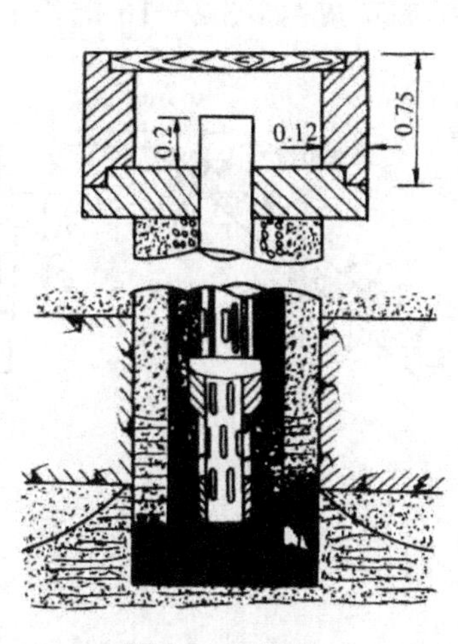

图2—15 渗管

(五)渗井与渗管

渗井(图 2—14)与渗管(图 2—15)都是立式排水设备,半上层渗水层的水通过渗井或渗管泄入到下层透水层或隧洞中去,渗井断面可用1 m×1.5 m矩形或直径为 1～1.5 m圆形;渗管的直径一般不小于0.25 m,在中间设置的为不小于0.25 m,在中间设置的为不小于5 cm的圆形滤管。它们的缺点是产生沉淀物后,会逐渐失去渗水能力。

第二节　路基防护工程

一、路基防护的目的及其形式

修筑路基时,有填有挖甚至高填深挖,天然地形被改变,原有的重力平衡被破坏,加上路基是由土、石填筑的,在各种自然因素(如水流、冰冻、曝晒、风力、温度变化等)的侵袭下和长年累月的列车冲击、震动影响下,会不断发生变化,出现各种变形。有时甚至在不很长时间内,完全改变其完好的状态。为了减轻自然因素对铁路路基的影响,应及时作好路基的防护,防止路基产生变形。

路基的防护方法有坡面防护和冲刷防护两大类。

二、路基边坡面防护

路基边坡坡面变形轻重程度,与当地气候环境、边坡土壤的性质、地质构造等均有影响。凡容易风化的,或易受雨水冲刷的岩石及土质边坡坡面,均应及时的加以防护。

常用的防护类型有:

(一)种草

种草是防护路基边坡最简单而经济的方法。所选种籽必须适合边坡的土质及当地的气候,并须能生长成茂密的草皮。

种草的方法适用于较缓而不高的边坡,以免草籽易被雨水冲去。

(二)铺草皮

铺草皮可以在边坡较高和较陡的地点应用。选取草皮的地点,应注意其土壤条件尽可能接近需要防护工点的土质情况。块状草皮其边缘切成斜形,便于互相间结合密贴,并用小木桩钉在边坡上。它分为平铺草皮、铺方格草皮和叠砌草皮三种。

(1)平铺草皮:如图 2—16 把整个坡面都用草皮铺盖起来,铺时应从坡脚起,按边坡的全长

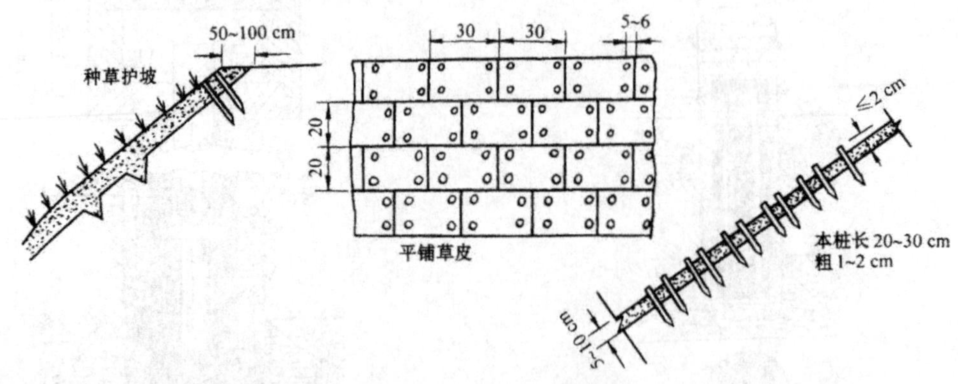

图 2—16　小方格草皮护坡

逐排平行铺钉草皮边缘应略为切成斜面，以便互相迭压，竖向的缝要错开，每块草皮钉小桩四个，平铺草皮的边坡不宜陡于 1:1.25。

(2)铺方格草皮：如图 2—17 用条状草皮铺成 1～1.5 m的方格，中间填土或种草籽，方格的边线应与路基边缘成 45°角。

图 2—17　大方格草皮护坡

(3)叠切草皮：如图 2—18 比平铺草皮更坚固，边坡可陡于 1:1。草皮砖有草的一面向下或向上，各层一律，但最上面的一层应有草的一面向上。

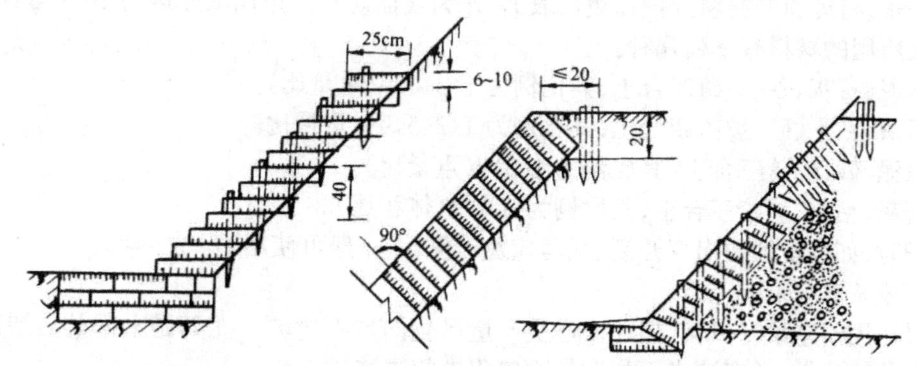

图 2—18　叠砌式草皮护坡

(三)植树

土质路堤坡面和严重风化的岩石边坡及裂隙黏土边坡，其坡度不陡于 1:1 时，可采用植树防护用来加固边坡。在有水流冲刷的河岸或边坡，如水流速每秒在3 m以内，也可用植树来保护。

植树以灌木为宜，并应选用根系发达，枝叶茂密和能迅速生长的树种，如紫穗槐、夹竹桃等。其布置的形式有梅花形、斜线形及方格形等(如图 2—19)。

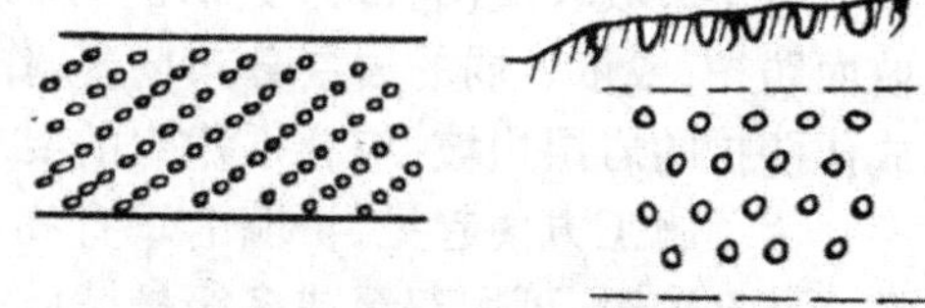
连续式的（即植满整个被防护的地区）

带状式的

图 2—19　植树防护的形式

(四)勾缝与灌浆

(1)勾缝：适用于较坚硬不易风化的节理、裂缝多而细的岩石路堑边坡，以防止雨水沿裂缝侵入岩层，造成危害。

勾缝可用 1:2 或 1:3 的水泥砂浆，也可用 1:0.5:3 或 1:2:9 的水泥石灰砂浆(以上均为体积比)。

(2)灌浆：适用于坚硬的裂缝较大、较深的岩石路堑边坡，它借助于灰浆的粘结力把裂开的岩石粘结为一整体，以免岩石坠落或坍塌，同时也防止雨水及有害杂质侵入岩层裂缝，以致影响边坡的稳定。

灌浆所用的材料，一般采用 1:4 或 1:5 的水泥砂浆。如裂缝较大时，也可用混凝土灌注。

(五)抹面与捶面

主要是防止路堑边坡表面的风化剥落。

(1)抹面：适用于各种易风化而尚未经严重风化的软岩层(如页岩、泥岩、千枚岩、泥质板岩等)的边坡。

抹面常用的圬工为1:2:9的水泥石灰沙浆或石灰炉碴浆(主要材料为石灰、炉碴、纸筋、食盐、卤水或青矾等)。

抹面厚度:水泥石灰砂浆为3~5 cm,石灰炉碴浆,底层厚1.5~2.5 cm,面层厚为1.5~2.0 cm。

一般使用期可达6~8年。

抹面工程应经常检查维修,发现裂纹或脱落,应及时的进行灌浆修补。

(2)捶面:适用于易受冲刷的土质边坡或易受风化剥落的岩石边坡;且当地石料缺乏,而炉碴来源较多的情况下。

方法是:将捶面的材料夯拍在边坡表面,作为坡面防护。捶面的厚度为10~15 cm。

捶面所用的材料有下列几种:

①水泥、石灰、砂、炉碴四合土,其比例为1:3:6:9(重量比)。

②石灰、粘土、砂、炉碴四合土,其比例为1:2:5:99(重量比)。

③水泥、砂、炉碴三合土,其比例为1:3:7(重量比)。

④石灰、粘土、炉碴三合土,其比例为1:1:4(体积比)。

养护时,如发现捶面出现开裂、脱落应及时修补,一般可使用10~15年。

(六)喷浆及喷射混凝土

主要适用于坚硬易风化,但还未遭受严重风化的岩石边坡。尤其是上部的岩层破碎而下部岩层完整的边坡,并需要大面积防护而较集中的边坡。

喷浆一般采用为1:4的水泥砂浆或1:1:6的水泥石灰沙浆。喷射的厚度为2 cm以上。

喷射混凝土一般采用1:2:2~1:2:3配合比的混凝土(重量比),喷射混凝土的厚度以3~5 cm为宜。

(七)护墙

对于边坡较陡(通常为1:0.5~1:1),石质较破碎易风化的岩石路堑,可用护墙作整体的坡面防护,或依软弱的岩层分布情况,作局部镶砌。护墙在一般情况下,不承受边坡的侧压力,故作防护的岩层边坡,应合乎稳定的要求。

为了施工方便起见,护墙的垂直高度,一般不宜超过12 m,采用单级护墙(图2—20)。如超过此高度时,可用双级或多级护墙(图2—21),在分级的中间应留适当宽度的平台。护墙的

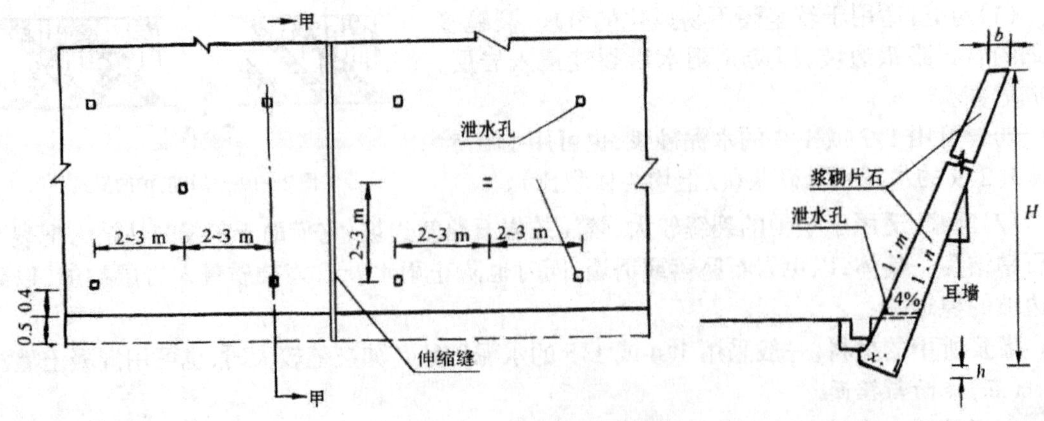

图2—20 单层式护墙

基础应置于较好的岩层上，护墙每隔 10～20 m，应设置伸缩缝；每隔 2～3 m设置泄水孔。

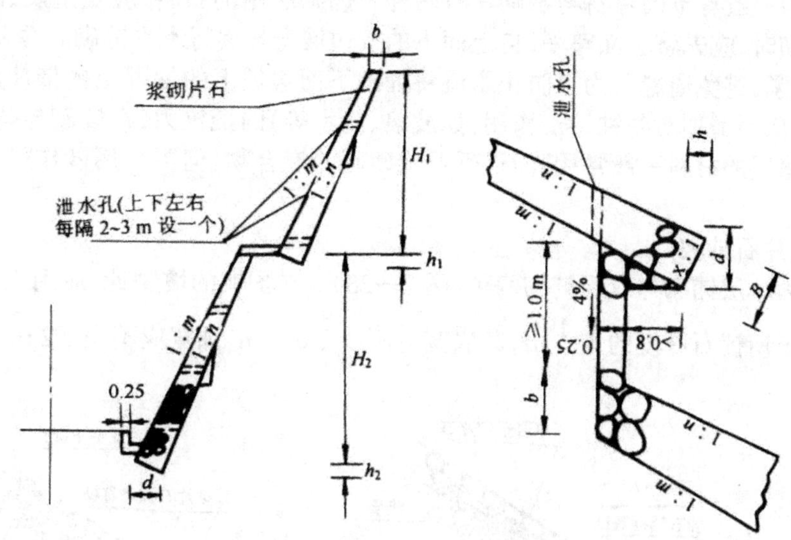

图 2—21　双级或多级护墙平台

护墙的高度超过8 m时，一般在墙后设置耳墙，以增加其稳定性。

(八)锚杆钢筋网喷浆及锚杆钢筋网喷射混凝土(图 2—22)

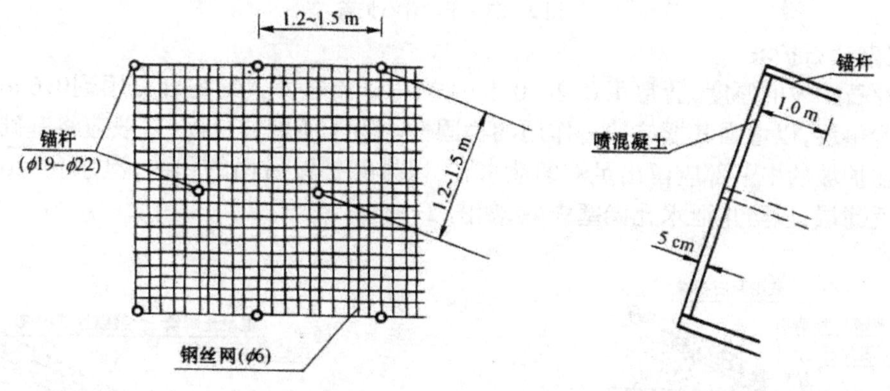

图 2—22　锚杆铁丝网喷混凝土

适用于坡面已严重风化，岩体切割破碎时，采用喷浆或喷混凝土的边坡。

锚杆采用 φ19～22 mm的钢筋，嵌固在稳定的岩层中 20～30 cm。锚杆间距应根据岩层破碎的情况而定，一般为 20～30 cm，并与锚杆焊接。喷射砂浆的厚度一般不小于3 cm，喷射混凝土的厚度不小于5 cm。

三、路基冲刷防护

当铁路线路沿河而行，路基临河的一侧坡脚和边坡，常会遭到水流的冲刷，而影响路基的稳定，为了防护水流对路基的冲刷和淘刷。常用的防护类型有：

(一)铺石防护

铺石防护是铁路冲刷防护工程中，最为广泛采用的一种防护措施。它适用于路基坡脚浸入水中，而水流方向较平顺，无严重局部冲刷，它也常用于较缓的(1∶2)的岩石边坡和土边坡，以防止坡面的风化、剥落和流失。

铺石防护一般有干砌片石与浆砌片石两种。铺砌所用的石料，应是坚硬、耐冻、未被风化的石块。铺砌时，应先将坡面整平，自上而下的按边坡全长逐行水平铺砌。并要求石块的大面朝下，相互嵌紧，避免通缝。为了防止水流将铺砌下面边坡上的细颗土挟带冲走，及增加整个铺石的弹性，从而增加对各种冲击作用（如波浪、流水等）的抵抗力，在铺砌与防护的边坡间应设置垫层。垫层的材料一般常用碎石、砾石或砂砾的混合物（但不可用砂作垫层，因为砂容易被水冲走）。

(1)干砌片石护坡

一般分为单层铺砌与双层铺砌两种（图 2—23）。在护坡的坡脚处，应用大块石做成基础，其深度不小于所铺石厚度的 $1\frac{1}{3}$ 倍，其底宽应不小于0.5 m，顶宽应不小于2 m。

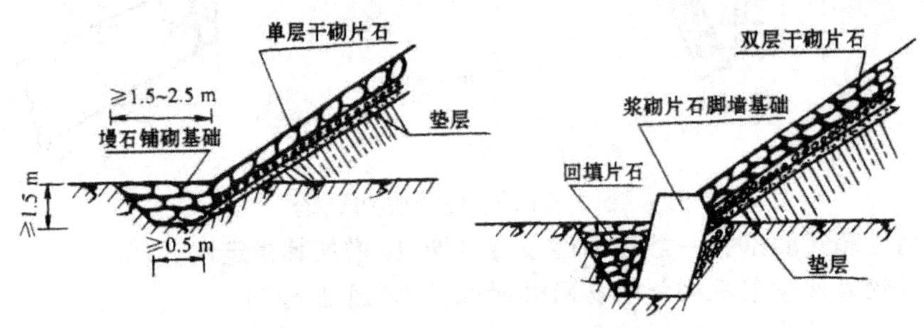

图 2—23　干砌片石护破

(2)浆砌片石护坡

浆砌片石护坡的厚度，通常用0.2～0.5 m，当用于流速特大的场合可用到0.6 m。一般情况下应设置垫层，以增强其抵抗冲击作用的稳固性。为了使护坡稳固，一般应将基础置于冲刷线以下。在护坡的中下部应留出足够的泄水孔，以排除护坡后面的积水，泄水孔后0.5 m范围内应设置反滤层，以防止泄水孔淤塞失效，如图 2—24。

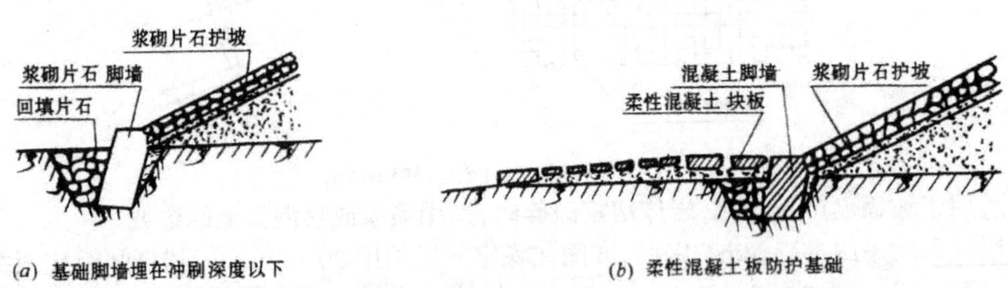

图 2—24　浆砌片石护坡及基础布置

护坡宜分段施工，每隔 10～15 m应留一伸缩缝。在所防护的边坡基底土壤有变化处，还应设置沉降缝。如在路堤边坡上采用浆砌片石护坡时，应等路堤沉实以后再施工，以免因路堤的沉落而引起护坡的破坏。

(二)抛填片石

抛填片石主要用于防护水下部分的边坡和坡脚，也可用以防止河床，路基或河岸边坡受水流的冲刷与波浪的破坏。

新建路堤用抛填片石护堤加固，通常也叫片石垛（图 2—25）。

旧线路堤则用抛填片石护坡的方法来加固。抛石的边坡陡度，一般水下边坡为 1:1.5，当水深为 2～6 m，流速较大时，应放缓边坡至 1:2～1:3，抛石的石料应用坚固、耐冻、未经风化的石块，石块的大小，应根据水流的流速的大小来决定。

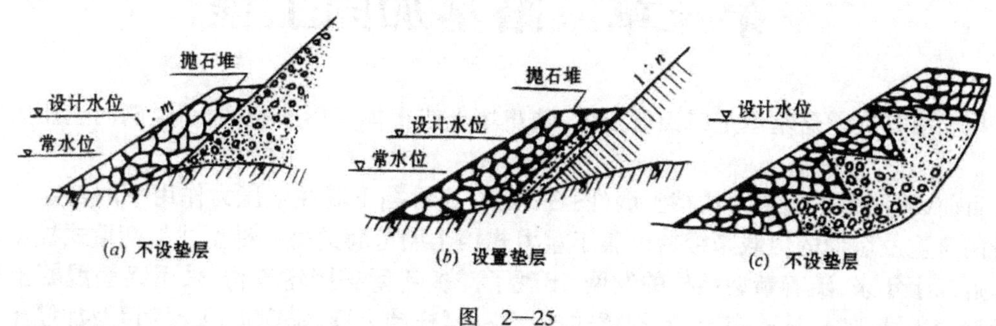

图 2—25

（三）石笼

石笼适用于防护路堤坡脚和河岸，免受急流和大风浪的破坏，并可改陡边坡坡度，也能加固河床，防止冲刷。特点是强度及柔性较好，在缺少大石块的地区，石笼能以较小的石块抵抗较大的流速，在水流中含有大量泥砂时，能使石笼中的空隙很快被淤满而形成整体。

石笼有铁丝石笼和竹编石笼两种。其外形为箱形或柱形，如图 2—26 所示，中间填以粒径 5～20 cm的石块。

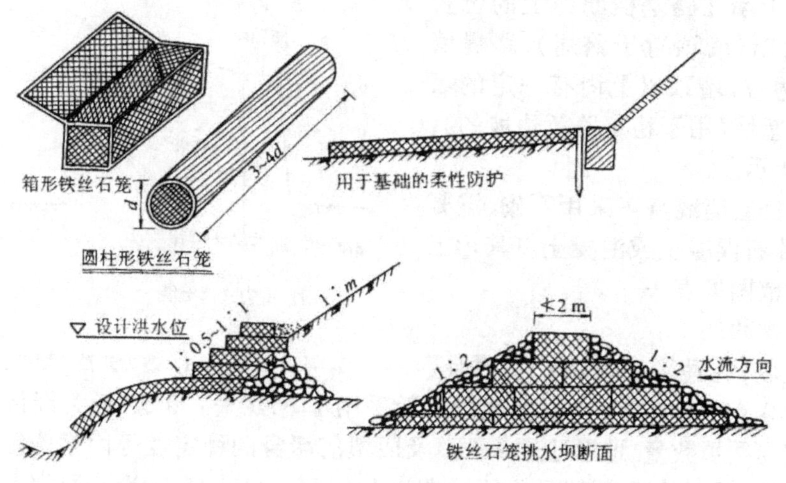

图 2—26 石笼防护

铁丝石笼采用直径 6～8 mm的钢筋作骨架，用 2.5～4.0 mm铁丝编网，网眼有六角形和方形，大小约为 6～8 cm，石笼宽和高为 0.5～2 m。

一般镀锌铁丝编制的石笼可用 8～12 年，普通铁丝编制的石笼只能用 3～5 年。主要的缺点是石笼的金属网易锈蚀损坏，使石笼解体。

在我国南方地区经常采用竹编石笼代替金属丝石笼它的优点是价廉而经久耐用。施工时将空石笼运到铺设地点后，再填以石块。石笼可以平铺也可叠铺。在路堤边坡上铺设石笼时，必须等路堤沉实或夯实后再做，以免因路堤的沉落而引起石笼的破坏。

第三章　路基加固工程

挡土墙是支承路基填土或山坡土体,防止填土或土体变形失稳,而承受侧向土压力的建筑物。

目前,我国多采用重力式挡土墙(图 3—1)。这种挡土墙在土压力作用下的稳定性主要靠墙身的自重及墙顶的恒载来维持。属于重力式挡土墙范畴的另一种型式是衡重式挡土墙。

近二十年来,随着新型结构的发展,出现了许多新型支挡建筑物,采用钢筋混凝土构件组成轻型挡土墙、如悬臂式挡土墙、扶臂式挡土墙、锚杆挡土墙、锚定板挡土墙以及加筋土挡土墙等。这类结构一般均具有圬工省、造价低、便于拼装、简化施工等优点。

第一节　重力式挡土墙

一、重力式挡土墙的构造

重力式挡土墙(包括衡重式挡土墙),其各部构造如图 3—1 所示。

根据挡土墙在路基横断面上的位置可分为路肩墙(墙顶置于路肩)、路堤墙(支撑路堤边坡,墙顶以上尚有一定的填土高度)、路堑墙(用于稳定路堑边坡的),如图 3—2 所示。

重力式挡土墙墙身可采用石砌、混凝土块砌体、片石混凝土或混凝土。其圬工标号及适用范围见表 3—1。

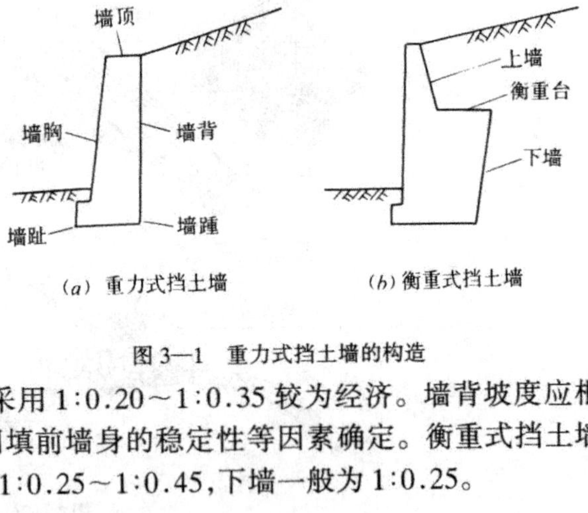

墙顶　墙胸　墙背　墙趾　墙踵

(*a*) 重力式挡土墙

上墙　衡重台　下墙

(*b*) 衡重式挡土墙

图 3—1　重力式挡土墙的构造

(一)墙身构造

墙胸坡度,在地形陡峻的山区铁路,一般取为 1∶0.05～1∶0.20;在平缓地段一般采用 1∶0.20～1∶0.35 较为经济。墙背坡度应根据施工开挖与回填数量、地形地质条件以及回填前墙身的稳定性等因素确定。衡重式挡土墙多采用陡立的胸坡;其墙背坡度,上墙通常为 1∶0.25～1∶0.45,下墙一般为 1∶0.25。

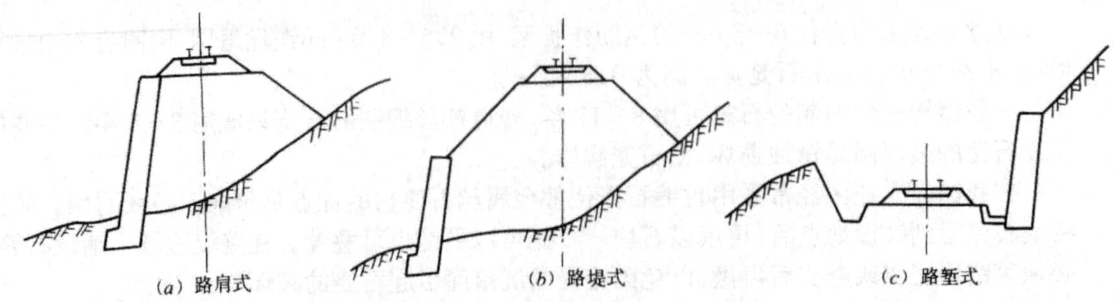

(*a*) 路肩式　(*b*) 路堤式　(*c*) 路堑式

图 3—2　挡土墙类型

(二)沉降缝与伸缩缝

为避免因地基不均匀沉陷而引起墙身开裂,须根据地基地质条件的变异和墙高、墙身断面的变化情况设置沉降缝。同时为了防止圬工砌体因收缩硬化和温度变化而产生裂缝,应设置伸缩缝。设计时,一般将沉降缝与伸缩缝合并设置,沿线路方向每隔 10~25 m设置一道,兼起两者的作用,见图 3—3 所示挡土墙正面图。沉降缝与伸缩缝的缝宽为 2~3 cm,缝内填塞沥青麻筋或沥青木板等材料,沿内、外、顶三边填塞的深度不小于0.2 m。当墙背后为岩石路堑或填石路堤时,可设置空缝。

重力式挡土墙圬工标号及适用范围 表 3—1

圬工种类	容重(kN/m³)	圬工最低标号	适用范围
水泥砂浆砌片石	22	75	温和及寒冷地区
		100	浸水及严寒地区
混凝土或片石混凝土	23	150	温和及寒冷地区
		200	严寒地区

注:最冷月的平均温度在 −5 ℃ ~ −15 ℃ 的地区为寒冷地区;−15 ℃以下的地区为严寒地区。

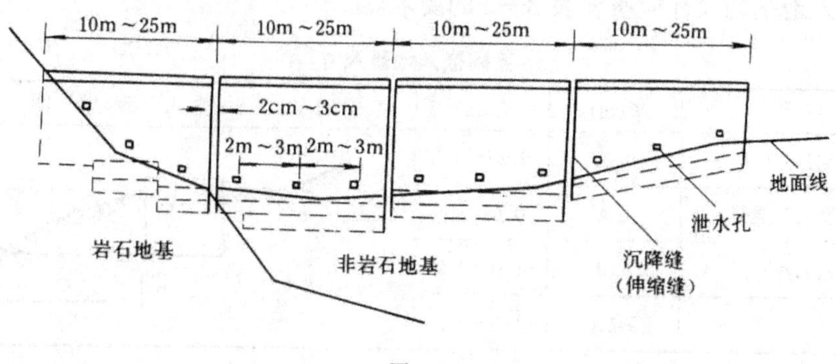

图 3—3

(三)排水措施

主要包括:

1. 设置地面排水沟,截引地表水。
2. 夯实回填土顶面和地表松土,防止雨水和地面水下渗,必要时可加设铺砌。
3. 设置一排或数排墙身泄水孔(图 3—4)。

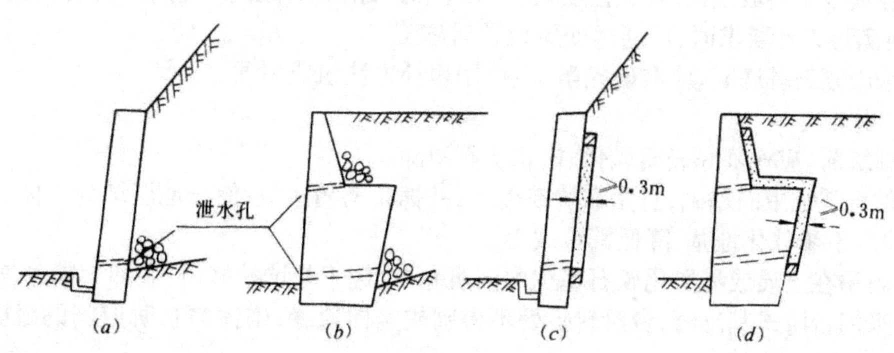

图 3—4

泄水孔的尺寸一般为5 cm × 10 cm、10 cm × 10 cm、15 cm × 20 cm的方孔或直径为 5~10 cm的圆孔。孔眼间距 2~3 m,上下左右交错设置。最下一排泄水孔应高出地面,如为路堑挡土墙,应高出侧沟内水位0.3 m;浸水挡土墙的泄水孔应高出常水位0.3 m。

对12 m以上的高挡土墙,在有冻结和春融现象的地区,应根据具体情况加密泄水孔。

当墙后填料为渗水性土时，挡土墙泄水孔的设置如图 3—4(a)、(b)所示。若墙后填料的透水性不良，为了防止孔道淤塞，泄水孔的进口处应设反滤层，在墙后最低一排泄水孔至墙顶以下0.5 m的范围内填筑不小于0.3 m厚的砂夹卵石等渗水材料(图 3—4 (c)、(d))。

(四)基础埋置深度

挡土墙基础的埋置深度，对土质地基一般应符合下列要求：

1. 无冲刷时，应在地面以下至少1 m；

2. 有冲刷时，应在冲刷线以下至少1 m；

3. 风化后强度锐减的地基，应在地面以下至少1.5 m(包括换填的砂石垫层厚度在内)；

4. 位于冻结线以下不少于0.25 m(不冻胀类土除外)；土的冻结深度超过1 m时，可采用1.25 m，但基底必须填筑一定厚度的砂石垫层。

基础埋置在基岩或砂石类土地基上时，可不考虑冻结深度的影响，但应清除表面风化层。这时，基础嵌入地基的尺寸应符合表 3—2 的要求。

基础嵌入地基尺寸

表 3—2

岩层种类	h(m)	L(m)	嵌入示意图
较完整的坚硬岩层	0.25	0.25～0.5	
一般岩层(如砂页岩互层等)	0.6	0.6～1.5	
松软岩石(如千枚岩等)	1.0	1.0～2.0	
砂夹砾石	≥1.0	1.5～2.5	

二、重力式挡土墙的施工

(一)明挖基坑

1. 开挖前，应在上方作好截、排水设施。雨天坑内积水应随时排干。

2. 复查核对基础地质条件。挖基时遇到地质不良，承载力不足的地基，应通过设计采取措施据以施工。

3. 墙基位于斜坡地面时，其趾部埋入深度和距地面水平距离应同时符合规定要求；墙基高程不能满足设计要求时，应通过变更设计后施工。

4. 采用倾斜基底时，应准确挖凿，不得用填补方法筑成斜面。

(二)砌筑基础

1. 砌筑前，应将基底表面风化、松软土石清除。

2. 硬石基坑中的基础，宜紧靠坑壁砌筑，并插浆塞满间隙，使与地层结为一体。

为防水下渗软化地基，降低其承载力：

(1)雨季在土质或易风化软石基坑中砌筑基础，应于基坑挖好后，立即满铺砌筑一层。

(2)采用台阶式基础时，台阶转折处不得砌成竖向通缝；砌体与台阶壁间的缝隙应插浆塞满。

(3)应随砌筑分层回填压实。

(三)砌筑墙身

1. 砌出地面后应即回填夯实，并作好其顶面排水、防渗设施。

2. 伸缩缝与沉降缝内两侧壁应平齐无搭叠。缝中防水材料应按要求深度塞填紧密。

3. 泄水孔应在砌筑墙身时留置。做泄水孔时，应同时做好墙背反滤、防渗隔水设施。

4. 挡土墙栏杆、检查梯或台阶应连接牢固，外观整齐；钢铁杆件应及时涂漆。

(四)施工其他注意问题

1. 挡土墙一般均在墙体与岩土坡体暂时稳定状态下或不宜暴露过久的工作面上施工；要求连续作业，尽速达到预计的力学平衡条件；防止水的危害，避免坡体或地基产生变形、坍塌或降低其自持或承载能力。

综上所述：挡土墙应随开挖、随下基、随砌筑或安装墙身，并做好墙后排水设施，及时回填或填筑路堤。在岩体破碎或土质松软、有水地段修建挡土墙，宜在旱季施工；并应按结构要求适当分段，集中施工。不应长段拉开挖基。

2. 修建挡土墙应按铁道部现行的《铁路混凝土及砌石工程施工规范》进行施工控制和质量检验。挡土墙背后的填料及其填筑、压实应按《铁路路基施工规范》有关规定执行。为保持墙的整体性和防水流渗入墙背产生不利影响。挡土墙端部伸入路堤或嵌入地层部分应与墙体结合一起砌筑。路堑挡土墙顶面应抹平与边坡相接；其间空隙应予填实并封严。

3. 挡土墙与桥台、隧道洞门连接时，应协调配合施工；必要时应加临时支撑，保证相接填方或地基土层的稳定。

4. 挡土墙基础如置于基岩时，应清除表层风化部分；如置于土层时，不应放在软土，松土和未经处理的回填土上。

5. 挡土墙墙后地面横坡陡于 1:5 时，应先处理填方基底(铲除草皮和开挖台阶等)，然后填土，以免填方顺原地面滑动。

6. 浸水挡土墙墙后应尽量采用渗水土填筑，以利迅速渲泄积水，减少由于水位涨落引起的动水压力。在采用围堰施工地段，宜在枯水季节施工，一般应分段开挖，避免过多挤压河身，加剧冲刷。

7. 砌筑挡土墙时，不得做成水平通缝。墙趾台阶转折处，不得做成竖直通缝。

第二节　悬臂式和扶壁式挡土墙

悬臂式和扶壁式挡土墙如图 3—5、图 3—6 所示，是一种轻型支挡建筑物。它依靠墙身自重和墙底板以上填筑土体(包括列车荷载)的重量维持挡土墙的稳定。适用于石料缺乏，地基承载力较低的填方中。

悬臂式挡土墙高度不宜大于6 m。当墙高大于4 m时，宜在墙面板前加肋。扶壁式挡土墙高度不宜大于10 m。

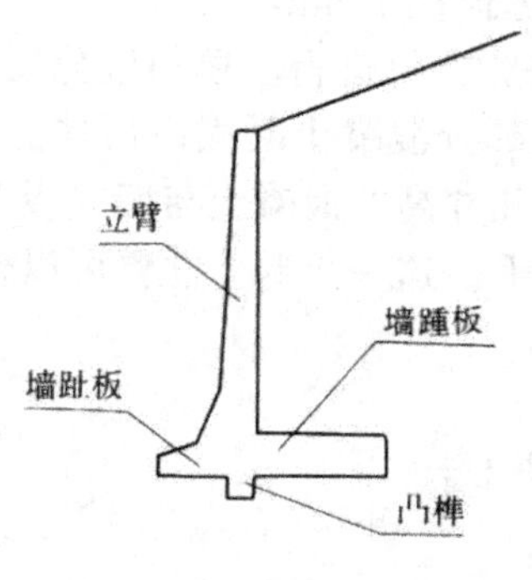

图 3—5　悬臂式挡土墙

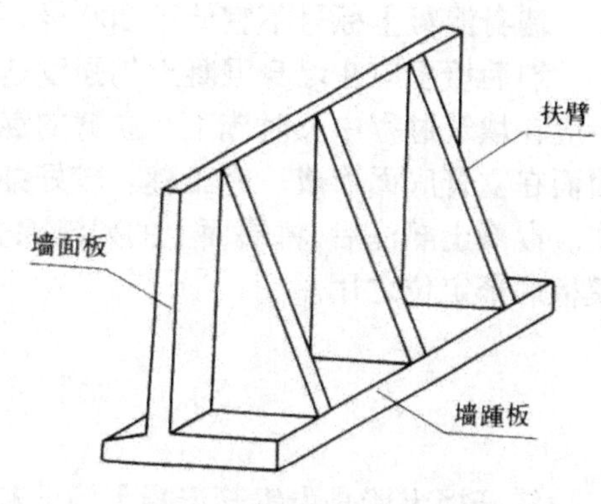

图 3—6　扶壁式挡土墙

一、悬臂式挡土墙构造

悬臂式挡土墙由立臂和墙底板组成。墙高一般不大于6 m。当墙高大于4 m时，宜在立臂前设置加劲肋。为了增加挡土墙的抗滑稳定性，减少墙踵板的长度，通常在墙踵板的中部设置凸榫（防滑键）。

（一）立　臂

立臂为锚固于墙底板的悬臂梁。为了便于施工，立臂的背坡一般为竖直，胸坡应根据强度和刚度等要求确，一般为1∶0.02～1∶0.05。墙顶的最小厚度通常采用15～25 cm，路肩挡土墙不宜小于20 cm。当墙身较高时，宜在立臂的下部将截面加厚。

（二）墙底板

墙底板通常为水平设置。当墙身受抗滑稳定控制时，多采用凸榫基础。

墙底板由墙踵板和墙趾板两部分组成。墙踵板顶面水平，其长度由全墙的抗滑稳定检算确定，并应具有一定的刚度，通常为墙高的1/12～1/10，且不应小于30 cm。墙趾板的长度根据全墙的倾覆稳定、基底应力和偏心距等条件确定。墙趾板与立臂衔接处的厚度与墙踵板相同、朝墙趾方向一般设置向下倾斜的坡度，墙趾端的最小厚度为30 cm。

（三）凸　榫

为使凸榫前的土体产生最大的被动土压力，墙后的主动土压力不致因设置凸榫而增加，通常将凸榫置于通过墙趾与水平成45°—ϕ/2 角线和通过墙踵与水平成 ϕ 角线的范围之内。凸榫的高度，应根据凸榫前土体的被动土压力能够满足全墙的抗滑稳定要求而定。凸榫的厚度除了满足混凝土的直剪和抗弯的要求以外，为了便于施工，还不应小于30 cm。

二、扶壁式挡土墙的构造（见图3—6）

扶壁式挡土墙由墙面板、墙趾板、墙踵板和扶壁组成，通常还设置凸榫。墙高一般不宜大于10 m。

墙趾板和凸榫的构造与悬臂式挡土墙相同。

墙面板通常为等厚的竖直板，与扶壁和墙踵板固结相连。

三、悬臂式与扶壁式挡土墙的施工

悬臂式与扶壁式挡土墙均应设置伸缩缝，沉降缝、伸缩缝的间距不应大于20 m。沉降缝、泄水孔的设置与重力式挡墙的要求相同。

墙身混凝土标号不宜低于200号，受力钢筋直径不应小于12 mm。

墙后填土应在墙身混凝土的强度达到设计强度的70％方可进行。填料应分层夯实，反滤层应在填筑过程中及时施工。立臂的混凝土是在墙底板部分混凝土凝固以后才进行灌注的，因而在立臂底面形成一施工缝。较好办法是把立臂下部几寸高的混凝土与墙底板部分同时灌注。混凝土灌注后，将层面上的残渣除去，并将此层面凿毛。这一小部分立臂可以作为立臂的模板底部定位之用。

第三节　锚杆挡土墙

锚杆挡土墙是由钢筋混凝土墙面和锚杆组成的支挡建筑物，它依靠锚固在稳定地层内的锚杆所提供的拉力维持挡土墙的平衡，多用于一般地区较完整岩石地段的支挡工程，也可作为地下工程的临时支护。在高边坡的情况下,锚杆挡土墙可以自上而下逐级施工,避免边坡坍塌,有利于施工的安全。

锚杆挡土墙的结构形式主要有柱板式和板壁式两种。柱板式锚杆挡土墙,一般采用灌浆锚杆,它具有较大的抗拔力,可用作路堑挡土墙,也可用于陡坡路堤。板壁式锚杆挡土墙,一般由钢筋混凝土板和楔缝式锚杆组成,多用于岩石边坡的防护加固。

一、柱板式锚杆挡土墙的构造

柱板式锚杆挡土墙,如图 3—7 所示,由肋柱、挡土板和灌浆锚杆组成,可以采用拼装式,也可以就地灌注。为便于施工,一般为直立式,根据不同的地形地质条件,锚杆挡土墙可设计为单级和多级。多级墙上、下两级之间应设置平台,平台的宽度一般不小于1.5 m,每级墙的高度一般不宜大于6 m。

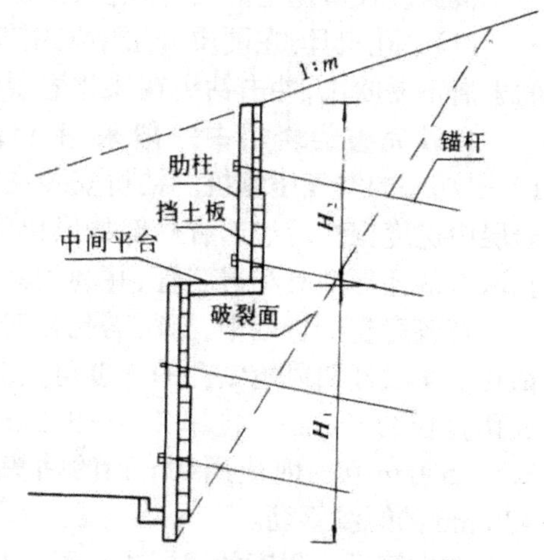

图 3—7 两级柱板式锚杆挡土墙示意图

(一)灌浆锚杆

灌浆锚杆俗称大锚杆,采用钻机钻孔。一般沿水平向下倾斜 10°～45°,直径为100～150 mm,间距不小于2.0 m。孔内安放钢筋或钢丝束,用灌注水泥砂浆的方法,使其锚固于稳定的地层内。水泥砂浆的标号一般不低于 300 号。灌浆锚杆也可用于土层。但由于土层与锚杆间的握固力较低,尚需采用扩孔和加压灌浆等方法,以提高锚杆的抗拔力。

(二)肋 柱

肋柱的间距视工地的起吊能力和锚杆的抗拔力而定,可选用 2～3 m。肋柱的截面多为矩形,也可设计为 T 形。为安放挡土板和设置锚杆孔,截面的宽度不宜小于30 cm。每根肋柱根据其高度可布置 2～3 层锚杆,其位置应尽量使肋柱所受的弯矩分布均匀。

肋柱的底端视地基的强度和埋置深度,一般设计为自由端和铰支端,如基础埋置较深,且为坚硬岩石时,也可设计为固结端。

(三)挡土板

挡土板可采用钢筋混凝土槽形板,空心板和矩形板。矩形板的厚度一般不得小于15 cm。挡土板两端与肋柱的搭接长度,不得小于10 cm。

(四)锚杆钢筋的防锈

锚杆钢筋防止锈蚀的方法,目前国内采用以防锈油漆(或船底漆)为底漆,再包扎两层沥青玻璃丝布的方法。国外采用二次灌浆,并研究使用在钢筋外的波形塑料套管内充填高强度环氧树脂和聚脂树脂以及各种不同形式的双套管和复式锚杆等。

二、锚杆挡土墙施工

(一)灌浆锚杆的施工

1. 施工准备

(1)锚杆施工前应根据设计要求作好钢筋、水泥、砂子的备料工作,合理选用钻孔机具及其配套设备。锚杆的施工机具主要有钻孔机械,加工钢筋用的切断机,电焊机及钢筋对焊机,锚杆灌浆用的搅拌机、压浆泵等。

(2)平整场地、开挖边坡、修筑施工便道、搭设钻机平台等,并进行锚杆技术交底,了解锚杆排数,孔位高低、孔距、孔深、锚杆及锚固件型式。落实加工地点、检查机械、钻具、工具等是否完好齐全。

(3)进行施工放线,定出肋柱的基线桩和各个锚杆孔的孔位,并应进行抽查核对。锚杆的倾斜角应在孔口前用定位器定出钻孔时钻具的斜度,并应与定位器定出的斜度一致。

(4)开孔前应将施工时使用的水泥、砂子按设计规定的配合比作砂浆强度试验,锚杆对焊或帮焊均需做钢筋焊接强度试验,验证能否满足设计要求。

2. 钻　孔

根据设计所确定的锚杆孔位、孔径、长度与倾斜度进行钻孔。

(1)钻孔机具:在硬质岩层中采用气动冲击钻,效率最高。在风化破碎的岩层中,由于成块的岩屑不易吹出,冲击钻头在风化岩层中经常卡钻,应采用提取岩芯的旋转钻方法进行钻孔。

在较完整的岩层中一般采用 YQ-100 型潜孔钻机(或同类型的其他潜孔钻),并配以10 m^3/min的空气压缩机。钻机安装在可移动的框架上,以固定钻进方向。这种钻机在完整的岩层中进度很快。如遇有局部的风化软弱夹层,冲击钻不易通过时,也可在这种钻机上换装旋转取芯的环形钻头和岩芯管,并利用其电机部分进行旋转钻进。

在较完整的岩层中,当所需孔径较小而浅时,也可以用一般风枪(如沈阳 25 型凿岩机等)钻孔。实践证明风枪钻孔的深度可达5 m,孔深在2.5 m以内时使用直径46 mm的一字形钻头,成孔直径约49 mm。孔深 2.5～3.5 m范围内使用直径43 mm的钻头,成孔直径46 mm,孔深3.5～5.0 m范围内使用40 mm的钻头,成孔直径43 mm。这种钻孔可锚固一根 ϕ 32 mm或ϕ25 mm的螺纹钢筋。

在中等风化程度的岩层中。可以用 100 型地质钻机(或同类型的其他旋转钻机)钻孔。在这种钻机上一般安装环形钻头和岩芯管,虽然钻进速度稍慢,但能钻各种不同地层。若孔壁有坍塌情况,可加用套管处理。当采用这种钻机时,需改装导向架以适应钻水平倾斜钻孔的需要。

当岩层的风化程度严重,或其性质接近土质地层时,有时必须完全加套管钻进以保证钻孔质量。土层锚杆的钻孔机具和施工工艺正在研究改进中。

(2)钻孔直径:一般为 ϕ 100～ϕ 130 mm。如用地质钻机钻孔也可用 ϕ 146 mm钻头开孔。用风枪钻孔时,其直径最大可达 ϕ 50 mm左右。由于钻孔内需放置锚杆钢筋,因此钻孔时应尽可能保持孔壁顺直。

(3)洗　孔

钻孔钻完后,应用清水在钻孔内进行充分的冲洗,以便将岩粉清出孔外。然后用压缩空气将孔内积水吹干。

3. 插入锚杆

(1)预制锚杆:插入钻孔的锚杆要求顺直,并应除锈。在孔口附近锚杆钢筋应涂一层防锈漆,并用两层沥青玻璃布包扎做好防锈层,以便灌浆锚固时砂浆能封住防锈层端部。如锚杆钢筋在 2 根以上,插入前应将钢筋点焊成束,点焊间隔 2～3 m,并焊上支架。

(2)焊接:锚杆焊接可采用对焊,亦可用电焊在工地帮焊焊接,帮焊时采用 T—55 电焊条。帮焊长度按钢筋混凝土工程施工及验收规范 GBJ10—65 钢筋焊接技术要求,例如采用两根帮条四条焊缝,帮条长度不小于4 d_0(d_0为锚杆钢筋直径),焊缝高一般不小于 7～8 mm,焊缝宽不小于16 mm。

(3)锚杆钢筋插入钻孔:插入锚杆时应将灌浆管与锚杆钢筋同时放至钻孔底部,一般情况要求洗孔后，立即插入锚杆，插入时将锚杆有支架的一面向下方。若钻孔时使用套管，则在插入钢筋后再将套管拔出，然后灌浆。

4. 灌　浆

(1)设备：搅拌机，压浆机，磅秤。

(2)配制砂浆：为了使砂浆能在灌浆管中流通，并使砂浆的强度达到30 MPa左右，宜采用灰砂比1:1(或1:0.5)(重量比)，水灰比0.4～0.5。如需提高早期强度，可加食盐(水泥重量的0.3%)和三乙醇胺(水泥重量的0.03%)共同放入砂浆中一起搅拌。水泥以采用425号普通硅酸盐水泥为宜，砂用中砂，要过筛，水泥、砂、水按配合比在搅拌机中拌合均匀，为避免大块材料堵塞压浆泵，砂浆需经过滤网倒入压浆泵。小孔径锚杆在必要时也可使用纯水泥浆灌注。

(3)灌浆：用1根ϕ30 mm左右的钢管(或内径相近的胶皮管)作导管，一端与压浆泵连接，另一端与锚杆钢筋同时送入钻孔底部，距孔底应预留约0.5 m的空隙，如采用胶管，应先将胶管内部用清水洗净以利于砂浆流通。开动压浆泵将搅拌好的砂浆注入钻孔底部，自孔底向外灌注，随着砂浆的灌入，应逐步地将灌浆管向外拔出，直至孔口，但在拔管过程中应保证管口始终埋在砂浆内。这样可将孔内的水和空气全部挤出孔外，保证灌浆质量。用压缩空气灌浆时，压力不宜过大，以免吹散砂浆。

(4)灌浆完成后，将灌浆管、压浆管、搅拌机等用清水冲洗干净。

5. 钢筋防锈

钻孔内的锚杆用水泥砂浆保护，钻孔外的锚杆目前多在钢筋表面涂防锈底漆(可采用富锌漆或船底漆)，并用两层沥青玻璃布包扎，一般情况下能起到防锈的良好效果，但应特别注意锚杆孔口及与肋柱联接处的防锈质量，包扎的防锈层如局部碰撞发生破坏，应加以补救。

(二)其他注意的问题

(1)肋柱和墙面板采用的混凝土标号不应小于200号，锚孔灌浆的砂浆标号不应小于300号。

(2)肋柱的基础应采用150号混凝土或75号水泥浆砌片石，在分级挡土墙之间的平台顶面，宜用150号混凝土封闭。其厚度为0.15 m，并以2%横向坡度倾向线路。

(3)锚杆未锚入地层部分，必须做好防锈处理，在除锈后，涂除锈油漆两遍，再用沥青玻璃纤维缠裹两层。

第四节　锚定板挡土墙

锚定板挡土墙，是一种适用于填方的轻型挡土结构。它由墙面系、钢拉杆、锚定板和填料组成，依靠埋置在填料中的锚定板所提供的抗拔力维持挡土墙的稳定。其主要特点是结构轻、柔性大、占地少、圬工省、造价低。

锚定板挡土墙主要有：肋柱式和无肋柱式两种。肋柱式锚定板挡土墙的墙面系由肋柱和挡土板组成，一般为双层拉杆，锚定板的面积较大，拉杆较长，挡土墙的变形量较小，可用作路肩、路堤挡土墙。但在浸水地区使用时，应有相应的处理措施。无肋柱式锚定板挡土墙的墙面由钢筋混凝土板组成，外形美观，施工简便，多用于城市交通的支挡建筑工程。

一、肋柱式锚定板挡土墙的构造

锚定板挡土墙由肋柱、挡土板、锚定板、钢拉杆、连接件和填料组成，一般还设有基础，如图3—8所示。根据地形可设计为单级墙和双级墙两种。单级墙墙高不宜大于6 m；双级墙的上下两级墙之间,宜设平台,平台宽度不小于1.5 m,上下两级墙的肋柱宜相互错开,如图 3—9 所示。

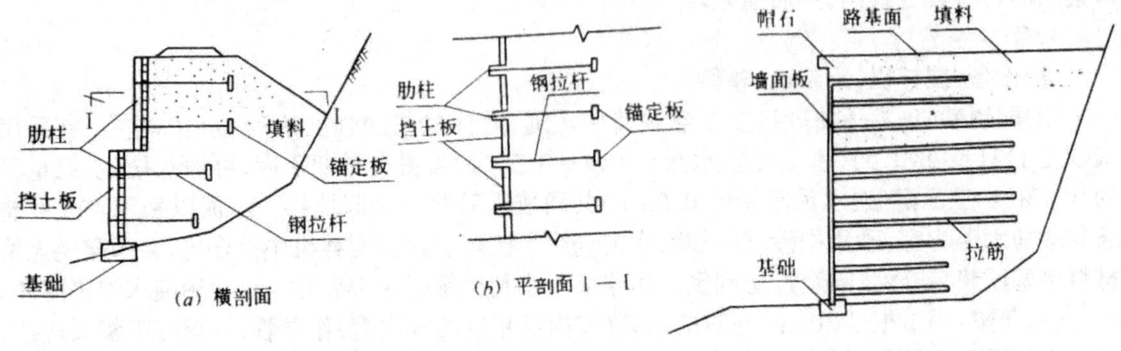

图 3—8 肋柱式锚定板挡土墙结构示意图

图 3—9 加筋土挡土墙结构示意图

二、锚定板挡土墙的施工

锚定板挡土结构的施工方法,基本上与一般圬工结构的常规施工方法相同,并没有什么特别严格的要求。但值得提出的一点是:锚定板结构的选型与设计中的计算图式,将直接影响施工的方法。因此,在设计文件中,对施工的要求,必须详加说明,以便施工中采取与设计要求相应的措施。例如:肋柱吊装是否必须用支撑;肋柱布筋所考虑的荷载图式,拉杆安装后是否要预加拉力及施力的方法、步骤,墙面系内排水布置及滤水层的级配等等。另外,锚定板挡土结构的施工工序较多,容易发生各工序间的相互干扰而影响施工进度,因此,设计中合理安排拉杆的层数,也是设计所必须详加比较、慎重选定的问题。

第五节　加筋土挡土墙

加筋土挡土墙是由墙面板、拉筋和填料三部分组成的复合结构。依靠填料与拉筋间的摩擦力,平衡墙面板所受的水平土压力(即加筋土挡土墙的内部稳定),并以这一复合结构抵抗拉筋尾部填料所产生的土压力(即加筋土挡土墙的外部稳定),从而保证了整个结构的稳定。加筋土挡土墙的主要优点是施工简便、造价低廉、少占土地、造形美观。在欧美、日本等国早已使用,目前我国铁路公路煤矿等部门正逐步推广使用。

铁路加筋土挡土墙一般设置在需要作支挡工程的填方地段,多为路肩式,墙高以不超过10 m为限。在地质不良和 8 度以上(含 8 度)地震地区和具有强烈腐蚀的环境中不宜使用。在浸水地区使用时应慎重。

一、构　造

加筋土挡土墙主要由墙面板、拉筋、连接件和填料组成。一般设有帽石和基础,如图 3—9 所示。

(一)墙面板

墙面板的作用是阻挡填土挤出、坍塌,迫使拉筋、填料、墙面板三者构成一个整体。其形状主要有矩形、十字形、六边形等几种,如图 3—10 所示。板边一般设有楔口和小孔。安装时使楔口相互衔接,并用短钢筋插入小孔,将

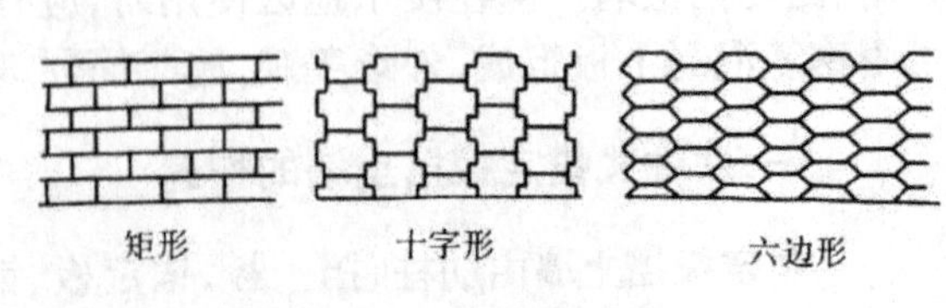

图 3—10 墙面板形状图

每块墙面板从上下左右串成一个整体墙面。墙面板应预留泄水孔，当墙后填筑细粒土时，应设置反滤层。板的面积通常不大于1.5 m×1.5 m。如采用金属墙面板，宜用柱状半椭圆形板。

(二)拉　筋

拉筋在加筋土挡土墙中起着控制作用，必须具有足够的抗拉强度、较好的柔性和韧性；拉筋与填料之间应有较大的摩阻力；拉筋要便于加工制作，造价低廉，与面板连接必须牢固可靠，且有较好的耐腐性能。

目前我国铁路基本上采用钢筋混凝土拉筋。形式主要有整板式拉筋和串连式拉筋两种。在满足强度要求的前提下，拉筋以宽、薄为宜，一般宽 15～25 cm，厚 6～7 cm。间距可根据选定的墙面板而定，一般水平间距为 0.5～1.0 m，竖直间距为 0.3～0.75 m。

我国公路加筋土挡土墙，一般采用聚丙烯塑料带作拉筋。而国外，加筋土挡土墙则普遍采用金属薄板作为拉筋。

(三)填　料

一般宜用渗水性的砂类土、碎石类土(卵石土、碎石土、砾石土)作填料，随铺设拉筋逐层压实。条件困难时也可酌情采用粘性土或其他土作填料，但必须采取相应的工程措施，保证结构的安全。基床以下细粒土填料的压实系数应达到 0.9。

(四)构件连接与防护

钢筋混凝土拉筋与墙面板之间，串连式钢筋混凝土拉筋节与节之间的连接，一般采用焊接。金属薄板拉筋与墙面板之间一般采用在圆孔内插入螺栓连接。对所有埋入土中的接头部分，均以浸透沥青的玻璃丝布缠裹两层防护。

(五)基　础

基础用混凝土灌注或浆砌片石砌筑。一般为矩形，高 0.25～0.4 m，宽 0.3～0.5 m，顶面可作一凹槽，以利于安装底层墙面板。对软弱地基除需进行必要的处理外，其基础尺寸宜适当扩大。基础埋置深度尚应考虑冻结深度、水流冲刷等情况。在土质斜坡地带，基础不应外露。

(六)帽　石

帽石起固定和约束墙面板的作用，同时用以安装栏杆。

(七)沉降缝与伸缩缝

沿长度方向，结合地质条件和墙高变化，每隔 15～20 m设置一道沉降缝，兼作伸缩缝，以调整墙身由于不均匀沉降给面板受力带来的不利影响。缝宽 2～3 cm，缝内填塞沥青麻布或沥青木板。缝的两端常需设置对称的半块墙面块。

二、加筋土挡墙的施工

1. 土方工程必须按照有关土方工程施工及验收规范进行施工。加筋土墙体构件包括墙面板、拉筋、帽石、栏杆，如属钢筋混凝土材质的，必须按现行的钢筋混凝土施工及验收规范的规定进行施工。

2. 由于加筋土挡墙是依靠拉筋与填料之间的摩擦力以维持结构的稳定。因此，确保填土质量是个关键。施工中应做好临时排水设施，做到分层填筑，分层碾压，严格质量检查，保证达到设计要求的密实度。填料中遇有大的土块应打碎，以利碾压。施工时如遇雨天或过湿的土壤不得填筑，应及时采取晒干措施或掺生石灰吸水。过干的填料(包括砂性土)，应洒水后碾压。

3. 施工过程中，面板拼装必须严密，防止产生过大的缝隙。同时必须做好墙面板与拉筋之间的连接质量。当采用电焊连接时，应按我国现行的钢筋混凝土工程施工及验收规范的规定，进行施工，防止焊缝产生气泡，影响焊接质量。采用螺栓连接时，应注意拧紧。钢筋防腐处理，应按设计图要求制作。

无论采用何种形式的连接件，都必须按设计图的规定进行施工。

4．墙面板和拉筋在运输、堆放、安装过程中要注意安全，防止破损。如有损坏，应视其破损程度，采取补救措施，使用时应置于受力较小的部位。破损严重的构件，不得继续使用。搬运钢筋混凝土板拉筋时，应将拉筋侧立，以增大刚度，并按设计吊点位置起吊搬运或安装，这是防止墙体构件发生断裂的有效措施。

5．为使墙背反滤层的实际效果良好，防止淤塞，应做到各层反滤层材料筛洗干净，并严格按设计图规定的级配、尺寸和层厚进行施工。

6．填土路堤内，含水量不断地加大，将会降低土体的抗剪强度，是造成路基病害的原因之一，因此，加筋土挡墙施工前，应做好施工场地的排水系统，防止地表水流入填方区域内。

第六节　路基其他加固建筑物

其他加固建筑物：路基加固工程除了挡土墙外，还有一些其他类型的加固建筑物。

一、土质护堤或干砌片石垛

因地形、地质条件需要回收路堤坡脚或在陡坡上修建路堤时，为防止路堤滑动；可在路堤坡脚处修建土质护堤或干砌片石垛。如图 3—11。

二、浆砌片石补角墙

对于较坚硬的岩石路基，若路基宽度不够时，可清除表面松散的覆盖层，用浆砌片石补角，如图 3—12。

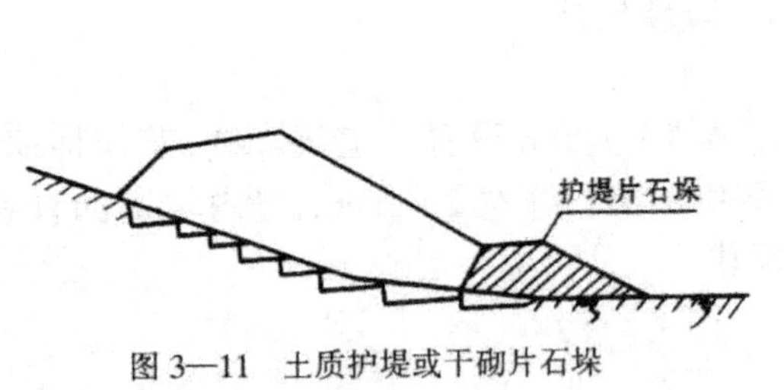

图 3—11　土质护堤或干砌片石垛

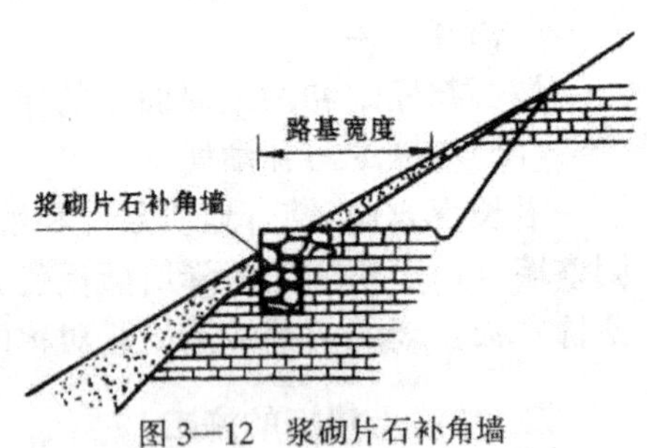

图 3—12　浆砌片石补角墙

三、支顶墙、支护墙

（一）支顶墙

对于上部探头而下部悬空的危岩，若下部有条件设置基础时，可设置浆砌片石或混凝土的支顶墙（图 3—13）。

（二）支护墙

在软硬岩层互层地段，常因软岩先行风化形成凹槽，而硬质岩层被构造面割切形成危岩，为了防止危岩崩坠及软质岩继续风化，常采用浆砌片石支护墙进行处理（见图 3—14）。

（三）嵌补（见图 3—15）

山坡的岩层被节理切割，沿节理面常易发生局部坍塌，往往在边坡上形成深浅不同的凹陷。较深的凹陷上部突出的岩块，日久可能会变为危石。此时可采用浆砌片石或混凝土进行嵌补处理。

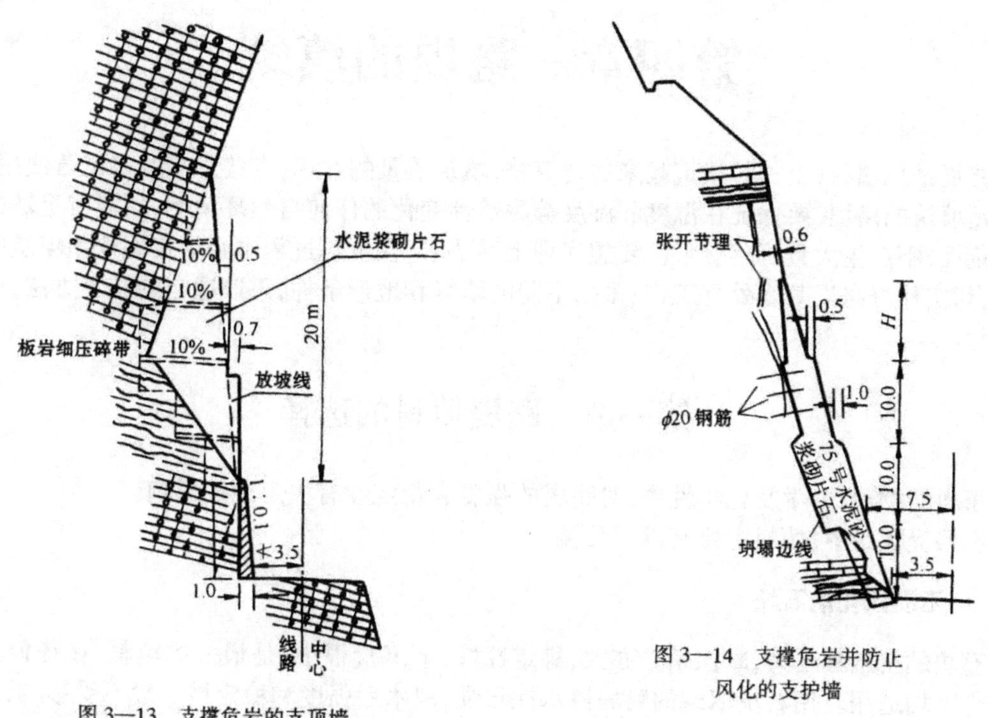

图 3—13　支撑危岩的支顶墙

图 3—14　支撑危岩并防止风化的支护墙

（四）锚杆串联

路堑边坡上方有倾向线路的节理裂缝，若岩石坚硬，可用锚杆（钢轨、圆钢）串联的方法，使危石与下部较完整的岩层形成一个整体，如图 3—16 及图 3—17。

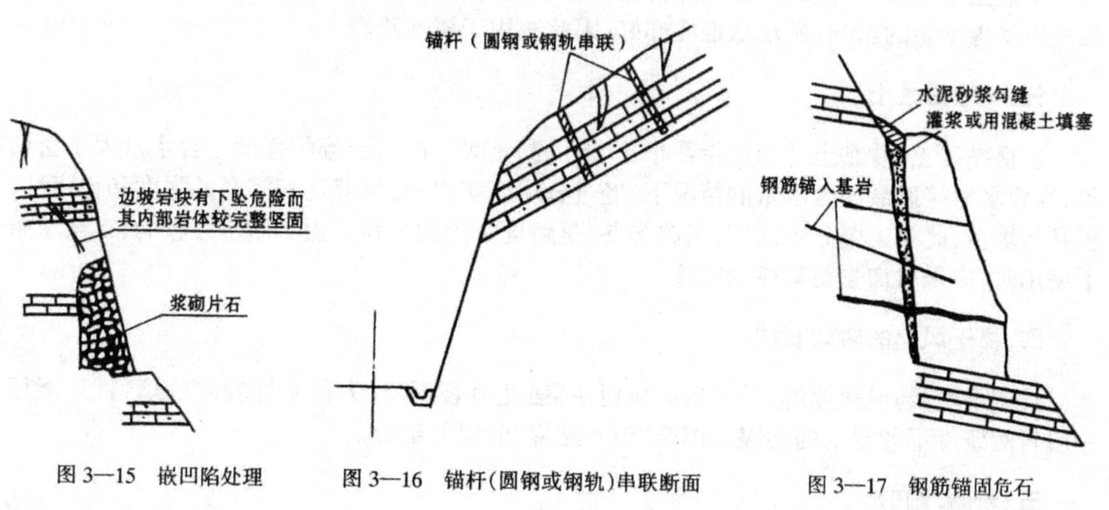

图 3—15　嵌凹陷处理

图 3—16　锚杆（圆钢或钢轨）串联断面

图 3—17　钢筋锚固危石

第四章　路堤的填筑

路堤是用填料(土、石)填筑起来的建筑物,填筑质量的好坏,直接影响线路运营使用。

新填筑的路堤,要保证在温度和湿度等季节性变化的任何自然环境下,均能有足够的强度和稳定性,不产生大量沉落变形。要想实现上述要求,在填筑过程中必须正确选用填筑路堤的材料;切实作好路堤基底处理工作;根据不同的填料和地形条件,采取适当的施工方法,确保路基质量。

第一节　路堤填料的选择

填料的物理、力学及化学性质,对路堤的强度和稳定性有决定性的影响。

在路堤填筑中,填料主要有以下几类。

一、不易风化的石块

石块的抗压强度大,摩擦系数亦大,稳定性好,下沉量很小,是最好的填料,在任何自然环境条件下均适用。用石块填筑的路堤渗水性很强,浸水后强度和稳定性一般不受影响,故最适用于浸水路堤。

二、碎石土、卵石土、砾石土,粗砂、中砂

上述土壤为良好的填料,在任何自然条件下均适用。用这些材料填筑的路堤渗水性强,其强度不受含水量的影响,淤水稳定性亦好,因此适用于浸水路堤。

三、一般黏性土

包括黏砂土、砂黏土及塑性指数小于25的黏土等。此类土壤的强度与含水量大小密切相关,当含水量接近最佳含水量的情况下,经过分层压实之后,能够达到需要的强度和稳定性,是较好的填料,此类土壤分布面广,来源容易,是路堤常用的填料。由于渗水性较弱,在浸水条件下使用时,应采取加强稳定性的措施。

四、易于风化的较软石块

此类石块,易风化崩解,浸水后崩解更快,强度显著下降,为稳定性较差的填料,只能用于一般自然条件下非浸水的路堤或填筑“包心路堤”的堤心部分。

五、粉砂、细砂

粉砂、细砂是一种稳定性差的填料,通常只用于一般自然条件下非浸水的低路堤。

六、高塑性黏土

塑性指数大于25的高塑性黏土,渗水性很弱,浸水后膨胀,干燥时开裂,是一种稳定性极

差的填料，在有适当处理措施的条件下，可以填筑低路堤(低路堤指填高小于4 m的路堤)。

第二节　路堤的填筑方法

填筑方法，对于保证路堤达到要求的密实度，关系极大，因此，要根据不同的土质，选择适当的填筑方法。

一、用黏性土填筑路堤

填筑土质路堤，一定要碾压密实。因此，应按路堤横断面全宽分成厚度约30 cm的水平层，自下而上分层填筑，逐层碾压密实，如原地面不平，则由最低处分层填起，如图 4—1 所示。

用黏性土填筑的路堤，其密度应按铁路工程技术规范规定：一般路基密度的 90%，下层达最佳面下1.2 m以内达最佳密度的 85%。

二、用碎石、卵石、砾石、粗砂、中砂填筑路堤

用上述土壤填筑路堤，一般采取分层填筑，每层厚度不宜超过30 cm。当含黏性土较多时(一般指黏性土颗粒占全重的 10%～15%以上时)，尚应按一般填土密度进行控制。

三、用不易风化的石块填筑路堤

路堤靠近路基面部分，因受到列车动力作用的影响大，当采用不易风化的石块填筑路堤时，路基面下0.3 m内不得使用大于15 cm的石块，以免轨枕受力不均被折断；在路基面下1.2 m内应分层填筑，石块要整平、排紧，大面向下，石块间的空隙用小石块填塞，使之稳定密实；其余部分可以倾填。

边坡一般以较大石块砌码，常见的码砌形式有台阶式和裁砌式两种，如图 4—2。

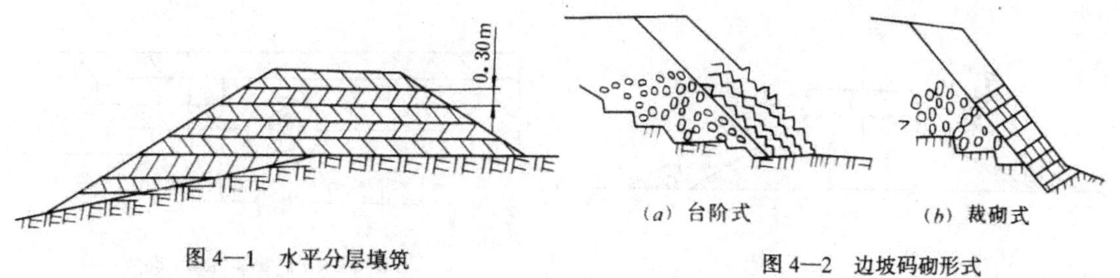

图 4—1　水平分层填筑

图 4—2　边坡码砌形式

四、用易于风化的石块填筑路堤

应分层填筑，每层厚度约为50 cm，石块要整平放稳，石块间的空隙用小石块、石屑填塞。对于可压碎的风化石块，应尽量分层压实。

五、用不同填料填筑路堤

填筑路堤，最好采用同一种类的填料，如果必须采用不同填料时，不得将各类填料混杂填筑，而一般采用下列填筑形式：

1. 上层填渗水土，下层填非渗水土，非渗水土层表面作成向两侧不小于 4% 的横坡，如图 4—3。

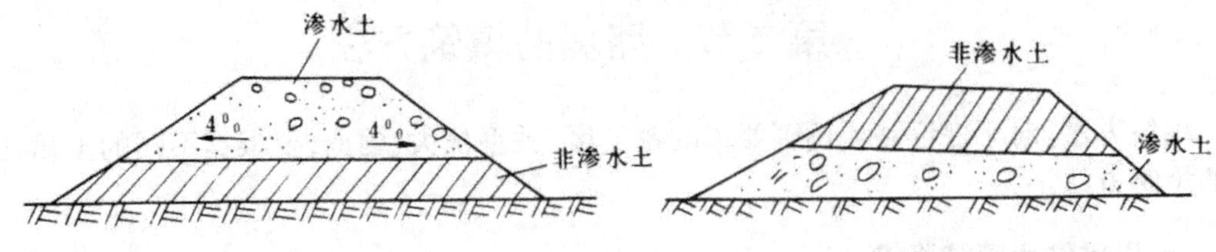

图 4—3　　图 4—4

2. 上层填非渗水土,下层填渗水土,两层接触面可以作成平面,如图 4—4 所示。若两类填料的颗粒大小相差悬殊,则应在层间设置适当的垫层,以防止上层细粒土落入下层内,如图 4—5 所示。

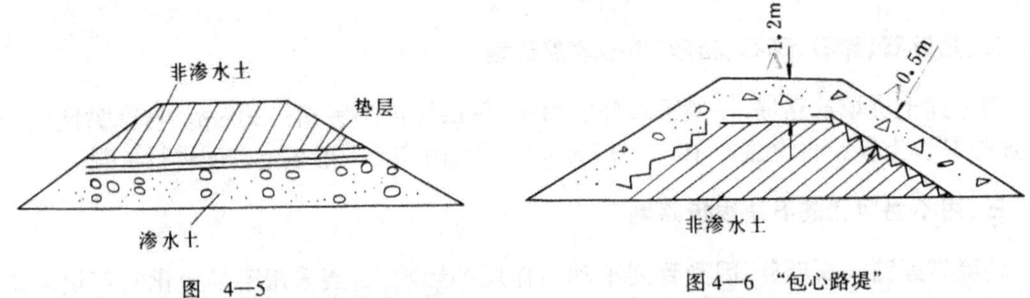

图 4—5　　图 4—6 "包心路堤"

3. 当分层填筑不适宜时,一般将稳定性较差的非渗水土或弱渗水土填在堤心部分,顶部及两侧填筑渗水土,通常称这种路堤为"包心路堤",如图 4—6 所示。

当下层堤心部分为含水量较大的土,而以渗水性较弱的一般黏性土包在外层时,应在坡脚设置滤水趾,以促进堤心土体的固结,如图 4—7 所示。

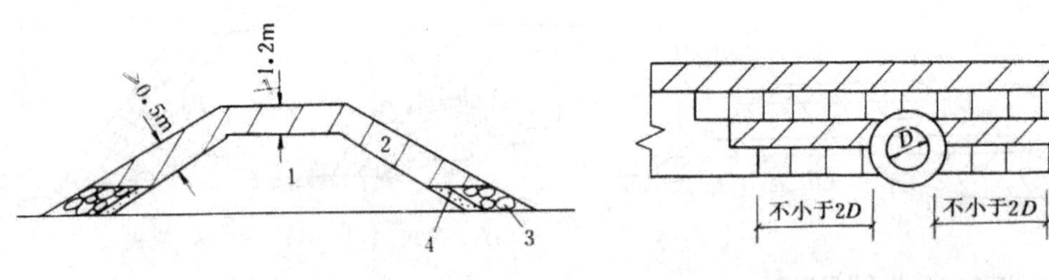

图 4—7

1—含水量较大的土;2—非渗水土;3—干砌片石;4—垫层。

图 4—8 涵管缺口填土顺序

六、涵管两侧路堤缺口填筑

填筑涵管两侧路堤缺口,应从涵管的两侧不少于涵管孔径两倍的宽度内,对称水平分层填筑,如图 4—8 所示,以免涵管两侧因受力不均而产生位移、开裂等现象。

如涵管位于填石路堤地段,为了使涵管受力均匀,涵顶上至少1.0 m及涵管中心线两侧各两倍于涵管直径宽度范围内,应以粒径小于15 cm的碎石土填筑。

七、渗水土填筑

为了避免桥台背后的填土因水浸或受冻对桥台产生附加推力,在台后下方不小于2.0 m,

上方不小于2.0 m加桥台高的范围内，应以渗水土填筑，如图 4—9 所示；确有困难时，除严寒地区外，亦可采用一般黏性土填筑。对于各类土的填筑，均应严格夯实。采用一般黏性土作填料时，其密度要求达最佳密度的 90%。

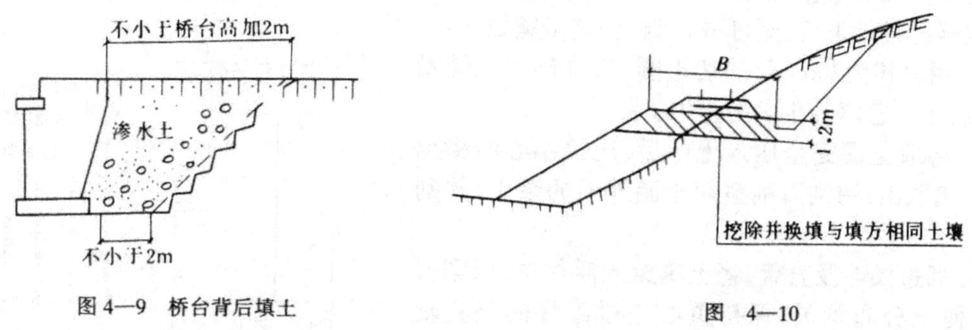

图 4—9　桥台背后填土　　　　图　4—10

八、陡坡半填半挖地段填筑

陡坡半填半挖地段，在路基面下1.2 m范围内，挖方部分宜挖除，换填与填方部分相同的填料，如图 4—10 所示，以防止发生上层基床不均匀沉落而引起线路病害。

九、不同宽度及形状的路基面的衔接

直线与曲线地段路基宽度不同，曲线路基需在圆曲线部分于外侧按规定加宽，与直线地段路基的衔接是在缓和曲线部分递减至与直线地段相同的路基顶面宽度。

不同土质（渗水土、非渗水土）的路基，其顶面设计宽度不同，形状亦不同，衔接时应在石质路基地段靠近分界处不小于10 m距离内，逐渐加宽到土质路基地段的路基顶面相同宽度。如图 4—11。

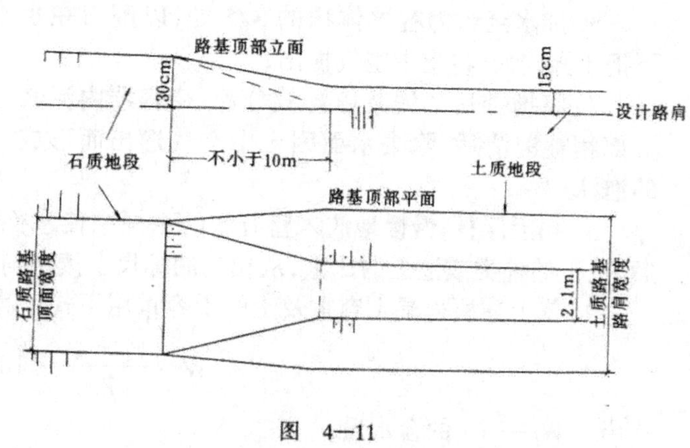

图　4—11

第三节　填土压实质量检查

在路堤施工过程中，要按质量检查规定随时检查实际所达到密度，看其是否符合规范要求。根据实际的密度及含水量作出调整，这样才能保证所填路堤的强度及稳定性。

目前施工现场测定填土压实质量，一般采用土壤湿度密度仪（卡瓦列夫仪），它可以快速测定土的干密度及湿密度并由此推算出土的含水量。

一、土壤湿度密度仪的构造及使用方法

（一）土壤湿度密度仪的构造

土壤湿度密度仪的构造如图 4—12 所示，主要由浮秤、容器、切土圈、漏斗、刮刀、铁砂等几部分组成。在浮秤的直管上，刻划着四行杆尺 4、5、6、7（有的编号 0、1、2、3），以备测定三种不同土的干容重及各种湿土容重。

(二)使用方法

仪器在每次使用前均须进行校正。方法是将切土圈放在容器内,扣上浮秤,放入水中,如水面恰与标尺“4”起点相接,则认为仪器是准确的,否则,需增减铁砂进行校正。

仪器经过校正后,则可进行测定,其步骤如下:

1. 用容积为200 cm^3的切土圈(又称环刀),借漏斗之助,压入已填筑压实的土中;

2. 将取土圈完全压入土中后,用铲小心的将土与圈一起取出,用刮刀削整切土圈外面的余土,并刮平;

3. 通过漏斗及直管,将土壤放入浮秤中,以刮刀拨平,使土分布均匀,保持重心通过浮秤的竖直轴线;

4. 把带土的浮秤(不带容器)放入装有水的水桶中,读水面与标尺“4”相接的刻度,即为湿土容重;

5. 将土自浮秤倒入容器内,并以水将浮秤中余土全部洗入容器中,同时将洗净的浮秤倒置,使附在筒内的水分流出;

6. 加水至约为容器体积的 3/5 处,以刮刀在水下把土弄碎,并将土中空气搅出;

7. 将搅拌后的泥浆静置数分钟,待容器内泥浆上部稍被澄清后,除去水面因土中空气逸出而形成的泡沫;

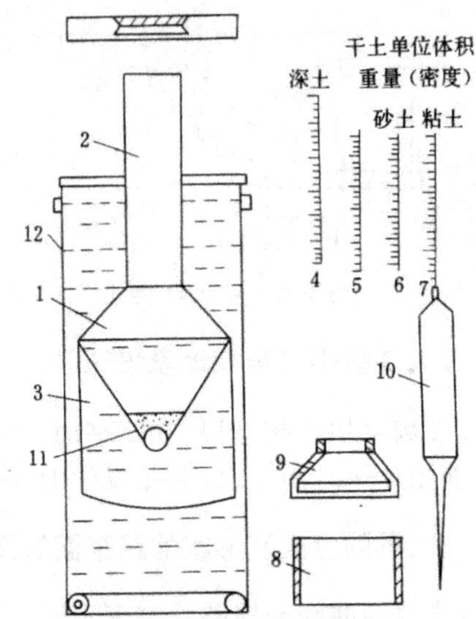

图 4—12 土壤湿度密度仪

1—浮秤;2—直管;3—容器;4、5、6、7—标尺;8—切土圈;9—漏斗;10—刮刀;11—铁砂;12—水桶。

8. 扣上浮秤,慢慢地放入盛有水的水桶中使水徐徐流入容器内,待仪器下沉至稳定状态后,按土的种类或该土的比重,从相当的标尺上读出与水面接触的刻度,即其干土容重;

9. 依上述所得湿土容重及土的干容重用下式计算土的含水量。

$$W=\frac{\gamma_w-\gamma_s}{\gamma_s}\times 100\%$$

式中 W——土的含水量;

γ_w——湿土容重;

γ_s——干土容重(天然状态下,单位体积的土内颗粒的重量 $\gamma_s=Q_0/v$)。

二、路堤压实试验工作的程序及压实工作的调整方法

路堤填土压实密度检查,可按下列步骤进行:

1. 施工前:在已规划好的取土坑(或路堑)取样进行土的分类及物理性质试验、标准夯实试验;另外还要做压实工具试验(初步决定最佳填土厚度与碾压次数)。

2. 施工中:(1)用土壤湿度密度仪(卡瓦列夫仪)测出压实后土的密度(即容重)及含水量。(2)将实测的密度和含水量与标准夯实试验所要求的密度及最佳含水量进行比较(规范所要求的密度)。

$$\gamma_t=K\gamma_{d\,\max}$$

式中 γ_t——要求密度;

K——系数，上层和浸水的下层为0.90，中层及不浸水的下层为0.85；

$\gamma_{d\max}$——标准夯实试验所定的最佳密度。

如果实测密度 γ_s 稍大于需要密度 γ_t，同时 W 亦接近 W_{OP} 时，则表示压实正常；如果 γ_s 与 γ_t 不接近，则应根据下列不同情况进行调整：

(a) γ_s 超过 γ_t 过多，W 接近 W_{OP} 时，应适当减少碾压次数。

(b) γ_s 小于 γ_t，W 大于 W_{OP} 时，应进行晾干或换土。

(c) γ_s 小于 γ_t，W 在最佳含水量范围内，说明碾压次数不够，应增加碾压次数。

(d) γ_s 小于 γ_t，W 小于 W_{OP}，说明土中含水量过少，应增加水分。

3. 调整碾压次数或含水量后，再进行检查；如果实测密度 γ_s 和含水量 W，趋向需要密度 γ_t 及最佳含水量 W_{OP}，则应继续调整到符合要求为止；若实测密度及含水量反而与需要的密度及含水量相差更多时，则应该对所确定土的种类是否正确，密度及含水量的测定和计算是否有误，进行重新检查与测定。

第四节　填筑注意事项

1. 无论是填筑桥台背后，涵管两侧的路堤缺口，或者是路堤纵向填筑，在新旧填土连接处，必须将原填土挖成台阶，以便使新旧填土很好地结合。

2. 接近零点处的低路堤，往往容易被忽视，但在施工时如对原地面的土质、路堤填料、压实质量等不加注意，极易造成病害，故在施工时，必须慎重对待。

3. 路堤取土和路堑弃土，都应严格按规划好的弃土堆和取土坑施工。取土坑和弃土堆的规划应根据具体数量，考虑路基排水、少占农田、改地造田和农田灌溉的要求，结合施工方法、地形和地质情况统一考虑，并且要符合规范的要求。

4. 要经常检查路堤边坡是否与设计边坡一致，如有不符，要立即予以纠正，以免造成返工浪费。

第五章　特殊土地区的路基施工

所谓特殊土是指具有特殊成分、结构、状态，形成特殊工程性质的土类，如软土，抗剪强度低、压缩性高；膨胀土，可干缩湿胀，强度因湿胀而下降；冻土，冻胀融沉；盐渍土，含盐量越多，溶蚀作用越强，对路堤密实度的影响也越大。由于特殊土的不良工程性质，故对该类土质的路基需作个别设计，同样，特殊土地区的路基施工与一般地区的路基，又有不同之处。

本章将对特殊土地区的路基施工做较详细的介绍。

第一节　软土和泥沼地区

我国幅员辽阔，不同地区有不同的自然地理特征，因而分布在各地区的软土或泥沼，其性质、成因、形态、植被也有较大差异，对软土和泥沼地区的路基基底的处理方法也较多。

一、软土和泥沼的区分及其特征

软土是指以近代水下沉积的饱和软黏土。与泥沼相比，其形成年代一般比较老，近代地貌多为宽阔的平原，或丘陵边缘平坦的谷地，其地表已不再为地表水所浸盖，表面常具有可塑硬壳层，地下水位接近地表，沉积厚度一般较深。

泥沼一般指湖盆地或河滩衰亡后的遗迹。泥沼表面多呈现洼地，被水所浸盖。其成因是浅水湖泊或流速很慢的河流，其沿岸生长的喜水植物，死去后沉落水底，并在氧气不足的条件下进行缓慢的分解，植物年复一年地堆积，便形成泥炭层，其有机含量在 50% 以上，为半腐朽的植物遗体，结构是粗糙的，其中可以用肉眼或显微镜清楚地分辨出原来植物的各部分。与软土相比，沉积厚度较薄，颜色为棕褐色、褐色和黑色。

软土与泥沼虽成因、结构和形态不同，但它们都具有压缩性高、强度低的共同特点。习惯上，常以软黏土沉积为主的地区称为软土地区；而以泥炭沉积为主的软弱地基称为泥沼地区。

二、软土地基上路堤的加固

我们知道，孔隙比大、抗剪强度低、含水量高是软土地基的主要特征。在软土地基上修筑路堤有两大特点：

(1)易于形成基底两侧凸起或路堤坡脚向外凸起而引起的坍滑，经验证明坍滑往往成圆弧形；

(2)较大的沉降，对路基工程来说，大部分沉降量可以控制在施工中完成，后期少量沉降可以起道调整，对正常运营影响不大。

因此，如何防止坍滑则是软土路基要解决的重要问题。

目前用于软土路堤的加固处理方法很多，现仅介绍几种常用的方法。

(一)反压护道

在路堤两侧(或一侧)填筑适当高度与适当宽度的护道，使路堤两侧地基被挤出隆起的趋势得以平衡，而保证路堤的稳定，因护道起反压作用，故称反压护道。如图 5—1。

（二）换土

换土指利用人工或机械挖除路堤下全部软土，换填强度较高和渗透性较强的砂砾石、碎石或片石，以保证路堤的稳定。

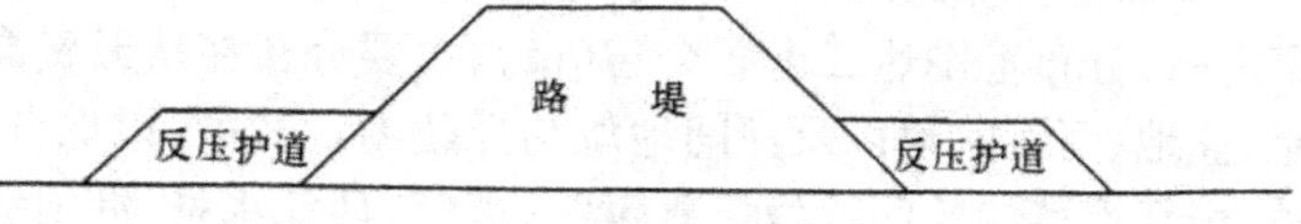

图 5—1　反压护道加固软土路堤

换土的适用条件：

1. 软土层位于地表且软土层薄和易于排水施工的地带；

2. 水塘、河沟及古埋藏沟谷的软土层，一般层薄且呈局部分布的地带。

由于软土地区地下水位较高和开挖困难，换土深度不宜超过2 m。

（三）抛石挤淤

抛石挤淤为强迫换土的一种形式，采用这种方法施工，不用抽水、不用挖淤，施工简便迅速，现场乐于采用。此法适用于湖塘、河流等积水洼地，常年积水，且水不易抽干；表层无硬壳，软土液性指数大，层厚较薄，片石能沉达下卧硬层者。一般适用于软土层厚为 3～4 m，用较大的片石，一般直径不宜小于 0.3 m。抛石时应自路堤中部开始，逐次向两旁展开，使淤泥向两旁挤出。在片石抛出水面后用重型夯滚、碾压，或以汽车、拖拉机等碾压，然后在其上铺设反滤层再行填土。

（四）砂石垫层

在软土地基的地面上，铺设一较薄的砂层，再在其上填筑路堤，这砂层就称砂垫层，按性质可分为排水砂垫层与换土砂垫层。

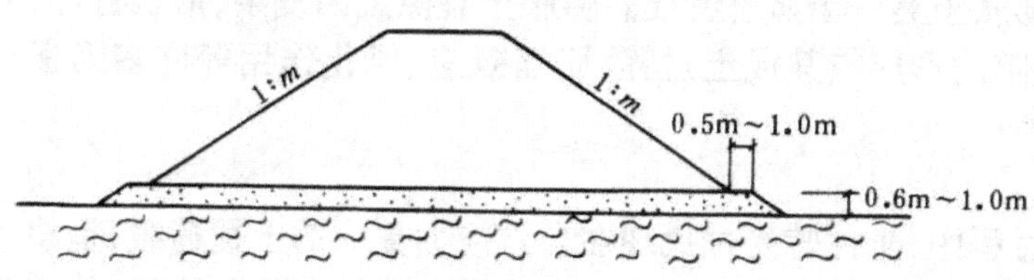

图 5—2　砂垫层

排水砂垫层是直接铺设在软土地基的表面上，使其在填土和软土之间增设一排水面，从而使地基在受到填土荷载作用下，促进地基的排水固结，提高地基的强度。这种砂垫层的厚度薄，一般为0.6～1.0 m。为利于排水，砂垫层应略宽于路堤基底宽，一般在路堤坡脚外每侧伸出1 m左右，见图 5—2。

排水砂垫层对于基底的应力分布及沉降量大小无显著影响，但因排水固结可以加速沉降，从而缩短强度增长的过程。

排水砂垫层适用于施工期限不甚紧迫，路堤高度在极限高度的 2 倍以内，软土表面无渗透性能特低的隔水土层。如软土层较薄，底部又有一透水层时，其效果更好，它与砂垫层形成双面排水。

换土砂垫层因其厚度较厚，所以在设想中它比排水砂垫层有更多的效果：一是代替直接作为基底的软弱持力层，提高地基承载力；另一是加速地基的排水固结，提高地基的抗剪强度；还可以均衡基底沉降，改变基底的应力分布。其铺法，可直接铺在地表，也可挖去一部分地基再铺砂垫层，后一种多用于有硬壳隔水层的地基。

第二节　膨胀土地区

膨胀土又称为裂土，即裂隙黏土，是一种具有裂隙性、胀缩性和超固结性的高塑性黏土。

我国膨胀土多为新第三系至第四系上新统的地层，成因以冲积、洪积、湖积和残积为主，少数为冰水沉积混合型，多分布在二级及二级以上的河谷阶地，山前丘陵和盆地边缘。自然坡度平缓。

膨胀土分布遍及世界40多个国家和地区。我国是世界上膨胀土分布最广、面积最大的国家之一，分布范围达二十多个省(市)，主要分布在从云贵高原到华北平原之间各流域形成的平原、盆地、河谷阶地以及河间地块与丘陵内。其中，以珠江流域的东江、桂江、郁江和南盘江水系，长江流域的长江、汉水、嘉陵江、岷江、乌江水系，淮河流域，黄河流域和海河流域的各干、支流水系的地区膨胀土分布最为集中。

一、膨胀土的工程特性

(一)胀缩性

膨胀土的干缩湿胀十分强烈与黏土颗粒的含量高和黏土矿物的成分构成及其晶格构造特性有关。

在膨胀土中，小于0.005 mm的黏粒含量一般可达土的颗粒组成的50%以上，0.05～0.005 mm的粉粒也有相当含量，大于0.05 mm的砂粒一般均很少。在我国，依据对各地膨胀土试验的数据，黏粒含量最高达73.88%，其中小于0.002 mm的颗粒最高达54.46%。

在膨胀土中，细小的黏土颗粒愈多，则其比表面积越大，可吸附在黏粒周围的水膜也就愈多，从而使含水量增多，土的体积胀大，而失水时就强烈收缩。

(二)裂隙性

普遍发育各种形态的裂隙是膨胀土另一个显著特征。膨胀土裂隙成因复杂，形状各异，大小不一，但在土体中广泛分布。裂隙的形成与其成土过程、胀缩效应、风化作用等许多因素有关。

(三)超固结性

膨胀土在其形成的地质历史过程中，土体曾受过比现在自重应力更大的上覆荷载，呈超固结状态，因此深层的原状土具有较高的初始强度，而且，正是由于先期固结压力的作用，使膨胀土在开挖后，由于已形成的应力平衡被破坏，常会出现土体松胀。因此，路堑边坡较一般的堑坡容易遭受破坏、失稳，尤其是坡脚处可能产生较大的应力集中，尤易出现塌滑，设计、施工中须特别注意。

二、膨胀土路基病害

膨胀土路基常见病害如下：

(一)边坡变形

1. 溜坍。路基边坡上局部表层土体，由于降雨下渗含水量过大以及土的胀缩作用，强度降低而溜坍。

2. 滑坡。和一般滑坡相同，斜坡土体沿土中软弱面滑动。这一软弱面多为裂隙面、层面或其他结构面。由于土体存在滑动趋势，当失去前部支撑，便产生滑动。膨胀土地段的滑坡，滑动面土体含水量较大、强度低，有时虽然土体边坡已经放缓，但仍易产生滑动。

3. 坍滑。路基边坡坍滑是膨胀土地段的路堑、路堤边坡经常发生的一种变形现象。不少地段坍滑体厚度不大，在边坡上不断扩展。

(二)路堤和基底的不均匀沉降及变形

由于膨胀土的土质条件和工程特性，使其在列车荷载和水的影响下，经常产生不均匀沉降和变形。给列车的正常运营带来极大的危害。

其特殊危害就在于:(1)它不仅具有压缩变形,而且还有湿胀干缩变形,故施工中难以破碎、压实,是路堤经常发生不均匀沉降的重要原因;(2)它作为地基,本身承载力就较低,在受到外界干扰之后,必须考虑其强度的衰减,它是导致基底变形、路堤破坏的又一重要因素。正是以上原因,后期的维修养护也难以妥善解决运营中可能出现的危害。

三、膨胀土路基的施工要求

膨胀土路基施工中,由于其土性的特殊性,故有几点要注意的地方:

1. 裂土地区路基应按下列原则安排施工:

(1)集中力量、连续快速施工,分段完成。

(2)尽量避免雨季施工。当有困难不能避免时,应保证在施工中排水通畅,不出现积水浸泡工作面场地的现象。

2. 裂土路堑基床换填应紧随开挖完成,防止底土暴露时间过长。当有困难时,应留有厚度不小于0.5 m的保护层。

3. 在裂土地区侧沟、天沟、吊沟、排水沟的铺砌必须及时作好,并与涵管连通。

对施工、生活用水应严格管理,对附近工农业用水应采取有效措施,防止地表水渗入或冲刷边坡。

4. 开挖裂土路堑必须从上到下进行。对黏性较大且含水量较高的裂土应适当晾干后再行开挖。

挡土构筑物应随开挖随砌筑。设有防护的裂土边坡,如防护不能紧跟开挖完成时,应暂留厚度不小于0.5 m的保护层。

5. 裂土填层应用重型碾压机械压实,碾压时应严格保持最优含水量;压实层铺土 厚度不宜大于30 cm;土块应击碎至块径15 cm以下。

对裂土路堤的边坡部分应加强施工控制和检验。密度系统检验应单独进行。

6. 裂土路堤边坡上不得堆积弃土。

7. 采用边坡渗沟稳定加固裂土路基时,与渗沟连接的封闭、排水设施和挡土构筑物应配合紧接完成。

第三节　盐渍土地区

地表土层1 m内易溶盐含量大于 0.5%时称之谓盐渍土。常见的易溶盐有氯盐($NaCl$、KCl、$CaCl_2$、$MgCl$)、硫酸盐(Na_2SO_4、$MgSO_4$)和碳酸盐(Na_2CO_3、$NaHCO_3$、$CaCO_3$)等。当易溶盐的含量超过 0.5%时,土的性质就会受到盐分的影响而发生改变。

盐渍土由于含有较多的易溶盐而具有溶解性;含硫酸盐和碳酸盐的盐渍土均具有盐胀性,其膨胀量的大小与含盐量、含水量、温度和土体密度有关;盐渍土中的各种盐分对钢铁、橡胶、砖和混凝土等还具有一定的腐蚀性,以硫酸盐为最强,能使混凝土产生疏松、剥落、掉皮和侵蚀等现象。

由于盐渍土的这些性质会对路基造成危害,因此在盐渍土地区的路基施工中应特别注意下列几点要求:

(1)不应使用含盐量超过规定允许值的填料,如当地无适宜的填料不得不使用时,应按设计作好稳定与加固措施。取土坑表层含盐量超过允许值时,应予铲除并堆于坑外侧。

(2)对填料含盐量的均匀性应加强施工控制测试频次(每取土坑、场),填筑基床表层时,每取500 m^3、基床表层以下每取1 000 m^3应至少作一组测试，每组取3个土样。取土不足上列数量时，亦应作一组试件。

(3)填筑盐渍土的含水量不应大于最优含水量1%，雨天不得取土填筑。

(4)基床以下填层和含盐量大于5%的氯盐渍土填层压实，应按设计要求加大压实系数。

(5)铲除基底和护道表层盐土时，应作成自路基中线向两侧2%的横向坡面。

(6)设置毛细水隔断层及其垫层或反滤层时，铺设前应清除植物根茎，将基底压实。隔断层应设置于基底，沿基底横坡均匀铺平，且其上填土厚度宜大于1.5 m。

(7)盐渍土路基的坡面防护，应配合开挖，及时填筑，防止表层松胀、剥蚀。

第四节　多年冻土地区

冻土的冻结状态持续三年以上甚至几十年不融化者通常称多年冻土。多年冻土多在地面以下一定深度存在着，其上部至地表部分常有一季节冻土层，故多年冻土区常伴有季节性冻结现象存在。

我国的多年冻土按地区分布不同分为两类：一类是高原型多年冻土，主要分布在青藏高原及西部高山地区，这类冻土主要受海拔高度控制。另一类是高纬度型多年冻土，主要分布在东北大小兴安岭地区，自满洲里—牙克石—黑河一线以北广大地区都有多年冻土分布，这里的冻土主要受纬度控制，自北向南厚度逐渐变薄，并从连续冻土分布区过渡到岛状冻土分布区，直至尖灭。在过渡区中，多年冻土中常有局部融区存在，在岛状冻土区中，多年冻土呈局部岛状体。

众所周知，冻土具有冻融性与冻胀性。因此，在多年冻土地区修筑路基时，一般采用保多年冻土不被融化的原则，以减少其对路基的危害。这样，在多年冻土地区修筑路基时就应特别注意下列几点：

1. 路基土方的施工以5～10月份为宜。当采用保护多年冻土原则修筑的路堑及基底需换填的路堤，宜在春融前施工完毕。

2. 采用保持多年冻土的路堤基底、路堤两侧天然护道范围内的植被，一般均不宜铲除。路堤基底部分，植被(如塔头草)空隙应从别处移取植被填补空隙。

3. 防止由于施工改变了自然条件，使多年冻土融化而影响路基的稳定性。施工便道和开挖草皮的位置要求设在路堑堑顶或路堤坡脚边缘20 m以外。

4. 取土地点要慎加选择，在地下水发育地带，更不宜开挖过深，以免地下水出露，冬季形成冰椎，危害路基。

5. 多年冻土地区地面水一般不易下渗，形成地面潮湿或积水。因此，要求施工前先做好排水工程，如有困难，也要先搞好临时排水设施，以利提高施工质量与工率。

第六章　特殊条件下的路基施工

所谓特殊条件是指特殊工程地质、气象、水文条件，它包括滑坡，崩塌(坍)、泥石流、岩溶、浸水、地震、风沙、雪害等一类特殊情况。

铁路通过这些地区，设计、施工和养护维修各方面都必须依据具体条件，采取相应措施，予以处理。本章仅就几种常见的特殊条件下的路基做了一些介绍，主要有：路基常用横断面形式、病害及其处理措施、施工注意事项等。

第一节　浸水条件下的路基

浸水路堤系指被设计水位浸淹的滨河路堤、河滩路堤和穿越洼地、池塘等地段的路堤。穿越洼地、池塘的路堤，一般都受静水浸泡，水位涨落变化缓慢，但填料抗剪强度因浸水和土中水冻融而有所降低，滨河路堤和河滩路堤则还受水流和波浪的冲刷作用，当路堤两侧有水位差或水位陡降、土中水渗出时，还受动水压力作用以及管涌破坏，这些因素都直接影响路堤的稳定。

滨河路堤沿河行进，而河滩路堤与水流方向交叉近于垂直，如桥头路堤。线路采用河谷线方案时，滨河路堤和河滩路堤是主要的路基形式。此外，线路傍水库边缘行进，或跨越水库支沟、支流，路基将受库水浸泡，也是一种常见的浸水路基。

一、浸水路堤的常用断面形式

浸水路堤按浸水情况、填料性质等因素其断面可采取以下几种类型。

1. 单一填料断面形式

当路堤为单一填料时，防护高程以上不浸水部分采用标准断面形式，防护高程以下应视浸水深度、填料性质及基底地质条件等因素采用放缓边坡或增设护道的断面形式(图6—1)。

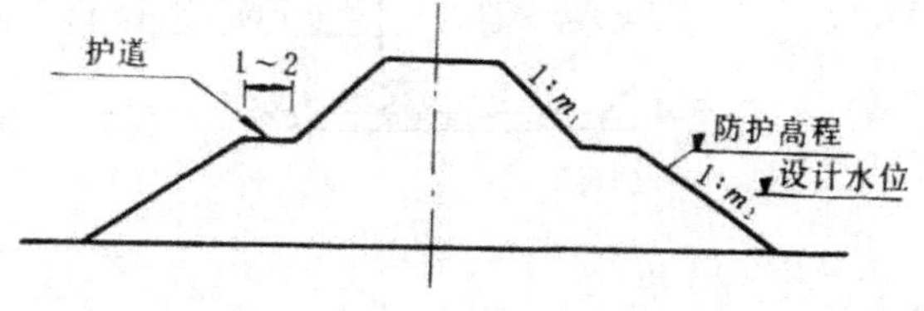

图 6—1　单一填料断面形式(单位:m)

2. 不同填料断面形式

若当地水稳性较高的填料来源不足，可在防护高程以上填细粒土，防护高程以下填粗粒土或岩块，并应在土层分界面处设置不小于0.5 m宽的平台，以免土粒散落，致使上部路堤失稳。当需要设置护道时，则由护道代替平台。若上下土层的粒径相差过大，如下层为块石或碎石土，土层细粒土易落入下层土的孔隙时，在土层分界面上应铺设隔离垫层，其厚度为0.3～0.5 m(图6—2)。

二、浸水路堤施工应注意的几个问题

(一)振动液化

用粉细砂作浸水路堤填料，在列车振动及地震时易产生振动液化，渗流通过时易产生管涌，浸水时抗剪强度降低，压实较困难。所谓振动液化是饱和砂土在振动作用下抗剪强度骤然

下降至零而变成黏滞液体的现象，是粉细砂填筑浸水路堤的主要问题，对此应作慎重的考虑，尽可能避免。

(二)管　　涌

在一定渗透流速条件下，路堤内或基底土的微细颗粒将被水带走，使土孔隙逐渐扩大，渗透流速相应增加，于是较大的颗粒也相继被带走，这样不断扩大，便形成了路堤或基底的管状渗流通道，使路堤破坏，这种现象称为管涌。

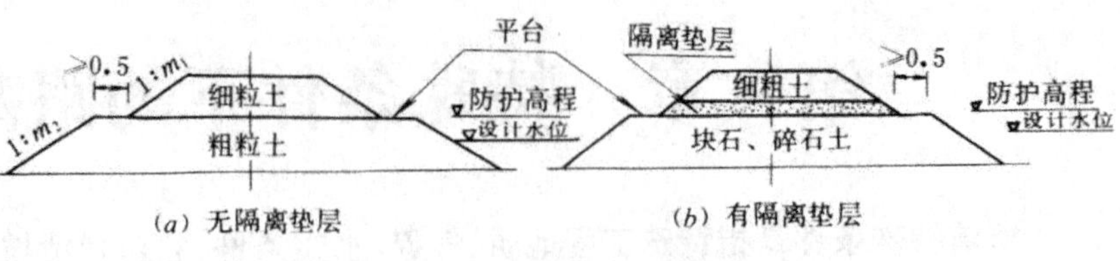

图 6—2　不同填料断面形式(单位:m)

引起管涌的主要因素，在土质方面有土的不均匀系数、颗粒直径、土体的密实度和渗透系数等。土体抵抗渗透破坏的能力称抗渗强度，通常以濒临渗透破坏时的水力坡度来表示，即临界水力坡度。若路堤下游边坡或基底的渗透水力坡度超过临界水力坡度，则可能引起管涌。临界水力坡度与土的容重、孔隙比等性质有关，常通过试验确定。但降低渗透水力坡度显然是处理管涌的主要措施，如在下游坡脚附近设置反滤设施，设置护底铺盖延长渗流途径等，即可使水力坡度降低，如图 6—3 所示。

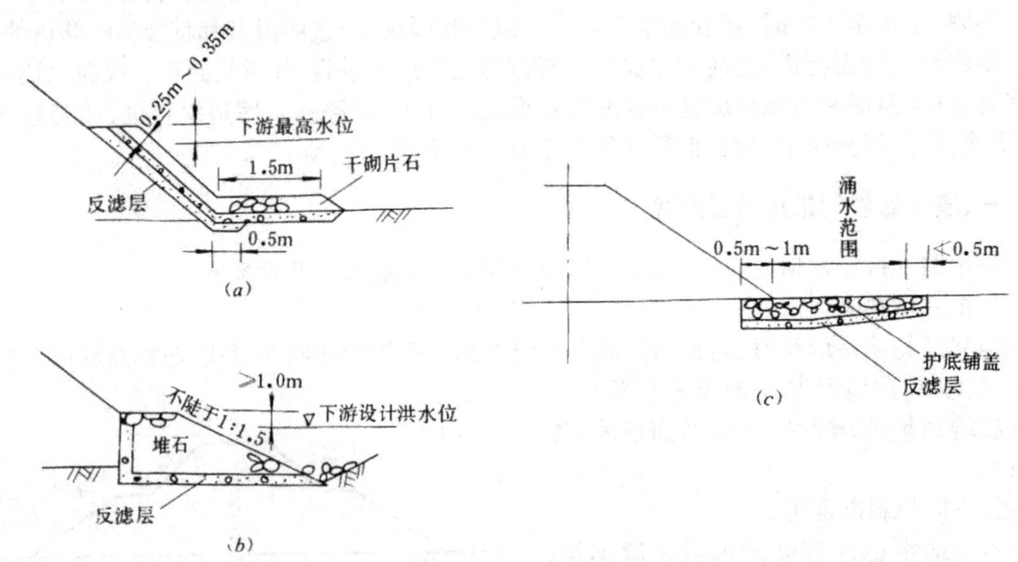

图 6—3　管涌处理

(三)坍岸处理

当路基位于坍岸范围以内时，由于波浪对水库边岸的磨蚀而逐渐坍塌，最后将影响路基的稳定。

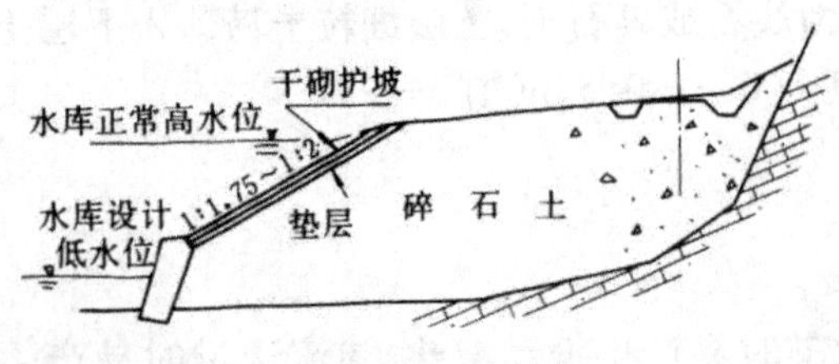

图 6—4　水库坍岸防护图之一

坍岸防护类型，可根据波浪的破坏作用和当地地质情况而定。

1. 如图 6—4。路基修筑在岩堆上，岩堆位于坍岸范围内，基岩埋藏不深，可在岩堆下部设浸水挡土墙，基础埋入基岩内，其上做干砌护坡。一般岩堆是由碎石土构成，中夹块石和黏性土，故需设垫层防止细颗粒流失。

2. 若水库岸坡较高较陡，距线路较近，为黏性土层构成，进行坍岸防护可如图 6—5。就地采用砂砾等渗水土填筑护道，基础采用抛石垛。

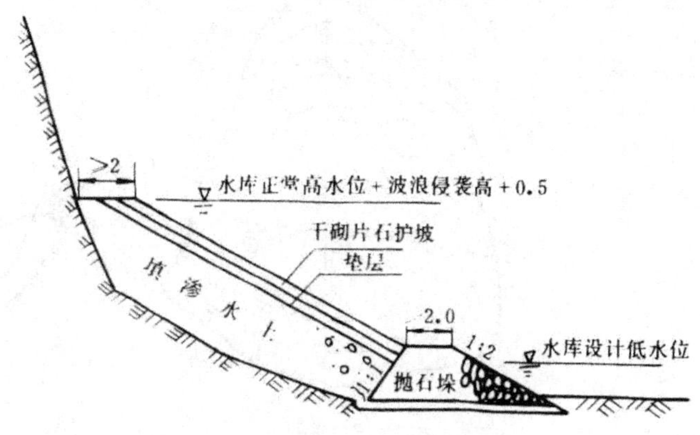

图 6—5　水库坍岸防护图之二(单位：m)

3. 如水库岸坡地形为阶梯状台地，可因地制宜，沿阶梯分级防护，如图 6—6。先修筑第 1 与第 2 级阶梯的防护工程。第 3 级阶梯防护工程可以考虑后期修建，因为位于正常高水位附近，后期施工还是有条件的；如果实际坍岸宽度比预测的小，便可以不处理。

(四)路基沉落的处理

对于浸水路基的沉落问题，一般可采用以下几种措施：

1. 尽可能采用沉落量小和水稳性(浸水不发生大的变形，很少或不降低土的抗压和抗剪强度)较好的渗水土做填料。

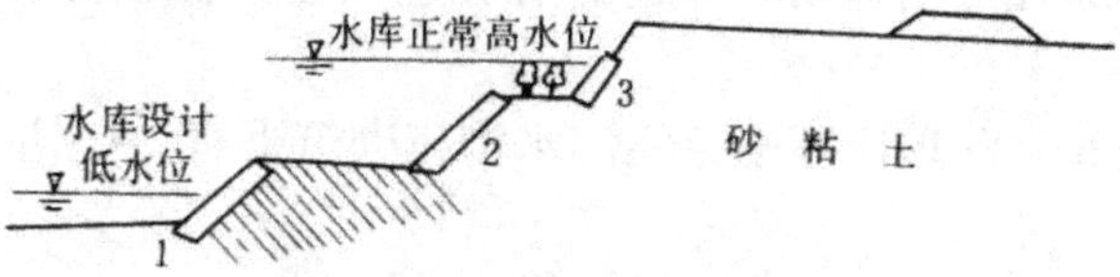

水库正常高水位
水库设计低水位
3
2
1
砂粘土

图 6—6　水库坍岸防护图之三

2. 控制填黏性土的压实密度，基床以下部分达到最佳密度的90%。

3. 若基底系湿陷性土层时，应事先进行处理。

4. 对深水浸泡的高路堤，可将路堤加宽。

第二节　滑坡地段的路基

一、滑坡的概念

在一定的地形地质条件下，由于破坏力学平衡的各种自然的或人为的因素的影响，山坡上的不稳定土(岩)体在重力作用下，沿着山坡内部某一软弱面(带)作整体的、缓慢的、间歇性的滑动的变形现象称为“滑坡”。有些滑坡的滑动初期较缓慢，但到后期其运动速度突然变大，表现为急剧的山坡变形，滑体内有部分岩土形成翻倾，而其大部分侧仍作整体位移，这种先缓后急的滑动现象称为“崩塌性滑坡”。

一个发育完全的滑坡，一般具有：环状的滑坡壁，与滑坡形状相适应的封闭洼地，微向后倾的滑坡台阶，垄状前缘和鼓起的隆丘，分布于滑坡周界及滑体上部的拉张裂缝(滑体下部的挤压鼓张裂缝及前缘舌部的扇形放射状裂缝)滑体中部两侧的剪切裂缝和伴随的羽毛状裂缝，以及为新生沟谷所环绕等外貌。如图 6—7 所示。

二、滑坡的防治措施

(一)滑坡排水

1. 排水设施

排水沟(明沟、槽沟)、渗沟、泄水隧洞，排水钻孔可做为滑坡体内外的排水设施。在使用时，必须先了解滑坡周围的水文情况、地形特征，合理组织、精心安排，以组成一个有效的排水系统。

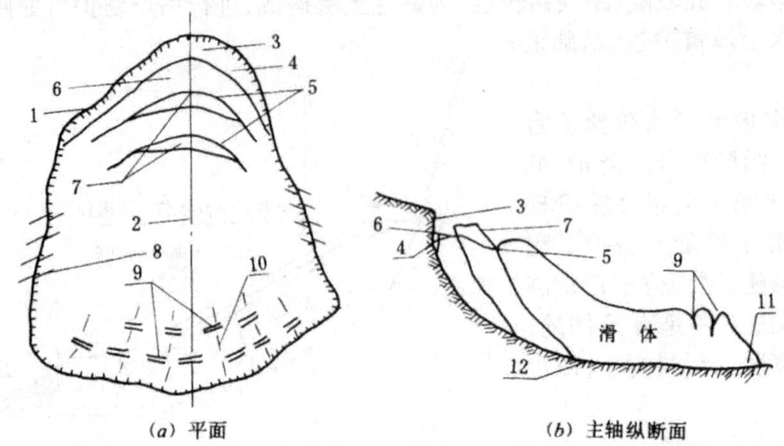

(a) 平面　　(b) 主轴纵断面

图 6—7　典型滑坡外貌示意图

1—滑坡周界；2—滑坡主轴；3—滑坡壁；4—主裂缝；5—拉张裂缝；6—封闭洼地；7—滑坡台阶；8—剪切及羽毛状裂缝；9—鼓张裂缝；10—放射状裂缝；11—滑坡舌；12—滑坡床。

2. 施工时，要求做到以下几点：

(1)滑坡体外的截、排水沟应先做好，并随开挖随铺砌。对施工用水应严加管理，防止流入滑坡体内。

(2)滑坡体上不得有水。裂缝应填塞密实。洼地应整平夯实。水沟应砌筑密实，或采取其它临时防渗漏措施。

(3)应加强检查维修，保持各种水沟完整畅通。

(4)拦截地下水的渗水构筑物要求做到：位置、高程及尺寸准确；渗水材料要合格，各不相混；滤、渗结构层次分明。

(二)改变滑体重心，增强稳定因素

通常办法是减重与加载，其主要作用是在滑坡的主滑段减重以减小下滑力；在抗滑段加载以增大抗滑力，促使滑坡稳定。

(三)修建支挡建筑物，抵抗滑动

修建支挡建筑物来阻止滑坡的滑动是处理滑动的又一重要措施，通常有支撑渗沟、抗滑挡墙及抗滑桩，前两个通常配合使用。

支撑渗沟一般成群设置于滑坡前部，以支撑作用为主，兼起排除滑带水和疏干其附近滑体的作用，适用于滑体前部有地下水出露及滑体土中水发育的地段。当滑体的下滑力较小时，可以单独使用；当下滑力较大时，宜与抗滑挡墙配合使用。

抗滑挡墙是广泛应用的支挡建筑物，宜用于中厚层滑坡的防治，常与支撑渗沟、排水及减重等措施配合使用。挡墙一般宜设于滑坡下部或前缘抗滑段。

对于滑坡推力较大时，我们通常采用抗滑桩。抗滑桩是一种大截面的侧向受荷桩，它穿过滑坡的滑体，锚入滑床中一定深度，有如在滑体和滑床之间打入楔子，以阻止滑体下滑。抗滑桩置于滑面以下部分称之为锚固段，滑面以上部分称为受力段，受力段承受滑坡推力，传递到锚固段，在滑床的桩周地层产生反力，嵌住桩身，以达抗滑目的。

(四)改善滑动带土体，提高其力学性质

用物理化学方法改变滑动带土石的性质，来提高滑坡的稳定性，是治理滑坡的有效措施。

下面简单介绍几种方法。

1. 灌浆法

用水泥浆或化学浆液注入岩、土的裂隙、孔隙中，将岩、土体胶结成整体，使之强度提高。水泥灌浆法只适用于裂隙岩石、砾石、砂类土。黏土孔隙小，水泥浆液不易注入，故采用较少。

2. 电渗排水和电化学加固法

电渗排水是利用电渗透原理，在饱水的黏土中插入二个电极，通以直流电。在电流的作用下，土中水向阴极汇聚，由阴极金属过滤管中排出，达到疏干、加固土体的目的。

第三节　崩塌地段的路基

一、崩塌地段的路基

(一)崩塌及其产生原因

崩塌是指陡峻斜坡上的岩体或土体，突然而急剧地向下倾倒、崩落、翻滚和跳跃等的一种动力地质现象。

规模极大的崩塌称为山崩，而仅个别落石的称为坠落。

崩塌对铁路行车安全威胁很大，是山区铁路常见的路基病害。

大型崩塌是灾害性的，问题很复杂也很难解决。小型崩塌(总体积不超过200 m^3)和零星石块的坠落，可根据当地具体条件，采取适当措施进行防治和处理。

引起崩塌的原因比较复杂，它是由各种因素共同作用的结果，主要的原因有以下几种：

1. 地形条件

它是崩塌发生的外部原因。在崩塌的内因具备的情况下，一般当坡度大于55°，高度大于30 m以上的陡峻斜坡，坡面不平整，易发生崩塌。当坡度陡于70°时，则更易发生崩塌。

2. 岩性和地质构造

山坡表面的形状往往与岩性和地质构造有关，一般情况下，高陡地形都是由硬质岩石组成的。而软硬相间的岩层，往往形成凹凸不平的坡面，如砂页岩互层，页岩抗风化能力差，易形成凹槽，而砂岩往往形成凸出的悬岩，若凸出部分有结构面存在时，在重力作用下易沿这些薄弱面发生剪切、坠落或形成崩塌。崩塌岩体中结构面的形成与地质构造有关，如岩体节理发育，且结构面的组合位置处于不利情况时，易沿这些面发生崩塌。当山坡上方有断层破碎带时，易沿断层破碎带发生崩塌。在黄土地区，也常有沿土的构造裂隙面发生崩塌的现象。

3. 水的作用

水是引起崩塌最活跃的因素，绝大多数崩塌发生在雨季或暴雨之后。这是由于水渗入构造裂隙，对岩、土产生软化、润滑和动水压力作用，造成岩、土强度降低。内摩擦角减小，因而容易引起崩塌。

4. 其他因素

强烈的地震、大爆破，以及人工开挖的边坡过高过陡，破坏了山体的平衡条件也可形成崩塌。

崩塌地段路基的稳定，在很大程度上取决于线路位置是否适当，故在勘测设计时，应结合地区的地形、地质条件，选定适当的线路位置，以求做到防患于未然，或者尽量缩短线路通过崩塌地段的长度，为路基设计和整治，创造有利的条件。

(二)崩塌防治措施

崩塌的防治措施比较多，通常有以下几种：

1.拦截建筑物

拦截建筑物常用的类型有:落石平台、落石槽、拦石墙和拦石堤以及其他拦截落石的措施。

(1)落石平台

当被防护的路基,距有崩落物的山坡的坡脚有适当距离,且路基高程与山坡脚下的平缓地带的高程相差不大(不超过2～2.5 m)时,宜修筑落石平台。

当落石平台的高程与路基高程大致相同或略高时,宜在路基侧沟外侧加修拦石墙,如图6—8所示。

当落石平台的高程低于路肩高程时,宜在路堤边缘修建路肩挡土墙如图6—9,用以拦挡落石及保护路基。

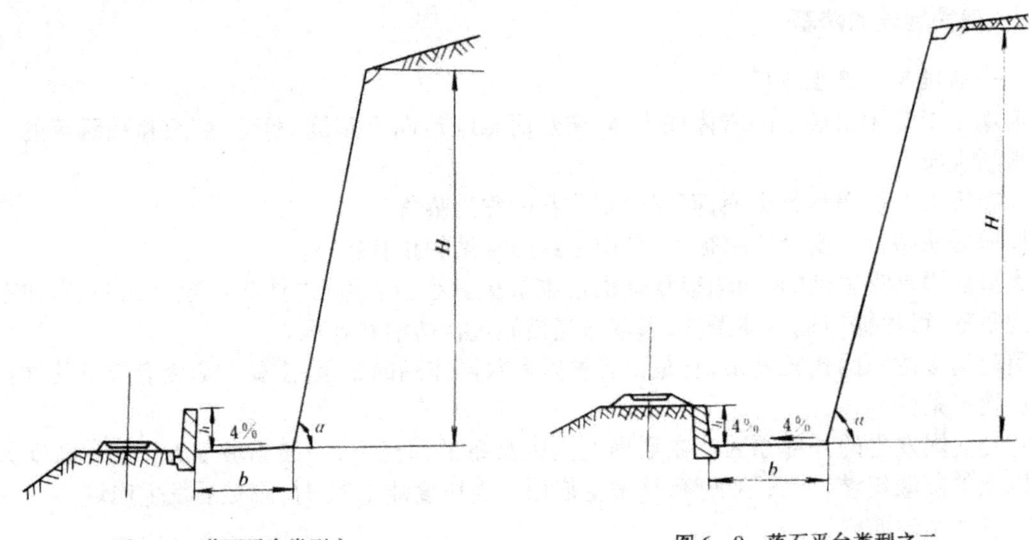

图6—8 落石平台类型之一　　图6—9 落石平台类型之二

落石平台的宽度“b”及拦石墙或路肩墙的外露高度“h”,可根据现场调查试验等资料确定。

(2)落石槽

当路堤距有崩落物的山坡坡脚有适当的距离,且路堤高程比山坡脚下的平缓地带高出较多(大于2.5 m)时,则宜利用地形修筑落石槽,而且于其迎石边坡采用单层砌石防护,如图6—10。

当路基与有崩落物的山坡之间有缓坡(坡度角不陡于30°)地带时,则宜在缓坡上高出路基高程不超过20～30 m处修筑落石槽。若崩落物有较大的冲击力,则落石槽外侧应配合设置拦石墙如图6—11。

(3)拦石墙

拦石墙设置的位置,可设置在路堑上方靠山坡落石一侧的形式,亦可配合落石槽使用。如图6—12,为减少落石在迎石坡面上的弹跳高度,拦石墙背后设置的缓冲层的边坡宜尽可能陡一些,一般可用1:0.75,坡面宜用片石等铺砌加固。当落石坠落的速度较大(大于20 m/s),可将缓冲层边坡顶部一段,采用混凝土块板,设计成垂直的坡度,则效果更为理想。

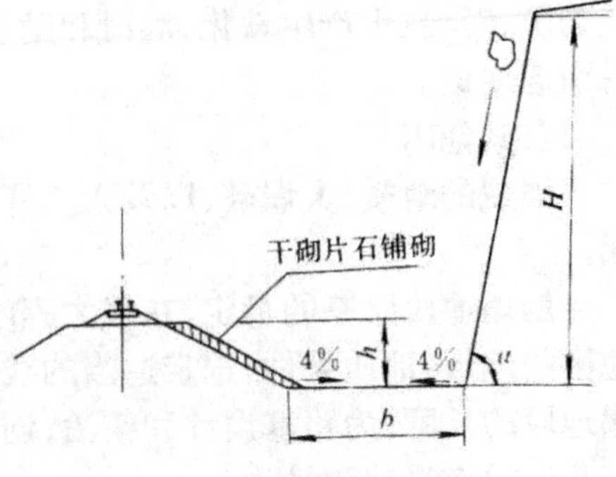

图6—10 落石槽类型之一

(4)拦石堤

拦石堤通常使用当地土筑成，一般采用梯形断面，堤顶宽 2～3 m，堤高可根据调查或经验数据确定。其外侧边坡可用适合于填料性质的稳定边坡而不必加固，亦可采用较陡边坡，边坡可采用 1:0.75 并进行加固，堤顶高度应预留1.0 m的安全高度。若坠落石块较大(石块体积 2～3 m^3)时，堤顶宽应再增加0.5 m，其相应的安全高度亦应增为 1.5～2.0 m。

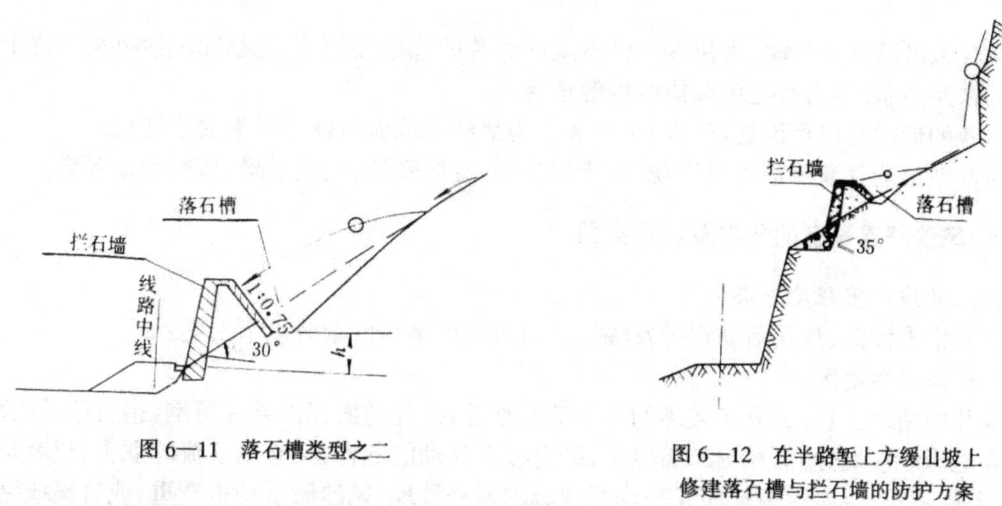

图 6—11　落石槽类型之二

图 6—12　在半路堑上方缓山坡上修建落石槽与拦石墙的防护方案

(5)其他拦截崩塌落石的措施

主要有植树防护边坡和在边坡上设置桩障，以起减少和拦挡崩塌物和落石的作用。

桩障露出地面的高度一般为 1.5～2.0 m，可用木桩或钢筋混凝土桩。其尺寸可按落石大小设计，在桩障的下侧应设置落石槽与之相配合。另外一种措施是设置拦石网，利用木制的或钢轨桩作支柱，在上面架设铁丝网以拦截落石。

2. 遮挡建筑物

在山坡不稳的中、小型崩塌地段，或由于人工开挖的深路堑边坡而造成山体崩塌变形地段，当崩塌量大，崩塌物质来源丰富，或崩塌发生次数频繁，采用一般拦截建筑物有困难时，可采用框架棚洞。

有时若因地形或地质条件限制，外侧设置基础有困难时，亦可采用钢筋混凝土悬臂式棚洞。

在有条件的地方，经过比较，也可采用明洞处理。

在设置这些建筑物的地方，要求地基牢固。特别是明洞的外边墙受力集中，更应注意将其置于坚实、稳固的地基上。

二、施工注意事项

1. 在崩塌地段施工，为防止造成坍方及人身事故，只宜采用小爆破由上而下进行开挖作业；而且刷坡时，应明确清刷的具体范围，并做出明显标志。

2. 落石地段各项防治设施应及时配套完成。施工时应分别做到：

(1)落石台和落石槽的排水坡应按要求的纵、横坡度修筑平顺；坡面设有防渗设施时，应紧随落石台、落石槽同时完成。

(2)土质拦石堤应分层填筑压实。堤身内外侧有挡土、防护构筑物时，应与堤身配合同时施工。拦石墙、堤的背面设有缓冲土层时，应堆置均匀。

(3)拦石网和拦石桩障应按设计要求并结合实际地形作出正确有效的排列布置,放线施工。

3.当崩落情况严重,清方明挖危及人身安全、隐患难以尽除时,应通过设计采取可靠的工程对策或变更防治措施。

第四节　风沙地区的路基

风沙地区路基是沙漠、大风和风沙流地区路基的总称,因为它们都和风沙有关。位于这些地区的铁路路基,容易遭受风蚀或沙埋等危害。

风沙的形成与地理位置、气候、土质和人为活动及地表植被等因素关系密切。

风沙地区的气候特征主要表现为:干旱少雨、日照强烈、气候干燥、风的活动频繁。

一、风沙严重程度的分类及沙害类型

(一)风沙严重程度分类

主要根据沙源、沙丘活动程度及输沙量对风沙严重程度划分以下三类:

1.严重风沙地区

成片的活动沙丘,或分布较多的单个活动沙丘,沙丘的面积占某一范围(指有沙丘的范围,且结合地形地貌划分)面积为20%以上,既有沙丘移动的危害,又有风沙流的危害;或者是平沙地,线路附近虽无沙丘,但地面几乎均系裸露的疏松沙地,风沙流活动很严重,或者离线路数公里范围外有大片的活动沙丘,而沙丘至线路之间的下垫面有利于沙流通过,年输沙量不小于15 m^3/m。

2.一般风沙地区

线路附近为固定和半固定沙丘或沙地,只有少数活动沙丘,主要是风沙流危害,年输沙量为5～15 m^3/m;或者离线路数公里范围内有较多沙源,通过线路的沙流量较大,一般为10 m^3/m左右;或者是风力较大的假戈壁地区,表层粗化层(砾石厚5 cm左右)下为沙层,或是砾石中夹较多的(40%左右)沙粒,风力较大时(>17 m/s),产生大量沙流,严重危害铁路工程。

3.轻微风沙地区

大部分为固定沙丘或沙地,少数为半固定沙丘;或者线路附近无沙丘,系砾石戈壁滩,远方有一些沙源,每年有少量沙流(≤5 m^3/m)危害铁路。

(二)铁路沙害类型

1.风　蚀

沙漠地区的路堤,一般采用当地的粉细沙填筑,易遭风蚀。风力对路基的风蚀,可分为吹蚀、磨蚀与掏蚀三种作用。吹蚀是风力直接带走填料颗粒;磨蚀是气流中挟带的沙粒冲击填料颗粒,甚至钻入孔穴内旋磨,以致使土体局部被掏空,加速风蚀程度;掏蚀是气流因遇障碍物或地面形状突变和不平整而产生涡流,卷走细小颗粒,使较大颗粒失掉稳定性而滚落于坡脚。一般迎风坡上部以吹蚀为主,路肩被吹蚀成浑圆状,坡面有吹蚀槽,在边坡下部1/5～1/4边坡高度范围内不遭受风蚀。背风坡以掏蚀为主,从路肩开始风蚀,风蚀物大部分堆积于坡脚,少部分被风带走,边坡下部1/4边坡高度范围内一般不遭受风蚀。风蚀常使路肩宽度不够,严重者,枕木外露,影响行车安全。

在沙丘或沙地开挖的路堑,或者含有易风蚀的土层路堑,坡面风蚀均较严重。

大风地区的风蚀现象更为严重,不仅粉细砂填筑的路堤需进行防护,而且采用砂石土和泥岩、泥灰岩、砾岩等软质岩碎块填筑的路堤,亦需进行防护。

2.沙　埋

风沙地区的道床积沙是普遍现象，轻则道碴孔隙贯入沙粒，道心有少量积沙，造成道碴不洁，给铁路上部结构带来一系列危害；重则积沙掩埋轨道，当积沙超出轨顶3 cm以上，就可能引起机车或车辆脱轨，造成停运事故，此种现象一般称为沙埋。

二、风沙地区路基及其防护

(一)路　堤

采用卵、砾石或碎石等材料全部(包括路基面)包坡的路堤，其路基面宽度可按渗水土路堤标准。如用上述材料只防护路肩和坡面，或用黏性土等非渗水材料做防护层的路堤，路基面宽度按一般黏性土路堤标准。粉、细沙填筑的路堤边坡坡率一般采用1:1.75～1:2，一坡到顶。

路堤本体的防护范围、布置形式、常用防护材料及尺寸详见路基设计手册。

(二)路　堑

半干旱荒漠带和干旱荒漠带的粉、细砂地层路堑，可不设侧沟和不做路拱，采用卵、砾石或碎石等渗水材料全部防护时，路基宽度按渗水土路堑标准，路堑两侧另加宽度不小于2 m的积沙平台。半干旱干草原带和半湿润草原带的粉细砂地层路堑，需设侧沟，并加铺砌工程防止冲刷，侧沟外设宽度不小于2 m的积沙平台。路基面宽度按一般黏性土标准。粉、细沙地层路堑边坡坡率，一般采用1:1.75～1:2，一坡到顶。

路堑本体的防护范围、布置形式、常用防护材料及尺寸详见路基设计手册。

在大风地区和戈壁风沙流地区的浅路堑，可以采用展开式，以便减少积沙量。以往经验：边坡坡率采用1:2～1:3.5，堑内积沙仍然严重。试验观测证明：边坡坡率缓于1:4，且堑顶20 m范围内平整，无阻碍物，输沙效果才较显著。

(三)路基两侧的防沙工程

1.两侧防沙体系

(1)线路中心线两侧各一定宽度内为路基施工范围，视路基的填高或挖深而定，一般每侧宽度不宜小于25 m。在此范围内，由于施工破坏的地表应大致整平，浮沙采用不吹蚀材料覆盖。

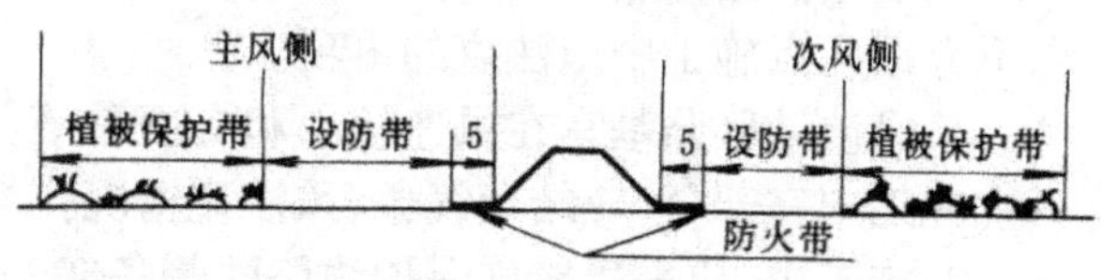

图6—13　路基两侧防护体系(单位:m)

(2)防沙体系包括设防带和植被保护带(图6—13)。设防带是采用工程防沙或植物防沙布防的地段，一般采用两种以上的防沙措施。靠近铁路是加强防护区，绝不允许沙流越过该区而掩埋铁路工程；远离铁路，可允许少量沙流侵入加强设防区的外缘。

2.工程防沙

工程防沙措施按其作用可分为固沙、固阻沙及阻沙三种情况。

固沙采用不被风吹蚀的材料、覆盖于沙丘或沙地上，只起到固定当地浮沙的作用。又称之为平铺。

平铺的类型大致有以下几种：

(1)就地取用粗颗粒土，如卵石、砾石、碎石、矿碴和炉碴等。可以采用堆状，比平沙地的粗糙度增大80余倍，有利于阻截沙粒；也可以摊平。颗粒较粗时，平均平铺厚度5～10 cm；颗粒较细(如砾石)时，平均平铺厚度8～12 cm。粗颗粒土坚固耐久，不怕风蚀和雨水冲刷，且具有隔温保墒作用，有利于植物生长。故平铺时，播种抗干旱的灌木或半灌木种子。

(2)就地取用塑性指数 I_p 大于 7 的黏性土。一般宜铺成条带状，宽0.5 m，中部略高，适当夯拍，两条带中心线之间的距离为 1～1.5 m。未平铺的沙面播种抗干旱的灌木或半灌木种子。

固阻沙措施常采用半隐蔽式沙障，大面积铺设，兼有固沙和阻沙作用；露出地面高 10～20 cm。埋入地面深10 cm左右；风向单一时，按条带状布设，风向多变时，按格状布设。

沙障按材料可分为：(1)麦草(稻草)沙障；(2)苇把沙障；(3)黏土沙障；(4)盐块(草皮块)沙障；(5)沥青毡沙障。其形式多样，例如图 6—14。

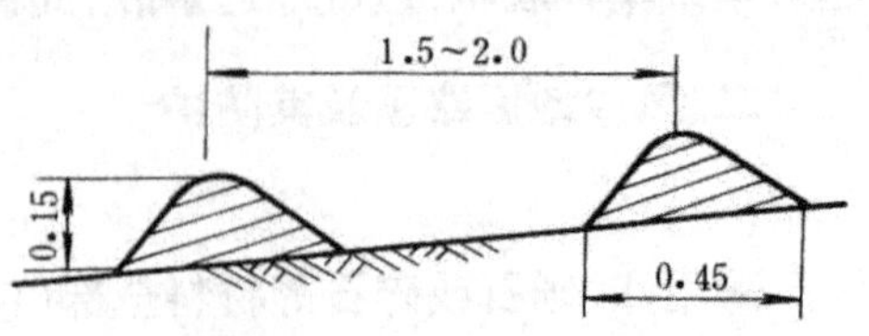

图 6—14　黏性土埂沙障(单位：m)

阻沙措施常采用高立式沙障，只起阻沙作用，一般设置 1 排，输沙量大时，设两排或三排。常设于设防带外缘，沙源少时，离路基坡脚50 m左右；沙源丰富时，离路基坡脚 100～300 m。

3. 植物防沙

通常采取种防沙林的办法。林带一般沿线路平行布置，比沙害地段略长，形成封闭状态，阻截任何方向来的流沙。当风向与铁路线为大角度相交时，树行可与线路平行。林带横断面如图 6—15。

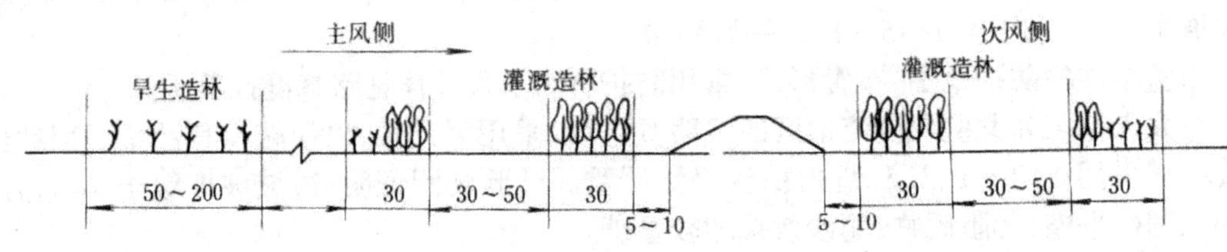

图 6—15　林带横断面图(单位：m)

三、施工注意事项

风沙地区路基施工受外界环境影响很大，施工时，更应慎重，多观察、多分析，考虑要周全。以下介绍几点施工中应注意的事项。

1. 风沙地区路基宜在风速较小和有雨季节分段集中施工，并在大风来临前配套完成。对每次施工未完部分，应结合气象、风沙流情况作必要的临时防护。

2. 施工中，应采取措施保护线路两侧各500 m范围内的地表原有植被和地表硬壳。因施工作业使两侧地表受损时，应按设计要求在新出露的沙面上设置覆盖防护。

3. 风沙地区路基各项设施应相互配合施工。要求：

(1)临时固沙、阻沙设施应随路基主体工程及时完成。

(2)路肩防护层和边坡防护层应随同路基的填筑、开挖一次作成。

(3)配合设置的覆盖层、防沙栅栏、截沙沟堤等应同时作好。

(4)弃土堆、取土坑设有防护时，应于弃、取完毕后随即作好防护。

4. 弃土堆、取土坑应设置在路基的背风侧；其距堑顶、坡脚的距离应分别符合设计要求。

5. 格状沙障施工应作到稳固、牢实，风吹不走。

当采用草格沙障时，在迎风侧应先设主带(垂直主风向)，后设副带(平行主风向)；在背风侧应先设副带，后设主带；均应先远后近，自上而下施工。在新月形沙丘，应从迎风坡脚开始设置。

埋设防沙栅栏应整平两侧地面，插铺草束，压沙插实，埋设稳固，防止栅栏底部被风吹掏空。

6. 采用黏性土作防护材料时，应试验测定其塑性指数，符合设计要求的方可使用。

第二篇　铁路轨道工程

第七章　铁路轨道结构

铁路轨道由钢轨、轨枕、道床、联结零件、防爬设备和道岔等部件组成。

轨道是列车行驶的基础，能引导列车运行，并直接承受车轮的动压力，然后传到路基上。

铁路运营条件以行车速度、轴重和运量三个参数来反映。行车速度增加，动压力增大，加上车轮和轨道的不平顺，动压力可增大1.5～2.5倍，加速了对轨道的破坏；轴重的增加也是一样，特别是对钢轨能产生更大的不良影响；运量的增长，列车荷载作用次数增多，使轨道部件疲劳损伤和永久变形积累加速。

因此，根据不同的运营条件，要求有不同等级的轨道标准，使之有相应的强度和稳定性，以确保列车按规定速度，平稳、安全和不间断地运行。

为此，我国《标准铁路设计规范》规定我国新线和改建的铁路正线的轨道标准如表7—1所示。

对于既有线，《铁路设备大修规则》对轨道标准做了一些修改，主要是轨枕配置，不分木枕或混凝土枕，一律按表7—1中“木枕”栏内的配置。

正线轨道类型　　表7—1

条件	项目			单位	特重型	重型	次重型	中型	轻型
运营条件	年通过总重密度			Mt·km/km	>60	60～30	30～15	15～8	<8
	最高行车速度			km/h	≥120	≥120	120	100	80
轨道结构	钢轨			kg/m	≥70	60	50	43	43～38
	轨枕根数	混凝土枕		根/km	1 840～1 760	1 760	1 760～1 680	1 680～1 600	1 600～1 520
		木枕			1 840	1 840	1 840～1 760	1 760～1 600	1 600
	道床厚度	非渗水土路基	面层	cm	30	30	25	20	20
			底层	cm	20	20	20	20	15
		岩石、渗水土路基		cm	35	35	30	30	25

注：1. 计算年通过总重，应包括净重、机车和车辆的质量，并将旅客列车质量计算在内。单线应按往复总重计算，双线应按每一条线通过的总重计算。

2. 重型及以上轨道宜采用混凝土宽枕，按1 760根/km配置。

3. 非渗水土路基宜采用双层道床，只有在垫层材料供应困难，且不致造成路基病害的情况下，方可采用单层道床，其厚度比照岩石路基加5 cm。

第一节　钢　　轨

一、钢轨的功用、性能和断面

钢轨是铁路轨道的主要部件，它用于引导机车车辆车轮前进，承受车轮巨大压力并传递到轨枕上。因而要求钢轨必须为车轮提供连续、平顺和最小阻力的滚动表面。在电气化铁路或自动闭塞区间，钢轨还兼做轨道电路。

我国钢轨类型以取整后的每米钢轨重量来分类的。我国标准钢轨有 75、60、50、43、38 kg/m，其断面尺寸及几何特性如表 7—2 所示。75、60 kg/m钢轨断面形状如图 7—1 所示。

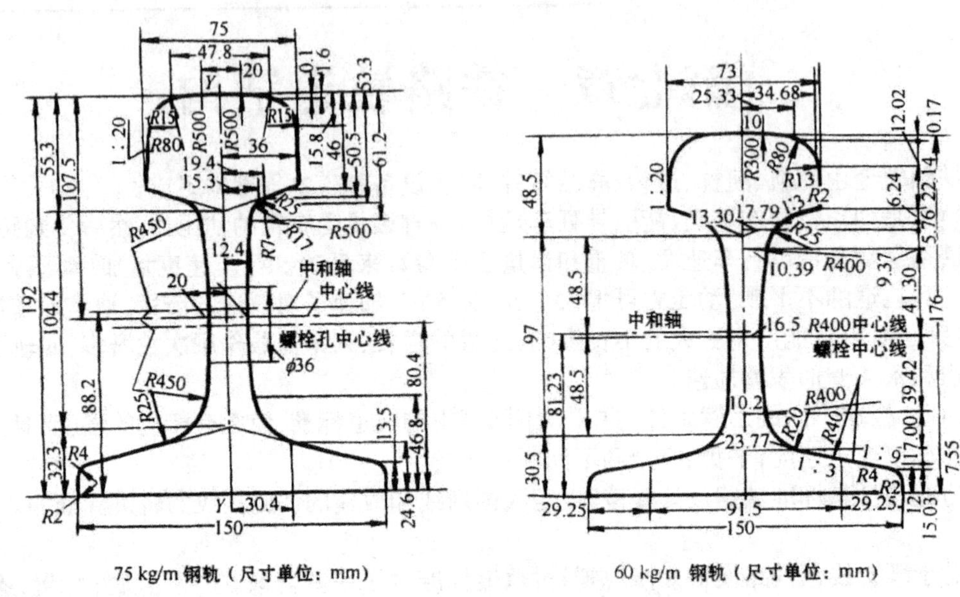

75 kg/m 钢轨（尺寸单位：mm）　　　60 kg/m 钢轨（尺寸单位：mm）

图　7—1

钢轨断面尺寸及特性　　　表 7—2

项　　目	类　型 (kg/m)			
	75	60	50	43
每米质量 m(kg)	74.414	60.64	51.514	44.653
断面面积 F(cm^2)	95.037	77.45	65.8	57
重心距轨底面的距离 y_1(mm)	88	81	71	69
对水平轴的惯性矩 J_x(cm^4)	4 490	3 217	2 037	1 489
对竖直轴的惯性矩 J_y(cm^4)	665	524	377	260
底部断面系数 W_1(cm^3)	509	396	287	217
头部断面系数 W_2(cm^3)	432	339	251	208
轨底横向挠曲断面系数 W_y(cm^3)	89	70	57	46
轨头所占面积 A_h(%)	37.42	37.47	38.68	42.83
轨腰所占面积 A_w(%)	26.54	25.29	23.77	21.31
轨底所占面积 A_b(%)	36.54	37.24	37.55	35.86
钢轨高度 H(mm)	192	176	152	140
钢轨底宽 B(mm)	150	150	132	114
轨头高度 h(mm)	55.3	48.5	42	42
轨头宽度 b(mm)	75	73	70	70
轨腰厚度 t(mm)	20	16.5	15.5	14.5

二、钢轨长度及轨缝

我国标准轨长度有25 m和12.5 m两种。对于75 kg/m钢轨，只有25 m一种。在曲线上还需要使用缩短轨，即比标准轨短的钢轨。对于25 m标准轨系列选用的缩短轨有短 40、80、160 mm的三种；对于12.5 m的标准轨有短 40、80、120 mm三种。

普通线路上用的钢轨端部有三个圆形螺栓孔，以便上夹板用。

钢轨与钢轨之间留有一定的缝隙(称为轨缝)，通过夹板和接头螺栓将钢轨夹紧而连接起来。随着轨温变化，钢轨要伸缩，这个伸缩量是由钢轨螺栓孔、夹板螺栓孔与螺杆之间的间隙来提供的，我们把它们之间在构造上能实现的轨端最大缝隙称为构造轨缝。在铺轨施工时，也需要预留一定的轨缝，称为预留轨缝。预留轨缝要适当，能保证冬天不超过构造轨缝，以防止拉弯接头螺栓及增大车轮冲击；使夏天轨缝不挤严，以防温度压力太大而胀轨跑道。《铁路线路维修规则》规定普通线路预留轨缝计算公式为：

$$a_0 = aL(t_z - t_0) + \frac{1}{2}a_q \tag{7—1}$$

式中 a_0——换轨或调整轨缝时的预留轨缝(mm)；

a——钢轨钢线膨胀系数 $a = 0.011\,8$(mm/m℃)；

L——钢轨长度(m)；

t_z——当地中间轨温(℃)；

$$t_z = \frac{1}{2}(T_{max} + T_{min})$$

T_{max}、T_{min}——当地历史最高、最低轨温(℃)；

t_0——换轨或调整轨缝时的轨温；

a_g——构造轨缝(mm)。

对于 43、50、60 kg/m钢轨，$a_g = 18$ mm

对于75 kg/m钢轨，$a_g = 20$ mm

从理论上讲，用式(7—1)计算得到的预留轨缝值预留时，到冬天 T_{min}时，轨缝仍小于构造轨缝；夏天 T_{max}时轨缝仍不是零。当然，它的前提条件是，接头螺栓必须拧紧，经常保持表 7—3 所示的扭矩。对于南方，年轨温差小于85 ℃的地区，为了减少冬天的轨缝，预留轨缝可以按式(7—1)计算得到的结果再减小 1～2 mm。

接头螺栓扭矩 表 7—3

项目	单位	25 m 钢轨						12.5 m钢轨	
		最高、最低轨温差＞85 ℃			最高、最低轨温差≤85 ℃				
轨型	kg/m	60	50	43	60	50	43	50	43
螺栓等级		10.9	10.9	8.8	10.9	8.8	8.8	8.8	8.8
扭矩	N·m	700	600	600	500	400	400	400	400
C值	mm	6			4			2	

注：1. C 值为接头阻力及基础阻力限制钢轨自由伸缩的数量。

2. 小于43 kg/m的钢轨，比照43 kg/m钢轨办理。

第二节 轨 枕

轨枕的功用是保持钢轨位置、方向和轨距，并将它承受的力均匀地分布到道床上。因此，要求轨枕有一定的坚固性、弹性和耐久性，并能便于固定钢轨，有抵抗纵向和横向位移的能力。

我国的轨枕有木枕、混凝土枕、钢枕。此外，为了减少养护维修工作，提高轨道的整体性，适应高速行车，还有许多新型轨下基础。如混凝土整体道床、沥青整体道床、板式轨道等等。钢枕在我国已经被淘汰，只有在云南一些窄轨铁路及个别站线上还零星可见。

一、木　　枕

木枕即为木制轨枕，又称为枕木。木枕富于弹性，便于加工、运输和维修；有较好的电绝缘性能；此外，还与道碴之间有较大的摩擦系数，以保证轨道稳定。但是，从我们国家来说，木材缺乏，价格很贵，而且易腐朽、磨损，使用寿命短，不同种类木材的木枕弹性也不一致，因此，在我国逐渐地被混凝土枕所代替。

木枕分普通木枕、道岔木枕及桥梁木枕。其基本断面形状如图 7—2 所示。普通木枕和岔枕尺寸如表 7—4 所示，桥枕如表 7—5 所示。

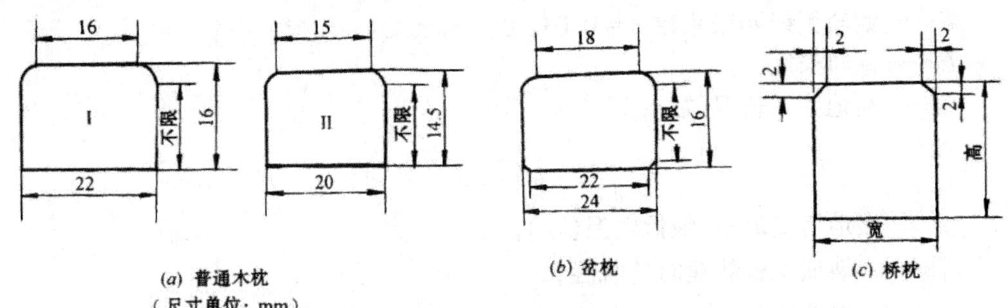

(a) 普通木枕
（尺寸单位：mm）

(b) 岔枕

(c) 桥枕

图　7—2

普通木枕、道岔木枕尺寸(cm)　　表 7—4

类　别	类　型	长　度	厚　度	底　宽	顶　宽
普通木枕	Ⅰ	250	16	22	16
	Ⅱ	250	14.5	20	15
道岔木枕		260～485	16	24	18

桥梁木枕尺寸(cm)　　表 7—5

长(cm) / 宽、高(cm) / 类　别	300		320		340		420、480	
	宽	高	宽	高	宽	高	宽	高
桥梁木枕	20	22	22	28	24	30	20	22
	20	24	24	30			20	24
	22	26					22	26
							22	28
							24	30

木枕失效原因很多，其中主要是腐朽、机械磨损及裂缝。三者互为因果，相互促进。对付腐朽的办法，是将木枕进行防腐处理。防腐剂很多，主要有油类和水溶性防腐剂两大类，其中以油类防腐剂为主要型，适用于大工厂浸注木枕。我国木材防腐工厂多采用防腐油与煤焦油混合的油剂（简称混合油），煤焦油含煤沥青，可以防止木枕开裂，也可以起到防水作用。

在一些运量大的线路中，往往机械磨损控制木枕的使用寿命。减少机械腐损的途径：

1. 扩大垫板面积或在铁垫板下加胶垫，降低木枕表面单位面积的压力；

2. 道钉孔应预先钻好，孔径需经防腐处理；

3. 最好采用分开式扣件。

对付木枕劈裂的措施，是在开裂处打入 *C* 钉或 *S* 钉（其形状象 *C*、*S*）。最近发展有"组钉板"，它是比木枕断面稍小的钢板，冲出许多尖钉，使用时，将钉板钉在开裂处（或预防开裂表面），起到更有效的预防开裂作用。

为了节省木材、废物利用，将失效木枕中完好部分胶接拼合在一起，在次要线上使用。

二、混凝土轨枕

（一）混凝土轨枕分类

混凝土枕全称应当是预应力钢筋混凝土轨枕。混凝土枕按其用途分为普通混凝土枕、混凝土岔枕、混凝土桥枕等三种。这里主要介绍普通混凝土枕。

我国线路上铺设使用的轨枕型号有弦Ⅱ—61A、筋 63、筋 69、弦 69、丝 79、丝 81、筋 81、S—1、J—1、J—2、S—2 等。这里的"弦"、"S"都是表示配筋为钢弦，"筋"、"J"表示配筋为钢筋；61、63、69、79、81 是表示设计的年代；"Ⅱ"是指设计中采用Ⅱ级荷载（即解放型蒸汽机车、85 km/h 速度、1 840 根/km轨枕的非接头处轨枕所受荷载）；"A"表示钢弦的编号。"1、2"表示轨枕型号产生先后顺序及轨枕强度等级，是铁道部 1984 年为了统一轨枕名称制订的统一编号。S—1 型就是原来的"丝 79"，S—2 型为"丝 81"，J—2 型为"筋 81"，此外还准备生产与75 kg/m钢轨配套使用的钢弦混凝土枕"S—3"型。

在 1985 年以前我国线路上混凝土枕基本上都是"筋 69"、"弦 69"型，现在已经停止生产，大量生产和铺设 S—1、S—2、J—2 型轨枕。2 型轨枕强度比 1 型高，用于干线。S—1 型轨枕从结构、配筋上与"弦 69"基本一样，只是在外型上把枕端的斜坡改为平台。图 7—3、4 分别为 69 型，J—2（或 S—2）型轨枕外形。

（二）轨枕外形尺寸

混凝土枕断面为梯形，上窄下宽，底面宽一些是为了保证有足够的支承面，以减少对道床的压力，为了线路维修时捣固和制造时脱模方便，底边切成 45°的斜角。轨枕顶面支承钢轨这部分称为承轨槽（也称为承轨台），为适应轨底坡要求，承轨槽是 1:40 的斜面。轨枕底面支承在道床上，在两端轨下部分，直接传递枕上压力，要求宽一些，以增加支承面积，减少道床压力。中间部分则可窄一些，其尺寸如表 7—6 所示，为了增加轨枕与道床之间的相互接触，提高轨枕下道床阻力，在底面制成凹形花纹。

混凝土枕宽枕尺寸及重量 表 7—6

轨枕类型	轨下断面(mm)		枕中断面(mm)		重量(kg)
	高　度	底　宽	高　度	底　宽	
混凝土宽枕	170/170	550/553	150/155	550/553	520/572
69 型	203	280	155	250	233
S—2、J—2 型	203	280	165	250	249

注：表中分子代表 76 型宽枕，分母为 82 型宽枕。

混凝土枕受力状况与道床支承条件有密切关系，轨枕支承情况主要有三种：全支承、中间部分不支承和中间部分支承。在不同支承情况下出现的轨枕承受弯矩情况也不同（图 1—5）。

计算表明长轨枕可以减少中间负弯矩，但轨下截面上正弯矩增大，这是不利的。一般以轨下截面正弯矩与枕中截面负弯矩保持一定比例来确定合理长度。另外，长轨枕可以加大枕底接触面积，以减少道床压力，保持其稳定，减少线路维修工作。一般对于标准轨距轨道的轨枕长为 2.3～2.7 m，我国一直用2.5 m长的轨枕，最近为特重型轨道设计并试铺了2.6 m长的轨枕。

从轨枕的高度上，根据其承受弯矩的情况也有不同，轨下部分高，中间部分矮。轨枕的配筋是直配筋，并且各截面配筋一样，为了使对混凝土施加预压应力后，形成一个有利的偏心距，以达到混凝土的拉应力不超过允许限度，防止裂纹产生和扩展，因此，在轨下截面高度较高的情况下，配筋线应当比截面形心低，使预压应力能抵消枕底正弯矩产生的拉应力；对于中间截面，配筋线在形心之上，可以防止负弯矩产生中部顶面裂纹。

69 型及 S—2(或 J—2)型轨枕截面如图 7—3、图 7—4 所示。69 型轨枕在我国已有 20 多年历史，随着轴重增加、行车速度提高和运量的增加，69 型轨枕已不能满足需要，此外，在结构上也有缺陷，出现了各种各样的裂纹，尤其是沿轨枕长度方向的纵向裂纹最严重。为此，1981 年设计的 J—2、S—2 型轨枕，以最大轴重为25 t，最高速度为120 km/h，每公里 1760 根轨枕为设计条件，从结构上、材质上都有很大改进，与 69 型轨枕比较区别如下：

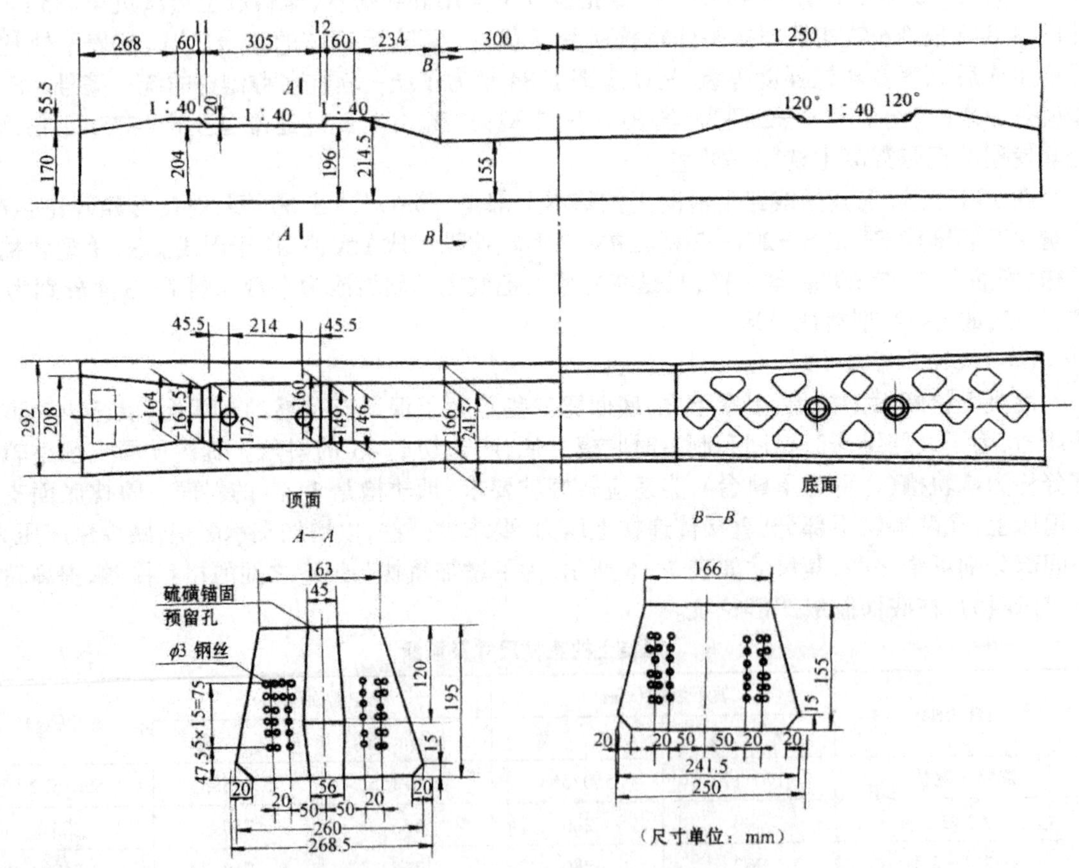

图 7—3

1. J—2、S—2 型轨枕在外形上，承轨槽外侧顶面由斜坡改为 1:40 的缓坡，这样有利于线路维修作业；

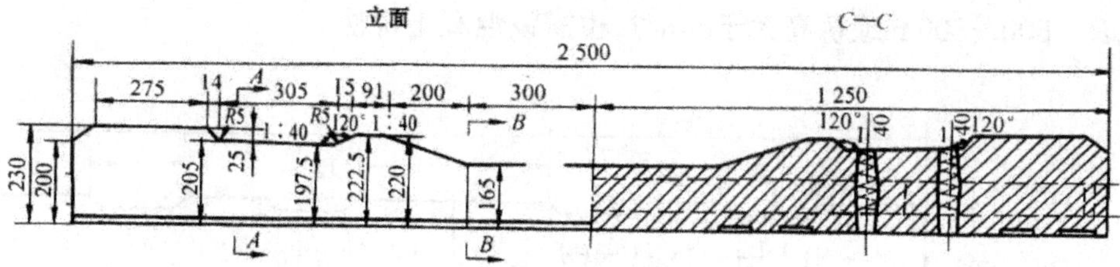

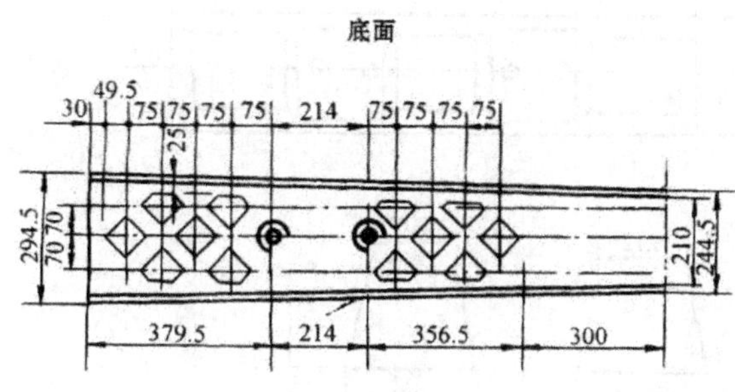

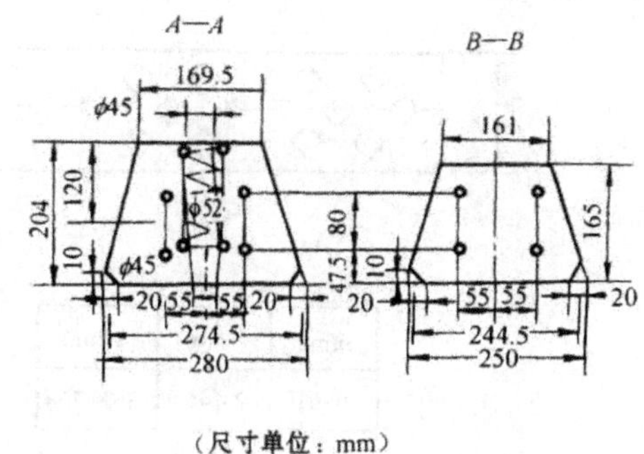

图 7—4

2. J—2、S—2 型轨枕采用 600 号混凝土，J—2 型采用直径为10 mm的 45Si2Cr 热处理钢筋，S—2 型轨枕采用 ϕ 3 mm规律变形钢丝，提高了结构强度，因而轨下截面正弯矩计算承载能力较 69 型提高 25%，中间截面负弯矩承载能力提高 20%～48%，实测承载能力提高 40%。

3. 由于 J—2、S—2 型结构强度提高，中间截面承受负弯矩能力增加，因而不需要象 69 型轨枕那样，在轨枕中部下道床掏空长600 mm，在使用时不必掏空（浮碴），这样可以减少维修工作量，更增加了轨道的稳定性，提高了道床阻力。

4. J—2、S—2 型轨枕用钢量比 69 型轨枕增加 30%，重量由233 kg提高到249 kg，实际静载抗裂性及抗疲劳承载能力提高 30%～50%，延长了轨枕寿命。

5. 由于用钢量增加，材料的改进，S—2、J—2 型轨枕价格比 69 型要贵。

（三）混凝土岔枕和有碴桥面混凝土枕

图 7—6 为 12 号单开道岔用的预应力混凝土岔枕，我国目前只生产使用于50 kg/m、60 kg/m钢轨的 12 号单开道岔上。每组岔枕由 2.4～4.9 m共 26 种长度。

有碴桥上由于需要设置护轮轨，所以不能用普通混凝土枕，必须有设置基本轨和护轨的承轨槽，而且因为桥梁外左右两护轨要弯折在一起（弯折部分长度不小于5 m）交合于轨道中心，将轨端切斜结成棱头，所以在弯折部分轨枕的护轨承轨槽与基本轨承轨槽距离都不一样，在这部分布置 10 根桥枕，在桥上平直段部分，两承轨槽之间距离一样，其外形尺寸如图 7—7 所示。

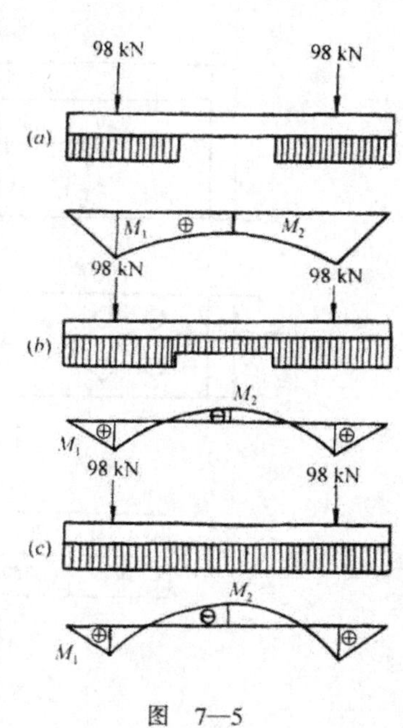

图 7—5

有碴桥面混凝土桥枕适用于桥长20 m及以上的桥梁；对于长为 10～20 m的桥，其曲线半径 $R=600\sim300$ m或桥高大于6 m时，也需设混凝土桥枕。

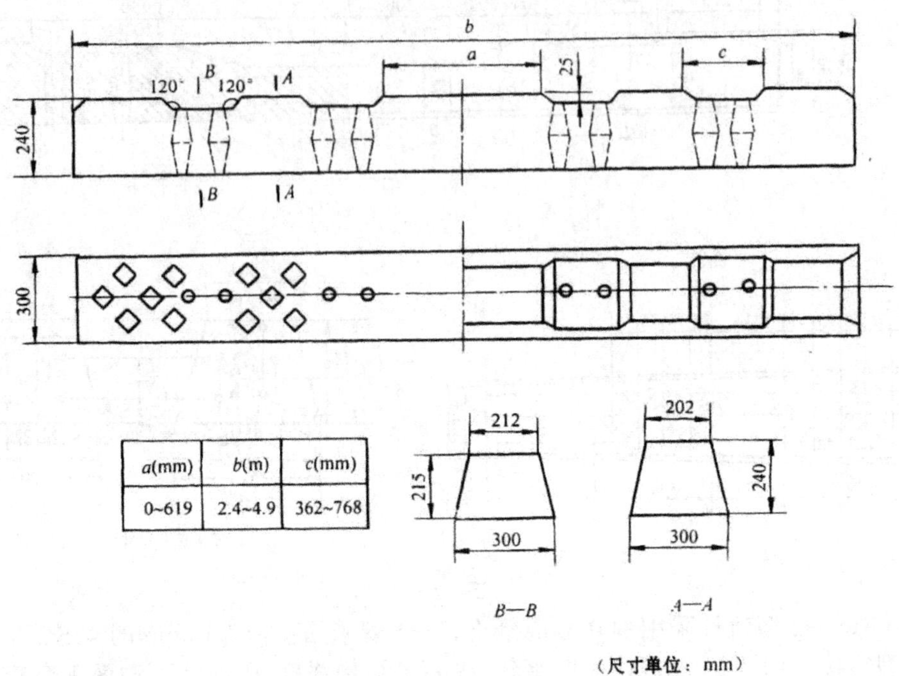

a(mm)	b(m)	c(mm)
0~619	2.4~4.9	362~768

（尺寸单位：mm）

图 7—6

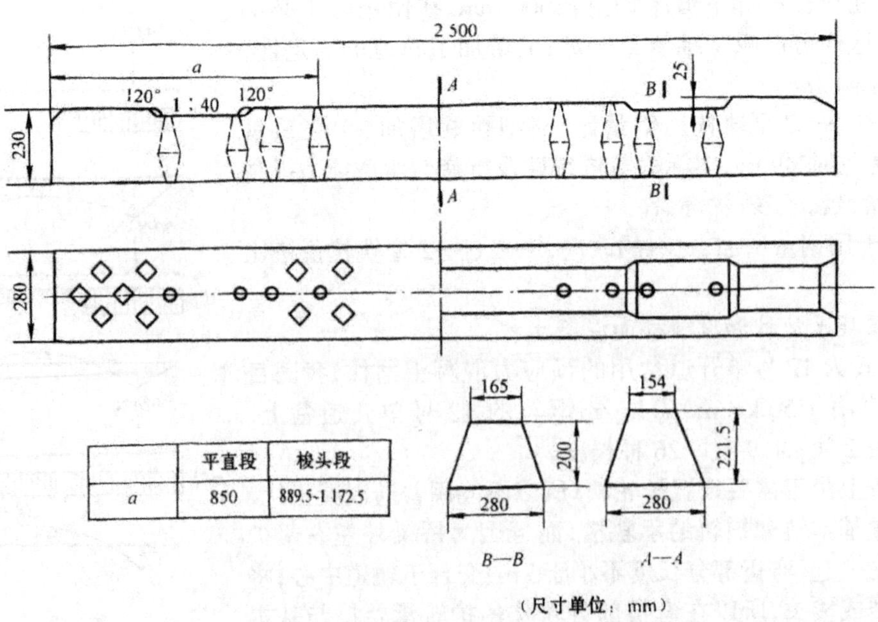

	平直段	梭头段
a	850	889.5~1 172.5

（尺寸单位：mm）

图 7—7

三、混凝土宽枕

混凝土宽枕(又称轨枕板)的外形与混凝土枕不同之处如表 7—6 所示。目前我国铁路上使用的宽枕主要为弦 76、筋 76、筋 82、弦 82 等几种型号,过去也曾用弦 65A、筋 65A、筋 65B、弦 72 等。图 7—8 为混凝土宽枕尺寸。

由于混凝土宽枕薄而宽,在使用时是连续密排铺设,它与普通混凝土枕比较,具有下列优点:

1. 支承面积比普通枕增加一倍,因而有效地降低了道床应力和变形,使线路更加稳定,行车平稳;

2. 因为是连续密排(每公里 1 760 根)铺设,而且在宽枕底边之间用沥青之类的封闭层封闭,所以能持久、有效地保持道床清洁,延长了道床清筛周期,减少了维修工作量(为普通枕的 $\frac{1}{2}\sim\frac{1}{3}$);

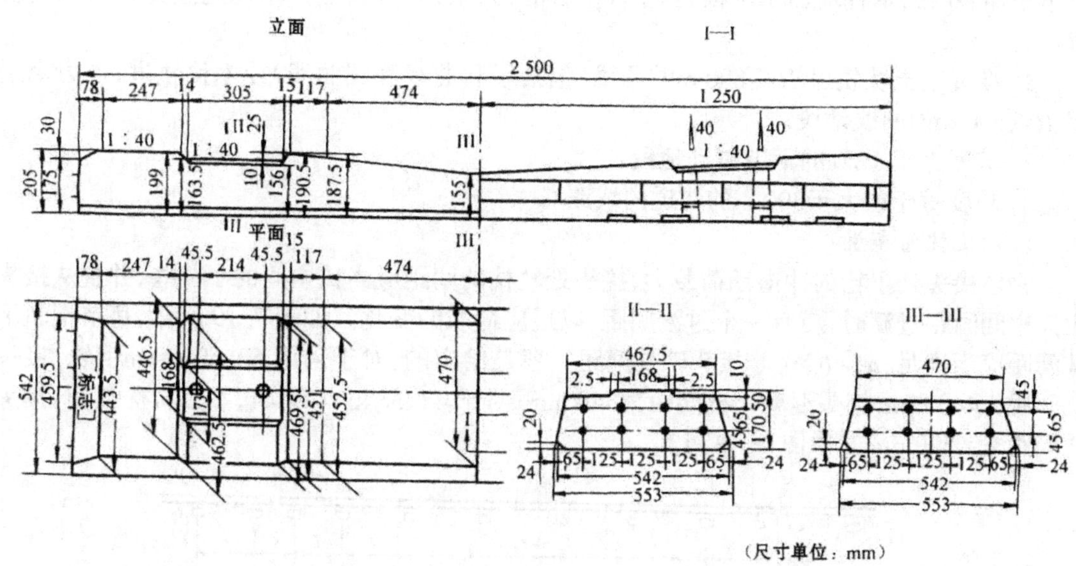

图 7—8

3. 重量大,轨道框架相对地稳定,道床阻力增加 80% 以上,有利于铺设无缝线路;

4. 外观整洁美观。

因此,混凝土宽枕是一种很有发展前途的新型轨下基础,它特别适用于下列地段:

1. 运输繁忙,行车密度大,列车间隔时间短的线路上铺设宽枕后,大大减少了维修工作量,缓和了维修与运输的矛盾;

2. 在隧道内的线路维修条件差,铺设宽枕后可以有效地减少维修工作,尤其在一些地质条件差,不能铺设整体道床的隧道,更加适合;

3. 在大桥桥头,大型客站正线、到发线的道床易脏污,为了减少养护工作,也宜采用。

良好的宽枕,必须有正确的铺设施工方法并保证质量,必须做到路基稳固,道床密实而平整。铺设后的养护维修工作也直接影响宽枕的使用寿命,由于宽枕重而宽,不便起道捣固,现在是采用起道垫碴和枕上垫垫板相结合的形式,要求垫碴的材料应是粒径为 8~20 mm的火成岩碎石,垫碴要均匀、准确。宽枕地段出现轨道不均匀下沉,道床翻浆冒泥,将严重影响宽枕寿命，必须充分重视。

四、轨枕的铺设数量及布置

(一)轨枕的铺设数量

每公里轨枕铺设的数量与运量、轴重及行车速度有关，每公里数量多，轨枕布置得密，传递到道床上的单位面积压力相对地减少，但是轨枕间隔窄了，也不便捣固。因此规定：对木枕线路，每公里最多为 1 920 根，混凝土枕为 1 840 根；每公里轨枕最小为 1 440 根。在 1 440～1 920根之间，轨枕的级差为每公里 80 根，分别有 1 920、1 840、1 760、1 680、1 600、1 520、1 440 根/km。每公里采用哪种数量来铺设，是与线路等级有关，正线线路见表 7—1，在既有线上，线路标准略有提高，每公里混凝土枕的数量与木枕相同。在站内的到发线、驼峰溜放线，木枕线路不小于1 600 根/km，混凝土枕不小于1 520 根/km；其他站线及次要站线一律不小于 1 440 根/km。混凝土宽枕一律为1 760 根/km。

在下列地段条件之一者，正线轨道应加强，按表 7—1 列出的每公里根数，对于混凝土枕每公里增加 80 根，木枕增加 160 根，当条件重合时，只增加一次，当然不能超过允许最大铺设数量。

1. 在混凝土枕轨道 $R\leqslant 600$ m的曲线(包括缓和曲线和圆曲线)或木枕轨道、电力牵引线路 $R\leqslant 800$ m的曲线地段；

2. 坡度大于 12‰的下坡制动地段；

3. 长度等于或大于300 m的隧道内线路。

(二)轨枕的布置

钢轨接头处车轮的冲击动荷载大，接头处轨枕的间距应当比中间的小一些，并且从接头间距向中间间距过渡时，应有一个过渡间距，以适应荷载的变化。如图 7—9 所示，每节钢轨下轨枕间距应当满足：$a>b>c$。接头轨枕间距一般是给定的：对于采用 50、60 kg/m钢轨，接头木枕间距为440 mm，接头混凝土枕间距为540 mm；对于 43、38 kg/m钢轨，不分轨枕类型，接头轨枕间距 $c=500$ mm。由图 7—9 可知：

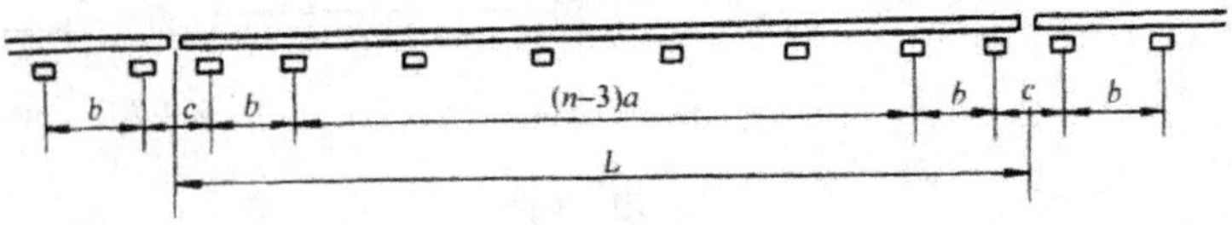

图 7—9

$$a=\frac{L-c-2b}{n-3} \tag{7—2}$$

式中 L——标准轨长，并考虑轨缝为8 mm；

n——一节钢轨下轨枕的根数，由每公里铺设的轨枕数换算过来；

a——中间轨枕间距；

c——接头轨枕间距；

b——过渡轨枕间距。

以上式计算各类钢轨的轨枕间距如表 7—7 所示。对于相错式接头、非标准长度钢轨的轨枕配置根数和间距，可以通过上式计算，比照表 7—7 规定的接近值，但其 a 值不得大于标准值20 mm。使用大型养路机械的线路，为了捣固机械的机械化工作，轨枕间距可适当调整成均匀布置。无缝线路长轨节下轨枕间距要均匀，铝热焊缝应距枕边70 mm以上。

线路上轨枕位置应用白油漆标在顺公里方向左股钢轨内侧轨腰上，曲线地段标在外股钢轨内侧轨腰上。轨枕应按标记位置铺设，并应与线路中线垂直。

五、轨枕的使用条件

(一)混凝土枕及混凝土宽枕的使用条件

考虑到混凝土枕的特性和设计条件，其使用条件如下：

1. 轻型轨道宜采用 S—1 型轨枕，重型、次重型、中型轨道宜用 S—2、J—2 型轨枕，对于特重型轨道最好采用 S—3 型轨枕。

2. 新线或改建铁路，应当选用同一种类型的轨枕，不得混铺不同类型的轨枕。在既有线上大修或单根抽换，除按第一条规定的标准更换外，还应注意，不能把承轨槽坡度不一致的轨枕交杂混铺。

3. 69 型、S—1 型轨枕中部60 cm长度下的道床掏空低于道床顶面3 cm；而 S—2、J—2 型轨枕不掏空，可以浮碴，不得捣实。

4. 下列地段不宜铺混凝土枕：

(1)半径 $R<300$ m的曲线，不得铺现在生产的各类型号轨枕，因为曲线半径小，横向水平力大，而现在的 S—1、S—2、J—2 型轨枕抵抗横向水平力的能力差；

(2)在木岔枕的道岔前后各 15 根轨枕(后端包括辙叉跟端的岔枕)不得铺混凝土枕，应当用木枕做为弹性过渡；

(3)无碴桥和铺设木枕的有碴桥桥台挡碴墙范围内及两端不小于 15 根轨枕(有护轨时应延至梭头外不少于 5 根轨枕)不能用混凝土枕，应当用木枕过渡；

轨枕间距尺寸(mm) 表 7—7

轨型(kg/m)	轨长(m)	配置(根/km)	每节钢轨配置	木枕间距(mm)			混凝土枕间距(mm)		
				c	b	a	c	b	a
60、50	12.5	1 600	20	440	594	640	540	587	635
		1 680	21	440	544	610	540	584	600
		1 760	22	440	524	580	540	569	570
		1 840	23	440	534	550	540	544	544
		1 920	24	440	469	530	540	/	/
	25.0	1 600	40	440	537	635	540	579	630
		1 680	42	440	487	605	540	573	598
		1 760	44	440	487	605	540	573	598
		1 840	46	440	459	550	540	538	544
		1 920	48	440	472	525	540	/	/
43、38	12.5	1 440	18	500	604	720	500	604	720
		1 520	19	500	604	675	500	604	675
		1 600	20	500	564	640	500	564	640
		1 680	21	500	559	605	500	559	605
		1 760	22	500	541	575	500	541	575
		1 840	23	500	504	550	500	504	550
		1 920	24	500	513	523	500	/	/

续上表

轨　型(kg/m)	轨　长(m)	配　置(根/km)	每节钢轨配置	木枕间距(mm)			混凝土枕间距(mm)		
				c	b	a	c	b	a
43、38	25	1 440	36	500	622	705	500	622	705
		1 520	38	500	617	665	500	617	665
		1 600	40	500	599	630	500	599	630
		1 680	42	500	554	600	500	554	600
		1 760	44	500	564	570	500	564	570
		1 840	46	500	564	545	500	537	541
		1 920	48	500	509	522	500	/	

(4)在木枕线路区段之间铺设混凝土枕，其地段长度不得小于50 m；

(5)混凝土枕与木枕交界处，如正好是钢轨接头的地方，不得铺设混凝土枕，应当用木枕延至接头外5根以上。

混凝土宽枕的使用条件与混凝土枕类似，这里还需补充两条：

1. 路基有翻浆冒泥、不均匀下沉及冻害等病害地段不宜铺混凝土宽枕；

2. 混凝土宽枕线路与木枕线路之间应有长度不短于25 m的混凝土枕过渡。

(二)木枕使用条件

1. 正线中型及以上的轨道，应采用Ⅰ类木枕，轻型轨道及站线可用Ⅱ类木枕。

2. 木枕必须经过油性防腐处理，方准上道。

3. 劈裂木枕应做愈合处理。

4. 钢轨接头处应选用高质量木枕。

5. 不同类型木枕不得混铺。

6. 使用新木枕要用直径12.5 mm木钻钻道钉孔，有铁垫板时，孔深为110 mm，无铁垫板时为130 mm。

7. 改道时的道钉孔木片规格为110 mm×15 mm×(5～10)mm(长×宽×厚)，并需经防腐处理。

第三节　联 接 零 件

钢轨联接零件包括联接钢轨与钢轨的接头扣件，联接钢轨与轨枕的中间扣件(又称轨枕扣件)。

一、钢轨接头扣件

(一)接头联接形式

钢轨接头是线路的薄弱环节之一，由于机车车辆动荷载作用，使接头低塌、道床翻浆、钢轨鞍形磨耗、轨枕断裂等等，因而需要投入大量的线路维修工作，对于12.5 m标准轨线路，几乎一半的维修工作在接头处，此外接头还增加行车阻力达25%左右，因此，必须对接头引起充分重视，选择合理的结构形式。钢轨接头分类方法有几种：

1. 按其左右股钢轨接头相互位置来分：有相对式(对接)、相互式(错接)(图7—10)两种。

对接是将左右股钢轨接头相对，错接是一股钢轨的接头处与另一股钢轨中点相对，相互错开。实践证明，对接式相对地减少车轮对钢轨的冲击次数，使左右钢轨受力均匀，旅客舒适，也有利于机械化铺轨，我国广泛采用对接形式。只有对一些非标准长的钢轨或旧杂钢轨，在站线上使用错接，要求错开距离应大于3.0 m。

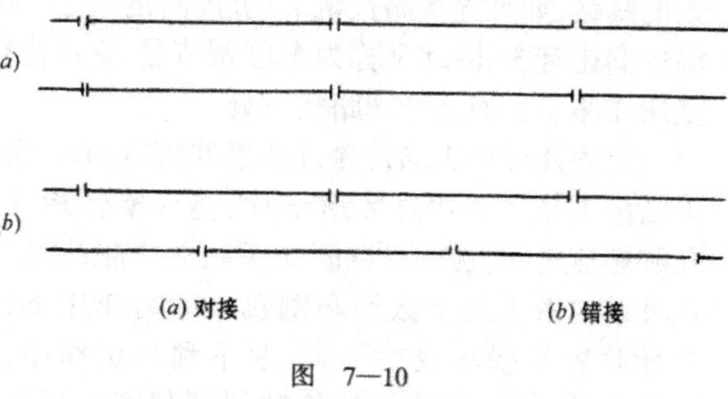

(a) 对接　　(b) 错接

图 7—10

2. 按钢轨接头与轨枕相对位置分：有悬接式、单枕承垫式、双枕承垫式。

将一根轨枕支承在接头处称为单枕承垫式(图 7—11(a))，采用这种联接，当车轮通过时，轨枕左右摇动，不稳定，故很少采用。因此，改为双枕承垫式(图 7—11(b))，可以克服不稳定的缺点，但是刚性大，而且不易捣固，只是在正线绝缘接头处，为了加强接头，采用了双枕承垫式。

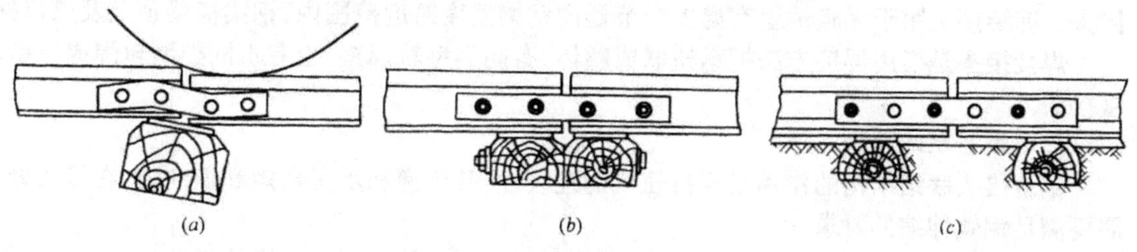

图 7—11

我国广泛采用的是悬接式(图 7—11(c))，它是将轨缝悬于两接头轨枕之间。当车轮通过时钢轨挠曲，轨端下落，弯矩增大，为了减少挠曲和弯矩，采用接头轨枕间距缩小些。

3. 按接头联接的用途及工作性能来分：有普通接头、导电接头、异形接头、绝缘接头、尖轨接头、冻结接头、胶结接头及焊接接头。

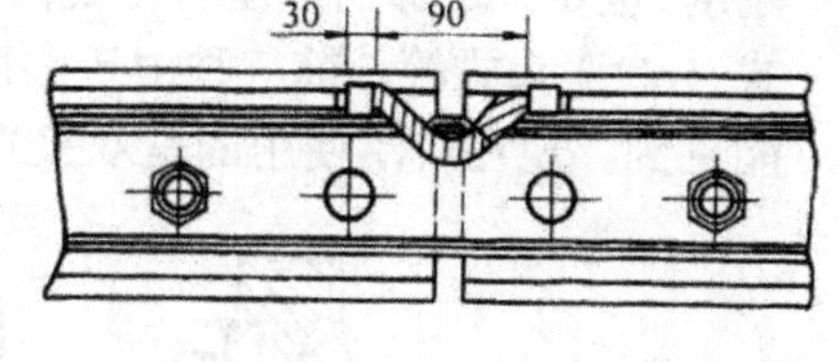

（单位：mm）

图 7—12

普通接头是前后同类型钢轨的正常联接；如果前后钢轨是不同型号的联接，称为异形接头(又称过渡接头)；将钢轨做为导电体的自动闭塞区段，为加强导电性，在接头处铆上一根导线，称为导电接头(图 7—12)。

在自动闭塞区段上，还需要有使信号电流不能从一个闭塞分区传到另一个闭塞分区的接头装置，叫绝缘接头。它在钢轨与夹板之间、夹板与螺栓之间、两轨端之间都应用绝缘材料填充，加以严格绝缘，防止漏电。绝缘材料有多种，过去一直用纸介材料，因强度低，螺栓不能拧得太紧，而且绝缘接头两端75 m范围内的线路应当加强防爬锁定，防止轨缝挤严，挤坏绝缘纸。尽管采用这些措施，绝缘纸还是经常损坏，近年来随着高分子工业的发展，用高强度尼龙绝缘层代替绝缘纸，使绝缘接头螺栓拧矩可达900 N·m，一般在温差90 ℃以下地区，轨缝几乎不变化。在无缝线路上，还采用了胶接绝缘接头，轨缝也用胶填满，其抗剪荷载可达1 700 kN以上，是一种较为理想的绝缘接头，图 7—13 即为高强度尼龙绝缘接头。

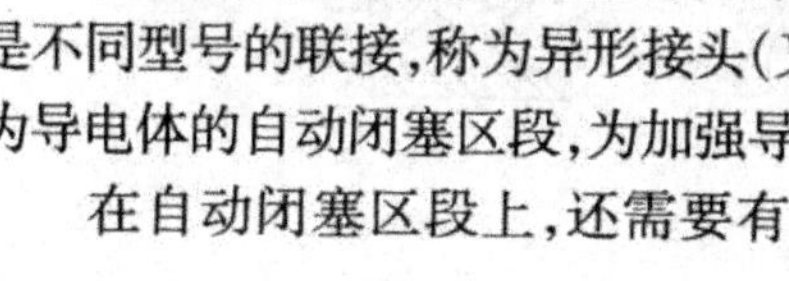

图 7—13

1—钢轨；2—接头夹板；3—螺栓；4—绝缘套管；5—槽型绝缘板；6—高强绝缘垫圈；7—钢平垫。

尖轨接头(又称伸缩接头)是将接头以尖轨的形式联接(图 7—14),用于一些轨端伸缩量大的线路,如无缝线路长轨节、温度跨度大于100 m的两跨钢梁活动端的钢轨接头。因为它与温度变化有关,因此又称为温度调节器,它广泛用于大桥上无缝线路接头处,在日本、法国等也是用在路基上的无缝线路接头处。

上述几种接头结构允许轨端伸缩,也有一种接头不允许钢轨伸缩,称为冻结接头。最早的冻结接头是用一块月牙形垫片,垫入钢轨螺栓孔和螺栓之间,这样可以阻止钢轨的热胀冷缩,这种结构由于列车振动和钢轨温度力作用下,月牙片容易损坏或掉下来,起不到冻结作用。近年来,研制高分子化学胶粘剂来胶接夹板与钢轨接触面,再用高强度螺栓拧紧,其剪切荷载可达1 800 kN,保证了钢轨接头冻结,称为胶结接头。冻结接头用于无碴桥上有温度调节器的钢梁温度跨度范围内,钢梁横梁顶上及道口处。

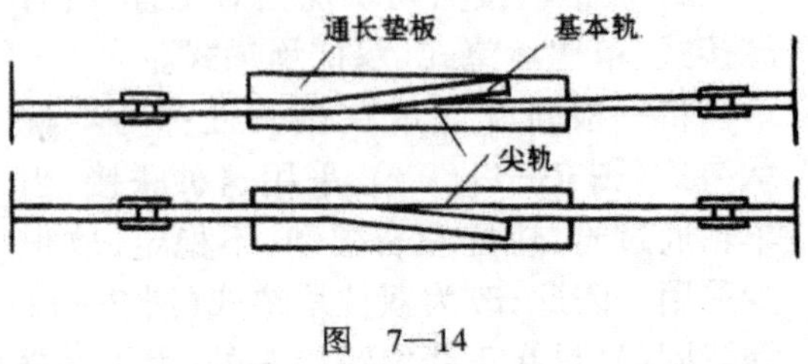

图 7—14

焊接接头是指用焊接方法把钢轨联成整体,有同类型轨焊接,也有不同类型轨焊成异型焊接接头。

(二)接头联结结构

钢轨接头联结结构的作用是保持轨线的连续性,并传递和承受弯矩和横向力,在接头处还需要满足钢轨伸缩的要求。

一般钢轨接头结构由接头夹板(又称鱼尾板)、接头螺栓、螺母、垫圈等组成。

1. 接头夹板

接头夹板是承受弯矩、传递纵向力、阻止钢轨伸缩的重要部件,要求有一定的垂直和水平刚度,也要有足够的强度。在我国线路上使用的有如图 7—15(*a*)平板式、(*b*)角式、(*c*)吊板式、(*d*)双头式等。前三种由于刚度和强度都不够,已被淘汰,只有在一些站线、专用线上偶然能见到。现在广泛使用的是双头式夹板。

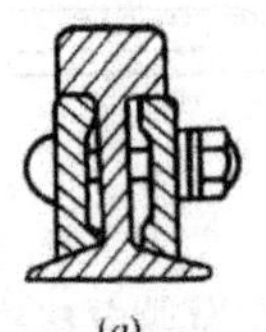
(*a*)

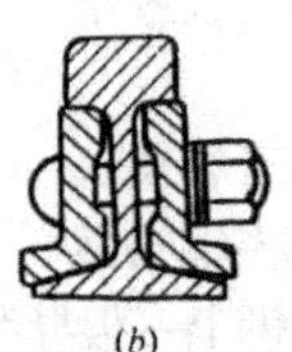
(*b*)

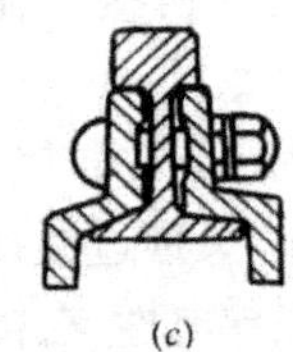
(*c*)

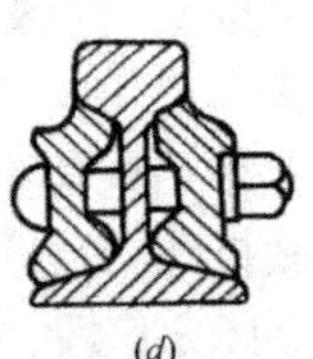
(*d*)

图 7—15

双头夹板的上下双头有斜面(图 7—16 为60 kg/m钢轨夹板)分别与轨头颚部斜面、轨底顶部斜面相接。这种夹板具有较大的垂直、水平刚度,而且由于是斜面相接,即使有了一定的磨损后,还可以保持良好的接触,同时也增加了接头的弹性,这种夹板适合于现代行车条件的需要。我国 75、60、50、43 及38 kg/m钢轨都用双头夹板。这种夹板有三个圆孔和三个长圆孔相互相隔排列,如图 7—17 所示。

双头夹板是用 B_6、B_7 号平炉镇静钢钢锭或钢坯轧制而成,经热处理后,抗拉强度 $\sigma_b \geqslant$ 784MPa,屈服强度 $\sigma_s \geqslant$519 MPa。1988 年又试制了56 Nb(或 56Ti)50 kg/m钢轨用的低合金钢轨接头夹板,其 $\sigma_b \geqslant$845 MPa,$\sigma_s \geqslant$530 MPa。

在异型接头处,需要用异形夹板来固定两端不同型号的钢轨。异型双头夹板有内外左右之分,其一半应与同端的钢轨断面吻合,另一半与他端钢轨断面吻合,以使两轨顶及工作边相齐平。

2．接头螺栓、螺母及垫圈

接头螺栓、螺母是在钢轨接头处用以夹紧夹板和钢轨的配件，使夹板连接牢固，阻止钢轨部分伸缩。接头螺栓外形如图 7—18 所示。

螺栓由螺栓头、颈、杆组成，颈为长圆形，与夹板长圆孔相对应。螺杆长度、直径与钢轨型号相适应，表 7—8 为各种螺杆的尺寸。

接头螺栓根据其机械性能分级。1985 年以前，将螺栓分为一、二、三级，它们的抗拉强度分别大于 882、686、490 MPa，一级用于无缝线路，二、三级用于普遍线路。为了向国际标准靠拢，并根据钢材质量的提高，将螺栓遵照国际标准以抗拉强度划分为 10.9 级、8.8 级两种高强度螺栓（相当于抗拉强度为 10.9、8.8 kgf/mm²），过去的一级螺栓相当于 10.9 级，二级螺栓相当于 8.8 级，其机械性能、材料及标记如表 7—8 所示。

螺母为 A5 钢材，为保证载荷应力为 1 060 MPa的高强度材料，高强度螺母在 30° 倒角面制出高与宽各1 mm的凸圈，普通螺母不作标记。

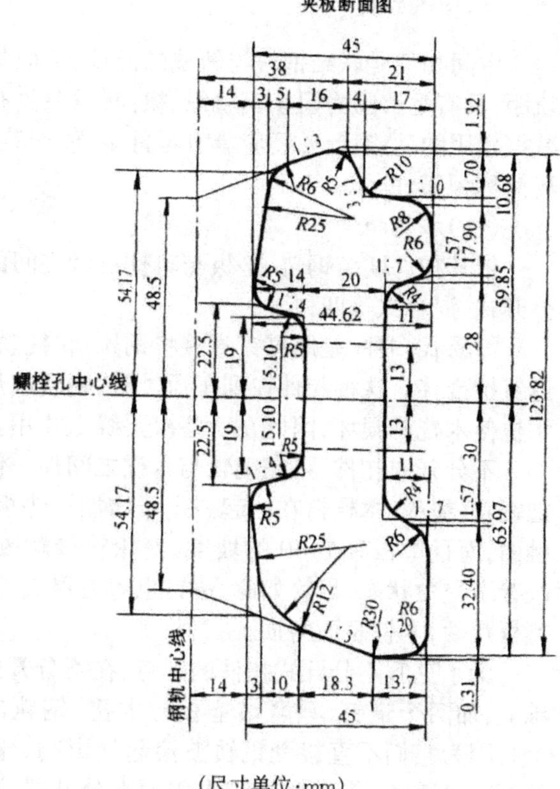

（尺寸单位：mm）

图 7—16

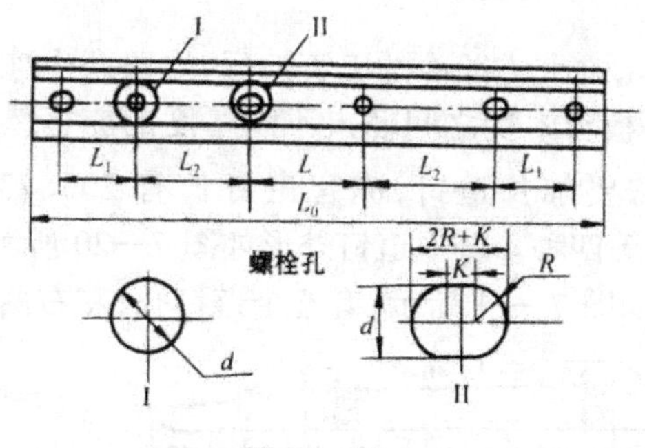

图 7—17

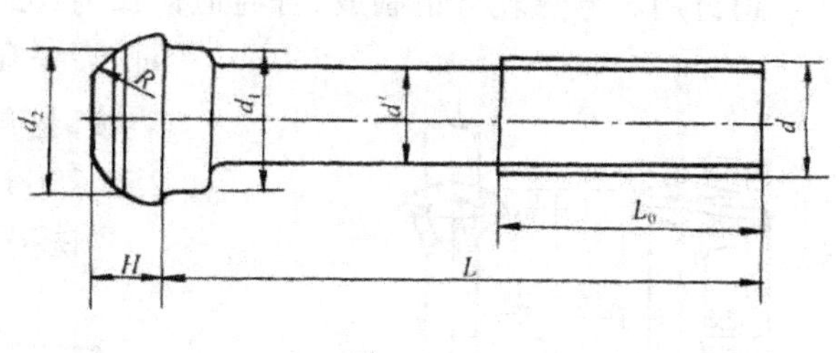

图 7—18

垫圈是为了防止螺母松动，普通线路用弹簧垫圈（单圈），其断面形状有圆形、矩形两种。在无缝线路上还应当在弹簧弹圈外再加设高强度平垫圈。

接头螺栓性能、材料及尺寸(mm)　　表 7—8

螺栓性能等级	抗拉强度（MPa）	屈服强度（MPa）	杆长 L	杆径 d'	纹径 d	适用范围	标记	材料
10.9	1 040	940	160	22.051	24	75 kg/m轨	螺帽为平锥头	20MnSi
			135	22.051	24	60 kg/m轨		
			145	22.051	24	50 kg/m轨		
8.8	830	660	145	22.051	24	50 kg/m短轨	半圆球螺帽上加两凸棱	A5
			135	20.376	22	43、38 kg/m轨		

二、中间扣件

中间扣件是联结钢轨与轨枕的部件，它应具有将钢轨固定在轨枕的稳固位置上，并有相对轨距；具有足够阻力阻止钢轨纵、横向位移；具有足够的强度、耐久性和一定的弹性，起到缓冲减振作用的功能；此外还应具有零件少，便于装卸、维修的条件。中间扣件又称为轨枕扣件，现场简称为扣件。

(一)木枕扣件

依其扣件联结钢轨、垫板与轨枕三者之间的关系来分，木枕扣件分为：简易式、不分开式、分开式、混合式等四种。

简易式扣件，是用道钉直接将钢轨、轨枕联在一起。在外力作用下，内侧道钉抗拔起，外侧道钉抗推移。这种扣件在列车通过时，钢轨波浪起伏，道钉松动拔起，钉孔扩大，钢轨轨底切割木枕使木枕易损坏，因此在一些次要线上才用。

不分开式扣件，是在钢轨与木枕之间加一铁垫板，然后用三个道钉（内侧两个，外侧一个）把钢轨、垫板、木枕钉在一起。由于增加了垫板，扩大了接触面，而且垫板有 1∶40 的坡度，使轮轨接触改善，从而也改善了受力状态，尽管如此，道钉也容易浮起，列车通过时垫板跳动，木枕表面磨损。

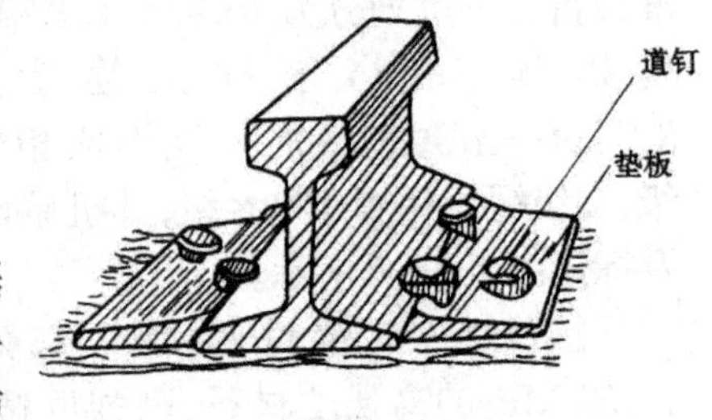

图 7—19

为了克服不分开式扣件的缺点，在不分开式扣件的基础上，加两个道钉，只联结垫板与木枕（钢轨内外侧各一个），因为它们不直接受钢轨波浪起伏影响，比较牢固，使垫板不易跳动，前三个道钉作用为不分开式，而后设的道钉为分开式，因此把这种扣件称为混合式扣件。如图 7—19 为混合式扣件。

以上几种扣件都需要道钉和垫板。

道钉用 3 号热轧方钢制成，普通道钉长为165 mm，在北方寒冷的冻害地区，线路产生冻胀时，需要在垫板与木枕之间插入不同厚度的冻害垫板顺坡，这样需要加长道钉，冻害道钉长有 205、230、255、280 mm等四种。普通道钉外形如图 7—20 所示。

铁垫板如图 7—21 所示，有五个道钉孔，左右两个

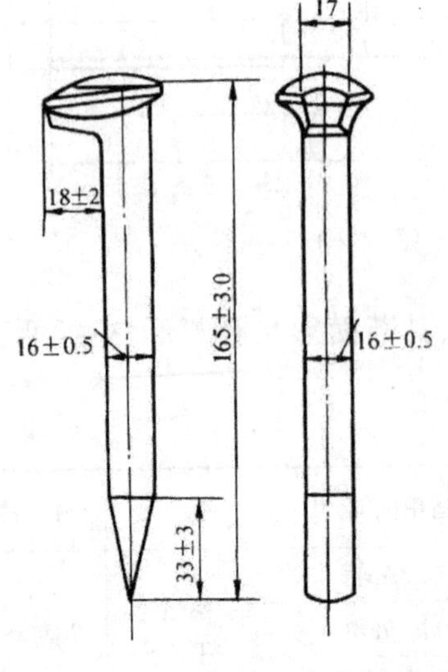

图 7—20

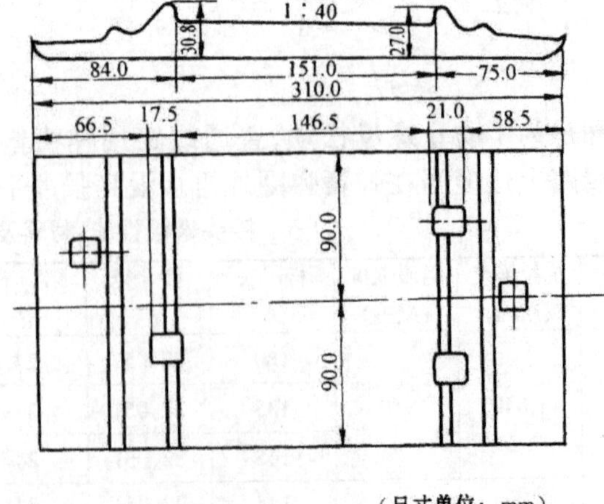

图 7—21

凸棱，以使钢轨定位，该图为75、60 kg/m钢轨用的垫板，在定位凸棱外，还有一个小凸棱。我国各种钢轨用铁垫板长、宽如表7—9所示。

道钉扣件的扣压力不足，也易松动，不是理想的木枕扣件，但它结构简单、安装方便。在桥上、无缝线路伸缩区及缓冲区，为了加强扣压力，采用如图7—22所示的分开式扣件，它是用4个螺纹道钉联结垫板与木枕，两个底脚螺栓扣压钢轨与垫板，其道钉和底脚螺栓构成："K"型，因此又称"K"式扣件。这种扣件扣压力大，不易松动，但用钢量大。为了提高弹性及扣压力，将刚性扣板换为弹条结构。

木枕铁垫板尺寸(mm)　　表7—9

轨型(kg/m) / 长、宽(mm)	75、60	50	43	38
长度	310	290	290	270
宽度	180	180	180	170
特征	四凸棱	双凸棱	双凸棱	双凸棱

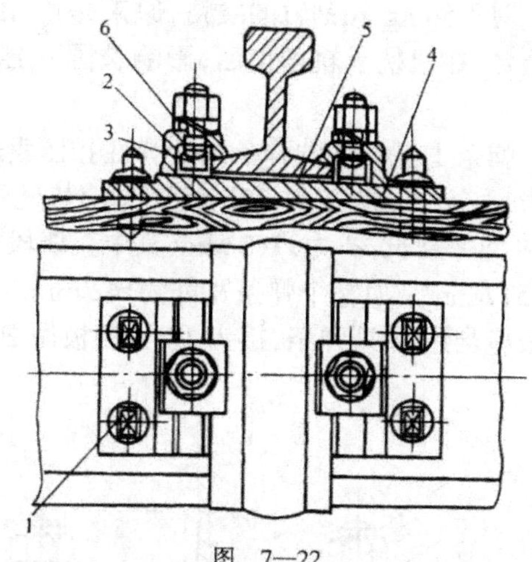

图　7—22
1—螺纹道钉；2—扣轨夹板；3—底脚螺栓；4—垫板；5—木片；6—弹簧垫圈。

(二)混凝土枕扣件

混凝土枕扣件，就其与钢轨、轨枕联结形式可分为：不分开式、半分开式、分开式三种。

按轨枕上有无挡肩，可分为：有挡肩扣件(挡肩承受并传递水平力)、无挡肩扣件(靠扣件承受和传递水平力)。

按扣件的弹性性能可分为：全弹性扣件(垂直和水平方向都是有一定弹性)、半弹性扣件(仅垂直方向有弹性)及刚性扣件。

目前我国使用的混凝土枕扣件有67型拱形弹片式扣件、70型扣板式扣件及弹条Ⅰ型扣件。现正研制弹条Ⅱ型扣件及潘特罗扣件。

这几种扣件均为不分开式。70型为刚性扣件，67型及弹条Ⅰ型为半弹性扣件。其中以弹条Ⅰ型扣件为最好，它具有扣压力大、弹性好、联接牢固、能保持钢轨位置正确和稳固。

在一些不便进行捣固作业的混凝土宽枕、整体道床等地段，需要用调高垫板来调节钢轨水平，可用比普通扣件调高量更大的调高扣件。调高扣件有弹条Ⅰ型调高扣件、弹片Ⅰ型调高扣件及TF-Y型弹条扣件。

我国也试制了带铁垫板的分开式混凝土枕弹性扣件，已经在现场试铺、观察。下面介绍我国常用的几种扣件。

1. 弹条Ⅰ型扣件

弹条Ⅰ型扣件主要由 ω 型弹条、螺旋道钉、轨距挡板、挡板座及弹性橡胶垫板等组成。因为弹条形状象 ω，所以又称 ω 扣件。图1—23为弹条Ⅰ型扣件。

轨距挡板(图7—23(b))，其作用是调节轨距，传递钢轨的横向水平推力。50 kg/m钢轨接头处，由于夹板的关系，挡板伸出扣在轨底顶面的长度 l 不能太长，采用 $l=6$ mm；一般轨枕上扣件不受限制，$l=15$ mm。而60 kg/m钢轨接头处夹板不影响挡板的安装，所以一律为 $l=$

15 mm。轨距挡板中间有长圆孔，安装时套在轨枕螺旋道钉上，长圆孔的大小是一定的，但其孔中心位置有两种，这样构成轨距的挡板就有两种号码，对于50 kg/m钢轨用的轨距挡板有20、14两种，对于60 kg/m钢轨用的挡板有10、6两种号码。当挡板孔中心与螺旋道钉中心相一致时，挡板孔中心到贴靠在轨底侧面 A 的距离（$L—a$），随挡板号码的不同而有所不同，这样就起到了调节钢轨位置的作用。对于50 kg/m钢轨用的挡板，20、14两种号码的 L 值差为6 mm，因此可以使轨距调整6 mm；对于60 kg/m的钢轨，10、6两种号码 L 的差为4 mm，则可调4 mm。

对于50 kg/m钢轨的线路，原来是用扣板式扣件，这种扣件的螺旋道钉有一个圆凸台（或方凸台）在轨枕承轨槽顶面，影响长圆孔挡板的安装，为此，必须采用大圆孔（孔径50 mm）挡板。

弹条Ⅰ型扣件的弹条用于弹性扣压钢轨，要求保持一定的扣压力及足够的强度，弹条由直径为13 mm的60Si2Mn（或55Si2Mn）热轧弹簧圆钢制成。弹条有A、B两种型号，其不同之处是A型弹条长，d 为97.6 mm（其中直线段长42.6 mm），B型弹条长为90.7 mm（其中直线段长为35.7 mm），而整个弹条宽都为142 mm。对于50 kg/m钢轨，中间挡板20、14号及接头20号挡板应当用A型弹条，接头14号挡板用B型弹条；60 kg/m钢轨都用B型弹条。

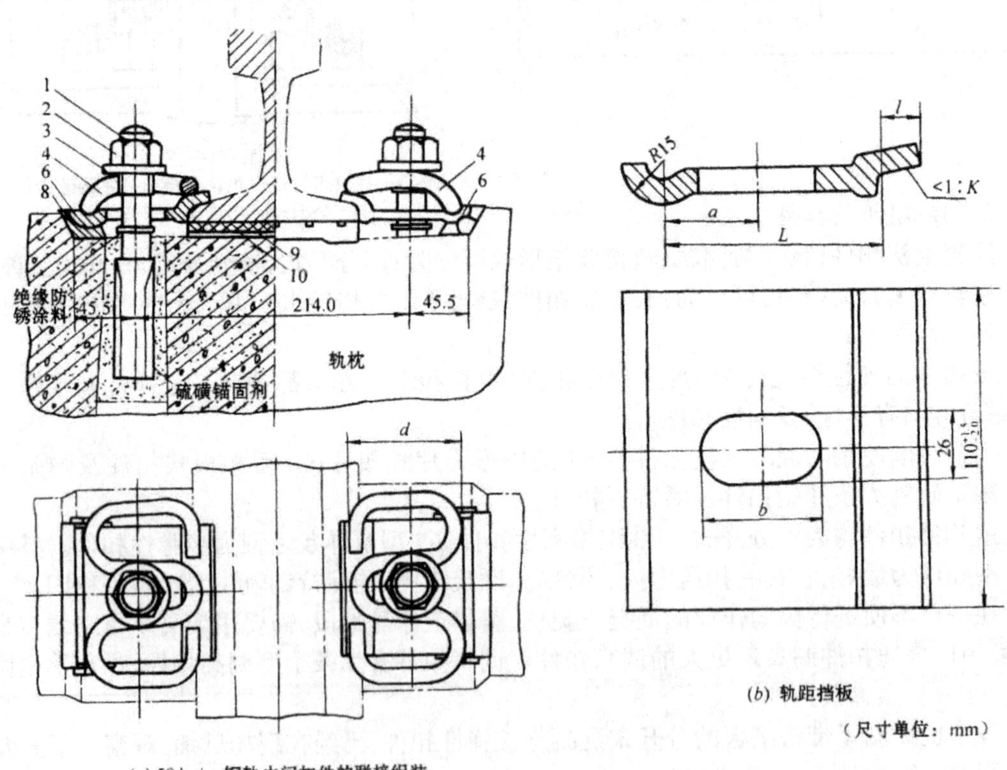

(a) 50 kg/m 钢轨中间扣件的联接组装

(b) 轨距挡板

（尺寸单位：mm）

图 7—23

1—螺旋道钉；2—螺母；3—平垫圈；4—弹条；5—轨距挡板；8—挡板座；9—绝缘缓冲垫板；10—垫片。

轨距挡座是作为支撑挡板用，凹形球面支承挡板，其后背斜面支承在轨枕挡肩上，要求挡座有一定强度来支承和传递横向水平力，有足够的绝缘性能够防止漏电。此外，挡座也用于调节轨距；由于挡座的斜面厚度不同，挡板位置被改变（在长圆孔范围内调整），从而调整了轨距。

这种挡板座的两斜面厚度不同,可以调换使用,能达到二次调整轨距作用。现在50 kg/m钢轨用弹条Ⅰ型扣件有两种轨距挡座 2—4 和 0—6。这里 2—4 表示挡座一标有 2 的斜面段为支承面(称为 2 号挡座),另一斜面标有 4(称为 4 号挡座),它们互相调换一下,可以调整轨距 2 mm。同样 0—6 挡座为有 0 号、6 号挡座调换位置,可调整6 mm轨距。对于60 kg/m钢轨只有 2—4 挡座一种。

将左右股钢轨内外侧的不同挡板、挡板座调整的轨距量相互配合,则可以调整轨距;对于60kg/m钢轨,总调整量为 -4～ +8 mm;50 kg/m钢轨为 -8～ +16 mm。表 7—10 为轨距挡板及挡座的配置。

2. 扣板式扣件

扣板式扣件由螺纹道钉、螺母、平垫圈、弹簧垫圈、扣板、铁座、橡胶垫板、垫片和衬垫等零件组成。扣板式扣件是通过扣板扣住钢轨,它是刚性扣件,最早于 1963 年设计制造,故称为 63 型扣件,1970 年又进行了改进,主要是加了平垫圈,能更好地保持扭矩,防止了松动,因此又称为 70 型扣件。这里介绍 70 型扣件(图 7—24),它适用于 50、43、38 kg/m钢轨的混凝土枕。

扣板的作用是扣压联结钢轨、调节轨距。扣板螺栓孔中心到顶住轨底的棱边距离 L_1、L_2(图 7—24)不相同,可起到调整钢轨位置的作用。一个扣板的翻边使用,就可以调整两次轨距。扣板分中间扣板和接头扣板,接头扣板用于接头处轨枕。50、43、38 kg/m钢轨用的中间扣板和接头扣板各有五种。

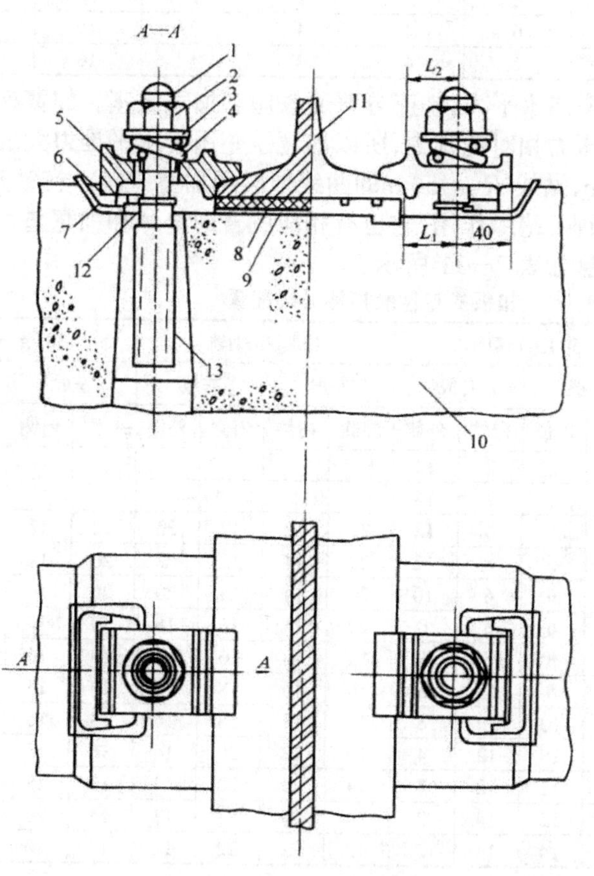

1—螺纹道钉;
2—螺母;
3—平垫圈;
4—弹簧垫圈;
5—扣板;
6—铁座;
7—绝缘缓冲垫片;
8—绝缘缓冲垫板;
9—衬垫;
10—轨枕;
11—钢轨;
12—绝缘防锈涂料;
13—硫磺锚固剂。

图 7—24

弹条Ⅰ型扣件轨距挡板及挡板座号码配置　　表 7—10

轨型 kg/m	钢轨侧磨 mm	轨距 (mm)	左股钢轨				右股钢轨			
			外侧		内侧		内侧		外侧	
			挡板座号	挡板号	挡板座号	挡板号	挡板座号	挡板号	挡板座号	挡板号
50	8	(1 435)	6	20	0	14	0	14	6	20
	6	(1 435)	4	20	2	14	0	14	6	20
	4	(1 435)	4	20	2	14	2	14	4	20
	2	1 435	2	20	4	14	2	14	4	20
	0	1 435	2	20	4	14	4	14	2	20
		1 437	4	14	2	20	2	14	4	20
		1 439	4	14	2	20	4	14	2	20
50		1 441	2	14	4	20	4	14	2	20
		1 443	4	14	2	20	2	20	4	14
		1 445	2	14	4	20	2	20	4	14
		1 447	2	14	4	20	4	20	2	14
		1 449	0	14	6	20	4	20	2	14
		1 451	0	14	6	20	6	20	0	14
60	4	(1 435)	4	10	2	2	2	6	4	10
	2	(1 435)	2	10	4	4	2	6	4	10
	0	1 435	2	10	4	4	4	6	2	10
		1 437	4	6	2	2	4	6	2	10
		1 439	4	6	2	2	2	10	4	6
		1 441	2	6	4	4	2	10	4	6
		1 443	2	6	4	4	4	10	2	6

铁座是支承扣板并传递横向水平力，铁座分普通铁座和加宽铁座。加宽铁座支承面积大，传给轨枕挡肩单位面积上的压力相对地减少，所以加宽铁座用于水平推力大的较小半径曲线，规定正线曲线半径 $R\leqslant 600$ m，站线 $R\leqslant 450$ m的曲线地段用加宽铁座。在铁座与轨枕挡肩之间有绝缘缓冲垫片，以起到减振、绝缘作用，它也有相应的普通垫片和加宽垫片两种。

不同轨距的扣板号码配置如表 7—11 所示。

扣板式扣件的扣件号码配置　　表 7—11

钢轨位置 / 扣件号码 / 轨距(mm)	50 kg/m钢轨				43 kg/m钢轨				38 kg/m钢轨				钢轨侧磨
	左股		右股		左股		右股		左股		右股		
	外侧	内侧	内侧	外侧	外侧	内侧	内侧	外侧	外侧	内侧	内侧	外侧	
(1 435)	14	2	2	14									8
(1 435)	12	4	2	14									6
(1 435)	12	4	4	12	22	12	12	22	12	12	10	20	4
(1 435)	10	6	4	12	20	14	12	22	20	14	10	20	2
1 435	10	6	6	10	20	14	14	20	20	14	12	22	0
1 437	10	6	6	8	20	14	16	18	20	14	14	20	
1 439	8	8	8	8	18	16	16	18	18	16	14	20	
1 441	8	8	10	6	18	16	18	16	18	16	16	18	
1 443	6	10	10	6	16	18	18	16	18	16	18	16	
1 445	6	10	12	4	16	18	20	14	16	18	18	16	
1 447	4	12	12	4	14	20	20	14	16	18	20	14	
1 449	4	12	14	2	14	20	22	12	14	20	20	14	
1 451	2	14	14	2	12	22	22	12	12	20	20	14	

3. 拱型弹片式扣件

拱型弹片式扣件由拱型弹片、轨距挡板、绝缘缓冲垫、绝缘垫片、螺旋道钉等组成。

拱型弹片和轨距挡板的作用与弹条Ⅰ型扣件的相应部件一样。但是这种弹片作用要比弹条差得多，当扭矩稍微大一些，扣压在钢轨上的弹片端部反而翘起来，起不到扣压作用。由于这些缺点，现在已经停止生产，并逐渐地从正线上换下来。由于它是 1967 年生产的，所以又称为 67 型扣件。

4. 弹条Ⅰ型调高扣件

弹条Ⅰ型调高扣件由弹条、轨距挡板、挡板座、橡胶垫板、调高垫板及螺旋道钉等组成。其结构与普通弹条Ⅰ型扣件一样。所不同之处，它的调高量为20 mm(而普通弹条Ⅰ型为8～10 mm)，为了达到此调高量，从结构上考虑轨距挡板的后座要高一些，当垫上调高垫板使钢轨抬高后，弹条支承在挡板上不会太斜，以保持良好的扣压钢轨的能力。

弹条Ⅰ型调高扣件只适用于60 kg/m钢轨，弹条用 A 型。轨距挡板有 6、10 号两种。挡板座分 0、2、4、6 号四种。调高垫板有厚为 2、3、4、6、10、15 mm等六种。表 7—12 为弹条Ⅰ型调高扣件轨距挡板、挡板座的配置。

弹条Ⅰ型调高扣件轨距挡板、挡板座的配置　　表 7—12

钢轨侧磨(mm)	轨　距(mm)	左股钢轨				右股钢轨			
		外　侧		内　侧		内　侧		外　侧	
		挡板座号	挡板号	挡板号	挡板座号	挡板座号	挡板号	挡板号	挡板座号
8	(1 435)	10	6	0	0	6	10	6	6
6	(1 435)	4	10	6	2	0	6	10	6
4	(1 435)	4	10	6	2	2	6	10	4
2	(1 435)	2	10	6	4	2	6	10	4
0	1 435	2	10	6	4	4	6	10	2
	1 437	4	6	10	2	4	6	10	2
	1 439	4	6	10	2	2	10	6	4
	1 441	2	6	10	4	2	10	6	4
	1 443	2	6	10	4	4	10	6	2
	1 445	0	6	10	6	4	10	6	2
	1 447	0	6	10	6	6	10	6	0

5. 弹片Ⅰ型调高扣件和 TF-Y 型弹条扣件

弹片Ⅰ型调高扣件结构与弹条Ⅰ型类似，弹片作用与弹条类似，分中间弹片、接头弹片及补强弹片三种。它适用于 50、43 kg/m钢轨混凝土枕、混凝土宽枕、整体道床用的调高扣件。

弹片Ⅰ型调高扣件技术特征为：

允许调高量为25 mm

轨距调整量：50 kg/m钢轨 $\begin{matrix}-8\text{ mm}\\+16\text{ mm}\end{matrix}$

43 kg/m钢轨 $\begin{matrix}-8\text{ mm}\\+20\text{ mm}\end{matrix}$

轨距挡号：50 kg/m钢轨　14、20 两种

43 kg/m钢轨　22、30 两种

挡板座号：0、2、4、6 四种

调高垫板(厚度)：2、3、4、6、10、15 mm等六种。

TF-Y 型弹条扣件如图 7—25 所示。

TF-Y 型弹条扣件适用于50 kg/m钢轨整体道床曲线地段。

TF-Y 型弹条扣件允许调高量为20 mm，用调高垫板调整钢轨水平。修建整体道床时，可

在道床上先作一定的超高量(如20 mm),在运营过程中通过调整调高垫板以满足远期超高量的要求,因此总的超高量为40 mm。

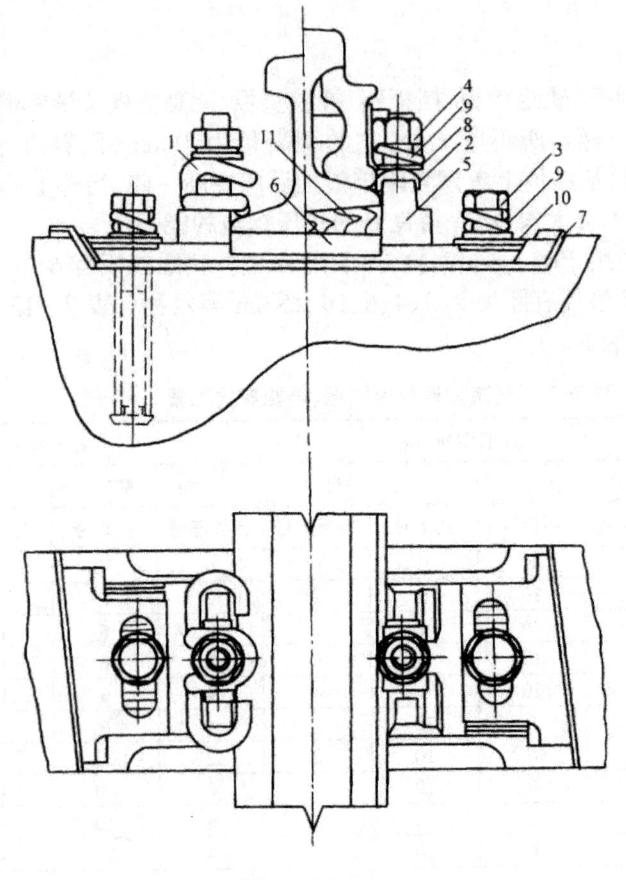

1—中间弹条;
2—接头扣板;
3—螺纹道钉;
4—轨卡螺栓及螺母;
5—铁垫板;
6—胶垫;
7—塑料垫板;
8—平垫圈;
9—弹簧垫圈;
10—楔形轨距块;
11—调高垫板。

图 7—25

(三)扣件的使用条件

1. 各类木枕扣件和混凝土枕扣件与钢轨的配合使用条件如表 7—13 所示:

各种轨枕扣件配套使用范围

表 7—13

扣件名称	混合式	K 式	扣板式	拱形弹片式	弹条Ⅰ型	弹条Ⅰ型调高	TF-Y 型	弹片Ⅰ型调高
配套使用钢轨(kg/m)	各类钢轨	50 60	38、43 50	43 50	50 60	60	50 整体道床	50 43

2. 60 kg/m钢轨线路,在新线建设、线路大修时应采用弹条Ⅰ型扣件。

3. 50 kg/m钢轨线路新建或线路大修时,符合下列条件之一者,采用弹条Ⅰ型扣件,否则可采用 70 型扣板式扣件:

(1)铁路交付运营后 10 年以内,年通过总重达30 Mt的干线;

(2)无缝线路;

(3)$R \leqslant 600$ m的曲线;

(4)坡度 $i > 12\%$ 的长大坡度地段;

(5)混凝土宽枕(调高量在10~25 mm时用弹片Ⅰ型调高扣件);

(6)整体道床直线地段(曲线地段用弹片Ⅰ型调高扣件或 TF-Y 型弹条扣件)。

4. 43 kg/m钢轨线路、新线及线路大修可采用 70 型扣板式扣件。

5.67 型拱形片式扣件不再使用,在线路大修时应换下来。

6. 扣件作用应当良好,扣板式扣件,扭矩应保持在80～140 N·m;弹条Ⅰ型扣件,弹条中部前端下额应靠贴轨距挡板(三点贴靠)或保持80～120 N·m扭矩,在 $R \leqslant 650$ m的曲线地段,还应将螺母再拧紧 1/4 圈或保持120～150 N·m扭矩。

7. 使用扣板式扣件,在正线 $R \leqslant 800$ m、站线 $R \leqslant 450$ m曲线地段,在钢轨外侧应使用加宽铁座。

8. 扣件损伤达到下列标准,应及时有计划地修理或更换:

(1)螺旋道钉折断、螺帽或螺杆丝扣损坏、严重锈蚀;

(2)平垫圈、弹簧垫圈损坏或变形,作用不良;

(3)弹条、扣板损坏或变形,造成不能保持扣压作用;

(4)扣板(轨距挡板)严重磨损,与轨底边离缝超过2 mm;

(5)挡板座、铁座损坏或变形,作用不良。

第四节　道　　床

一、道床功用

道床是轨道框架的基础,它的功用:

1. 传递由钢轨、轨枕传来的机车车辆动荷载,使其均匀地分布在路基基床面上,防止路基基床压陷;

2. 提供抵抗轨道框架纵、横向位移的阻力,保持轨道稳定和正确的几何位置,保证行车安全;

3. 提供排水能力,使基床面干燥,有足够强度,防止翻浆冒泥及轨道下沉;

4. 提供轨道弹性,起到缓冲、减振作用;

5. 调节轨道框架的水平和方向,保持良好的线路平面和纵断面。

二、道床材料

由于道床应具有上述功能,因此对其组成成份——道碴,应具有下列的性能:

1. 质地坚韧,有弹性,不易压碎和捣碎;

2. 排水性能好,吸水性差;

3. 不易风化和被风吹动或被水冲走。

要达到这些性能的道床材料—道碴,有碎石、筛选级配卵石(卵石和碎石混合物),天然级配卵石、粗砂、熔炉矿渣。

原则上,新线和改建铁路正线和到发线应采用碎石道碴;中型轨道碎石供应困难时,可以用筛选卵石;轻型轨道和其他站线、次要线可以就地取材,选用各种道碴材料。在我国既有线正线,绝大部分都是采用碎石做为道碴。

在 1959 年制订的碎石道碴的技术标准,是将碎石道碴以颗粒粒径大小分为下列三种:

20～70 mm标准道碴,适用于新建、大修和维修;

15～40 mm中道碴,适用于维修;

3～20 mm细道碴,适用于垫砂起道。

碎石要经过撞击机撞击试验和耐冻试验。

从上面碎石粒径来看差别很大,即使是20～30 mm的细碴或60～70 mm的粗碴都同样满足标准，所以这种标准不利于道碴加工质量的控制，而且物理性能试验也是不全面的。因此，在 1989 年制订了新的标准。

道碴材料技术条件包括三方面：

1. 道碴性能

道碴材质以抗磨耗冲击性能、抗压碎性能、渗水性能三方面来衡量道碴的质量，将道碴分为一级、二级两种。此外，道碴性能标准还有抗大气腐蚀破坏性能、稳定性能、密度和容重及道碴中软弱颗粒比例。但是，这些标准在通常条件下，碎石都能满足，所以不做为分级的条件。在我国现有的道碴采石场中，有 20%属于一级，45%属于二级。

2. 道碴粒径级配

道碴粒径级配 表 7—14

方孔筛孔边长(mm)	16	25	35.5	45	56	63
按要求规定的过筛重量百分率(%)	0~5	5~15	25~40	55~75	92~97	97~100

道碴粒径用方孔筛来筛选，要求级配符合表 7—14 的规定，其级配曲线如图 7—26 所示。这种级配可以提高道床的稳定性和强度，改善道床作业，也有利于采石生产的成品率。

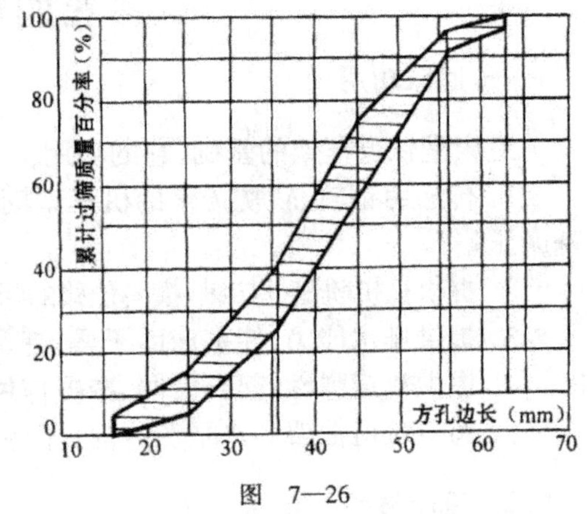

图 7—26

3. 颗粒形状及清洁度

道碴颗粒形状以针状、片状来判别。颗粒长度大于该颗粒所属平均粒径的 1.8 倍的，称为针状颗粒；厚度小于平均粒径 0.6 倍的称为片状颗粒。它们分别所占总数的比例称为针状指数和片状指数。针状、片状颗粒容易破碎，使道床强度、稳定性下降，所以要求针状指数不大于 50%，片状指数不大于 50%。

道碴中黏土团或其他杂质、粉末都直接影响道碴排水、加速板结等，要求黏土团及其他杂质的重量不超过 0.5%，粒径0.1 mm以下的粉末的质量不超过 1%。

三、道床横断面

道床横断面包括三个主要特征：顶面宽度、道床厚度及道床边坡坡度。

道床顶面宽取决于轨枕长、轨道的类型。其伸出轨枕端的部分称为道床肩宽(图 7—27 中肩宽为0.3 m)，它对轨道框架横向稳定有重要作用，《铁路线路维修规则》规定的道床顶宽如表 7—15 所示。

道床顶面宽度及边坡坡度 表 7—15

线路种类		道床顶宽(m)	曲线外侧加宽(m)		边坡坡度
			半径 R	加宽量	
正线	无缝线路	3.3	$R\leqslant800$	0.05	1:1.75
	普通线路	3.1	$R\leqslant800$	0.10	1:1.75
	年通过总重量密度小于8 Mt·km/km线路	3.0	R≤600	0.10	1:1.75
站线		2.9			1:1.50

《铁路线路大修规则》还规定，在铺设无缝线路半径 $R\leqslant800$ m的曲线，特大桥、大桥桥头路基75 m范围内，连续长大坡道及制动地段，以及年最大轨温差大于 90℃ 的线路，道床肩部还

应堆高0.15 m。混凝土宽枕道床顶宽不小于2.9 m。

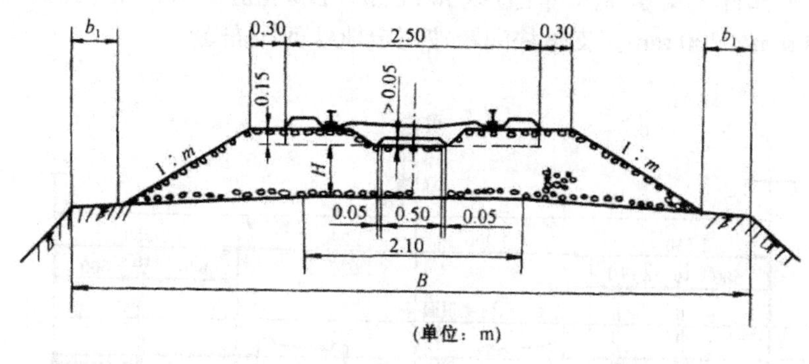

图 7—27

道床边坡是指道床顶面引向路基顶面的斜边，其坡度大小是保证道床坚固稳定的重要因素，一般要求正线坡度为1:1.75，站线为1:1.5。

道床厚度应当满足使由轨枕传来的压力，能均匀地分布在基床顶面，并保证基床不发生永久变形。道床厚度取决于轨道类型、基床材料，表7—1规定的为正线轨道道床厚度。

直线线路道床厚度是指钢轨断面处轨枕底面至基床顶面的距离；曲线地段是指曲线里股钢轨下轨枕底面的道床厚度。

对于非渗水性土质路基，基床土质强度低一些，为了防止面碴陷入基床，造成积水、翻浆冒泥，因此，在基床顶面先铺一层粒径为5～10 mm，厚度为20 cm（轻型轨道为15 cm）的底碴，然后再铺面碴，构成双层道床。

在下列特殊地段，要求道床厚度为：

1. 在有碴桥上道碴槽内道床厚度不应小于25 cm，如有困难可减为20 cm。桥梁两端各30 m引线上的道床厚度与邻接线路标准相同；

2. 隧道内道床厚度按洞外轨道标准，改建时，如有困难，木枕轨道的道床厚度可减至20 cm；

3. 混凝土宽板地段道床厚度不小于25 cm。

线路上轨枕是埋入道床一定深度的：木枕线路的道床顶面应低于轨枕顶面3 cm；混凝土枕端部埋入道床深度为15 cm，而且对于69型、S-1型枕的中部60 cm范围内，道床顶面应低于枕底5 cm（图7—28），而J-2、S-2轨型枕中部60 cm范围内道碴可不掏空，但必须保持浮碴。

混凝土宽枕线路道床由面碴带和底层组成，均采用碎石道碴。面碴带道碴粒径为20～40 mm，厚度为50 mm，每侧宽度为900～1 000 mm。底层为普通碎石道碴，底层厚度随路基材料不同而有区别：石质路基，底层厚不小于150 mm，有砂垫层的土质路基底层厚不小于150 mm，无砂垫层的土质路基底层厚不小于300 mm。

四、整体道床及沥青道床

（一）整体道床

整体道床是用整体浇筑混凝土取代传统的道床，也称为无碴轨道。常用于隧道、地下铁道、无碴桥梁以及特殊需要的土质路基上。

我国从1958年开始试铺，至今已在隧道内修建300 km长，约占隧道总长的14.5%。

我国整体道床主要有预制钢筋混凝土支承块式和整体灌注式两种。图7—28为支承式整体道床。它是由支承块(又称短枕)、钢筋混凝土道床、钢轨扣件、排水设施及基底组成。扣件主要为TF-Y型扣件。支承块尺寸:直线500 mm×200 mm×200 mm(长×宽×高),曲线为600 mm×240 mm×200 mm。支承块间距按规定轨枕间距布置。

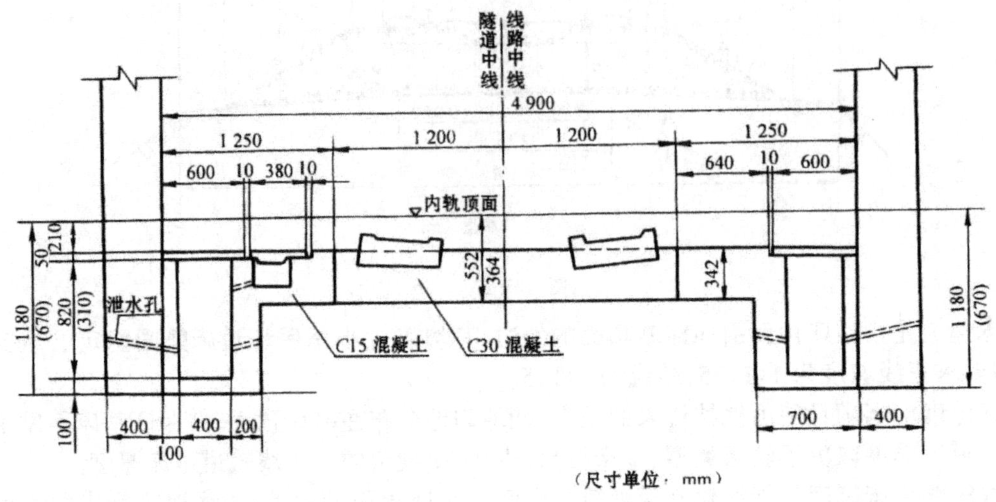

图 7—28

(二)沥青道床

沥青道床是用沥青或其他聚合材料将散粒道碴固化成整体。这种新型轨下基础具有以下优点:

1. 道床下沉量和永久变形的积累比碎石道床少得多,因此可以用调整扣件的调高垫板来满足两股钢轨水平的要求;

2. 道床稳定性好、支承均匀、位移阻力大;

3. 具有较好的弹性,能减少道床的压力和振动;

4. 可防水、防脏,整齐、美观;

5. 在隧道内应用,可以减少隧道开挖面积,争取净空;

6. 可大大减少维修工作量,达到“少维修”的目的。

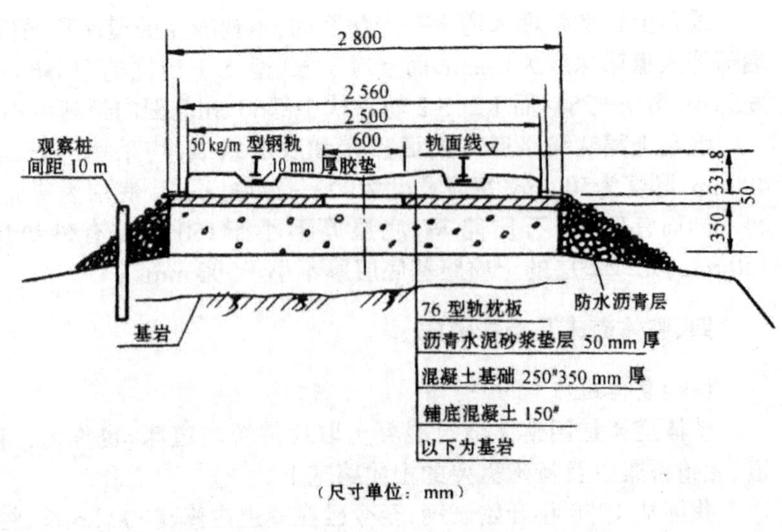

图 7—29

沥青道床按其使用材料加施工方法,可分为铺装式沥青道床和填充沥青道床两类。

填充沥青道床,就是用沥青灌入碎石的道床,沥青填充了道碴的空隙,并使之成为整体,可以不用中断行车,就能施工。

铺装沥青道床是分层铺设由各种材料组成的承重层，最后用沥青封闭处理，再铺上混凝土枕或宽枕。图 7—29 为由乳化沥青水泥砂浆（简称 AC 砂浆）组成顶层，再由碎石组成底层，在底层与顶层之间用热沥青及小碎石组成的隔离层分开，故称为双层式。在顶层之上铺混凝土宽枕，在宽枕中部600 mm范围内用低强度、抗腐蚀的水泥珍珠岩填充。

铺装沥青道床是在中断行车条件下施工，质量容易保证，但对实际应用有所限制。

第五节　线路防爬及曲线加强

一、线路爬行及其防止

列车运行时产生纵向水平力，使钢轨沿着轨枕或轨道框架沿着道床顶面纵向移动，这种现象称为线路爬行。使钢轨产生爬行的纵向水平力称为爬行力。

一般情况下，钢轨爬行是沿着列车运行方向。当轨枕扣件扣压力不足，扣件阻力小于轨枕下道床纵向阻力时，则钢轨沿轨枕顶面爬行；如果扣件阻力大，而道床纵向阻力小，则钢轨—轨枕框架（简称轨道框架）沿着道床顶面爬行。

影响线路爬行的因素有：

1．在长大下坡、进站地段，列车减速、限速、制动；

2．运量大，爬行量也大，爬行方向与列车运行方向一致；

3．列车轴重大、速度高，则沿着运行方向爬行也大；

4．线路状态不良，扣件松弛，道床松散，爬行加大。

线路爬行时引起钢轨轨缝的挤严或拉大，轨枕歪斜，间距不一致，使线路动力的不平顺加剧，增加了维修工作量。如果是在无缝线路、道岔前后、桥梁两端处的线路爬行，会产生更加严重的后果。

为了防止线路爬行，必须提高线路的纵向阻力，一是提高扣件阻力，采用弹性扣件，加大扭矩，防止螺栓松动，保持一定的扣压力；二是加强道床的捣固、夯实，以提高轨道下道床的纵向阻力。在正常情况下，混凝土枕线路的每根轨枕下，道床的纵向阻力为10 000 N左右。

对于木枕道钉扣件、混凝土枕扣板式扣件，一股轨下的扣件阻力分别为 500 N、4 000 N（扭矩为80 N·m），都比道床纵向阻力小，因此，必须采取补充措施，加强钢轨的锁定，防止沿轨枕面爬行。

这些补充措施，就是设置防爬设备。防爬设备有两种：一种是弹簧防爬器；另一种是穿销式防爬器。我国广泛应用穿销式防爬器。

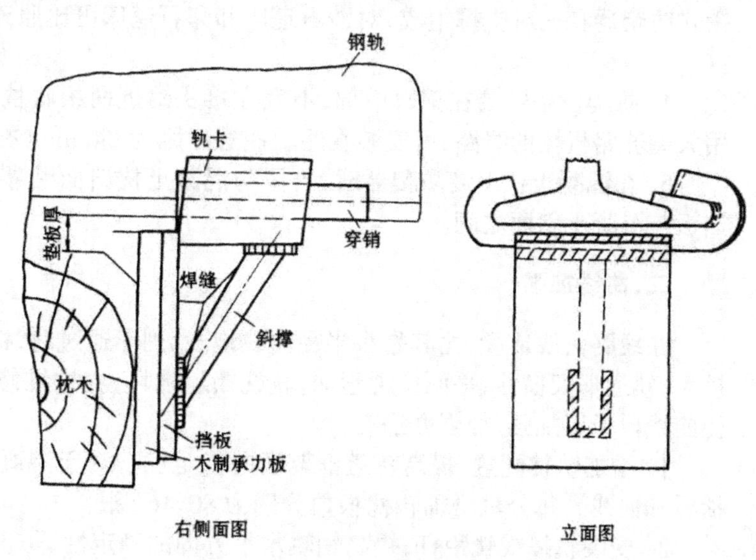

图　7—30

穿销式防爬器由轨卡、挡板和穿销组成（图 7—30），挡板紧贴在轨枕侧面，通过穿销使轨卡紧紧地卡在轨底，这样，当钢轨爬行时，带动防爬器一起前进，而挡板又贴靠轨枕，因此又带动轨枕一起爬行，发挥了穿销防爬器的防爬作用。一个防爬器的阻力为15 000 N，而一根轨枕下道床阻力只有7 000～10 000 N，发挥不了防爬器的阻力作用，因此，在线路上使用时，在3～5根轨枕之间安装防爬木撑（或石撑），将轨枕联成整体，充分发挥防爬作用，我们把防爬器和木撑组成一起称为防爬设备。

左右两股标准轨下安装几对防爬器，《铁路线路维修规则》规定如表7—16所示。

表7—16

正线穿销式防爬器安装数量及方式

线路特征	安装方向	非制动地段（对）		制动地段（对）	
		25 m钢轨	12.5 m钢轨	25 m钢轨	12.5 m钢轨
双线区间单方向运行	顺向/逆向	6/2	3/1	8/2	4/1
单线区间两方向运量大致相等		4/4	2/2	6/4	4/2
单线区间两方向运量显著不同	运量大/运量小	6/2	3/1	8/2	4/1
运量小/运量大	运量小/运量大	/	/	4/6	2/3

防爬器随着安装位置不同，在复线、道岔区的防爬器分正向（又称顺向）防爬器和反向（逆向）防爬器两种，所谓正向防爬器是指阻止列车向运行方向爬行的防爬器，反之为反向防爬器。

从上面分析，不是所有的线路都要安装防爬设备，而只对扣件阻力不足的线路加以补充，具体使用条件如下：

1. 木枕线路正线及到发线，应根据运量情况照表7—16办理安装防爬设备。其他站线、道岔应根据爬行情况适当安排防爬设备。对驼峰线路、有正规列车通过的道岔、绝缘接头、桥梁前后各75 m地段，应增加防爬设备数量。

2. 混凝土枕线路使用弹条Ⅰ型扣件时，可以不安装防爬设备。使用其他扣件时，对线路坡度大于6‰的地段、制动地段、驼峰线路、有正规列车通过的道岔、绝缘接头、桥梁（明桥面）前后各75 m地段，可根据具体情况安装防爬设备；数量可比照木枕线路适当减少。

3. 在碎石道床地段，单方向锁定为一对穿销式防爬器和三对支撑；双方向锁定为两对穿销式防爬器和三对支撑组成，对沙石道床和卵石道床可比照碎石道床，每组防爬器增加一对支撑。

4. 防爬设备安装在钢轨中部，不宜在接头附近两根轨枕处，支撑应安装在轨底下。不使用大型养路机械的线路，可安装在距轨底边净距为350 mm的道心处。

5. 在混凝土枕上装防爬器时，为了与混凝土枕斜面贴靠，需加斜形承力板装在防爬器的挡板与混凝土斜面之间。

二、曲线加强

在线路曲线地段，尤其是小半径曲线地段，列车通过时，横向水平力比直线段大，可使轨距扩大，轨道框架横移，平面位置歪曲，轨枕挡肩损坏，养护维修工作量增加。因此，必须对小半径曲线段予以加强，加强办法有：

1. 增加轨枕配置，提高轨道框架横向稳定性。对于混凝土枕轨道 $R\leqslant800$ m 的曲线（包括缓和曲线），每公里增加轨枕根数分别为80、160根。

2. 安装轨撑或轨距杆，提高钢轨水平方向的稳定性，防止轨距扩大。

轨撑是安装在钢轨外侧以顶住轨下颚和轨腰，防止钢轨外倾（图7—31）。轨距杆是一端扣住外轨轨底，另一端扣住里轨轨底的拉杆（图7—32），防止钢轨位移，保持轨距。实践证明，轨撑、轨距拉杆都是比较有效地防止轨距扩大、车轮脱轨的重要手段。表 7—17 为木枕线路，正线半径 $R \leqslant 800$ m和站线 $R \leqslant 450$ m的曲线轨道需要安装的轨距杆或轨撑安装数量。

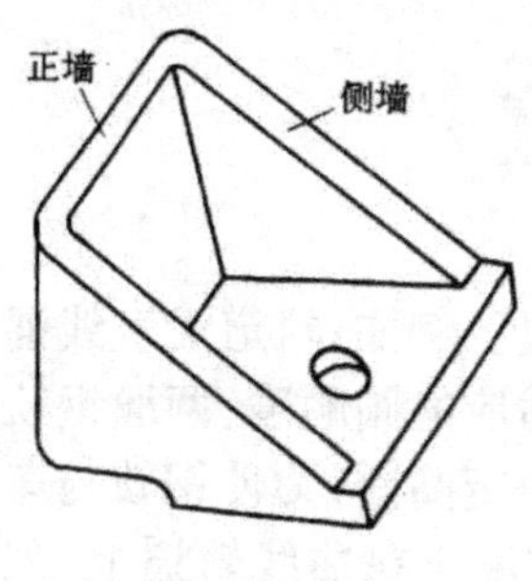

图 7—31

轨距杆或轨撑安装数量　　表 7—17

曲线半径 (m)	轨距杆(根)		轨　撑(对)	
	25 m钢轨	12.5 m钢轨	25 m钢轨	12.5 m钢轨
$R<350$	10	5	14	7
$350<R\leqslant450$	10	5	10	5
$450<R\leqslant600$	6～10	3～5	6～10	3～5
$600<R\leqslant800$	根据需要安装			

对于 $R \leqslant 350$ m的曲线和道岔导曲线，可根据需要安装轨距杆或轨撑两种加强设备。

在铺混凝土枕的线路上，可以不安装轨撑或轨距杆，但在行驶电力机车的区段，在正线 $R \leqslant 600$ m的曲线上，根据需要比照表 7—17 安装。

轨距杆有普通轨距杆和绝缘轨距杆两种，在有轨道电路的线路上，应当用绝缘轨距杆。

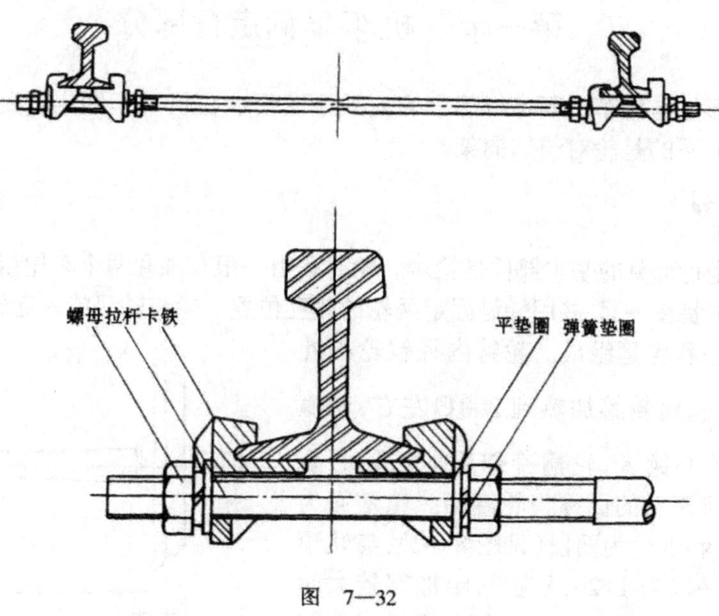

图 7—32

第八章　轨道几何形位

轨道几何形位是指轨道各部分的几何形状、基本尺寸及相对位置。例如:轨道沿直线铺设时,其方向应是笔直的;轨道沿曲线铺设时,其方向应保持与曲率相适应的圆顺度;两股钢轨间的距离应保持规定的数值,两股钢轨轨顶面应位于同一水平或保持一定高差;为使钢轨与车轮踏面有良好地接触,应使钢轨适当内倾,或将钢轨轨底设置一定的坡度。在曲线轨道上,列车的运行状态和受力情况都有很大变化,为保证轮轨关系的正确配合及轮轨力的合理传递,需要设置外轨超高,在小半径曲线上,轨距应适当加宽;在直线与圆曲线之间应设置曲率逐渐变化的缓和曲线,为外轨超高和曲线加宽创造一定的过渡条件。轨道对机车车辆起支承和引导作用,其几何形位是否正确,对行车安全、乘坐的舒适度以及轨道设备的使用寿命和养护维修费用等都有极重要的影响。

第一节　机车车辆走行部分

轨道几何形位与机车车辆走行部分的关系最密切。在机车车辆走行部分的众多部件中,与轨道有直接关系的是轮对与转向架。

一、轮　对

机车车辆走行部分的基本部件是轮对。轮对是由一根车轴和两个车轮组成。车轮和车轴是用强大的压力组装在一起,并用轴键固定两轮的相互位置。轮与轴只能一起转动(图 8—1)。

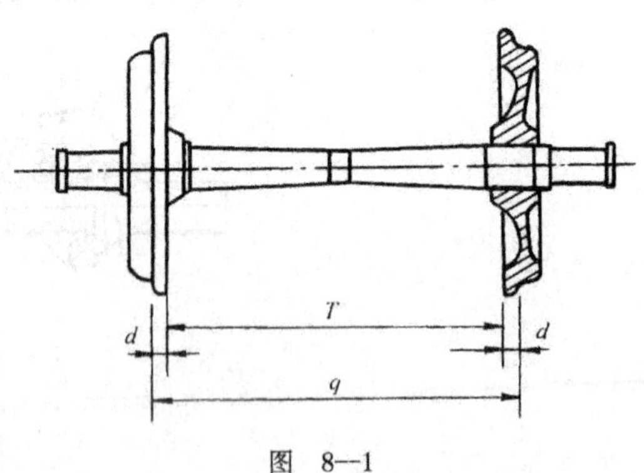

图　8—1

车轮由轮心和轮箍组成。轮箍内径较轮心外径小$\frac{1}{800}\sim\frac{1}{1\,000}$,将轮箍加热到 300℃左右,轮箍内径扩大,将轮心镶入,轮箍冷却后即与轮心套死。车轮沿钢轨滚动的面称为轮踏面。轮踏面为圆锥面组成,其斜度分为两段(见图 8—2):与轨顶面经常接触的一段为 1:20;只在轨距加宽较大时才与轨顶面接触的一段为 1:10。轮踏面做成圆锥面的优点是:可以减少横向力的影响,增加行车的平稳性。在直线轨道上行驶的车辆,当偏离轨道中心时,由于左右车轮滚动半径不同,易于使轮对回到轨道中线上;在曲线轨道上行驶的车辆,由于离心力的作用,使轮对靠外轨行驶,外轮以较大的轮径沿外轨滚动,内轮以较小的轮径沿内轨滚动,可以部分地弥补内外股钢轨的长度之差,顺利地通过曲线。为改善轮轨接触条件,有些国家根据轮轨相互磨耗后,形成比较稳定的形状,把轮踏面做成曲线形,称为磨耗型踏面。试验表明,磨耗型踏面具有轮轨磨耗小,接触应力低和转向性能好等优点。

在车轮踏面的内侧制成凸缘,称为轮缘,以保证车轮沿钢轨滚动时不致脱轨。轮缘内侧的竖直面称车轮内侧面,轮踏面外侧的竖直面称车轮的外侧面,内、外侧面间的距离称车轮宽度。

轮缘的正常厚度和高度应在规定的位置测量:机车轮缘厚在距轮缘顶18 mm处测量,其正常厚度为33 mm,正常高度为28 mm,车辆轮缘厚在距轮缘顶15 mm处测量,其正常厚度为34 mm,轮缘高为25 mm。轮对上两车轮内侧面间的距离称轮背内侧距 T,设轮缘厚为 d(见图 8—1),内侧距加两个轮缘厚称轮对宽度 q,即

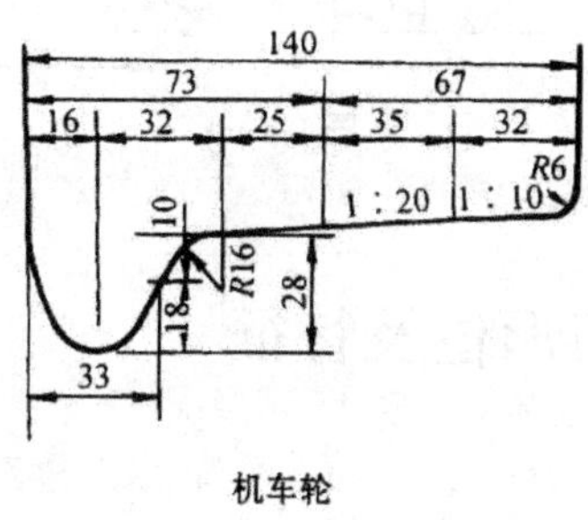

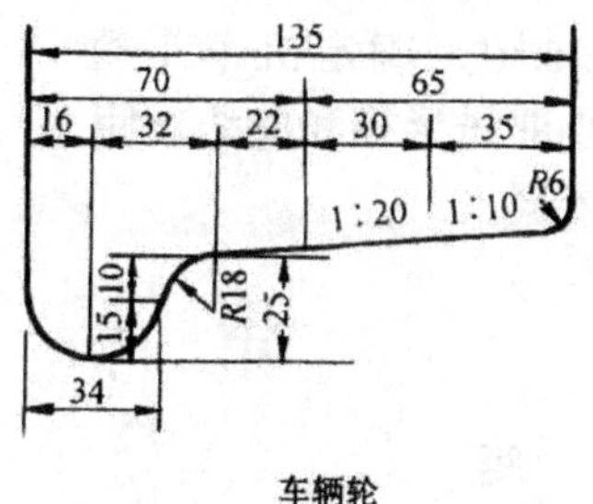

图 8—2

$$q = T + 2d \tag{8—1}$$

轮对宽度 q 与轨道的几何关系应密切配合,不仅应严格限制制造公差与铺设误差,还应限制在运营过程中因磨耗造成的尺寸变化。《铁路技术管理规程》(简称技规)规定,我国机车车辆轮对的主要尺寸如表 8—1 所列:

轮对主要尺寸表(mm) 表 8—1

名　称	轮缘高度	轮缘厚度		轮背内侧距			轮对宽度		
		正常	最小	最大	正常	最小	最大	正常	最小
机车车轮	28	33	23	1 356	1 353	1 350	1 422	1 419	1 396
车辆车轮	25	34	22	1 356	1 353	1 350	1 424	1 421	1 394

二、转　向　架

为使装有多个轮对的车辆安全顺利地通过曲线,避免单个轮对歪斜,通常将两个或三个轮对用一刚性构架安装在一起,称为转向架(图 8—3)。车体放在转向架的心盘上,转向架可相对车体转动。一个转向架上的各个轮对则始终保持平行,不能相对转动。客车与货车的转向架下一般安装两个轮对,称为二轴转向架;内燃、电力机车的转向架下多装有三个轮对,故称三轴转向架;蒸汽机车是将多个动轮固定在一个车架上。

图 8—3

三、固定轴距与全轴距

机车车辆的车架或转向架下的车轴数及排列形式称为轴列式。如东风型内燃机车和韶山 1 型电力机车,轴列式为 3_0—3_0(或 C_0—C_0),表示前后两转向架下各有三个牵引电机驱动的轮对。前进型蒸汽机车的轴列式为 1—5—1,表示车架下有五个动轮轴,前后各有导轮和从轮分别安装在转向架

上。同一机车最前位和最后位车轴中心间的水平距离称为机车的全轴距。为使全轴距较长的机车、车辆顺利通过曲线，将车轴分别安装在几个车架或转向架上。一个车架或转向架上最前位和最后位车轴间的距离称为固定轴距(见图8—4)。固定轴距是确定机车车辆能通过的最小曲线半径和曲线轨距加宽的主要依据。

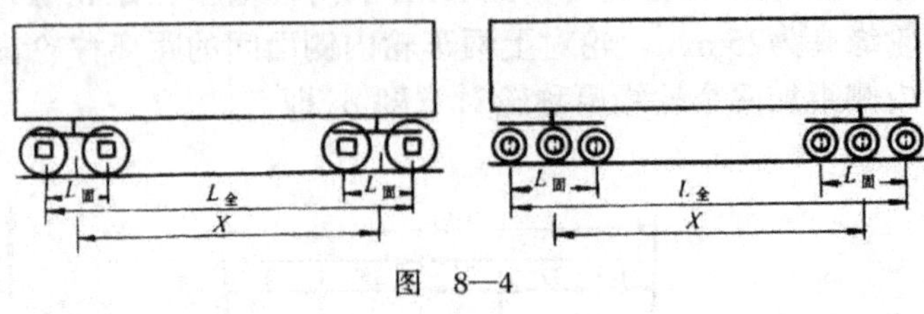

图 8—4

第二节　轨道几何形位及特征

一、轨　　距

轨距是钢轨头部的顶面下16 mm范围内两股钢轨作用边之间的最小距离。因为钢轨铺设时不是竖直直立，故测量轨距时，是在轨头内侧顶面下16 mm处量取。直线轨距标准为1 435 mm，如有误差，宽不得超过6 mm，窄不得超过2 mm，即常说的轨距允许误差为+6、-2。所以直线轨道的轨距不应大于1 441 mm，也不应小于1 433 mm。轨距的变更必须和缓平顺，正线及到发线每米不得有2 mm以上的差异，即轨距变更率不得大于2‰。因为在短距离内，如轨距有显著变化，即使不超过允许误差，也会使机车车辆发生剧烈摇摆。限制轨距变更率对保证行车平稳是非常重要的。

测量轨距的专用工具是道尺。

世界各国铁路多采用标准轨距。大于1 435 mm的轨距称宽轨距，如原苏联、印度、澳大利亚等分别采用1 524、1 600、1 676 mm的轨距；小于1 435 mm的轨距称窄轨距，如坦赞铁路为1 067 mm，越南用1 000 mm等。我国铁路除滇越线(昆明至老街段)仍有1 000 mm轨距外，其余均为标准轨距。

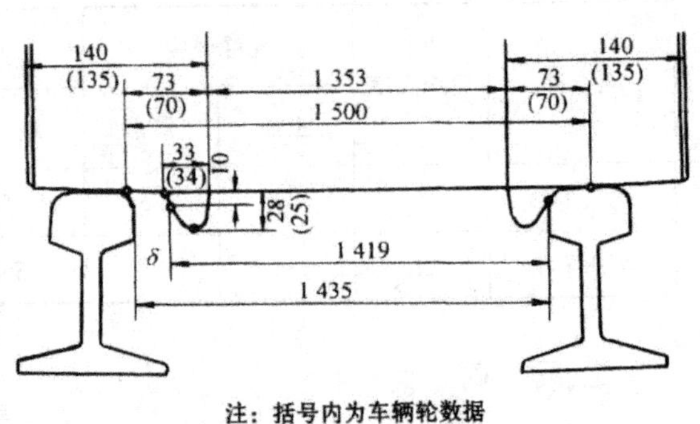

注：括号内为车辆轮数据

图 8—5

轨距与机车车辆的轮对需密切配合，如图8—5所示。轨距大于轮对宽度，故钢轨与轮缘之间有一定间隙，称活动量或游间(δ)。

当轮对的一个车轮轮缘与钢轨侧面紧贴时，另一个车轮轮缘与钢轨间的游间：

$$\delta = s - q \tag{8—2}$$

式中　s——轨距(mm)；

q——轮对宽度(mm)。

若 s_0 为标准轨距，q_0 为正常轮对宽度，则正常轮轨游间 δ_0：

$$\delta_0 = s_0 - q_0 \tag{8—2a}$$

最大和最小轮轨游间 δ_{max}、δ_{min} 可由以下两式确定：

$$\delta_{max} = s_{max} - q_{min} \tag{8—2b}$$

$$\delta_{min} = s_{min} - q_{max} \tag{8—2c}$$

式中　s_{max}——最大轨距(mm)；

q_{min}——最小轮对宽度(mm);

s_{min}——最小轨距(mm);

q_{max}——最大轮对宽度(mm)。

适当的轮轨游间能保证车轮顺利通过,防止被轨道卡住,减少行车阻力及轮轨磨耗。但游间太大时,会造成车辆行驶时蛇行幅度增大,恶化运行品质;作用在钢轨上的横向力也增大,特别是行车速度高时,对行车的平稳性和轨道的稳固性都有很不利的影响。因此,必须限制游间 δ 不得大于也不得小于某一限值。最大、最小游间值如表 8—2 所列。

理论研究与运营实践表明,适当减少轨距,减少 δ 值,会减轻列车的摇摆,改善行车条件,而且会减少对钢轨的横向力,对稳定线路,减缓曲线钢轨磨耗都有一定好处。因此,有些国家都把轨距适当减少,如西欧把标准轨距1 435 mm减小到1 433或1 432 mm;原苏联也把该国的轨距1 524 mm减小为1 520 mm等。

轮轨游间值(mm)　　表 8—2

车轮名称	δ_{max}	δ_0	δ_{min}
机车轮	45	16	11
车辆轮	47	14	9

二、水　　平

为保证列车行驶平稳并使两股钢轨均匀受力,直线轨道上两股钢轨顶面应保持同一水平,其误差不得大于4 mm(正线和到发线)或6 mm(其它线)。水平的变化不能太急骤,在1 m距离内变化不得超过1 mm,否则即使水平误差不超过上述限制,也会引起列车的剧烈振动。

比较两股钢轨的水平,除上述允许误差及水平顺坡率的限制外,还需考察沿轨道纵向两股钢轨的水平变化,不容许出现轨道扭曲的情况,即通常称为三角坑的现象。这是指在一段不太长的距离内,先是左股较右股钢轨高,后是右股较左股钢轨高,两个最大水平误差点间的距离不足18 m。

一般情况下,轨道存在水平误差只会引起车辆摇晃和两股钢轨受力不均匀。但当轨道出现扭曲时,破坏了两股钢轨的共面性,在不足18 m的距离内出现,水平误差超过4 mm的三角坑,会使车辆最前和最后的四个车轮中,只有三个正常压紧钢轨,另一个可能悬浮在轨面之上。这时若有横向力作用,可使悬浮的车轮轮缘紧贴钢轨,在不利条件下可能爬上钢轨,引起脱轨事故。因此,三角坑必须立即消除。

三、高　　低

轨道的纵向平顺情况称高低,或称前后高低。新铺设的轨道或大修后的线路,经过检查验收,即使轨面平顺,但经列车运行后,由于道床的累积变形,路基不均匀沉陷,钢轨磨耗或枕木失效等,使轨面出现高低不平。有的地方在钢轨与轨枕之间或轨枕与道床之间存在着空隙,形成空吊板或暗坑,车轮通过时,轨面下沉量大,形成动态不平顺。

轨道前后高低不平,就会引起轮轨间的振动和冲击,通常称为不平顺造成的动力增载,或附加动力。这种动力作用加速了道床的变形,进而扩大了不平顺现象,更加剧了轮轨的动力作用,形成恶性循环。一般地说,前后高低不平顺造成的轮轨附加动力,与不平顺的长度成反比,与深度成正比。因此,加强对轨道高低不平顺的管理,实质上就是尽量降低轮轨垂直力的动力增载。据实验研究,轨面高低不平顺的长度在4 m以下时,都会产生较大的破坏力,而其长度在 100～300 mm时,就会产生轮轨冲击,列车通过这些处所,冲击力成倍地增加,速度越高,冲击荷载的量值与频率越高。例如列车以90 km/h的速度通过300 mm长的不平顺区时,产生的冲击力接近静轮载的三倍。当有三个连续空吊板时,列车通过时钢轨的受力比正常情况大一倍以上。

通常轨道上指的高低，是指伸展范围较长的坑洼。这种较长的不平顺主要是路基沉陷、捣固不良及枕木腐朽等造成的。目前，在轨道维修中可用1 m长的轨道不平顺仪来测量；但更多的是靠有经验的工人目视轨面平顺，或用10 m长弦量前后高低之差不超过4 mm。线路综合维修作业验收标准规定如表 8—3。

前后高低容许误差　　表 8—3

验收项目	正 线 及 到 发 线	其　他　线
高　低	10 m弦量高低差不大于4 mm	10 m弦量高低差不大于6 mm
捣　固	空吊板不超过 8%	空吊板不超过 12%

四、方　　向

轨道的方向是指轨道中心线的方向。按照行车的平稳与安全要求，直线应当笔直，曲线应当圆顺。但实际上直线轨道并非理想的直线，而是由多个漫弯组合而成，这种漫弯大约在 10 ~20 m左右，偏离中心线不大，肉眼不易看出。轨道方向不良，必然引起列车蛇行摇晃，比轨距不良造成的影响更大。在无缝线路地段，轨道方向不良，高温季节，在一定条件下会引起涨轨跑道，危及行车安全。因此，直线轨道方向必须目视平顺，用10 m长弦量，误差不得超过4 mm（正线），站线及专用线的误差也不得超过6 mm。

五、轨　底　坡

车轮踏面的主要部分是 1∶20 的圆锥面。为使钢轨与车轮很好配合，钢轨不应竖直铺设，而要适当地向内倾斜，这种倾斜是通过将轨底设置一定坡度实现的，故称轨底坡。钢轨设置轨底坡可使车轮压力大体与钢轨竖直轴线重合，避免或减小钢轨偏载，减小轨腰的弯曲应力，不使轨腰纵向开裂或折损。

一般轨底坡的大小应与轮踏面的斜度相同，即 1∶20。我国铁路在 1965 年以前，轨底坡就是按 1∶20 设置的。但考虑钢轨受力后，轨枕挠曲变形，垫板与轨枕不密贴，实际轨底坡与原设轨底坡有一定出入，而且车轮踏面使用一段时间后，磨成接近 1∶40 的坡度，故在 1965 年以后，把直线地段的标准轨底坡改为 1∶40。

当列车进入曲线轨道后，其运动状态和受力情况都发生了变化，相应地，轮轨间的关系也与直线上不同，这就确定了曲线轨道的几何形位所具有的特征，主要是：

1．为平衡车辆在曲线上运动所产生的离心力，需设置外轨超高；

2．为使列车顺利通过，在小半径曲线上，轨距应适当加宽；

3．为使直线与圆曲线圆顺连接，曲率连续变化，直线与圆曲线间应设置缓和曲线；

4．曲线上内外股钢轨长度不同，为保持接头相对，内股钢轨应采用缩短轨；

5．为使曲线轨道几何形位保持正确关系，特别是曲线方向的正确，必须加强曲线养护与整正。

为满足曲线轨道几何形位的要求，在轨道构造上还需要采取一些加强措施。这些都表明曲线轨道的特殊性，也说明曲线是轨道的薄弱环节之一。

第三节　曲线轨道外轨超高

当列车沿曲线轨道运行时，因离心力作用使车体向外推甩，外轨承受较大的压力，并使旅客感觉不舒适。离心力过大时能影响行车安全，为抵消离心力的作用，需将外轨抬高，使车体向内倾斜，借助车体自重的水平分力与离心力相平衡。曲线外股钢轨轨面较内股钢轨轨面高，称为外轨超高。

设置超高的基本要求是，保证两股钢轨的受力比较均匀；保证旅客乘坐的舒适度；保证行车平稳和安全。一般情况下，在满足前两点要求的情况下，后一点要求可自然得到保证。

一、按两股钢轨均匀受力的要求计算外轨超高

（一）基本计算公式

$$h = 11.8\frac{V^2}{R} \qquad (8—3)$$

式中 V 为行车速度，以 km/h 计，计算图式见图8—6。

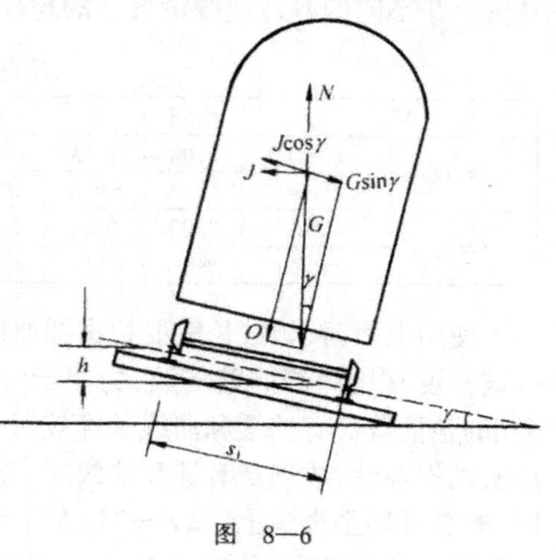

图 8—6

（二）平均速度的计算

式(8—3)是按某列车以速度 V 通过曲线时导出的。实际上，通过曲线的列车种类、列车重量和速度各不相同，为了合理设置超高，在计算时需综合考虑各种因素，应采用平均速度代入(8—3)式。《铁路线路维修规则》规定，采用列车速度平方及列车重量加权平均方法计算平均速度，即为

$$V_J = \sqrt{\frac{N_1Q_1V_1^2 + N_2Q_2V_2^2 + \cdots + N_iQ_iV_i^2}{N_1Q_1 + N_2Q_2 + \cdots + N_iQ_i}} = \sqrt{\frac{\Sigma N_iQ_iV_i^2}{\Sigma N_iQ_i}} \qquad (8—4)$$

式中 N_i——一昼夜的各类列车数；

Q_i——各类列车重量(kN)；

V_i——实测各类列车速度(km/h)。

二、外轨超高顺坡

在圆曲线上要求外轨设置超高，在直线上要求两股钢轨轨面保持水平，因此，直线与圆曲线之间应设有一过渡段，使外轨超高逐步过渡，此称为超高顺坡。一般情况下，在圆曲线与直线之间还需要设置一段缓和曲线，使超高顺坡在缓和曲线上完成。

在超高顺坡地段，轨道的轨面呈扭曲状态，列车通过时，不仅车轮有偏载，而且轮对绕纵轴扭转，外轮是边前进边升高(或降低)。外轮的升降速度对旅客的舒适度有直接影响，故对超高顺坡坡度需予以适当控制。根据经验，外轮的升降速度在一般条件下，应不大于32 mm/s；在困难条件下，应不大于40 mm/s。

车轮在外轨上的升降速度 f 可由下式计算

$$f = h / \frac{l}{V_{max}} \text{(mm/s)} \qquad (8—5)$$

式中 h——圆曲线上设置的超高(mm)；

l——超高顺坡长度(m)；

V_{max}——容许行车速度(m/s)。

由(8—5) 式可知，当 V_{max} 以 km/h 为单位时，则顺坡长度 l 为

$$l = \frac{V_{max}}{3.6f}h \qquad (8—6)$$

顺坡坡度 i

$$i=\frac{h}{l}=\frac{3.6f}{V_{max}} \tag{8—7}$$

对 $V_{max}\leqslant 70$ km/h的曲线,《铁路线路维修规则》规定,最大超高顺坡 i 应不大于 2‰。若按式(8—7)算出的顺坡坡度大于 2‰时,只能用 2‰,而算出的顺坡坡度值小于 2‰时,应用计算值。在不同的容许速度情况下的超高顺坡坡度及顺坡长度如表 8—4 所示。

超高顺坡坡度及顺坡长度 表 8—4

V_{max}		≤55	60	65	70	75	80	90	100	110	120
$f=32$	i(‰)	2.00	1.85	1.71	1.59	1.48	1.39	1.23	1.11	1.01	0.93
	l(m)	495 h	540 h	585 h	630 h	675 h	720 h	810 h	900 h	990 h	1 080 h
$f=40$	i(‰)	2.00	2.00	2.00	2.00	1.90	1.79	1.59	1.43	1.30	1.19
	l(m)	385 h	420 h	455 h	490 h	525 h	560 h	630 h	700 h	770 h	840 h

使用上表时,顺坡长度要根据圆曲线的实际设置超高 h 计算(h 用 m 的单位代入)。超高顺坡长度常用超高的整倍数,为便于维修管理,顺坡长度宜用10 m的整倍数,困难时,亦可用5 m的整倍数。有的缓和曲线长度较短,允许将超高顺坡延长到一部分直线上。考虑到直线上应有的平顺性,故规定有缓和曲线时,直线上的超高顺坡长度不大于15 m;缓和曲线长度不足时,顺坡可延至直线上(图 8—7);无缓和曲线时,可在部分圆曲线和直线上进行顺坡,但圆曲线始终点的欠超高不得大于75 mm,直线上的超高不得大于25 mm。

两相邻曲线的顺坡地段之间,应有 50~75 m的平直段,主要是为了避免在两个顺坡地段引起车体振动的叠加,并有利于控制直线和曲线的方向与位置,在困难时,平直段的长度应不短于25 m,相当于一根钢轨长或一节客车长(图 8—8)。

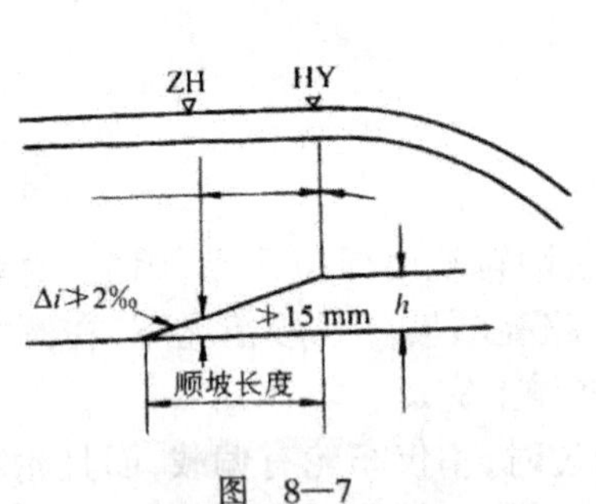

图 8—7

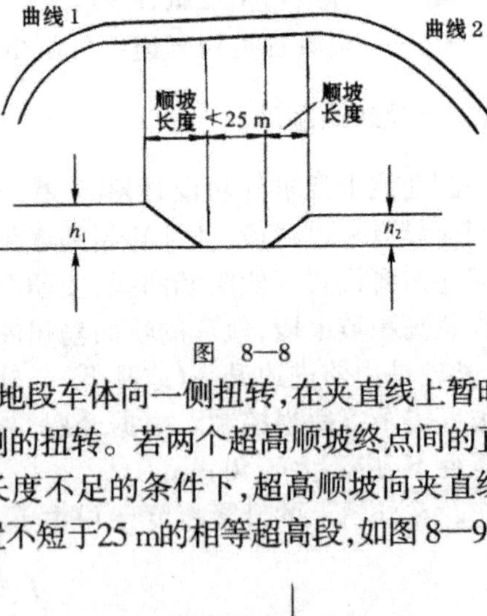

曲线 1
曲线 2
顺坡长度
≮25 m
顺坡长度
h_1
h_2

图 8—8

当列车通过两相邻的同向曲线时,在前一超高顺坡地段车体向一侧扭转,在夹直线上暂时停止扭转;而进入后一超高顺坡地段时,车体又发生向同一侧的扭转。若两个超高顺坡终点间的直线段过短,会影响在直线段上行车的平稳性。在缓和曲线长度不足的条件下,超高顺坡向夹直线上延伸,若顺坡终点间的长度不足25 m时,可在直线部分设置不短于25 m的相等超高段,如图 8—9 所示。

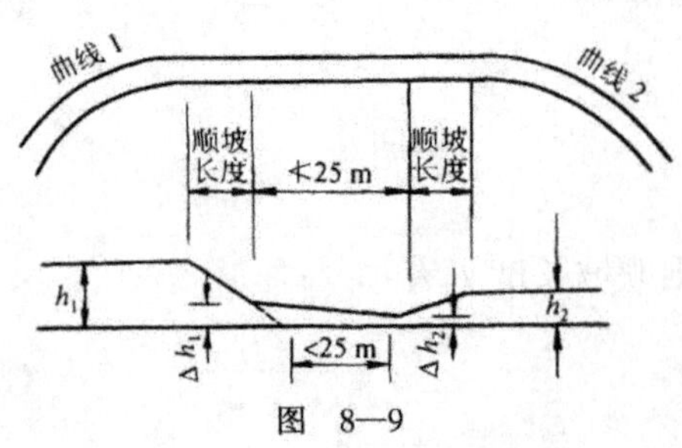

图 8—9

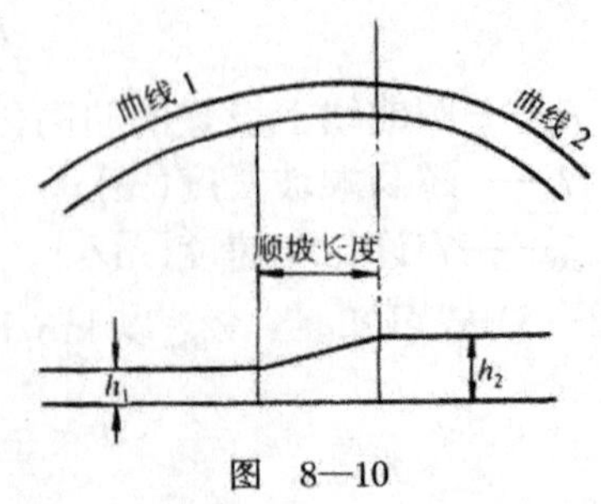

图 8—10

对于复心曲线，两曲线超高的差值，应在复曲线半径变化点前后各10 m的范围内，从较大的超高向较小的超高均匀顺坡，见图 8—10。

在相邻的两个反向曲线之间的超高顺坡，若需在夹直线上进行时，夹直线的长度宜尽量长一些，因为列车在反向曲线上所受的力比较复杂，未被平衡的离心加速度先作用于一侧转而作用于另一侧，车辆转向架的内接状态也有较大的变化，反向曲线的几何状态更难于保持。由于反向曲线的外轨超高需从一股换到另一股，因此，要求两个曲线超高顺坡的终点之间夹直线的长度不得小于25 m，夹直线长度不足25 m时，在正线上可不短于20 m，这样可以使车辆的两个转向架不同时处于两个顺坡坡段上，车辆在某一瞬时处于水平状态，有利于行车的平稳。反向曲线的超高顺坡必要时可延伸到圆曲线上，但圆曲线始终点的欠超高不得大于75 mm，如图 8—11 所示。

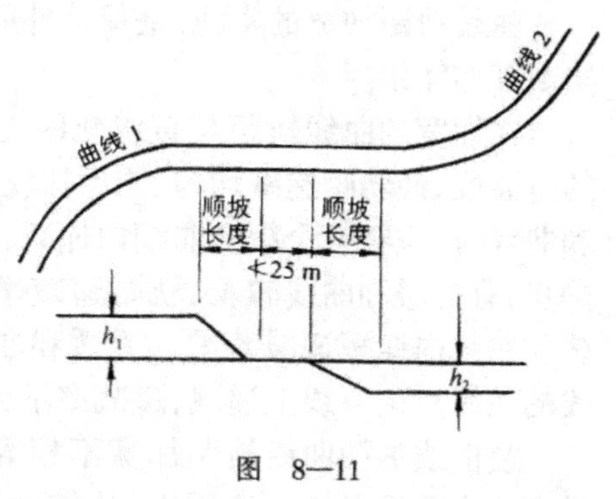

图 8—11

第四节　曲线轨道轨距加宽

机车车辆的转向装置(车架或转向架)将各个轮对间的轴距固定，各轮对只能平行运动，形成一个矩形刚体。当它进入曲线时，两股钢轨迫使固定轴距内的各轮对整体转向。为使机车车辆平稳安全地通过曲线，避免轮对被卡住，并尽量减小轮轨磨耗及对轨道的破坏作用，在半径较小的曲线上，需将轨距适当加宽。加宽的办法是将里股钢轨向曲线内侧横移适当的量值，使里股到轨道中心的距离较外股增加一个加宽值，而保持外股至中心的距离为标准轨距之半 $S_0/2$。这样，可以保持曲线外股钢轨圆顺，以利于对车轮的导向作用。

加宽值计算图式见图 8—12。外弦矢距 f_w 的值如 8—8式所示。

$$f_w = \frac{L^2}{2R} \qquad (8—8)$$

式中　L——固定轴距；

R——曲线半径；

q_{max}——最大轮对宽度。

图　8—12

一、轨距加宽的标准及其依据

《铁路线路维修规则》对曲线轨距加宽标准作如下规定：

1. 新建、改建及线路大修或成段更换轨枕地段，按表 8—5 的规定办理；
2. 其他线路按上表规定逐步调整，在未调整前，暂时维持原标准。原标准见表 8—6。

曲线轨距加宽标准　　表 8—5

曲线半径(m)	轨距加宽(mm)
$R \geqslant 350$	0
$350 > R \geqslant 300$	5
$R < 300$	15

原曲线轨距加宽标准　　表 8—6

曲线半径(m)	轨距加宽(mm)
$R > 650$	0
$650 \geqslant R > 450$	5
$450 \geqslant R > 350$	10
$R \leqslant 350$	15

二、曲线轨距加宽递减

曲线轨距加宽的实施，是保持外股钢轨的位置与线形不变，里股钢轨向曲线中心内移，以实现其加宽量。

在加宽的曲线轨距与直线轨距之间，需要有一定的过渡段，使轨距递减均匀，能保持较好的轨向。有缓和曲线时，应在整个缓和曲线内递减，使其与超高顺坡同步；有的缓和曲线较长，轨距递减率较小，亦不宜在缓和曲线内缩短递减范围。无缓和曲线时，则由圆曲线的始终点向直线上递减，递减率不大于1‰。

复曲线的两曲线轨距加宽不相等时，应在曲线半径变化点前后各10 m范围内，从较大的轨距加宽向较小的轨距加宽均匀递减，递减率为0.25%～0.75%。

在两个曲线轨距加宽递减的终点，为避免直接连接成折线，应有直线过渡段，直线过渡段应不短于10 m。若直线过渡段不足10 m时，如直线部分轨距加宽相等，则直线部分保留相等的加宽，如不相等，则可均匀递减，如图 8—13 所示。

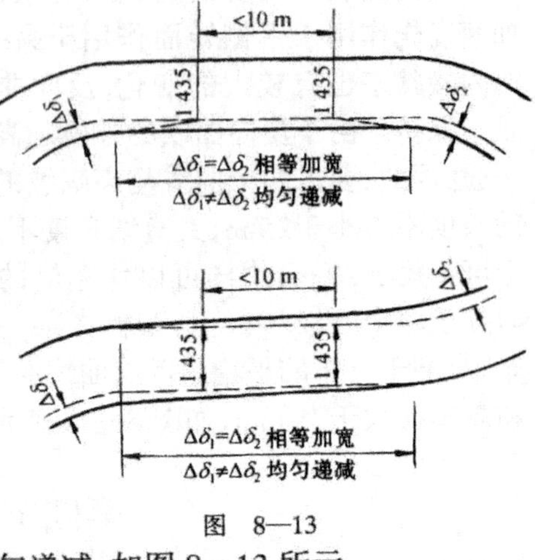

图 8—13

有的曲线条件比较特殊，如设备位置未改造前不宜动，有的反向曲线夹直线很短或无夹直线等，可根据具体情况确定加宽办法，经铁路局批准后实施。

第五节 缓 和 曲 线

为保证行车平顺，在直线与圆曲线之间应设置一段过渡曲线——缓和曲线。其作用是：在缓和曲线范围内，半径由无限大逐渐变到圆曲线的半径，使车辆产生的离心力逐渐增加，有利于行车平稳；在缓和曲线范围内，外轨超高由直线上的零逐渐增加到圆曲线所需要的超高 $h=\frac{s_1V^2}{gR}$，使向心力逐渐增加的量与离心力的增加相适应；当曲线半径小于350 m时，轨距需要加宽，可在缓和曲线范围内逐步由标准轨距增加到圆曲线所需要的加宽量。因此，缓和曲线是为适应直线与圆曲线几何形位的变化，使车辆和轨道所承受的作用力不致突然发生，也不致突然消失如图 8—14 所示。

我国铁路上目前采用的缓和曲线是直线超高顺坡的缓和曲线，称为常用缓和曲线。其优点是线型简单，长度较短，计算方便，易于铺设与养护。外轨在缓和曲线起终点自然弯曲，再加上轨道与车辆弹性的缓冲作用，可减轻轮轨冲击及车体振动。

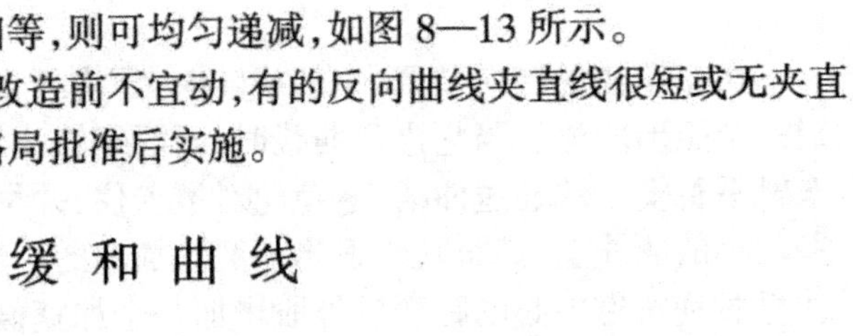

图 8—14

常用缓和曲线的曲率和超高都是随弧长 l 按直线规律变化的，如图 8—15 所示。

其方程为：

$$y=\frac{x^3}{6R_0L_0}\left(1+\frac{2x^{\Delta}}{35R_0^2L_0^2}+\cdots\right)$$

式中 R_0——缓和曲线终点的曲线半径(m);

L_0——缓和曲线全长(m)。

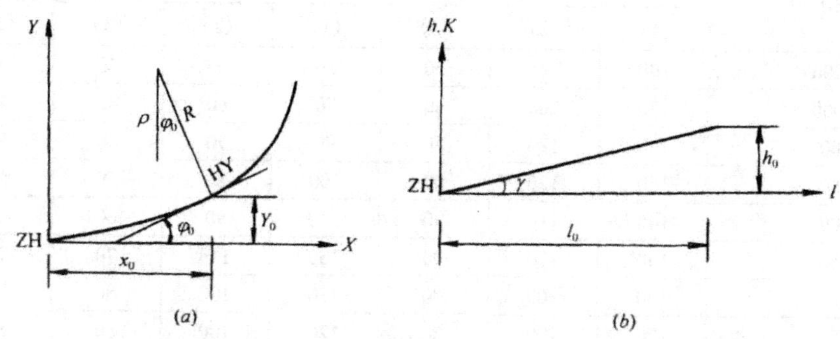

图 8—15

在缓和曲线较短时(x 值较小),放射螺旋线与三次抛物线接近重合,即略去括号内第二项以后的诸项。因此有的文献中也把常用缓和曲线近似地称为三次抛物线。

(一)按行车安全条件确定缓和曲线的长度

应保证减载后,在横向力的作用下车轮不致脱轨。

(二)按舒适条件确定缓和曲线的长度

1. 外轮升高速度不致使旅客感到不适;

2. 未被平衡的离心加速度变化率(或称加速度的时变率)不致影响旅客的舒适。按上述条件将计算结果取10 m的整倍数。

为铺设和维修的方便,按上述条件将计算结果取 10 的整倍数。若运营线上原设缓和曲线比计算选用的长度还要长,则采用原来的长度;若原长度不足则予以延长。

(三)线路设计规范对缓和曲线长度的规定

缓和曲线的长度应根据线路等级、曲线半径,结合列车速度等合理选用,有条件时应尽量选用较长者。具体选用时主要参考曲线半径、线路等级及地形条件等查表 8—7 确定。表中不同等级铁路中的Ⅰ、Ⅱ、Ⅲ分别指平缓地段、困难地段和特殊困难地段。

设置缓和曲线后,应保证中间圆曲线的长度不小于20 m,这是为了满足行车平稳和维修的要求。若设置缓和曲线后中间圆曲线的长度不足20 m,就会使一节车箱的全轴距跨在两个缓和曲线上,(客车的全轴距 $L_Q = 19.4 \sim 20.9$ m),不利于行车的平稳。按维修的要求,每10 m要测出一个正矢,圆曲线上应不少于两个正矢,因此圆曲线的长度应不短于20 m。

缓和曲线长度 表 8—7

曲线半径(m)	缓和曲线长度(m)							
	Ⅰ级铁路			Ⅱ级铁路			Ⅲ级铁路	
	(1)	(2)	(3)	(1)	(2)	(3)	(1)	(2)
4 000	30	30	20	20	20	20	20	20
3 000	40	30	20	30	20	20	20	20
2 500	50	40	20	30	30	20	20	20
2 000	60	50	30	40	30	20	20	20
1 500	80	70	40	50	40	30	30	20

续上表

曲线半径(m)	缓和曲线长度(m)							
	Ⅰ级铁路			Ⅱ级铁路			Ⅲ级铁路	
	(1)	(2)	(3)	(1)	(2)	(3)	(1)	(2)
1 200	100	80	50	60	50	30	30	30
1 000	120	100	60	70	60	40	40	30
800	150	120	70	90	70	40	50	40
700	150	120	90	100	80	50	50	40
600	140	110	90	110	90	60	60	50
550	140	110	90	130	110	70	70	50
500	130	100	90	130	100	80	70	60
450	120	100	80	120	100	80	80	60
400	120	90	80	120	90	80	90	70
350	110	90	70	110	90	70	100	70
300				100	80	70	100	70
250							90	70

第六节　缩　短　轨

《铁路线路维修规则》规定,线路上两股钢轨的接头,一般应采用相对式。这样可以减少车轮对接头的冲击次数,改善行车和维修条件。曲线地段里股长度短于外股的长度,若铺设长度相同的钢轨,则里股钢轨接头比外股钢轨接头超前。为使接头相对,曲线外股应使用标准长度钢轨,里股钢轨利用厂制缩短轨调整接头位置,使里外股接头保持对接或接头的错开量不超过一定限值。

一、使用缩短轨的有关规定

(一)我国铁路采用的缩短轨长度

配合25 m钢轨的有 24.96、24.92、24.84 m三种;配合12.5 m钢轨的有 12.46、12.42、12.38 m三种。选用缩短轨的长度可参照下式计算:

$$L_0 < L(1 - \frac{s_1}{R}) \tag{8—9}$$

式中　L_0——标准缩短轨长度(m),按计算结果选用缩短量较小的缩短轨;

L——标准钢轨长度,25 m或12.5 m;

s_1——两股钢轨中心距离,一般用1.5 m;

R——曲线半径(m)。

另外,还可以根据半径 R,参照表 8—8 选用。

(二)曲线上容许最大错开量

其最大错开量为40 mm加上所采用缩短轨其缩短量的一半,即

$$e \leqslant 40 + \frac{\varepsilon}{2}(\text{mm}) \tag{8—10}$$

式中　e——两股钢轨的错开量(mm);

ε——缩短轨的缩短量(mm)。

标准缩短轨选择参照表　　表 8—8

曲线半径(m)	25 m钢轨		12.5 m钢轨	
	缩短轨长(m)	缩短量(mm)	缩短轨长(m)	缩短量(mm)
4 000～1 000	24.96 24.92	40 80	12.46	40
800～500	24.92 24.84	80 160	12.46	40
450～250	24.84	160	12.42	80
200	—	—	12.38	120
附注	1. 按表列缩短量宜选用较小的一种。 2. 为了不影响直线接头的质量,允许在曲线尾按实际情况插入个别相应的缩短轨。			

因为曲线里股铺设一定数量的缩短轨后,仍不可避免地存在里股钢轨接头超前或错后的现象。按不同的缩短量,超前或错后量可达80 mm,甚至更多,因此,应利用单根钢轨长度误差进行调整。不能用增减轨缝的办法调整接头的相错量,以免造成轨缝技术状态不良。

第七节　曲线整正

曲线轨道的受力情况比直线轨道复杂,且易于变形,造成方向不良,影响行车的平稳与安全。为使曲线轨道具有良好的受力条件,保证正确的几何形位,应定期检查,及时整正。曲线轨道的方向就是曲线上各点切线的方向,切线方向应连续变化,才能保证曲线圆顺。衡量曲线圆顺性的基本参数是曲率。圆曲线上各点的曲率相等;缓和曲线上各点的曲率随各点距 *ZH* 点的距离按比例增加,至 HY 点处与圆曲线的曲率相等。

《铁路线路维修规则》规定,曲线地段轨向不良时,可以用绳正法测量、计算与拨正。绳正法的基本原理,是利用曲线上各点正矢与曲率的关系,通过改正正矢,拨正线路。

曲线整正时,首先要检查测量曲线上各点的正矢。按绳正法要求,以外股钢轨为基线用钢尽丈量,每10 m设一测点,用一根不易变形的20 m长的弦线,在外轨的轨距线处准确量出弦线与外轨内侧的距离,即"实测正矢"。当正矢误差超过表 8—9 规定的限度时,则需要及时整正。

曲线正矢误差限度表(mm)　　表 8—9

曲线半径(m)	缓和曲线正矢与计算正矢之差		圆曲线正矢连续差		圆曲线正矢最大最小差	
	正线及到发线	其他线	正线及到发线	其他线	正线及到发线	其他线
$R\leqslant250$	7	8	14	16	21	24
251～350	6	7	12	14	18	21
351～450	5	6	10	12	15	18
451～650	4	5	8	10	12	15
$R\geqslant651$	3	4	6	8	9	12

整正曲线要求各测点应达到的正矢称"计划正矢",这是根据曲线上各测点的正矢与曲率间的几何关系计算、调整确定的。实测正矢与计划正矢不同时,可利用正矢与曲率的关系计算出各点的拨量,将曲线拨正。

绳正法适用于维修工作中既有曲线的轨向整正,但不能用来改变曲线要素和各主要点的位置。因为受现场测量方法的限制，采集的数据误差较大，影响计算结果的准确性。

一、曲线的计划正矢

前已述及，曲线上各点的实测正矢是曲线整正计算的原始数据，是现状的反映；同样，计划正矢则是曲线整正计算的依据，是搞好曲线整正的关键。

（一）圆曲线的计划正矢

如图 8—16 所示，若圆曲线半径为 R，测量弦长为 l，则弦线中点的正矢 f_c 可由下式导出：

$$(2R-f_c)\cdot f_c=\frac{l}{2}\cdot\frac{l}{2}=\frac{l^2}{4}$$

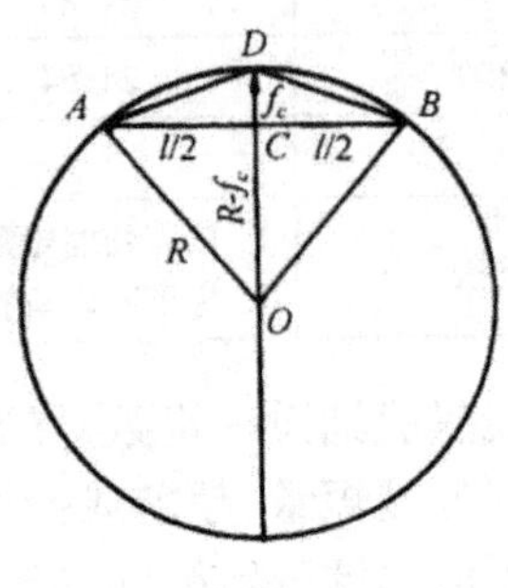

图　8—16

由于 f_c 与 $2R$ 相比甚小，可略去 f_c^2 项：

$$f_c=\frac{l^2}{8R}(\mathrm{mm}) \tag{8—11}$$

l、R 单位为 m，f_c 单位为 mm，当 $l=20$ m时，经换算

$$f_c=\frac{20\times20}{8R}\times1\,000=\frac{5\,000}{R}(\mathrm{mm})$$

当 $l=10$ m时，

$$f_c=\frac{10\times10}{8R}\times1\,000=\frac{12\,500}{R}(\mathrm{mm})$$

圆曲线上各点正矢相等，但其始终点处因两侧曲率不同，测量弦一端在直线（或缓和曲线）上，另一端在圆曲线上，因而相应的正矢与圆曲线中间各点不同。若圆曲线与直线直接连接如图 8—17 所示，且 ZY 点不在整测点上，设其距直线上的测点 0 为 a，距曲线上的测点 1 为 b。将坐标原点置于 ZY 点，设测点 0 的正矢为 f_0，测点 1 的正矢为 f_1，y_1、y_2 为 1、2 点的切线支距，x_1、x_2 为相应点的横坐标，l 为测量弦长，t 为测点间距，并近似地认为 $t=\frac{l}{2}$，

由圆曲线方程　　$x^2+(y-R)^2=R^2$

及　　$x_1^2=b^2-y_1^2$

故有　　$(y_1-R)^2=R^2-b^2+y_1^2$

所以　　$y_1=\frac{b^2}{2R}$

由相似三角形比例关系，有

$$f_0=\frac{y_1}{2}=\frac{b^2}{4R}$$

又因　　$R=\frac{t^2}{2f_c}$

所以　　$$f_0=\frac{b^2f_c}{2t^2} \tag{8—12}$$

式中　f_c——圆曲线的正矢（mm）；

b——ZY 点至圆曲线上第 1 测点的距离（m）；

t——测点间距（m）。

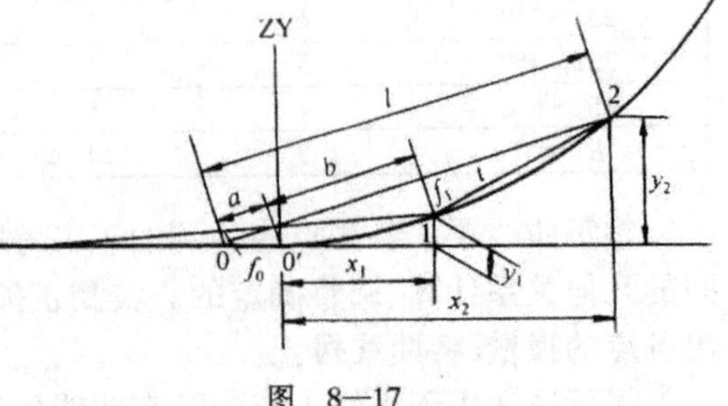

图　8—17

若 ZY 点在整测点上，则 $a=0, b=\frac{t}{2}=t$，

所以
$$f_0=\frac{1}{2}f_c$$

即 ZY 点处的正矢为圆曲线中间各点的正矢之半。

再研究 1 点的正矢。将测点 2 的坐标代入圆曲线方程：

$$(y_2-R)^2=R^2-x_2^2$$

由三角形关系，
$$x_2^2=(b+t)^2-y_2^2$$

代入圆曲线方程得

$$y_2=\frac{(b+t)^2}{2R}=\frac{(b+t)^2 f_c}{t^2}$$

由于曲线半径很大，可近似地认为 f_1 在 y_1 的延长线上，由相似三角形比例关系得：

$$f_1=\frac{y_2}{2}-y_1=\frac{(b+t)^2 f_c}{2t^2}-\frac{b^2 f_c}{t^2}=\frac{t^2+2bt-b^2}{2t^2}f_c$$

由于 $b=t-a$

所以
$$f_1=\left(1-\frac{a^2}{2t^2}\right)f_c \tag{8—13}$$

当 ZY 点在整测点上时，$a=0$

所以
$$f_1=f_c$$

当 ZY 点在整测点上时，f_1 与圆曲线上中间各点的正矢相等。

（二）缓和曲线的计划正矢

缓和曲线是一变曲率曲线，故各点的正矢不同。同样，由于缓和曲线始点前后测量弦的一端在直线上，另一端在缓和曲线上；终点前后测量弦的一端在缓和曲线上，另一端在圆曲线上，因此，缓和曲线始终点的正矢与缓和曲线中间各点正矢的变化规律也不同，故需要分别讨论。

1．缓和曲线中间各点的正矢

如图 8—18 所示为缓和曲线中间的一段，1、2、3…为各个测点。与圆曲线相类似，缓和曲线中间各点的正矢可写作

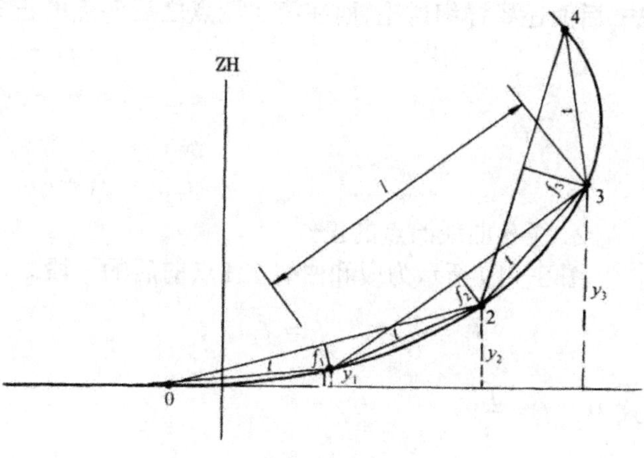

图 8—18

$$f_i=\frac{t^2}{2\rho_i}$$

式中 f_i、ρ_i——各测点的正矢及曲率半径；

t——各测点的间距。

因为
$$\rho_i l_i=Rl_0$$

所以
$$\rho_i=\frac{Rl_0}{l_i}$$

其中 l_i 为第 i 测点至缓和曲线起点的曲线长。

所以
$$f_i=\frac{t^2 l_i}{2Rl_0}=\frac{t^2}{2R}\cdot\frac{l_i}{l_0}=f_c\cdot\frac{l_i}{nt}=\frac{f_c}{n}\cdot\frac{l_i}{t}$$

其中 f_c——圆曲线的正矢，

$n=\dfrac{l_0}{t}$缓和曲线的分段数，

t——测点间距，

l_i——自 ZH 点至测点的缓和曲线长。

定义 $f_s=\dfrac{f_c}{n}$为缓和曲线的正矢递增率,故缓和曲线上中间点的正矢为

$$f_i=\frac{l_i}{t}f_s \tag{8—14}$$

若缓和曲线的始点在整测点上,则始点之后各个测点距始点之长度为

$$l_i=it$$

式中 i 为测点号数,t 为测点间距,若 $t=10$ m,则 $l_1=10, l_2=20, l_3=30\cdots, l_i=10i$。各点的正矢为

$$f_1=f_s$$
$$f_2=2f_s$$
$$\cdots\cdots$$
$$f_{n-1}=(n-1)f_s$$

若缓和曲线的始点不在整测点上,则始点后第 1 个测点的正矢 f_1 应单独计算,其计算方法,后面还要详细讨论,而在第 1 测点之后各点的正矢则为:

$$f_2=f_1+f_s$$
$$f_3=f_1+2f_s$$
$$\cdots\cdots$$
$$f_{n-1}=f_1+(n-2)f_s$$

2. 缓和曲线始点的正矢

图 8—19 所示为缓和曲线 ZH 点前后的一段。

$$f_0=\frac{1}{6}f_s,\quad f_s=f_1$$

式中 $f_s=\dfrac{f_c}{n}$

$n=\dfrac{l_0}{t}$缓和曲线分段数。

t——测点间距，

f_c——圆曲线正矢。

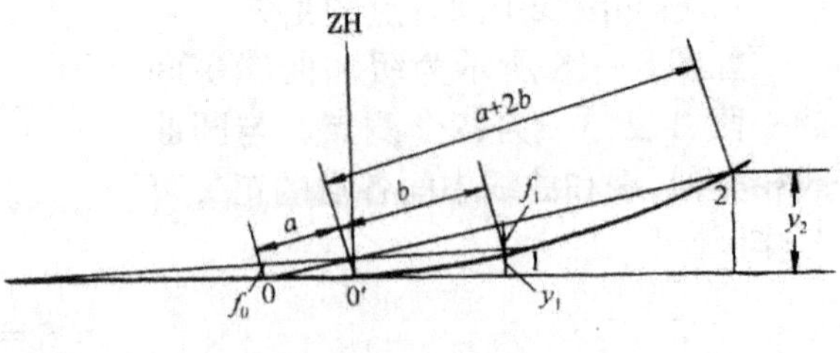

图 8—19

3. 缓和曲线终点正矢 f_n

$$f_n=f_c-\frac{1}{6}f_s$$

即 HY 点在整测点上时,其正矢等于圆曲线正矢 f_c 减去缓和曲线起点的正矢($f_0=\dfrac{1}{6}f_s$)。

第九章 铺 轨

铺轨分为机械铺轨和人工铺轨，包括轨排组装、运送、铺设几个主要环节。一般不宜采用人工铺轨，除非在特殊情况下才不得不采用人工铺轨。我国目前现场施工通常采用机械铺轨，因此本章主要介绍机械铺轨。

第一节 施 工 准 备

一、铺轨施工技术资料

(一)铺轨前应具备批准的施工设计文件和有关的基础工程竣工资料

铺轨所必须的技术资料主要是：曲线表、坡度表、长短链表、桥梁及明渠表、隧道表、车站表、平交道口表、水准基点表、中线控制桩表、铺设不同类型长度钢轨及轨枕地段表、加强地段表、制动地段表等。它们是组织施工和进行配轨计算的依据。

(二)编制铺轨组织设计

在审核施工技术资料的基础上，根据设计文件要求和规定及有关基础工程竣工资料、全线指导性施工组织设计规定的铺轨总工期和有关重点工程的施工方案，结合本单位的铺轨能力，编制实施性铺轨组织设计。

铺轨组织设计应包括下列内容：

1. 轨排生产的施工进度计划；
2. 铺轨施工方案及劳动力安排；
3. 按工程类别计算工程数量和劳动工天数量；
4. 根据年度、季度施工任务量计算主要材料数量，以及主要机械设备需要量；
5. 需要增设的临时工程数量及其用料计划；
6. 铺轨施工用车计划；
7. 对大型枢纽站，要就施工方法、铺设方案、技术措施等方面作专门详细安排。

二、铺轨前期工作

(一)测设线路中心桩

在铺轨前要把路基中线桩钉出来，作为铺轨的依据。中线桩在直线上每隔50 m、圆曲线上每隔20 m、缓和曲线上每隔10 m钉一根。此外，在缓和曲线、圆曲线的起讫点、道碴厚度变更点、平交道的中心点、纵断面变坡点以及道岔交点等处，均须钉桩。

(二)路基整修

路基修好后往往有过高过低、低洼不平、宽度不够等现象。如路堤填筑高度不够，路堑超挖，其值不超过5 cm时，可不做处理，否则应加以处理。路基宽度如小于设计值，应补够。

(三)预铺道碴

铺轨前一般先铺底层道碴。有垫层的道床，按垫层厚度铺足；无垫层道床，铺设厚度一般以15～20 cm为宜，并将顶面整平，中间拉槽。困难时，可在每股钢轨下先铺设厚度不小于

10 cm、宽度不窄于60 cm的道碴带。

桥梁两端各30 m内，应铺足道碴，并做好顺坡，如图 9—1。

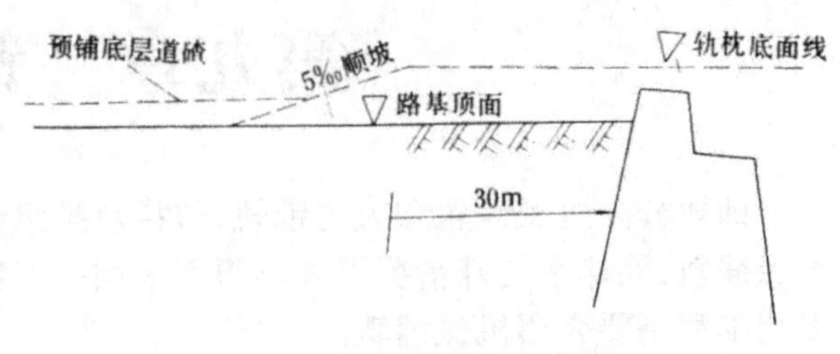

图 9—1　桥梁预铺道碴示意图

三、铺轨基地

(一)基地位置选择

基地一般选在铺轨起点附近的平坦开阔处，从既有线上出岔，用联络线引进基地，新铺线路尽量放在既有线同侧尽可能利用新建站场和机务设备，基地应与附近公路相通。

(二)基地的平面布置

主要包括轨排组装车间、轨料存放场、轨排储备场三部分。

1. 轨料存放场地布置

应根据铺轨进度计划日进度和基地距轨料来源的远近、运输等情况确定，基地存放轨料的数量一般应保证铺轨计划日进度的十倍左右或至少满足一个区间的轨料。

2. 轨排组装车间的布置

轨排组装车间是按照进料、轨排组装、轨排装车的次序考虑的。一般均设有进料线、组装作业线及装车线。进料及装车线分设于组装作业线两侧。进料线连接轨料场，便于向组装车间迅速供料，装车线连接轨排储备场和车站站线，应便于运出轨排和回送空车。组装作业线的两侧放置组装用的机具设备，以便进行组装作业。

3. 轨排储备场的布置

轨排储备场地要求平坦坚实，场地大小视计划铺轨日进度与组装能力而定，一般应储存约 2～3 天铺轨所需的数量，在储备场设有两台龙门吊负担装卸作业。

4. 铺轨基地的其他布置

铺轨基地除上述各种场地布置外，还有调车走行股道、机车进行整备作业和加水的股道、停放车辆的股道等；还应设有动力、照明、机械维修的设备，并修建必要的生产和生活房屋。

第二节　轨 排 铺 设

机械铺轨方式分为龙门架铺轨机铺设和悬臂式铺轨机铺设。

一、龙门架铺轨机铺设

龙门架铺轨机是机身不在自己铺设的轨道上行走，而是在预先铺设的线路以外的轨道上吊重和走行的一种铺轨机械。这种铺轨机由 2 至 4 个带有走行轮的框式龙门架组成，每个龙门架的吊重有4 t和10 t两种，其中有带运行机械和不带运行机械的两种形式，相互间用连接杆连接行动。龙门架的起重和运行依靠自带的发电机供电，发电机和拖拉用的卷扬机同放在一辆普通平板车上，挂在铺轨列车的后端，用电缆送电。铺25 m混凝土轨排时一般用 4 台起重量4 t的龙门架或 2 台起重量为10 t的龙门架；铺25 m混凝土轨枕板轨排用 3 台起重量为10 t的龙门架；铺长轨排可根据轨排重量和龙门架的起重量适当配置多台龙门架一同使用。用龙门架铺轨机铺轨的一般作业方法见图 9—2、图 9—3。

(一)铺轨工序

1．铺龙门架走行轨

龙门架铺轨机铺轨首先要有供其走行的轨道，目前铺设的方法主要是人力铺设和拖拉机拖框架式龙门轨。人力铺设轻便轨道的方法是，将所有的钢轨(一般为24 kg/m)每隔1～1.5 m在轨底焊150 mm×300 mm×20 mm的铁板一块，以保证钢轨受载时不会翻倒。为便于两根钢轨在接头处互相插接，每根钢轨的一端轨腰两侧各焊一块短板作鱼尾板。轻便轨道的铺设长度至少是起吊轨排所需的长度加上落下轨排所需的长度，即最小50 m，如果起吊轨排的地方不在已铺线路的最前端而在其后的某组轨排停放的地方，尚需加上这一段长度。已经使用过的轻便轨道立即拆除向前倒运，以节约轻便轨的使用量。

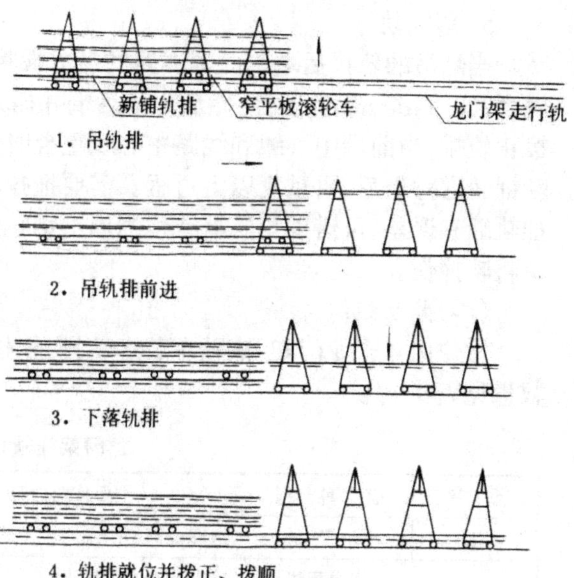

图9—2　龙门架铺轨机作业程序
(龙门架在预铺轨道上的走行)

拖拉机拖框架式龙门轨是用长50 m的两根38～43 kg/m的重轨，前端用框架联系使之能与前方的拖拉机相联系，同时又可使两根钢轨保持一定的轨距。每铺好一节轨排后，开动拖拉机使走行轨道带其上的龙门架一同前进，这时为节约时间可将龙门架往后开，以保持龙门架仍然停在新铺设的轨排处。

除了以上两种走行轨道的铺设方法外，在既有线的技术改造中，也可以以机车为动力，采用机车拖拉长轨或机车推顶长轨的方法。

2．龙门架下道

龙门架下道主要是指从运输状态进入工作状态。作法是在一辆窄平板车上组立支架，让龙门架的吊钩钩住支架下部，开动起升卷扬机缩短滑车间的距离，整个龙门架即可离开下面的走行轨道，待升到一定高度后，从支架内伸出横梁托住龙门架，插上销轴即可挂运。运到现场后，按反顺序将龙门架下到走行轨道上。这时需挂走支架车，送来轨排才能工作。

3．喂送轨排

指如何将轨排组送到最前端或托架车上供龙门架吊铺。一般采用滚轮车运送轨排，即将最前面两个车的车面减窄装上滚轮，供龙门架往来吊铺。其后机壳用一般的平板车安装滚轮装运轨排，组成车面上全部装有滚轮的铺轨列车。列车后部的平板车上装有卷扬机和发电机，可用滑轮和钢丝绳将后面的轨排按次序拖拉到前方的滚轮车上。这种方式进一步发展成为将最前端的两个滚轮车改为两侧支托升降轨道的托架车。

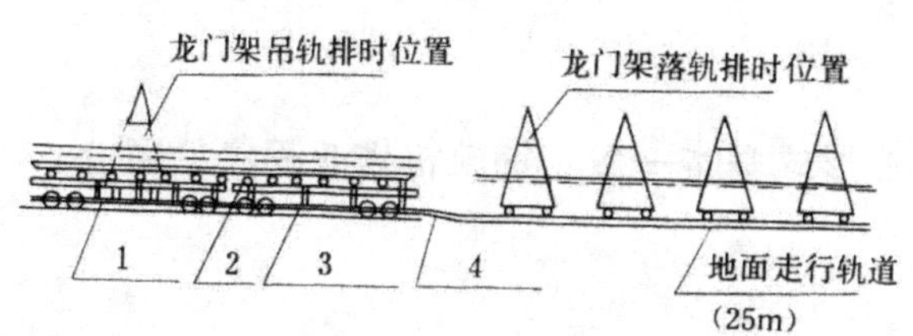

图9—3　龙门架铺轨机作业程序
(用托架车推送龙门架走行轨道)
1—悬挂轨道；2—托架车；
3—悬挂轨升降筒；4—斜坡连接段。

4．吊运轨排

开动龙门架对准吊点位置，使用4个

龙门架时其相互间的距离和距两端轨头的距离一般是2.75 m、6.5 m、2.75 m，用两个龙门架时一般是5.5 m、14 m、5.5 m。降落吊钩挂轨排，升起至离下面的轨排约200 mm时停住，开动龙门架匀速前进25 m对位。

5．落铺轨排

当悬吊的轨排后端与已铺线路的最前端将近对齐时停住龙门架，一齐下落轨排，至离已铺轨面200～400 mm处暂停，然后先落后端并插入轨缝片，调整轨缝，安装鱼尾板、上螺栓。此后拨正轨排，当前端中心线和线路中心线重合时全部落实。接着升起吊钩，待机车将轨排车顶入新铺轨道对位后，再重复以上过程。需要拖拉轨排时应在每组最后一个轨排吊运落铺时进行。如轨缝有误差，可借助拉轨器或适当撞击钢轨前端进行调整，注意撞时不得直接撞击轨头，以免将轨撞伤。

(二)劳动组织

按使用4台龙门架，滚轮车装运轨排，拖拉机拖框架式龙门轨，一班作业的生产人员配备数量见表9—1。

龙门架铺轨机铺轨劳动组织　　表9—1

顺　序	工　种　别	主要作业内容	人　数	主　要　机　具
1	领 工 员	指挥全部工作	1	
2	发电司机	操纵柴油发电机组	1	
3	卷扬机司机	操纵拖拉轨排电动卷扬机	1	
4	龙门架司机	操纵龙门架的起重和运输	4	
5	电　　工	日常接电和电器维修	1	
6	钳　　工	日常机械设备维修	2	
7	普　　工	按线中桩划出中线	2	划线绳及划钩
8	线 路 工	上夹板及螺栓	6	扳手4把，小撬棍2根，6磅锤1个
9	线 路 工	机后补上夹板螺栓并拧紧	4	扳手4把
10	普　　工	拨正轨排对准线路中心	13	撬棍10～13根，或用压道机
11	起 重 工	拖拉轨排摘挂钢丝	4	大锤2把
12	起 重 工	挂钩	4	小撬棍4根
13	起 重 工	回送托轨	4	
	合　　计		47	

二、悬臂式铺轨机铺设

悬臂铺轨机有高臂和低臂之分，但它的作业形式基本一致。铺轨机作业程序见图9—4、图9—5。

(一)铺轨工序

1．喂送轨排

轨排列车进入工地后，当前面轨排垛喂进铺轨机后，需要将后面的轨排垛依次移到最前面的滚轮车或专用车上，这样才能保证作业的连续性。向前倒移轨排垛的方式主要有两种。

(1)拖拉方式。此种方式适用于使用滚轮列车。在铺轨机的后方选择一段较为平直的线路进行大拖拉作业。将滚轮列车最前面的一组轨排垛，用拖拉钩钩住第二层轨排的钢轨后端，

用大小支架将 ϕ 28 mm钢丝绳支离平板车，将底板钩等专用机具固定于线路上，然后缓慢地拉动列车。由于最前面的一组轨排垛被固定在线路上不动，所以在滑靴的引导下，这组轨排垛便依此移动到前面的滚轮车上。到位后，撤去固定轨排垛的机具，再由机车推动整列车向前送到铺轨机的尾部。

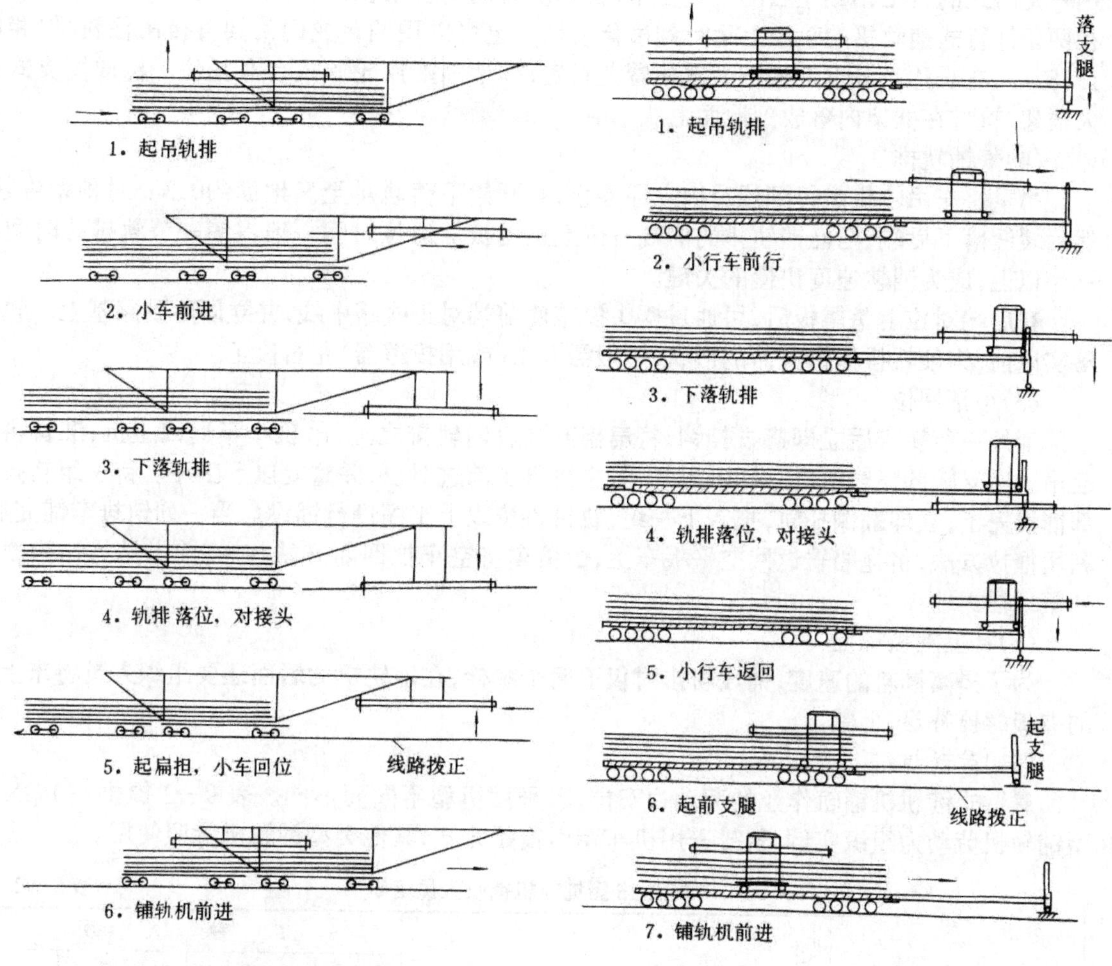

图 9—4 高臂铺轨机作业程序

图 9—5 低臂铺轨机作业程序

(2)用二号车或专用列车倒运方式。这种方式必须在铺轨工地配备两台起重量65 t以上的倒装龙门吊，再配有二号车或专用车。作业方法是：将两台龙门吊立在离铺轨机不远且较为平直的线路上，机车将轨排列车依次推送到龙门吊下，再由二号车或机车推送到铺轨机的尾部。

2. 铺设轨排

(1)将轨排推进主机

用铺轨机自身的卷扬设备挂千斤绳拖进轨排组。

(2)主机行走对位

铺轨机自行走到已铺轨排的前端适当位置，停下对位(简易铺轨机用机车顶进)。需要支腿的铺轨机(简易铺轨)，在摆头以后立即放下支腿，按要求支承牢固。

(3)吊运轨排

开动可以从铺轨机后端走行到前端的吊重小车，在主机内对好轨排的吊点位置，落下吊钩挂好轨排，然后吊高轨排至离下面轨排0.2 m高度，开始前进到吊臂最前方。

吊重小车的结构和吊挂小车的设施，对于高臂铺轨机，可以是两辆吊重小车（相距 2～3 m）共同吊住一根13.8 m长扁担，扁担两端各设挂钩可以挂住轨排送到前方；或不设纵向扁担，由两辆小车直接吊住轨排前后两个吊点（相距13.8 m）送到前方铺设。对于低臂铺轨机，采用一龙门式的，长2.5 m左右的吊重台车，台车前后两端各吊住铁扁担中部（相距2.0 m左右），在两条低臂式铺轨机的轨道上运行到吊臂前端。也可以用两台龙门吊架直接吊住轨排（相距13.8 m），在长达26 m以上的框架式吊臂上行走，框架前端用轮胎式台车托住。构成简支式长大框架，轨排在框架内落放到地面上。

(4)落铺轨排

吊重小车吊轨排走行到位时应立即停止，并开始下落轨排至离地面约0.3 m时稍稍停住，然后缓缓落下后端，与已铺轨排的前端对位上鱼尾板。对位时间一般占铺一节轨排总时间的一半以上，成为铺轨速度快慢的关键。

在后端对位上鱼尾板后，可通过摆头设施使前端对正线路中线，并立即落到路基上。轨排落实以前，为使轨排保持所需的形状，一般需人工（或用拨道器）左右拨正。

(5)小车回位

铺好一节轨排后立即摘去挂钩，将扁担升到机内轨排之上，吊轨小车退回主机，准备再次起吊。有支腿的铺轨机应立即升起支腿，主机再次前进对位，并重复以上工序。待一组轨排全部铺设完了，立即翻倒托轨，拖入下一组，轨排再按以上工序进行铺设。当一列轨排车铺完后，利用拖拉方法，将拖船轨返回空平板车上，由机车将空车拉回前方站，并将前方站另一列轨排列车运往工地。

(6)补上夹板螺栓

为了提高铺轨的速度，铺设轨排时仅上两个螺栓，在铺轨机的后面还要组织人员将未上够的夹板螺栓补足、上紧。

(二)劳动组织

悬臂式铺轨机铺轨作业的劳动力安排，因采用机型不同而不同。表 9—2 提供一 PGX-15 型铺轨机劳动力组织实例，轨排采用机车牵引拖拉方式，其他类型铺轨机参照使用。

PGX-15 型铺轨机铺轨人员组织　　表 9—2

工　序	主要工作内容	工种人数									
		线路工	装吊工	机械工	普通工	测工	值班员	连结员	扳道员	调车员	合计
一、轨排铺设											58
轨排拖拉	1. 指挥		1								1
	2. 安装拖拉架及摘挂钩	2									2
	3. 引导轨排前进	2									2
吊铺轨排	1. 指挥	1									1
	2. 铺轨机走行司机			1							1
	3. 铺轨机吊车司机			1							1
	4. 轨排挂钩		2								2
	5. 稳接头卸接头扣件或起道钉	2									2
	6. 拨道指挥及找线路中心桩	1									1

续上表

工　序	主要工作内容	工种人数									
		线路工	装吊工	机械工	普通工	测工	值班员	连结员	扳道员	调车员	合计
上接头	1. 上螺栓(包括轨缝卡)	4									4
	2. 解散夹板及螺栓				2						2
拨道	铺轨时拨道	2			4						6
补足配件	补足并拧紧螺栓和接头扣件	4			4						8
线路维修	1. 检查及指挥拨道	1									1
	2. 线路维修(包括铺轨后拨道)	12			10						22
施工检查	检查配件是否齐全,线路方向、轨枕下垫平等	1			1						2
二、附属人员											3
机械修理	1. 机械钳工,工地值班			1							1
	2. 机电钳工,工地值班			1							1
	3. 发电司机			1							1
三、行车人员											4
车站及工地衔接人员	1. 值班员:车站、工地、工地列车接发编组等						1				1
	2. 调车员:指挥机车摘挂车辆						1				1
	3. 联接员:摘挂车辆						1				1
	4. 扳道员:扳道岔						1				1
	合计	32	3	5	20	1	4				65

第十章　道　　岔

从一条线路转向另一条线路时所用的设备叫做道岔。通过它可以起到连接两条及两条以上线路的作用。道岔由转辙部分、辙叉部分、连接部分及岔枕和连接零件等组成。

第一节　道岔的种类

铁路轨道的连接和交叉是通过道岔来实现的。道岔的功能是保证机车车辆以规定的速度，安全可靠地从一股轨道转入另一股轨道。我国习惯上把道岔和交叉设备统称为道岔，这些设备包括各种道岔、交叉及道岔和交叉的组合。我国铁路上铺设和使用的标准型式的道岔有：普通单开道岔、单式对称道岔、三开道岔、交叉渡线和交分道岔（图 10—1）。

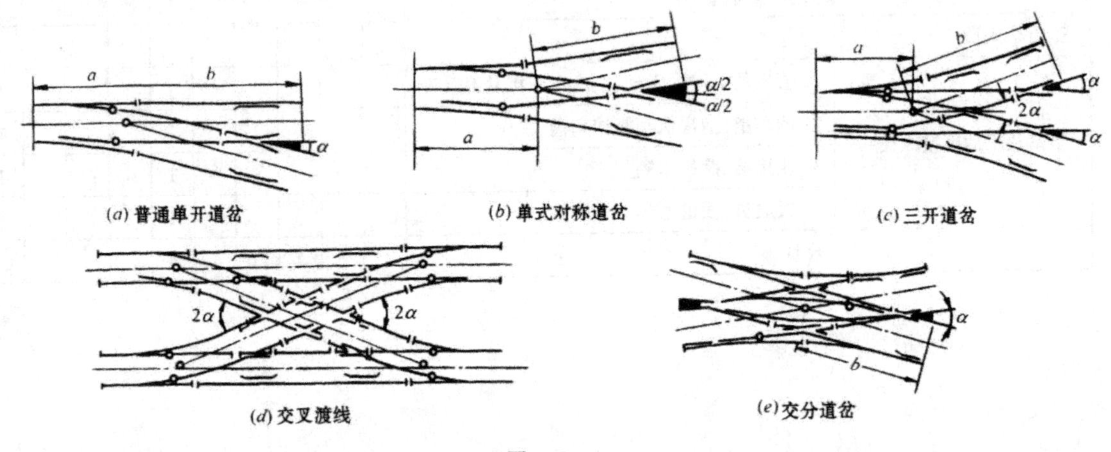

图　10—1

a—道岔前长；b—道岔后长；$a+b$—道岔全长；α—辙叉角。

我国铁路上使用最多的道岔型式是"普通单开道岔"，简称单开道岔，其数量占各类道岔总数的 90%以上。这种道岔的主线为直线方向，侧线由主线向左（称左开道岔）或右（称右开道岔）侧分支。

单开道岔又以它的钢轨每米重量及辙叉号数来分类。目前我国的钢轨有 75、60、50、45 和 43 kg/m等类型，标准道岔号数（用辙叉号数来表示）有 6、7、9、12、18 和 24 等。其中 6、7 两个号仅用于厂矿企业内部铁路或驼峰下，其他各号则用于铁路正线和站线，并以 9 号和 12 号最为常用。在侧线通过高速列车的地段，则需铺设 18 号或 24 号道岔。

第二节　道岔的构造

道岔由转辙器、辙叉及护轨、连接部分和岔枕组成（图 10—2）。

一、转辙器

单开道岔的转辙器由两根基本轨、两根尖轨、各种联结零件和道岔转辙机构组成。

1. 基本轨是用一根12.5 m或25 m标准断面的普通钢轨制成，主股为直线，侧股按转辙器各部分的轨距在工厂事先弯折成规定的折线。基本轨除承受车轮的垂直压力外，还与尖轨共同承受车轮的横向水平力。

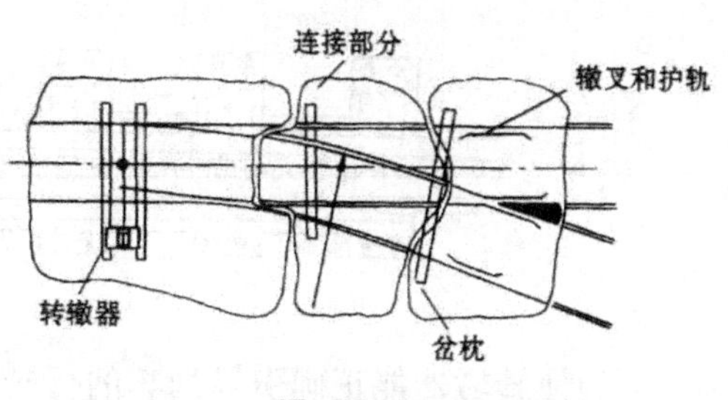

图 10—2

2. 尖轨是转辙器的主要部分，机车车辆进出道岔靠它引道。尖轨在平面上可分为直线型和曲线型。我国铁路大部分为12号及12号以下的道岔，均采用直线型尖轨。直线型尖轨制造简单，便于更换，尖轨前端的刨切较少，横向刚度大，尖轨的摆 度和跟端轮缘槽较小，可用于左开或右开。但这种尖轨的转折角较大，列车对尖轨的撞击也大，尖轨尖端易于磨耗和损伤。我国新设计的12号道岔和18、24号道岔均采用曲线型尖轨，这种尖轨冲击角较小，导曲线半径大，列车进出侧线比较平稳。但曲线型尖轨制造较复杂，前端刨切较多，并且左右开不能通用。

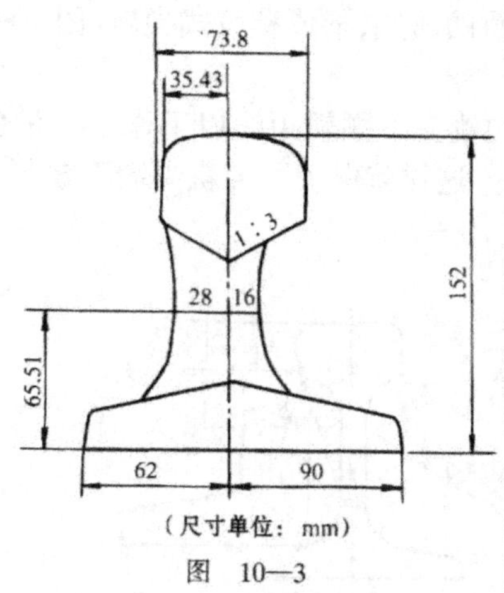

（尺寸单位：mm）

图 10—3

尖轨可用普通断面钢轨、高型特种断面钢轨或矮型特种断面钢轨制成。用普通钢轨制成的尖轨，一般在尖轨前端加补强板以增加其横向刚度。特种断面尖轨，断面粗壮，稳定性好。与基本轨高度相同的称为高型特种断面，较矮者称为矮型特种断面。图 10—3 为我国新轧制的60 AT特种断面钢轨，它属于矮型特种断面。特种断面尖轨，无论高型或矮型，都需将它的跟端加工成普通钢轨断面，方能与后面的连接轨用标准的跟部结构相连，否则需要采用特殊的根端结构。

尖轨的长度随道岔号数和尖轨的型式不同而异。在我国铁路上，9号道岔的尖轨长度为6.25 m，12号道岔直线型的尖轨长度为7.7 m，曲线型的尖轨长度为11.3～11.5 m，18号道岔的尖轨长度为12.5 m。

尖轨与导曲线钢轨连接的一端称尖轨跟端。我国的道岔主要采用间隔铁鱼尾板式和弹性可弯式跟端结构。

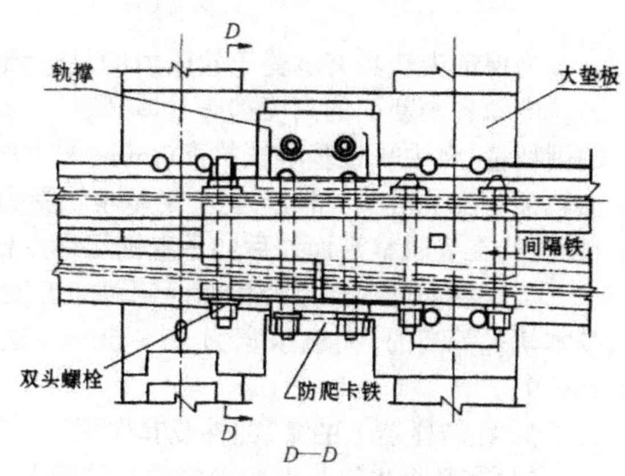

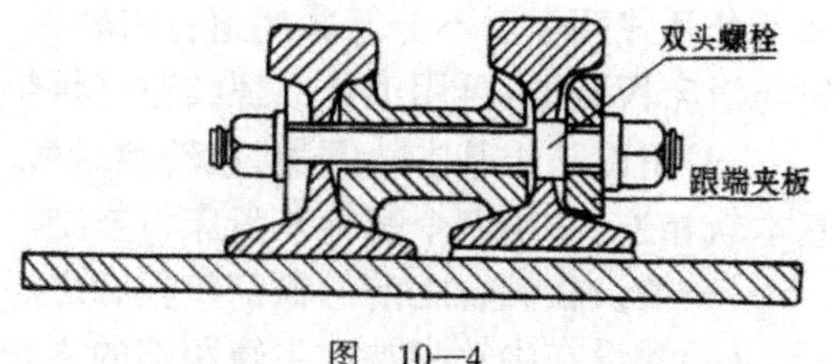

图 10—4

间隔铁鱼尾板式跟端结构由尖轨根端大垫板、间隔板、跟端夹板、跟端轨撑、防爬卡铁及联结螺栓等组成，如图 10—4 所示。在钢轨为75 kg/m类型的道岔中，防爬卡铁已改为内轨撑。间隔铁鱼尾板式跟端结构，零件较少，结构简单，尖轨扳动灵活。但稳定性较弹性可弯式差，容易出现病害。

在新设计的60 kg/m的12号道岔和大号码道岔上采用了弹性可弯式跟端结构。弹性可弯式尖轨在跟端前2～3根枕木处，将轨底削去一部分，使与轨头同宽，形成柔性部位，使尖轨具有能从一个位置扳动到另一个位置的足够的弹性(图 10—5)。

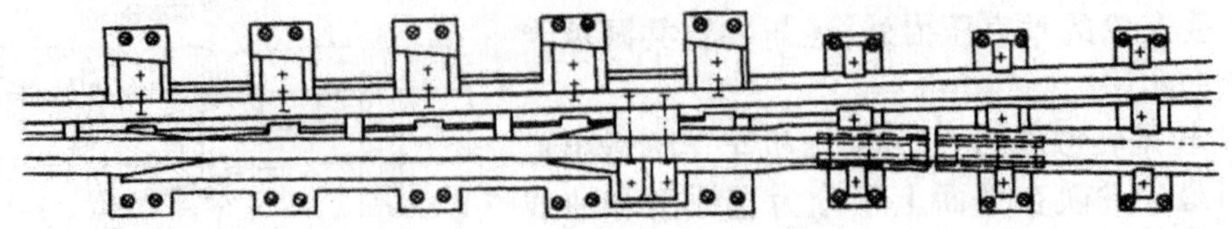

图　10—5

为使转辙器能正确引导列车的行驶方向,尖轨尖端必须与基本轨紧密贴靠。尖轨与基本轨的贴靠方式通常有两种,一种是爬坡式,一种是藏尖式。

当采用普通钢轨刨切尖轨时,为避免对基本轨和尖轨刨切过多,一般将头部经过刨切的尖轨置于较基本轨高出6 mm的滑床板上,使尖轨叠盖在基本轨的轨底,形成爬坡式尖轨(图 10—6)。

当采用矮型特种断面钢轨加工尖轨时,一般在基本轨的轨头下颚轨距线以下作 1∶3 的斜切,使尖轨尖端藏于基本轨的轨距线之下,形成藏尖式结构。这样就保护了尖轨尖端不被车轮轧伤,并使尖轨在动荷载作用下保持良好的竖向稳定性(图 10—7)。

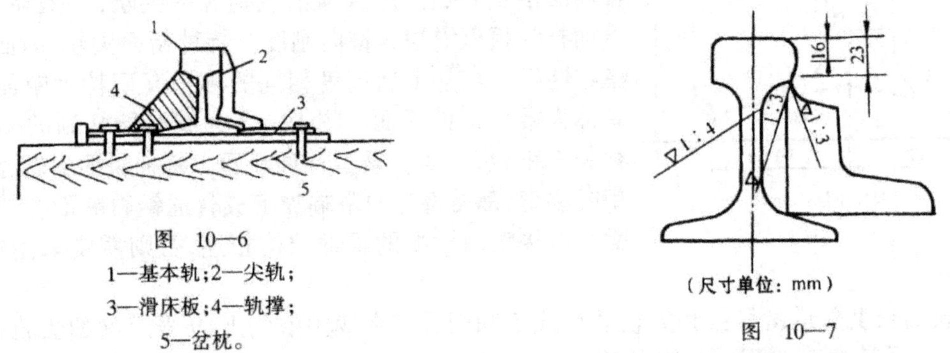

图　10—6

1—基本轨;2—尖轨;
3—滑床板;4—轨撑;
5—岔枕。

(尺寸单位：mm)

图　10—7

为保证尖轨具有承受车轮压力的足够强度,规定在尖轨顶宽50 mm以上部分才能完全受力。尖轨各个断面的高度都有具体规定。当用普通断面钢轨制作尖轨时,为了减少尖轨轨底的刨切量,将尖轨较基本轨抬高6 mm(图 10—8)。这时,尖轨尖端较基本轨顶面低23 mm,在尖轨顶宽20 mm以下部分,完全由基本轨受力。尖轨顶宽为 20～50 mm的部分,为车轮荷载的过渡段,在尖轨整断面往后的垂直刨切终点处,尖轨顶面完全高出基本轨顶面6 mm。

当采用高型或矮型特种断面钢轨加工尖轨时,尖轨顶宽50 mm以后直到尖轨跟端,尖轨和基本轨是等高的,尖轨顶宽为 20～50 mm这一段为过渡段,尖轨尖端低于基本轨23 mm(图 10—9)。

3. 在转辙器上的零、配件及其作用:

(1)在整个尖轨长度范围内的岔枕面上,有承托尖轨和基本轨的滑床板。滑床板有分开式和不分开式两类。不分开式用道钉将轨撑、滑床板直接与岔枕联结;分开式是轨撑由垂直螺栓先与滑床板联结,再用道钉或螺纹道钉将垫板与岔枕联结;

(2)用以防止基本轨倾覆、扭转和纵横向移动的轨撑,安装在基本轨的外侧。它用螺栓与基本轨相连,并用两个螺栓与滑床板连结。轨撑又分为双墙式和单墙式;

(3)铺设在尖轨之前的辙前垫板和之后的辙后垫板;

(4)铺设在尖轨尖端和尖轨跟端的通长垫板;

(5)道岔顶铁。尖轨的刨切部位紧贴基本轨，而在其他部位则依靠安装在尖轨外侧腹部的顶铁，将车轮施加的横向力传递给基本轨，以防止尖轨受力时弯曲，并保持尖轨部分的轨距正确；

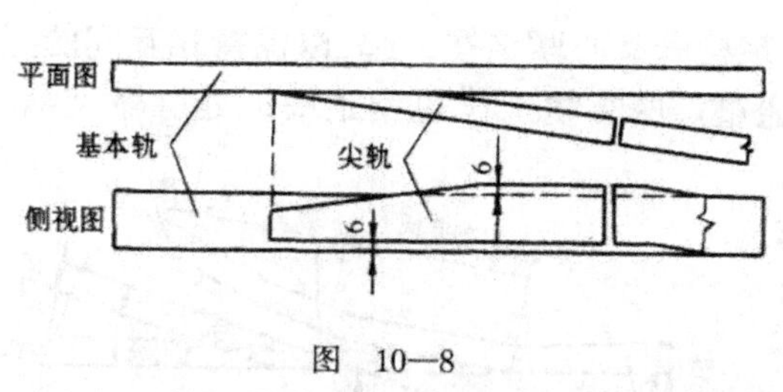

图 10—8

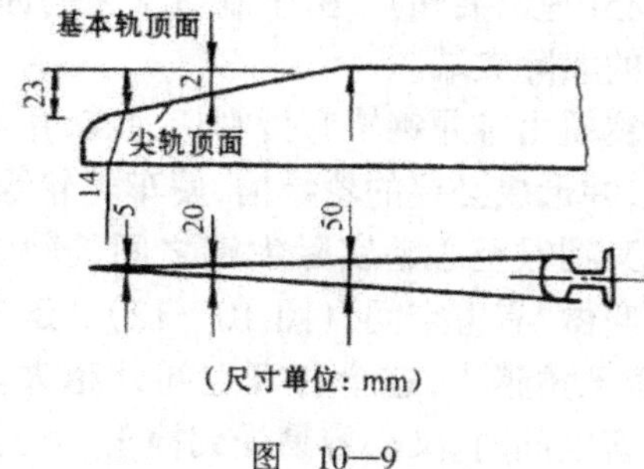

图 10—9

(6)为保持导曲线的正确位置而设置的支距垫板；

(7)道岔拉杆和连接杆。道岔拉杆是连接两根尖轨，并与转辙设备相连，以实现尖轨的摆动，故又叫转辙杆。连接杆为连接两根尖轨的杆件，它的作用是加强尖轨间的联系，提高尖轨的稳定性。

尖轨尖端非作用边与基本轨作用边之间的拉开距离叫作道岔的尖轨动程，规定在距尖轨尖端380 mm的第一连接杆中心处量取。

最常用的道岔转换设备的种类有机械式和电动式。若按操纵方式分类，则有集中式和非集中式两类。机械式转换设备可以为集中式或非集中式，电动式转换设备则均为集中式。

道岔转换设备必须具备转换(改变道岔开向)、锁闭(锁闭道岔、在转辙杆中心处尖轨与基本轨之间，不允许有4 mm以上的间隙)和显示(显示道岔的正位或反位)等三种功能。

二、辙叉及护轨

辙叉是使车轮从一股钢轨越过另一股钢轨的设备，它设置于道岔侧线钢轨与道岔主线钢轨相交处。辙叉由心轨、翼轨、护轨及联结零件组成。按平面型式分，辙叉有直线辙叉和曲线辙叉两类；按构造分，又有固定式辙叉和可动辙叉两类。在单开道岔上以直线式固定辙叉最为常用。直线式固定辙叉分两种，即整铸辙叉和钢轨组合式辙叉。

整铸辙叉是用高锰钢浇铸的整体辙叉(图 10—10)。高锰钢是一种含锰、碳元素较高的合金钢(含锰约 12.5%、碳 1.2%)，具有较高的强度和良好的冲击韧性，经热处理后，在冲击荷载作用下，会很快产生硬化，使表面具有良好的耐磨性，同时，由于心轨和翼轨同时浇铸，整体性和稳定性较好，可以不设辙叉垫板而直接铺设在岔枕上。这种辙叉还具有使用寿命长，养护维修方便的优点。

钢轨组合式辙叉是用钢轨及其他零件经刨切拼装而成的。它由长心轨、短心轨、翼轨、间隔铁、辙叉垫板及其他联结零件组成(图10—11)。辙叉心是由长、短心轨拼装而成，长心轨应

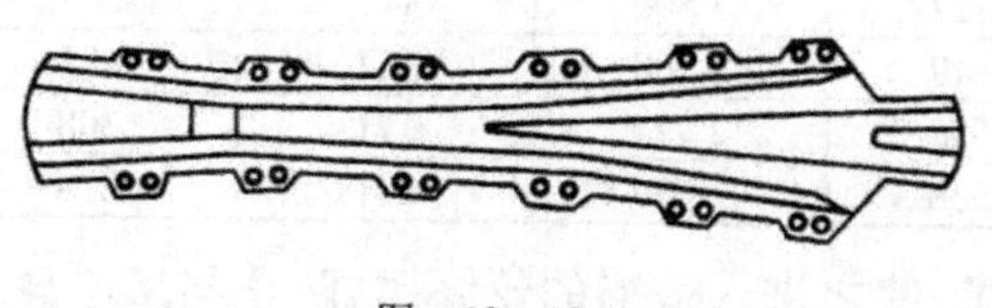
图 10—10

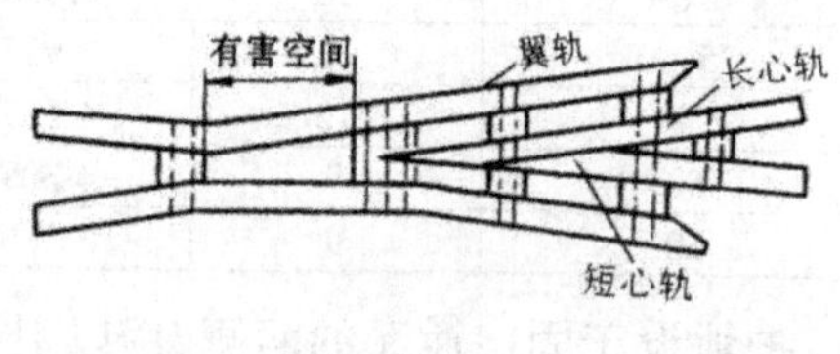

图 10—11

铺设在正线或运量较大的线路方向上。为尽可能保持长心轨断面的完整,而将短心轨的头部和底部刨去一部分,使短心轨轨底叠盖在长心轨轨底上,以保持辙叉心的坚固稳定。

叉心两侧作用边之间的夹角叫辙叉角 α。辙叉心轨两个工作边延长线的交点称为辙叉理论中心(理论尖端)。由于制造工艺的原因,实际上的叉心尖端有 6~10 mm的宽度,此处称为心轨的实际尖端。

翼轨由普通钢轨弯折刨切而成,用间隔铁及螺栓和叉心联结在一起,以保持相互间的正确位置,并形成必要的轮缘槽,使车轮轮缘能顺利通过。两翼轨工作边相距最近处称辙叉咽喉。从辙叉咽喉至心轨实际尖端之间的轨线中断的距离叫做“有害空间”(图 10—12)。道岔号数越大,辙叉角越小,这个有害空间就越大。车轮通过有害空间时,叉心容易受到撞击。为保证车轮安全通过有害空间,在辙叉两侧相对位置的基本轨内侧设置了护轨,借以引导车轮的行驶方向。

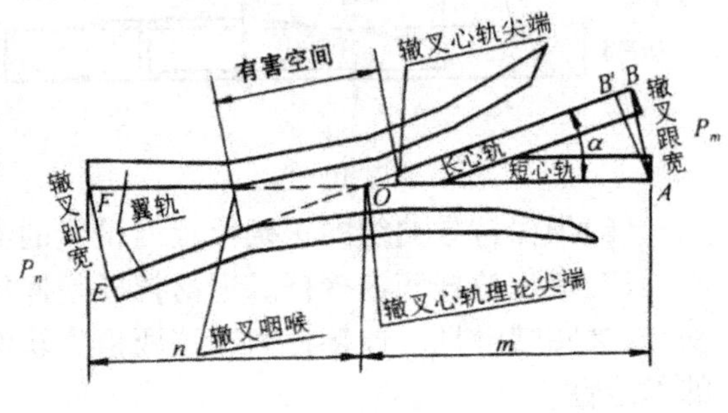

图 10—12

道岔号数是以辙叉号数 N 来表示的。辙叉号数越大,辙叉角越小。

辙叉号数的计算方法如图 10—12 所示,为:

$$N=\text{ctg}\alpha=\frac{OB'}{AB'} \qquad (10—1)$$

辙叉角的计算方法为:

$$\alpha=\text{arctg}\,\frac{1}{N} \qquad (10—2)$$

我国道岔号数与辙叉角的对应值见表 10—1。

道岔号数与辙叉角的关系 表 10—1

道 岔 号 数	6	7	9	12	18	24
辙叉角	9°27′44″	8°07′48″	6°20′25″	4°45′49″	3°10′47″	2°23′09″

在单开道岔中,因辙叉角小于 90°,所以将这类辙叉又称之为锐角辙叉。

单开道岔辙叉从其趾端到跟端的长度 FA 或 EB(见图 10—12)称辙叉全长,从辙叉趾端到理论中心的距离 EO 或 FO,称辙叉趾距(又称辙叉前长),用 n 表示;从辙叉跟端到理论中心的距离 AO 或 BO 称辙叉跟距(又称辙叉后长),用 m 表示。辙叉趾端两翼轨作用边间的距离 EF 和辙叉跟端叉心两个作用边间的距离 AB,分别称为辙叉趾宽(前开口)P_n 和辙叉跟宽(后开口)P_m。

我国常用的标准道岔的辙叉尺寸见表 10—2。

标准辙叉尺寸(mm) 表 10—2

钢轨类型(kg/m)	道岔号数	辙叉全长	n	m	P_n	P_m
75、60	18	12 600	2 851	9 749	258	441
75、60	12	5 927	2 127	3 800	177	317
50	12	4 557	1 849	2 708	154	225
60	9	4 309	1 538	2 771	171	308
50	9	3 588	1 538	2 050	171	228

护轨设于固定辙叉的两侧,用以引导车轮轮缘,使之进入适当的轮缘槽,防止与叉心碰撞。护轨可用普通钢轨或特种断面的护轨钢轨制作。

护轨的防护范围,应包括辙叉咽喉至叉心顶宽50 mm的一段长度,并要求有适当的余裕。辙叉护轨由中间平直段、两端缓冲段和开口段组成,如图 10—13 所示。护轨平直段是实际起防护作用的部分,缓冲段和开口段起着将车轮平顺地引入护轨平直段的作用。缓冲段的冲击角应与列车允许的通过速度相配合。

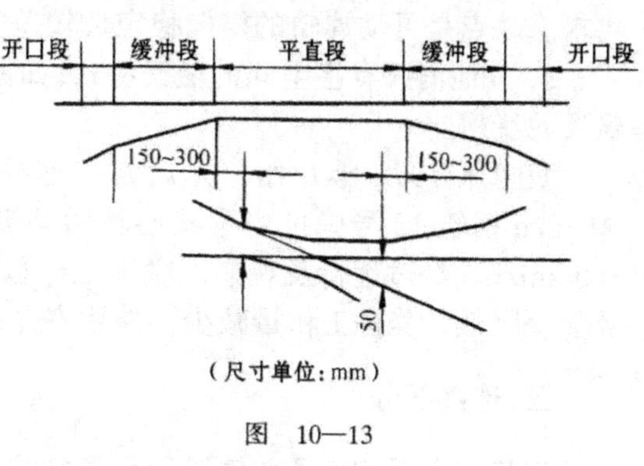

图 10—13

可动辙叉是指辙叉个别部件可以移动,以保证列车过岔时轨线的连续,消除了固定辙叉上存在的有害空间,并可取消护轨,同时辙叉在纵断面上的几何不平顺也可以大大减少,从而显著地降低了辙叉部位的轮轨相互作用力,提高运行的平稳性,延长辙叉的使用寿命。

可动辙叉有三种型式:

1. 可动心轨式,即心轨可动,翼轨固定。这种辙叉结构的优点是车辆作用于心轨的横向力能直接传递给翼轨,保证了辙叉的横向稳定。由于心轨的转换与转辙器同步联动,不会在误认进路时发生脱轨事故,故能保证行车安全。缺点是制造比较复杂,并较固定式辙叉长。

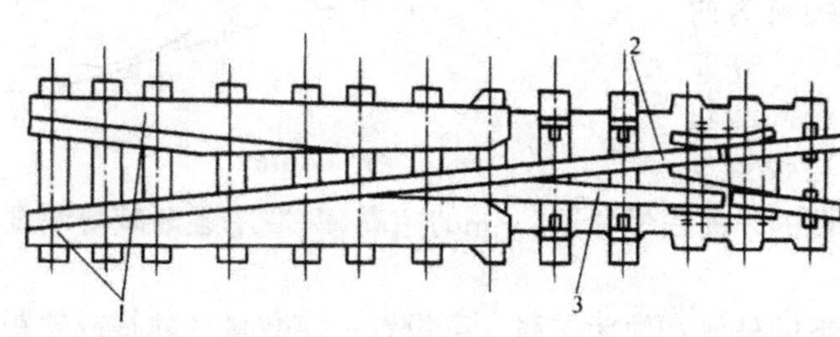

图 10—14

1—翼轨;2—长心轨;3—短心轨。

可动心轨式辙叉的心轨跟端有铰接式和弹性可弯式两种。心轨跟端为铰接式的又称为回转式心轨,如图 10—14 所示。

铰接式心轨可为整铸或用特种尖轨钢轨制作,通过高强螺栓固定在翼轨上的间隔铁能保证心轨与翼轨的相对位置,并传递水平力。这种辙叉便于铸造,转换力较小,可以保持原有固定式辙叉的长度。铺设这种可动心轨辙叉时不致引起车站平面的变动,因此,尤其适用于既有线大站场的技术改造。但是,在辙叉范围内出现活接头,不如弹性可弯式结构稳妥可靠。

另一类可动心轨辙叉的心轨为弹性可弯式。心轨用特种断面钢轨制成,心轨的一肢跟端可以为弹性可弯式,另一端为活动铰接式;或是心轨的两肢均为弹性可弯式,转换时长短心轨接合面上产生少量的相对滑动。这种心轨较长,并且转换力要求较大。前一种方式不仅联结可靠,而且构造简单,辙叉转换力也较少,我国研制的可动心轨辙叉选用的就是这种型式(图 10—15)。

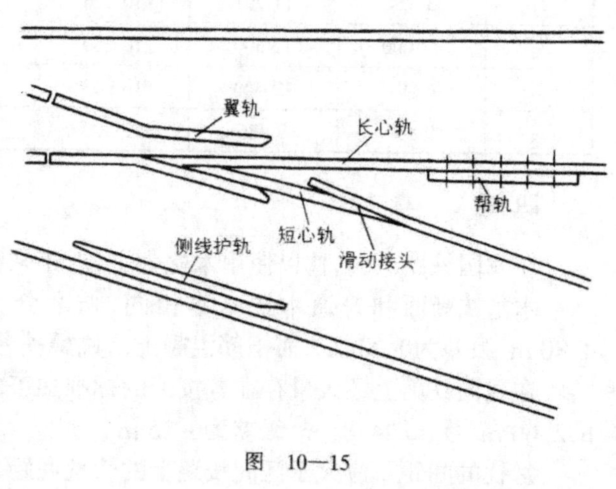

图 10—15

2. 可动翼轨式,即心轨固定,翼轨可动。又分单侧翼轨可动或双侧翼轨可动两种型式。这类辙叉可以设计成与既有固定式辙叉互换的尺寸,铺设时可以避免引起站场平面的变动,同时又满足了消灭有害空间的要求。缺点是可动翼轨的横向稳定性较差,翼轨的固定装置结构复杂。

3. 其他消灭有害空间的辙叉型式,如德国的UIC60型钢轨道岔,就是用滑动的滑块填塞辙叉轮缘槽。

我国从1972年开始,先后在一些主要铁路干线上试铺了50 kg/m钢轨12号道岔和60 kg/m钢轨12号弹性可弯式心轨活动辙叉道岔,直向过岔速度分别为100~115 km/h和160 km/h。经过运行及观察,辙叉工作稳定可靠,机车车辆对辙叉的附加冲击力及列车摇晃显著降低,养护工作量减少,使用寿命延长,并且改善了旅客列车过岔时的舒适度。

三、连接部分

连接转辙器和辙叉的轨道称为道岔的连接部分,它包括直股连接线和曲股连接线,直股连接线与区间直接线路的构造基本相同,曲股连接线又称导曲线,导曲线的平面形式可以是圆曲线、缓和曲线或变曲率曲线。我国目前线路上铺设的道岔导曲线均为圆曲线,当尖轨为曲线型时,尖轨本身就是导曲线的一部分。导曲线由于长度及限界的限制,一般不设超高和轨底坡,但在构造及条件容许的情况下,可设置少量超高。我国在钢筋混凝土岔枕上铺设的导曲线设置了6 mm的超高,两端用逐渐减薄厚度的胶垫进行顺坡。

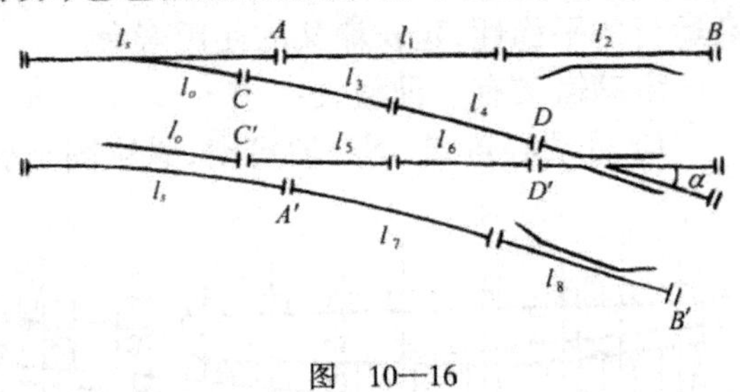

图 10—16

为防止导曲线钢轨在动荷载作用下的外倾和轨距扩张,可设置一定数量的轨撑或轨距拉杆。也可以在导曲线范围内设置一定数量的防爬器及防爬木撑,以减小钢轨的爬行。

连接部分一般配置8根钢轨,直股连接线4根,曲股连接线4根。配轨时要考虑轨道电路绝缘接头的位置和满足对接接头的要求,并尽量采用12.5或25 m长的标准钢轨。连接部分使用的短轨,一般不短于6.25 m,在困难的情况下,不短于4.5 m。

我国标准的9、12及18号道岔连接部分的配轨如图10—16所示,尺寸见表10—3。

标准道岔的配轨尺寸(mm) 表10—3

N	9	12	18	N	9	12	18
l_1	5 324	11 791	10 226	l_5	6 838	12 500	16 574
l_2	11 000	12 500	18 750	l_6	9 500	9 385	12 500
l_3	6 894	12 500	16 903	l_7	5 216	11 708	10 173
l_4	9 500	9 426	12 500	l_8	11 000	12 500	18 750

四、岔　　枕

在我国铁路上,岔枕以使用木枕为主,近年来已设计和试铺了混凝土岔枕。

木岔枕断面和普通木枕基本相同,长度分为12级,其中最短的为2.60 m,最长的为4.80 m,级差为0.20 m。而钢筋混凝土岔枕最长者为4.90 m,级差为0.10 m。

在我国铁路上还大量存在着按旧的标准加工的岔枕。这类岔枕长度分为16级,其中最短的2.60 m,最长的4.85 m,级差为0.15 m。

岔枕的间距不应大于区间线路上的轨枕间距,通常为(1~0.9)倍的区间轨枕间距。

第三节 道岔的几何形位

道岔各部分几何尺寸的正确与否，是保证机车车辆安全、平稳通过的必要条件。确定道岔各部位的几何尺寸，是根据机车车辆的轮对尺寸和道岔的轨距按最不利的组合进行的。

一、道岔各部分的轨距

直线轨道的轨距为1 435 mm，曲线轨道应根据曲线半径、运行速度及机车车辆的通过条件等因素来决定。

在单开道岔上，需要考虑对轨距加宽的部位有：

(1)基本轨前接头处轨距 S_1；

(2)尖轨尖端轨距 S_0；

(3)尖轨跟端直股及侧股轨距 S_h；

(4)导曲线中部轨距 S_c；

(5)导曲线终点轨距 S。

道岔各部位的轨距，按机车车辆以正常强制内接条件加一定的余量，计算公式为：

$$S = q_{\max} + (f_0 - f_i) + \frac{1}{2}\delta_{\min} - \sum\eta \qquad (10—3)$$

式中 $q_{\max}$——最大轮对宽度；

f_0——内轮与外轨线形成的矢距；

f_i——内轮与内轨线形成的矢距；

$\delta_{\min}$——轮轨间的最小游间；

$\sum\eta$——机车车辆轮轴的可能的横动量之和。

根据对我国铁路上使用的各种机车车辆的检算，我国铁路标准道岔上各部位的轨距值见表 10—4。

标准道岔部分的轨距尺寸(mm)

表 10—4

N	9	12		18
		直线尖轨	曲线尖轨	
S_1	1 435	1 435	1 435	1 435
S_0	1 450	1 445	1 437	1 438
S_h	1 439	1 439	1 435	1 435
S_c	1 450	1 445	1 435	1 435

道岔各部分的轨距加宽，应有适当的递减距离，以保证行车的平稳性。尖轨尖端的轨距加宽，应按不大于6‰的递减率向尖轨外方递减。S_0 与 S_h 的差数，应在尖轨范围内均匀递减。导曲线中部轨距加宽的递减距离，至导曲线起点为3 m，至导曲线终点为4 m。尖轨跟端直股轨距 S_h 的递减距离为1.5 m。

道岔各部分的轨距应符合标准规定，如有误差，不论是正线、到发线、站线或专用线，一律不得超过 +3 mm或 −2 mm，有控制锁的尖轨尖端不超过 ±1 mm，较一般轨道有更严格的要求。同时还需要考虑到道岔轨距在列车作用下将有2 mm的弹性扩张，由此可以算出道岔各部分的最小、正常和最大轨距值。

二、转辙器部位的间隔尺寸

1．尖轨的最小轮缘槽 $t_{\min}$

当曲线尖轨处于正位时，应保证在最不利的条件下，即轮对一侧的车轮轮缘紧贴直股尖轨，另一侧车轮轮缘能顺利通过而不撞击曲尖轨的非工作边，如图 10—17 所示，此时，曲线尖轨在其最突出处的轮缘槽，较其他任何一点的轮缘槽为小，称为曲线尖轨的最小轮缘槽 $t_{\min}$。要保证轮对顺利通过该轮缘槽，而不以轮对的轮缘撞击尖轨的非工作边，轮缘槽的宽度应取以下最不利组合时的数值：

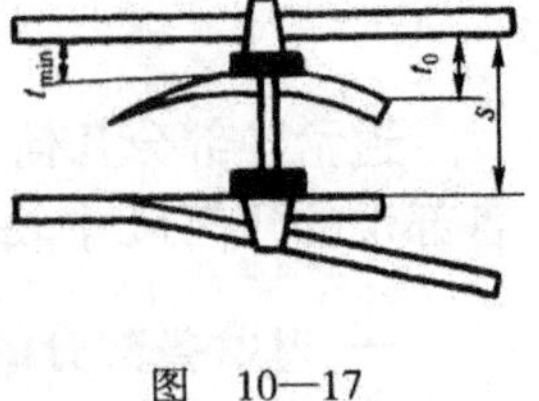

图 10—17

$$t_{\min} \geqslant S_{\max} - (T+d)_{\min} \quad (10\text{—}4)$$

式中 $S_{\max}$ 为曲尖轨突出处直向线路轨距的最大值，计算时还应考虑轨道的弹性扩张和轨道公差。我国实际采用的 $t_{\min} \geqslant 68$ mm。同时 $t_{\min}$ 也是控制曲线尖轨长度的因素之一，为缩短尖轨长度，根据经验，$t_{\min}$ 可减少至65 mm。

对于直线尖轨来说，$t_{\min}$ 发生在尖轨跟端。尖轨跟端轮缘槽 t_0 应不小于74 mm。这时跟端支距为 $y_g = t_0 + b$，如图 10—18 所示。b 为尖轨跟端钢轨头部的宽度。取 $b = 70$ mm代入有关数据，可得 $y_g = 144$ mm。

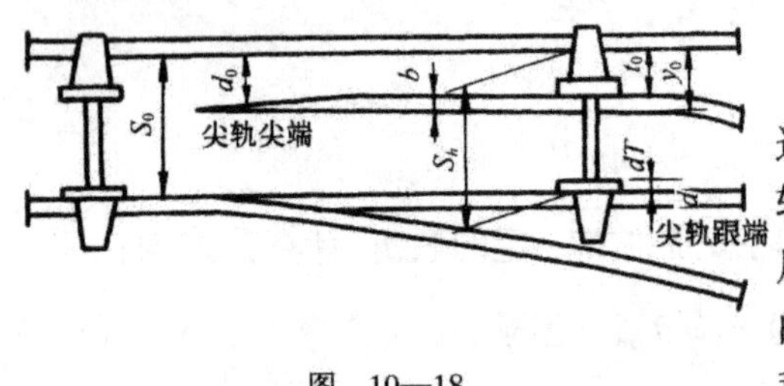

图 10—18

2. 尖轨动程 d_0

尖轨动程为尖轨尖端非作用边与基本轨作用边之间的拉开距离，规定在距尖轨尖端380 mm的转辙杆中心处量取。尖轨的动程应保证尖轨扳开后，车轮对尖轨的非工作边不发生侧向挤压，尖轨的动程应按计算确定。由于目前各种转辙机的动程业已定型，故尖轨的动程应与转辙机的动程配合。目前大多数转辙机的标准动程为152 mm，因此"铁路线路维修规则"规定：尖轨在第一连接杆处的最小动程，直尖轨为142 mm，曲尖轨为152 mm。

三、导曲线支距

在单开道岔上，以直股基本轨作用边为横坐标轴，导曲线上各点距此轴的垂直距离叫做导曲线支距。导曲线支距正确与否对保证导曲线的圆顺起着十分重要的作用。

计算导曲线支距有多种方法，下面以圆曲线型导曲线的曲线尖轨单开道岔为例，进行计算。取直股基本轨作用边上正对尖轨跟端的 O 点为坐标原点，如图 10—19 所示。这时，导曲线始点的横坐标 x_0 和支距 y_0 分别为：

$$\left.\begin{aligned} x_0 &= 0 \\ y_0 &= y_g \end{aligned}\right\} \quad (10\text{—}5)$$

在导曲线的终点，其横坐标 x_n 和支距 y_n 则分别为：

$$\begin{aligned} x_n &= R(\sin\gamma_n - \sin\beta) \\ y_n &= y_g + R(\cos\beta - \cos\gamma_n) \end{aligned} \quad (10\text{—}6)$$

式中　R——导曲线外轨半径；

γ_n——导曲线终点 n 所对应的偏角；

β——转辙角。

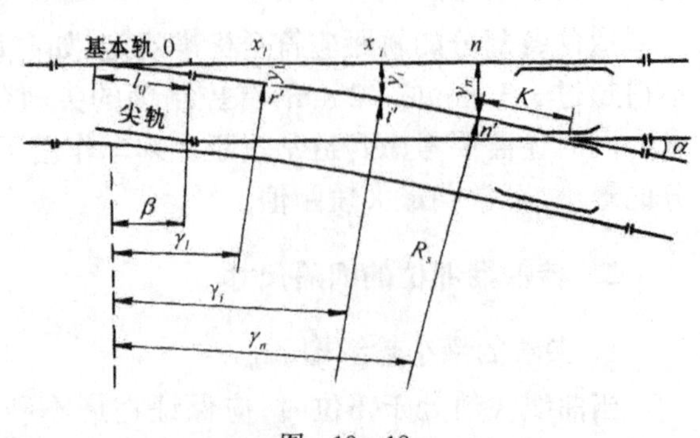

图 10—19

令导曲线上各支距点 i 的横坐标为 x_i，(通常点间距为2 m)则其相应的支距 y_i 为：

$$y_i = y_0 + R(\cos\beta - \cos\gamma_i) \quad (10\text{—}7)$$

式中的 γ_i 可用下式近似公式求得：

因为 $$R\sin\gamma_i = R\sin\beta + x_i \tag{10—8}$$

$$\sin\gamma_i = \sin\beta + \frac{x_i}{R}$$

所以 $$\gamma_i = \arcsin(\sin\beta + \frac{x_i}{R}) \tag{10—9}$$

显然，在导曲线终点 $\gamma_n = \alpha$（辙叉角）。

计算时，可按表 10—5 的格式进行：

导曲线各点支距 y_i 的计算格式 表 10—5

x_i	$\frac{x_i}{R}$	$\sin\gamma_i = \sin\beta + \frac{x_i}{R}$	$\cos\gamma_i$	$\cos\beta - \cos\gamma_i$	$R(\cos\beta - \cos\gamma_i)$	$y_i = y_g + R(\cos\beta - \cos\gamma_i)$

最后计算所得的 y_n，可用式(10—10)进行校核：

$$y_n = S - K\sin\alpha \tag{10—10}$$

式中 K 为导曲线后插直线长。

四、辙叉及护轨部分的间隔尺寸

道岔辙叉及护轨部分需要确定的间隔尺寸主要是辙叉咽喉轮缘槽 t_1、查照间隔 D_1 及 D_2、护轨轮缘槽 t_g、翼轨轮缘槽 t_w 和辙叉有害空间 l_H。

1. 辙叉咽喉轮缘槽 t_1

辙叉咽喉轮缘槽如图 10—20 所示，其计算公式为：

$$t_1 = s - (T + d) \tag{10—11}$$

为保证车轮顺利通过辙叉咽喉，应保证在最不利的条件下，即最小轮对一侧车轮轮缘紧贴基本轨时，另一侧车轮轮缘不撞击翼轨。这时最不利的组合为：

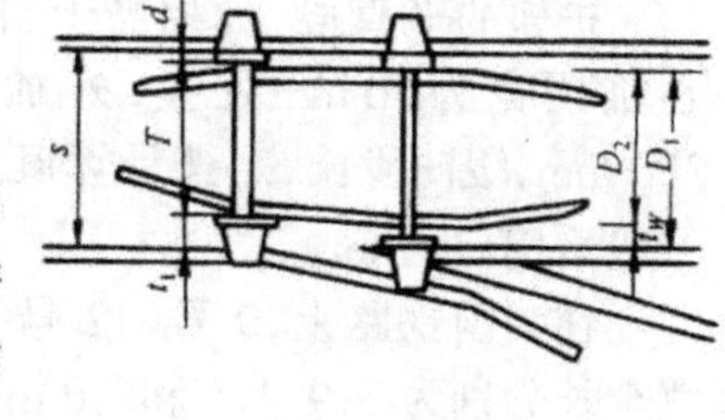

图 10—20

$$t_1 \geqslant s_{\max} - (T + d)_{\min} \tag{10—12}$$

考虑到道岔轨距允许最大误差为3 mm，轮对车轴弯曲后，内侧距减小2 mm，则

$$t_1 \geqslant (1\,435 + 3) - (1\,350 - 2) - 22 = 68 \text{ mm}$$

2. 查照间隔 D_1 和 D_2

(1)护轨作用边至心轨作用边的查照间隔 D_1

由图 10—20 可知，D_1 的计算公式为：

$$D_1 = T + d \tag{10—13}$$

此间隔应保证车轮轮对在最不利的条件下，最大轮对一侧轮缘受护轨的引导，而另一侧轮缘不撞击辙叉心，即应有

$$D_1 \geqslant (T + d)_{\max}$$

考虑到车轴弯曲使轮背内侧距增大2 mm，代入具体数值有

$$D_1 \geqslant (1\,356 + 2) + 33 = 1\,391 \text{ mm}$$

(2)护轨作用边至翼轨作用边的查照间隔 D_2

由图 10—20 可见，求 D_2 的公式为：

$$D_2 = T \tag{10—14}$$

为保证最小车轮通过时不被楔住，必须有

$$D_2 \leqslant T_{min}$$

取 T 较机车轮更小的车辆轮为计算依据，并考虑车辆上弯后对轮对内侧距的减小值 2 mm，则

$$D_2 \leqslant 1\ 350 - 2 = 1\ 348 \text{ mm}$$

D_2 只能有负误差，容许范围为 1 346～1 348 mm。

3. 护轨平直段轮缘槽 t_{g1}

如图 10—21 所示，护轨平直段轮缘槽 t_{g1} 应保证 D_1 不超出规定的容许范围，即

$$t_{g1} = s - D - 2 \tag{10—15}$$

式中，2 mm为护轨侧面磨耗限度。

取 $s = 1\ 435$ mm，$D = 1\ 391$ mm，则 $t_{g1} = 42$ mm。《铁路工务规则》规定，护轨轮缘槽平直段为 42～44 mm。

为使车轮轮缘能顺利进入护轨轮缘槽内，在护轨平直段两端设置了缓冲段和开口段。缓冲段的角度与尖轨冲击角相同，其终端轮缘槽 t_{g2} 应保证有和辙叉咽喉轮缘槽相同的通过条件，即 $t_{g2} = t_1 = 68$ mm。在缓冲段的外端，再各设开口段，开口段终端轮缘槽 t_{g3} 采用90 mm，用把钢轨头部向上斜切的方法得到。

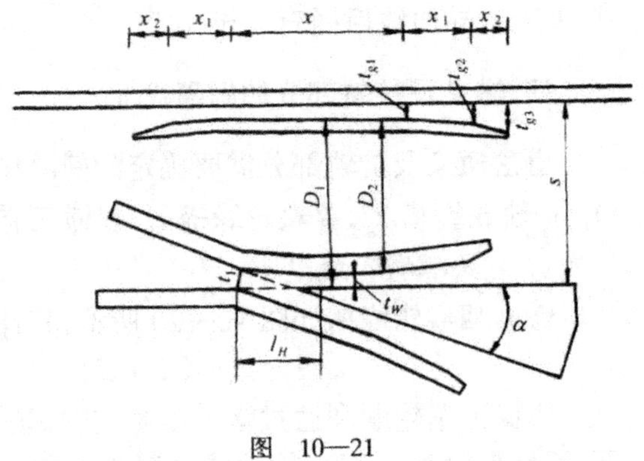

图 10—21

护轨的平直段 x，相当于自辙叉咽喉起至心轨顶宽为50 mm处止，外加两侧各 100～300 mm，缓冲段长 x_1 按计算确定，开口段长度一般采用150 mm。

在我国铁路上，9 号、12 号和 18 号道岔护轨全长分别为 3.9、4.5 和8.0 m。

4. 辙叉翼轨平直段轮缘槽 t_w

根据图 10—21，为使具有最小轮背内侧距的轮对自由通过辙叉翼轨的平直段，应有：

$$t_w \geqslant s - t_{g1} - D_2 \tag{10—16}$$

代入有关数据，$t_w \geqslant 1\ 435 - 42 - 1\ 348 = 45$ mm

考虑到制造时可能出现负公差，我国定型道岔采用46 mm，《铁路工务规则》规定为 45～48 mm。从辙叉心轨尖端至心轨宽50 mm处，t_w 均应保持此宽度。

辙叉翼轨轮缘槽也要有过渡段和开口段。与护轨情况相同，其终端轮缘槽分别为 68 和 90 mm。辙叉翼轨各部分长度及其总长，可比照护轨作相应的计算。

5. 有害空间 l_H

从辙叉咽喉至实际尖端之间的距离，称辙叉的有害空间，有害空间的长度 l_H 可用下式求取

$$l_H = \frac{t_1 + b_1}{\sin\alpha} \tag{10—17}$$

式中 b_1 为叉心实际尖端宽度。由于 α 很小，可近似地取 $\frac{1}{\sin\alpha} \approx \frac{1}{\text{tg}\alpha} \doteq \text{ctg}\alpha = N$，故式(10—17)可改写成

$$l_H \approx (t_1 + b_1)\text{N} \tag{10—18}$$

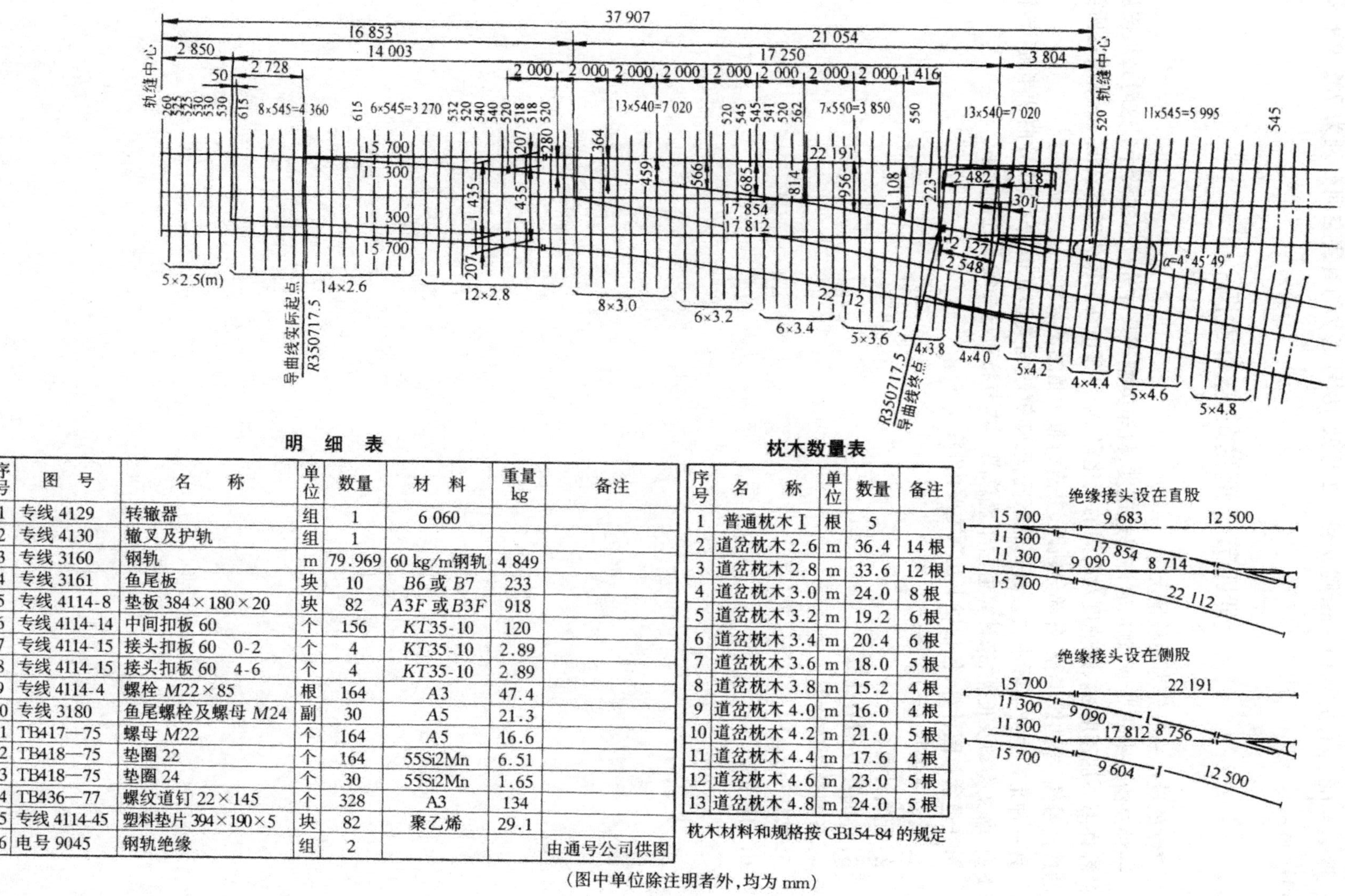

明 细 表

序号	图 号	名 称	单位	数量	材 料	重量 kg	备注
1	专线 4129	转辙器	组	1	6 060		
2	专线 4130	辙叉及护轨	组	1			
3	专线 3160	钢轨	m	79.969	60 kg/m钢轨	4 849	
4	专线 3161	鱼尾板	块	10	*B*6 或 *B*7	233	
5	专线 4114-8	垫板 384×180×20	块	82	*A*3*F* 或 *B*3*F*	918	
6	专线 4114-14	中间扣板 60	个	156	*KT*35-10	120	
7	专线 4114-15	接头扣板 60 0-2	个	4	*KT*35-10	2.89	
8	专线 4114-15	接头扣板 60 4-6	个	4	*KT*35-10	2.89	
9	专线 4114-4	螺栓 *M*22×85	根	164	*A*3	47.4	
10	专线 3180	鱼尾螺栓及螺母 *M*24	副	30	*A*5	21.3	
11	TB417—75	螺母 *M*22	个	164	*A*5	16.6	
12	TB418—75	垫圈 22	个	164	55Si2Mn	6.51	
13	TB418—75	垫圈 24	个	30	55Si2Mn	1.65	
14	TB436—77	螺纹道钉 22×145	个	328	A3	134	
15	专线 4114-45	塑料垫片 394×190×5	块	82	聚乙烯	29.1	
16	电号 9045	钢轨绝缘	组	2			由通号公司供图

枕木数量表

序号	名 称	单位	数量	备注
1	普通枕木 I	根	5	
2	道岔枕木 2.6	m	36.4	14 根
3	道岔枕木 2.8	m	33.6	12 根
4	道岔枕木 3.0	m	24.0	8 根
5	道岔枕木 3.2	m	19.2	6 根
6	道岔枕木 3.4	m	20.4	6 根
7	道岔枕木 3.6	m	18.0	5 根
8	道岔枕木 3.8	m	15.2	4 根
9	道岔枕木 4.0	m	16.0	4 根
10	道岔枕木 4.2	m	21.0	5 根
11	道岔枕木 4.4	m	17.6	4 根
12	道岔枕木 4.6	m	23.0	5 根
13	道岔枕木 4.8	m	24.0	5 根

枕木材料和规格按 GB154-84 的规定

(图中单位除注明者外，均为 mm)

图 10—22

取 $t_1 = 68$ mm，$b_1 = 10$ mm，则 9 号、12 号及 18 号道岔的有害空间分别为 702、936 及 1 404 mm。

第四节　道岔的总布置图

道岔的设计一般分为两种情况。

一种是给出钢轨类型、侧向容许通过速度、机车类型等条件进行道岔设计。这时必须按规定的容许离心加速度 α_0、加速度对时间的变化率 ψ_0 及撞击动能损失的容许值 ω_0 来确定所需要的道岔号数、导曲线半径、各部分轨距，并进行整个道岔的设计。

另一种是在生产实际中大量遇到的情况，已知钢轨的类型和道岔号数、导曲线半径、转辙器类型、辙叉类型及长度，来计算道岔布置总图。本节将对这一情况进行介绍。

单开道岔总图计算，包括以下几项主要内容：

1. 道岔主要尺寸的计算；
2. 配轨计算；
3. 导曲线支距的计算；
4. 各部轨距的计算；
5. 岔枕布置；
6. 材料数量表。

第十一章　道岔铺设

道岔铺设有机械铺设和人工铺设两种方法，目前我国采用人工铺设还比较多，下面逐一简要介绍。

第一节　人工铺设

一、准备工作

（一）料具准备

道岔材料运到现场后，要详细地检查清点，整理编号，作标记分类堆放。铺道岔用的各项工具如撬棍、道钉锤、钢轨钳、枕木钳、道尺、方尺、木钻、间隔绳、钢尺、粉笔等，都要事先准备齐全。

（二）测　量

即钉道岔位置桩，根据车站平面图定出道岔中心桩；按道岔布置图量出岔头的位置，钉岔头桩，再量出岔尾的位置，钉岔尾桩，见图11—1。

二、铺设方法

（一）铺岔枕

先把道岔前后线路拨直，拆除岔位处的原有轨道，把岔枕间隔绳固定在岔位基本股道的一侧(距线路中心1.25 m)，按间隔绳散布及铺设岔枕，使之符合道岔布置图要求。

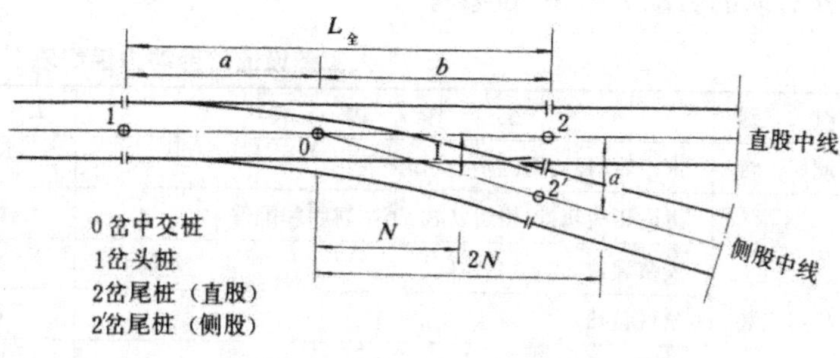

图11—1　道岔位置桩

（二）散布垫板及配件

垫板及各类配件必须严格按设计散布与按放，各类垫板位置，特别是辙后垫板与辙叉的护轨下垫板不得弄错。

（三）岔枕钻眼

由于道岔垫板的型式、尺寸及位置不一样，岔枕道钉孔位必须逐一量画。直股上使用普通垫板的岔枕，可用线路上道钉孔样板打印；使用其它垫板的岔枕，要根据轨距、轨头宽、轨底宽、垫板长度计算出枕木端头的尺寸，画出垫板边线，摆上垫板，按每块垫板上的道钉孔打出道钉孔印。曲线部分要在直股打好以后，根据支距及轨距画出垫板边线，按垫板上的钉孔打印，然后用直径12.5 mm木钻钻眼，眼深为110～130 mm。

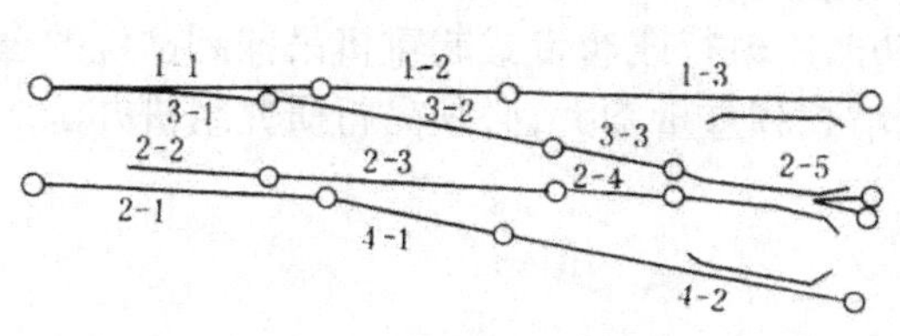

图11—2　道岔钢轨铺设顺序

（四）铺设道岔钢轨

道岔钢轨的铺设顺序是先直股后曲股，在曲线内先外后里，如图11—2，其铺设步骤如下：

1. 按编号顺序铺设直股基本轨和护轨 1—1～1—3。要使 1—1 的前端与岔头桩对齐。连接钢轨接头，并按直股轨距要求，铺设钢轨 2—1～2—4 和辙叉 2—5。

2. 根据岔枕间隔绳，在钢轨上画出岔枕位置印，方正枕木安设垫板。每隔二、三根岔枕钉一眼，每根枕木头先钉两个道钉，待全面检查后再补钉。最后把直股拨正并与前后方向一致。

3. 根据道岔布置图或查导曲线支距表上的导曲线支距，从轨根部接缝上即导曲线起点开始，沿基本轨直股钢轨工作边用累加法，每隔2 m量一点，并量出相应的垂直距离 y，到曲线终点，水平距离累计 x_k，支距 y_k。用支距法铺设 3—1～3—3，连接接头，铺好垫板即可钉道。先钉支距点上的枕木，用撬棍拨移钢轨，确保支距的正确。曲股外轨钉完后，再按照轨距钉曲线里股及护轨 4—1～4—2。

(五)安装连接杆和转辙机械

安装连接杆，要注意使尖轨与基本轨密贴并使摆度符合规定(152 mm)，摆动要灵活，正式的转辙机械一般在安装信号时进行，对刚铺的道岔，可采取临时措施扳动。

三、铺设后的检查整理

道岔铺设完后，为了确保行车安全，必须进行仔细检查，主要项目有：道岔各部位的轨距、导曲线支距、查照间隔等是否符合规定的尺寸，各种配件是否齐全，尖轨与基本轨是否密贴等。

四、人工铺道岔劳动力组织

道岔铺设往往是与站线铺轨配合进行的，铺完道岔后调整组织接铺站线。表 11—1 为某道岔分队的劳动力组织，供参考。

人工铺设道岔劳动力组织表 表 11—1

组　别	工　作　内　容	人　数	备　注
配　料	清点轨料、丈量画印、检查整理	7	工作完后加入安装工作
抬运安装	拆除正线轨排，抬运岔枕、道岔轨料和配件	12	工作完后加入安装工作
	安装配件	7	
	岔枕钻孔	6	
	钉道	8	
	合计	40	

第二节　机 械 铺 设

道岔的结构复杂，总体长度大，所用岔枕比一般木枕长很多，有的接近两倍。且每根岔枕上钉联的钢轨多在四根以上，重量大，全部采用机械施工困难很多，因此截止目前止，仍然处于人力或半机械化铺设状态。目前我国采用的导曲线部分和辙叉部分等三个大件在基地钉联成形，然后将三个部分装车运到前方，用轨行或履带式起重机吊铺到岔位的道岔是合理的，对号数更大的道岔由于基本轨和导轨增长和重量增大，必须另行研究组拼办法。

一、道岔组装

(一)道岔拼装工作台

一般设在道岔材料堆放区，与轨排组装线相隔不远的地方。每个台位应分别按道岔型号标出道岔交点和各类岔枕的分界处和间隔。台位数量视铺道岔数量决定，一般设 2~4 个。有条件时用成品道岔铺在地面，即可作样板，又可作工作台使用。

其布置如图 11—3 所示。

(二)道岔组装

所有各种型号的道岔，目前均分为转辙器部分、导曲线部分和辙叉部分，其间的搭接部分只能临时加以钉联，以利于吊铺和运输，其组装方式如图 11—4 所示。

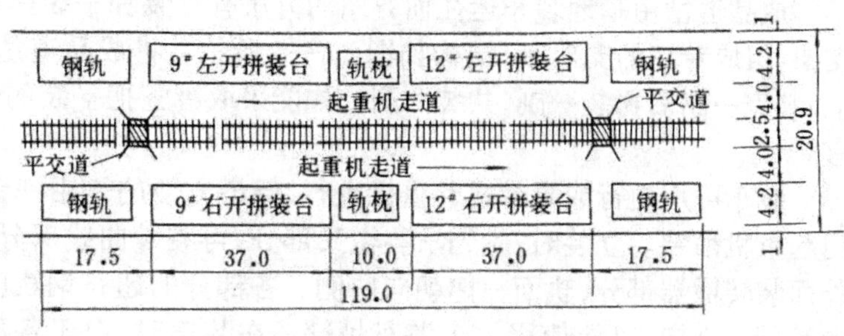

图 11—3　道岔拼装工作台(单位:m)

道岔组装工序为:

1. 按照车站布置图及其铺设顺序，确定道岔号数及左右方向。

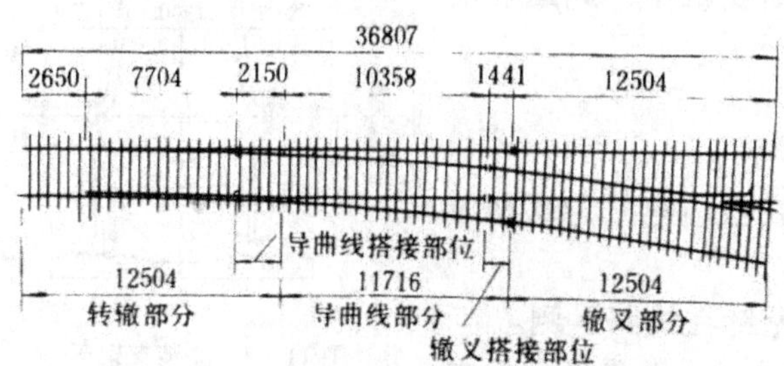

图 11—4　12 号道岔成品拼装示意图(单位:mm)

2. 按照道岔号数选配岔枕，并按台位上的标示将等长度的岔枕散开，用模板打出道钉孔位置，并钻枕木眼。

3. 散布垫板、轨撑、道钉、并插入部分道钉或螺栓。

4. 吊散道岔各部件。

5. 用道钉枪打入直股道钉，再打曲线道钉，但导曲线、辙叉的搭接部位钢轨与木枕暂不钉联，如图 11—4 虚线所示。

6. 将留待现场钉联的配件清点装包。

7. 检查道岔成品类型、木枕规格、配件数量及组装质量是否符合规定(否则予以整修)，合格后在辙叉上表明站名、编号及道岔类型。

(三)劳动组织

道岔组装的劳动力组织见表 11—2。

道岔组装劳动力组织表　　表 11—2

序　号	工　作　项　目	工　种	人　数	主要作业内容	主　要　机　具
1	选吊岔枕	线路工	4	按图纸选择岔枕，吊到台位上	10 t龙门起重机 1 台
2	散枕	线路工	4	使用龙门起重机将岔枕散开	同用以上龙门起重机
3	钻眼	普工	(3)	打样板后用电钻钻孔，本工作由散枕人员担任	电钻 3 台
4	散布及安装配件	线路工	2	将配件散布在木枕上	
5	吊散钢轨	线路工	(2)	由散枕人员担任	同用10 t龙门起重机
6	插道钉	线路工	2	包括量支距等	道尺
7	打道钉	线路工	(4)	由吊散枕人员担任，用铆钉枪打入道钉	铆钉枪 3 台
8	检查质量	线路工	(1)	由组长担任	
9	吊车司机	司机	1	开龙门起重机	

注:表内人数栏带括号的是由其他人员兼作。

二、道岔运输

成品道岔由基地装车运往前方站的方法有立装和平装两种，立装是在平板车上组立一个支架，组成专用的支架车，结构如图 11—5 所示。将成品道岔的三大部分逐一平放在支架车上，装完一副后再装一副，共装两副。如能采取措施把平装的道岔顺利运到前方时，以平装为宜。

装车可用轨行或履带式起重机进行，但最方便的是用一台龙门起重机吊装。立装时，应先吊装辙叉部分，再装导曲线部分，最外面装转辙器部分，轨面一律朝向内侧。各部分的超长钢轨应当向着同一方向，以便使用一个游车吊铺。在装车时，由于各部分的重心不在中间位置，吊起时应注意挂钩的位置，使之保持平衡。

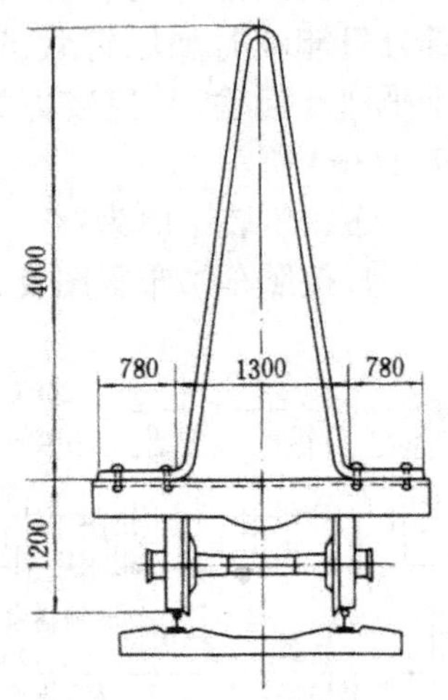

图 11—5 立装支架车

立装的道岔，要使用特制的松紧拉杆捆扎固定。平装的道岔应用铁丝拉紧，防止串动。成品道岔一般与站线轨排一同运往前方站。

三、道岔铺设

成品道岔运到待铺位置后，一般用履带式或轨行式起重机铺设。铺设工序如下：

1. 列车在预留的岔位处停车，将成品道岔卸在线路一侧。

2. 拆除原来铺设在预留岔位上的几个轨排(一般是三个)，并吊置到线路的另一侧。

3. 用起重机按照转辙器部分、导曲线部分、辙叉部分的顺序，逐一吊铺正位，每吊一节即联接夹板，钉联搭接部位的直股和曲股钢轨，抽换普枕、补齐长岔枕、安装临时转辙器。

4. 检查道岔质量是否符合规定，包括岔位、轨距、导曲线支距、附带曲线支距、轮缘槽宽度、尖轨密贴情况等。

四、铺道岔劳动组织

表 11—3 给出一实例，供参考。

道岔铺设劳动组织表　　表 11—3

顺　序	作 业 项 目	主要作业内容	人　数	主要作业机具
1	成品道岔挂钩	在车上挂钩	2	吊用 ϕ19 千斤绳 2 根
2	拉绳摘钩	在车下用拉绳拉住道岔并摘钩	2	稳定绳两副
3	拼对成品道岔及拨正	拼对接头，穿枕木	7	撬棍等
4	上鱼尾板螺栓		4	扳手
5	补打道钉	放垫板及补齐所有未打道钉	3	
6	吊车司机		2	轨行或履带起重机
7	指挥		1	
	合计		21	

五、道岔铺设质量要求

1. 道岔轨距的允许误差为 +3 mm、-2 mm,尖轨尖端有控制锁设备的道岔为 ±1 mm。

2. 任何情况下,道岔最大轨距不得超过1 456 mm。

3. 道岔各部分尺寸允许误差见图 11—6。

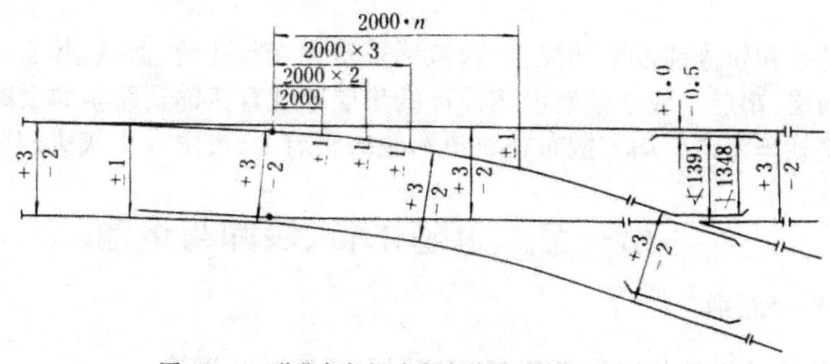

图 11—6 道岔各部尺寸允许误差(单位:mm)

六、运营线铺设道岔注意事项

1. 在施工前及施工中应与电务、运输部门密切联系,积极配合,确保行车安全。

2. 全部基本作业应在线路封锁期间内完成。如遇故障,也应保证直线线路开通,未完成部分在不封锁线路的条件下,利用列车间隙铺钉侧线,作业应遵循先直股后曲股的原则。

3. 铺设道岔前应拨正出岔处及其前后线路的方向,并确定直线轨道中心位置。

4. 需铺道岔的前后线路如轨缝有瞎缝或大缝时,应先调整和加强防爬锁定,防止拆开线路铺设道岔钢轨时,发生拨不进或连不上的情况。

5. 顶换部分岔枕,根据已画好的岔枕间隔印,每隔 6 根枕木将原铺枕木换成岔枕,交错进行,并注意必须将每根岔枕下面的道床捣固密实。

第十二章　铺 碴 整 道

铺碴整道是和轨排铺设密切配合的,包括采碴、运碴、卸碴、上碴、起道、整道等作业。道岔分为垫层和面层,垫层一般在铺轨前按设计的垫层厚度直接铺到路基面上的道碴,面层是在铺轨以后用卸碴列车将道碴均匀散布在轨道两侧的路肩上,再由人工或机械回填到道床内。

第一节　道碴采备、装卸与运输

一、碴场选择原则

1. 碴场的选择应考虑开采费用、施工难易及运输的远近等。
2. 建场前必须采集样品,试验其质量是否合乎道碴技术条件的要求。
3. 建场前必须进行钻探或挖探,计算其储量是否满足产量的要求。
4. 还应考虑防洪、排水、冬季施工要求以及有适当弃土场地等因素。

二、道碴采备

道碴采备工作流程见图 12—1。

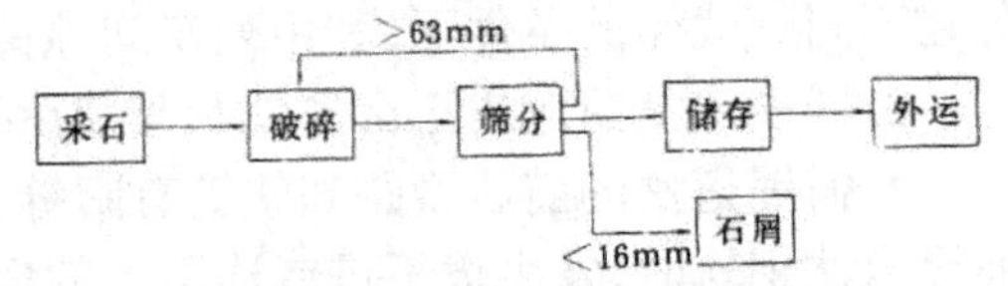

图 12—1　采石场道碴生产流程图

三、运碴及卸碴

运碴宜使用风动卸碴的专用列车。图 12—2 为 K13 型风动卸碴车,由走行部分、钢结构车体、漏斗装置、启门传动装置以及工作室等组成。车体下部的漏斗装置用以漏卸和散布道碴,它有 4 个外侧门和两个内侧门,通过启动传动装置,利用风压启闭不同的侧门,能使道碴按要求散布在轨道内侧或外侧不同部位。车内容碴量可达36 m^3,外侧门全开时,40～50 s就能卸空一车。

如没有风动运碴车,宜用敞车或改装的平车运碴。在碴场离线路较近的情况下,可用汽车甚至畜力车运碴。

第二节　铺　道　碴

列车卸碴应以不大于5 km/h的速度进行,均匀散布。单层道碴厚度不大于25 cm的一次完成;厚度大于25 cm的,按设计要求,分层卸碴。每两层碴之间,应经过 5～10 对列车。

在铺碴作业中,我国施工现场已经不同程度地推行了机械化施工,其中个别作业的有 XYZ-ZC 型捣固机、QB-20 型液压起拨道机、YZC-1 型液压正碴作业车等;综合作业的有 YT-$C_2$69 型电磁液压悬臂式铺碴机、PZC-1 型配碴整形车等。

YT-$C_2$69 型铺碴机可随机车将道碴推入道床,落下悬臂桁架至工作位置,放下起道电磁铁,使电磁铁滚轮落到钢轨上,通电就能将轨道提起。放下平碴支腿并串上平碴链条,即可括布道碴。悬臂桁架上横卧的拨道液压缸,能推动摆头桁架,使之左右摆动进行拨道作业。两个起道液压缸的不同起高度则能达到轨道的超高要求。驱动各构件的动力均由机上的发电机提供。

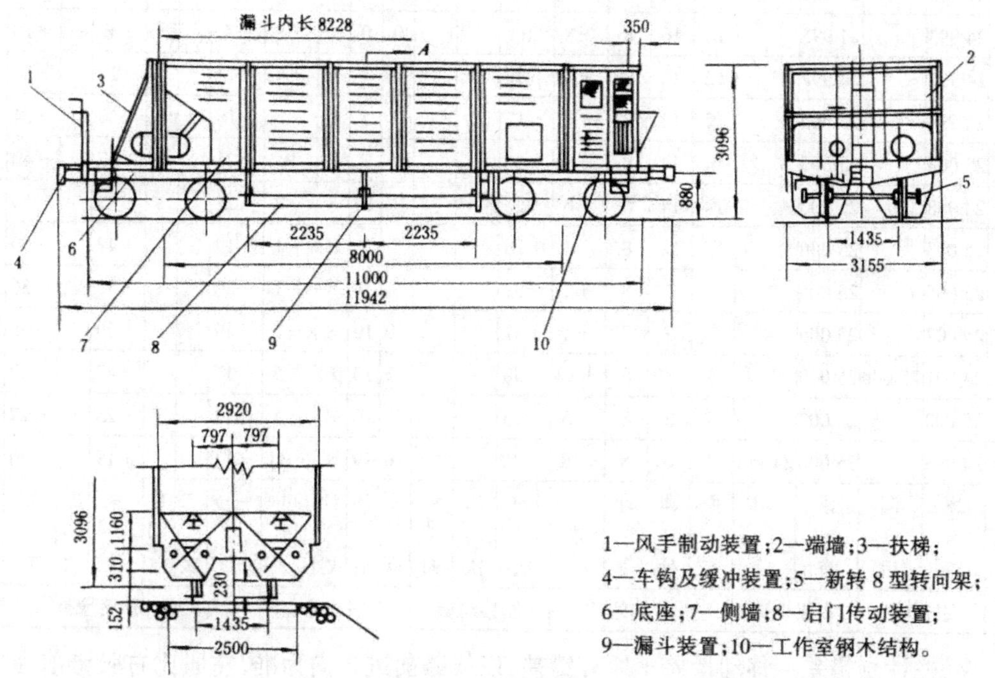

图 12—2　K13 型风动卸碴车

PZC-1 型配碴整形车是一种有括碴翼翅的117.6 kW自行式铺碴机械，机械传动、液压操纵，能将已卸在轨道两侧共7 m范围内的道岔按要求数量分布，并按道床设计断面整修成形。

第三节　整　　道

整道作业是新线建设的最后一道工序，与铺碴作业结合进行。

一、整正轨缝

整正轨缝前应按区间进行现场调查，将轨长、轨缝及接头相错量(简称错量)，按钢轨编号逐一列入计算表(表 12—1)内，然后进行室内计算，作出全面的整正计划。施工前将计划好的钢轨移动量及其移动方向写在相应的钢轨上，再用轨缝调整器移动钢轨，使之符合要求。

表 12—1 的计算步骤与方法：

表中 A、B、D、F、M、V 各栏均为实量长度；

当同一轨排上两根钢轨长度的相差量大于3 mm时，根据规范的要求，应将钢轨位置予以调整，并填入 C、E 栏内，还应将调轨后的轨缝变动值相应填入 G、N 栏内；

拟定施工轨温，根据轨缝的计算式求得计划轨缝值后，分别填入 H、O 栏；

I、P 栏为轨缝差 = 计算轨缝 − 原有轨缝；

J、Q 栏为移动量 = 前号轨的移动量 + 本号轨的轨缝差，以施工地段的线路终点方向为准，向终点方向移动为“+”，反之为“−”，分别计入 L、S 栏；

T 栏移动量差 = 左移动量 − 右移动量；

整正轨缝计算表　　表 12—1

A	*B*	*C*	*D*	*E*	*F*	*G*	*H*	*I*	*J*	*K*	*L*	*M*	*N*	*O*	*P*	*Q*	*R*	*S*	*T*	*U*	*V*	*W*	*X*
1	25 000		25 000		16	16	8	−8	−8			2	2	+8	+6	0		−8	−8		+10	+2	
11	24 995		24 995		16	16	8	−8	0			0	0	8	+8	−6			−6		+10	+4	
10	24 997		24 997		12	12	8	−4	+8			4	4	8	+4	−14			+22		−28	−6	
9	24 997		25 000		12	12	8	−4	+12			5	5	8	+3	−18			+30		−34	−4	
8	25 003		25 005		14	14	8	−6	+16			8	8	8	0	−21			+37		−40	−3	
7	24 998		25 000		14	14	8	−6	+22			10	10	8	−2	−21			+43		−50	−7	
6	25 003		25 000		12	12	8	−4	+28			7	7	8	+1	−19			+47		−50	−3	
5	25 005		25 005		7	7	8	+1	+32			9	9	8	−1	−20			+52		+56	−4	
4	25 007		25 005		7	7	8	+1	+31			10	10	8	−2	−19			+50		−55	−5	
3	24 991	25 000	25 000		5	−9	8	+17	+30			13	13	8	−5	−17			+47		−50	−3	
2	25 000		25 002		3	3	8	+5	+13			7	7	8	−1	−12			+25		−27	−2	
1	24 993		25 000	24 991	0	0	8	+8	+8			10	19	8	−11	−11			+19		−30	−11	
钢轨号	原有	调后	原有	调后	原有	调后	计划	差	一次	二次	移动方向	原有	调后	计划	差	一次	二次	移动方向	一次	二次	原有	计划	二次
	左股轨长		右股轨长		左轨缝				左移动量			右轨缝				右移动量			移动量差		错差		

W 栏计划错差 = 移动量差 + 原有错差，以线路前进方向为准，左股比右股错前为“+”。

本例计算后，计划错差符合要求，不需进行第二次计算。

轨缝整正工作量较大时，往往会牵动轨枕位置，使轨枕脱离捣实的道床，因此在轨缝整正后，应进行起道、方正轨枕及捣固等工作。

为保证轨缝整正作业中不间断行车，须配备各种长度腰部有长孔的短轨头，以便夹板联接。

二、起　　道

新线起道时，先选择一个标准股，在预先用水准仪测设好的水平桩外，按要求的高度起好，并按轨枕下串实道碴，作为起道瞄视的基准点，如图 12—3 所示，每次至少起好两个基准点。人工起道瞄视方法与检查轨顶纵向水平的方法相同。当标准股连续起平 30～40 m后，使轨枕中线与轨腰的间隔印相一致并垂直线路中心线。

起道后应将路肩处的道碴填入轨枕盒中，以便进行捣固。但应注意，在已起道与未起道的相接地段，应作成不大于 5‰的顺坡，在末次起道时，为防止道床沉落和轨顶标高不足，可将起道高度适当提高 3～5 mm。

机械起道可用激光准直液压起拨道机，用激光准直仪控制轨顶标高。

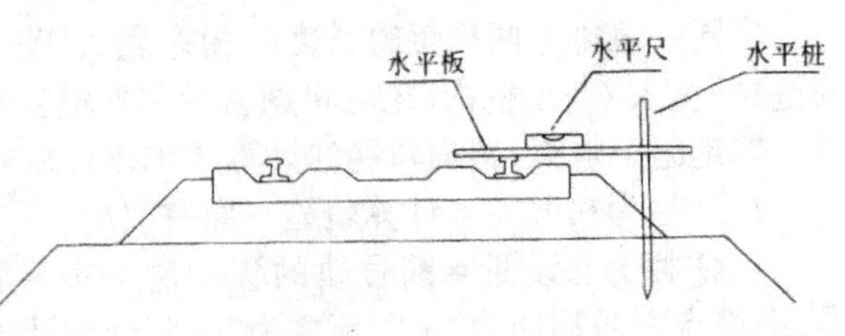

图 12—3　起道基准点设置

三、捣　　固

线路起道后必须进行捣固。人工捣固使用捣固镐，机械捣固可用液压捣固机。捣固范围混凝土枕应在钢轨外侧

50 cm和内侧45 cm范围内均匀捣固；木枕在钢轨两侧各40 cm范围内捣固道床，钢轨下应加强捣固。此外对钢轨接头处和曲线外股，应加强捣实上述规定范围内的道床。人工捣固时，一般2人或4人为一组，同时捣固一根轨枕，打镐顺序先由轨底中心向外，然后再由外向内，根据起道高度分别捣18～28镐，相邻镐位应略有重叠，落镐位置应离枕底边10～30 mm，以免打伤轨枕，并能把轨枕底部道碴打成阶梯形的稳固基础。

人工捣固时应做到：举镐高度够、捣固力量够、八面镐够、捣固镐数够及捣固宽度够。

机械捣固时，捣固质量取决于捣固时间的长短。其排镐次序及各镐位的捣固时间可参照表12—2。

四、拨　　道

新线拨道时，主要按经纬仪测设的中心桩进行，把钢轨及轨枕一起横移一定距离，使其符合线路中心线的位置要求。为了不妨碍铺碴整道工作，保护中线的准确位置，中线桩一般均自线路中心位置外移，与起道用的水平桩合并设置。人工拨道一般使用6～8个拨道器，均匀分布在两根钢轨的同侧，分布范围约3.5～4 m，1人指挥，其他人用拨道器用力拨道。机械拨道则可用激光准直仪直接控制起拨道机拨道。

表12—2

镐窝顺序	1	2	3	4	5	6	7	8	镐窝位置示意图
捣固时间(s)	5	4	3	2	2	3	4	5	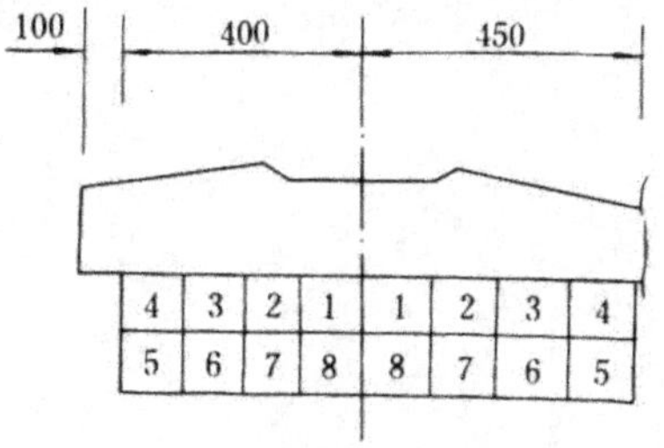 100　400　450 4 3 2 1 1 2 3 4 5 6 7 8 8 7 6 5

五、铺碴整道注意事项

（一）施工工地的防护办法

在区间线上，对列车运行有危险的施工工地，须设置防护信号防护。设置防护信号时须在施工地点的两端线路上同时设置。

设置防护信号防护时，可分为以下三种情况：

1. 停车信号防护

当新线整道时，起道量超过100 mm、一次拨道量超过100 mm或成段整正轨缝，在施工中，列车必须停车，为此需设置停车信号防护。

2. 减速信号防护

新线起道量为41～100 mm、列车间隔内一次拨道量41～100 mm、成段整修轨底坡或方正轨枕，施工中列车可慢速通过，此时可使用移动减速信号防护。

3. 作业标防护

在区间线路上，进行不需停车和减速信号防护的一般作业中，应在其两端各500～1 000 m处，在列车运行方向的左侧，设置作业标防护。

(二)安全注意事项

1. 道碴应向线路两侧卸下,并注意不使道碴落在路基边坡上及埋住钢轨。

2. 装、卸碴人员必须在列车停稳后才允许上、下车。

3. 打开道碴车门时,应站在车门两侧,以防落碴伤人。道碴卸完后,应妥善关闭车门。如在夜间作业,可在列车临近车站后,再关闭车门。

4. 乘平车时,人身不得伸出车辆限界以外,携带的工具要放置稳妥,防止震落。

5. 使用小平车应经车站同意,并按规定行驶,严禁溜车。用完后,应抬出限界以外放稳、加锁,防止随意动用。

6. 在区间线上施工时,应经常与附近车站取得联系,随时了解有无列车通过,并按规定设置好防护信号。

7. 机械整道时,应在作业地点设置好下道架,以便整道机械及时下道。

第十三章　无缝线路

第一节　概　　述

无缝线路是铁路轨道的一项重要新技术，它是用普通钢轨焊接而成的相当长的长轨节，所以又称为焊接长钢轨线路。

无缝线路与普通线路相比，可以使线路上钢轨的接头大大减少，从而可以使行车平稳、延长设备使用寿命、降低设备维修费用，能适应高速、重载运输的需要。发展无缝线路是我国铁路现代化的内容之一。

世界各国铁路都在大力推广铺设无缝线路，全世界130多万公里的铁路，近1/3的线路为无缝线路，其中德国有96％的Ⅰ级干线、美国有40％、法国有59％、原苏联有39％的线路都铺设了无缝线路。

无缝线路长轨节的长度，一般为1 000～2 000 m。随着无缝线路技术的发展，世界各国正在推广将道岔、区间钢轨都焊接在一起的跨区间超长无缝线路，例如法国有长度超过50 km的超长无缝线路，我国也准备在京山、京广、大秦线上铺设跨区间的超长无缝线路。

无缝线路依处理钢轨内部温度应力方式的不同，分为温度应力式和放散温度应力式两种类型。

温度应力式无缝线路，是指把钢轨焊接而成的长轨节铺在线路上，拧紧扣件锁定后，由于线路阻力影响，长轨节不能自由伸缩，一年四季受钢轨温度变化，承受巨大的温度拉力或压力。这种无缝线路结构简单，铺设维修方便，在年轨温差小于95℃的地区都可以铺设。最近我国新疆地区，在年轨温差为104℃的地区也铺设了温度应力式无缝线路。现在，我国广大地区都可以铺设这种无缝线路，本章主要讲述这种无缝线路。

放散温度应力式无缝线路，又分为自动放散式和定期放散式两种。自动放散式无缝线路，是允许铺设在线路上的长轨节自由伸缩，但为了防止钢轨爬行，在长轨节中部设有特制中间扣件和复原装置，并在长轨两端设有尖轨伸缩接头，以适应长轨节的伸缩，这种无缝线路结构复杂，原苏联在寒冷地区使用过，现在已经淘汰。定期放散式无缝线路，是指在一定季节(春、秋两季)的适当轨温下，把线路上长轨节内部的温度力放散掉，然后再重新锁定，以此来控制、减少钢轨内部温度力。其结构形式与温度应力式相同，但每年要放散1～2次温度力，要封闭线路，需用去大量劳动力。过去我国在哈尔滨地区曾铺设过这种线路，现在也被温度应力式所代替。原苏联曾在年轨温差超过100℃的地区铺设这种线路，70年代以来也渐渐被温度应力式所代替。

温度应力式无缝线路的两端钢轨联接有两种型式，一种为普通夹板接头，并为了适应长轨节的伸缩，在长轨节之间设2～4根标准轨，这种接头结构简单、可靠，但列车通过时振动、冲击大；另一种为尖轨接头，以适应接头的伸缩，但造价高，我国在路基上的无缝线路都为普通接头，只有在特大桥上用尖轨伸缩接头。

第二节　各种线路阻力

线路阻力包括：

- 线路阻力
  - 纵向阻力
    - 接头阻力
    - 扣件阻力
    - 道床纵向阻力
  - 横向阻力
    - 道床横向阻力
    - 轨道框架水平刚度
  - 竖向阻力
    - 道床竖向阻力
    - 轨道框架垂直刚度

一、接头阻力

在钢轨接头处两钢轨端部由钢轨夹板通过螺栓拧紧，产生阻止钢轨伸缩变化的摩阻力称为接头扣件阻力，简称接头阻力。

接头阻力由钢轨与夹板间的摩阻力和螺栓抗剪力提供，为了安全，我国只考虑摩阻力。接头阻力的大小见表13—1。

不同扭矩时的接头阻力 F(kN)　　表13—1

P_H(kN) \ T(N·m) 接头条件	300	400	500	600	700	800	900	1 000	备注
43 kg/m钢轨 8.8级 $\phi22$ 螺栓	140	180	220	250					
50 kg/m钢轨 10.9级 $\phi24$ 螺栓	150	200	250	300	370	430	490		
60 kg/m钢轨 10.9级 $\phi24$ 螺栓	130	180	230	280	340				适用于普通线路
						490	510	570	适用于无缝线路

二、扣件阻力

中间扣件阻力系指中间扣件及防爬设备抵抗钢轨沿轨枕面移动的阻力。为了防止钢轨爬行，要求中间扣件阻力要大于轨枕底面的道床纵向阻力。

中间扣件阻力是由钢轨与沿轨枕垫板面间的摩阻力和扣件与轨底顶面之间的摩阻力所组成，摩阻力的大小决定于扣件扣压力的大小和摩阻系数的情况。扣件阻力见表13—2。

扣件阻力表　　表13—2

每组扣件阻力 $P_{扣}$(N) \ 扭矩 T' 扣件类型	初始状态		垫板压缩1 mm		以往计算采用值(N)	建议一股钢轨每套扣件的阻力(N)	
	70～80 N·m	140～150 N·m	70～80 N·m	140～150 N·m		T'=80 N·m	T'=140～150 N·m
弹条Ⅰ型	11 900	21 900	9 030	11 600		9 000	11 500
70型	12 500	19 000	4 220	6 750	3 000	4 000	6 500

续上表

每组扣件阻力 $P_{扣}$(N) \ 扭矩 T′ \ 扣件类型	初始状态		垫板压缩1 mm		以往计算采用值(N)	建议一般钢轨每套扣件的阻力(N)	
	70～80 N·m	140～150 N·m	70～80 N·m	140～150 N·m		T′=80 N·m	T′=140～150 N·m
67型	10 100	18 000	6 230	9 800	5 500	5 500	9 000
K型	7 500	15 000			7 500	7 500	
道钉混合式扣件	500				4	500	
防爬器	16 000				20 000	15 000	

三、道床纵向阻力

道床纵向阻力是指道床抵抗轨道框架纵向位移的阻力。一般以每根轨枕的阻力 R,或每延长毫米阻力 r 表示。它是抵抗钢轨伸缩,防止线路不均匀爬行的重要参数。

道床抵抗轨道框架纵向位移的阻力,是由轨枕与道床之间的摩阻力和轨枕盒内道碴抗剪力组成。其大小是通过试验测得的,大小见表 13—3。

道床纵向阻力表 表 13—3

轨道特征	单根轨枕的道床纵向阻力 R(N)	一般钢轨下单位道床纵向阻力 r(N/mm)	
		1 840 根轨枕/km	1 760 根轨枕/km
木枕线路	7 000	6.4	6.1
混凝土枕线路	10 000	9.1	8.7

四、道床横向阻力

道床横向阻力,是指道床抵抗轨道框架横向位移的阻力。它是防止胀轨跑道,保持无缝线路稳定的重要因素。据前苏联实验资料表明,保持轨道的稳定性,道床阻力的作用占65%。

道床横向阻力,是由轨枕的两侧及底部与道床接触面之间的摩阻力和轨枕端部道床的抗剪力组成。经试验测得宽轨枕、混凝土轨枕、木枕道床横向阻力与位移的关系曲线如图 13—1 所示。

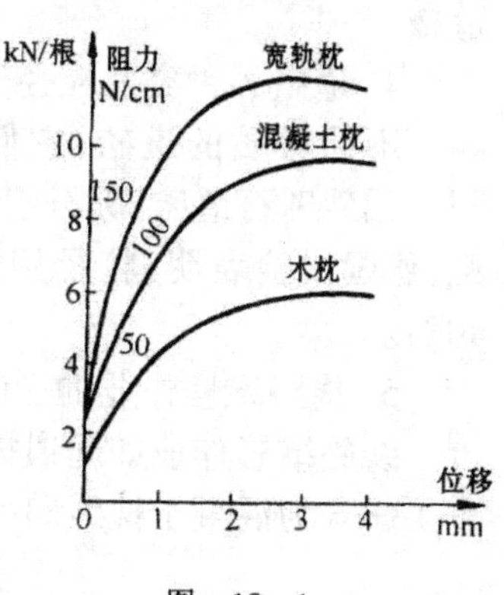

图 13—1

影响道床横向阻力的因素有:

1. 道床的饱满程度

道床的饱满程度关系到轨枕与道碴接触面的大小及道碴之间的相啮合,直接影响道床阻力值。试验资料表明,木枕与道碴各接触面的阻力占道床横向阻力的百分数为:枕底占 14%～22%,枕侧占 35%～53%,枕端占 30%～32%。

2. 道床肩宽

道床肩部所承担的道床横向阻力约占总道床横向阻力的 1/3。其阻力形成,在于轨枕产生位移时扰动道碴使棱体滑动,构成滑动面,该滑动面上的剪力即为这部分阻力,如图 13—2 所示。滑动体的大小直接影响轨枕端部的阻力,滑动体的顶宽 b 为:

$$b = H \cdot \mathrm{tg}\left(45^\circ + \frac{\varphi}{2}\right)$$

式中 H——轨枕端部高度；

φ——道碴摩擦角，$\varphi = 35^\circ \sim 50^\circ$。

正常轨道道床横向阻力(N/mm) 表 13—4

轨道特征		q_0	C_1	C_2	n
木　枕	道床肩宽30 mm	1.24	2.06	5.62	2/3
木　枕	道床肩宽40 cm	1.24	2.15	6.38	2/3
混凝土枕	道床肩宽30 cm	1.40	3.96	9.28	3/4
混凝土枕	道床肩宽40 cm	1.50	4.44	10.35	3/4

备注：每公里轨枕 1 840 根。

正常轨道混凝土宽枕道床横向阻力(N/mm) 表 13—5

轨道特征		q_0	C_1	C_2	n
宽轨枕(1 760 根/km)	道床密实，标准断面	0.48	14.40	3.60	3
宽轨枕(1 760 根/km)	刚垫砂，未回填	0.40	5.32	3.89	2
宽轨枕(1 760 根/km)	垫砂回填后44 h	0.25	12.60	6.41	2

以Ⅱ型混凝土枕为例，$H = 200$ mm，$\varphi = 50^\circ$，则 $b = 549$ mm。试验也表明，道床肩宽从300 mm增加到550 mm，总阻力增加 16%，若再加宽，阻力值就不再增大了。

3. 道床肩部堆高

由图 13—2 看出，在滑动棱体内堆高道碴，当然增加阻力，试验表明：在肩宽为550 mm的端部道床堆高185 mm的梯形棱体，道床横向阻力比不堆高时要增加 12%，比肩宽为300 mm的道床增大 34%。我国无缝线路广泛使用肩部堆高道碴。

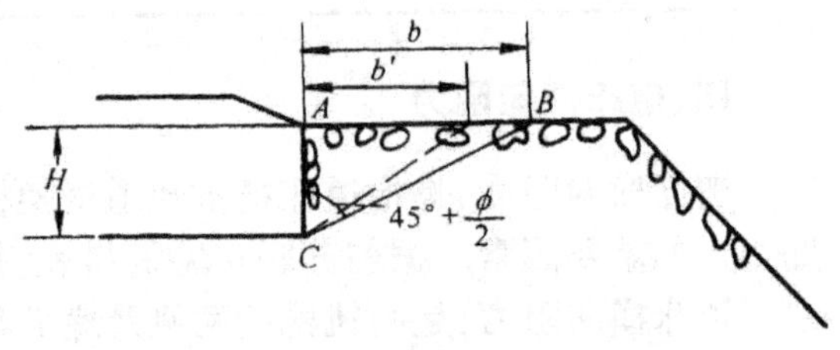

图 13—2

4. 道碴的种类及粒径

不同材质的道碴，它们之间的摩阻力也不同。如砂砾石道床，砾石棱角圆滑，阻力值比碎石道床低 30%～40%。道碴粒径有一定的级配，德国试验表明：粒径级配由 25～65 mm减少到 15～30 mm，道床横向阻力降低 20%～40%。

5. 线路维修作业的影响

线路维修作业如起道捣固、清筛等都影响道碴之间咬合和接触状况，导致道床阻力下降。表 13—6 为混凝土枕线路，当轨枕位移为2 mm时各种作业前后的阻力变化。

线路维修作业后道床的横向阻力变化 表 13—6

作业项目	作业前	扒碴	捣固	回填	夯拍	逆向拨道 10 mm
道床横向阻力(N/根)	8 480	7 520	5 440	6 000	6 400	2 480
作业后降低百分数	—	11	36	29	25	71

6. 行车条件的影响

列车通过时，在两转向架之间轨道框架抬起以及振动情况都使道床阻力下降。铁道部科学研究院做了混凝土枕在正常轨道情况下过车时，轨道框架抬起后道床横向阻力的试验，各系数见表 13—7。

轨道框架抬起后道床的横向阻力系数表(N/mm) 表 13—7

混凝土枕配置(根/km)	道床肩宽(cm)	q	c_1	c_2	n
1 760	40	2.17	0.62	3.99	1/2.5
	45 并堆高 15	2.46	0.70	4.50	1/2.5
1 840	40	2.25	0.64	4.14	1/2.5
	45 并堆高 15	2.55	0.73	4.68	1/2.5

五、轨道框架刚度

轨道框架刚度是指钢轨与轨枕通过中间扣件联接而成的框架结构的整体刚度，它表示轨道抵抗弯曲变形的能力。轨道框架刚度分垂直平面内的轨道框架刚度 EI_x 和水平面内的轨道框架刚度 EI_y。

(一)垂直平面内的轨道框架刚度 EI_x

轨道框架在垂直平面内的刚度，实际上就是该框架对水平轴的刚度，它等于两根钢轨对水平中性轴的刚度 $2EJ_x$(J_x 为一根钢轨对水平中性轴的惯性矩，见表 13—8)

表 13—8

项　　目	50 kg/m钢轨垂直磨耗(mm)				60 kg/m钢轨垂直磨耗(mm)			
	0	3	6	9	0	3	6	9
断面积(cm^2)	65.8				77.45			
对水平轴的惯性矩 J_x(cm^4)	2 037	1 946	1 827	1 702	3 217	3 069	2 879	2 690
对垂直轴的惯性矩 J_y(cm^4)	377	360			524		498	
轨头截面系数 W_2(cm^3)	251	242	230	216	339	318	291	264
轨底截面系数 W_1(cm^3)	287	283	275	264	396	385	375	363

(二)水平面内的轨道框架刚度 EI_y

轨道框架在水平面内的刚度，等于两根钢轨在水平面内对垂直轴的刚度 $2EJ'_y$(J'_y 为一根钢轨对垂直中性轴的惯性矩，见表 13—8)和轨道框架节点扭矩的总和。节点扭矩是中间扣件抵抗钢轨与轨枕在水平面内发生相对弯曲转动的能力。中间扣件愈强，扣压力愈大，节点扭矩愈大，钢轨与轨枕相对转动也愈困难；反之，中间扣件弱，节点扭矩也小。道钉扣件节点扭矩几乎为零。

节点扭矩的大小与钢轨和轨枕间的相对转角大小有关，我国曾对木枕和混凝土轨枕的轨道框架做过实验，混凝土轨枕扣件扭矩为 50～60 N·m时得到的实验曲线，经回归分析，可得如下计算公式：

$$M = H\alpha^{\frac{1}{\mu}}$$

式中　M——节点扣件扭矩；

H——系数；

μ——扭矩系数；

α——钢轨产生弯曲变形时，钢轨与轨枕间的相对转角。

木枕 K 式扣件：$H=720$，$\mu=4$；混凝土轨枕 67、70 型扣件：$H=3\ 000$，$\mu=2$。

从上述试验结果可以看出，节点扭矩在抵抗钢轨弯曲变形方面是有一定作用的。在变形微小的情况下，节点扭矩随转角的增大而增加，当转角达到一定值之后，扭矩的增加变缓，趋于常量。

综上所述，在进行无缝线路稳定性计算时，为使计算更符合实际，对于轨道框架刚度，应考虑节点扭矩的增值作用。统一公式建议采用增值换算系数，即：

$$EI_y=\beta EJ_y$$

式中　EI_y——轨道框架水平刚度；

EJ_y——单股钢轨水平刚度，J_y 为单根钢轨对垂直轴的惯性矩，见表 13—8；

β——钢轨框架刚度增值换算系数，它反映了节点扭矩的作用。

木枕线路道钉扣件 $\beta=2$，混凝土枕线路 $\beta=3$。目前在设计计算中，为安全计，混凝土枕线路也采用 $\beta=2$。

第三节　温度力与锁定轨温

一根不受任何约束可以自由伸缩的钢轨，当温度变化时，其伸缩量为：

$$\Delta l=aL\Delta t \tag{13—1}$$

式中　a——钢轨膨胀系数，$a=0.000\ 011\ 8$ M/M℃；

L——钢轨长度；

Δt——钢轨温度变化。

如果钢轨两端被固定，不能伸缩，则随轨温变化就产生温度应力：

$$\alpha=E\varepsilon=E\frac{\Delta l}{L}=E\cdot\frac{aL\Delta t}{L}=Ea\Delta t \tag{13—2}$$

式中　E——钢轨的弹性模量，$E=2.1\times10^5$ MPa $=210$ GPa。

将已知 E、a 值代入式 13—2，则温度应力 σ_t 为：

$$\sigma_t=2.1\times10^5\times0.000\ 011\ 8\Delta t=2.5\Delta t(\text{MPa}) \tag{13—3}$$

一股钢轨承受的温度力 P_t 为①

$$F_t=\sigma_t\cdot A=EaA\ \Delta t=2.5A\Delta t(\text{N}) \tag{13—4}$$

式中　A———根钢轨的断面积(mm^2)。

以60 kg/m钢轨为例，$A=77.45\ \text{cm}^2$，两端固定后，当温度变化1 ℃($\Delta t=1$ ℃)，一股钢轨承受温度力 P_t 为：

$$P_t=2.5\times77.45\times10^2\approx19\ 363\ \text{N}$$

从式 13—3、13—4 看出，无缝线路钢轨温度应力和温度力大小与钢轨长度无关，与温度变

---

① 注：1. 国际单位1 MPa = 1 N/mm² ≈ 10 kg/cm²（公制单位），1 kg ≈ 10 N，1 kN = 100 kg，1 GPa = 10^3 MPa = 10^3 N/mm² = 1 kN/mm²。
2. 在本章计算公式中，应力、弹性模量 E 的单位用 MPa；力的单位为 N 或 kN；长度单位为 mm；面积单位为 mm²。

化有直接关系。这就是之所以能够运用无缝线路的理论基础。

因为温度应力与钢轨长度无关，从理论上讲可以无限长，但考虑施工及管理技术的限制，也不能太长，目前我国无缝线路的长度一般以一个自动闭塞区间长度来考虑，长为 1 000～2 000 m。无缝线路长度短了，相对地接头就多，养护维修工作量增加，近 10 年来，各国倾向于发展超长无缝线路或区间无缝线路，原苏联过去是工厂先焊接成 400～800 m长的钢轨直接铺在线路上，到现场不再焊长，而现在有4 000 m、10 500 m，最长为17 500 m长的无缝线路，法国长轨节长一般为 6 000～8 000 m，其中有一段为区间无缝线路长达50 km。我国在 1981 年京山线铺了两段分别为7 676 m、7 636 m的无缝线路，至今仍正常运营。

无缝线路温度应力与钢轨温度变化有关，我们把铺设长轨节，其始终端落槽时的平均钢轨温度做为锁定轨温，然后随着钢轨温度的升高或下降的温度变化值影响钢轨内部的温度应力。因此，对于温度应力式无缝线路来说，一是如何选择铺轨时的锁定轨温，二是铺轨地区一年四季的温度变化，直至最低、最高的温度。两者直接影响温度应力，冬季温度太低，温度拉应力太大，造成钢轨折断；夏季温度太高，温度压应力太大，造成胀轨跑道。所以要根据轨道结构的承载能力，当地的最高、最低温度来选择合适的锁定轨温，这是无缝线路设计的核心。

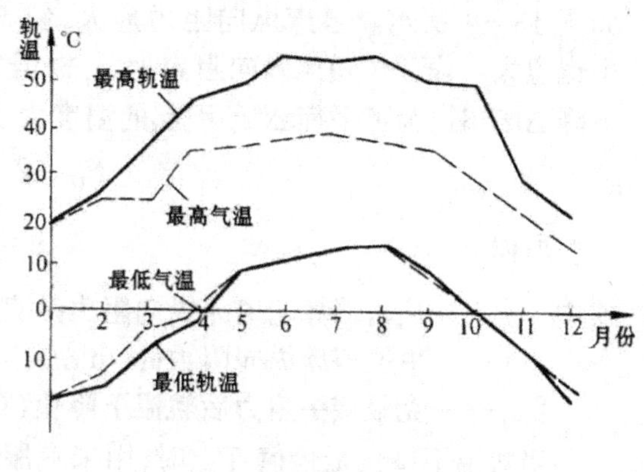

图 13—3

钢轨温度（简称轨温）不完全与气温相同，实测资料表明，冬季两者相接近，夏季高温季节轨温比气温高，最大差值为20 ℃，一年内最高、最低轨温变化曲线如图 13—3 所示。在设计时取最高轨温比气温高20 ℃，最低轨温与气温相同。

为了确保行车安全，防止胀轨跑道，一般选择设计锁定轨温比中间轨温高几度。

锁定轨温正确与否直接影响行车安全，它是日后养护维修的依据。因此，必须正确确定设计锁定轨温；铺设时要正确地确定实际锁定轨温，一般地以长轨节始端、终端落槽时，分别测得轨温，取平均值作为施工时实际的锁定轨温；在日常养护时应当保持原锁定轨温。

第四节 钢轨温度力图

无缝线路上的各种阻力阻止钢轨随轨温变化而产生伸缩，随之也就在钢轨内部产生温度力，也就是说，温度力是与线路纵向阻力保持平衡，这是我们分析温度力分布的基本依据。下面以秋季线路铺轨锁定后，轨温下降为例，分析长轨节温度力分布与钢轨的伸缩情况。

轨温下降时，首先由于接头阻力阻止钢轨缩短，从而在钢轨全长范围内产生了温度拉力。该温度力的大小等于接头阻力值，即

因为
$$P_t = Ea\Delta t_H A = 2.5\Delta t_H A = P_H$$

所以
$$\Delta t_H = \frac{P_H}{2.5A} \tag{13—5}$$

式中 P_t——因轨温变化而产生的温度力(N)；

P_H——接头阻力(N)；

A——钢轨断面积(mm^2)；

Δt_H——接头阻力换算轨温变化度数(℃)。

当轨温变化 Δt 小于或等于 Δt_H 时,钢轨不伸长,只是在全长范围内产生小于或等于 P_H 的温度力。

当轨温继续下降,接头阻力被克服,道床阻力开始阻止钢轨伸长(这里认为扣件阻力大于道床纵向阻力),这样在钢轨内又继续产生温度拉力。因为道床纵向阻力是体现在道床对轨枕的位移阻力,所以,随着轨温下降,按顺序克服轨枕下道床的纵向阻力。轨温降的愈多,需要被克服阻力的轨枕也愈多,相应的力也逐渐按一定的斜率增加,如图 13—4 所示。道床纵向阻力愈大,斜率也愈大。设单位道床纵向阻力为 r,根据力的平衡原理,克服了接头阻力 P_H 以后,轨温又下降 Δt_1 时,为了平衡 Δt_1 引起的温度力 P_{t1} 所需要的道床阻力为 rx,即

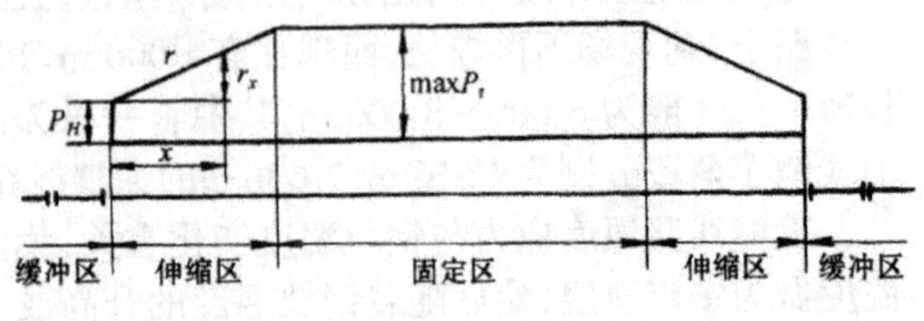

图 13—4

$$P_{t1} = 2.5\Delta t_i A = r \cdot x$$

所以

$$x = \frac{2.5\Delta t_i A}{r}$$

式中 x——从轨端算起道床纵向阻力被克服的长度(mm);

r——单位道床纵向阻力(N/mm);

Δt_1——克服接头阻力后轨温下降值(℃)。

当轨温下降到最低值 T_{min} 时,用来克服道床纵向阻力的轨枕根数达到最多,即 x 达到最大值 l,这时出现了如图 13—4 所示的温度力图。此 l 称为伸缩区长度 l_s,由图可知:

$$l_s = \frac{\max P_t - P_H}{r} = \frac{2.5A\Delta t_{max} - P_H}{r} (mm) \qquad (13—6)$$

式中 Δt_{max}——从锁定轨温算起,轨温的最大变化值〔取($T_{ax} - t_0$)、($t_0 - T_{min}$)中最大的一个〕(℃);

l_s——伸缩区长度(mm)。

第十四章　无缝线路及新型轨下基础的施工

第一节　无 缝 线 路

无缝线路宜采用换轨的施工方法，无论是运营线路还是新建线路，换铺无缝线路，普通线路应达到线路大修后标准，至少经列车碾压10～15天，一般在大修后三个月，线路基本稳定才能铺设。无缝线路按放散温度力分为温度应力式和放散温度应力式，温度应力式在我国被广泛采用，放散温度应力式又包括自动放散应力式和定期放散应力式两种。

一、钢轨的焊接

铺设无缝线路用的长钢轨，一般采用工厂焊接和现场焊接相结合的施工方法。在基地工厂采用气压焊或接触焊法，将25 m无孔不淬火的钢轨焊成200～500 m左右的长轨条，然后利用运送长轨专用列车运送到铺轨地点，再用铝热焊法或气压焊法焊接成设计的长度。

二、长轨的铺设

铺轨前，线路方向应拨正，道床清洁，肩宽、厚度、边坡满足要求，无病害。尤其要求道床密实，以提供足够的道床阻力。

1. 铺轨前的准备工作

封锁线路前的施工准备：

(1)卸放缓冲区调整轨，并联结好；

(2)散布中间扣件、防爬器、高强接头螺栓；

(3)起下固定长轨的方向钉；

(4)将铝热焊缝处需要方正枕木位置的枕盆内石碴扒至与轨枕底平；

(5)每隔一根轨枕松开一根轨枕的螺帽，将扣板转90°，并将螺帽拧紧；

(6)拆除防爬设备，道口铺面及护轨，拆除桥面护轨梭头；

(7)将长轨撞到起点设计位置，并预留搭接量；

(8)长轨切除量的计算。

终点合龙口是预计锁定重要的环节，须通过下列工作确保无缝线路长钢轨的长度精确。

①由专门丈量小组，仔细地丈量此段无缝线路内外股新轨条的长度。丈量时，从长轨始端位置的接头开始，两根钢轨同时丈量，并记录大量时的轨温。

②量到铝热焊位置时，检查接头是否方正。如有多余，须将相错量切除，也可按铝热焊接头允许相错量100 mm来控制。

③计算最后一根新轨内外股的切除量。按下式计算：

$$l = l_1 - l_2 \tag{14—1}$$

式中　l——长轨条切除量(m)；

l_1——计划新轨条的总长度(m)，

$$l_1 = \sum l_{n1} + 0.015 \times (N-1) + 0.000\ 011\ 8 \times \sum l_{n1} \times \left(t' - \frac{\sum t_n}{n}\right)$$

其中 $\sum l_{n1}$——新轨实测总长度；

N——股钢轨铝热焊的总数；

t'——预计施工时达到的锁定轨温。

$\sum t_n$——丈量时测得的轨温总和；

n——丈量时测轨温次数；

l_2——按设计既有钢轨总长度(m)。

$$l_2 = \sum l_{n2}$$

其中 $\sum l_{n2}$——实测既有钢轨的总长度(包括轨缝)(m)。

计算出切除量后，在实际切除时，应根据施工时的温度变化适当修正切除量。若计算的切除量小于30 mm，可不切除，累计到下一段线路一并切除。若不受轨端绝缘接头的限制，可放宽此限制。切除时若轨温处于上升或稳定状态，则切除量应较计算值增大 20～30 mm。龙口轨应根据工地实际情况锯好，"宁短勿长"，以及时地合拢。

2. 封线换轨

利用换轨小车换轨(如图 14—1)。顺换轨方向的第一台小车走旧轨将待铺的新轨条抬起，通过导向龙门将新轨条换入旧轨已被拆除的混凝土轨枕承轨台上。第二台小车走新轨，同时抬起已被拆除的旧轨，通过导向龙门，送到新轨内侧的道心中去。两辆台车相距20 m，由轨道车以3 km/h的速度牵引前进。这样，被两辆小台车抬起的新轨呈∞形随小车的前移而进行更换。随新旧轨入槽，扭正扣件戴上螺帽、拧紧扣件及螺栓，换轨终点，合拢联结，测定轨温。然后换轨小车牵出铺轨区间，先每隔一根轨枕拧紧螺帽，慢行开通线路，以后全部拧紧扣件，恢复正常行驶速度。

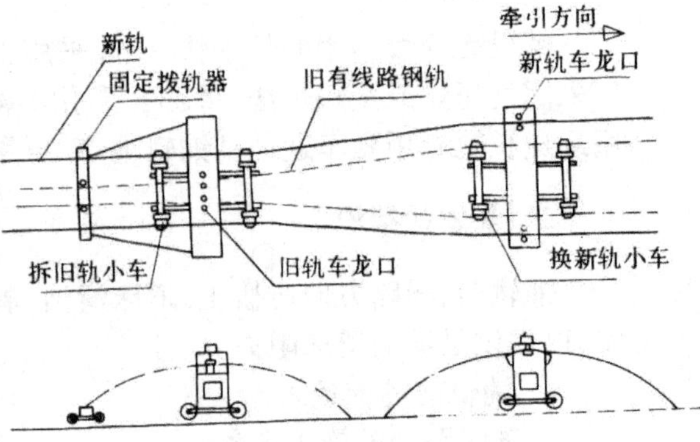

图 14—1 换轨小车换轨示意图

3. 整理工作

线路开通后，对所有扣件及防爬器再进行一次紧固，并加强线路，锁定、捣固、细拨线路方向。

无缝线路铺设质量的高低，影响其运营过程中的受力状态，要特别注意以下几个方面：

(1)铺轨前对长轨条进行严格检查，以1 m直尺测量，其矢度不得超过0.5 mm；同时将无缝线路两端各50 m普通线路均匀轨缝并予以锁定；

(2)铝热焊接头应经过探伤检查，不合格者应重焊。铝热焊接头位置距轨枕边缘不得小于30 mm，距桥台挡碴墙至少2 m，并不得置于道口及无碴桥上；

(3)必须正确地记录锁定轨温。如果实际锁定轨温超出设计范围或两股钢轨锁定轨温相差太大，必须在设计锁定轨温内放散应力后重新锁定。

国外有些国家由于大量铺设无缝线路，往往无法在设计锁定轨温内铺轨，常采用其它一些措施，以避免放散应力、二次锁定线路。例如低温铺轨时，采用加热器加热钢轨。近年来，又发展到使用液压拉轨器在低温时拉长钢轨，使钢轨长度达到设计锁定轨温时的长度后，再予以锁定。

三、无缝线路应力放散与调整

(一)应力放散的方法

1. 滚筒放散法

放散应力以前应封锁线路,将轨枕上的扣件全部松开,扣板转 90°,把长轨条置于滚筒之上,使轨底与垫片(或垫板)离开,待钢轨伸缩量(或轨温)达到预定值后,取下滚筒,锁定线路,恢复正常通车。

用滚筒放散应力效果较好,锁定轨温比较准确,国外基本上采用这种方法放散应力。我国很多铁路局总结了滚筒放散应力的施工经验,使封锁线路时间不断缩短。

2. 列车碾压法

在行车密度大的线路区段,普遍采用不中断行车的列车碾压法。有顺向放散和逆向放散两种。顺列车方向放散时,双线地段由于线路单向行车,可将顺列车方向的始端伸缩区锁定不动,在终端缓冲区换入短轨,松开其余地段的全部防爬器和扣件,利用列车振动和轨温变化来放散应力。一般情况下列车碾压三次达到预期效果。采用逆列车方向放散时,把顺列车方向的终端伸缩区锁定不动,松开其余地段的反向防爬器,反复打紧正向防爬器,靠列车振动和轨温变化来放散应力。逆向放散,虽然能使已爬行线路全部和部分地恢复原位,但逆向放散需较长时间且存在放散不均的情况。

3. 撞轨放散法

要提高锁定轨温,钢轨的伸长也可通过一定机械(如拉轨器、撞轨器)来实现。撞轨放散是在锁定线路条件下,松开扣件,使用撞轨器(或拉轨器)顺放散方向,迫使长轨条在外力作用下,克服摩擦阻力,使钢轨伸缩,放散应力。撞轨放散应力可不受作业轨温及撞轨点的限制。

列车碾压和撞轨放散应力往往同时应用,即在列车运行间隔时间,用拉伸机械拉伸钢轨,加速列车碾压的放散过程。

选无缝线路应力放散的方法,应根据现场实际情况综合考虑,最好的方案是:放散时间短,不锯轨(或少锯轨),结合应力放散调整缓冲区轨缝或整治线路爬行。

(二)应力调整

无缝线路固定区,由于作业不当或其他原因导致固定区受力不均匀,会使固定区局部地段钢轨承受较大的拉力或压力,对于这些地段,可采取应力调整的办法,使钢轨受力均匀一致。以避免局部地段应力过大出现胀轨跑道或断轨事故。调整无缝线路固定区应力的作业称为应力调整。

目前现场多用防爬观测桩来判断是否积累残余爬行力,并分析固定区应力是否均匀一致,如固定区某一观测桩附近钢轨有位移变化,而固定区其他观测桩没有位移变化,说明有位移的钢轨附近有较大的附加力。如果固定区所有观测桩都有位移,说明线路有爬行。若某个观测桩附近的钢轨位移量较大或较小,说明该观测桩附近钢轨有较大附加力。

应力调整是在不改变原锁定轨温的前提下进行的。应力调整比应力放散简单。一般是将无缝线路长轨两端伸缩区扣件和防爬器保持不动(必要时使其紧固),然后顺列车运行方向,把固定区部分或全部防爬器松开(混凝土轨枕线路还要适当松动中间扣件),随列车的碾压振动和轨温变化,使固定区钢轨受力均匀。为加速应力调整过程,也可辅以撞轨。调整完毕后,拧紧扣件,打紧防爬器,锁定轨温仍记为原有值。

第二节　新型轨下基础

新型轨下基础一般是指混凝土轨枕以外的,以混凝土作为主要组成材料的轨下基础。近年来主要研究采用了整体道床和混凝土宽枕两种类型的新型轨下基础,另外还有混凝土板式轨道、沥青道床、纵向轨枕等。本节将介绍混凝土支承块式整体道床和混凝土宽枕轨道。

一、整体道床

整体道床是用混凝土直接灌注于坚实可靠的基础之上而成的新型轨下基础。它具有线路稳定、平顺,坚固耐久,外观整洁美观,使用年限长等优点。其主要类型有埋置木枕式(图14—2)、整体灌注式(图14—3)、钢筋混凝土支承块式(图14—4)。我国隧道整体道床80%以上采用钢筋混凝土支承块式,这里主要介绍钢筋混凝土支承块式整体道床。

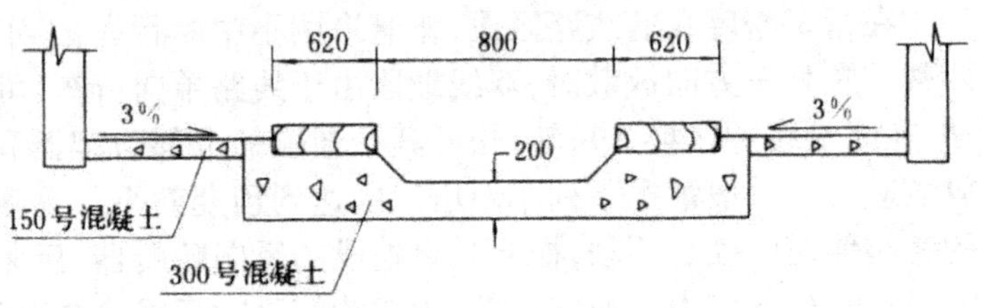

图14—2　埋置木枕式整体道床(单位:mm)

(一)钢筋混凝土支承块式整体道床的结构型式

为了便于整体道床设计和施工,我国目前多采用双侧水沟式整体道床。

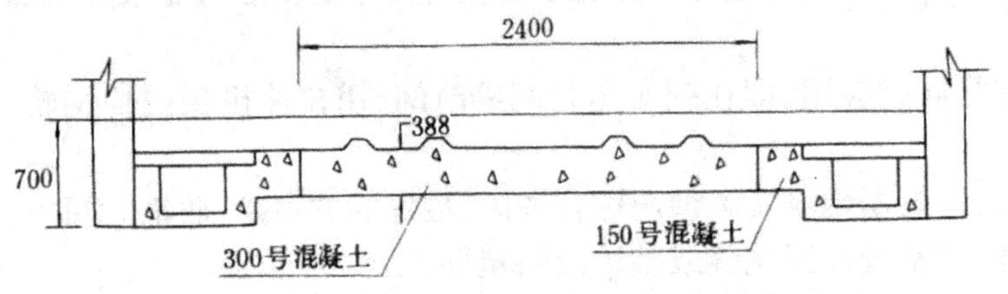

图14—3　整体灌注式整体道床(单位:mm)

(二)技术要求

1. 钢筋混凝土支承块

钢筋混凝土支承块的外形简单,便于施工。为使支承块与道床混凝土联结牢固,支承块的底面有伸出钢筋,块底面呈人字坡状,以利于道床混凝土捣固和排除支承块底部空气。支承块的尺寸为500 mm×200 mm×200 mm的上小下大的块体,两侧的挡肩厚度不小于70 mm。支承块长度,直线地段为500 mm(见图14—5),曲线地段为600 mm。

预制钢筋混凝土支承块应符合以下规定:

(1)同一配合比,每2 000块应做一组检查试件。

(2)模型板应用钢板或材质坚硬的硬木制作,并要求光滑平整。模板组装后,应试制三块,检查各部位尺寸。符合要求后再成批生产。

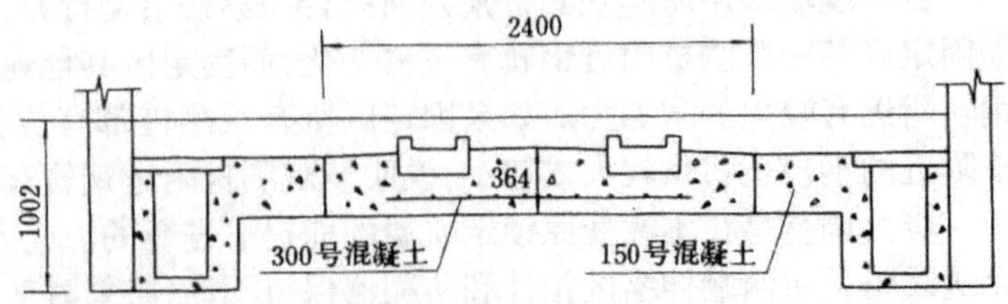

图14—4　钢筋混凝土支承块式整体道床(单位:mm)

(3)宜用干硬性或半硬性混凝土制作。

(4)支承块各部尺寸公差值规定:

①预留孔中心间距±2 mm;

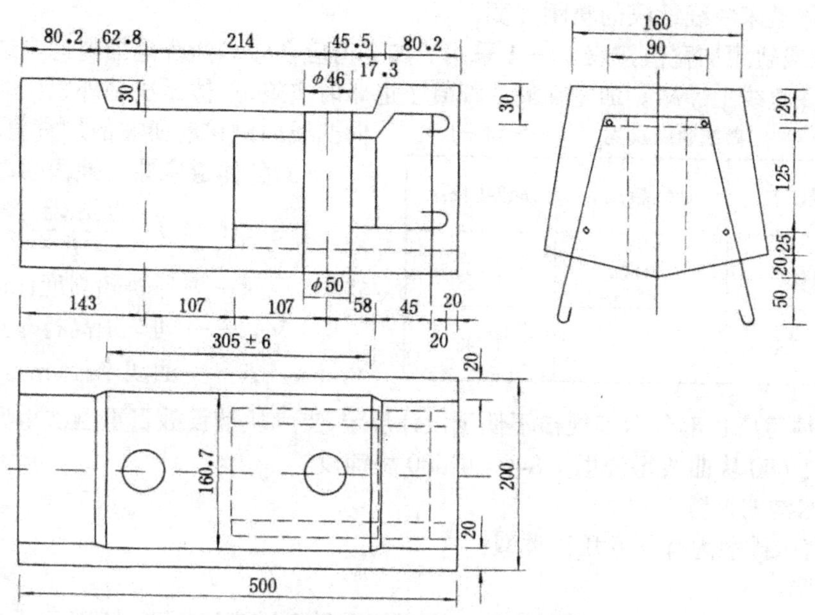

图 14—5 直线整体道床钢筋混凝土支承块结构(单位:mm)

②预留孔径$^{+3}_{-2}$mm;

③承轨槽内边缘至预留孔中心间距±2 mm;

④承轨槽挡肩高$^{+3}_{-1}$mm;

⑤承轨槽挡肩坡度±2;

⑥承轨槽凹凸不得大于1 mm;

⑦支承块长度、宽度、厚度$^{10}_{-5}$mm。

支承块的绝缘处理应符合下列规定:

(1)支承块表面应涂环氧树脂层。对较干燥的隧道,预留孔或塑料套管外沿不小于30 mm范围内涂刷;对有水或严重潮湿隧道和露天整体道床,承轨槽顶面应全部涂刷,涂层应均匀,其厚度为0.5 mm。如有特殊需要时,按设计要求办理。

(2)塑料套管底部,宜使用绝缘防锈涂料封底,其灌筑厚度约10 mm。

2. 混凝土道床

(1)道床宽度与铁路轨距、钢筋混凝土支承块的尺寸以及隧道内是否铺设运输便道等要求,根据使用经验和按铁路标准计算,整体道床的宽度以2.4 m比较适宜。

(2)整体道床的厚度与列车动荷载的大小、隧道地址情况及基岩的形变模量有关,如在坚实基础上的整体道床厚度为35 cm。产生整体道床病害的主要原因是道床厚度不适宜。因此对不同的隧道围岩类别,应采取不同厚度和措施。

(3)整体道床伸缩缝的设置:

由于温度和湿度的变化,整体道床混凝土产生拉应力。由于施工时以施工接缝代替伸缩缝,或是伸缩缝间距过大造成整体道床产生裂缝,还有未设伸缩缝造成的每隔 5~6 m有规律地产生裂缝,因此设计隧道整体道床必须设置伸缩缝。伸缩缝应结合线路平面、地形条件及常年温度差设置。一般距离洞口300 m范围内每隔 6.25~12.5 m设置一处;进洞300 m以后,每隔 12.5~25.0 m设置一处。伸缩缝宽2 cm,可用2 cm厚木板浸沥青或用预制沥青板填充。伸缩缝不应设在钢轨接头处。

(4)整体道床曲线地段的轨距加宽：

曲线地段轨距加宽值按表14—1采用。加宽值应在缓和曲线范围内均匀递减；如没设缓和曲线，应在直线上递减。加宽在灌注混凝土道床时实施，具体做法是外轨位置不动，将内轨向曲线内侧移动所需的加宽值。

曲线轨距加宽 表14—1

曲线半径(m)	加宽值(mm)	轨距(mm)
$R<300$	15	1 450
$300\leq R<350$	5	1 440

(5)整体道床曲线地段超高的设置：

$$h=\frac{7.6V_{max}^2}{R} \qquad (14—2)$$

式中 h——外轨超高度(mm)；

V_{max}——列车最高行车速度(km/h)；

R——曲线半径(m)。

(6)整体道床各部分圬工规格不低于设计规定，支承块铺设数目重型次重型轨道直线每公里1 760～1 600块曲线每公里1 840～1 680块铺设。

3．排水沟的设置

整体道床排水沟有以下几种类型：

(1)侧沟

整体道床的排水，一般都采用侧沟。沟底标高低于道床底标高，使道床基底水流向侧沟排走，侧沟断面根据流量确定，沟深与地下水位有关。

在新建隧道中，为降低地下水位，需加深侧沟，当沟底标高低于边墙时，应尽量将边墙底加深或采取其他措施，确保隧道建筑物的稳定。设单侧或双侧水沟，应根据地下水流向确定。

(2)中心水沟

中心水沟式整体道床，隧道开挖及混凝土填充量小，并有利于派出防爬器槽中的水。但道床断面有所削弱，且只能排除地表水，故有水隧道不宜采用。无水隧道采用时，也必须保证水沟下道床厚度不小于15 cm，或采取增设钢筋等措施，以防水沟断裂。

(3)防寒水沟

一般设置在寒区有水隧道的整体道床。设置防寒水沟，应根据不同的冻结深度，设置不同型式的防寒水沟。当冻结深度小于1.0 m时一般采用单侧或双侧防寒水沟；当冻结深度为1～2 m时，可采用中心防寒水沟；冻结深度大于2 m时，可考虑中心防寒泄水洞。

4．整体道床与不同类型轨道的连接

整体道床刚性大，与碎石道床轨道相接需设置过渡段。其型式有以下几种：

(1)钢筋混凝土枕减薄道碴厚度的过渡段

钢筋混凝土减薄道碴厚度的过渡段一般长10～25 m。采用粒径为20～60 mm的碎石道床时，在与隧道整体道床衔接处，道床厚度不应小于15 cm，然后递减至与之相接的一般碎石道床的厚度。道碴层下用100～150号混凝土铺底。

(2)混凝土宽枕过渡段

整体道床与混凝土宽枕连接时，过渡段长度25～50 m。过渡段由整体道床衔接处不小于15 cm厚的碎石道床向混凝土宽枕地段顺坡，加厚道床，达到混凝土宽枕规定的道床厚度止。钢轨接头应铺在距整体道床不小于3 m、不大于9 m处。

另外还有双楔短木过渡段等。

(三)整体道床的扣件选用要求

1. 整体道床轨道对扣件的基本要求

整体道床轨道的扣件是扣紧钢轨和调整轨道方向、高低、曲线地段的超高以及轨道弹性的重要组成部分，选用扣件时，应要求扣件满足下列要求：

(1)具有足够的弹性，以减少列车动荷载对道床的冲击作用；

(2)有足够的扣压能力，以防钢轨爬行；

(3)具备可以调整轨道轨距、水平、方向、高低以及曲线地段超高的条件；

(4)能满足轨道电气绝缘性能的要求；

(5)力求结构简单，制造和养护使用方便，造价低廉。

2. 整体道床扣件的选用

(1)在直线地段，采用与隧道外钢筋混凝土枕轨道同一类型，如 ω 弹条扣件或 70 型扣板式扣件。但轨下橡胶垫板厚应改为10 mm。

(2)在曲线段，采用 TF-Y 型弹条扣件。

3. 整体道床防爬设施

整体道床不宜采用穿销式防爬器。若采用穿销式防爬器，由于预留穿销式防爬器槽，必将削弱道床断面，容易引起道床裂缝，且防爬器槽内的积水不易排出。一般用增强扣件的扣压力来防止整体道床上钢轨的爬行，具体可根据线路坡度采取下列措施：

(1)当线路坡度大于 6‰但小于或等于 12‰时，如采用 70 型扣板式扣件，则应将目前的两圈弹簧垫圈改为三圈弹簧垫圈；如采用 67 型拱形弹片式扣件，则应将螺纹道钉改为 70 型扣板式扣件的螺纹道钉。

(2)当线路坡度大于 12‰时，直线和曲线地段均应采用 TF-Y 型弹条扣件，同时直线地段也改用曲线地段的支承块。

(四)钢筋混凝土支承块式整体道床的施工

1. 施工特点及方法

(1)施工特点

隧道内的整体道床是隧道的一个组成部分。整体道床施工具有工序多、工作面狭小，干扰大等特点。因此施工时应结合隧道的长度、开挖方法、使用的机具材料和劳动力组织等情况，作好安排，以加快施工进度，保证工程质量，减少劳动力及机具材料的消耗。

在较短隧道(1 500 m以下)，整体道床施工应在开挖衬砌完成后进行，较长隧道应在隧道贯通后进行。

(2)施工方法

支承块式整体道床的施工，是用钢轨支承架将钢轨架起固定在设计位置上，然后将支承块按照设计间距用扣件悬挂在钢轨上，经过细致的反复的调整，使线路中线、轨距、水平处于正确的位置后，再灌筑道床混凝土。

整体道床线路的扣件是锚固在钢筋混凝土支承块上的。其锚固工艺与普通混凝土枕的硫磺锚固工艺完全相同，铺轨方法按普通线路进行，但铺设前应将钢轨调直。

2. 施工工序

施工工序见图 14—6。但施工前应按下列规定增设线路控制桩和线路标准桩：

(1)增设控制桩的间距，直线宜为 100～200 m，曲线应为50 m。且与原中线控制桩偏移不得大于2 mm，距离误差不得大于 1/5 000。

(2)水准点间距宜为100 m，高程误差不得大于 ±2 mm。

(3)标准桩宜设在中线上。其间距在直线上为6.25 m，曲线上为5.0 m。钢轨接头处宜增加标桩。标桩间距误差应在两中线控制桩间调整。

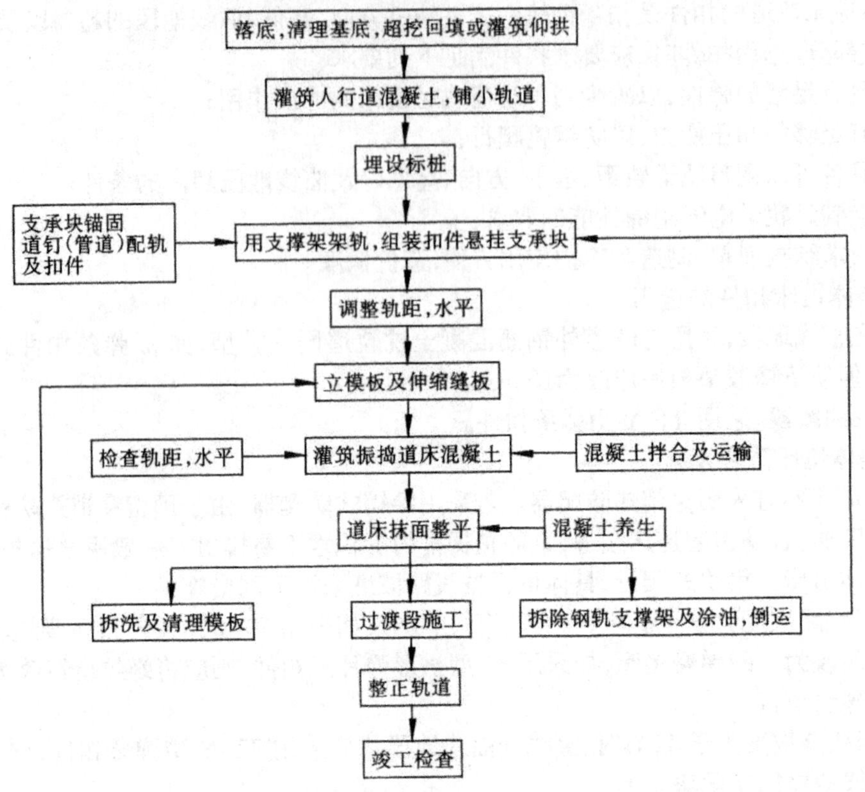

图 14—6 钢筋混凝土支承块式整体道床施工程序图

(4)根据中线控制桩,应用经纬仪、水准仪进行标桩定位及高程测量,标桩应用与道床同级的混凝土埋设牢固,并按距离和方向在桩顶上划十字线。安放桩帽,调好位置和高程,将桩帽固定,在十字线交点处钻眼定位。

3. 施工要求

整体道床施工宜用钢轨支承架架设钢轨架挂支承块,其架设应符合下列规定:

(1)钢轨在架设前必须调直,扣件的飞边、毛刺应打净,并涂油防锈;

(2)钢轨支撑架应设置牢固,并与钢轨垂直。每节12.5 m钢轨应安放支撑架 5~6 榀,每节25 m钢轨比照增加。钢轨支撑架宜等距布置,但在钢轨接头前后和曲线地段,应缩小其支撑架间距。

(3)根据已测设的标准桩,将架设在支撑架上的钢轨,初步调整好轨距、水平、方向后,再架挂支承块。同一断面支承块中心连线应垂直于线路中线,前后两支承块间的距离误差不得大于±10 mm。各种扣件应组装正确,螺栓用测力扳手拧紧,力矩应一致。

(4)灌筑道床混凝土前,应逐步调整钢轨,使之符合以下要求:

①轨距容许误差不得大于$^{+2}_{-1}$mm。变化率不得大于 1‰。

②以一股钢轨为准(曲线以内股为准),与设计高程差不得大于±5 mm,两股相对水平差不得大于2 mm。在延长18 m距离内,不得有大于2 mm的三角坑。

③以一股钢轨为准(曲线以内股为准),距线路中线容许误差为±2 mm。直线用10 m弦量,误差不大于±2 mm;曲线用20 m弦量,正矢误差不得大于表 14—2 的数值。

道床施工前曲线正矢误差容许值 表 14—2

曲线半径(m)	缓和曲线的正矢与计算正矢差(mm)	圆曲线正矢连续差(mm)	圆曲线正矢最大最小值差(mm)
350 及以下	3	5	7
351～650	2	3	5
650 以上	1	2	3

④轨顶应目视平顺，用10 m弦量，前后高低误差不得大于2 mm。

⑤轨底坡度应安 1/40 设置。

⑥灌筑混凝土施工缝与伸缩缝宜一致，轨缝与伸缩缝的位置应错开50 cm以上。

4. 主要施工机具

(1)特制道尺。为了便于制造和使用，一般采用一字形道尺，该道尺适用与设有侧沟的整体道床，配合高标桩(埋设好后，桩顶标高相当于内轨轨顶标高)使用。

(2)钢轨支撑架。根据不同施工方法，可采用上承式或下承式。上承式支撑架，适用于墩架结合的施工方法；下承式支撑架适用于道床宽度2.4 m的支撑架设法。

支撑架应尽量均匀布置，在钢轨接头处和靠近标桩处支撑架间距应小些。一般每节12.5 m钢轨布置 4～6 套，要求架好轨及挂好支承块后不变形并有足够的刚度。

5. 整体道床质量检查标准

整体道床质量检查标准按铺设整体道床线路有关规定办理。

(五)整体道床的养护与维修

1. 经常维修的主要内容

经常维修的主要内容包括：调整轨距、水平、超过，拨正轨道方向，钢轨扣件的涂油、拧紧螺栓及更换，调整轨缝，清除道床表面污物，定期清理排水沟，修理支承块挡肩，消除过度段“吊板”及低接头，记录和观察病害的发生和发展情况，并及时地加以解决。若采用焊接长钢轨，则应按焊接长钢轨轨道有关要求增加维修项目。

2. 轨道大修的主要内容

整体道床轨道大修的主要内容包括：更换钢轨及其配件，整治道床混凝土的开裂和翻浆冒泥、冻害和沉陷等病害，严重者进行翻修和加强。对埋入短木枕式整体道床，还需对实效木枕进行更换。

(六)隧道整体道床的病害整治措施

1. 道床沉陷、翻浆冒泥

(1)对道床下沉，在扣件调高量允许范围内垫高垫板，同时可采用矽化灌浆办法加固。

(2)加强断面。在病害严重地段应翻修，清除松软基岩及石膏层，用 150 号混凝土回填；必要时加高钢筋或增设仰拱。

(3)加强排水设备，采用侧沟排水，降低地下水位，使水不浸入道床底部。

2. 道床混凝土裂缝

(1)在发现裂缝的初期，可用环氧树脂或化学灌浆等办法封补。

(2)在地下水中硫酸根离子含量大的地段，道床混凝土应改用抗酸盐的混凝土。

(3)严重地段应翻修，加强道床断面，增设排水设备。

3. 钢筋混凝土支承块损坏

支承块的混凝土标号不应小于 500 号。挡肩宽度不小于70 cm,如发现有损坏,应及时用环氧树脂水泥砂浆修补,严重者须更换。

二、钢筋混凝土宽枕轨道

混凝土宽枕轨道是在混凝土枕的基础上发展起来的一种新型轨下基础,它仍保留原有碎石道床形式。混凝土宽枕的长度与混凝土枕相同,宽度约为混凝土枕的 2 倍。其特点是底面积大,因而道碴应力小,轨道的永久变形比木枕或混凝土枕轨道大为减少;具有平顺、稳定的特性,有利于高速行车;道床不易脏污,外表整洁美观。

(一)混凝土宽枕类型

1.65-A 型预应力钢弦混凝土宽枕,每块宽枕自身质量为510 kg。

2.65-B 型预应力粗钢筋混凝土宽枕(图 14—7),每块宽枕自身质量为520 kg。

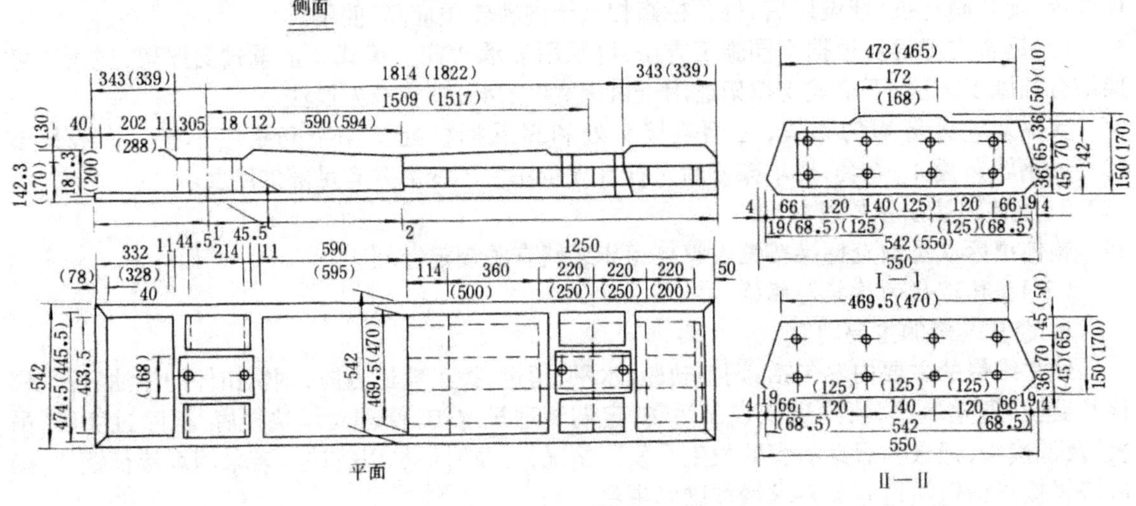

图 14—7 65-B 型(筋 76 型)混凝土宽枕结构图

注:括号内尺寸为筋 76 型,相同尺寸标一种数字。

3.弦72型预应力钢弦混凝土宽枕和筋72型预应力高强钢筋混凝土宽枕,宽枕侧面宽度较 65 型由 3.75∶1 改为 10∶1。

4.弦 76 型预应力钢弦混凝土宽枕和筋 76 型预应力高强钢筋混凝土宽枕(图 14—7),这两种宽枕比 72 型宽枕的轨下截面高2 cm,每块自身质量为530 kg。

5.隧道内混凝土宽枕双侧式水沟如图 14—8。

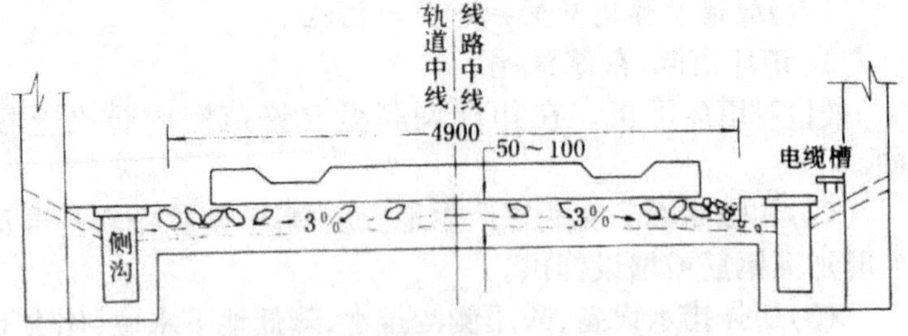

图 14—8 隧道内双侧水沟式混凝土宽枕道床断面(单位:mm)

(二)混凝土宽枕间距布置

混凝土宽枕间距按表 14—3 布置。

混凝土宽枕间距布置 表 14—3

钢轨长度(m)	每千米宽枕根数(根)	每节轨排宽枕根数(根)	c(mm)	b(mm)	a(mm)
25.00	1 440	36	560	592	705
25.00	1 520	38	560	587	665
25.00	1 600	40	560	569	630
25.00	1 680	42	560	582	597
25.00	1 760	44	560	559	569
12.50	1 440	18	560	649	710
12.50	1 520	19	560	614	670
12.50	1 600	20	560	576	635
12.50	1 680	21	560	574	600
12.50	1 760	22	560	569	569

(三)混凝土宽枕轨道对道床的要求

除第九章第四节所述内容外,还有如下要求:

1. 混凝土宽枕轨道的道床,由面带和底带组成,底带道碴应分两层铺设,每层铺平后,应用平板振动夯实机夯实,或用压路机压实,其压缩率宜为8%。

2. 面碴带应铺平,不得有波浪形或三角坑。高程应符合设计要求,误差不应大于5 mm。曲线地段的超高应用底层道碴铺足。

3. 如隧道内有涌水、溶洞断层破碎带、含石膏地层等地段,应采取加设仰拱,加厚混凝土铺底或增设排水设备等相应措施。

(四)混凝土宽枕对扣件的要求

混凝土宽枕道床的扣件,必须有足够的弹性和压力,在一定范围内能调整轨道的轨距和水平,能满足轨道绝缘的要求,并且坚固耐用,构造简单,成本低廉,使用和养护方便。

1. 在直线地段可选用调高量较大的弹性或刚性扣件(如70型拱形弹片式扣件、弹条Ⅰ型扣件)。

2. 在正线半径为600 m及以下和站线半径为400 m及以下的曲线(包括缓和曲线全长)地段采用70型拱形弹片式扣件时,钢轨外侧应采用加宽铁座。

(五)混凝土宽枕轨道与其他结构型式轨道的连接

混凝土宽枕轨道的弹性道床断面尺寸、排水方式等方面与其他结构型式轨道有所不同,因此与其他型式的轨道连接必须设置过渡段。

混凝土宽枕轨道与普通混凝土枕轨道连接的过渡段,其长度不得小于10 m。接头前必须保持不少于5根普通混凝土枕。如与木枕连接,应先以普通混凝土枕过渡后,再过渡至木枕地段。

(六)混凝土宽枕轨道的施工

1. 施工准备

(1)备　碴

落实碴源、采用的装卸车方法和运输方案。道碴材料的质量要求、技术标准等都应符合规定。

(2)测设中线桩

中线施工控制点在直线地段每10 m设一个,曲线地段每5 m设一个,并移到线路外侧挡碴墙上。弹的墨线误差不大于2 mm。

(3)测设水平桩

水平施工控制点每100 m设一个临时水准点,每10 m在左右边墙上设一与内轨顶同标高的水平点,并在左右边墙上连续弹出墨线,其误差不大于2 mm。

(4)加设中桩,加设水平点

曲线起讫点、缓圆点、圆缓点及曲线中点应加设中桩;曲线起讫点及纵断面变坡点应加设水平点。

2. 铺设道床

隧道内应在基底混凝土达到设计强度70%以上,并且隧道衬砌及压浆完成后再进行铺碴,以免污染道碴;在混凝土到设计强度的100%时,方可进行道碴的压实作业。

上碴可用倾斜汽车运碴卸入道碴槽内,上碴厚度应为道床设计厚度加预留沉落量之和。尽量散均匀,道碴的摊平可用推土机或人工进行。

采用12t振动压路机压实底碴时,应左右交替碾压,使之达到平整并无明显痕迹。面碴用平板式振动夯实机夯实,并对其修整,使之达到混凝土宽枕轨道对道床的要求。

3. 轨排铺设

混凝土宽枕线路的铺设与普通混凝土枕的铺设基本相同,可用铺轨机或龙门架铺设。

轨排铺设前,应检查道床碴带铺设质量和外移中线看是否已按规定设置。如有问题应在铺轨前处理完毕。

起吊轨排不得少于4个吊点,使轨排吊起后不产生明显的挠曲变形,保持基本平直。

轨排就位时,要严格掌握中线。确认轨排中心与线路中心对好后才能落地就位,并应符合以下要求:

(1)轨排吊放时,应严格对准线路中线,偏离值不得大于10 mm。

(2)铺轨时必须用木方尺和锤球,在轨排钢轨的外侧认真对点。轨排落地时,要全面检查中线方向,偏差值超限时应重新吊起轨排,调整好后再就位。

(3)铺设轨排时不允许接头垫碴,移动轨排时应离开面碴,轨排就位时先下落与已铺轨排连接的一端,安装好接头夹板及螺栓后再下落轨排中部和另一端,避免扰动道碴带。

(七)混凝土宽枕轨道的维修

宽枕轨道铺设后,应及时整修,仔细拨正轨道方向,拉轨调整轨缝,方正宽枕位置,拧紧扣件,整治空吊板,进行垫砂起道作业,防止宽枕串动。线路铺通行车10日后,应将扣件复拧一遍。

1. 整治空吊板和找平线路应以垫砂起道的方法为主,道床应饱满密实。垫砂起道应符合以下要求:

(1)正确掌握用砂量。垫砂要均匀,轨面标高不得超高设计高程10 mm;

(2)垫砂用的小碎石,粒径为3~20 mm,材质要坚硬耐磨,不得使用石灰石,尘末和石粉含量不得超过总质量的2%。

(3)一次垫砂厚度一般不超过20 mm。且一般在通过列车200~300次后,垫砂稳定后再进行下一次垫砂或起道。

(4)双线地段垫砂时,应在宽枕顺列车运行方向的一侧适当增加垫砂量。

2. 进行起道、拨道作业时,起道机必须放在宽枕端头的正中,并垫以16 mm×160 mm×100 mm的角钢,长度不短于400 mm。宽枕端头的一头抬高量不应超过50 mm,一次可起宽枕

5～7根,可垫砂3～5根。

3. 混凝土宽枕轨道阶段性维修一般分为三个阶段:

(1)初期维修阶段

以垫砂为主整治空吊板及三角坑,同时拨正线路方向,方正宽枕位置,上紧扣件。该阶段约需一至三个月的时间。

(2)巩固提高阶段

起道作业以枕下垫砂和枕下加不同厚度的垫片相结合进行,对线路方向及轨距进行细拨细调,约需一至二年。

(3)稳定维修阶段

铺轨约2～3年,轨道进入稳定阶段,此时应尽量避免扰动道床。仅作小量调整和扣件涂油工作,道床按设计断面填补整齐。

(八)混凝土宽枕轨道的合缝

混凝土宽枕轨道维修达到标准、轨道比较稳定后,将宽枕之间、宽枕端头和隧道挡碴墙之间的缝隙,用适当的材料填封起来,这一工作叫合缝。合缝后可更有效的保持道碴清洁,有利于长期保持线路的稳定。沥青混凝土宽枕道床断面见图14—9。合缝的方法通常采用以下两种。

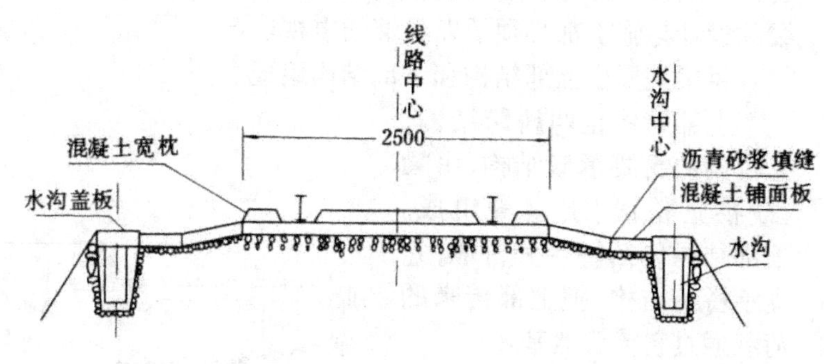

图14—9 混凝土宽枕道床断面(单位:mm)

1. 用沥青混凝土合缝

(1)沥青混凝土的重量配合比

混合料:粒径2～10 mm的小石碴45%,砂45%,石粉10%。

沥青:用量为混合料总重的8%～10%,沥青采用0～5号,根据地区施工条件采用。在华北地区一般采用3号。

(2)温度控制

加热温度:3号沥青约为180℃～200℃,混合料约60℃;

使用温度:不低于40℃。

(3)填封时,将拌合好的沥青混凝土倒入所需要的地点,用适当尺寸的小木夯拍打密实,填封高度约为宽枕高的一半。

2. 预制混凝土盖板合缝

这一方法用于隧道内道碴槽比较宽的情况下,将预制的混凝土盖板盖紧,然后用热沥青填封,对原缝隙可加小石子或砂制成的沥青混凝土填封。

第三篇 桥梁工程

桥梁是铁路、公路交通线上的重要组成部分。在铁路、公路建筑中，它的工程量较大，工期较长，往往成为交通线建筑中的控制工程。工程投资占很大比重，需要较多的建筑材料、劳动力。例如公路建筑中，一般情况下桥梁造价平均占公路总造价的10%～20%。从国防意义上讲，长大桥梁是铁路、公路交通线的咽喉，易遭破坏，且较难修复，常成为战时交通保障的重要目标。同时它还与水陆交通、工农业生产、水利建设和人民生活等有密切的关系。因此，对桥梁的设计与施工都必须予以足够的重视。

桥梁主要由上部结构和下部结构组成。

上部结构也叫桥跨结构，是桥梁的主要承载结构，由梁(或拱)、桥面、支座等组成。下部结构包括桥台和桥墩，它支承桥跨结构，把上部传来的荷载通过它传到地基。

除上部结构和下部结构外，在桥台与两端路堤接触处，常设有桥头锥体护坡，用以保证桥台与路堤很好衔接与路堤的稳定。有些桥梁为免遭水害，还修建导流堤引导水流顺畅地从桥下渲泄；修建丁坝护岸等防护工程保护桥头路堤或附近河岸。

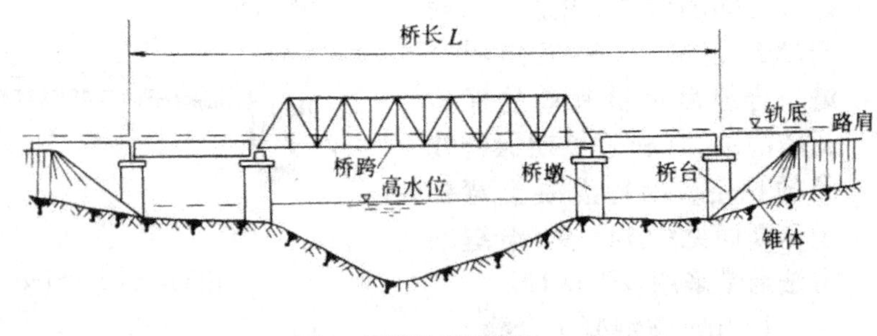

图1 桥梁组成示意图

桥梁的组成部分见图1。

桥梁有各种分类方式。按其用途来划分，有铁路桥、公路桥、人行桥、运水桥(渡槽)及其他专用桥梁(如通过管线、电缆等)。

按其所跨越的障碍区分，跨越河流的称跨河桥、跨越山谷的称跨谷桥、跨越铁路或道路的称跨线桥或立交桥。线路通过城市区、工业区或农作物区，为保留线路通过的空间以利桥下交通或少占耕地，则称这种桥为旱桥或栈桥。

桥跨结构按桥面(路面)位置之不同，可分为上承式桥与下承式桥。上承式桥的桥面布置在桥跨结构的顶面，如图1中的两边孔，其桥跨结构的宽度可以做得比较小，构造简单，桥上视线不受阻挡。只要当地条件许可，应尽量采用上承式桥。下承式桥面布置在桥跨的下部，如图1的中孔。为满足桥上通行车辆及行人的需要，桥跨结构要做得比较宽，构造也比较复杂。其优点是自轨底(路面)至梁底的尺寸(称为建筑高度)比较小。在容许建筑高度受限制的情况下采用下承式桥。在桥梁总体布置时，可以将桥下净空要求较高的孔做成下承式的，而其他孔做成上承式的，如图1所示。

此外还有将桥面(路面)布置在桥跨结构中间高度处的称为中承式桥，主要用于拱式桥跨结构，如图2所示。

按主要承重结构所用的材料来划分，有木桥、钢桥、圬工桥(包括砖、石、混凝土桥)、钢筋混凝土桥和预应力混凝土桥。木材易腐且资源有限，除林区及少数临时性桥梁外，一般不采用。

按桥长划分(梁式桥两个桥台挡碴墙前缘之间的距离称为桥长 L，如图 1)。一座桥梁的桥长在一定程度上反映它的工程量的大小(包括材料、机具设备和人工等)、工期的长短，因而也反映了它在整段线路的重要程度。铁路桥通常把桥长等于及小于20 m的称为小桥，20 m以上至100 m之间称为中桥，100 m以上称为大桥，500 m以上的称为特大桥。公路桥划分大、中、小桥的标准如表 1。

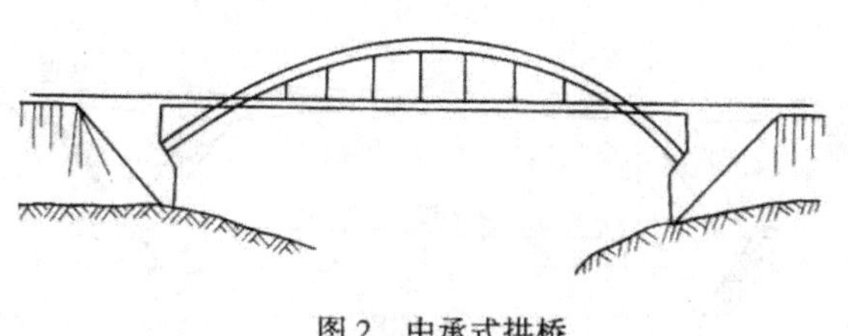

图 2　中承式拱桥

公路桥大、中、小桥的划分　　表 1

桥梁分类	多孔桥全长 L(m)	单孔跨径 L(m)
特殊大桥	$L \geqslant 500$	$L \geqslant 100$
大桥	$L \geqslant 100$	$L \geqslant 40$
中桥	$30 < L < 100$	$20 \leqslant L < 40$
小桥	$8 \leqslant L \leqslant 30$	$5 \leqslant L < 20$

按桥跨结构力学体系分，有梁式桥、拱桥、刚架桥、悬索桥及他们之间的组合体系桥等几类。兹分述于下。

1. 梁式桥

梁式桥的承重结构是实腹梁或桁架梁。它的受力特征是在竖直荷载作用下支座只有竖直反力。承重结构为实腹梁时，只受挠受剪，不受轴向力。梁式桥可分为简支梁、连续桥和悬臂梁。

梁式体系中最常用的是简支梁。简支梁在构造上及受力上与左右邻孔均不相关，只要跨度与荷载相同，简支梁构造也可以做得相同。因此可以做成标准设计在桥梁工厂中成批制造，采用先进、经济合理的施工方法，降低成本，保证质量。

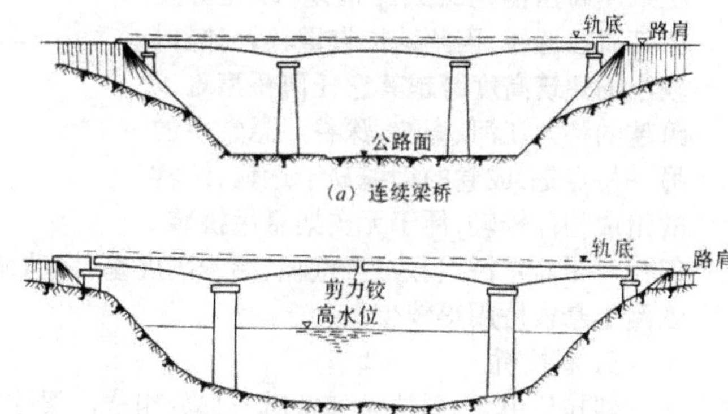

(*a*) 连续梁桥

(*b*) 悬臂梁桥

图 3　梁桥图式

对于大跨度桥梁，通常需做个别设计。为节省材料可考虑采用连续梁或悬臂梁(图 3)。连续梁(图 3(*a*))各孔的挠曲线是连续的，桥上线路比较匀顺，结构物刚度大，因而获得了广泛采用。悬臂梁桥在悬臂端部会出现挠曲线的转折，对于铁路行车不利。但在铁路上也并非绝对不用，如成昆线旧庄河一号桥(24 m + 48 m + 24 m)和孙水河五号桥(32.3 m + 64.6 m + 32.3 m)，如图 3(*b*)，所示三孔带剪力铰的预应力混凝土悬臂梁。

2. 拱桥

拱桥一般由拱上建筑、拱圈和墩台组成(图 4)。拱桥的主要承重结构是拱圈或拱肋，在竖向荷载作用下，墩台除受竖向力外还承受推力(水平反力)，无铰拱还产生支承弯矩。实体拱桥承重结构以受压为主，通常多用圬工材料(如石、混凝土)

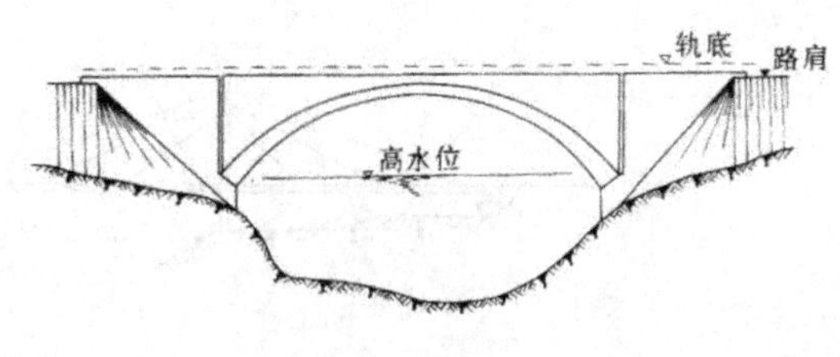

图 4　拱桥图式

和钢筋混凝土等建造，较大跨度拱桥常采用桁拱。

3. 刚架桥

刚架桥的显著特点是桥跨和墩台刚性连接成一整体。在竖向荷载作用下，梁部主要受弯，墩台底也承受水平反力，其受力状态介于梁式桥与拱桥之间。图 5(*a*)是门形刚架桥，它的梁部受刚架“腿”部的弹性钳固作用，比同样跨度简支梁的弯矩较小，因此梁的高度可以做得比较小。

图 5(*b*)所示的斜腿刚架桥适用于山谷、深河陡坡地段，可以避免修建昂贵的高墩或深水基础。

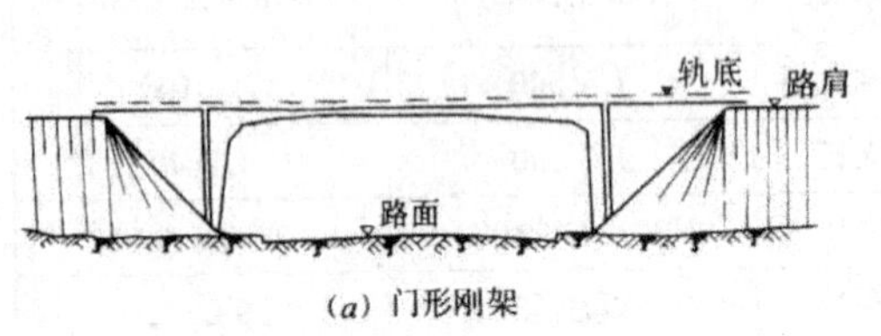

(*a*) 门形刚架

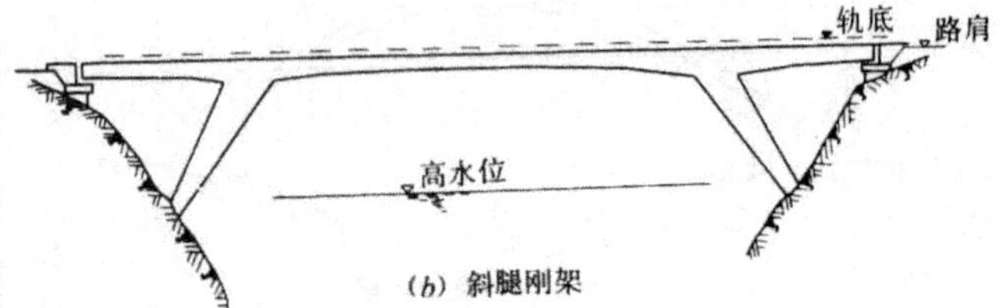

(*b*) 斜腿刚架

图 5　刚架桥图式

4. 悬索桥(吊桥)

悬索桥是以缆索跨过塔顶锚固在两岸上作为承重结构，如图 6。在竖向荷载作用下，通过吊杆使缆索承受很大拉力，悬索桥也是具有水平反力的结构，现代悬索桥上广泛采用高强钢丝编成的钢缆，以充分发挥其抗拉性能，因此结构自重较轻，能以较小的建筑高度跨越其它任何桥型难以跨越的特大江河、海峡、深谷。悬索桥的另一特点是，成卷的钢缆易于运输，结构的组成构件较轻，便于无支架悬吊拼装。但相对于其它桥式悬索自重轻，结构刚度差，在动荷载及风荷载作用下变形和振动较大，目前铁路上悬索桥用得较少。

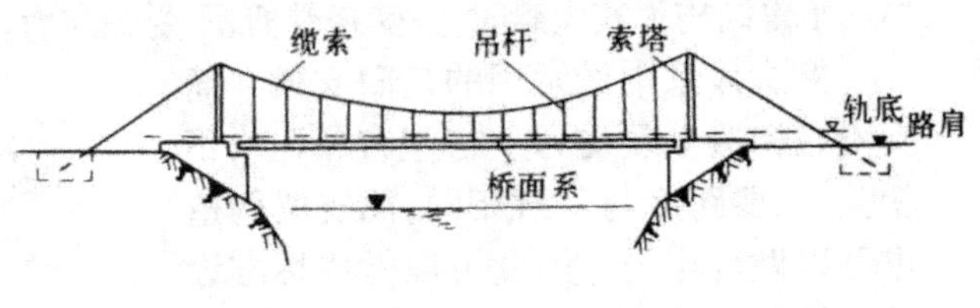

图 6　悬索桥图式

5. 斜拉桥

斜拉桥由梁、斜拉索和索塔三部分组成。梁除支承于墩台之外，还支承于由索塔引出的斜拉索上，习惯上称为刚性梁或加筋梁。按刚性梁所用的材料不同，有钢斜拉桥、结合梁斜拉桥和混凝土梁斜拉桥。斜拉桥是一种自锚式体系，斜拉索的水平拉力由刚性梁承受，故可用于地基条件较差的地区。也有在桥墩上不设支座，在索塔处另设吊索吊住刚性梁的方案。这种方案抗震性能好，称为“全漂浮式”斜拉桥。斜拉桥图式如图 7 所示。

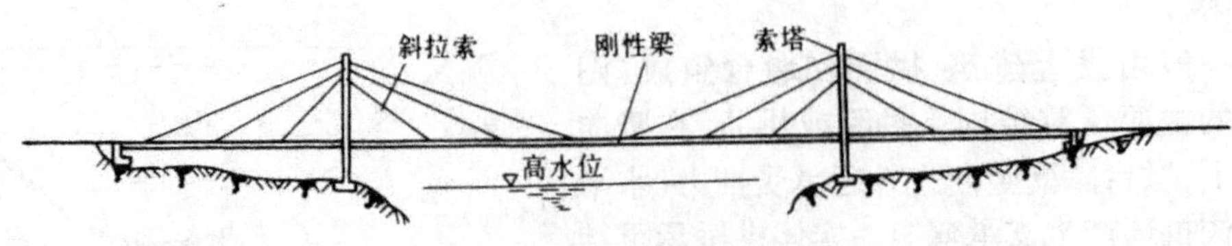

图 7　斜拉桥图式

第十五章　桥梁墩台和基础的分类与构造

第一节　桥梁墩台和基础的作用

桥墩、桥台和基础统称为桥梁的下部结构，它们的基本作用在于支承桥跨结构(图 15—1)。桥墩支承着相邻的两孔桥跨，居于全桥的中间部位。桥台居于全桥的两端，它的前端支承着桥跨，后端与路基衔接，起着支挡台后路基填土并把桥跨与路基连接起来的作用。

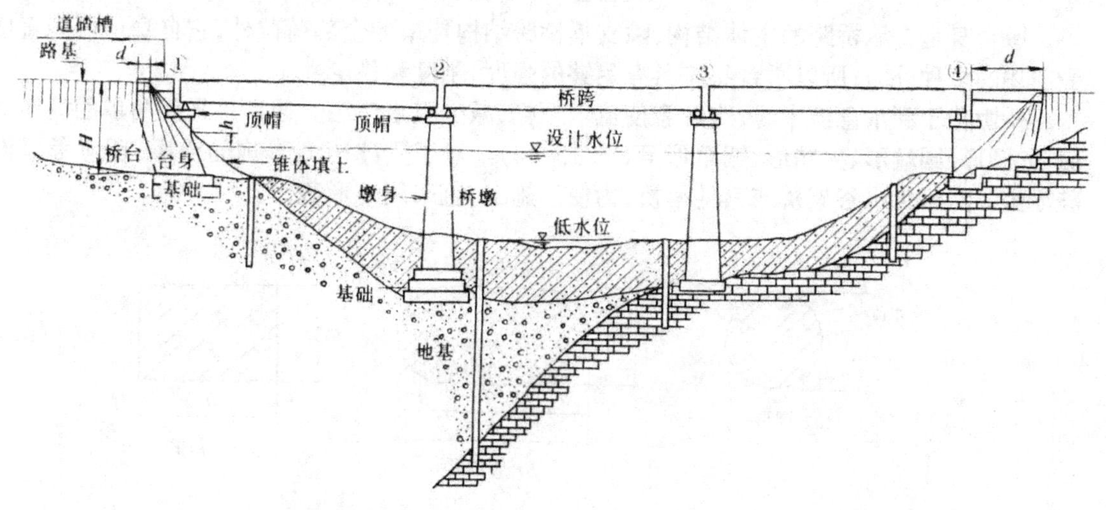

图 15—1　全桥立面图

在进行梁桥桥墩、桥台的结构设计时，一般采用下端固定的竖向悬臂杆件图式(图 15—2)。它承受的荷载主要是桥跨恒载，列车的重量、离心力、制动力以及作用于桥跨上和列车上的风力等。这些荷载都是通过桥跨的支座作用于墩、台顶帽上，构成如图 15—2 中 N_1、P_1、M_1 三个力，它们对桥墩、台结构设计的影响最大。另外，尚有墩、台自重 N_2 及直接作用于桥墩侧面的风力、流水压力、排筏或船舶撞击力，作用于桥台的土压力等水平荷载 P_2。所以就墩、台的整体来说，它属于偏心受压结构。

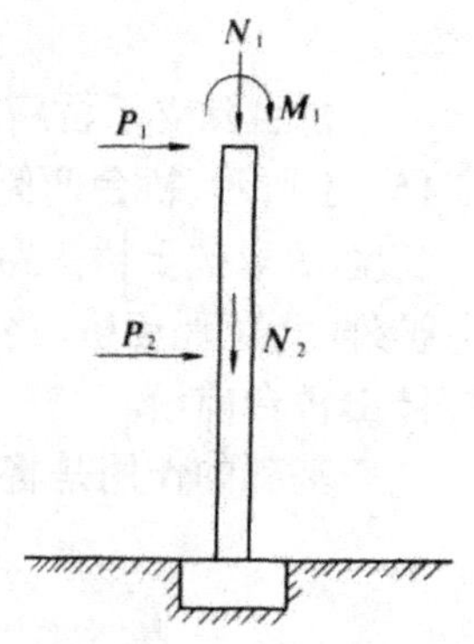

图 15—2　桥墩(台)计算图式

桥墩、台一般由顶帽、墩台身和基础三部分组成。

墩台顶帽有两个主要作用。第一个作用是把桥梁支座传来的相当大的较为集中的力，较分散而均匀地传给墩台身。因此要求顶帽具有一定的厚度；它的建筑材料也应具有较高的强度；对于顶帽与支座直接接触的部位（习惯上叫做支承垫石），更应有较高的强度；否则，可能在支座下面出现表层劈裂、锚（螺）栓松动等现象；再加上雨水、冰雪等自然力的作用，可能危及整个桥梁的正常使用。顶帽的第二个作用是为施工架梁和养护维修提供必要的工作面。因此，顶帽的平面尺寸一般较墩身为大；可采用顶帽飞檐（对美观和顶帽排水也是有利的）、顶帽托盘、顶帽托梁等结构措施来实现这一要求（图 15—3）。

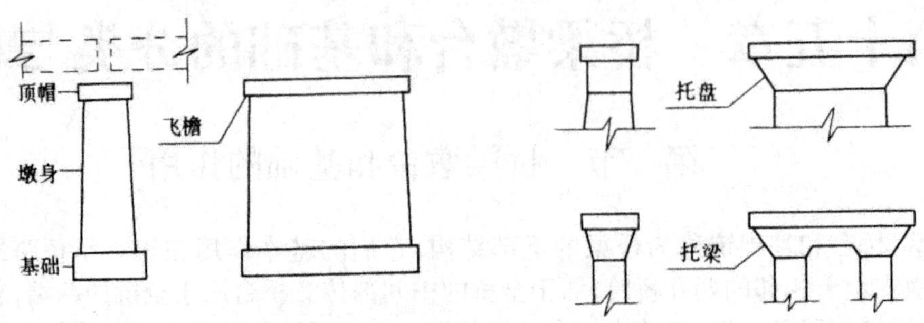

图 15—3　桥墩顶帽

墩台身是支承桥跨的主体结构，除支承桥跨结构传来的全部荷载外，它自身还可能直接承受前述的多种外力；所以墩台身应具有足够的强度、刚度和稳定性。

桥墩建于深水急流中时，应注意使流水顺畅，减少阻水作用。通常多采用简单的流线形截面，如圆形、圆端形、尖端形、圆角形等（图 15—4）。对于受冰压力影响的桥墩，还应考虑设置破冰棱。对于无水谷架桥或其他旱桥，为便于施工，宜采用矩形截面。

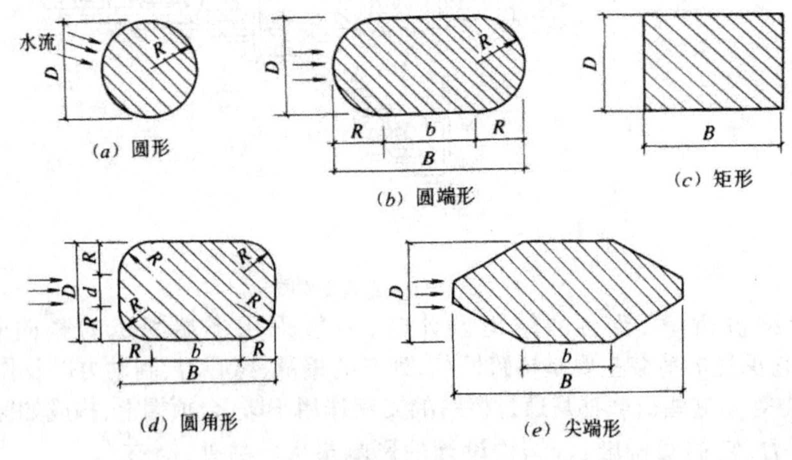

图 15—4　墩身常用截面形状

桥台除支承桥跨外，还是连接桥跨与路堤的关键部分。为了加强桥台与路基的连接，如图 15—1 所示，桥台两侧一般设有锥体填土；台尾上部还应嵌入路基内一定长度 d'；台身高度和长度 d 取决于桥头路基和锥体填土的高度。因锥体填土易受流水冲刷，除锥体坡面应铺砌防护外，为了保证桥、路连接的安全可靠，避免锥体填土侵占桥下的过水面积，通常不使锥体坡脚伸出桥台前沿。

基础的作用是将墩台承受的荷载及墩台的自重安全可靠地传到地基上。

第二节　桥梁墩台的类型与构造

桥梁墩台的类型很多，大体可分为重力式墩台、轻型墩台两大类。

一、重力式墩台

(一)重力式墩台的特点

重力式墩台的主要特点是靠自身重量来平衡外荷载而保持其稳定,因此墩、台的截面尺寸较大,使用较重的圬工材料如混凝土、砌石等建造。此类墩台具有坚固耐久、施工较简易、养护工作量小、取材容易等优点,同时对船、筏、漂流物、山坡落石等的撞击、磨损以及抵抗冰压力的作用等都较有利。但其缺点是工程量大,自重大也使地基压力增大,墩台身截面尺寸大也必然增加基础工作量,在水中桥墩也增大了阻水面积。

重力式墩台是当前我国铁路桥梁墩台的主要类型,公路桥采用也较为普遍。

(二)重力式桥墩种类

重力式桥墩按其截面形状有矩形、尖端形、圆端形和圆形等四种,如图15—5。其断面形状见图15—4。

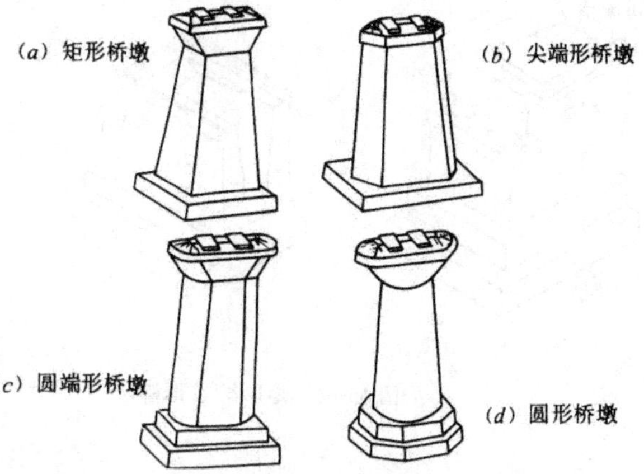

(a) 矩形桥墩
(b) 尖端形桥墩
(c) 圆端形桥墩
(d) 圆形桥墩

图15—5 重力式桥墩的几种形式

1. 矩形桥墩

矩形桥墩对水流阻碍较大,易引起较大的墩周河床的局部冲刷。但外形简单,施工方便,圬工数量较省。一般用于无水的旱桥、栈桥和水流较小的跨谷桥。高桥墩高出设计频率水位的部分,因无水流的作用,也采用矩形截面。

2. 圆端形桥墩

圆端形桥墩对水流阻碍较小,可减少对桥墩周围河床的局部冲刷,但施工稍为复杂。一般用于水流与桥轴法线交角小于15°的水中墩,有水桥梁多用此种类型。

3. 圆形桥墩

圆形截面在各方向都能适应水流,阻水较小,它适用于河道急弯、流向多变或水流斜交角等于或大于15°的桥梁。此种桥墩在单线铁路直线桥梁上,当桥墩较高时,其圬工数量较圆端形为省;但对曲线上桥梁,由于它的纵横向刚度一致,其横向刚度较圆端形为弱,其圬工数量较圆端形墩为大。

圆形桥墩如用砌石建造时,费工费时。对公路桥梁,因其桥墩断面在纵横两个方向上的尺寸相差较大,所以很少采用单一的圆形截面形式。

4. 尖端形桥墩

此种桥墩比较简单。适用于水流斜交角度小于5°及河床不允许有严重冲刷的小跨度桥梁。在有流水的河流,桥墩尖端还能起破冰的作用。为此,迎水端应采取特殊的加固措施。

(三)重力式桥台的种类

重力式桥台按其截面形状主要有矩形桥台、U形桥台、T形桥台、耳墙式桥台、矩形埋式及十字形埋式桥台等多种。

1. 矩形桥台与U形桥台

图15—6(a)为矩形桥台,其主要优点是造形简单、整体性好,对抗震有利。但台身较高

时，圬工用量大，不经济。为减少圬工数量，做成 U 形(图 15—6(b))，中空部分用土料填实。考虑到中间填土部分易积水引起冻胀而使两翼裂损，宜选用渗水性好的土填充，并应有良好的排水设施。此二种桥台一般用于填土高 $H\leqslant 4$ m的小跨桥梁。

2.T形桥台

图 15—7 为 T 型桥台，在铁路桥中使用较多，从经济条件考虑，它适用在填土高度 H 为 4 m～12 m。通常，T 形桥台的纵向长度是根据锥体填土的构造要求和锥体填土的坡脚不超出桥台前缘的条件确定的。当填土较高时，台长因而加长，圬工数量增大，故有时将锥体适当伸入台前一部分，如图 15—7 那样。有的为减少圬工量，将 T 形改造成如图 15—8 的带洞的形式，或做成工字形截面(图 15—9)。

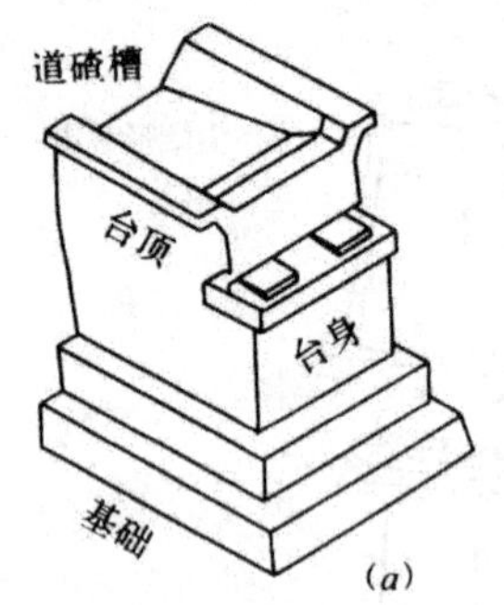

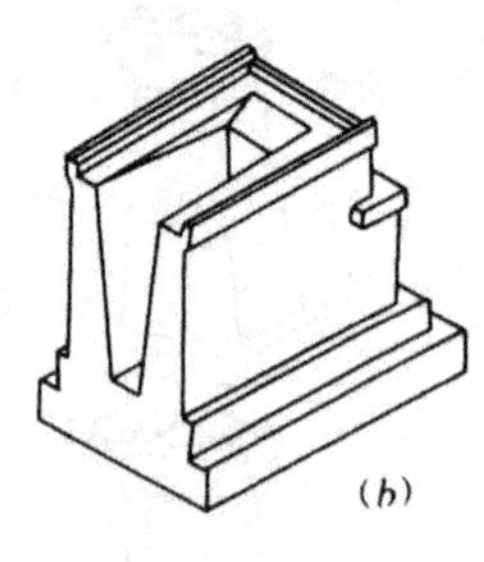

图 15—6　矩形与 U 形桥台

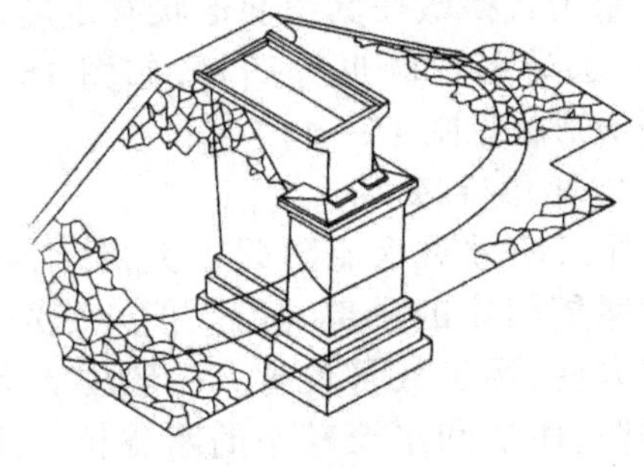

图 15—7　T 形桥台

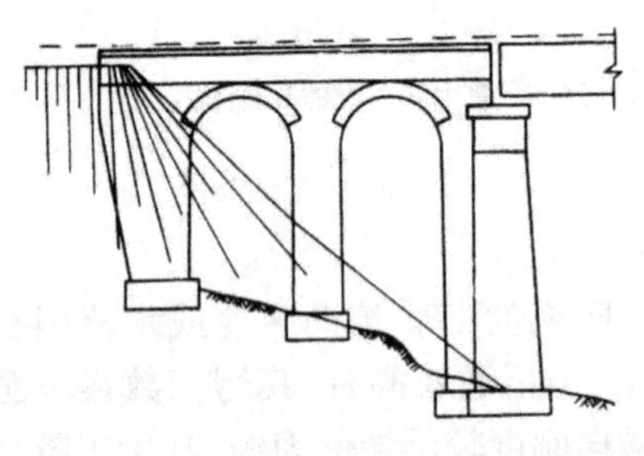

图 15—8　带洞式桥台

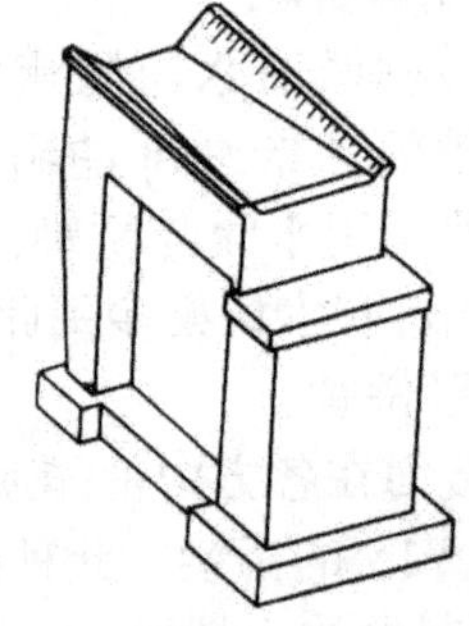

图 15—9　工字形桥台

3. 埋式桥台

埋式桥台是指部分台身埋在锥体护坡之中，这样对较高桥台可减少台长，故对跨谷高桥甚为有利。但由于它占据了桥孔一部分空间，对有水桥梁将缩小部分过水面积，在方案比选时应综合权衡“减小台长”与“增大孔跨”二者的利弊。

埋式桥台如图 15—10(a)为矩形埋式，(b)为十字形埋式。前者结构简单，宜于混凝土施工；后者台宽变化，节省圬工，但一般用石砌施工。

埋式桥台可用于高度为 8～20 m、跨度 16～32 m的情况。

4. 耳墙式桥台

耳墙式桥台(图 15—11)是用两片钢筋混凝土耳墙代替台尾一部分实体圬工与路堤相连，从而缩短实体台身长度而能较多的节省圬工。但两片耳墙位于地面较高部位，其施工工艺的要求较高，如施工质量不高，在耳墙与台身连接的根部较易产生裂缝，为此也要求耳墙不宜做得太长。当填土高大于7 m左右时，此类桥台的锥体往往也伸出桥台前墙形成埋式桥台。

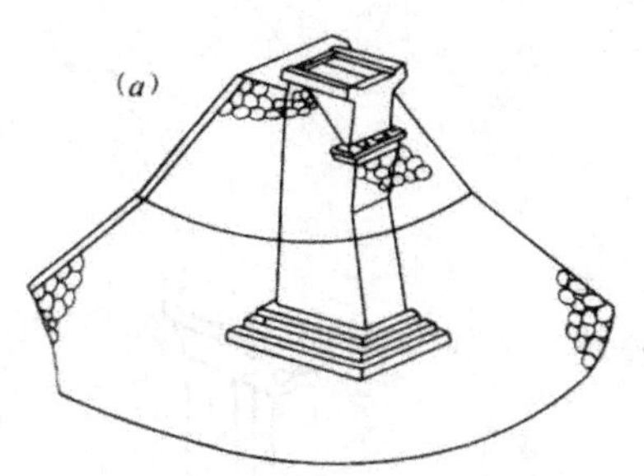

图 15—10 埋式桥台

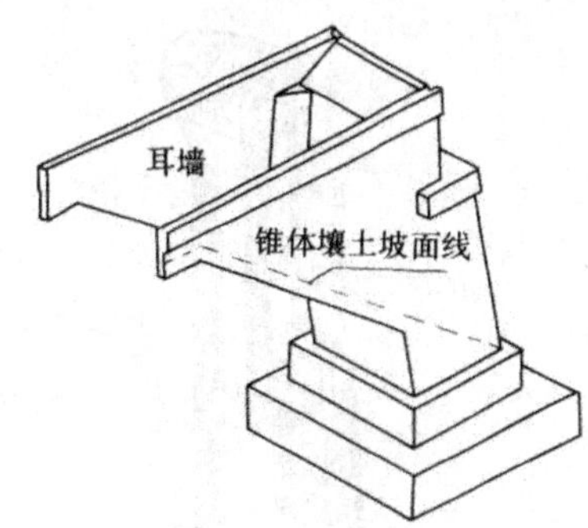

图 15—11 耳墙式桥台

二、轻型墩台

(一)轻型桥墩

当地基土质条件较差时，为了减轻地基的负担，或者为了减轻墩身重量，节约圬工材料，常采用轻型桥墩。轻型桥墩主要有空心墩、板式墩、桩柱式墩、双柱式墩及各式柔性墩等。

1. 空心墩

墩身高度在30 m以上的高墩，如将实体墩身改为厚壁式空心墩身，可节省圬工 20%～30%，墩身高在50 m以上时可用钢筋混凝土空心墩，节省圬工可达 50%左右，近年来滑动模板工艺的大量使用为空心墩施工创造了良好的条件。空心墩如图 15—12 所示。

2. 桩柱式桥墩及双柱式桥墩

桩柱式桥墩亦称排架式桩墩，如图 15—13。它的墩身是利用基础的桩延伸到地面的桩柱，顶帽即为连接桩的帽梁。其特点是构造简单，用料少、施工快，但纵向刚度小，故其建筑高度常受墩顶位移的限制。铁路桥只宜用在较小跨度，墩高不超过10 m以内的墩上。公路桥采用较多。

双柱式桥墩如图 15—14 所示，是钢筋混凝土做成的刚架，其基础可为桩基或其它类型的基础。南京、九江大桥的引桥都采用了双柱式桥墩。其使用高度一般在30 m以内，个别的采用多层刚架可达40 m以上。

3. 各式柔性墩

以上是通过改变建筑材料，改变桥墩的结构型式而使桥墩轻型化。柔性墩则是改变桥梁的受力体系，使墩台由单独承受某种荷载变为与其它墩台和梁组成共同的受力体系，以达到轻型化的目的。如图 15—15 所示，其特点是将若干个称为柔性墩的小截面桥墩和一个称刚性墩(台)通过桥跨结构用固定支座连接起来(称为一联)，从而使每个柔性墩顶增加一个水平约束。与一般桥墩比较，柔性墩内力大大降低。柔性墩的构造可为刚架式、板壁式，亦可做成排架桩式。

(二)轻型桥台

铁路上已采用的轻型桥台主要有桩柱式桥台和锚碇板式桥台。

桩柱式桥台的桩柱既是基础也是台身，如图 15—16。台顶部分由帽梁、两侧耳墙及胸墙组成。它适用于地基承载力较低、填土不高的情况。

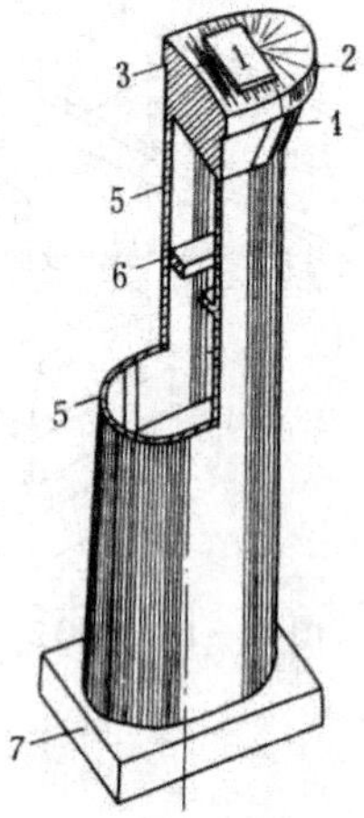

图 15—12　圆端形空心桥墩
1—支承垫石；2—顶帽；
3—顶帽飞檐；4—顶帽托盘；
5—墩壁；6—横隔板；
7—基础。

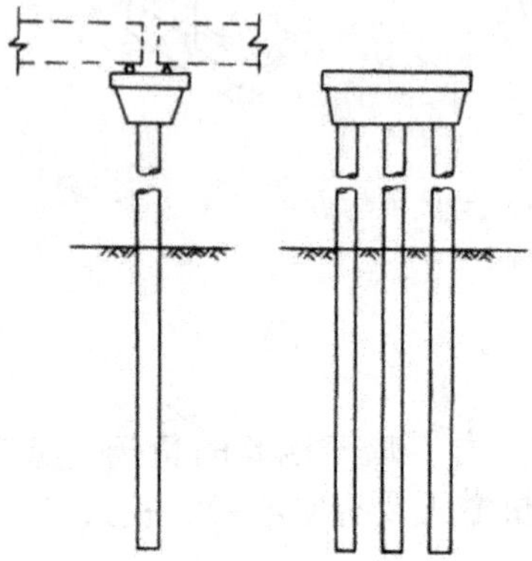

图 15—13　桩柱式桥墩

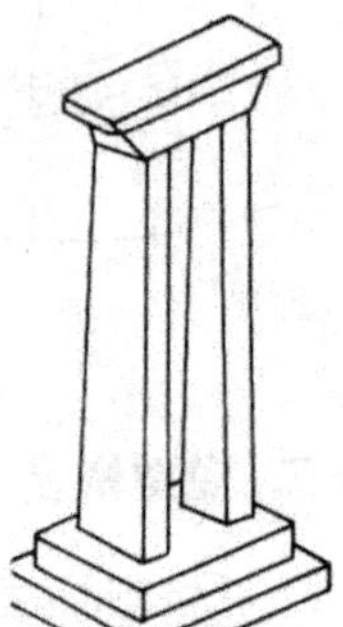

图 15—14　双柱式(刚架式)桥墩

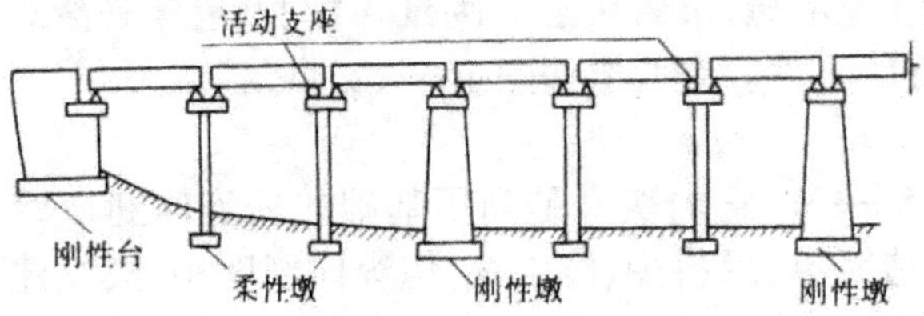

活动支座　刚性台　柔性墩　刚性墩　刚性墩

图 15—15　柔性墩桥梁布置

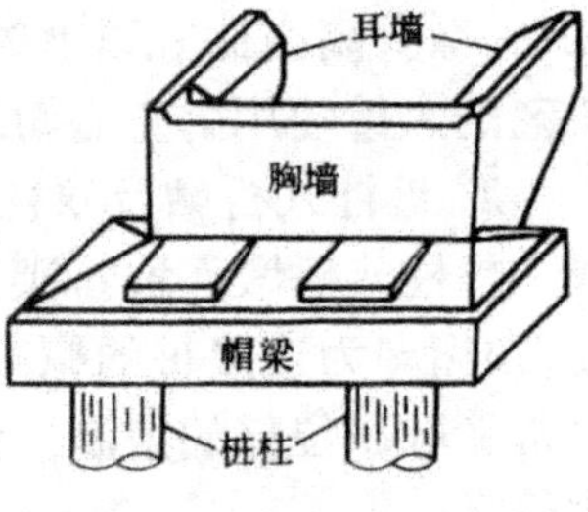

耳墙　胸墙　帽梁　桩柱

图 15—16　桩柱式桥台

锚定板桥台是在后设置，由挡墙、拉杆和锚定板组成的锚定结构来承受土压力，以达到本身轻型化的一种桥台。如图 15—17 所示，挡墙可用整体式或用预制的钢筋混凝土立柱与挡土板拼装而成，钢拉杆一端与立柱联结，另一端与锚定板连接。在图 15—17(a)中墙后土体的侧压力通过墙传至拉杆，拉杆的力由土体抗剪强度对锚定板所产生的抗拔力来平衡。它的台身与锚定结构分开，土压力全部由锚定结构承受，台身仅受桥跨传来的竖向压力和水平力，相当于一个桥墩的作用。这种分离式锚定板桥台，受力明确，但构件较

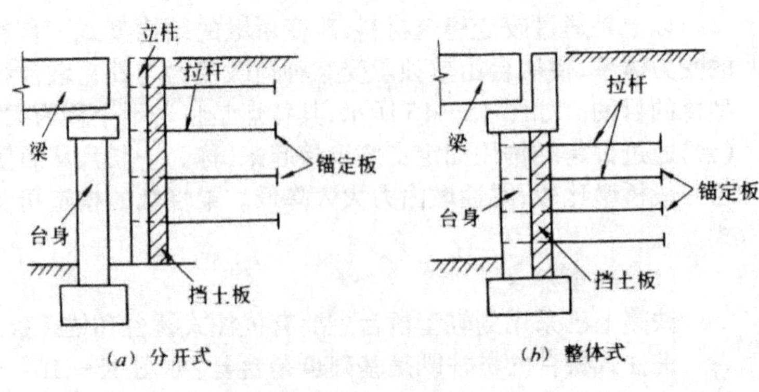

图 15—17　锚定板桥台

多，且施工工艺较繁，操作也不方便。锚定板桥台的另一种形式是将台身和挡墙合为一体，如图 15—17(*b*)所示。整体式与分离式相比，它的构造简单，施工方便，材料也较省，但台顶位移尚难以较精确地计算。

锚定板桥台采用锚定结构承受土压力，改变了重力式桥台靠自重来平衡土压力的受力状态，使桥台向轻型发展，可节省圬工 50%～70%和大幅度地降低造价(约 50%)。目前国内正在对锚定板桥台积极进行试点研究，并已试建了几座桥台进行观测。

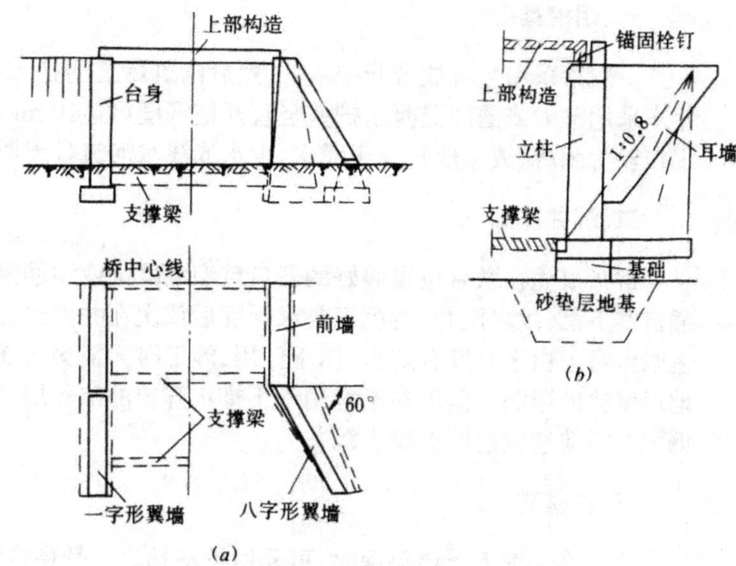

图 15—18　设置地下支撑梁的轻型桥台

公路桥除桩柱式桥台使用较多外，对小跨度旱桥采用设有支撑梁的轻型桥台，如图 15—18，其特点是台身为直立薄壁墙，台身两侧有翼墙。在两桥台下部设置钢筋混凝土支撑梁，上部结构与桥台用锚栓连接，成为四铰框架系统。其翼墙布置可为一字形、八字形或耳墙式。

第三节　基础的类型与适用条件

基础是指墩台与地基连接的部分，叫墩台基础或叫桥梁基础。基础是桥梁的重要组成部分，它既是桥梁的要害部位，又是施工的难点和关键。

桥梁基础因施工方法、结构形式和入土深度的不同，有多种分类方法。依结构形式和施工方法的特征可分为：明挖基础、沉井基础、桩基础、管柱基础及其它类型的基础。前三种类型的基础应用得最普遍(图 15—19)。

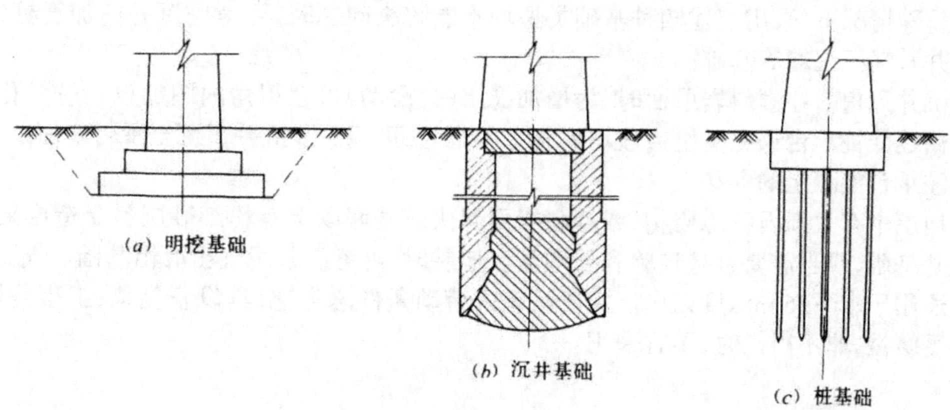

图 15—19　桥墩(台)基础

一、明挖基础

一般指采用敞坑放坡开挖基坑，然后砌筑圬工的扩大基础；其基底埋深多在5 m以内。近年来采用喷射或灌注混凝土护壁竖直开挖深度可达10 m以上。明挖基础施工中的防水和排水工作较为困难，故一般只宜于无水、少水或浅水河流且无涌沙现象的基础工程。

二、沉井基础

常指事先在墩台位置灌好的开口重型混凝土或钢筋混凝土井筒，然后在井内挖土，使井筒靠自重下沉，故名沉井，待沉至要求深度后依次在井内进行封底、填充及封顶，最后在顶盖上建造墩台身。由于井壁有防水、挡土作用，施工时无需另设护壁支撑，施工机具亦较简单且不受地形窄狭的限制。但沉井不宜用于不排水开挖的漂石层或倾斜岩层。若遇深水时可改用浮运钢沉井或薄壁钢丝网混凝土沉井。

三、桩基础

当基底须埋入土层很深时，可采用桩基础。它是将桩尖下至土层深处，再在桩顶灌注混凝土承台，使基桩与承台形成整体结构，然后在承台上砌筑墩台身。这样，既可将荷载传至土层深处，又可减少基坑开挖量和实体基础的圬工量。因而桩基础是一种常用的深基础，桩基分打入桩和钻(挖)孔桩两种，打入桩需事先预制，施工机具设备较为复杂，施工技术要求较高，当土层中夹有大量碎石、卵石或其它障碍时，打入困难。近年来打入桩逐渐被钻(挖)孔桩所取代，因钻(挖)孔桩所需机具设备比较简单，并可用于各类土层和岩层。

四、管柱基础

管柱基础是一种新型的基础结构形式，一般采用薄壁大直径的钢筋混凝土管柱(比桩粗而比沉井小)，直径由1.5～6.0 m，从受力作用上看，与桩基相近，从施工下沉上看，由于直径大，需用大型振动打桩机方能穿入土层，因为管柱可以穿越各种土质覆盖层或溶洞，支承于较密实的土上或基岩面上，故适用于深水、薄或厚覆盖层、岩面起伏等桥址条件(可在管柱内钻岩，增加抗滑动的稳定性)，尤其适用于双柱式桥墩，直接在管柱顶上修建墩身，不必再修筑承台。

五、其他类型基础

在特殊情况下，采用上述四种基础类型均不能解决问题时，可考虑沉井内加管桩(或桩群外加沉井)，气压沉箱等基础。

当沉井刃角落在倾斜岩层面时，为增加稳定(抗滑动)可在刃角内圈加设钻(挖)孔桩的办法。当修建低桩承台遇见基坑边坡坍塌施工困难时，可用一节沉井下沉至承台底面以上，在沉井内灌注承台混凝土的办法。

当地层中有大孤石等障碍物，或基底岩面起伏或基底以上有粉细砂层易于造成翻砂不能采用沉井基础，或当需要直接检验和处理基底地层时，可考虑采用气压沉箱基础。气压沉箱基础一般适用于水下35 m深度以内。由于沉箱内劳动条件恶劣，机具设备复杂，工程费用高昂，施工进度缓慢，非不得已时，不宜采用。

第十六章　墩台与基础施工

第一节　明挖基础施工

明挖基础是先开挖基坑，在坑内建造基础，所以又叫敞坑基础、扩大基础。由于其开挖深度较浅(一般不大于5 m)，所以又叫浅基础。这种基础具有开挖简便、需用机具少、便于组织快速施工、便于基底的检查和处理等优点，只要经济上合理、技术上可行，应优先选用明挖基础。明挖基础的施工程序与主要工作内容如下：

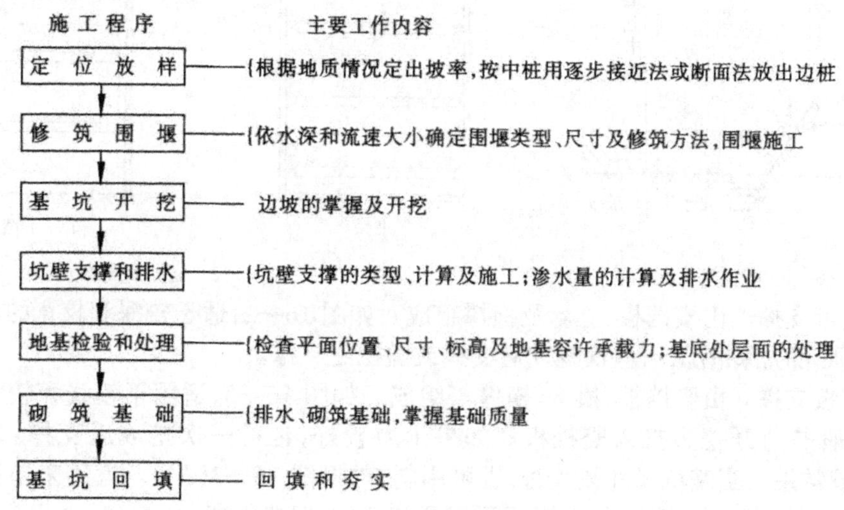

一、旱地基坑开挖

(一)基坑尺寸的确定

合理决定基坑尺寸对开挖基坑具有重要意义。基坑尺寸主要根据基础尺寸、深度、土质和渗水情况确定。一般坑底尺寸应比基础尺寸宽出一定距离，以便立模、挖排水沟和汇水井。通常每边加宽0.3～0.6 m，有汇水井一侧应宽出1.0 m左右。如果边坡稳定，基坑无水，坑底尺寸可和基础尺寸一样大，边坡直立，可不立模板，直接向基坑灌注基础混凝土。

基坑边坡的大小应根据土质、坑深和渗水等情况而定。若挖深达5 m以内，很少地下水，土的湿度正常，结构均匀，施工期短，放坡开挖，其坑壁坡度可参照表 16—1。

当坑深大于5 m时，可将坑坡放缓或加平台；若经不同土层时，坑坡可分层决定，层间可留平台，如图 16—1。当土壤湿度大、坑壁有坍塌可能时，坑坡可用土的天然坡度；在山坡上开挖基坑，土质不良，除放缓边坡外，要注意防止土滑坍。

(二)坑壁支撑

当基坑深度较大，放坡开挖土方量较大时；放坡开挖危及邻近建筑物安全时；或土质松软无法保持边坡稳定时，均可将坑壁挖成直立的，设置适当支撑维持坑壁稳定。

基坑坑壁坡度 表 16—1

坑壁土	坑壁坡度		
	基坑顶缘无载重	基坑顶缘有静载	基坑顶缘有活载
砂类土	1:1	1:1.25	1:1.5
碎石类土	1:0.75	1:1	1:1.25
黏砂土	1:0.67	1:0.75	1:1
砂黏土	1:0.33	1:0.5	1:0.75
黏土带有石块	1:0.25	1:0.33	1:0.67
未风化页岩	1:0	1:0.1	1:0.25
岩石	1:0	1:0	1:0

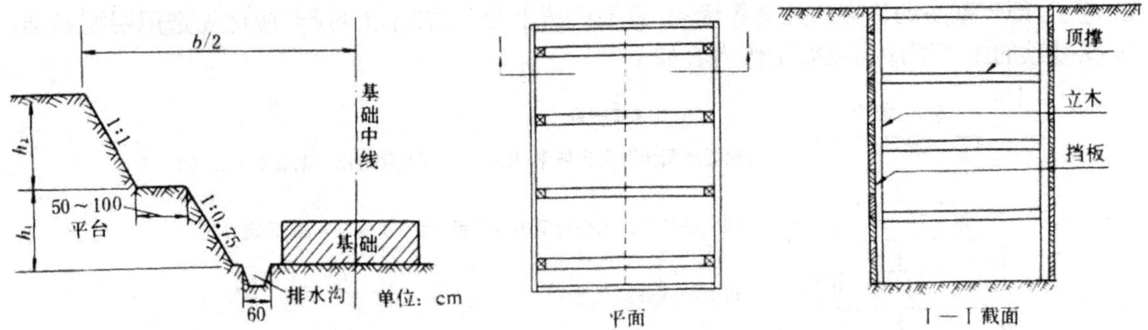

图 16—1 明挖基坑示意　　图 16—2 横挡板支撑

1．横挡板支撑。由横挡板、立木及横撑组成。如图 16—2，适于较深和较宽的粘性土质基坑。根据土质和坑深情况，可一次挖成后支撑或随挖随支撑。

2．竖挡板支撑。由竖挡板、横木、横撑等组成。如图 16—3，适用于较浅和较窄的沙性土质基坑。一般是边开挖边打入竖挡板。如果土质较好，也可一次挖成后支撑。直撑式(图 16—3(a))较常用。当基坑尺寸较大时，也可用斜撑式(图 16—3(b))。近年来还有采用锚杆式支撑(图 16—3(c))。这种支撑可以不干扰开挖工作，但造价高。

3．喷射混凝土支护坑壁。喷射混凝土护壁基坑适于渗水量不大的粘性土、粉细砂及卵石

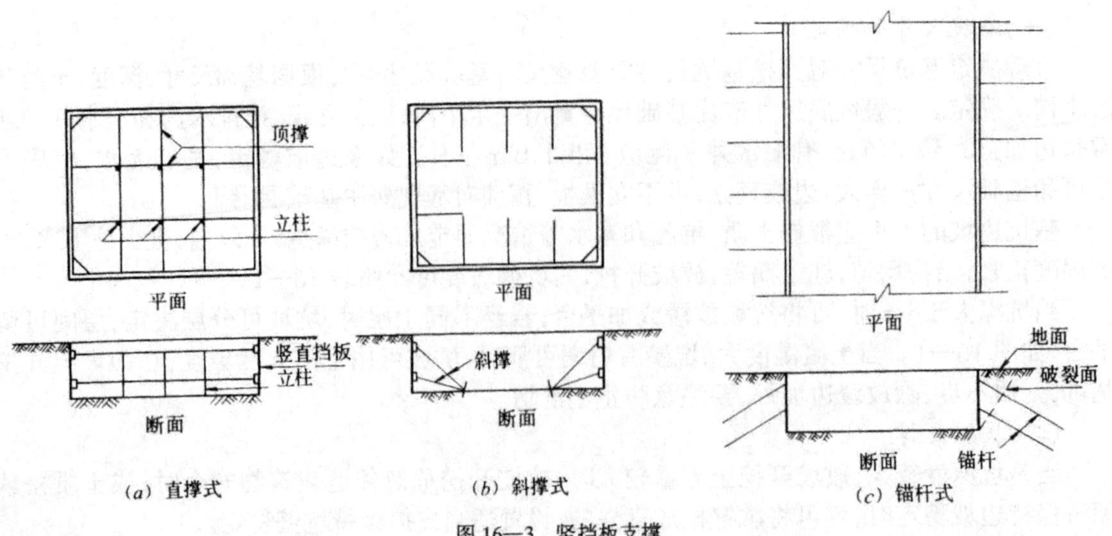

图 16—3 竖挡板支撑

地层。考虑受力条件，宜用圆形基坑，开挖直径约为6～12 m、深10 m以内。当地质不稳定且有较多渗水时，除考虑坑底周围设排水沟和汇水井外，坑坡可用1:0.07～1:0.1，据以定出地面处的开挖直径。

基坑开挖前，在地面处设混凝土环或弃土护圈，防止地表水或杂物掉入坑内。一般下挖一段，喷护一段。下挖深度，根据土质和渗水量而定。喷护混凝土工艺与隧道喷护混凝土同。一次喷护达不到规定厚度时，待前次喷护混凝土终凝后再继续喷护至要求厚度为止。一般喷护混凝土厚度可参考表16—2。

喷层厚度参考表(cm)　　表16—2

地质条件	基坑无渗水	基坑有少量渗水	基坑有大量渗水
粉　砂	10～15	15(加少量木桩)	15～20(加较多木桩及塞草袋)
砂黏土	5～8	8～10	15～20(加较多木桩及塞草袋)
黏砂土	3～5	5～8	15～20(加较多木桩及塞草袋)
卵、碎石土	3～5	5～8	15～20(加较多木桩及塞草袋)
砂夹卵石	3～5	5～8	8～10

二、水中基坑开挖

(一)围堰工程

水中开挖基坑，必须先沿基坑周围修筑围堰，以便排水挖基和砌筑基础圬工。围堰分重力式围堰、木制围堰和钢制围堰三种。重力式围堰靠自身重量抵抗外侧水压力，只起防水作用。由于体积大，宜在浅水中使用；木制围堰和钢制围堰，一般须沉入河床一定深度，不仅可以防水，还起挡土作用，故可用于较深水中的基坑开挖。

对围堰工程的基本要求是：围堰顶面应高出施工期间最高水位0.7 m；围堰要密实，减少渗漏；围堰断面应满足强度和稳定(抗滑动和抗倾覆)的要求；围堰尽量少压缩河道流水断面，减少冲刷；堰内尺寸应与基础尺寸相适应，不得任意压缩；围堰材料尽量就地取材。另外，尽可能缩短工期，保证施工安全。

各种围堰特点、适用条件、施工工艺等简要介绍如下：

1. 土围堰

水深在2 m以内，流速缓慢，无冲刷作用，且河床土质渗水较小时宜采用土围堰，如图16—4。

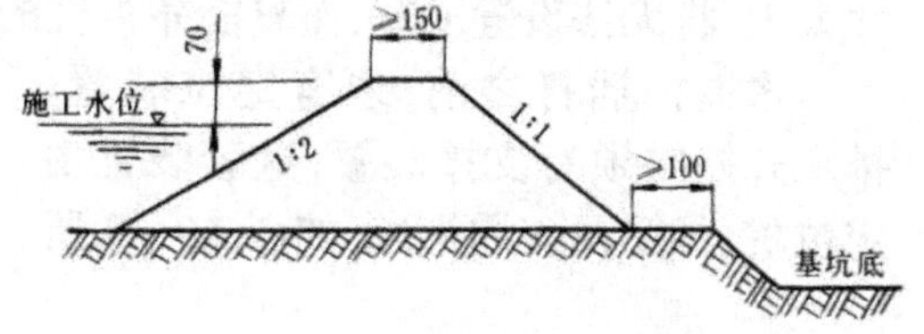

图16—4　土围堰(单位:cm)

土围堰的厚度及边坡应根据采用的土质、围堰高度等确定，通常堰顶宽不小于1.5 m，外侧边坡不小于1:2，内侧边坡不小于1:1，内侧坡脚距基坑顶边缘的距离不小于1 m。

土围堰宜用粘性土填筑。

当流速增大时，临水面边坡可用片石、草袋盛土、柴捆、竹笼等加以防护。

2. 草袋围堰

草袋围堰是明挖基础中最常用的一种围堰，不仅施工简便，取材较易，其适用范围亦比土围堰为广。通常用于水深2.5 m以内、流速1.5 m/s以内的水流，且河床为透水小的土壤，在特殊情况下也可用于更深的水中，但围堰需要加强。

草袋围堰构造如图16—5所示。一般都采用双墙围堰，内外墙之间夹填粘性土，其厚度约为0.5～1.0 m,以便更好地起隔水作用。堰顶宽度根据水深来考虑,一般不少于2 m,需存放机械时还要适当加宽。围堰的内外两则都要设一定坡度,使围堰保持稳定,其内侧底部距基坑边缘应不少于1.0 m。

3. 木板桩围堰

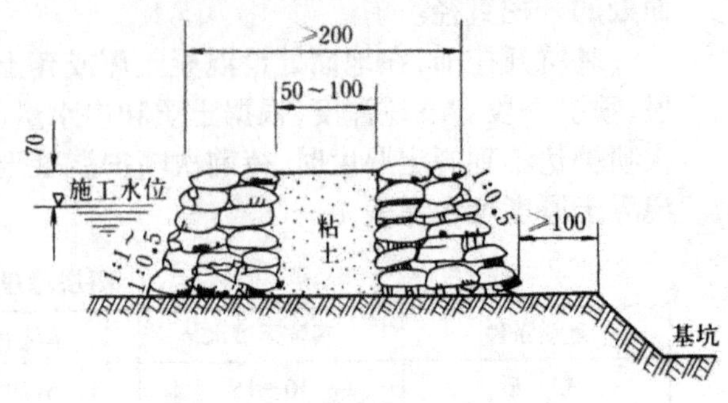

图 16—5 草袋围堰(单位:cm)

木板桩围堰适用于河床为土层的情况。但应注意土层中有无障碍打板桩的大块石、树干等杂物。同土围堰比较,由于断面小对河流过水断面的挤压不甚严重,抗冲刷的性能亦较好,且板桩打入河床,可截断一部分渗流,故其防水性能比土堰要好。

单层木板桩围堰(图 16—6),一般适用于水深小于4 m的情况。为了防止漏水,可在板桩外侧堆土。由于木板桩的榫头不够密贴,防水性能还不够好,故现场往往多采用双层板桩,两层板桩之间以粘土充填,以改善其防水性能,如图 16—7 所示。

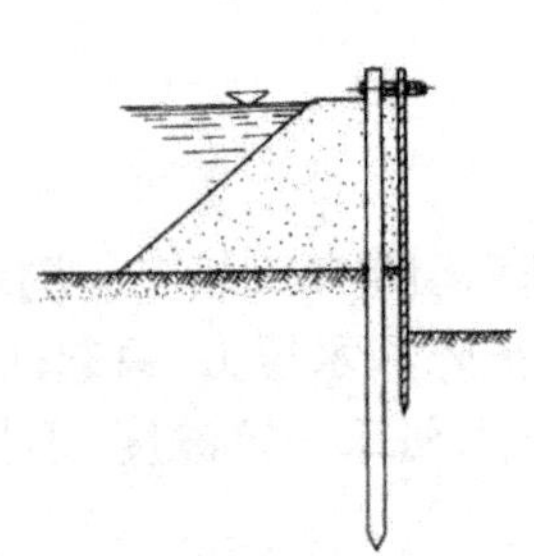
图 16—6 单层板桩围堰

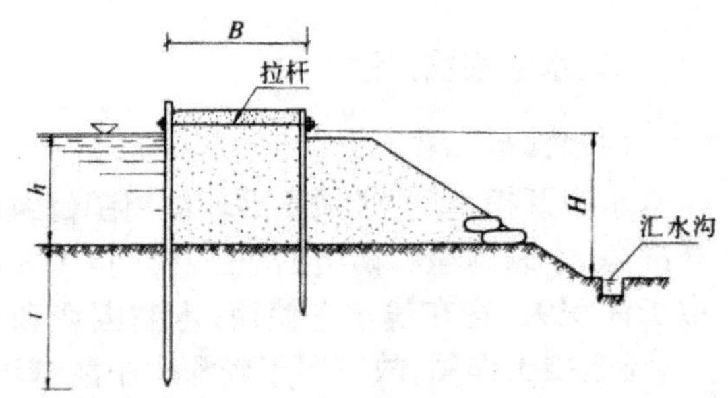

图 16—7 双层板桩围堰

对于开挖深度较大的基坑,由于木板桩的打入深度有限,且板桩长度受板材及打桩设备的限制,所以现场有时不得不采用多级板桩围堰,如图 16—8 所示。显然,这类布置由于平面尺寸太大,将无法设置顶撑,而只能靠板桩的入土部分以自行锚固。

木板桩插打之前,须有定位装置。排水开挖时须有支撑装置,这套装置由定位桩、导梁及支撑组成,如图 16—9 所

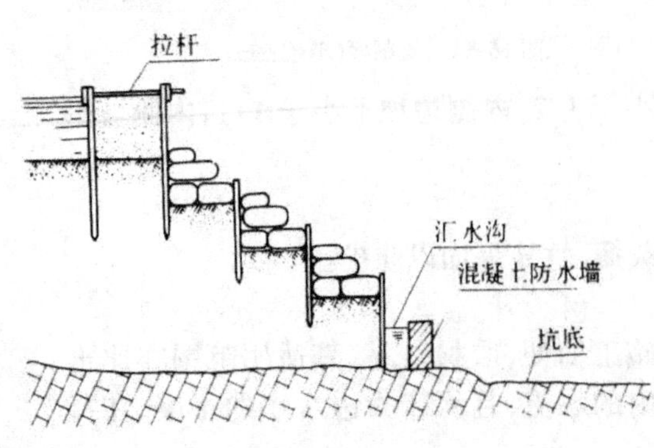

图 16—8 多级板桩围堰

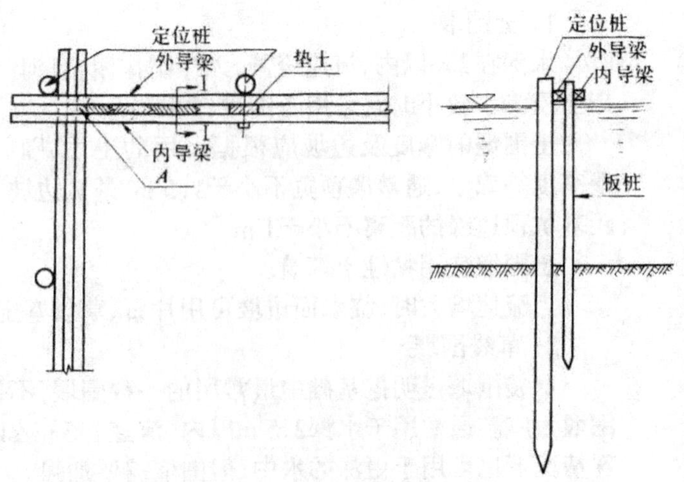

图 16—9 板桩围堰的定位装置

示。导梁固定在定位桩上,板桩即沿着内外导梁之间插下。

施工时,先打下定位桩。定位桩一般布置在最外侧。内导梁与外导梁之间安置短垫木临时固定其间距,待板桩插到垫木附近时将其拆除,并将内导梁固定到已插下的板桩上。插板桩可以从角桩开始,先插上游,在下游合拢。板桩下插时应让凸榫向前,以免泥砂堵塞凹榫,如图16—10。板桩插到转角处,内导梁的 A 段会成为障碍,须将其截除,而将内导梁固定到已插下的板桩上(图16—9)。

板桩围堰在平面上应布置成带分水尖的图式,如图16—11所示。实践证明,不带分水尖的围堰,其上游堰堤可能被冲垮,造成事故。

全部板桩下到设计深度后,才可以排水及开挖基坑。在排水开挖过程中,可逐层架设顶撑或框架支撑。

板桩的厚度由计算决定。厚度在6 cm以下时可做成人字榫(图16—10(a))联结;厚度超过时,可用三层等厚的木板叠合成凹凸榫,图(16—10(b))所示。

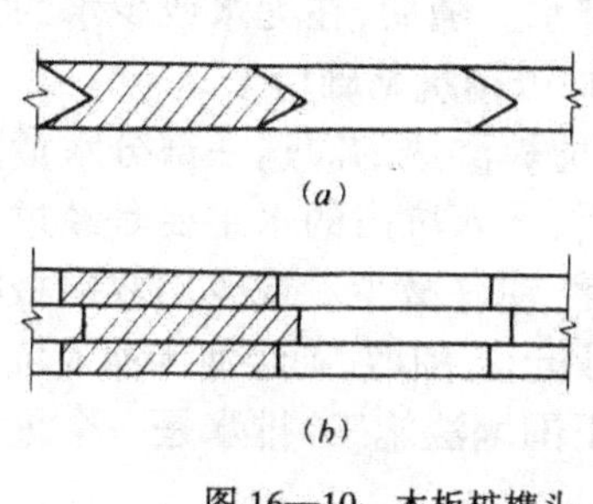

图16—10　木板桩榫头

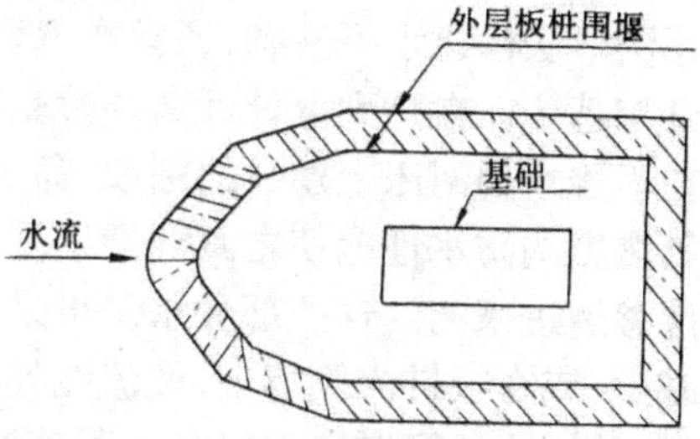

外层板桩围堰
基础
水流

图16—11　板桩围堰平面示意图

4. 钢板桩围堰

钢板桩本身强度大,防水性能好,打入土层时穿透能力强。因此,钢板桩围堰的适用范围相当广。从我国桥梁基础施工的实践来看,10～20 m深的围堰,用钢板桩是适当的。在特殊情况下,30 m深的围堰也曾使用过钢板桩。钢板桩不但能穿过砾石、卵石层,也能切入软岩层内。

钢板桩是辗压成型的。断面形式是多种多样的。我国常用的是拉森式槽型钢板桩。其断面如图16—12所示。钢板桩的成品长度,为了适应围堰深度,一般都有几种规格,最大为20 m,还可根据需要接长。钢板桩之间的连接采用锁口形式。这种锁口既能加强连接,又能防渗,还可以作适当的转动,以适应弧形围堰的需要。矩形钢板桩围堰的转角处要使用一块特制的角桩,其构造如图16—13所示。

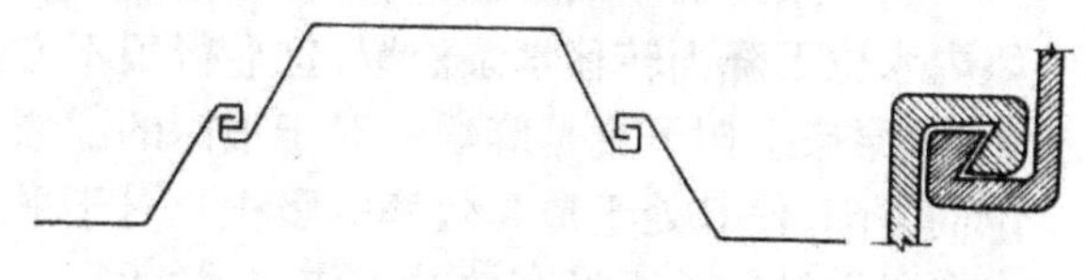

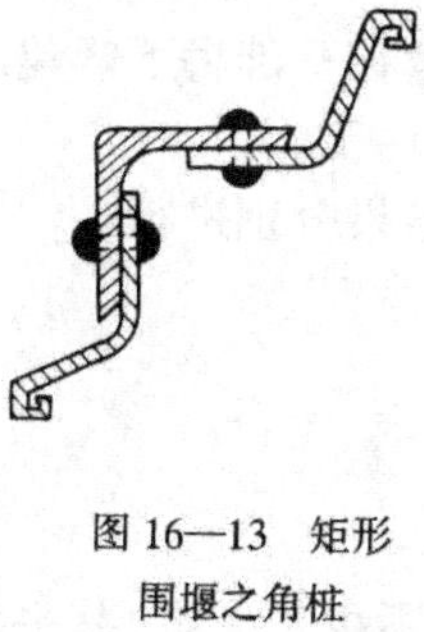

图16—12　拉森型钢板桩截面形式

图16—13　矩形围堰之角桩

插打钢板桩的次序,对圆形围堰,应自上游开始,经两侧至下游合拢。对矩形围堰,从上游一角开始,至下游合拢。这样不仅可以使围堰内避免淤积泥砂,而且还可以利用水流冲走一部分泥砂,以减少开挖工作量。更重要的是保证围堰施工的安全。某特大桥的钢板桩围堰因为特殊条件限制,不得已而在上游合拢;结果,临近合拢之前,已插好的整个右半圈的板桩墙在瞬息之间被急流冲倒到一边,大多数板桩被撕裂和扭歪,造成重大事故。

板桩下插以前,应以黄油填充锁口。沿前进方向的底端应以木楔封闭锁口，以防止泥砂堵塞锁口。

钢板桩围堰在合拢处往往形成上窄下宽的状态。这就使得最后一组板桩很难插下。常用的纠正办法是将邻近一段钢板桩墙的上端向外推开，以使上下宽度接近。必要时，可根据实测宽度尺寸，作一块上窄下宽之异形钢板桩。合拢时，先将异形钢板桩插下，再插最后一块标准钢板桩。

从围堰内排水时，若发现锁口漏水，可在堰外抛投煤灰拌锯末，效果显著。

钢板桩系多次重复使用设备，基础或墩身筑出水面后即可拔出钢板桩，撤除围堰。为了使拔出钢板桩的工作进行得顺利，可将板桩与水下封底混凝土接触的部位涂以沥清；在拔除钢板桩前，向围堰内灌水，使堰内水面高出河水面1～1.5 m，利用静水压将钢板桩推开，使其与水下封底混凝土脱离。必要时，可用打桩锤击打待拔的钢板桩，再行拔出。钢板桩顶应制备圆孔，便于连接起吊卡环。

(二)基坑排水

用围堰法修建水下基础，通常在围堰建成后，即可从堰内排水。随后，在无水或少水的情况下开挖基坑。在达到设计标高并检验基底认为符合要求后，即可砌筑基础圬工。

在不透水的河床上建成的围堰，涌入坑内的水主要是经过堰堤渗透的。这一部分水量可从改善堰堤的防水性能使之减到最小。在透水性较强的河床上，涌入坑内的水主要是经过堰底土层渗透进来的。这一部分水量可采用加深板桩的入土深度，使之减少。或改用双层板桩使之减少，或在板桩内侧填土，使流线处于平缓，以防止涌砂。只于土围堰，则经河床涌入坑内之水量，只能用加宽堰堤或以黏土覆盖河床使之减少。总之，用围堰法施工，排水是一个重要问题。涌水量很难估计，选用抽水设备时应有相当数量的备用。

排水设备用得最多的是普通离心水泵。在排水施工中要求不得中断排水，水泵的动力最好一部分用电力，另一部分用内燃机。由于排水到最后阶段必有砂泥混入，普通离心泵可能难于正常工作，故应选用1～2台吸泥泵备用。

由于水泵的有效吸程只有5～6 m；同时，进水管太长也不合适，在抽水过程中往往要随着堰内水位下降而转移水泵位置，这显得很不方便。加以由于故障而水位复升的事常常不能避免，水泵搬上搬下更是麻烦。对于很深的围堰，可以将水泵置于可升降的平台上。水泵随着水位而下降，使其处于最高效率的吸程。对于平面很大的围堰，可以将水泵置于浮排上。这样，水泵可以经常处于最有效的工作位置，无需人工转移位置；也可避免不必要的停止运转。

水泵的出水口应离堰堤稍远。不得让水流冲刷堤身。

在水深较大的情况下，在围堰内抽水时应密切监视围堰的工作状态，以防意外事故发生。

三、基底检验和处理

(一)基底检验

基底质量是墩台稳定的重要关键，必须慎重处理，认真检验。基底质量在基础圬工修建后即被掩盖，属于隐蔽工程，应经专职监察工程师验收签证后，方可砌筑基础圬工。

基底检验根据下列目的对基底土质、基坑尺寸、基底高程和基底处理结果分别进行。

1. 基底土质符合设计要求，能满足墩台承载力要求。

2. 基底各部位土质相同；如有不同，不致发生墩台不均匀沉降。

3. 基底承重面与墩台压力线垂直，不致发生墩台滑动。

4. 基底平面尺寸应保证基础圬工能按设计尺寸顺利施工。

5. 基底高程符合设计要求。非岩石基底约每10 m^2测量一点，全基坑不少于8点，其平均误差在±50 mm之内；岩石基底则应清理至岩面。

6. 基坑防水措施恰当，能保证基础圬工施工质量。

(二)基底处理

1. 未风化的岩石基底

全部开挖到新鲜岩面。岩面倾斜时，应凿平或凿成台阶，使承重面与墩台压力线垂直。岩面上的淤泥、苔藓及松碎石块应清除干净。岩面如有部分溶沟、溶洞或破碎带等难于清理到新鲜岩面，应会同设计人员研究处理。位于基底中部的狭窄溶沟，可在基底标高以下设置混凝土拱将力量传递到两侧岩石上；小面积溶洞可用混凝土或浆砌片石回填。

2. 风化岩基底

岩石的风化程度对其承载力影响很大，应会同设计、地质人员分析判断能否满足设计承载力要求，并注意基底各部位的风化程度是否相同。如基底承载力不够，可适当降低基底高程，如风化层不厚，宜清理到新鲜岩面。

3. 碎石土或砂土基底

将基底修理平整并夯实，砌筑基础圬工时，先铺一层2 cm厚水泥砂浆。

4. 粘土基底

基坑分两阶段开挖，先挖到距设计标高20～30 cm处，大致整平，搞好排水和砌筑圬工的准备工作后，再开挖到基底并铲平。铲平时要注意不能扰动基底原状土结构，超挖处不得用土回填。基底铲平后应在最短时间内砌筑基础圬工，以免原状土暴露过久浸水变质。如基底原状土含水量较大或在施工中浸水泡软；可向基底夯入10 cm以上厚度的碎石，但碎石顶面应不高于基底设计高程。基底土质应符合设计要求，如有不符或有怀疑时，应提请设计人员研究处理。如基底土质不匀，部分软土层厚度不大时，可挖除后分层夯填砂土或碎石予以更换。

5. 泉　　眼

泉眼应用堵塞或导流的方法处理。可先用水玻璃和水泥以 1:1 比例调匀捻团塞紧压实予以堵塞。由于地下水的压力，泉眼往往不能全部堵塞。如经故次堵塞无效，或这里封那里冒，应改用导流方法处理。可将钢管插入泉眼，封闭钢管四周，使水沿钢管上升；或在泉眼处设置小井，将井中水引出基础圬工之外抽排，以后再用水下混凝土填井，如泉眼位置不明确，可在基底以下设置暗沟或盲沟，将水引至基础圬工以外的汇水井中抽排。

基坑有渗漏水时，基坑抽水应待基础圬工水泥浆终凝后才能停止，以免圬工早期浸水，影响质量。

第二节　沉井基础施工

一、沉井的分类和构造

沉井是一种四周有壁，下部无底，上部无盖，通常用钢筋混凝土作成的筒形结构物。一般先在地面或人工筑岛的岛面上制作井筒，就地在井内不断地挖土、运出。随着井内土面逐渐挖深，沉井依靠其本身自重，克服井壁与土层之间的摩阻力及刃脚下土的阻力不断下沉，直至预定的设计标高。最后，进行沉井封底及混凝土填心，便成为桥梁墩台及其他建筑物的基础，如图 16—14 及图 16—15。

(一)沉井的分类

按沉井制作的位置不同可分为就地制作的沉井及浮运沉井两种。第一种是在基础设计位置上制造，然后在井筒中挖土使其下沉。如基础位于浅水中，需先在水中筑岛，再在岛上筑井下沉。第二种沉井是在岸上制造，然后浮运到设计位置下沉。适用于深水区，筑岛有困难，或有碍通航，或河流流速较大的情况。

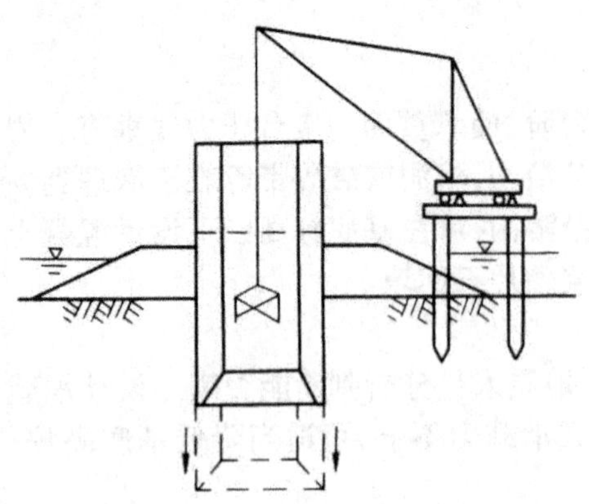
图 16—14 沉井下沉示意图

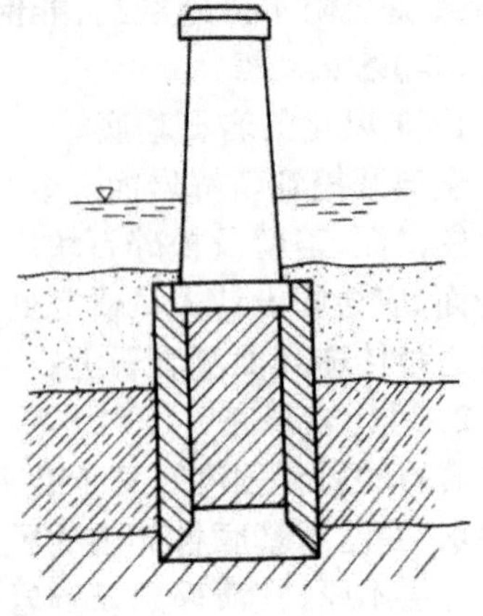
图 16—15 沉井基础

按使用材料可分为混凝土沉井、钢筋混凝土沉井及钢沉井等。

按沉井的截面形状可分为矩形、圆形及圆端形沉井等，如图 16—16 所示。

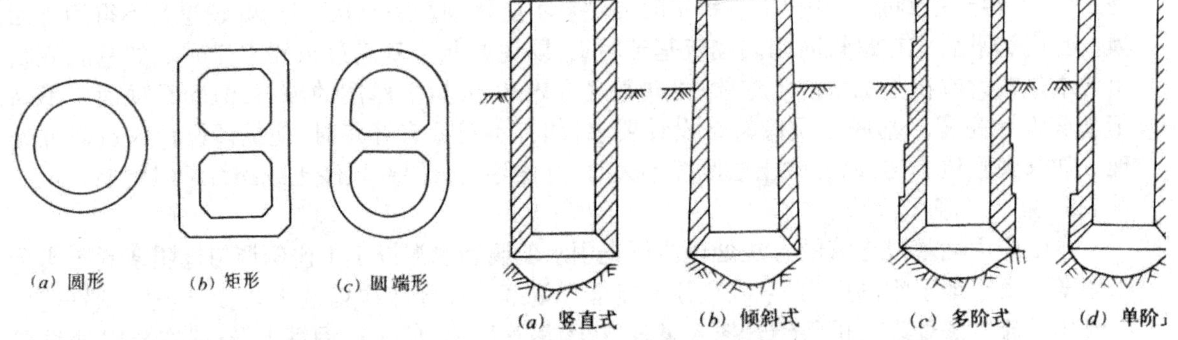

图 16—16 沉井平面形状

图 16—17 沉井的立面形状

按立面形状可分为竖直式、倾斜式及阶梯式等。如图 16—17 所示。

(二)沉井的构造

现以最常用的钢筋混凝土沉井为例，如图 16—18 所示。沉井通常由刃脚、井壁、隔墙、井孔、射水管、封底混凝土、顶盖诸部分组成。现将各部分的作用及构造要求简介如下：

1. 刃　　脚

沉井井壁最下端作成刀刃状，故称作刃脚，其作用在于使沉井下沉时，减少土的正面阻力。刃脚的式样应根据沉井下沉时，所穿越的土层的紧密程度和刃脚单位长度上的反力大小选择，以利切入土中。

2. 井　　壁

井壁是沉井的主体，它在下沉过程中起挡土、挡水的围护结构作用；当施工完毕后，即成

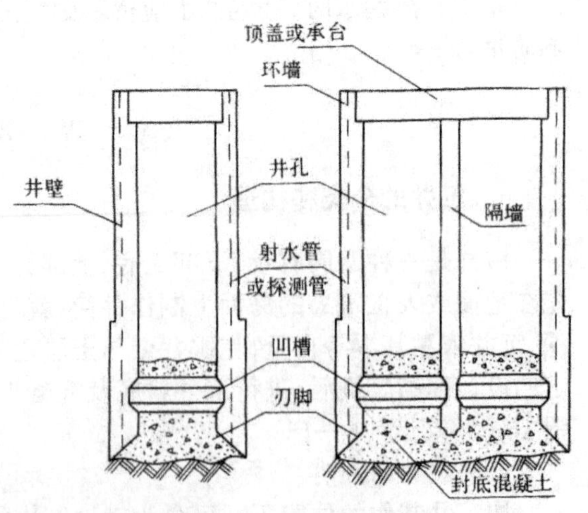

图 16—18 沉井构造图

为基础或基础的外壳保存下来，而将上部荷载传至地基。井壁厚度除考虑沉井结构强度、刚度需要外，应根据下沉需要的自重确定。

3. 隔　　墙

沉井长宽尺寸较大，则应在井筒内设置隔墙，以减小外井壁的受力计算跨度，增加沉井下沉时的刚度，同时将井筒分隔成若干个井孔，有利于控制挖土下沉的方向。因隔墙不直接承受土压力，所以厚度较外壁要薄些。

4. 井　　孔

沉井内设置了隔墙而形成的格子称作井孔。它是挖土出土的工作场所和通道。井孔尺寸应满足施工要求，其宽度(直径)一般不小于3 m。井孔的布置应简单对称，便于对称挖土保持沉井均匀下沉。

5. 封底混凝土

沉井沉至设计标高进行清基后，便可进行浇注封底混凝土。如井中之水无法排干，可采用水下混凝土封底，达到强度后即可抽水，凿除与水接触的表层混凝土。

6. 顶　　盖

其作用主要是承托墩身传来的力量。顶盖一般用钢筋混凝土制作，厚度1.5～2.0 m。

二、沉井的施工步骤

沉井的施工步骤如图 16—19 所示，简述如下：

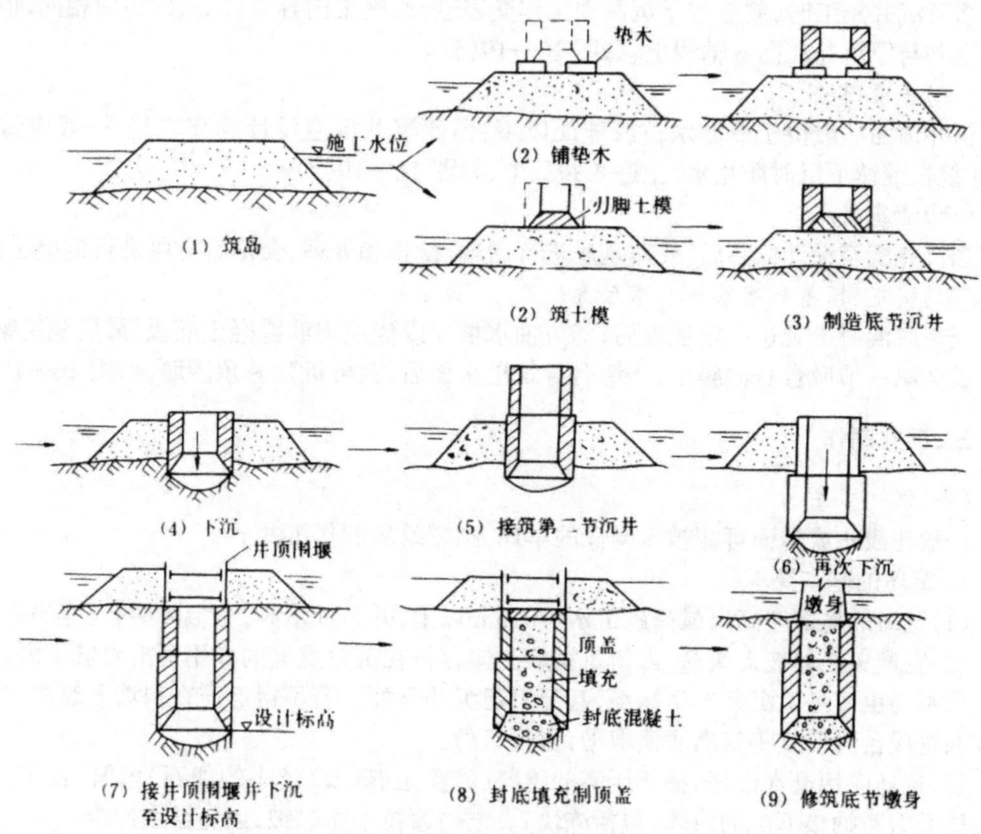

图 16—19　沉井施工步骤示意图

(一)场地准备

墩台位无水,需平整场地;若地下水位较低,可挖坑建造沉井;若有地面水,则需筑岛建造沉井,如图16—19(1)。

由于底节沉井刃脚踏面窄,底面积小,若直接在土面上制造数百吨甚至上千吨自重的沉井,将会发生不均匀沉陷,导致沉井破坏。一般可用在刃脚下铺设垫木的方法来解决扩大刃脚支承面,这就是通常采用的垫木法。若在地基较好的情况下,也可采用土模法,即在土面上按刃脚内侧斜面形状和尺寸挖成或填筑成截头锥台形,既扩大了刃脚的支承面,又代替了刃脚内模板如图16—19(2)。

(二)底节沉井制作

垫木铺好后就可立模制作沉井。其工序有,立内模、焊接刃脚角钢、绑扎钢筋、立外模、灌筑混凝土。

沉井制造工序多,时间长,加上养生时间,在整个沉井施工中,用于制造沉井的时间,占很大比例。所以要组织平行作业,搞好各工序的衔接,采取必要措施,尽量缩短制作时间。

(三)底节沉井下沉

先拆除沉井内外模板,待混凝土达到规定强度后,就可拆垫木或挖土模。沉井下沉主要靠在井内除土,目的是减少或消除刃脚的正面阻力,当支承面的反力减少至自重与摩阻力之差以下时,土被破坏,沉井则下沉,直至平衡,再行挖土下沉,如图16—19(4)。

(四)沉井接高

多节沉井施工时,制造与下沉两项工作交替进行,施工内容与(二)、(三)项相同,但应保证接筑沉井与原沉井在同一轴线上,如图16—19(5)。

(五)井顶围堰

沉井顶面一般位于最低水位或地面以下,因此沉井沉至设计标高之前,一般应做井顶围堰,才能在继续下沉时防止水、土进入井孔中,如图16—19(7)。

(六)清基封底

当沉井沉至设计标高后,要对基底进行清理、检查和处理,合格后方可进行混凝土封底。

(七)填充、顶盖和建第一节墩台身

当封底混凝土到达一定强度后,即可抽水填充或浇筑钢筋混凝土底板,最后浇筑钢筋混凝土顶盖和第一节墩台身混凝土,当墩台身筑出水面后,就可拆除井顶围堰,如图16—19(9)。

三、沉井制作

(一)筑　　岛

一般在浅水或地面可能被水淹没的旱地,则需筑岛制作沉井。

1. 筑岛的基本要求

(1)筑岛的岛面应高出最高施工水位0.5 m以上,并另加浪高,有流冰时,还应当适当加高。

(2)应避免在斜坡上筑岛,因新筑楔形土体容易在沉井重量的作用下沿斜坡下滑。楔形土体沉陷不均也容易使沉井发生倾斜,甚至引起沉井开裂。若不得已需在斜坡上筑岛时,应将斜坡表面挖成台阶形或将筑岛底面取平,再行筑岛。

(3)筑岛应用透水性好,易于压实的土料(砂类土、砾石、较小的卵石)填筑,且不应含有响影岛体受力及抽垫下沉的块体(包括冻块)。土的颗粒不能过细,以免被水冲走。

(4)筑岛处河床如有淤泥,软土或杂物时应彻底清除干净。填土一般应由中央开始向四周均匀扩大。临水的坡面一般采用1:2,水面以上并应分层夯实。为防止土岛受水流冲刷,可在上游修建分水尖，并以土袋、片石等护坡。

2．筑岛的分类及适用条件

最常用的有土岛、草袋围堰筑岛、石笼围堰筑岛。

(1)土　　岛

不用围堰填筑的土岛只适用于流速不大的浅水中，通常水深不超过1.5 m，筑岛后流速不超过筑岛土壤的容许流速（即不冲刷流速）如表16—3所示。土岛护道宽度不宜于小2 m，与水接触的土坡不应陡于1∶2。

(2)草袋围堰筑岛

用草袋或编织袋装土或砂先堆筑围堰，然后再在围堰内填砂筑岛。

一般在水深3.5 m以下，流速在1～2 m/s采用。

草袋装土不宜过满，一般装其容量的$\frac{1}{2}$～$\frac{2}{3}$即可，袋口需用麻线或细铁丝封口。施工时，要求草袋上下左右互相错缝，草袋分层之间，应用土填实，并堆放整齐。

各类筑岛土容许流速表　表16—3

筑岛土种类	容许流速(m/s)	
	土表面处	平均流速
细砂（粒径0.05～0.25 mm）	0.25	0.3
粗砂（粒径1.0～2.5 mm）	0.65	0.8
中等砾石（粒径25～40 mm）	1.0	1.2
粗砾石（粒径40～75 mm）	1.2	1.5

(3)板桩围堰筑岛

在水深流急的河道中，因直接填筑土岛和草袋围堰困难很大时，或因修建断面较大的土岛使河道束狭过多时，可采用板桩围堰筑岛，但河床土质应为能够打入板桩时用之。

板桩有木板桩、混凝土板桩、钢板桩等。木板桩因受木料长度限制，一般只宜用在水深不超过5 m处。混凝土板桩目前尚无定型产品尚不常见。钢板桩的特点是强度高、锁口紧密，不易漏土，一般不受水深限制，用来筑岛非常理想，但由于它是一种专用的防水设备，一船工点一时难以调集，又基于板桩围堰与填砂筑岛同时并用，防水要求不高，故近年来多用槽钢来代替钢板桩。

在围堰内筑岛时，如假定围堰只需承受土压力而不考虑沉井重量的影响，则护道宽度 b 应满足下式要求：

$$b \geqslant H\mathrm{tg}(45^\circ - \frac{\phi}{2})$$

式中　H——筑岛高度；

　　ϕ——筑岛的土被水饱和时的内摩擦角。

(4)石笼围堰筑岛

这种岛体主要适用在水深流急，且不宜打板桩的岩石、砂类卵石等河底上。

石笼有木、竹、钢筋笼等数种。木笼体积较大，拆除不便；钢筋笼则耗用金属材料较多，但可根据起吊能力加工，拆除方便。我国南方盛产竹材，故亦可用竹笼。

竹笼直径以50～60 cm，长2～3 m为宜。

钢筋笼的体积宜控制在1～2 m^3，不宜太大，以免钢筋变形。钢筋笼四边边框用ϕ10 mm～ϕ12 mm钢筋，中间用 ϕ6 mm钢筋，焊成20 cm×20 cm方格，然后向笼内抛填片石。

石笼围堰筑岛的步骤是先用其他材料制成笼，然后向笼内装填片石或卵石作成围堰，再向围堰内填砂筑岛。

(二)垫木的铺设与拆除

1．垫木的铺投

垫木的作用是扩大刃脚沓面的支承面积，常用普通枕木与短方木相间对称铺设，沿沉井刃脚满铺一层；在刃脚的直线部分垂直刃脚铺放，圆弧部分则向心铺放。沉井的隔墙下面也须铺设垫木。隔墙与刃脚连接处的垫木应搭接成整体，以免灌注混凝土时发生不均匀沉陷，导致开裂。由于隔墙底面较高，其底模与垫木间的空隙，可设置桁架或垫方木抄紧。

垫木的数量可按其底面全面积受压计算，即：

$$n \geqslant \frac{Q}{L \cdot b[\sigma]}$$

式中 n——垫木根数；

L——垫木的平均长度(cm)；

b——垫木的平均宽度(cm)；

$[\sigma]$——岛面土的容许承压力，一般按 10 N/cm² 计；

Q——底节沉井重量(N)。

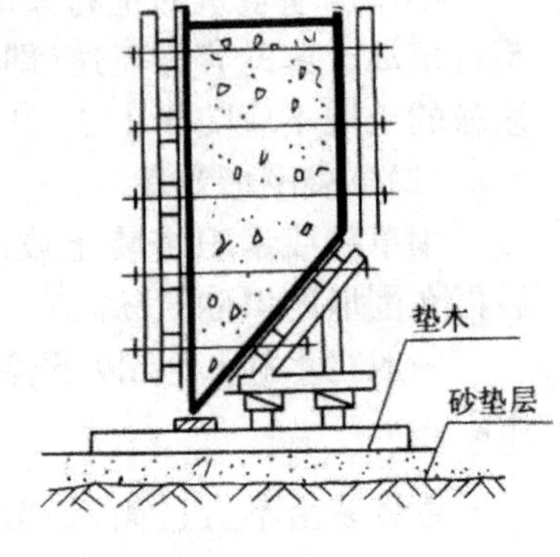

图 16—20

垫木中心应对正井壁重心铺设。各垫木的顶面应与钢刃脚的底面贴合。在钢刃角尖下，应如图 16—20 加垫10 mm厚钢板。相邻两垫木顶面高差，不得大于5 mm；全沉井各垫木顶面高差，应不大于30 mm。

为沉井下沉时抽垫方便，垫木下应用砂填实，其厚度一般不小于30 mm。垫木间应用砂填平。调整垫木标高时，不得在其下垫塞木块、木片、石块等。

定位垫木的位置，一般根据沉井在自重作用下受挠的正负弯矩大体相等而定，圆形沉井应布置在相隔 90°的四个点上。矩形沉井则应对称布置于长边(如图 16—21)，每个长边各设两点，其间距：

$$\text{当} 2 > \frac{L}{B} \geqslant 1.5 \text{时}: l = 0.7L$$

$$\text{当} \frac{L}{B} \geqslant 2 \text{时}: l = 0.6L$$

式中 L——长边长度；

B——短边长度；

l——定位垫木间距。

2. 垫木的拆除

沉井底节混凝土达到设计强度后方可抽垫下沉。抽垫应分区、依次对称、同步地按下列顺序进行，并随即用砂土回填捣实。

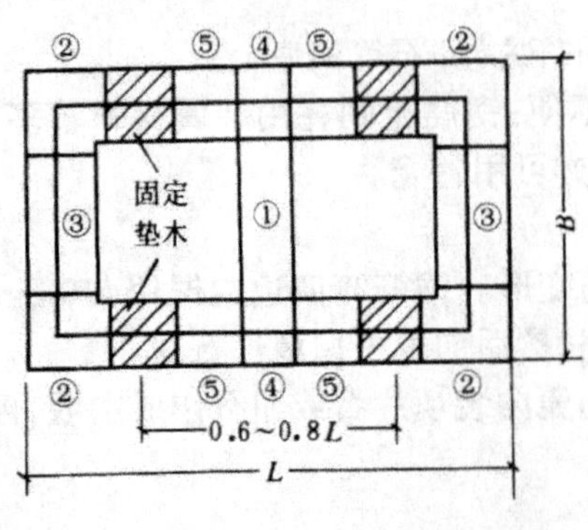

图 16—21 垫木布置示例

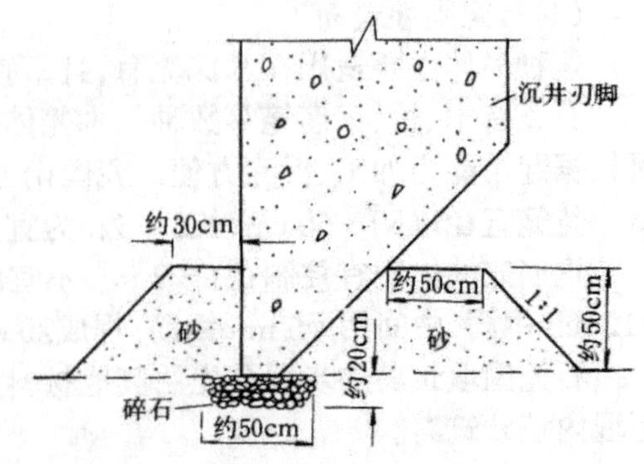

图 16—22 刃脚抽垫后的回填

(1)拆除内隔墙下的垫木;

(2)对称矩形沉井,先拆除短边下的垫木;

(3)从远离定位支垫处开始逐步拆除,最后同时拆除定位垫木。

抽除垫木,一般均于沉井内外两边配合进行。先掏挖垫木下砂垫层,于沉井内锤打、棍撬从沉井处向外拉,逐根迅速抽出。抽出几根后,随即按图16—22以碎石填塞刃脚并砸紧,再分层填砂并洒水夯实。必要时,可将井内填砂面提高,以增加支承面积,使最后分配在定位支垫上的压力不超过垫木下的支承力,亦不致压断定位垫木。

沉井刃脚斜面上的底模,一般在抽垫时拆除。为使拆模与抽垫互相配合,底模应按抽垫顺序分成若干段拼接,且使其段间的连接便于分段拆除。

抽垫后回填的砂土,虽经夯实砸紧,承受沉井重量后仍有沉降,因此,沉井在抽垫过程中必然下沉,其下沉的程度则因回填质量而有不同。一般在抽除三分之二垫木以前,下沉量不大,下沉也比较均匀。继续抽垫时,下沉量逐步加大,抽垫和回填工作也越来越困难,甚至有下沉很快来不及回填及压断垫木的现象。应在沉井下沉量不大,有条件做好回填工作时,切实做好回填土的夯实工作,以减小沉井后期抽垫的沉降。抽垫至最后阶段,则应全力以赴尽快地将剩余垫木同时全部抽出,使沉井平稳地落入土层。

在抽垫过程中如发生下列情况,应及时研究处理,防止事态扩大。必要时可变更抽垫顺序或加高回填土进行处理。

①沉井倾斜超过1%,且有继续倾斜可能时;

②一次抽垫下沉量超过上一次抽垫下沉量1倍时;

③回填砂土被挤出隆起或开裂时;

④垫木被压断时。

(三)刃脚土内模

刃脚土内模的型式,一般依据沉井处表层土的土质情况和地下水位的高低,可做成填土式内模和挖土式内模两种,如图16—23。

(a)填土式内模　　(b)挖土式内模

图16—23　刃脚土模的两种型式

采用土模时,应先检查地基土有无软硬不匀现象,并对个别松软部分进行换填处理;地基整平后应碾压或夯实。一般在地基土上填不少于30 cm厚的碎石垫层,并分层碾压结实,以分布沉井压力,并排泄地面水。

土模应用黏性土将土块打碎后分层夯填。平面尺寸先略为扩大,夯实后再按设计尺寸切削修整。为防水并保证土模表面平整地符合设计尺寸,应在土模表面抹一层2～3 cm厚的水泥砂浆或垫一层油毛毡作为保护层。

土模顶面的承载能力应能满足计算要求。土模系新填筑土体,对填筑质量及其下的地基要求较高,否则会由于灌注混凝土时的不均匀沉陷而使沉井受损,必须妥善地施工,并做好防水、排水工作,防止土体受水浸泡后松软变形。

采用土模制作沉井底节,刃脚部分的外模无法设置对拉的拉杆,井壁混凝土重量在刃脚斜面上的水平分力将使刃脚滑移损坏,必须加强刃脚外模的支撑。

当墩位处土质较好且地下水位较低时,可开挖基坑而成型土模,如图 16—23(*b*)所示。挖成的土模比较坚实,表面可无需水泥砂浆保护层。但应特别注意接近成型时的修挖,防止出现尺寸的亏缺。并应加强基坑排水,防止土模或基底受水浸泡。

土模的拆除,因无板料回收问题而省略一道工序,可于沉井下沉时按一般井内除土工艺施工,但不得先挖沉井外围土,以免刃脚外张开裂。附着于刃脚斜面及隔墙底面的残土应予清除。

(四)混凝土灌注及接高

沉井混凝土与一般结构的混凝土相同,可按混凝土施工规范施工。这里仅结合沉井施工的特点,提出有关要求及注意事项。

1. 沉井混凝土工程施工特点

(1)分侧立模、穿插作业

沉井制造一般先立底模和内侧模板,再绑扎钢筋(含焊接刃脚角钢工作),最后再立外模。

(2)底模接缝与垫木分段相匹配

沉井刃脚底模的接缝应设在拆垫木时的分段处,以适应分段抽垫时同时拆除底模的需要。

(3)圆弧刃脚内模呈空间曲面

当沉井为圆形及圆端形时,刃脚内模出现空间曲面,模板放样和支撑都较为复杂。

(4)外模刚性要好且必须刨光

强调沉井外模的质量,使井壁混凝土表面光滑不变形,不仅是个美观问题,更主要的目的是减少下沉时的摩阻力。

(5)混凝土的灌注应均匀对称进行

可避免沉井因重量不均产生不均匀沉降而倾斜。

2. 沉井的接高

沉井一般在井顶下沉至距地面1 m左右接高(此距离不宜过低)。模板及支架不宜直接支撑于地面,以免沉井因自重增加而下沉时,模板及支架与混凝土发生相对位移,致使混凝土受损。可利用下节的模板拉杆来固定上节模板,并在下节混凝土中预埋牛腿,以支承支架。

沉井接高前应尽可能调平。在倾斜的沉井上接高,应顺沉井的倾斜轴线上延,不可垂直接高,以达沉井倾斜纠正后沉井保持竖直而不弯折。

沉井接高加重,促使沉井下沉,往往在加重到一定程度,超过地基承载力极限时突然下沉,并同时产生较大的倾斜。为避免沉井突然下沉或倾斜,可在刃脚下回填或支垫。当沉井入土不深、刃脚下的土质比较松软时,有必要采取这些措施,以策安全。

四、沉井下沉

沉井下沉主要是通过从沉井内用机械或人工的办法均匀除土,消除或减小沉井刃脚下的正面阻力,有时也同时采取减小井壁外侧土的摩阻力的办法,使沉井依靠自身的重量逐渐地从地面沉入地下。

沉井下沉施工可分为排水下沉和不排水下沉两种,一般是依据沉井所处的水文、地质情况而定。下沉方法示意如图 16—24。

在渗水量小大(每平方米沉井面积渗水量小于1 m^3/h)的稳定黏性土中下沉沉井,一般采用排水下沉法开挖排除井内土。当渗水量较大时,一般采用不排水下沉法,用水下抓泥、射水吸泥方法除土,若地层上部为黏性土,下部为砂土或卵石土,地下水位高于其交界面时,粘性土挖除后可能漏水翻砂，这时就不宜采用排水下沉法施工。

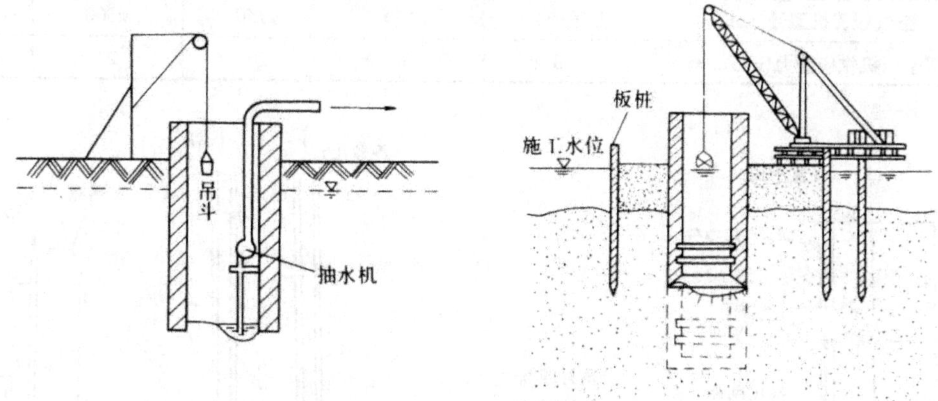

图 16—24 沉井下沉方法示意

(一)排水下沉

排水下沉即用抽水降低井内水位，工人可直接下到井底进行挖掘作业，这种方法施工条件较好，其优点是：容易控制下沉方向；有利于防止下沉过程中出现较大的偏斜；易于处理下沉中遇到的特殊障碍，下沉速度一般较快；便于基础底层的检验和处理。

抽水宜用电动离心式水泵。当井深大于水泵有效吸程时，可将水泵安放在井孔内用钢丝绳悬挂的活动平台上，使其能在井孔内随抽水深度变化而升降。

开挖前首先应挖一个较深的汇水坑，在有横隔墙的沉井中，汇水坑宜挖在横隔墙下，以免影响挖土。

开挖方法，一般先从中央下挖40～50 cm，逐层开挖，每层20～30 cm，均一圈一圈地向刃脚方向逐步扩大，每一圈均从远离定位支垫位置处开始，使定位支垫位置处的土最后同时挖除。土质松软时，在分层开挖的过程中沉井即逐渐下沉。在坚硬的土层中，可能挖平刃脚仍不下沉。如挖平刃脚仍不下沉，就须掏空刃脚下土壤，这时，应比照抽垫方法，分段顺序掏土至刃脚外，随即回填砂砾，最后将支垫位置的土亦换成砂砾后，再分层分圈逐步挖除砂砾使沉井下沉。

(二)不排水下沉

不排水下沉是在井内外水头相同的静水条件下利用抓土斗、吸泥器等机具除土的井上作业方法，它可以有效地防止“流砂”确保安全，因而特别适用于地下水位较高的粉、细砂地层。

水中除土，可将沉井中部挖成锅底。在砂及砾石类土中，一般当锅底比刃脚低1～1.5 m时，沉井即可下沉，并将刃脚下的土挤向中央锅底，只要继续在中间挖土，沉井即可继续下沉。在粘性土或胶结层中，四周的土不易向中间坍落，需要靠近井壁偏挖，往往还须辅以高压射水松土。为避免沉井发生较大倾斜，一般应使锅底深度不超过2 m；相邻土面高差不宜大于0.5 m。靠近刃脚处，除处理胶结层和清理风化岩外，除土和射水都不得低于刃脚，还应注意提前挖深隔墙下的土，勿使搁住沉井。

吸泥机是不排水下沉的常用机具，它是由自制吸泥器配上高压风管即成，如图 16—25 所示。

空气吸泥机的工作原理，是把压缩空气通入吸泥器，经向上斜的小孔进入排泥管中，与泥砂、水相混后，容重减轻，由于空气的上溢和管外水面形成的水柱反压力，迫使管内水土混合物上升，从管中涌出。

根据经验，各型空气吸泥机所需压缩空气量可参考表 16—4。

空压机容量与吸泥管径　　表 16—4

空气吸泥机型号(min)	φ100	φ150	φ250	φ300	φ420
需空压机供应能力(m^3/min)	6	9	20	23	(2~3)台 20

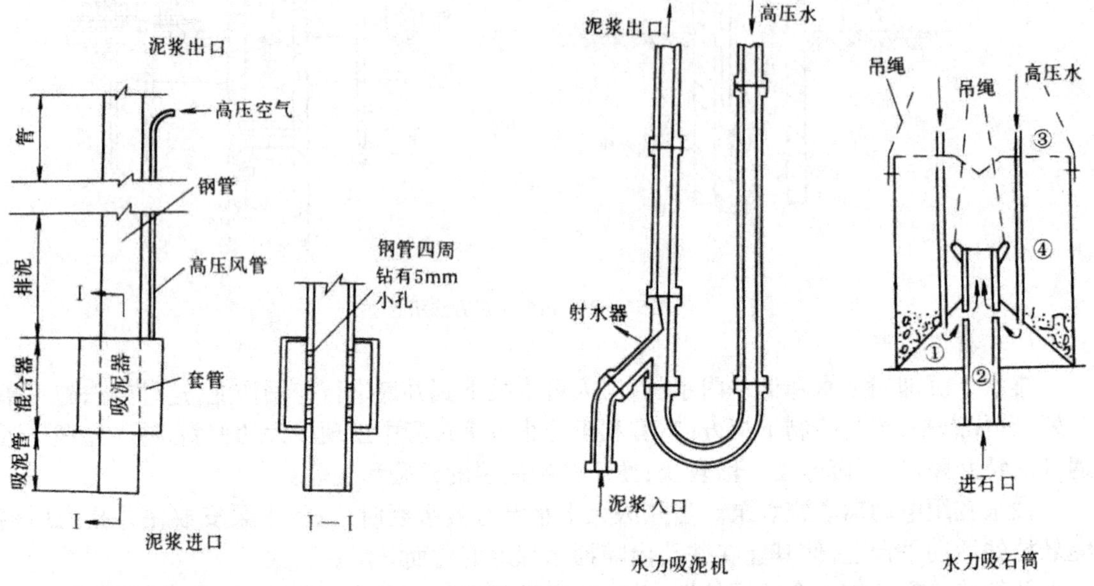

图 16—25　空气吸泥机示意　　图 16—26　水力吸泥、石机具

使用空气吸泥机开挖下沉沉井,应着重注意掌握以下几点:

1. 空气吸泥机的效力是与水深成正比的,吸泥器在水下的最小深度与地质情况、空气量及空气压力有关,一般不宜小于5 m;

2. 空气吸泥机排水量大,为保持井内外水位大体平衡,预防翻砂,应设置水泵及时向井内补水;

3. 吸泥机管口需离开土面,一般应保持距土面 0.15~0.5 m,并经常移动位置,防止偏沉;

4. 风量大,吸泥效果好,若吸泥不佳时,可用"憋风"办法排堵;

5. 吸泥的全过程中应做好预防堵塞的工作,停吸时必须先将吸泥管提起,然后再关风,保持风压的稳定,若用几台小容量压风机时宜增设储风缸;预防杂物坠入。

不排水下沉沉井,也有用水力吸泥机及水力吸石筒,如图 16—26 所示。

(三)下沉困难时的辅助措施

沉井下沉发生困难,主要是由于沉井自身重量克服不了井壁摩阻力,或刃脚下遇到大的障碍所致。解决上述问题是须从增加沉井自重和减小井壁摩阻力两个方面着手。

1. 增加沉井自重

(1)提前接筑上一节沉井,以增加沉井自重;

(2)在井顶上压重物(钢轨、铁块或片石等),但由于沉井自重很大,能够增加的压重有限,往往无济无事。除为了纠正沉井偏斜采取偏心压重外,很少使用;

(3)在不排水下沉的井内抽水减小浮力,可增加沉井重力,促使沉井下沉。但在砂类土等容易翻砂涌水的地层中使用时,井内水头降低容易引起翻砂,而且沉井往往突然大量下沉导致沉井倾斜。因此井入土不深、稳定性较差时,不宜使用;一般抽水不宜过大,以防井孔内突然大量涌水危及安全。

2. 减小沉井外壁的摩阻力

除在设计时对外壁形状、错台宽度以及施工制作中外模光滑等提出较高要求外。通常采用:

(1)井外射水

在井壁上留有射水嘴的管组(施工中需防止泥砂堵死)。利用高压水流冲松井壁附近的土,且水流沿井壁上升而润滑井壁,使沉井摩阻力减小。

(2)井外挖土

在沉井周围挖除部分覆盖土,可减少部分摩阻力。

(3)炮振下沉

当刃脚下土已挖空,采取其他措施仍不能克服外壁摩阻力的不得已情况下,才允许采用炮振下沉。使用时必须严格控制用药量及操作方法(可只在沉井中央泥面放置炸药,且每次只起爆一处),炸药量一次不宜超过100 g。应当指出,爆压通过水介质的传播,将形成很大的向外压力,极易引起沉井开裂,因而在水中炮振时,应严格控制每次用药量不超过100 g的规定,以策安全。

(四)沉井下沉中的防偏与纠偏

沉井下沉的全部过程,都是防偏与纠偏的过程。偏移对沉井基础不利。有偏移、就有偏心距和附加应力,对地基承载不利。若偏移过大,墩台身还可能偏位悬空,致使沉井报废。因此,施工的主要关键在于均匀除土,防止沉井偏斜,并及时调整沉井的倾斜和位移,这在下沉初期尤为重要,一定要做到勤测量、勤调整,千万不可麻痹大意,否则将酿成后患,难以处理。

《铁路桥涵施工技术规则》中对竣工后的沉井位置容许误差规定如下:

①沉井底面平均高程应符合设计要求;

②沉井的最大倾斜度不得大于$\frac{1}{50}$;

③沉井顶、底面中心与设计中心在平面纵横向的位移(包括因倾斜而产生的位移)均不得大于沉井高度的$\frac{1}{50}$,对浮式沉井容许位移值可另加25 cm;

④矩形、圆端形沉井平面扭角容许偏差值:就地制作的沉井不得大于1°;浮式沉井不得大于2°。

1. 沉井位置偏差的原因和防止措施

(1)沉井位于滑坡上,沉井下沉时土体下滑——设计时应避免将桥墩建于滑坡上,施工时发现此种情况,应与设计部门共同研究,采取防止滑坡的措施或将桥墩移位。

(2)沉井之下的硬土层或岩面有较大倾斜,沉井沿倾斜层下滑——在倾斜的低侧于沉井外填土,增加被动土压力,阻止沉井滑动,并尽快使刃脚嵌入此层土内。

(3)沉井部分刃脚下有孤石、树干、铁件、胶结层等障碍物,致使沉井的沉降不均匀——施工前经钻探查明有胶结硬层时,可采取钻孔投放炸药爆破的方法,预先破碎硬层;铁件一般采取水下切割排除;孤石可由潜水员水下排除,或爆炸炸碎;如爆破,炮眼应与刃脚斜面平行,并应堵好,上加覆盖物,炸药用量一次不得超过150 g。

(4)井外弃土高差过大或沉井一侧的土因水流冲刷,偏土压致使沉井偏斜或位移——弃土不应靠近沉井;水中下沉时,可利用弃土调整井外土面高差,必要时可对河床进行防护。

(5)沉井刃脚下土层软硬不均致使沉井沉降不匀——通过挖土调整刃脚下支承面积,或适当回填,或支垫土层较软的一边。

(6)抽垫不对称,或抽垫后回填不及时,或回填砂土夯实不够——严格按抽垫工艺施工。

(7)除土不均匀,井内泥面相差过大,承载量不均——严格控制泥面高差。

(8)刃脚下掏空过多,沉井突然下降——严格控制刃脚下除土量。

(9)井内水头过低,沉井翻砂,翻砂通道处刃脚下支承力骤降——一般情况下保持井内水头不低于井外,砂土层中开挖不靠近刃脚;沉井入土不深时不采用抽水下沉的方法。

(10)在软塑至流动状态的淤泥质中下沉沉井,由于土的自然坡度很小,用井内偏除土的常用方法调整沉井倾斜造成的土面高差不大,倾斜难以纠正,而沉井重量的偏心却使沉井越来越倾斜,而且沉井下沉速度较快,往往使人措手不及——可在沉井顶面的两边施加水平力,及时根据沉井的倾斜情况调整水平力的大小,勿使倾斜恶化。

2. 沉井纠偏方法

对已出现偏斜的沉井采用什么方法纠正,必须依据偏移情况、下沉深度等有关条件具体分析制定。在以往的工程实践中,曾积累了许多宝贵的经验,纠正方法尽管多种多样,但其共同的规律是在下沉中纠偏,边沉边纠;不下沉,单纯纠偏是难以办到的。下面分别介绍几种常用的纠偏方法。

(1)井内偏挖、加垫法

这是偏挖土法与一侧加支垫法的结合纠偏方法,是基本和有效的方法之一。即在刃脚较高的一侧井内挖土而在刃脚较低的一侧加支垫,随沉井的下沉,高侧刃脚可逐渐降低下来,如图 16—27。

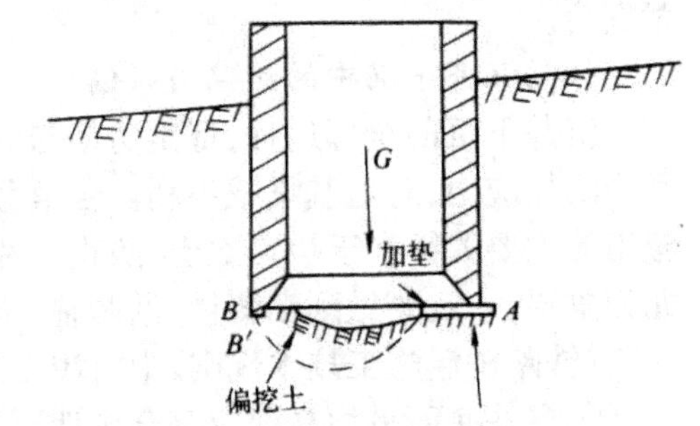

图 16—27 井内偏挖、加垫

(2)井外偏挖、井顶偏压或套拉法

这是偏挖土与偏压重或偏挖土与一侧施加水平力相结合的纠偏方法,其目的是提高单纯偏挖土的纠偏效果,因为井外挖槽因土方量大,一般只挖 1.5~2 m左右。此法多用在入土较深时的纠偏。如图 16—28 所示。由于钢丝绳套拉时施加的水平力很大(可以大至百吨以上),滑车组的锚固需有强大的地拢(一般只能利用附近的桥墩作为地拢)。采用这一方法时,应如图使用平衡重,而不用卷扬机牵引,使作用力持续不变,避免沉井位移时钢丝绳松弛,也可防止沉井结构或千斤绳因受力过大而受损。

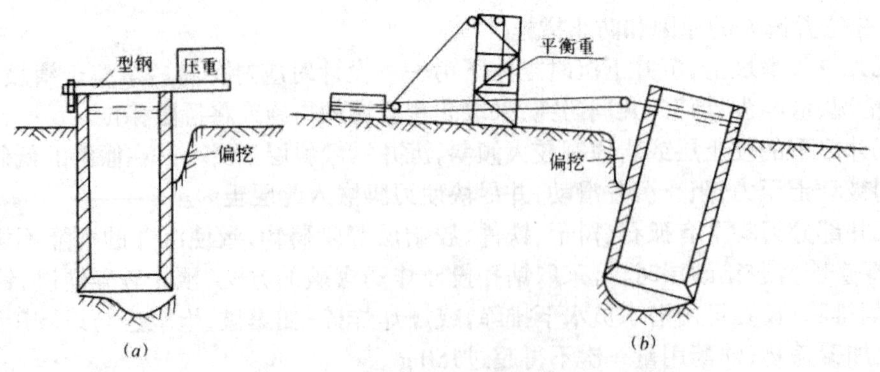

图 16—28 井外偏挖、井顶偏压或套拉法

(3)井外支垫法

如图 16—29 用枕木垛托住拴于沉井顶面的挑梁,借枕木垛下的大面积支承力阻止该侧沉井下沉,可以比较有效地纠正沉井倾斜。但须防止千斤绳受力过大而断裂。

(4)井外射水法

在沉井刃脚较高的一侧井外射水，破坏其外壁摩阻力，促使该侧沉井下沉，是水中沉井纠偏的一种方法(旱地影响施工场地，很少使用)。使用时，射水管的间距宜不超过2 m。

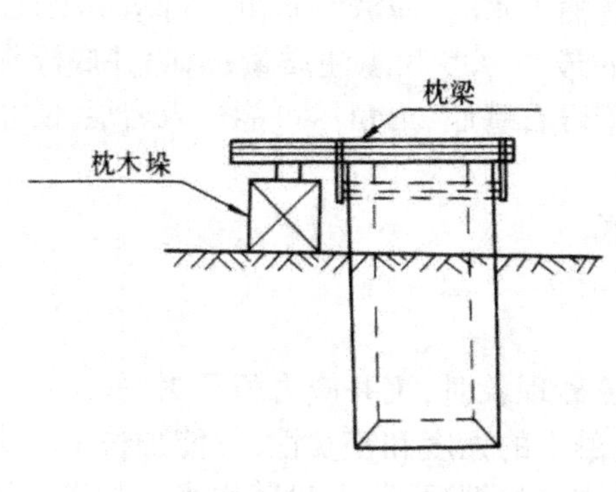

图 16—29　井外支垫示意

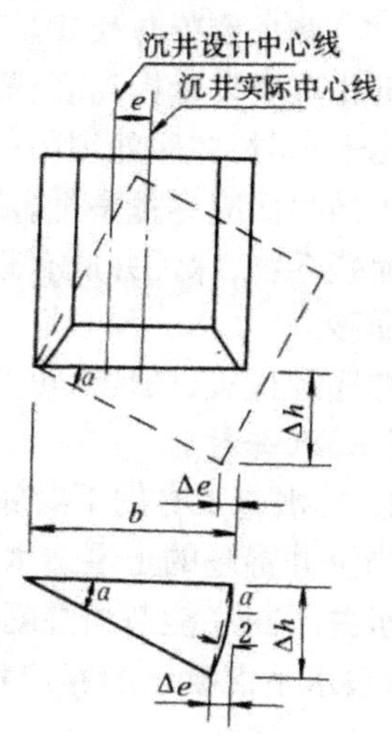

图 16—30　摇摆偏移量

(5)摇摆法下沉

当沉井入土深度不大，但偏移量较大，且沉井结构中心线与设计中心线平行时，可采用摇摆法下沉逐渐克服土侧压力以正位。其作法是：先将偏移方面一侧先落低15～20 cm，然后再将另一侧落低成水平状态，如此反复下沉使沉井回到正确位置。如图 16—30 每次摇摆可纠正之偏移量为：

$$\Delta e=\Delta h \cdot \operatorname{tg} \frac{a}{2}=\frac{\Delta h^{2}}{2b}$$

式中　b——沉井宽度。

(6)倾斜法下沉

当沉井入土深度不大，且偏移量较大，沉井结构中心线与设计中心线相交于刃脚下一定深度时，可沿沉井倾斜方向下沉，使沉井刃脚向设计位置接近，然后把沉井正平(图 16—31)。

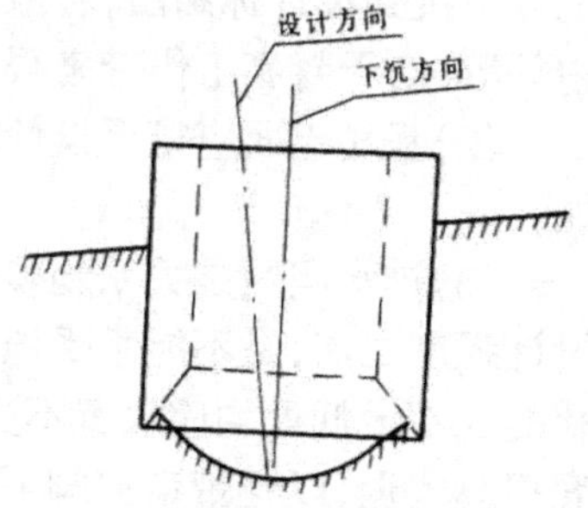

图 16—31　倾斜法下沉示意

(五)沉井偏移量计算

沉井在沉至设计标高时，为了检验是否超过允许偏移量需要知道沉井实际的偏移值；而在开挖下沉过程中，为了及时纠偏的需要，也应经常了解实际偏移的大小，以有效地掌握标准，严防超限。

偏移量的计算是依据井顶轴线的方向差及相互间的高程差，直接计算或推算出井顶中心、井底中心的偏移值、井轴倾角以及平面扭角值，据此分别与容许值比较。

沉井偏移量的计算方法和计算公式可参考有关的专业书籍，此处从略。

五、沉井封底

(一)井顶围堰

沉井基础顶面一般置于地面或最低水位以下一定深度。为此，当最后一节沉井顶面沉至高出地面或施工水位约0.5 m时，应暂停下沉，在井顶面接筑临时防水挡土围堰，然后再下沉至设计标高。井顶围堰的高度、种类和施工方法视水深情况因地制宜，一般可用草袋装土、浆砌片石、混凝土或板桩等。井顶围堰的平面尺寸，应考虑井顶襟边尺寸、留出立墩台模板的位置。若围堰内有支撑时，还应留出除土空间。待墩台身修筑出水面后，井顶围堰即可拆除。

(二)井底检验与处理

沉井沉至设计标高后，需检验沉井偏移量、井底及下卧层土质是否符合设计要求。对于井底能抽干水时，井底处理与明挖基础要求相同；对于不能抽干水时，应派潜水员进行水下处理，井底土(岩)面应尽量整平，清除陡坎，保证封底混凝土的最小厚度和灌注质量；清除井底浮泥和岩面残存物，保证井底有效面积不小于设计要求；对于岩石基底，刃角尽可能嵌入岩层，防止清基涌砂。

井底经检验、处理认可签证后，方可进行混凝土封底。

(三)沉井封底

1. 排水施工时的干封底

当沉井穿越的土层透水性低，井底涌水量小，且无流砂现象时，沉井应力争干封底。

沉井干封底能节约混凝土等大量材料，确保封底混凝土的强度和密实性，并能加快工程进度，省去水下混凝土的养护和抽水时间。故在地质条件许可的情况下，干封底比水下封底经济高效。

若在地下水位较低的挖井基础，或刃脚周围经堵漏后，井内无渗水时，井底可在无水的情况下按一般混凝土灌注进行。但通常的情况是水不易抽干，需在继续排水的条件下进行干封底的，这时应注意下列几点：

(1)在沉井下沉的同时就应抓紧做好封底的准备工作。因在软土中沉井下沉速度较快，当沉井下沉到设计标高后，若拖延时间，有可能发生条件转化，如沉井偏差增大，大量土体涌入井内等等，给干封底工作带来很大困难。

(2)基底土面应挖至设计标高，排除井内积水，对超挖部分应回填砂石，并清除刃脚上的污泥。

(3)排水问题是关系到整个沉井干封底的成败关键。因为新灌注的混凝土底板，在未达到设计强度之前，是不能承受地下水压力的。因此，自始至终必须十分重视，严格掌握。每个井孔的底部最低处均应放置不少于一个集水井，且其宽度应满足水泵的吸水龙头需要，但也不宜靠刃脚太近，以免带走刃脚下的泥砂，使沉井倾斜值增大。

集水井埋设后应在每个井孔内挖数条排水沟，沟内及集水井周围应抛填碎石或砾石，使从刃脚下渗入井内的水流，经排水沟流入集水井内，然后，再用泵排出井外。

(4)当地质情况较差时，为了不破坏地基原状土的承载力，在沉井接近设计标高时，应停止使用水力机械冲泥等容易破坏地基的施工方法而改用吊车抓土或人力开挖。若在软土中下沉，自重又较大时，可能使沉井刃脚较深地埋入软土中。故此时应先开挖锅底，保留刃脚内侧的土堤，尽量使沉井挤土下沉，这样当沉井封底时，土堤可减少涌砂和渗水现象。

2. 不排水施工时的水下封底

当沉井采用不排水下沉，或虽采用排水下沉，但干封底有困难时，可采用垂直导管法灌注水下混凝土封底。此法是在内外水位无高差的静水条件下施工的，即在沉井的各井孔内垂直设置 ϕ200～300 mm的钢导管，管底距井底土面 30～40 cm，在导管顶部连接一个有一定容量的漏斗，在漏斗的颈部安放球塞，并用绳系牢。漏斗内先盛满陷度较大的混凝土后，可将球塞慢慢下放一段距离(但不能超出导管下口)。灌注时割断球塞的系绳，同时迅速不断地向漏斗内灌入混凝土，此时导管内的球塞、空气和水均受混凝土重力挤压由管底排出。瞬间，混凝土在管底周围堆成一个圆锥体，将导管下端埋入混凝土内，使水不能流回管内。尔后再灌注的混凝土是在无水的导管内进行，由于管内重力作用形成的超压力作用，使其源源不断地向周围流动、扩散与升高。由于最初与水接触的混凝土面层始终被后续混凝土顶推上升而保持在最上层的位置不变，从而保证了混凝土的质量。只要适当留有厚度余富量（一般 10～20 cm）抽水后将表层浮浆层凿除即可。图 16—32 为灌注水下混凝土步骤示意。

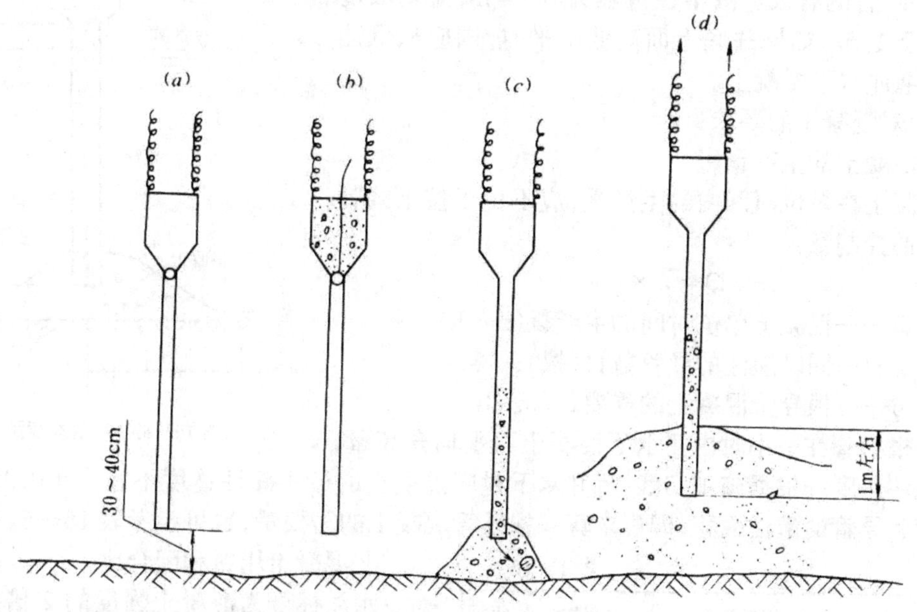

图 16—32 灌注水下混凝土示意图

导管法灌注沉井水下混凝土施工设计要点如下：

(1)导管高度

为使混凝土通过导管能够流到需要的位置，除了混凝土配制时应具有足够的流动性外，还必须使导管底部管内混凝土柱的压力超过管外水柱的压力，超过的压力值称作超压力。其值取决于导管的作用半径，可参考表 16—5。

不同作用半径所需的超压力值及导管水面以上高度 表 16—5

导管作用半径 R(m)	① 管底处混凝土柱的最小超压力 P(kN/m^2)	② 管顶露出水面最小高度 h_1(m)	③ 管底埋入已灌注的混凝土中深度 h_3(m)
3.0	100	4～$0.6h_2$	约 0.9～2
3.5	150	6～$0.6h_2$	约 1.2～1.5
4.0	250	10～$0.6h_2$	约 1.5～1.8

导管高度 h（参照图 16—33）：

$$h = h_1 + h_2 + h_3$$

式中 h_1——管顶高出水面的高度（随最小超压力 P 值而定）(m)；

h_2——水面至挤出混凝土顶部的高度(m)；

h_3——导管插入混凝土的深度(m)。

注：h_1 的采用值最少应有 1～2 m；若计算得出负值时，也应按最小值 1～2 m布置，以便保持必要的工作条件，不得按负

值设置。

(2)导管的根数

导管的根数一般由灌注面积和混凝土的扩散半径布置确定,导管的平面位置应在各灌注范围的中心。当灌注面积较大时,可采用2根或2根以上的导管同时灌注,但要使各导管的有效扩散半径(作用半径)互相搭接,并能盖满井底全部范围,一根导管的有效扩散半径一般为3~4 m,流动坡度不宜陡于1:5。如果井底土面高低不平时,则应从低洼处开始灌注水下混凝土。

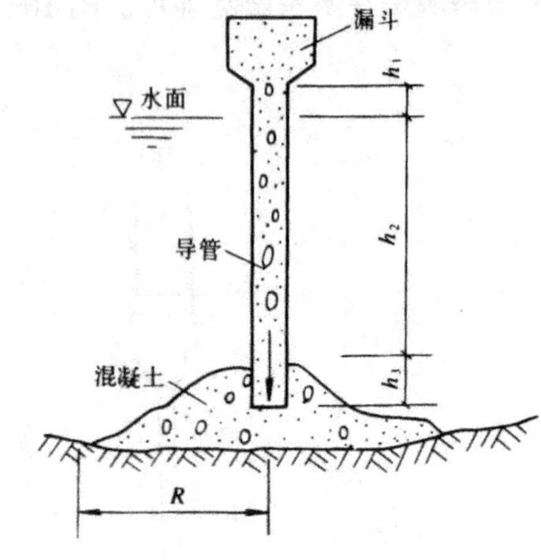

图16—33 导管高度示意

(3)对混凝土的要求

①混凝土的生产量

混凝土在单位时间内的生产量,应不少于按下式计算所得的控制量:

$$Q = n \times q$$

式中 Q——混凝土单位时间的生产量(m^3/h);

n——同时灌注的导管数目(根);

q——根导管混凝土的需要量(m^3/h)。

每根导管在一小时内使水下混凝土面平均升高量,称为灌注速度。根据施工实践,沉井水下封底混凝土的最小灌注速度不宜小于0.25 m/h。按此速度和导管的灌注面积,即可求算一根导管混凝土的需要量,也可参考表16—6。

表16—6

导管作用半径(m)	一根导管供应的面积(m^2)	初凝按3 h计的灌注速度 q(m^3/h)
3.0	20	8
3.5	25	13
4.6	30	20

②混凝土用料和配合比

水泥标号为混凝土强度的2倍左右,并不得低于325号,初凝时间不宜少于3 h,出厂3个月以上或受潮后的水泥不应使用;砂子宜选用中、粗砂;粗集料可用碎石或砾石,砾石较碎石为好,石子粒径一般采用0.5~4 cm为宜,粒径过大容易发生堵塞管路事故,所以最大粒径不得大于6 cm,且不宜大于导管内径的$\frac{1}{6}\sim\frac{1}{4}$,不宜大于钢筋净距的$\frac{1}{4}$。

水下混凝土的配合比可视施工条件根据实验选定。一般选用配合比最佳时其强度比设计强度提高10%~20%。水下混凝土应有足够的和易性和流动性,以利顺利地通过导管,并能在水下自动摊开。一般采用18~22 cm的陷度,但在开始灌注时,为了保证导管底部立即被混凝土堆包围埋住,故陷度可减少至16~18 cm为宜。水下混凝土含砂率较高,一般为45%~50%,水泥用量也较大,一般为380~450 kg/m^3,如果掺用加气剂或减水剂等外掺剂时,水泥用量可适当减少,但也不宜小于350 kg/m^3。

(4)施工要点

在施工设备上,除导管、漏斗、球塞及混凝土拌合设备外,尚需在井顶搭设灌注支架,以悬挂串筒、漏斗及导管。串筒长度应大于灌注中逐节拆除的导管中最长一节的长度,并据此确定支架的高度。在支架顶部设置灌注平台,平台上搭设有储存混凝土的料槽。

灌注水下混凝土施工布置示例见图16—34。

对灌注设备的要求,漏斗容量不宜太小,一般为1~1.5 m^3,导管每节长1~2 m,底节长度可采用4~6 m,各节用法兰盘连接。要求导管顺直、严密、内壁无杂物、抗拉好,球塞应作通过试验。导管埋入混凝土的深度，一般不得少于1 m。提升导管要做到慢升、快落，拆卸导管要快，一般不应超过 20～30 min。

封底灌注工作应一次完成，不得中途停止。正常灌注间歇不宜大于30 min。

灌注完毕后，应将导管底提离混凝土面 1.5～2.0 m，并用水将管壁上残留砂浆冲洗干净，以免混凝土终凝后导管无法拔出。

在灌注过程中，应经常不断地使用测绳测量水下混凝土面的上升情况，及时掌握埋入导管深度变化和拆卸导管时机。

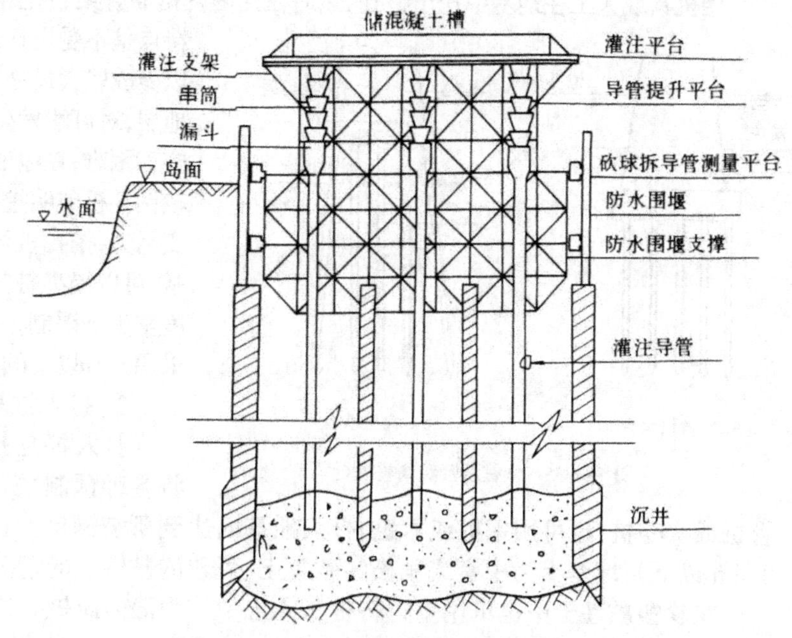

图 16—34　水下混凝土封底施工布置示例

第三节　桩基础施工

桩基础是一种常用的深基础。桩基的作用是将承台以上结构传来的荷载通过承台和桩传到深层地基中去。

桩基础与沉井基础相比，它具有如下特点：

1. 桩长度可长可短，容易适应持力层面高低不平的地形变化；

2. 桩制作灵活方便，可以工厂预制，也可就地灌注，省工、省料、施工速度较快；

3. 桩基础容易适应不同的施工条件和外荷载情况，它可承受压力，也可承受拉力，当水平力较大时可设置斜桩承受，故在桥梁深基中较为常见。

一、桩基础的分类

(一)按承台位置分类

桩基按承台位置可分高桩承台桩基和低桩承台桩基两种，通常将承台底面置于土面或局部冲刷线以下的桩基称为低桩承台，承台底面高出地面或局部冲刷线的称为高桩承台，如图16—35。

(二)按施工方法分类

基桩沉入土中的方法因采用不同的机具和工艺过程，可分为：钻孔灌注桩基础、打入桩基础、振动沉桩基础。

1. 钻(挖)孔灌注桩基础

用钻(冲)孔机具造孔后，在孔内放入钢筋骨架，灌注桩身混凝土而成钻孔桩，最后在桩顶灌注承台(或盖梁)，称钻孔灌注桩基础。它的特点是施工设备简单、操作方便，适于各种砂类土、黏性土，也适于碎、卵石层和岩层。我国已建成的钻孔灌注桩基础已深达百米。

用机具或人工在地基中挖出桩孔，然后在孔内设钢筋骨架、灌注混凝土成桩，称挖孔桩基础，其特点是不受设备限制，施工简单，桩的横截面可以做成较大尺寸。一般适于无水或渗水量小的地层，对可能发生流砂或含厚的软黏土地层则施工困难；在地形狭窄、山坡陡峻处采用挖孔桩较钻孔桩或明挖基础更为有利。为了增大桩底支承力，挖孔桩可以采用扩大桩底支承面的桩基，可以提高桩的承载力。由于挖孔桩入土深度常受到限制，一般采用几米至十多米深，很少采用20 m以上的深度。

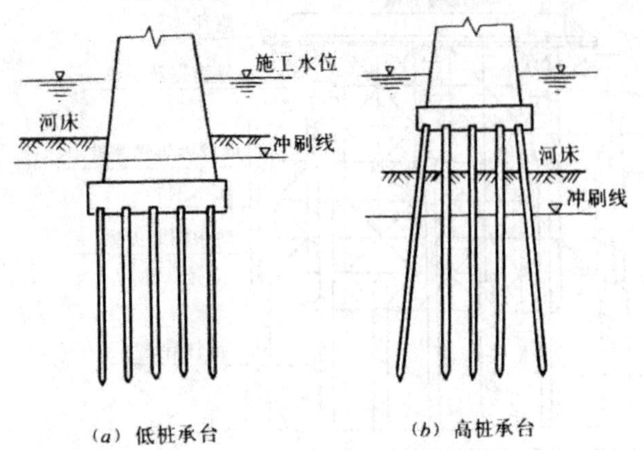

图 16—35　低桩承台和高桩承台

2. 打入桩基础

打入桩是打桩机具（或辅以高压射水）将各种预制桩（钢筋混凝土、预应力混凝土管桩或实心桩，也可用钢桩或木桩）打入地基内达到所需深度。这种桩适于桩径较小（一般在0.6 m以下），地基土为中密或稍松的砂类土、可塑的黏性土的情况。

在软塑黏性土中也可用重力将桩压入土中称为静力压桩。这种压桩施工法可免除锤击的振动影响，在软土地区较为有利。

3. 振动沉桩基础

振动沉桩是将大功率的振动打桩机安装在桩顶（预制钢筋混凝土管桩或钢管桩），利用振动力减少土对桩的阻力使桩沉入土中、它适于较大桩径，地基土为砂类土、黏性土和碎石类土的地层，尤其在受振动时抗剪强度有较大降低的土层中，其效果更为明显。

此外，还有打入式灌注桩（即先打入带有桩尖的套管成孔，然后边拔套管边灌注混凝土成桩）、爆扩桩（即成孔后用爆破方法扩大桩下端以提高桩底承载力）的施工方法。这些方法在桥梁桩基中用得较少。

（三）按基础的受力状态分类

桥梁墩台所受荷载通过桩基础传给地基，其中垂直荷载一般由桩底土层和桩侧与土之间的摩阻力来支承，桩的受力状态与地基土的情况、桩的尺寸和施工方法有关；水平荷载一般由桩和桩侧土的水平抗力来支承，由于桩承受水平荷载能力与桩轴线方向及斜度有关，因此根据桩的受力状态，桩基又可分为：

1. 柱桩与摩擦桩基础

当桩穿过较松软土层，桩底支承在岩层或很硬土层（如密实的大块卵石层）等非压缩性土层时，基本依靠桩底土层抵抗力支承垂直荷载，称为柱桩或支承桩，如图 16—36(*a*)所示。如桩穿过并支承在可压缩性土层中，桩主要依靠侧土的摩阻力支承垂直荷载，则称为摩擦桩，如图 16—36(*b*)。

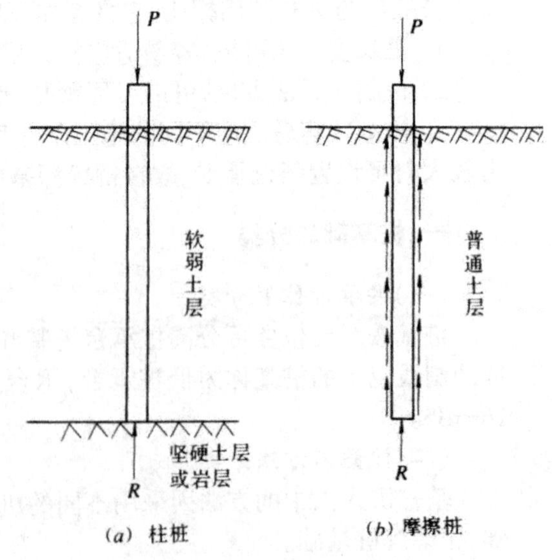

图 16—36　柱桩和摩擦桩

2. 竖直桩和带斜桩基础

按桩轴方向可分为竖直桩、单向斜桩和多向斜桩桩基等，如图 16—37。

桩基中是否需要设置斜桩及设置多大斜度，可根据荷载、桩的截面尺寸和施工方法等因素确定。对钻(挖)孔桩基础，因受当前工艺水平的限制，设置斜桩的困难较多，常采用竖直桩基础。由于钻(挖)孔桩所采用的桩载面尺寸一般较大，抗弯抗剪强度较强，它可以承受较大的水平力。如采用打入桩基础，当桩基受水平力较大时，采用带斜桩的桩基为宜。例如桥墩有时采用双向或多向斜桩，桥台有时采用单向斜桩。

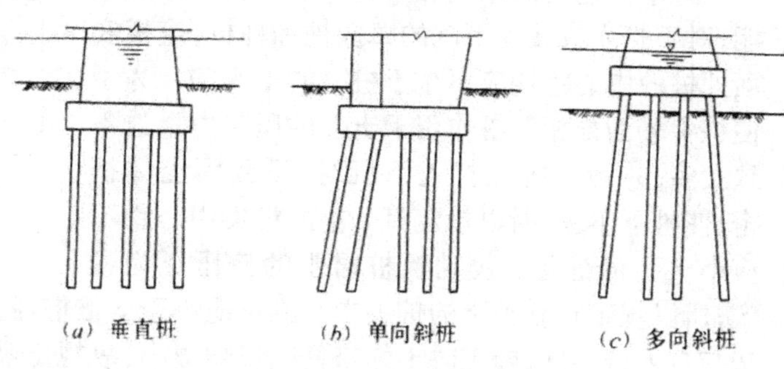

图 16—37 竖直桩和斜桩桩基

二、桩基础的构造

(一)桩的构造

1. 就地灌注钢筋混凝土桩的构造

钻(挖)孔桩是就地灌注的钢筋混凝土桩，桩身常为实心截面，桩身混凝土标号可采用 150～250 号，水下混凝土不应低于 200 号。钻孔桩直径分0.8 m、1.0 m、1.25 m和1.5 m四种；挖孔桩的直径或边宽不小于1.25 m。桩内钢筋应按照内力和抗裂性的要求布设，并可根据桩身弯矩分布分段配筋。为保证钢筋骨架有一定的刚度，主筋受力的轴向稳定，主筋不宜过少，钢筋直径不宜小于16 mm；箍筋采用8 mm；箍筋间距采用200 mm，摩擦桩下部可增大至 400 mm；顺钢筋笼长度每隔 2.0～2.5 m加一道直径为 16～22 mm的骨架钢筋。考虑到灌注桩身混凝土施工的方便，主筋宜采用光面钢筋(挖孔桩可不考虑此项要求)，必要时也可用螺纹钢筋；采用束筋时每束不宜多于两根钢筋；主筋净距不宜小于120 mm，任何情况下不宜小于 80 mm；主筋的净保护层不应小于60 mm。

2. 预制钢筋混凝土桩、预应力混凝土桩

预制钢筋混凝土桩或预应力混凝土桩多为工厂用离心旋转法制造的空心管桩，桩径有 400 mm和550 mm两种，混凝土标号为 300 号以上，桩内钢筋由纵向主筋和箍筋组成。管桩在厂中分节预制，每节长为 4～12 m，用钢制法兰盘、螺栓接头，桩尖节单独预制。

工地预制钢筋混凝土桩多为实心方形截面，通常当桩长在10 m以内时横截面尺寸为 0.3 m×0.3 m，桩身混凝土标号不低于 250 号，桩身配筋应按制造、运输、施工和使用各阶段的内力要求配筋，桩顶处因承受直接锤击应设钢筋网加固。此种桩铁路桥使用较少。

3. 钢桩及木桩

由于我国当前钢产量尚不能满足多方面需要，在桥梁基础中很少使用钢桩；而木桩在永久性桥梁中已为承载力较高、料源充足的各类钢筋混凝土桩所取代，只在林区或临时抢修工程中可能被采用。具体构造介绍从略。

(二)桩的布置和间距

基桩布置应尽量使各桩承受的荷载大致接近，以充分发挥桩材的效用，且使桩群在受力较大方向上有较大的截面抵抗矩。一般直线上的桥墩台应使桩群在纵向(桥轴线方向)具有较大的截面抵抗矩，而曲线上的桥墩台应使横向具有较大的截面抵抗矩。

桩在承台中的平面排列多采用行列式，如承台面积不够，也可采用梅花式，如图 16—38。

《铁路桥涵施工规范》根据受力情况和施工条件等因素对桩距作如下规定：

为了防止土的结构被破坏，并考虑施工的可能，对于打入或震动下沉的摩擦桩和柱桩，座板底面处桩的中心距均应不小于桩径的1.5倍。为了使桩尖平面处相邻桩作用于土上的压应力重迭不致太多，并考虑桩在打入下沉时，不致因土体挤密，使桩下不去，所以规定打入桩的桩尖中心距不应小于3倍桩径。震动沉桩时土的挤压更为密实，所以规定在砂类土的桩尖中心距不应小于4倍桩径。对于钻(挖)孔灌注桩，由于其施工方法与打入桩不同，施工时土体挤密的影响很小，故规定竖直摩擦桩中心距较打入桩为小，但考虑桩与土体间的摩擦力不致降低，故规定钻(挖)孔摩擦桩中心距不应小于2.5倍成孔桩径。对于钻(控)孔桩的柱桩，由于考虑相邻桩在成孔时，桩间土体太薄易引起孔壁坍塌，所以规定柱桩中心距可小于摩擦桩中心距，但不应小于2倍成孔桩径。

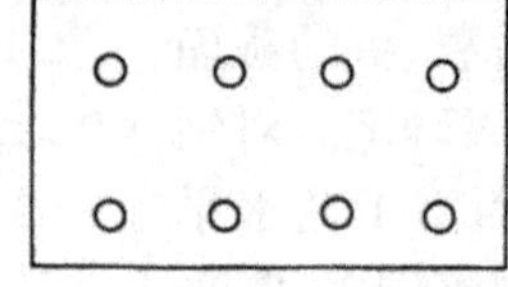

(a) 行列式

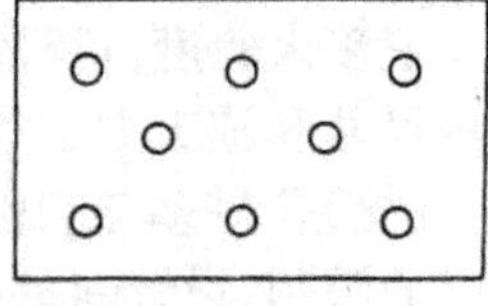

(b) 梅花式

图16—38 桩的平面布置

为了防止由于桩位不正而影响承台位置以及保证承台与外排桩的联结可靠，规定各类桩的承台边缘至最外一排桩的净距，一般情况下当桩径 $d \leqslant 1$ m时，不小于 $0.5d$，且不得小于25 cm；当桩径 $d>1$ m时，不小于 $0.3d$，且不得小于50 cm。对于圆形截面桩，d 为设计桩径；对于矩形截面的桩，d 为短边宽。

(三)承台的构造及桩与承台的联结

承台的作用是将桩联成整体，并与墩台身底部相连，因此承台的尺寸和形状，取决于墩台身底部的尺寸和形状以及桩群外围轮廓。承台的最小平面尺寸等于墩台身底截面尺寸加襟边宽度。其最大平面尺寸，如为混凝土承台，则不得超出混凝土基础刚性角(45°)的要求，而当为钢筋混凝土承台时，则不受刚性角的制约，由力学检算确定。

承台的厚度一般约为1.5～3.0 m，混凝土标号可采用150～250号。承台配筋，对于混凝土承台，应设置构造钢筋，即承台座板底部应布置一层钢筋网，当桩顶主筋伸入座板内时，此钢筋网在穿越桩顶处不得截断。对于钢筋混凝土承台的配筋，应进行力学检算。

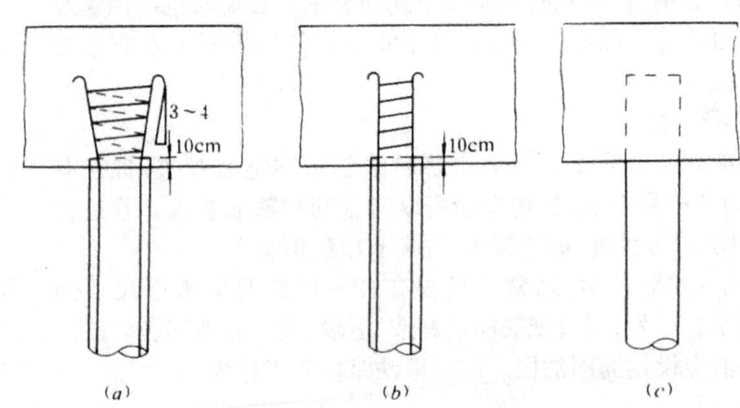

图16—39 桩与承台的联结

桩顶嵌入承台内应有适当的长度，以增强桩与承台的联结刚度。桩与承台联结有两种方式，钢筋混凝土桩多采用桩顶主筋伸入承台(图16—39(a)、(b))；而木桩和预应力混凝土桩则采用桩顶直接伸入承台方式(图16—39(c))。其中以前一种联结比较牢固，钻(挖)孔灌注桩一般采用此种联结方式。

当桩头主筋伸入承台时，桩身伸入承台内的长度一般为100 mm(不包括水下混凝土封底的厚度)。桩头伸入承台的钢筋，可采用喇叭式(图16—39(a))或竖直式(图16—39(b))。前者对承受拉力的桩有利，而后者施工较为简便，特别是对靠近承台边缘的桩布置有利，不致因采用喇叭式而加大桩承台边缘的距离。

钢筋混凝土桩和预应力混凝土桩直接埋入承台联结时，桩头埋入承台内的长度应满足下列规定，以保证联结可靠。

1．当桩径小于0.6 m时，不小于2倍桩径；

2．当桩径为0.6～1.2 m时，不小于1.2 m；

3．当桩径大于1.2 m时，不小于桩径。

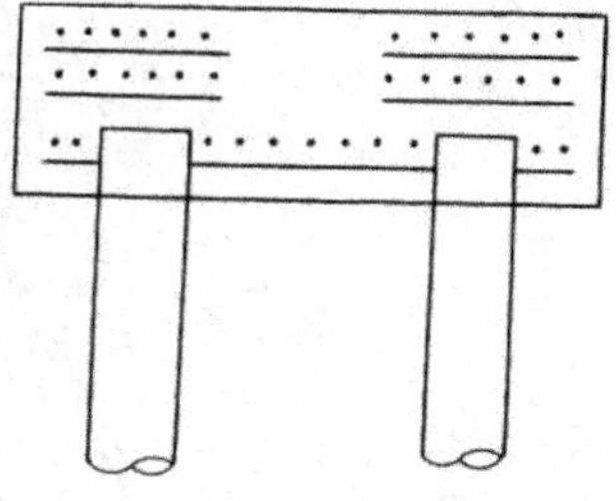

图16—40　桩顶钢筋网

当桩顶直接埋入承台联结，且桩顶作用于承台的压应力超出承台混凝土的容许局部承压应力时(计算此项压应力时，不考虑桩身与承台混凝土间的粘着力)，应在每一根桩的顶面以上设置1～2层直径不小于12 mm的钢筋网，钢筋网的每边长度不得小于桩径的2.5倍，网孔为100 mm×100 mm至150 mm×150 mm(图16—40)。

三、钻孔灌注桩施工

钻孔灌注桩的施工程序和主要内容为：施工准备(选择钻机、场地布置、钻孔定位、埋设护筒、钻机定位及泥浆制备)，钻孔(掌握钻孔要领及钻孔事故防治)，清孔，下钢筋笼(制作与吊装就位)，灌注水下混凝土，承台施工。

(一)造孔方法与钻孔机具

目前常用的造孔方法有以下三种：

1．冲击造孔

冲击法造孔是用冲击式钻机或卷扬机带动冲击钻头，上下往复冲击，将钻孔的土石砸裂、破碎或挤入孔壁中，用泥浆浮起钻碴，使冲击钻头能经常冲击到新的土或岩石，然后再用抽碴筒(或用管形钻头)取出钻碴造成桩孔。

冲击钻机大致分为两类：一类是冲击钻机及整体配套设备，本身配有钻架、起吊及冲击等设备；一类是由带有离合器的双筒塞卷扬机组成的简易冲击钻具，其钻架可用万能杆件或木料等制成门式。高度不宜小于7 m，常用的冲击钻机及简易冲击钻具主要性能见表16—7。

常用冲击式钻机主要性能表　　表16—7

项　目	单　位	CZ-30　YKC-30	CZ-22	飞跃-22	YKC-20	YKC-20-2	简易冲击钻具
钻机卷筒负荷	kN	30	20	20	15	12	30～100
钻头最大重量	t	2.5	1.0	1.0	1.0	1.0	2.5～3.0
冲程	m	0.5～1.0	0.35～1.0	0.5～1.0	0.45～1.0	0.3～0.76	随意调整
冲击次数	次/分	40,45,50	40,45,50	40,45,50	40,45,50	56～58	约9次
钻机重量	t	13	7.0	8	6.3	12.1	
电动机功率	kW	40	22	20	20	22	

图16—41为YKC-30型冲击钻机示意图，是比较常用的一种。它由钻机和钻头两大部分组成，并配有抽碴筒。钻机上安装有扒杆、机架、电动机、卷扬机、传动装置、滑车组及走行部分。钻机工作原理：将钻头提升一定高度(冲程)，利用自由坠落所产生的冲击能，将土冲碎，然后将钻头提出孔外，用抽碴筒除碴，如此反复循环，直至桩孔冲到设计标高。

钻头由钻身、刃脚和转向装置三部分组成。钻头重量愈大，冲击破碎能力愈高。钻头有十字形、一字形(或称工字形)、管形等数种，而以十字形钻头用得较为普遍(图16—42)，在砂黏土、黏砂土、砂砾石、卵漂石和软硬岩层均可适用。刃脚用优质合金钢，要求耐磨并易于修补，其直径根据设计桩径而定。钻头自重根据钻机的起重能力而定，一般不超过2.5 t重。钻头高度以2.0～2.5 m为宜。太高不稳定，容易晃动，撞击孔壁，引起坍孔。被钻头冲碎的钻渣，由抽碴筒排出孔外,其构造如图16—43所示。

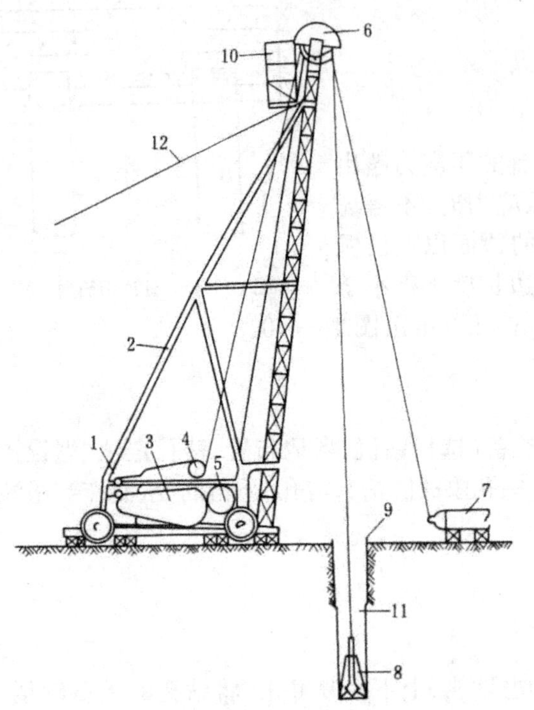

图16—41 YKC-30型钻机构造示意

1—电动机;2—机架;3—传动装置;4—起吊钻头卷扬机;5—起吊抽碴筒卷扬机;6—滑车组;7—抽碴筒;8—钻头;9—护筒;10—工作平台;11—桩孔;12—缆风绳。

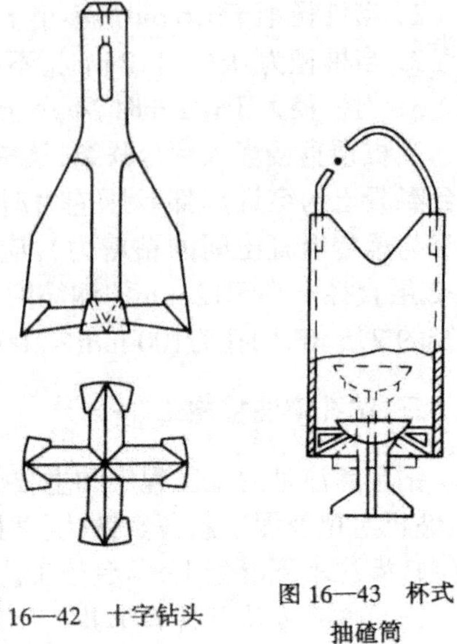

图16—42 十字钻头

图16—43 杯式抽碴筒

2. 冲抓造孔

冲抓钻机适用于黏性土、砂性土、砂黏土夹碎石及粒径50～100 mm含量在40%以内的卵石层。但孔深超过20 m以上时,由于冲抓钻头起落时间长,钻孔进度慢,宜改用冲击钻机。冲抓钻头在冲击钻头配合下,适用于各种复杂地层,均可钻进成孔。

冲抓钻机由钻架、卷扬机、滑轮、钢丝绳、转向装置和冲抓钻头等组成,配合出土设备,冲抓孔内土层,将孔内钻渣抓出运走。冲抓钻头的冲击力主要靠钻头自重,其重量随直径增加而增加。如直径1.3～1.5 m的钻头,自重以2.0～2.4 t为宜。按操纵锥(钻头)瓣开合方法不同,冲抓钻头分双绳和单绳两种形式。

双绳冲抓锥的两根钢丝绳,一根是起吊钻锥用,另一根接在连杆和滑轮组成的开合机构上,通过钢丝绳放松与收紧使锥瓣开合。钻头由钻身和锥瓣两部分组成。锥瓣要根据不同地质条件选用:卵石地层叶瓣要厚、钝、耐磨;砂土,粘土地层,叶瓣要像刀口一样,要薄、锐、耐磨,一般钻头有四瓣、五瓣、六瓣之分,前二种适用于河卵石地层,后者对于卵石、黏性土、砂性土等均能适用。

在钻头外套上设导向环,以防钻头倾倒。导向环直径和钻头相等。如钻头掉进孔内时,有导向环便于打捞。

单绳冲抓钻头仅有一条内套绳,用一条带离合器的单筒卷扬机操纵,抓土和提钻头出孔与双绳冲抓相同,但卸土和落钻头冲击可采用人工挂钩或自动挂钩使锥瓣张合。

3. 旋转造孔

旋转钻孔根据钻孔时泥浆循环的程序不同,分为正循环和反循环两种。

(1)正循环旋转钻孔

正循环钻机由转盘、动力机、卷扬机、泥浆泵、钻架、钻杆和钻头等组成,它的成孔过程如图

16—44 所示。当钻机钻孔时,由电动机驱驶转盘带动钻杆使下端钻头旋转,切土钻进成孔,随着孔的加深而接长钻杆直至设计深度。在钻进的同时,泥浆泵将泥浆压进泥浆笼头,通过钻杆内腔从钻头出口射入钻孔内,在泥浆泵的输送压力下,泥浆挟带钻头切削下来的钻碴沿钻孔上升,从护筒上口泥浆槽排出引至沉淀池,泥浆中钻碴沉淀下来后,泥浆进入泥浆池,仍由泥浆泵压入钻杆循环使用。

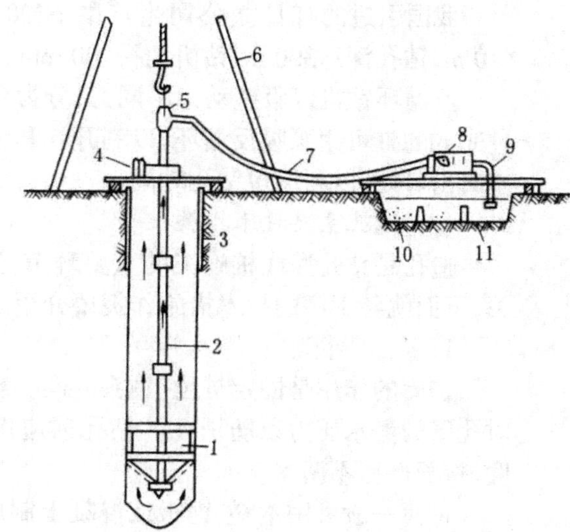

图 16—44 正循环钻孔示意

1—钻头;2—钻杆;3—护筒;4—钻机转盘;5—笼头;6—三角架;7—高压胶管;8—泥浆泵;9—普通胶管;10—沉淀池;11—泥浆池。

泥浆泵的规格指标主要是流量和压力,对大直径钻孔来说,流量常是较主要的因素。常用的有 400 ~ 600 L/min 流量和 2 000 ~ 4 000 kPa压力。通常流量大,钻进效率可以提高。一般用往复式活塞泥浆泵,也可用单级离心式水泵作泥浆泵,常用钻机和泥浆泵主要技术性能见表 16—8。

(2)反循环旋转钻孔

反循环钻机的泥浆运行方向与正循环钻机相反,泥浆由泥浆池流入钻孔内同钻碴混合,在压缩空气或高压水造成的负压下,将钻碴通过空心钻杆排出孔外,如图 16—45 所示。它比正循环悬浮排碴要快得多,而且使用的泥浆比重小,旋转阻力也小,适用于各种地层,是桥梁钻孔桩基础施工较好的钻机。反循环钻机的种类和型号较多,常用的有:

旋转式(正循环)钻机、泥浆泵的主要技术性能 表 16—8

红星 500 型钻机	泥浆泵
钻头最大直径1.5 m	流量10 L/s
钻孔最大深度40 m	压力100 kPa
旋转速度 50、70/r/min	吸入口径112 mm
钻杆扭矩4.88~6.2 kN·m	排出口径90 mm
电动机功率40 kW	电动机功率15 kW
钻机总重5 t	重量1.6 t

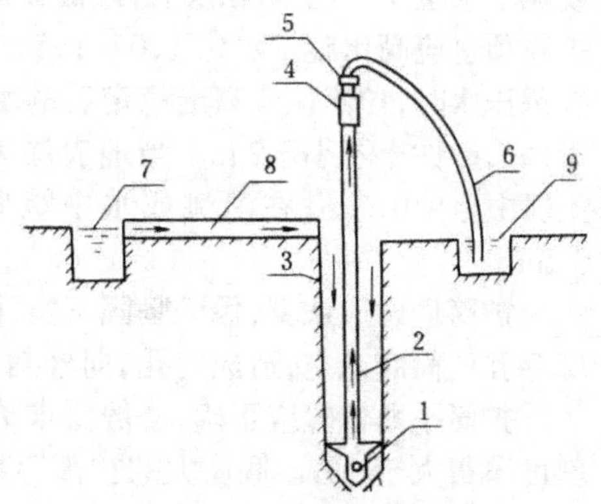

图 16—45 反循环旋转钻孔示意

1—钻头;2—泥浆流向;3—护筒;4—旋转活接头;5—水龙头;6—胶管;7—泥浆池;8—流槽;9—沉淀池。

①BDM 系列钻机

该系列钻机由大桥工程局桥机厂生产,钻孔深达100 m。其中 BDM-1 型钻机钻孔直径,0.8 ~ 1.5 m,钻杆内径为120 mm;BDM-2 型钻机钻孔直径 0.8~1.5 m,钻杆内径156 mm;BDM-4 型钻孔直径 1.5~2.5 m,钻杆内径241 mm。上述钻机经使用证实效果较好。

②潜水钻孔

该钻机实际为配有排碴的潜水电钻,直接在孔底掘削土层。目前使用的潜水钻机有 GZQ-800 型和 GZQ-1250 型,均为新河钻机厂生产,它结构简单,由于钻杆不转动,因而耗功和噪音都小,是有发展前途的钻机。

③引进的钻机

我国引进的有日立公司生产的 S320 型和 S400H 型反循环钻机，最大钻孔直径 3.2～4.0 m，钻孔深达300 m，钻机内径200 mm。

反循环钻机以吸碴动力不同，又分为泵吸反循环和压气反循环两种。一般冲孔深度不超过30 m的桩可用泵吸反循环，以利开孔和钻进；若深度大，宜用压气反循环，且压气喷嘴宜装在排碴出口处，以利缩短钻孔时间。

(二)造孔主要技术措施

造孔是钻孔灌注桩施工的重要环节，造孔质量与护筒、泥浆、钻孔、清孔等各工序密切相关，下面就各工序的技术措施作扼要介绍。

1. 护　　筒

护筒的作用是固定桩位、钻头导向、隔断地面水、保护孔口防止坍塌、提高孔内水位，增加对孔壁的静水压力以防坍孔。钻孔前应按要求制作并埋设护筒。护筒要求坚固有一定的刚度，接缝严密不漏水。

护筒一般可用木料、钢板或混凝土制成。木护筒一般用 3～5 cm木板制成，比较轻，埋设方便，但易损坏，在深水中不宜使用；钢护筒常用 2～4 mm钢板制作，易拼装接长，又可多次重复使用，采用较多；钢筋混凝土护筒一般用于深水，节长一般 2～3 m，壁厚 8～10 cm。壁厚和配筋应根据吊装、下沉加压等方面由计算确定。该护筒通常与桩身混凝土浇注在一起，不拔出。但位于桩身范围以上的部分，可以取出再用。

护筒的内径应比钻头直径稍大，用旋转钻孔比钻头直径大 10～20 cm；用冲击或冲抓钻孔比钻头直径大 30～40 cm。

护筒的长度要考虑桩位处地质和水位情况。对于易坍塌的地层，护筒顶要高出施工水位或地下水位 1.5～2.0 m以上，以提高护筒内水位增加对孔壁的静水压力；对不易坍塌的地层，护筒顶也应高出施工水位 1.0～1.5 m；在无水地层钻孔，护筒顶宜高出地面0.3 m；当钻孔内有承压水时，护筒顶应高出稳定后的水位 1.5～2.0 m。护筒底部在岸滩上埋深，粘性土不小于1 m，砂性土不小于2 m。当地表层为淤泥等松软土层时，应穿过将护筒底设置在较密实的土层中至少0.5 m；在河滩或水中筑岛埋设护筒，其底部应埋置在地下水位或河床面以下0.5 m。

护筒埋设应认真，保证坚固密实，防止在钻孔过程中发生孔口变形及坍塌，防止护筒底土层穿孔使筒底悬空，造成坍孔，向外漏水及泥浆等事故。

护筒平面位置应正确，一般要求护筒埋设好后其顶面中心与设计桩位偏差不得超过5 cm，斜度不得大于 1%。倾度大的护筒容易被钻头碰破或使桩偏离设计，造成桩身钢筋的混凝土保护层不足等。

2. 泥浆护壁

钻孔灌注桩施工实践证明，无水钻孔可深达数十米而不塌，甚至在不稳定的砂性土中有水钻孔亦能保持孔壁稳定，是什么力量支护而不坍塌呢？在没有水的钻孔中，未支护的孔壁土层有向钻孔中心滑移的趋势，但由于孔壁土具有一定的抗剪强度和圆环作用(能够抵抗径向的向内土压力)的缘故。若在水中或含水地层中钻孔以及在松散的砂性土中钻孔，孔壁土体的抗剪强度低，圆环作用弱而不足以抵抗径向向内的土压时，就必须采取提高孔内水位，使其高于孔外水位，形成一定高度的水头，向孔壁产生静水压力，从而保持孔壁稳定。利用孔内水头压力护壁的办法，随地质条件的不同又分清水护壁和泥浆护壁两种。

在黏性土中钻孔，如土壤塑性指数大于 15 或内摩擦角在 16°以上，清水钻孔后1.5～2.0 h

沉碴厚度不超过清孔标准，可不采用泥浆护壁，而仅增高孔内水头保持孔壁稳定称清水护壁。在砂类土、砾石土、卵石土、黏砂土夹层中钻孔，必须用泥浆护壁。泥浆护壁是将事先挑选好的黏土加水调制成一定比重的泥浆，注入孔内，或直接向钻孔内投放粘土，在钻头的作用下形成泥浆。由于泥浆比重较水大，故对孔壁能增大静水压力，并在孔壁形成一层泥皮，隔断孔内外水流，保护孔壁，防止坍孔。同时泥浆还起浮碴及润滑和冷却钻头的作用。

为了充分发挥泥浆的护壁和浮碴作用，必须选用符合要求的粘土，并备足所需用量。一般选塑性指数大于25，小于0.005 mm的黏土粒含量大于50%的吸水性强，遇水膨胀分解的优质黏土。当缺少上述优质粘土时，可用略差的粘土，并掺入30%的塑性指数大于25的黏土，另掺入碳酸钠0.3%～0.4%以提高其粘度。若采用黏砂土时，其塑性指数不宜小于15，大于0.1 mm的颗粒不宜超过6%。粘土的备料数量若为砂质河床约为成孔体积的70%～80%；砂卵石层约为成孔体积的100%～120%。

3. 钻　　孔

在钻孔桩施工中，钻孔是关键性的工序，不仅决定施工进度，而且关系到施工的成败，稍有疏忽，就会坍孔，延误工期甚至使钻孔报废。因此，在钻孔桩施工前应根据实际情况制定预防坍孔和保证钻孔桩质量的技术措施，认真贯彻落实。下面以冲击式钻机为例，介绍钻孔施工要点。在冲击钻孔时，必须掌握好冲程、泥浆比重、抽碴和换浆工作。

(1)开孔阶段钻机宜用小冲程，简易冲击钻具冲程不宜大于1 m。当孔底已在护筒脚下3 m～4 m，可适当加大冲程。

(2)要随土层的变化适时调整冲程。在砂卵石地层冲进时，泥浆比重应大一些，可用1.5左右，以加强护壁防止渗漏。冲程亦可较大，以便松动和破碎卵石。在黏土层冲进时，在孔内可以自行造浆，故可只加清水，保持一定的水头。冲程亦不宜过大，以防吸钻。用简易冲击钻具时，冲程宜在2 m以内。在砂层中或淤泥层中钻进时，将粘土掺适量片石投入孔内，用小冲程冲击将粘土和片石挤进孔壁加固。在基岩中冲进时，可用大冲程，但钻头磨损大，应用高强而耐磨钢材修补。泥浆比重以满足浮碴为度，约1.3左右。如果岩面倾斜，可向孔内回填高约50 cm的片石，用小冲程快打，待冲平岩面后，方可加大冲程，以免发生斜孔，同时钻机操作时，应保证钻头转动灵活，避免出现梅花孔以保证钻孔圆顺。在掏碴后或因其它原因停钻后再次开钻时，应由小冲程逐渐加大到正常冲程，以免卡钻。

(3)在钻大直径桩孔时，可采用先导钻后扩钻的方法钻进。当用十字型钻头钻150 cm以上桩孔时，可分两级钻进，第一级钻头直径可为设计桩径的0.4～0.6倍。当用BDM-4型钻机钻直径2.5 m桩孔时，应根据地质情况和钻杆容许扭矩决定是一次成孔或分级钻进，若土层坚硬可以三级钻进，第一级钻头直径为1.5 m，第二级钻头直径为2.0 m，第三级钻头直径为设计桩径。

(4)在开孔阶段，为了使钻碴泥浆尽量挤入孔壁，可少抽碴。待冲进4～5 m后，即应勤抽碴。一般情况钻进0.5～1.0 m抽一次，每次抽3～5筒。也可按钻孔进尺的变化来确定抽碴时间，当一小时的进尺在卵、漂石地层小于5 cm、软土地层小于15 cm时，即应抽碴。

对于冲抓钻孔与冲击钻孔类似，冲抓钻孔时，需及时向孔内补充泥浆，不用抽碴，根据地层情况，采用冲抓结合的方法成孔。对于旋转钻机造孔时，开钻时泥浆要浓，钻头空转，以保证护筒底部的孔壁稳定。

4. 桩孔检查

桩孔钻至设计标高后，必须对桩孔质量进行检查。现用仪器用超声波井斜仪和DM-686型超声波孔壁测定仪两种，可直接测出桩孔各项质量特征值(倾斜度、偏位值、扩孔率、孔径、孔深和壁面状况等)，并用数值和图象直接显示，直观清楚、性能稳定，精确度可达0.5 mm。

5. 清　孔

桩孔钻至设计标高后，孔内一部分泥碴沉淀，一部分呈悬浮状态，另一部分附着在孔壁上。同时随间歇时间的增加，后两部分泥碴还会继续沉淀，从而使孔底积成一层沉碴，降低桩的承载能力。所在在灌注桩身混凝土前，必须将沉碴清除，这项工作称清孔。《铁路桥涵施工规范》规定，沉碴的容许厚度为：摩擦桩不大于30 cm；柱桩不大于5 cm。清孔的方法应根据钻孔方法、设计对清孔的要求、机具设备和孔壁土质情况而定，常用的方法有：

(1)抽碴法

用抽碴筒清掏孔底沉碴，应边抽边加水，保持一定的水头高度。抽碴后，用一根水管插到孔底注水，使水流从孔口溢出。在溢水过程中，孔内的泥浆比重逐渐降低，达到所要求的标准后停止。此法适应于冲抓、冲击成孔的各类土质的摩擦桩，抽碴后孔内泥浆比重应不大于1.3。

(2)吸泥法

吸泥法清孔用吸泥机或简易吸泥机进行，清孔时由风管将高压空气输进排泥管，使泥浆形成密度较小的泥浆空气混合物，在水柱压力下沿排泥管向外排出泥浆和孔底沉碴，同时向孔内注水，保持孔内水位不变，直至喷出的泥浆指标符合规定时为止，此法适用于不易坍塌的柱桩和摩擦桩清孔，如图 16—46。

若在易发生坍塌的钻孔内清孔，可在灌注水下混凝土的导管内吸泥，清孔后立即灌注混凝土，这样可以减少桩底泥碴沉淀厚度，如图 16—46(*b*)所示。若清孔后孔底沉淀层仍较厚时，可在导管外安设 ϕ 30 mm射水(风)管，冲射 3～5 min，使沉淀层翻起，然后立即灌注水下混凝土，射水压力比孔底泥浆压力大50 kPa即可，如图 16—46(*c*)所示。使用本法时，钢筋笼可先放入孔内。

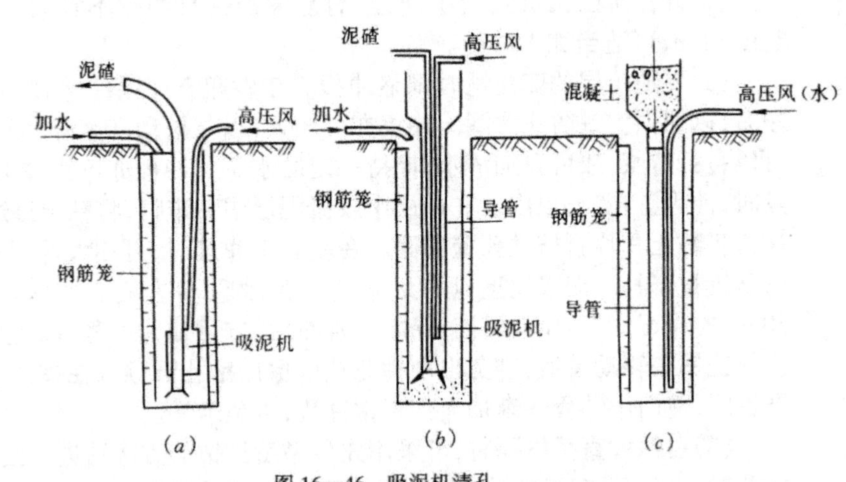

图 16—46　吸泥机清孔

(3)换浆法

正循环旋转钻孔在终孔后，停止进尺，保持泥浆正常循环，以中速压入符合规定标准的泥浆，把孔内比重大的泥浆换出，使含砂率逐步减少，最后换成纯净的稠泥浆，这种泥浆短时间不会沉淀，使孔底沉淀层在允许范围内。其具体步骤是：当钻孔距设计标高1 m时，改用纯用的稠泥浆(比重不小于1.4)，钻至设计标高；然后钻头提离孔底20 cm左右空转，继续供给稠泥浆，保持泥浆正常循环，经数十分钟或数小时，待孔内泥浆换完直至稳定状态为止；加入清水继续循环，直至孔底沉淀层不大于5 cm为止。

(三)钻孔灌注桩施工要求

1. 钢筋笼制作

钢筋笼应根据设计要求、起重设备能力，整体或分节制作。一般钢筋笼较长(大于12 m)常分节制作，分节长一般为 5～8 m。要求主筋平直，箍筋圆顺，尺寸准确，主筋接头应错开，同一截面内的接头根数不多于主筋总根数的50%，两接头的距离应大于50 cm。然后分节吊装并焊成整体，并保证轴线为一直线。为防止钢筋笼搬运及吊装时变形，每隔2 m左右设一道与主筋直径相同的加劲箍筋，主筋与箍筋连接处应点焊牢固，必要时可用方木临时加固。

钢筋笼就位，应与孔壁保持设计保护层距离，可在钢筋笼主筋上每隔2 m左右对称设置四个“钢筋耳环”，耳环钢筋一般用 10～12 mm。或设混凝土垫块，其尺寸为15 cm×20cm×8 cm，靠孔壁一面做成圆弧形，靠骨架面做成平面，并有十字槽，纵向为直槽，横向为曲槽，其曲率同箍筋的曲率，在纵槽两侧对称地预埋备绑扎的 12 号铅线。也可用导向钢管控制保护层厚度，钢管的数量不少于 4 根，其长度与钢筋笼长度相等，钢管可在混凝土灌注过程中逐步拔出。钢筋笼入孔后，要固定牢固，定位标高应准确，允许误差±5 cm，并使钢筋笼底部处于悬吊状态下灌注水下混凝土。

2．水下混凝土灌注

灌注水下混凝土是钻孔桩施工的关键工序之一，应精心组织，保证质量。水下混凝土灌注原理与规定见沉井水下混凝土部分，现仅结合钻孔桩施工的特点补充如下：

(1)灌注水下混凝土的准备工作应迅速，防止坍孔和泥浆沉淀过厚。开始灌注前应再次核对钢筋笼标高、导管下口距孔底距离、孔深、泥浆沉淀层厚度，孔壁有无坍孔现象等，如不满足要求，经处理后方可开始灌注。

(2)每根桩灌注的时间不应太长、尽量在8 h内灌注完毕，以防止顶层混凝土失去流动性，提升导管困难，增加事故的可能性，要求每小时灌注高度宜不小于10 m。一经开灌，中途任何原因中断灌注皆不得超过30 min。

(3)灌注所需的混凝土数量，约为设计桩径体积的1.3倍。

(4)测量水下混凝土面的位置用测绳吊着重锤进行，过重则陷入混凝土内，过轻则浮在泥浆中沉不下去。一般用锤底直径 13～15 cm，高约 18～20 cm之钢板焊制的圆锥体，内灌砂配重，容重为 15～20 kN/m^{3}左右。

(5)导管埋入混凝土的深度取决于灌注速度和混凝土的性质，任何时候不小于1 m，一般控制在 2～4 m。

(6)灌注标高应高出桩顶设计标高不少于0.5 m，以便清除浮浆和消除测量误差。

3．桩身混凝土质量检测

钻孔桩施工应保证其质量合乎设计要求。由于施工不慎或其他原因，可能在桩身产生空洞、蜂窝、离析等缺陷。为了及时发现隐患，以便采取补救措施，保证设计要求，可利用超声波对桩身混凝土进行检测。

钻孔桩内部缺陷的超声波检测法，是通过事先预埋在桩孔内的声测管，把发射探头和接收探头分别置于两根管道中，使超声脉冲穿过两管道之间的混凝土，并使两探头在管中作等距离的上下移动，观测声波传播时间变化，据此判断混凝土缺陷位置和尺寸。声测管的布置应根据桩截面大小、分别用图 16—47 所示形状。一般两根声测管的间距最大不超过1.5 m，常以1.0 m为宜。声测管的截面积之和应小于桩截面积的1%，外径过大会削弱桩的承载力，若桩径较大，声测管可按图 16—47Ⅱ、Ⅲ所示布置。若不用此法，对质量有怀疑的桩，应钻取心芯鉴定，每个桩基础检查的桩数应符合规范规定。

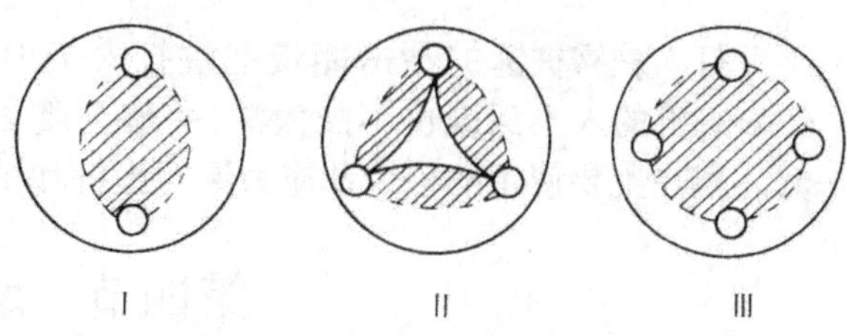

图 16—47　声测管的布置方案

四、挖孔灌注桩施工

挖孔桩的构造除桩径稍大外与钻孔桩基本相同,但施工方法简单,只需用很少的机械设备,以人力开挖为主。桩有圆形、方形和矩形三种。只适用于无水或少水的较密实的各类土层中,桩的直径(或边长)不宜小于1.4 m,孔深一般不宜超过20 m,并可将桩尖扩大,以提高桩的承载力。一般情况下是在无水或抽水条件下灌注桩身混凝土,质量容易保证。

挖孔桩开挖分无护壁和有护壁两种。无护壁开挖只在孔内无水,深度一般不超过10 m的密实地层中采用,其他情况一般采用有护壁开挖。支护形式应视土质、渗水情况及保证施工安全而定。若土质密实开挖后短期不会坍孔者,可不设支护或间隔设支撑或采取喷射混凝土支护。土质不好则应采取框架支撑或混凝土预制圈支撑。一般情况下采用排架支撑,沿桩深每1～1.5 m设一横向排架,排架后设挡土板;或用壁厚 10～20 cm的混凝土护壁,每掘进 1.2～1.5 m时,立模灌注混凝土一次。

挖孔桩施工必须在保证安全的前提下，不间断地进行。在软土地层，同一墩台内不宜两相邻孔同时开挖。如情况较好，以对角两孔或间隔开挖为宜。若孔较深应经常检查孔内二氧化碳浓度，若超过0.3%，应加强通风。开挖时不必将孔壁修成光面，允许孔壁稍有不平，以提高桩侧的摩擦力。桩的截面尺寸须满足设计要求，桩孔中线误差不得大于孔深 0.5%。挖孔中遇有大漂石或基岩时，可进行孔内爆破法施工，但严禁裸露药包，必须严格掌握眼深和药量，以防因爆破引起孔壁坍塌。对于软岩石炮眼深不超过0.8 m；对硬岩层不超过0.5 m。炮眼数目和位置及斜插方向，应按岩层断面情况定，中间一组集中掏心，四边主要挖边，以松动为主，一般为中间炮眼装硝胺 1/2 节，边眼装药 1/3～1/4 节。放炮后应及时通风排烟。

施工期间应做好防水、排水工作，除在墩台四周挖截水沟外，并注意防止孔内排出的水渗流孔内。孔内渗水量不大时，可用人力提升排水；渗水量较大时，则应用机械排水。同一墩台数孔同时开挖，渗水量大的孔应超前开挖，集中抽水，降低其它桩孔水位。在灌注混凝土时，若数孔桩仅有小量渗水，应采用措施同时灌注以免将水集中于一孔而增加困难。若水量大，影响灌注质量时，则应集中于一孔抽水，降低其它孔水位，此孔最后采用水下混凝土灌注。

五、打入桩施工

打入桩靠桩锤的冲击能量把桩打入土中,因此桩径不能太大,一般土质中桩径不大于60 cm,桩的入土深度也不能太深,一般土质 20～30 m,否则打桩设备要求较高,而打桩效率低。现在主要使用的桩为预应力混凝土桩和少量钢桩。目前桥梁基础中较少采用。

第四节　墩 台 施 工

墩台施工一般工程量较大,又常有高空作业,所有机具设备和材料较多,工期也较长,特别是高墩施工,这些问题尤其突出,往往是控制工期的关键工程。因此,如何解决好模板吊装、混凝土的运输、施工人员上下和高空作业安全等问题,对保证工程质量、加快施工速度,提高经济效益等方面有重要意义。

墩台施工有就地灌注混凝土墩台、砌石墩台、混凝土块墩台和预制杆件拼装式墩台等四种形式。混凝土灌筑墩台运用最广泛,本节就此种墩台作扼要介绍。

一、墩台施工要点及技术要求

(一)混凝土墩台施工的基本方法

1. 分节立模,间歇灌筑法

将墩台沿高度分成若干节,分别制作各节模板。自底节开始,立一节模板,灌筑一节混凝土,待混凝土强度达1 200 kPa后。再立第二节模板,灌筑第二节混凝土,这样逐节升高,直至墩台灌筑完毕。此法的优点是需要的设备简单,其缺点是施工速度较慢,适用于一般高度的墩台。施工接缝处应安插接头短钢筋或埋接缝石,以提高混凝土墩台的整体性。

2. 分节立模,连续灌筑法

在灌注第一节墩台混凝土时,同时在地面将第二节模板拼组好,待第一节混凝土灌筑完后,立即将第二节模板整体吊装,并在混凝土允许间歇时间(一般为两小时)内安装完毕,继续灌筑第二节混凝土,如此循环直至墩台灌筑完毕。此法施工速度快,墩台整体性好,但应有相应的起吊设备。

3. 滑动模板施工

滑动模板是用一节模板,连同工作脚手架以整体形式,安装在基础顶面,依靠自身的支承部分和提升系统,在灌筑混凝土的同时,模板也慢慢向上滑升,这样可连续不断地灌筑混凝土。墩台整体性好,施工速度快,高空施工安全。

(二)保证墩台施工质量的措施

墩台施工基本要求是:各部尺寸准确;圬工内实外光,强度符合要求。为保证施工质量,除应严格按照《铁路桥梁施工规范》及《铁路桥隧混凝土、钢筋混凝土及砌石工程施工技术规则》进行施工外,还应做好以下几点:

1. 熟悉图纸,弄清设计意图及技术标准,复核图中标高和尺寸,如有错误及时更正;

2. 做好施工测量。除开工前认真做好墩台定位测量外,并要做好经常性的测量放样工作,如有纵向或横向预偏心桥墩,应特别注意墩中心与支承垫石和支座锚栓孔的测定;

3. 模板结构应有足够的强度、刚度和稳定性。模板拼缝严密不漏浆,表面平整光滑,倒用时应及时整修;

4. 加强检查工作,混凝土开灌前,应对模板、钢筋及预埋件和预留孔进行检查,符合设计要求后方可开灌。

(三)施工安全要点

墩台施工的特点之一,是高空作业和装吊工作较多,容易出现安全事故。因此,在制定施工计划时,应有必要的安全技术措施,并认真贯彻执行。在施工中,应定时对起重设备和索具进行检查,并严格按照施工安全技术规则进行装吊作业。

二、墩台模板

模板是混凝土墩台成型的重要结构。模板结构、制作质量、拼装速度和周转使用的次数,直接影响墩台混凝土质量、施工进度和工程成本。因此,混凝土施工中必须抓好模板这一重要环节。

混凝土墩台模板按材料分,有木模板、钢模板和钢木混合模板;按模板结构和施工方法分,有拼装式模板和滑动模板。一般墩台多采用拼装式模板,而高墩多采用滑动模板施工,滑模在后面介绍。

(一)拼装式木模板

将整个墩台模板分成若干节，每节模板又由若干块组成。分节时，应尽量使其中大部分板块可以互相倒用(图16—48)。为便于模板运送、吊装和拆除，模板尺寸不宜过大，一般长3～4 m，宽约1～2 m，并应与现场的板料长度和起吊能力相适应。

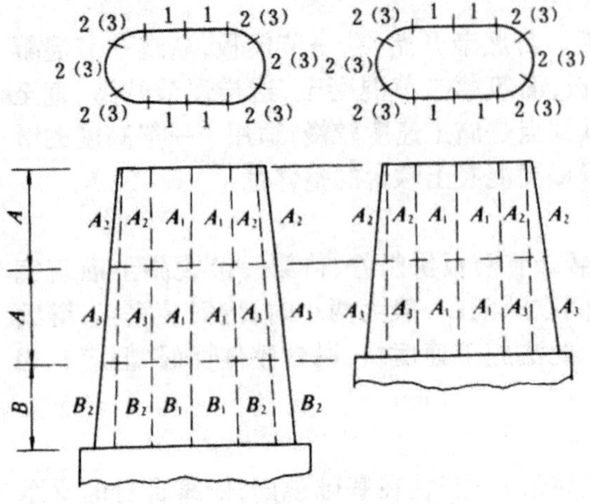

图16—48 模板分节与分块

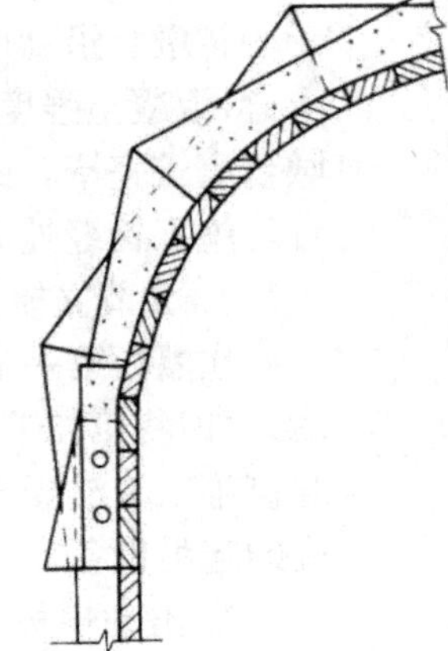

图16—49 拼装式模板的构造

拼装式模板由面板、横带木、立柱、拉杆铁箍及撑木等构件组成，如图16—49所示。

面板紧贴混凝土，直接承受混凝土的侧压力，常用3～5 cm木板制造。面板由带木(又称肋木)装钉成整块拼板。带木支承面板传来的压力，常用方木或鼓形木制作。带木间距根据混凝土侧压力大小及立柱间距而定，一般为0.8～1.2 m。将拼板分块组装成型后，用立柱支承带木、加固模板及连接上下节模板。在两侧相对立柱间，用拉杆(常用ϕ12 mm左右钢筋制成)拉紧，在拉紧前需在模板内侧设临时水平撑木，以保持模板设计尺寸，同时拉杆又是立柱的支承点。撑木随混凝土的灌筑而逐根拆除，拉杆则留在混凝土中。拉杆两端宜用可撤式螺栓，以便拆除再用。曲面模板用铁箍箍住，防止弧形部分因受混凝土的侧压力而涨鼓跑模。铁箍间距同拉杆。

墩台顶帽托盘及道碴槽的模板，其悬臂部分可在墩台身模板的立柱上设置支架来固定，如图16—50所示。

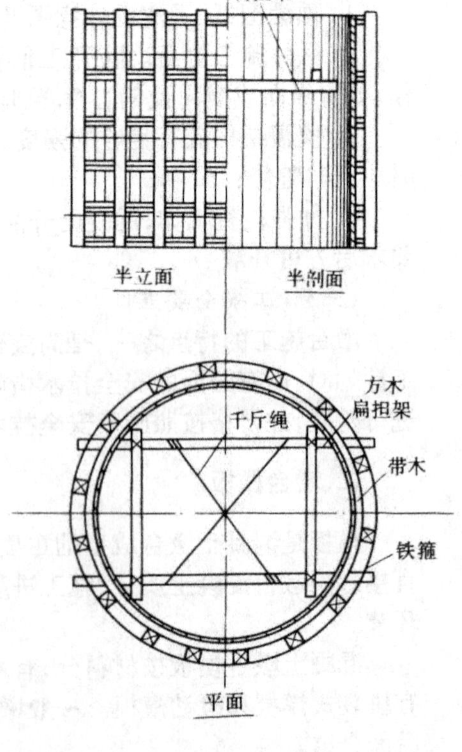

图16—51 整体吊装圆形模板

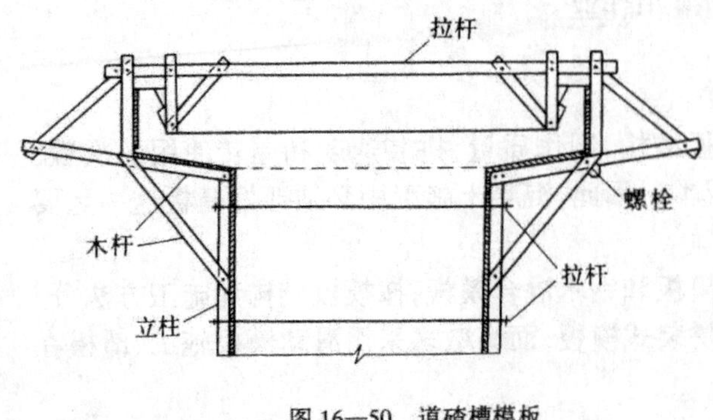

图16—50 道碴槽模板

(二)整体吊装模板

整体吊装模板是在墩台附近地面上预先将整节模板组装好，然后一次吊装就位。使混凝土连续灌筑，并减少高空作业量，对提高施工速度和工程质量都有利。分节高度可视起吊设备能力而定，一般可为 2～4 m。在整体吊装前，应在模板内临时加固，防止吊装时变形。起吊时应多设吊点，使模板受力均匀，图 16—51 为圆形桥墩的整体吊装模板，由纵横四根扁担木起吊，模板靠外侧铁箍拉紧，其刚度较好，故内部未设支撑。

(三)组合型钢模板

组合型钢模板以各种长度(1 500 mm、900 mm、600 mm)、宽度(300 mm、200 mm、100 mm)及转角标准构件，用定型的连接件将构件拼成结构的模板。它具有体积小、重量轻、运输方便、装拆简单、接缝紧密等优点。尤其是组合模板的连接件，不是用螺栓而采用 U 形卡及 L 形插销，使安装拆除简化，大大加速了施工进度。组合钢模宜用在地面拼装，整体吊装的结构上，也可在结构上分片安装。

组合模板精度较高，组拼时要求预拼场地平整，宜用砂浆抹平。在使用、搬运时必须轻拿轻放，不得抛摔。使用完毕后，要及时清理修整，涂油防锈。存放时要按规格分类堆放，如存放现场，应用帆布遮盖。

三、混凝土墩台施工提升设备

混凝土墩台施工常用的提升设备有钢塔架、缆索吊机及吊车等。

(一)钢塔架

钢塔架是用角钢制成的杆件和节点板组成的井形构架，用螺栓连接，并配有扒杆、混凝土吊斗、滑车组、卷扬机等起重机具。钢塔架适用于桥址地形较平坦。模板、钢筋及混凝土等水平运输，可用轻便轨道或手推车等运至墩台旁。施工人员亦可利用塔架上下墩台。

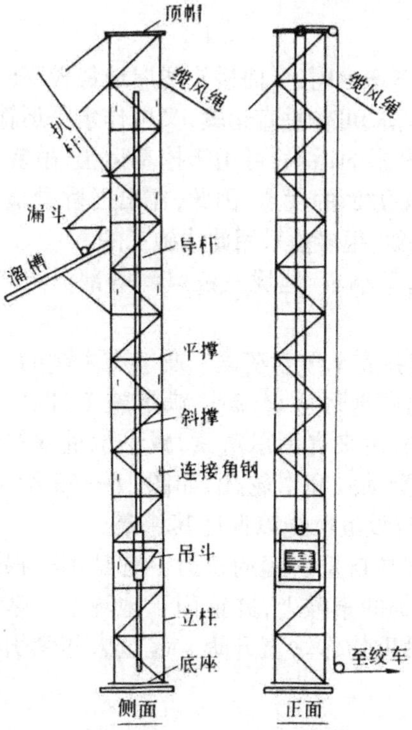

目前施工现场常用的钢塔架有两种：一种为厂制的混凝土输送塔架；二是利用万能杆件拼组的提升塔架。

1. 混凝土输送塔架

混凝土输送塔架由塔架、扒杆、吊斗、导杆、漏斗、溜槽、卷扬机和浪风绳等组成，如图 16—52 所示。吊斗用来提升混凝土，它由电动卷扬

图 16—52　混凝土输送塔架

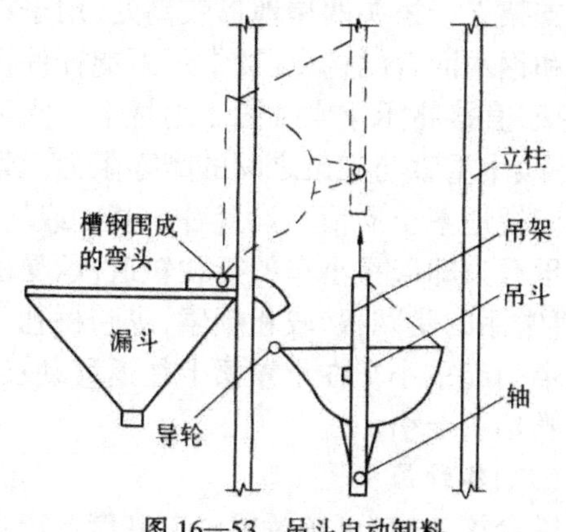

图 16—53　吊斗自动卸料

机牵引沿导杆提升到灌筑高度，吊斗能自动倾倒，将混凝土卸入漏斗(图 16—53)再通过溜槽注入模板。塔顶扒杆，用来起吊模板和其他材料。目前这种塔架灌注高分30 m和60 m两种。塔身断面尺寸为1.6 m×1.6 m，吊斗容积0.4 m^3，扒杆长度7 m，最大起吊重量：与立柱夹角65°时吊重7 kN；与立柱夹角 25°时吊重15 kN，电动机功率为11.4 kW。

塔身构架的节点间距为1.5 m。塔架立柱分底节、中间和顶节(均用90 mm × 90 mm × 8 mm的角钢制成)三种，横撑和斜撑均用60 mm × 60 mm × 8 mm的角钢制成。节点板已焊在立柱上，便于拼装。塔架基础用混凝土，顶部设浪风绳，高度大时应加设浪风绳，以保证塔架稳定。

2. 万能杆件拼组的提升塔架

万能杆件是铁路工程施工中被广泛使用的常备式钢构件。构件共有 30 个编号，基本杆件为角钢、它可以根据施工需要拼组成各种形式的辅助结构，由于万能杆件的断面尺寸较大，立柱、横撑及斜撑均可采用单根、双根或四根角钢拼组，故可拼成塔身较高、起重量较大的提升塔。

目前使用万能杆件拼组的钢塔架高度可达80 m，自带扒杆用以提升模板、混凝土和其他材料。在塔架内设之字形梯或吊笼，供施工人员上下桥墩。

为保证塔架稳定，在拼装及使用过程中均必须设浪风绳，除在塔顶设置一组(四根)浪风绳外，塔身中部应每隔20 m设一组。当塔架较高或起重量较大时，除设浪风绳外，还可采取在墩身一定高度预埋角钢或钢板与塔架相联，形成锚固式塔架。同时塔架还须设置适当的基础，当塔架高度不超过30 m，且地基土比较密实，可采用卧木基础。卧木基础是将基底整平夯实后，铺 10～20 cm碎石找平，再纵横密铺两层枕木，枕木间用扒钉连接，塔架底座用道钉或螺栓与枕木固定。当地基土较松软或塔架高超过30 m时，则须采用混凝土基础，基础厚一般为 0.7～1.0 m，并应预埋螺栓固定塔架底座。

(二)缆索吊车

山区修建桥梁，由于桥址地形陡峻，机具材料不便运至各墩台附近，而桥头两岸地势较高时，宜采用缆索吊车法施工。平原地区跨河亦可采用。缆索吊车既可作垂直运输，又可作水平运输，不受桥高和地形的限制，一套设置可以担任几个墩台甚至全桥的运输；可用于挖基运土、吊装模板、吊运混凝土及其他材料等；具有使用方便、节省劳力等多方面的优点，因此，在山区桥梁施工中运用较广泛。我国已建成的高达 60～70 m的山区高墩桥梁，很多是采用此法施工的。

缆索吊车通常由支架、承重索(又称主索)、牵引索、起重小车、地垅及浪风绳等部分组成，如图 16—54 所示。

支架立于桥头两岸地形较高处，用于提高缆索的高度并支承缆索荷载。支架有木制的、钢制的和钢木混合结构、现场常用万能杆件拼组支架。如两岸地形适宜，高度满足施工，也可不设支架，直接将承重索锚固于地垅上。支架顶部设有索鞍，用来支承承重索，减小承重索的弯折，并减小重索与支架之间的摩擦阻力。索鞍有简易式、滑动式和滑轮式，如图 16—55 所示。支架应视地基土质情况设置卧木基础或圬工基础。支架应设浪风绳以保证其稳定。

承重索即起重小车的行驶轨道，承受由起吊重量和索具自重引起的拉力。它是用一根或数根(常用的是两根)较粗钢索，纵跨桥孔，支承在支架顶部的索鞍上，并锚固于地垅上。牵引索是牵引起重小车在承重索上往返移动；起重索用于起吊重物作垂直升降。起重索和牵引索均用卷扬机牵引。

(三)各种吊机

墩台施工时，可按桥梁施工高度及混凝土运送条件，选用各式履带或轮胎吊机、塔式吊机等。塔式吊机宜用于地形平坦且桥墩数量较多的工地较为经济。

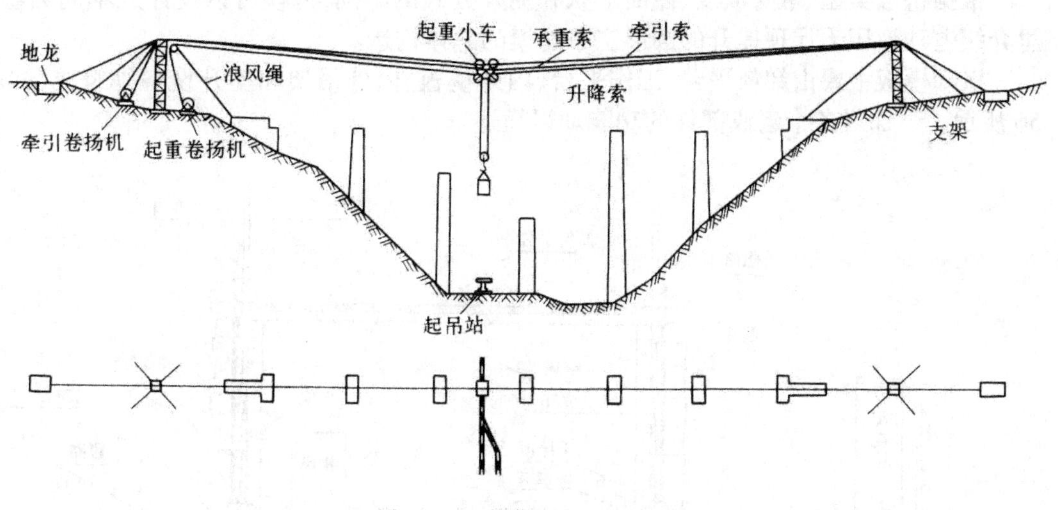

图 16—54　缆索吊车示意图

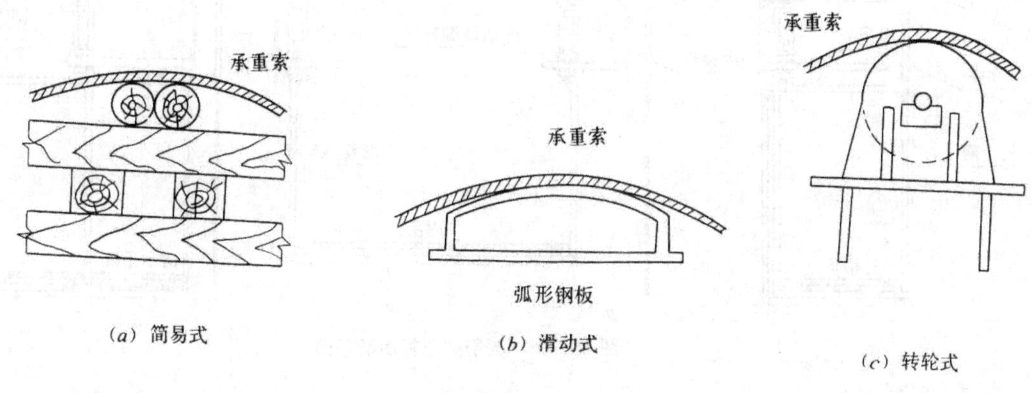

图 16—55　索鞍

(四)混凝土泵

泵送混凝土是一种先进的施工方法。它是用压力把混凝土通过硬的或软的管道输送到指定地点的方法。混凝土应具有较大的流动性,泵机出口混凝土坍落度宜在8 cm～12 cm范围内。为此,拌合机出料坍落度宜控制在 13～17 cm。坍落度过小,管道易堵塞;过大则混凝土可能析水和离析,也可能导致管道堵塞。为了提高混凝土的流动性,以减少管道堵塞的危险,可掺加减水剂或加气剂。

常见的混凝土输送泵有两种:移动式混凝土泵,一般只垂直运送混凝土,运送高度在50 m左右;固定式混凝土泵,垂直与水平均可运送,其运送距离可各在100 m以上。

四、滑动模板施工

在我国,滑动模板首先用于修建烟囱。在修建成昆铁路时,推广运用于空心桥墩施工。随着施工技术的发展,滑模结构已由最初的人工螺旋千斤顶提升的直坡滑模,发展为电动液压千斤顶提升的收坡滑模,解决了锥形空心墩施工问题。

(一)滑模的构造

根据桥墩类型、墩身坡度、截面形状和提升方式的不同,滑模可以设计成不同的型式。这里介绍电动液压千斤顶提升的圆形空心滑模的总体构造。

滑动模板主要由卸料平台、工作平台、内外模板、内外吊架和提升设备等组成,如图 16—56 所示。下面对各个组成部件的功能加以简述。

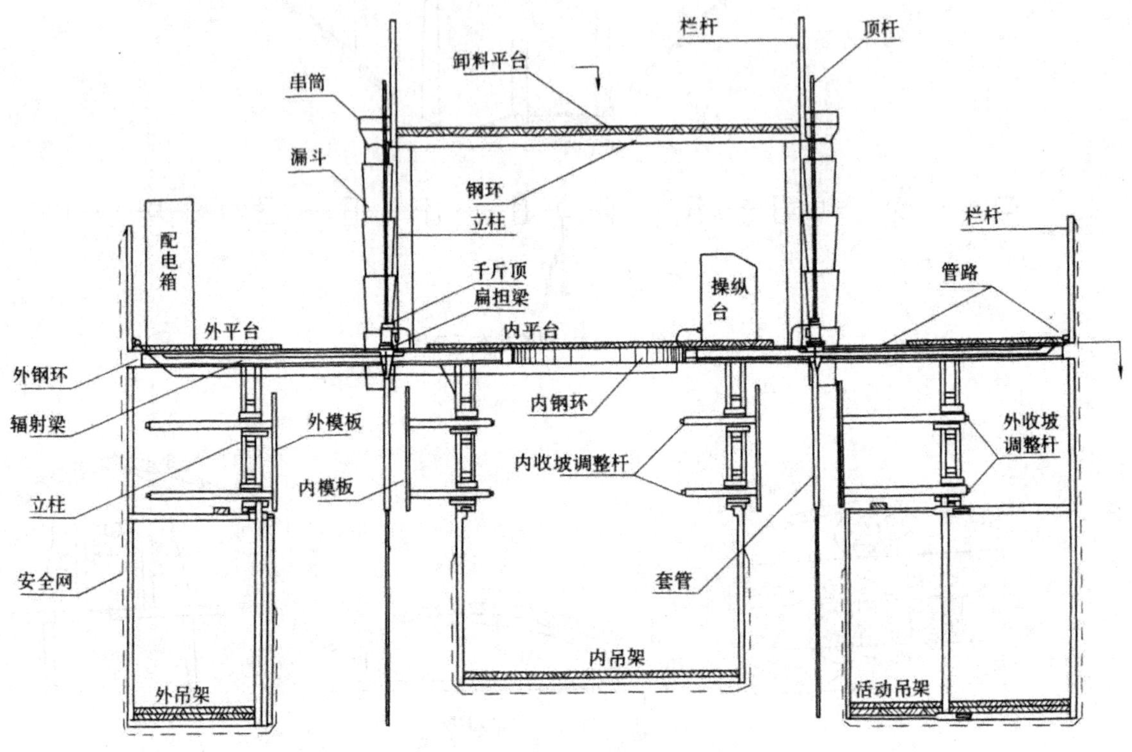

图 16—56 圆形空心桥墩滑模图

1. 卸料平台

由钢环、横梁、立柱、栏杆、步板和串筒等组成,是堆放、灌筑混凝土和起重指挥的作业台。

2. 工作平台

由内外钢环、辐射梁、栏杆和步板等组成,是整个模板结构的骨架。它除了为捣固混凝土、绑扎钢筋、操纵液压系统、测量纠偏、存放部分钢筋和顶杆等施工材料提供场地外,还用来将滑模其它部分互相联接起来,并将整个滑模通过液压千斤顶支承到顶杆上。

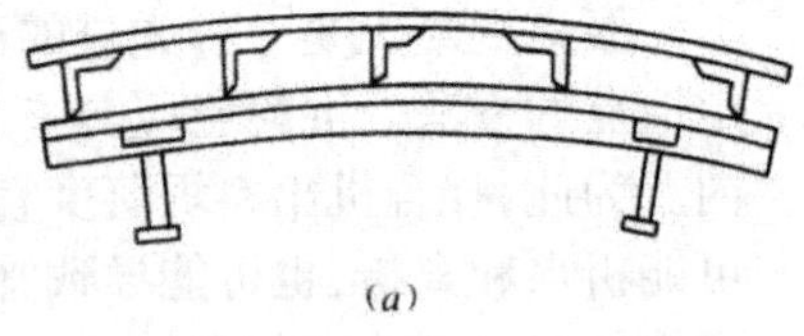
(a)

3. 内外模板

内外模板采用薄钢板、角钢和槽钢制成,分固定模板和活动模板两种。固定模板为焊成整块的模板,如图 16—57(*a*)所示。每块活动模板由五块可拆卸的小模板组成,这些小模板的竖带上都焊有螺母,再用螺栓与横带组装在一起,如图 16—57(*b*)所示。固定模板安装在收坡丝杆上,收坡丝杆安装在立柱上,立柱固定在辐射梁上。活动模板则

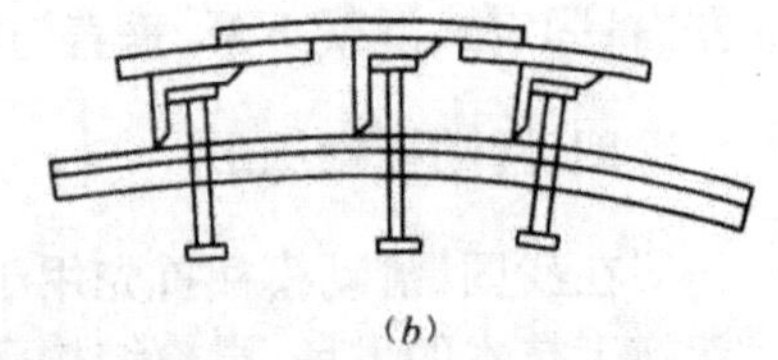
(b)

图 16—57 模 板

搭接在两块固定模板之间，支承在固定模板的横带上。

4．内外立柱和收坡丝杆

内外立柱安装在辐射梁上，是内外模板的支承。收坡丝杆为一根车有螺纹的螺杆，它穿入焊在立柱上的螺母中，固定模板位置又是控制模板收坡的构件。

5．内外吊架

吊架由竖杆、横杆、步板和安全网等组成。为抹面、养护和收坡的作业脚手架。

6．提升设备

提升设备由电动液压千斤顶、顶杆与套管、液压操纵台和输油管路等组成。

顶杆是液压千斤顶的爬行杆，又是整个模板的支承杆。顶杆用 ϕ25 圆钢制成，每节长 2～3 m，两端分别车有公丝和母丝，用来接长，顶杆接头应错开。套管内径应比顶杆稍大，长度应不小于1.5 m，套在顶杆的外面并连接在辐射梁上，可随模板上升。其作用是防止混凝土与顶杆粘结，以便桥墩竣工后，将顶杆拔出再用。

目前常用的液压千斤顶有三种型号（HQ-30、HQ-35、HQ-40），其工作行程分别为30 mm、35 mm与40 mm，采用的顶杆直径都是 ϕ25 圆钢，构造相同。HQ 型千斤顶的特点是支承顶杆从千斤顶中心穿入，千斤顶只能上升，不能下降，故又称为穿心式单作用液压千斤顶。施工时将千斤顶底座连接在工作平台辐射梁上，顶杆从上插入千斤顶中心孔内并抵至硬底，接通液压管路，千斤顶即可开始工作。

（二）滑模提升

1．进油提升

利用油泵将油压入千斤顶的缸盖与活塞之间。随着进油量的增加，高压油液使缸盖连同缸筒、底座及整个滑模结构一起上升。当千斤顶上升到一个行程时，提升暂停。

2．排油归位

开通回油管路，解除油压。在千斤顶及整个滑模位置不变的情况下，使活塞回到进油位置。至此，完成一个提升过程。

为了使各液压千斤顶协调一致的工作，应使油泵与各千斤顶用高压油管连通，由操纵台集中控制。

（三）滑模收坡

滑模收坡主要靠转动收坡丝杆移动模板，使内、外模板在提升的同时，根据墩内外半径缩小的情况，在辐射方向变更模板位置。在提升过程中，随着墩身直径缩小，模板的周长也相应缩短；因此，各块固定模板之间的活动模板，相互搭叠（图 16—58），随着墩身截面周长的缩短，模板搭叠范围将不断增大，待搭叠增大至一定限制时，可抽出部分活动模板，再继续提升收坡。

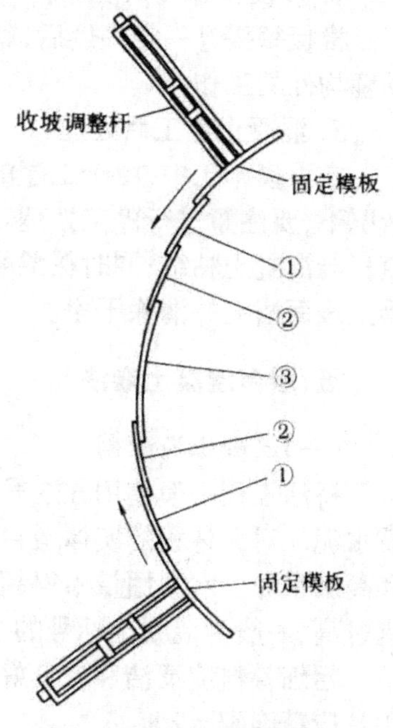

图 16—58　滑模收坡原理

（四）施工程序要点

1．组装滑模

在墩位上就地进行组装，安装步骤大致如下：

（1）在基顶定出桥墩中心线，并用墨线弹出内外模板上下口的坡影，搭设拼装枕木垛。

（2）在枕木垛上先安置内钢环，并准确定位。再依次安装辐射梁、外钢环、立柱与收坡丝杆、模板、千斤顶、套管、安插顶杆及输油管路等。

(3)待模板提升2 m后，再安装内外吊架和安全网。

2．灌注混凝土

(1)滑模施工要求混凝土早强，所以常采用低流动性或半干硬性的，以便及早脱模，加快提升速度。

(2)要分层、分片对称地灌注，并及时进行捣固，不得漏捣或重捣，不得碰顶杆、钢筋或模板。

(3)脱模时，混凝土的强度需达 200～500 kPa。为缩短脱模时间，可根据气温掺用速凝剂，以便使混凝土早强。

(4)脱模后，对混凝土表面的缺陷立即进行修饰。

3．提升与收坡

当滑模组装好后，先灌注混凝土 50～70 cm左右，进行试提升(初升)3～5 cm，以防止已灌注的混凝土与模板粘着，检查提升设备和模板各部是否正常工作，发现问题及时处理，还应检查脱模混凝土强度增长是否正常。认为符合要求，方可进入正常提升阶段。正常提升是每灌注一层混凝土，即提升一次模板，在正常情况下，前后两次提升模板时间不超过1 h。提升后模板上口距混凝土面不宜超过50 cm，以防模板走动。

随着模板的提升，应转动收坡丝杆，调整墩壁曲面的半径，使之符合设计要求的收坡坡度。

4．接长顶杆、绑扎钢筋

模板每提升一定高度后，就需要穿插进行接长顶杆、绑扎钢筋及按设计要求做好预留口和预埋构件的工作。

5．混凝土停工后处理

在滑模施工中，由于工序的改变，或发生意外事故，使混凝土灌注工作停止较长时间，在此情况下，要注意进行停工处理。例如，每隔半小时提升模板一次，一般提升 3～4 次即可，以免模板与混凝土粘结；同时在混凝土表面插入短钢筋，以加强新老混凝土的连接，复工时要将混凝土表面凿毛并清除干净。

五、墩台混凝土灌注

(一)混凝土的配制

桥涵工程一般使用 325 号以上的普通水泥。受水流冲刷或冰冻作用部分不得使用火山灰质水泥。对大体积的实体墩台，为减少水化热应优先使用大坝水泥或矿渣水泥，不宜使用快硬和高级水泥。水泥用量不得超过3 500 kN/m^3，水泥标号不宜小于混凝土标号的 1.2 倍，也不宜过高，一般为混凝土标号的 1.5～2.0 倍。

粗细骨料应清洁和有良好的级配，才能保证混凝土的强度、耐久性及和易性。粗细骨料的用量应精确到 ±2%。

拌和用水不得含有影响水泥正常凝结和硬化的有害杂质、油类和糖类，水的用量精确到 ±1%。

拌和混凝土应用搅拌机。只在工程规模很小时，才用人工拌和。在投料时必须按配合比进行，要求拌和均匀。

(二)混凝土的灌注

灌注混凝土前，应检查模板的位置和尺寸是否正确；钢筋及预埋件等是否符合设计要求。模板应湿润，必须清除模板内一切杂物并用水冲洗干净。墩台混凝土的灌注应连续进行，分节施工或因故停工时，必须作好接头处理，混凝土灌注的自由落体高度不超过1.5 m，超过时应用滑槽、串筒或减速串筒，以减小倾落高度，尽量减少离析现象。

混凝土灌注和捣固应分层进行，每层厚度 15～40 cm，视所用捣固方法及混凝土的坍落度而定。应在下层混凝土开始凝固前将上层混凝土捣固完毕。混凝土捣固密实的标志是：混凝土不再下沉，表面平整并浮现一层薄水泥浆，此时应立即停止振捣，否则将造成离析。同时也不允许漏捣。

为了节约水泥，在实体混凝土墩台中，可以填放抗压强度不低于30 MPa的片石。填放量不超过全部混凝土体积的 20%。片石应分层竖放其间距不小于10 cm，石块与模板净距不少于25 cm，最上层片石顶面有不少于25 cm厚的混凝土。

第十七章　钢筋混凝土简支梁桥

第一节　钢筋混凝土简支梁的构造

铁路上最常用的钢筋混凝土梁桥就是简支梁桥。除非限于当时当地的运输和吊装条件而只能采用就地现浇外，一般都采用装配式结构(分片式梁)。本节主要说明装配式简支梁的构造。

一、梁的截面形式

简支梁的截面形式主要由受力要求决定，装配式的简支梁正常高度的梁有三种截面形式(图17—1)。小跨度($L\leqslant$ 6 m)梁，由于跨度小，梁高也小，为了使截面形式简单、制造方便，采用板式截面；较大跨度的梁($L\geqslant 8$ m)，由于跨度增大，根据简支梁的工作特点，梁高也相应增高，如再采用板式截面就不合适，为了减少材料和减轻梁重而便于架设，一般采用肋式截面，如∏型截面和T型截面。但∏型截面梁有许多缺点(如其单片梁有四个支座，容易出现三条腿现象，使结构内部产生额外应力)，现已基本上不采用。目前T梁是分片式梁广泛采用的一种截面形式。

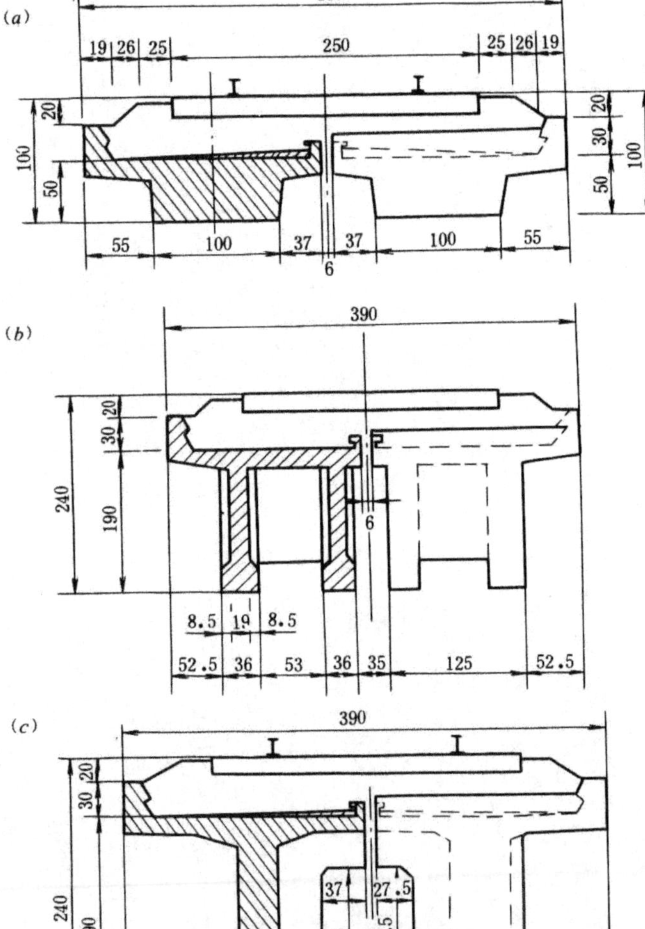

图17—1　分片式简支梁截面形式(尺寸单位:cm)
(a)板式截面;(b)∏型截面;(c)T型截面。

二、道碴槽构造

为了满足使用上的要求，每片梁外侧设挡碴墙，与道碴槽板(桥面板)一起形成道碴槽。道碴槽顶宽不应小于3.9 m，桥面板厚度由构造要求及受力条件确定，因为从受力看，桥面板不仅承受悬臂弯矩，而且还作为主梁受压翼缘。板的最小厚度桥规规定为12 cm。桥面板顶面作成排水坡($i=3.74\%$)，上面设垫层并在垫层上铺设防水层。水流向梁的外侧汇向埋在挡碴墙内的泄水管排出桥面。为了纳入防水层的边缘，在挡碴墙和端边墙内均设有嵌口，在每片T梁内侧的内边墙上也做了嵌口。各部详细尺寸及防水层的构造如图17—2。

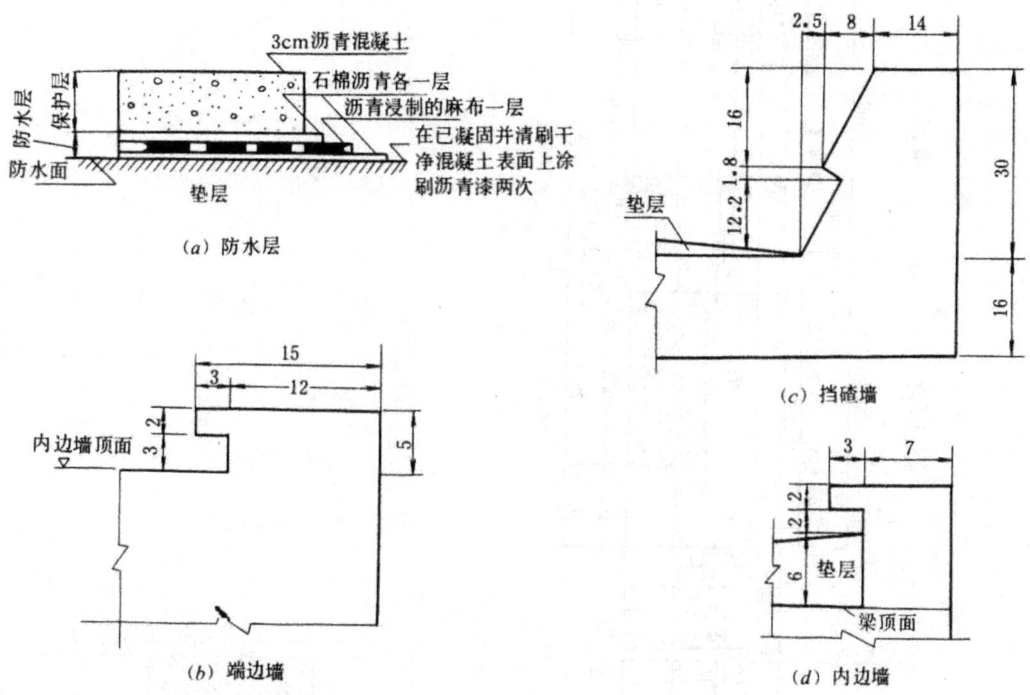

图17—2　挡碴墙、边墙及防水层构造详图(单位:cm)

三、板式截面简支梁的构造示例

(一)梁的构造

图17—3为4 m跨度的道碴桥面钢筋混凝土梁的概图。为了设置石棉衬垫，梁的两端各伸出支点以外250 mm，所以梁的全长为4.5 m；混凝土标号为200号，主筋为16Mn钢，构造钢筋为A3钢筋，梁高为0.5 m。为了承托桥面上的道碴和轨枕，设置了道碴槽，其宽度根据桥上线路铺设要求定为3.9 m，两片梁间留有60 mm的空隙，因此每片梁宽度为1.92 m，截面下部宽度收缩为1.0 m，以节省混凝土用量，并可以减少墩台宽度。

(二)防水及排水设施

为防止落碴，在梁的顶部四周设置挡碴墙，按规定，轨底应高出挡碴墙至少200 mm，以便于维修抽换轨枕。挡碴墙在计算内力时不参与主梁受力，为避免在使用中挡碴墙受弯曲应力，沿纵向每隔一定距离设置一道10 mm宽的断缝，在断缝内填以油毛毡。

为了防止雨水渗入梁体引起钢筋锈蚀和混凝土冻裂，在道碴槽板顶设垫层、排水坡和防水层，雨水沿挡碴墙汇注到泄水管排出(图17—4)。在两片梁间的缝隙上设置了纵向钢筋混凝土盖板(图17—5(a))，在梁与梁及梁与桥台间的缝隙上设横向铁盖板，如图17—5(b)所示，以防止掉碴。

(三)人行道

为了养护人员工作及翻修道床时堆放道碴，梁的两侧设有人行道。人行道的支架角钢利用埋设在挡碴墙内的U形螺栓来连接。支架角钢上的步板常用钢筋混凝土预制。人行道的

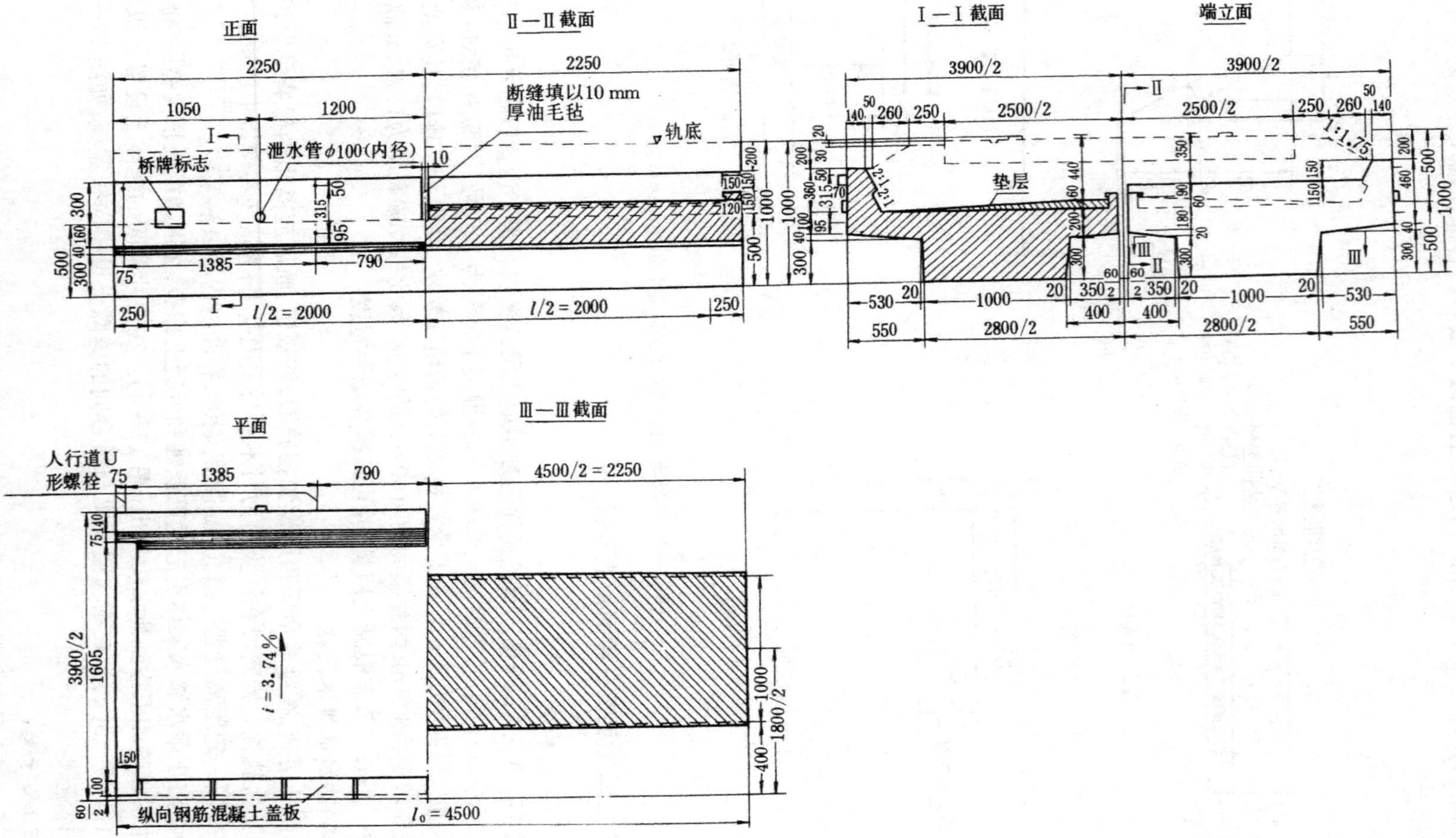

图17—3　4 m跨钢筋混凝土梁概图(单位:mm)

宽度，在直线桥上应不小于500 mm；位于曲线上或车站内的桥梁，以及采用机械化养路的大中桥的人行道，都应加宽。图 17—6 为人行道构造断面图。

（四）钢筋布置

图 17—7 为跨度4 m道碴桥面钢筋混凝土梁的钢筋布置图。

每片板梁设 23ϕ16（$N1 \sim N7$）的主筋，成束设置。两根一束的有 10 束，三根一束的有一束，排列于板梁的下缘。$N1 \sim N6$ 主筋分批弯起，作为斜筋，由于板梁高度较小，伸到受压区的弯起钢筋长度不足20 d，故应设置与纵筋平行、长度为15 d（240 mm）的直段。为使钢筋布置匀称，将 $N6$ 钢筋弯向下方，$N7$ 钢筋伸入支点内，并在端部设置弯钩。

每片板梁箍筋用 10 肢 ϕ8（$N21$），间距为300 mm，做成开口式，钩在架立钢筋 $N34$ 上，架立钢筋为 6ϕ10。

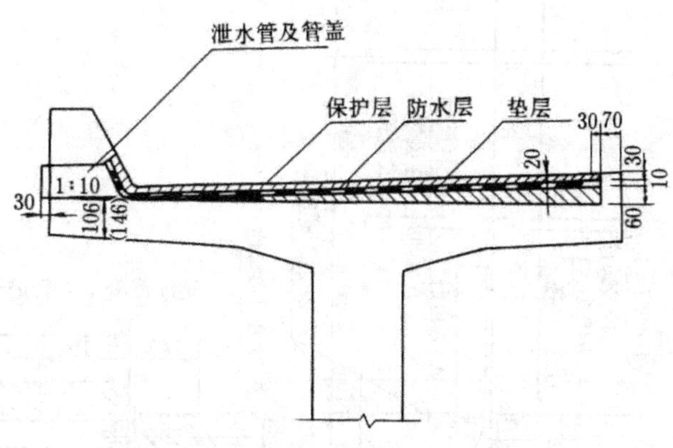

图 17—4 泄水管位置（单位：mm）

板梁两侧的悬臂板，根据计算，在上部设受力钢筋 20N18ϕ10 及 6N19ϕ10，N19 在板的外侧向下弯折锚固在受压区。板的外侧底面，沿梁全长配置构造钢筋 8N50ϕ8 和 20N29ϕ10，板的内侧底面，沿全长也配置构造钢筋 8N51ϕ8 和 20N30ϕ10。配置这些钢筋的目的是增加全梁钢筋骨架的整体性和承受因偶然荷载引起的底面拉应力。垂直于悬臂板受压力钢筋的分配钢筋为 12N53ϕ8。

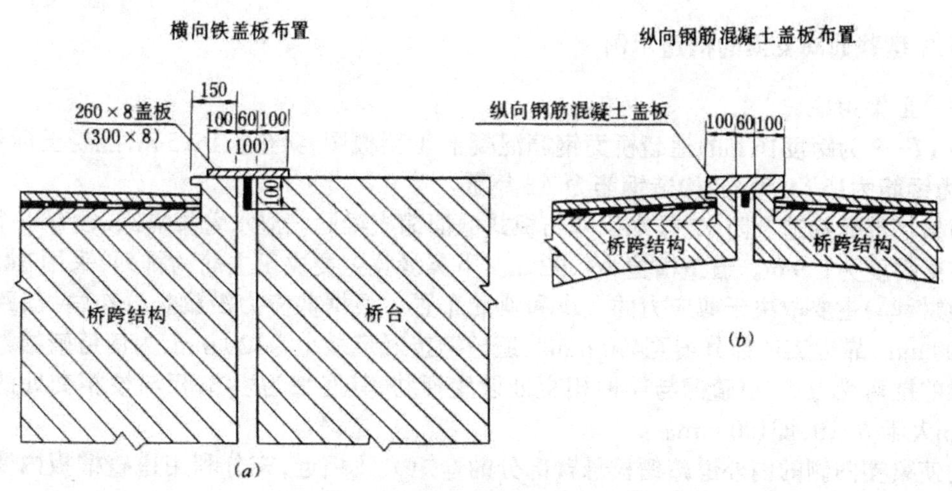

图 17—5 纵、横向盖板详图（单位：mm）

挡碴墙内埋设有安装人行道用的 U 形螺栓，并在其间设置 N16ϕ20 的 U 形螺栓分配钢筋。考虑到挡碴墙必须承受人行道支架的作用力，同时也可能受到偶然的碰撞力，故设有封闭式的挡碴墙受力钢筋 26N52ϕ8，与其垂直方向设有分配钢筋 N54ϕ8 组成钢筋骨架。设于挡碴墙内的分配钢筋，在断缝处均应断开。

截面Ⅲ—Ⅲ图是挡碴墙内的钢筋布置图。

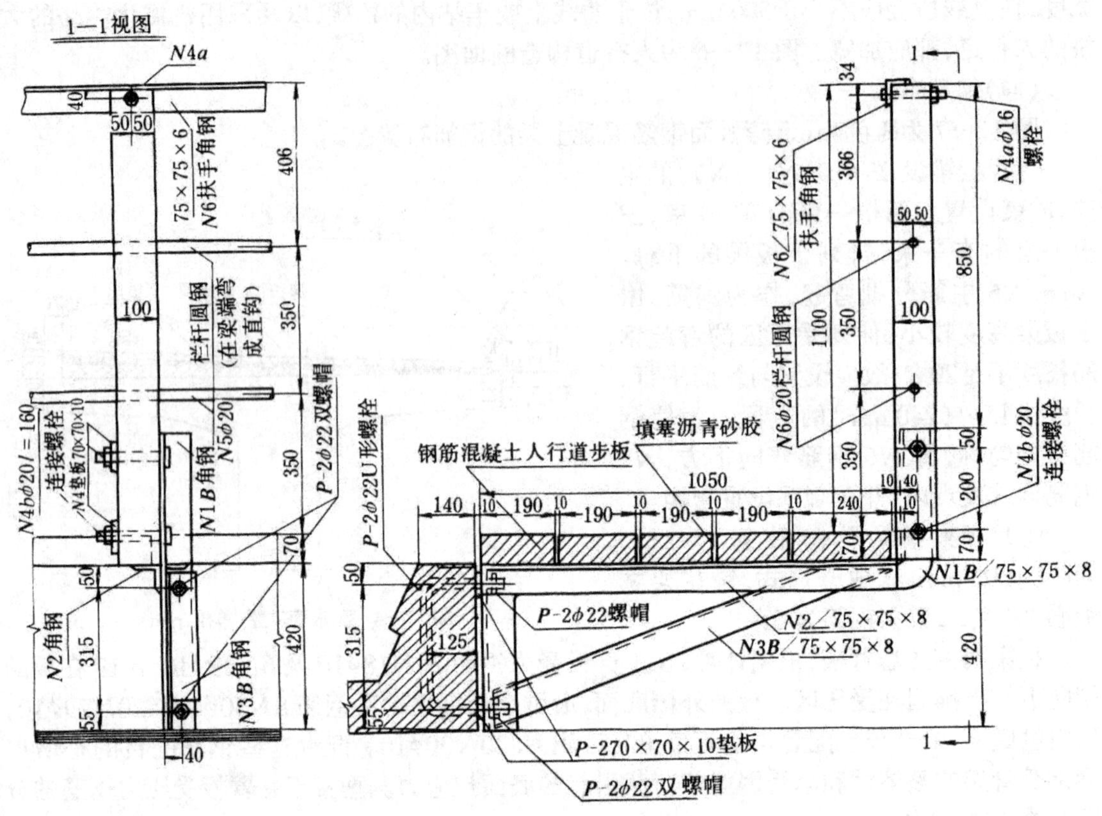

图 17—6 人行道及栏杆布置图(尺寸单位:mm)

四、T型截面简支梁的构造示例

(一)主梁构造

图 17—8 为跨度16 m的道碴桥面钢筋混凝土 T 梁概图,梁全长16.5 m,混凝土标号为 250 号,受力钢筋为16 Mn钢筋,构造钢筋为 A3 钢筋。

道碴槽部分构造及防水、排水设施与板式截面简支梁同。泄水管每隔3 m设置一个。

主梁高度为1.9 m。道碴槽宽为1.92 m。下翼缘宽主要决于主筋的排列,采用700 mm;梁梗宽(腹板厚)主要取决于剪应力的大小和斜筋布置。根据剪应力沿梁长分布情况,跨中腹板厚为300 mm,靠近支座部分增至490 mm。道碴槽按规定最小为120 mm,为使道碴槽翼板能参与主梁的抗弯受力,在道碴槽与梁梗相交处设置梗胁,其底坡为 1:3,板与梗相交处的板厚为 240 mm大于 $h/10$,即190 mm。

为使梁梗两侧的内外道碴槽板悬臂部分的弯矩大致相近,充分利用道碴槽板内受力钢筋的性能,并考虑到运输与架设时有较好的稳定性,应尽量使梁的重心位于梁梗中心附近,由此确定同一孔梁的两片梁之梁梗中心距为1.8 m。

(二)横隔板

横隔板的作用除了使两片梁连成一整体、保持横向稳定外,还能使两片梁在列车荷载作用下能很好地共同受力,防止梁产生扭转变形。

中间横隔板厚度为160 mm。端横隔板厚度较大,为460 mm,主要是考虑到维修或更换支座时,需在端横隔板下放置千斤顶,因此端横隔板又称顶梁。端横隔板位于支座处,受集中力

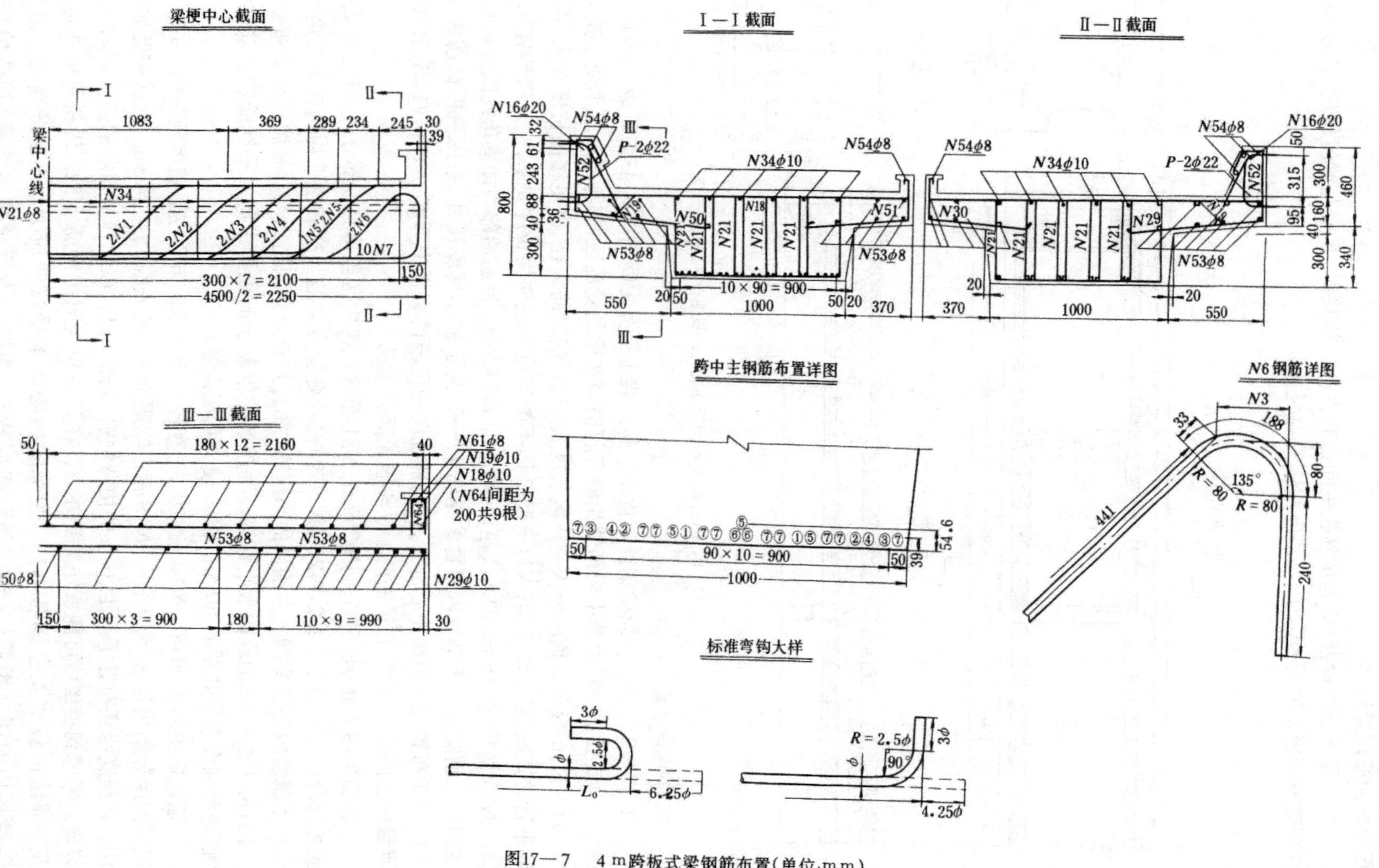

图17—7　4 m跨板式梁钢筋布置(单位:mm)

很大故钢筋配置较多。

为了便于维修检查，所有横隔板中间留有方孔。架梁时，当一孔梁就位后，用联结板将预埋在端横隔板中的钢板焊住，然后灌注接头混凝土。

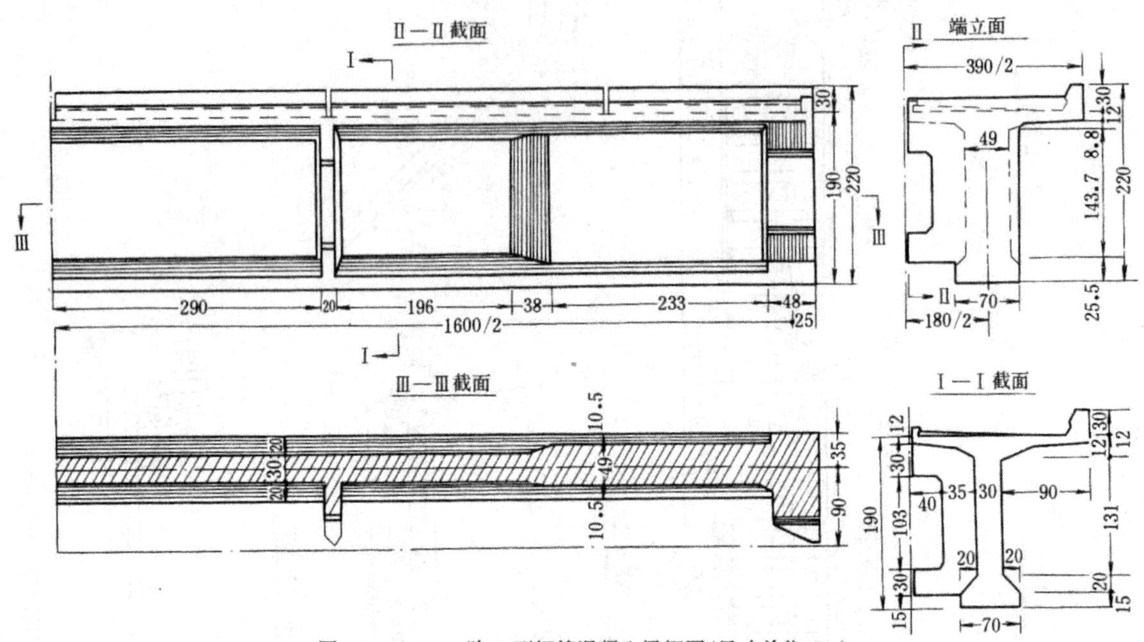

图 17—8　16 m 跨 T 型钢筋混凝土梁概图(尺寸单位:cm)

(三)钢筋布置

图 17—9 为16 m直线梁钢筋布置图。每片梁主要受力钢筋共有 43ϕ20(编号 *N*1～*N*15)。*N*1～*N*12(共 23 根)由跨中向两端相继弯起锚固在梁的受压区，和箍筋一起承受主拉应力，其中 *N*1～*N*10 弯至梁顶后伸入受压区长度大于 20 倍斜筋直径，满足锚固长度要求，不设与纵筋平行的直段，且不设弯钩；*N*11～*N*12 因不能满足上述锚固长度要求，向上弯转锚固在受压区。*N*15 钢筋(共 16 根)伸入支座，与弯起的 *N*13，*N*14 钢筋端部均加直角钩以保证具有足够锚固。主钢筋在梁下翼缘内布置参见图 17—9，为了缩小翼缘尺寸，采用三根钢筋成束布置。*N*1～*N*7 布置在下翼缘中心部分，使它能在跨中区段薄腹板中弯起；*N*8～*N*14 布置在靠近下翼缘中心部分，使它能在梁的两端区段腹板部分弯起。

箍筋采用 4 肢 ϕ8 钢筋，间距25 cm，*N*21 布置在跨中区段薄腹板部分内，*N*22 在梁两端厚腹板部分内，同一处用 2 个 *N*21(或 *N*22)错开叠置成 4 肢。所有箍筋均钩在架立钢筋上，在梁的下翼缘内还设有捆扎主筋用的小箍筋 *N*62，并有架立钢筋 *N*53。在腹板两侧布置有间距为10 cm直径为 ϕ8 的纵向水平钢筋。为使灌注混凝土时保持纵向水平钢筋和箍筋的设计位置，还分别设置了联系筋 *N*65 和 *N*66 使其互相钩住。

道碴槽主筋为 *N*18、*N*19、*N*20，(直径) 为 ϕ10，布置在道碴槽板顶缘。*N*19、*N*20 钢筋间距分别为72 cm和36 cm；*N*18 钢筋间距为 4×12 mm+1×24 cm。钢筋布置如图 17—10。在板底缘还布置了间距26 cm的构造钢筋 *N*50、51，以加强板与肋的连接和防止底表面裂缝。考虑到挡碴墙可能意外遭受外力，在其中设置封闭钢筋 *N*52。沿桥纵向在道碴槽板及下翼缘内设置架立钢筋 *N*53。为免除挡碴墙承受弯曲应力，用断缝断开，故设置在挡碴墙内的架立钢筋(*N*54、*N*55)亦应断开。为固定人行道角钢支架，挡碴墙埋有U形

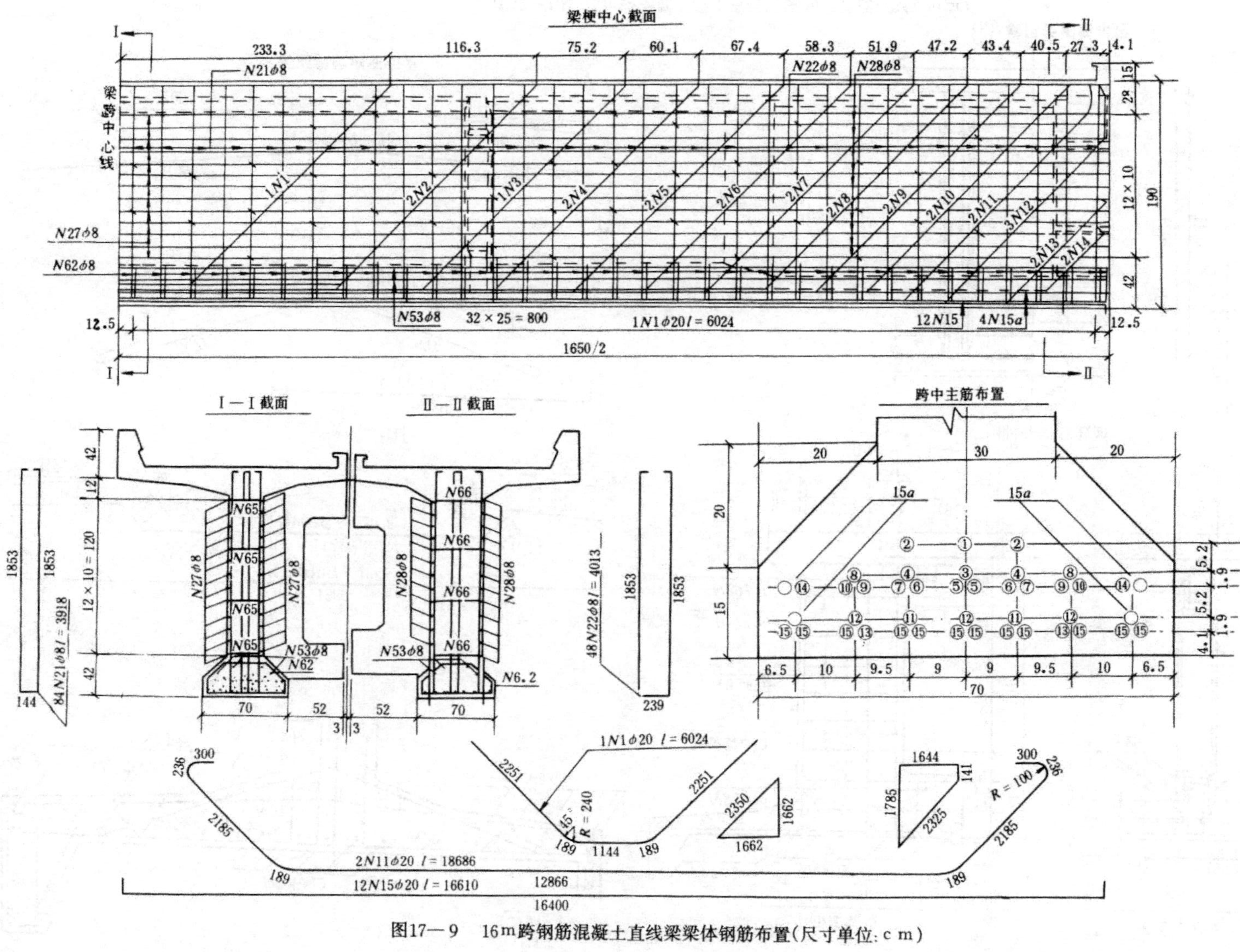

图17—9　16m跨钢筋混凝土直线梁梁体钢筋布置(尺寸单位: cm)

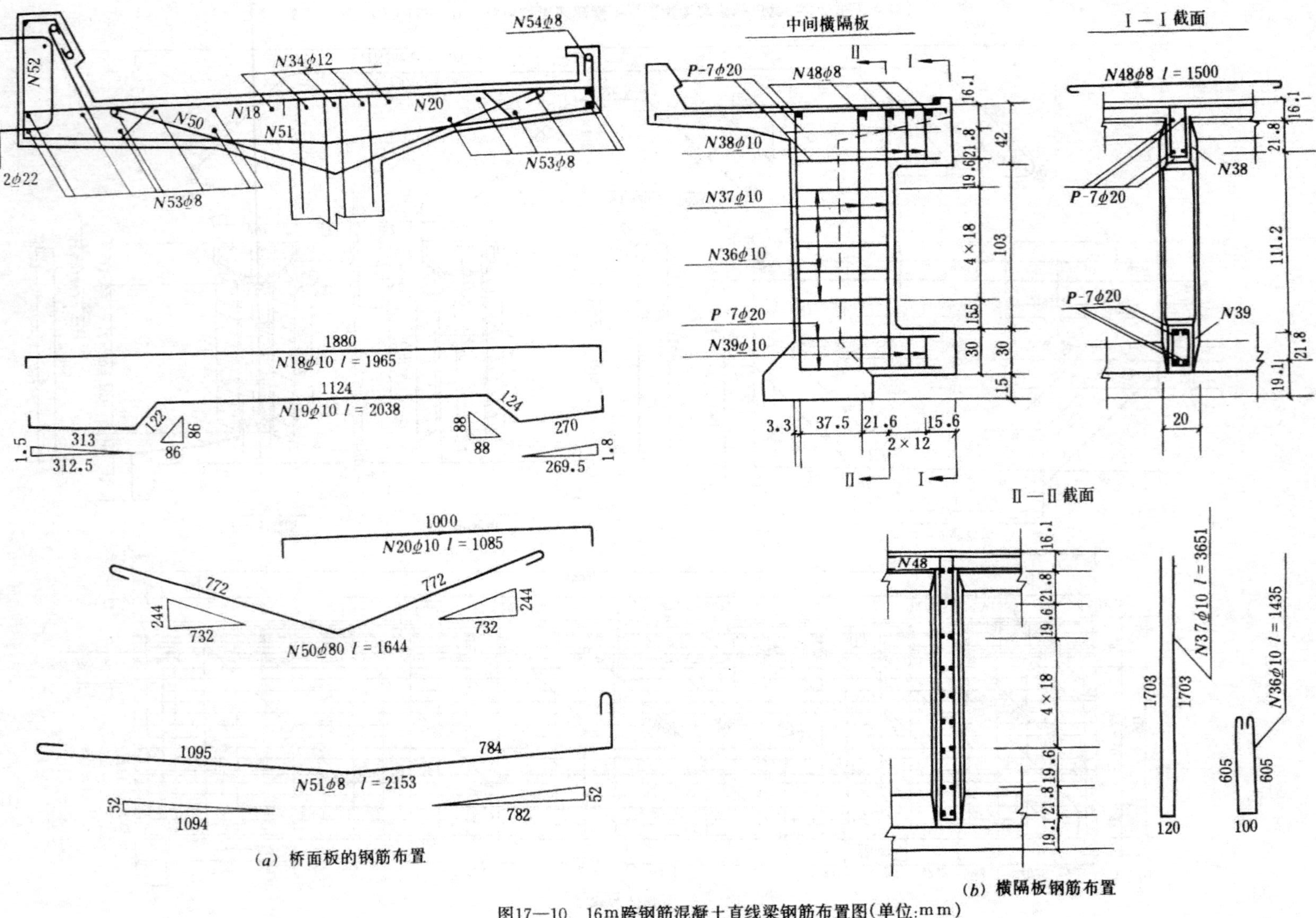

图17—10　16m跨钢筋混凝土直线梁钢筋布置图(单位:mm)

螺栓（$P—2\phi22$）。

道碴槽板不仅支承在主梁上，同时也支承在横隔板上，因而在横隔板上方的顶部设有垂直于横隔板的钢筋 $N48$、$N49$(图 17—10(a))，以承受该处实际可能发生而在板的计算中未考虑的负弯矩。

此外，在横隔板内还设置竖直和水平钢筋，其直径为 $\phi10$(图 17—10(a))。

对于曲线上钢筋混凝土梁，因其道碴槽宽度与直线梁宽度相同，外轨超高由道碴厚度调整。为避免加厚的道碴向外坍落，外侧挡碴墙上加设L形挡碴块，如图 17—11，挡碴块用 10 号水泥砂浆砌筑而成。

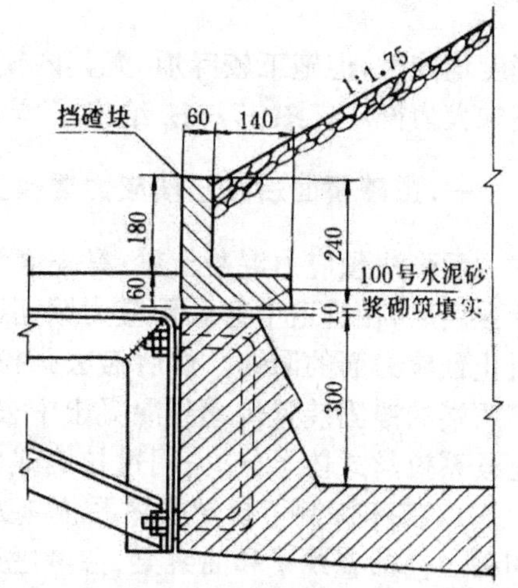

图 17—11　曲线桥梁外侧挡碴块的设置（单位：mm）

第二节　预应力混凝土简支梁的构造

混凝土的抗拉强度与极限拉应变很小，使得普通钢筋混凝土梁的正常工作状态是带裂缝的。裂缝超过一定宽度，湿气的侵入将引起钢筋锈蚀，这就使得高强度钢筋无用武之地。为了避免梁体开裂、改进结构物理力学性能和采用高强度钢筋以节省钢材降低造价，于是出现了全预应力混凝土梁和部分预应力混凝土梁。全预应力混凝土构件不出现拉应力；部分预应力构件允许出现拉应力甚至容许出现不超过规定的裂缝。

现在桥梁厂全生产预应力混凝土梁，一般不再生产普通钢筋混凝土简支梁。8～16 m跨度的梁采用先张法预应力混凝土梁较为合理(通用图普通高度梁用 T 型截面，道碴桥面低高度先张梁有三种截面；8 m跨采用板式截面，10 m跨采用板式挖空截面，12 m和16 m跨采用 T 型截面)。24～32 m跨度的铁路简支梁均采用 T 型截面预应力混凝土后张梁。1976 年建成的天津子牙河桥是跨度为40 m的横向分块、工地拼装的预应力混凝土箱形简支梁桥。目前，国内铁路简支梁采用的箱形截面形式系整孔式，跨度最大达56 m。箱形截面梁整体性能好、抗弯抗扭

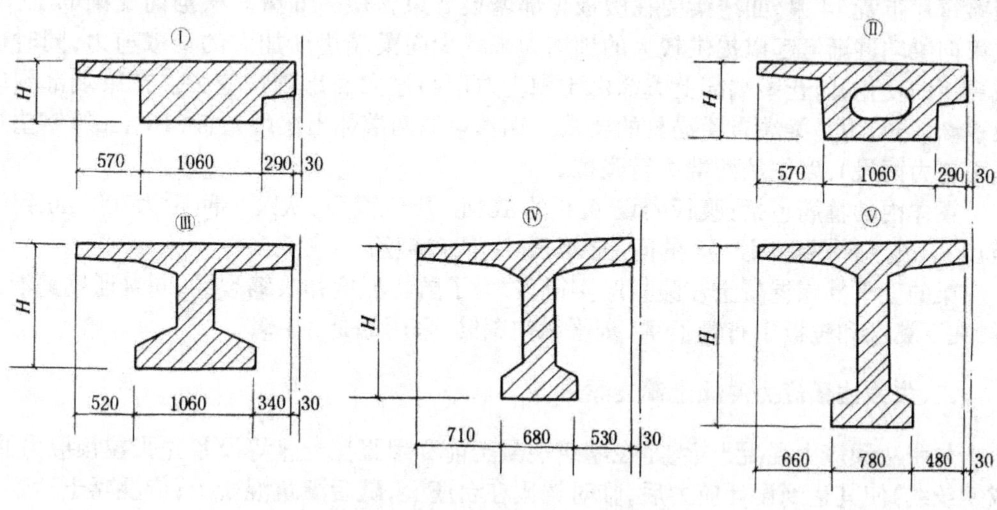

图 17—12　预应力混凝土梁的截面形式

刚度均较大，但施工较麻烦，尤其内模拆装及底板混凝土浇筑困难，再加上要求起吊能力大，故还未大力推广。图 17—12 给出了预应力混凝土梁的截面形式。

一、道碴桥面后张法预应力混凝土梁

后张法预应力混凝土梁，是先灌注梁的混凝土，并在混凝土中预留管道，待混凝土达到设计强度后，在管道中穿入预应力钢筋进行张拉。张拉到设计应力后，在钢筋两端用锚具锚住，阻止预应力筋的回缩。然后撤去张拉设备，在管道内压浆。所以后张法预应力是靠设置在钢筋两端的锚固装置传递到混凝土中去的。现在我国采用的后张法预制的道碴桥面预应力混凝土梁系拉丝式体系(过去用过拉锚式体系)。

1975 年编制了拉丝式体系预应力混凝土梁标准设计，计算跨度有16 m、20 m、24 m及32 m四种。包括直线梁和曲线梁，并考虑适用于站线和牵出线。设计活载为中—活载，梁的高度考虑了与旧梁互换，为了便于架设，每孔梁分为两片，安装就位后将两片梁的横隔板连接而成整孔。为方便施工、简化模板，直线梁和曲线梁采用相同截面尺寸，并且各种跨度梁的截面尺寸除梁高不同外，其余其本相同。现在以跨度24 m梁为例来说明梁的构造特点。

图 17—13 是梁的概图。此梁全长24.6 m，混凝土标号为 450 号(曲线梁为 500 号)。整孔梁分为两片，每片梁重783.8 kN。T 型截面的上翼缘较宽，形成道碴槽以铺设线路；同时，加大了上翼缘混凝土截面积，有利于充分发挥混凝土抗压性能好的特点；受压区重心较高，内力偶臂相应增大，对发挥钢筋作用、节约钢材也是有利的。T 型截面积较小，可减少模板费用；模板两侧安放使拆装方便。

道碴槽顶面做成倾斜流水面，在腹板和上翼缘相接处道碴槽板的厚度约290 mm，悬臂板的弯矩和剪力向自由端逐渐减小，所以板厚也逐渐减薄至最小厚度120 mm。梁高2100 mm，腹板厚度根据承受剪应力和主应力的需要并考虑腹板中并列有两根钢丝束(管道直径为48 mm)，故全梁用240 mm，仅在梁端1700 mm范围内为布置锚具逐渐扩大到780 mm。

下翼缘尺寸根据布置钢丝束要求决定，宽度780 mm，厚度250 mm。梁肋间距用1800 mm。全梁设七块横隔板，将两片梁联在一起。其中有间距4 m的中横隔板 5 块和端横隔板 2 块，均布置在梁肋内侧。

图 17—14 是此梁的钢丝束布置图。预应力筋采用 24 根 $\phi5$ 高强钢丝组成的钢丝束。直线梁每片布置 14 束，曲线梁要在腹板顶部增设 2 束，每片 16 束。根据简支梁的工作特点，钢丝束向梁端逐渐弯起以提供较大的预剪力来减少向梁端逐渐加大的荷载剪力，同时也适应荷载弯矩的变化，防止梁端部上翼缘由于预应力偏心过大而出现拉应力。在梁端部预应力钢丝束逐渐散开，也是梁端布置锚具的要求。钢丝束的两端伸出梁端垫板(16 mm厚钢垫板为分散锚下应力而设)，以便从两端进行张拉。

梁体内的箍筋包括：腹板内设 $\phi10$ 的 16Mn 开口箍筋，从跨中间距为200 mm到端部加密至100 mm。下翼缘中设 $\phi8$ 的间距100 mm的闭口箍筋。

梁的上下翼缘混凝土较腹板厚实得多，为了防止温度和收缩裂纹，同普通钢筋混凝土梁一样，在下翼缘和腹板中布置了 $\phi8$ 水平纵向钢筋，采用的是 A3 钢。

二、先张法预应力混凝土简支梁

先张法预应力混凝土梁，是在灌筑混凝土前利用张拉台座等设备先张拉预应力筋(钢丝束或钢绞线)使其达到设计应力后，临时锚固在台座上，随后灌筑混凝土；待混凝土达到一定强度后，放松预应力筋，通过钢筋与混凝土之间的粘结力或通过预设于混凝土内的锚具将预应力传

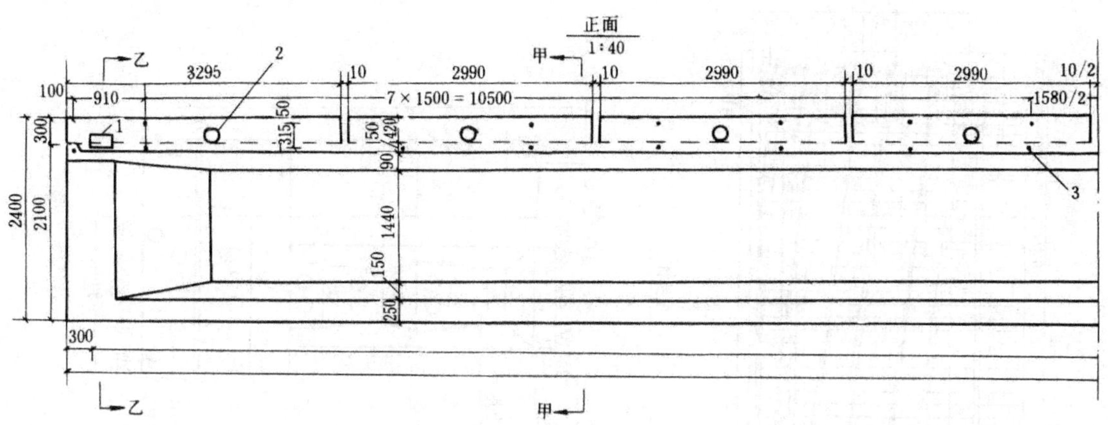

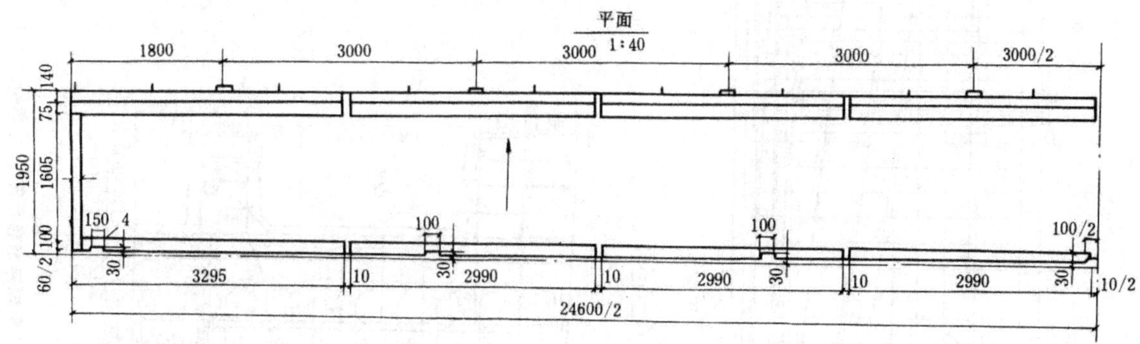

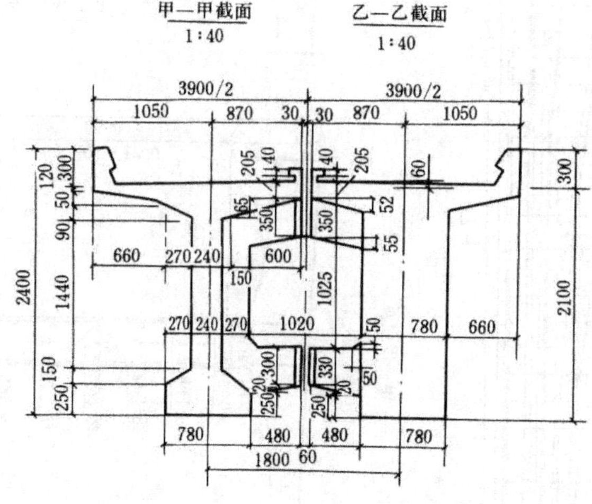

图 17—13　24 m跨后张法预应力混凝土梁(尺寸单位:mm)

1—桥牌;2—泄水管 φ100(内径);3—人行道 U 形螺栓 φ22;4—为灌注混凝土设的孔洞。

给混凝土。

根据多年来对先张法预应力混凝土梁进行的试验,试制和使用的经验,目前铁路上已编制了小跨度先张梁标准图。预应力钢筋的选用曾考虑过三种:高强度钢丝、粗钢筋和钢绞线。高强钢丝与混凝土的粘结性能差,靠自锚时,当应力超过1 000 MPa时有可能滑移,须经处理才能采用;由于粗钢筋的质量以前不稳定,未大量供应;钢绞线强度高,质量稳定,自锚可靠,虽有松

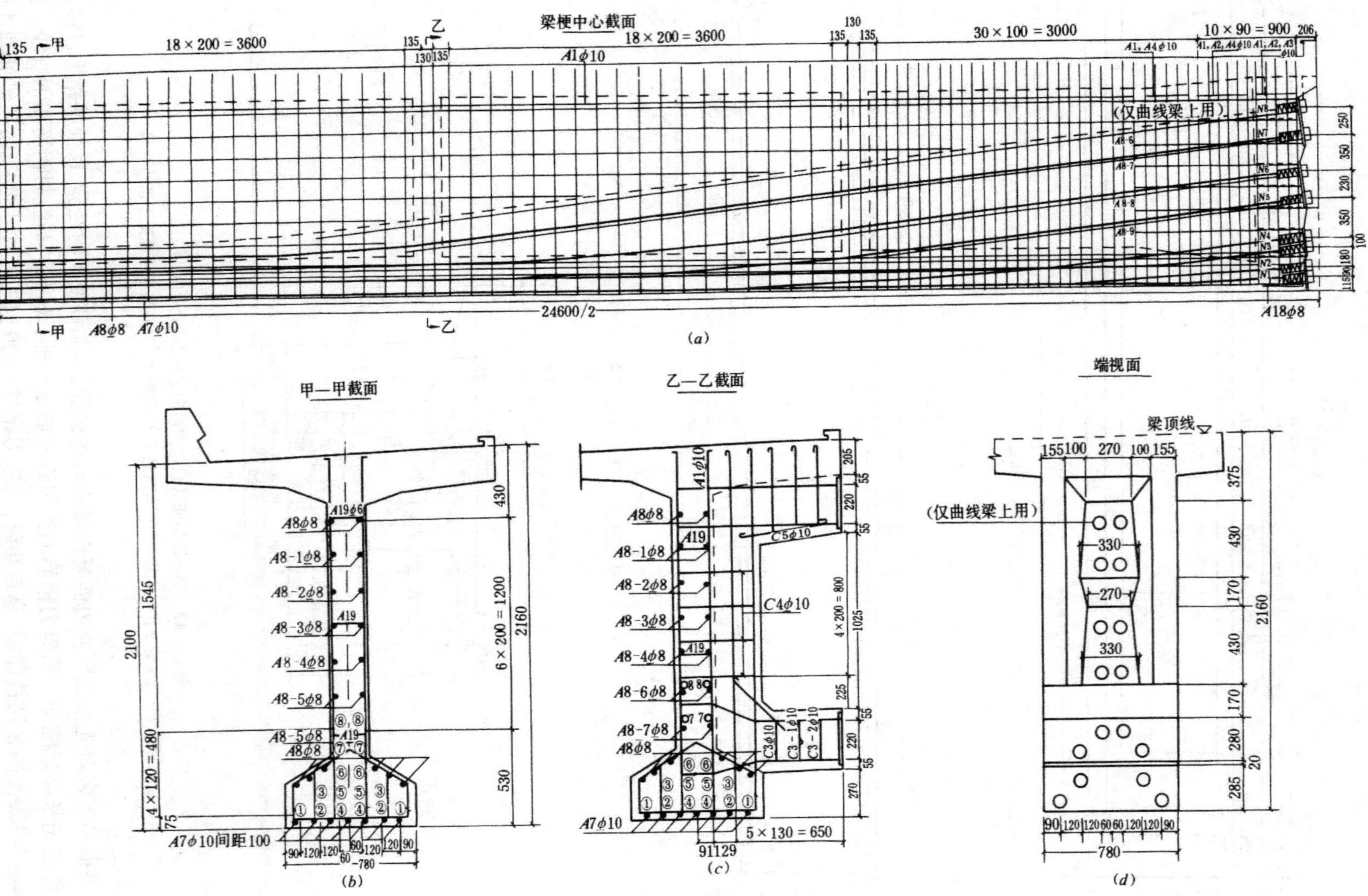

图17—14　24m跨预应力混凝土梁梁体钢筋布置(尺寸单位:mm)

弛率大的缺点，但可采取克服措施，因此预应力钢筋采用 7ϕ5 钢绞线。其公称抗拉强度 1 500 MPa，极限抗拉强度是它的 0.96 倍。

预应力钢筋配置有两种方法：直线配筋和折线配筋。从结构合理性来说，以折线配筋为宜，但折线配筋使张拉设备复杂、施工麻烦。标准设计系直线配筋，利用钢筋与混凝土间的粘结力自锚于混凝土中。为适应荷载弯矩沿梁跨的变化情况，避免梁上缘混凝土因预应力作用而开裂，在 1/4 跨度左右至梁端有不同数量的钢绞线分批进行绝缘，即利用内径19 mm外径25 mm的硬质塑料管将钢筋与混凝土隔离开来，以消除绝缘段钢筋的预应力。

先张梁的标准图有三种（其主要尺寸见表 17—1），其设计按整体张拉工艺考虑，未计入锚头变形、钢丝回缩及锚圈口摩阻引起的应力损失。

先张梁主要尺寸表

表 17—1

图 号	叁标桥 2022				叁标桥 2020	叁标桥 2017			
跨度(m)	8.0	10.0	12.0	16.0	16.0	8.0	10.0	12.0	16.0
梁全长(m)	8.5	10.5	12.5	16.5	16.5	8.5	10.5	12.5	16.5
截面形式(图 16—12)	Ⅳ	Ⅳ	Ⅳ	Ⅳ	Ⅴ	Ⅰ	Ⅱ	Ⅲ	Ⅲ
梁高 h(cm)	125	140	155	190	160	55	70	85	110

图 17—15 为跨度16 m普通高度先张预应力混凝土梁轮廓尺寸及钢丝束布置图。由于先张梁预应力筋不便弯起以承受剪力，腹板厚度需要根据主拉应力和剪应力沿梁长变化，在支点区段适当加厚，跨中9.98 m范围内为200 mm；两端2.49 m区段为460 mm；其余部分按直线变化过渡。下翼缘宽度680 mm，高度200 mm，翼缘伸出腹板部分顶面坡度为 1:2。

每片梁下翼缘内布置 34 根 7ϕ5 钢绞线（曲线梁）；1/4 跨度处绝缘 4 根，1/8 跨度处绝缘 10 根，离支点1 m处绝缘 14 根。跨中4 m范围内箍筋采用 ϕ10、间距150 mm，其余截面根据斜截面强度需要，箍筋间距加密到100 mm，薄腹板部分为 2 肢，厚腹板区段为 4 肢。混凝土标号为 400 号；每片梁重488 kN，可用650 kN架桥机架设。

三、整孔式无碴无枕预应力混凝土简支梁

分片式预应力混凝土梁一般由桥梁厂制造，运到工地安装。这样不但运输费用高，而且需要架设两次，还要横移或拨道以及电焊横隔板，致使工期较长。为了加快架梁速度提出了整孔架设的问题，而道碴桥面梁受梁重及道碴槽构造的限制，难于整孔运输和架设，因此出现了无碴无枕整孔梁的构造。无碴桥面梁的优点是：桥上不用道碴，桥面宽度由原来3.9 m减小至2.3～2.5 m，符合运输限界要求。梁重也相应减轻。跨度24 m整孔无碴无枕梁，整孔重仅878 kN（道碴桥面分片式梁每片重734 kN，32 m梁整孔重约1 200 kN（道碴桥面梁每片重1 113.7 kN），可以满足架桥机的起吊能力。

整孔无碴无枕预应力混凝土梁截面形式有 Π 形和箱形两种。图 17—16 为跨度24 mΠ形梁横截面图。梁全长24.6 m，梁高（桥面板顶至梁底）210 cm，建筑高度（轨底至梁底）220 cm，可与同跨度上承钢板梁互换。桥面板宽度，考虑直、曲线梁共用，车轮脱轨时轮缘不跑出梁体，以及架设条件，采用240 cm。桥面板厚度14 cm。腹板厚度14 cm；下翼缘宽56 cm，厚度18 cm。主梁中心距180 cm。

横隔板间距4 m。端横隔板截面尺寸按千斤顶起落梁的条件经验确定，下杆高55 cm，宽度50 cm。中间横隔板下杆截面形式采用倒 T 形，其尺寸按约束扭转计算确定，以保证横隔板端

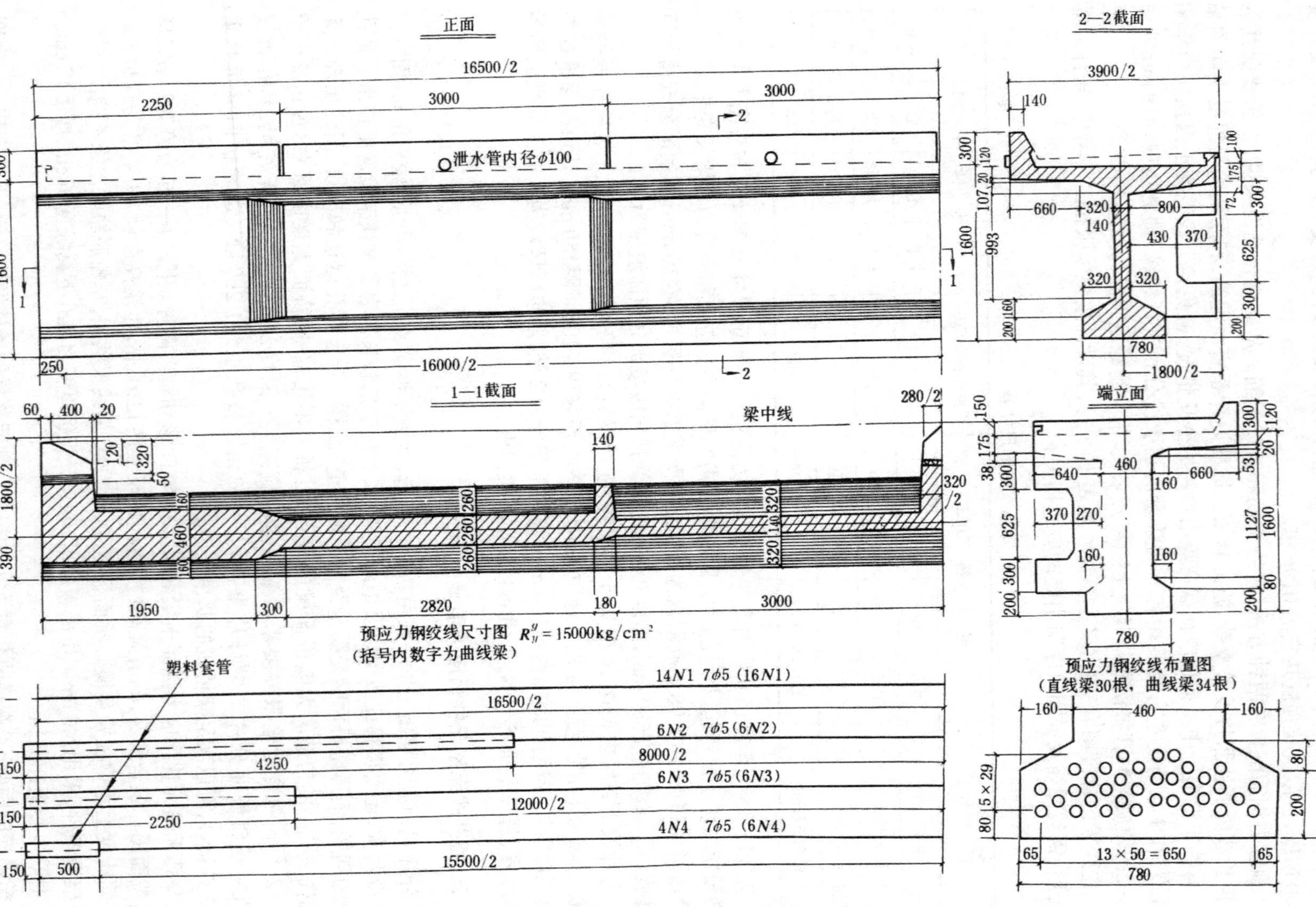

图17—15 16m跨道碴桥面先张梁构造图(单位:mm)

部与翼板接触处不出现竖向裂纹。

在桥面板上每股钢轨下设置一条承轨台，其上安放钢轨扣件。两承轨台间有20 cm的空隙，以利排水及扣件的拆装。

每孔梁配置26束预应力钢丝束（曲线梁），每束由24根$\phi5$高强度钢丝组成。除布置顶板内2束为直线形外其余钢丝束由跨中向支点成曲线形向上弯起。混凝土标号为500号，每孔梁重878.7 kN。

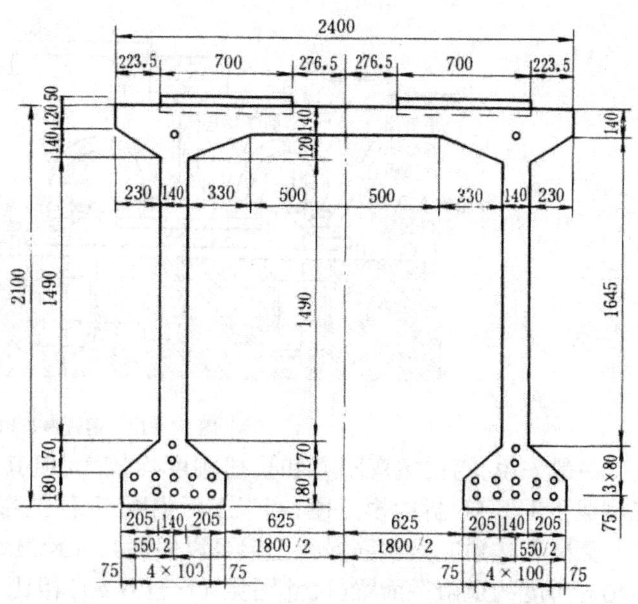

图17—16　跨度24.0 m无碴Π型梁跨中截面图（单位：mm）

图17—17为跨度24 m无碴无枕单室箱梁的跨中截面，梁高210 cm；梁翼板中心距160 cm。

桥面板宽度240 cm；顶板在梁两端厚度为20 cm，其余厚14 cm，底板在两端厚30 cm，其余厚16 cm；翼板在两端厚为25 cm，其余厚14 cm。在支座处梁体内设有二次灌筑的端横隔板，与梁体间设有连接钢筋，横隔板尺寸按约束扭转计算确定。

考虑到现有的胜利型130 t架桥机架设整孔梁时，吊点处的桥面宽度只允许2.1 m，故在吊点附近于桥面两侧留有0.15 m宽、1.5 m长的缺口，待梁体架设完后再用混凝土封闭。

为减少列车摇摆力及“三条腿”引起周边变形而产生的应力，并避免梁端部由于预加应力引起裂纹，加强段及过渡段长度均采用1.0 m。

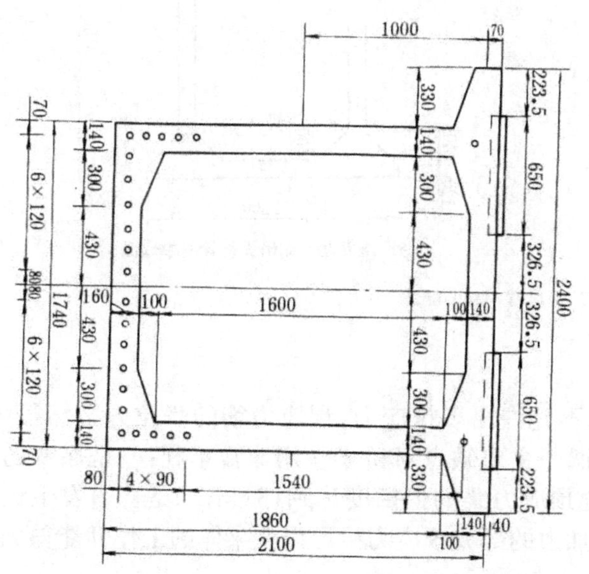

图17—17　24.0 m跨无碴箱形梁跨中截面图（单位：mm）

和Π形梁一样，桥面板上设有承轨台，承轨台之间留有20 cm的空隙，以利排水。每孔梁配置24束预应力钢丝束，其中12束布置在底板内，10束布置在腹板内，2束布在顶板内。除顶板2束为直线形外，其余各束均成曲线形逐渐向上弯起（底板内钢丝束靠近支点处随底板加厚稍许抬高）。混凝土标号为500号，每孔梁重845 kN。

有碴有枕可以用道碴来调整轨顶标高。无碴无枕梁轨道是直接搁置在桥面上的，为了保证轨道准确位置和高程，目前采用如下措施：在灌筑梁体混凝土时（为减少二次灌筑混凝土数量，制梁时应设置张拉反拱度），在整个承轨台范围内（含20 cm空隙）预留深约5～7 cm的槽沟，待梁体预加力完成后，再按设计标号灌筑第二次混凝土(应设徐变反拱度)并抹平,以利安装钢轨弹条扣件。弹条扣件如图 17—18 所示。此扣件左面调整量为 ±14 mm,上下调整量为 30(-5, +25)mm。

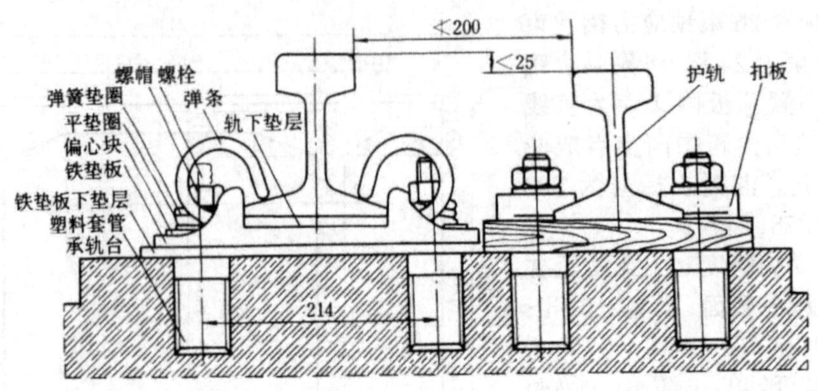

图 17—18 钢轨弹条扣件

一般来说,箱梁抗弯刚度和抗扭刚度均较大,但其底板灌注混凝土困难,内模不便拆除。Π 型梁下部开口,拆内模方便,利于工厂化生产,但抗弯、抗扭刚度均小于箱梁。

无碴无枕预应力钢筋混凝土梁可以做到40 m跨度,图 17—19(b)示出了该梁的截面尺寸。同40 m跨度的道碴桥面梁(尺寸图见 17—19(a))相比,梁高增加了20 cm,腹板和顶板的厚度都有所降低。

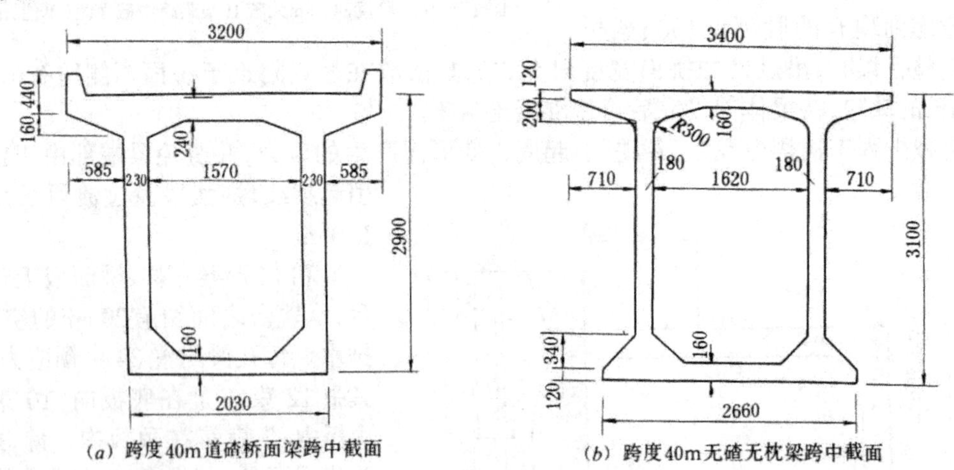

(a) 跨度40m道碴桥面梁跨中截面　(b) 跨度40m无碴无枕梁跨中截面

图 17—19 (尺寸单位:mm)

四、部分预应力混凝土简支梁

由于全预应力钢筋混凝土梁的混凝土不允许出现拉应力,预应力筋的张拉力必然很大。在高压应力作用下的梁在长期运营中发现两个主要缺点对桥梁使用非常不利:一是徐变的作用使梁体上拱度不断增大,有些32 m跨度全预应力梁的上拱度达到15 cm;二是普遍发生锚下裂纹和沿钢丝束的纵向裂纹。适当降低预加力的部分预应力梁可以使梁体的工作性能得到改善。

部分预应力构件又分为 A 类构件和 B 类构件。在设计荷载作用下,前者正截面混凝土容许出现拉应力,但不出现裂缝,后者容许出现不大于允许宽度的裂纹。大秦铁路有两座16 m简

支梁桥采用 A 类构件，广深线的深圳铁路高架桥有 158 孔8 m～10 m跨的部分预应力简支梁采用 B类构件设计。

图 17—20 表示“专桥 2043” 16 m部分预应力混凝土梁设计图中的下翼缘截面尺寸和配筋布置。该梁的预应力度为 0.859，跨中截面下缘混凝土恒载下应力为10.8 MPa(压)，活载作用下设计应力为 −2.2 MPa，小于混凝土抗拉容许值0.8 R_l。

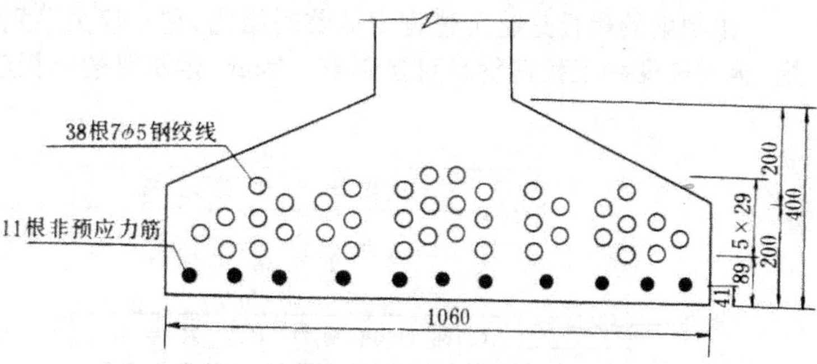

图 17—20　16 m跨部分预应力混凝土梁下翼缘配筋图示

部分预应力混凝土梁有良好的刚度，强度和抗疲劳性能，比全预应力梁节约高强度钢材约20%，同时减少了预应力筋的锚具和张拉工程量。另外，与全预应力梁相比，不但强度安全系数未变，还增加了构件的延性。部分预应力混凝土梁的应用前景广阔。

第三节　简支梁桥的制造与架设

铁路与公路的混凝土桥简支梁的制造方法大体相同，均可采取预制或就地现浇的方法。其中就地现浇的简支梁桥需要支架支承模板，支架的主要类型有：满布式木支架、钢木混合支架、万能杆(或军用梁)拼装支架、轻型钢支架、墩台自承式支架等。各种类型的支架的选用根据具体的实际情况确定。需要指出的是，支架构件在逐步向标准化、系列化和通用化方向发展。除了支架方面的区别，预制与现浇梁的其它工艺大致上是相同的，加之就地浇筑施工的简支梁中已很少采用，在此主要介绍预制梁的施工工艺。

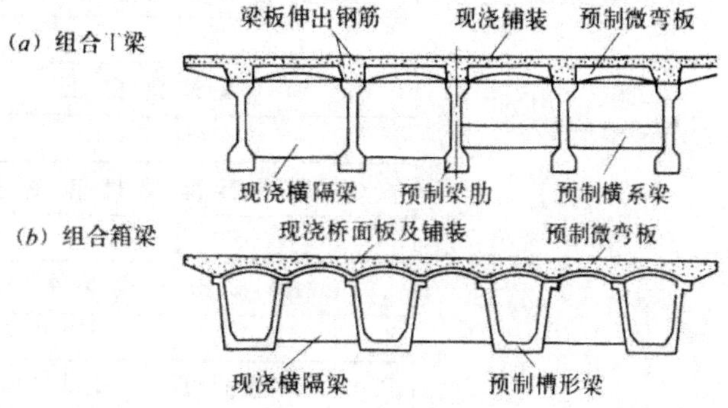

图 17—21　公路组合梁截面

混凝土梁桥构件的预制工作可在专业的桥梁预制厂内生产；也可以在桥位处的预制场内进行。桥梁预制厂可生产钢筋混凝土梁，采用先张法或后张法生产的混凝土梁、板，混凝土的节段构件及其它预制构件。由于运输长度和重量的限制，公路部门通常在桥梁预制厂内以生产中、小跨径预制构件为主，跨径大于25 m的后张法钢筋混凝土梁以及大跨度混凝土桥的节段构件主要在现场预制厂内生产。在公路桥梁中，主梁有时采用组合梁的结构形式，即为了减轻构件的吊装重量，便于运输与安装，主梁的梁与翼缘板分开，首先预制梁肋，安装到桥位上后，采用工地现浇少量桥面混凝土来完成，常用组合梁的截面形如图 17—21 所示。

一、钢筋混凝土梁的制造

钢筋混凝土梁的预制工作较为简单，包括模板工程、钢筋工程、浇筑混凝土及养生，待预制梁达到一定强度后，起吊移至存梁场。图 17—22 为钢筋混凝土简支梁的工艺流程图。该流程图对铁路梁的制作，当进行工序(8)时，待混凝土灌筑到梁顶后，需安装挡碴墙、内边墙及端边墙的内模，然后再浇筑其混凝土。

(一)模　　板

预制梁的模板是施工过程中的临时结构，它不仅关系到预制梁尺寸的精度，而且对工程质量、施工进度和工程造价有直接影响。因此，预制梁的模板应符合下列要求：

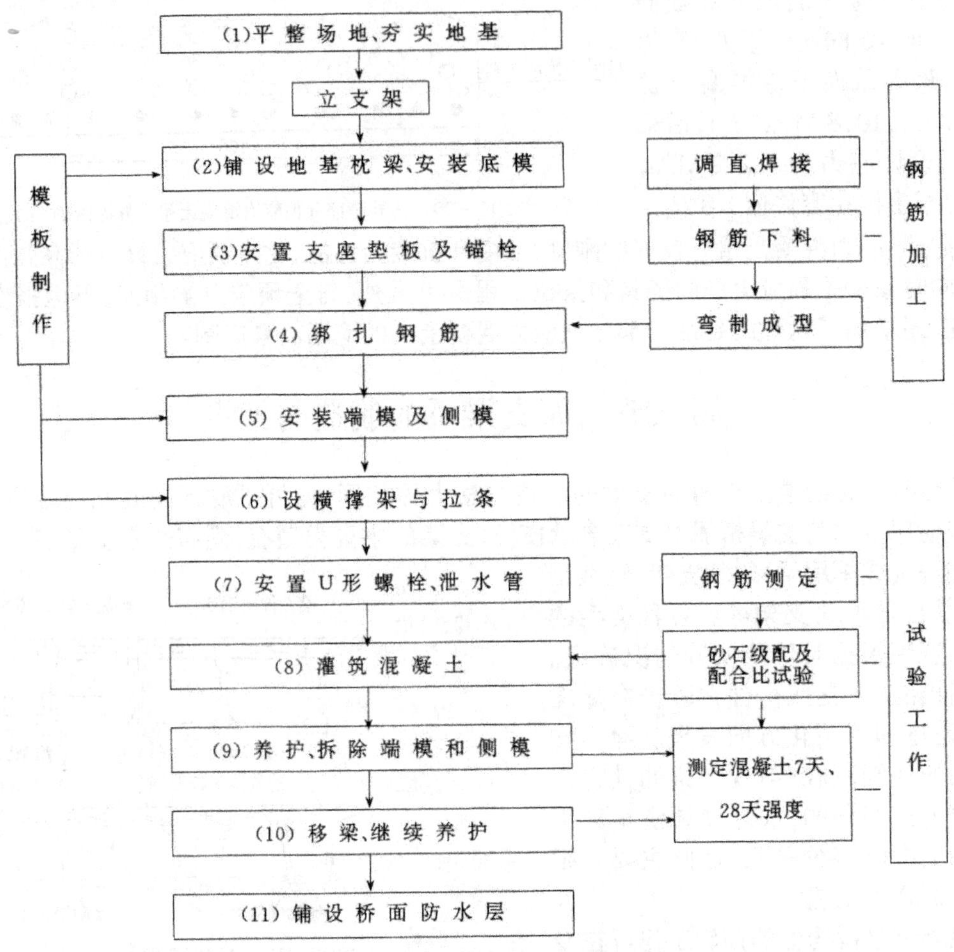

图 17—22　预制钢筋混凝土梁工艺流程图

1)具有足够的强度、刚度和稳定性，能可靠地承受施工过程中可能产生的各项荷载；

2)充分保证梁体的设计形状、尺寸及各部分相对位置的正确性；

3)构造和制造力求简单，装拼方便，以提高装、拆速度和增加周转次数；

4)接缝严实、紧密，保证在强烈振捣下不漏浆。

模板材料，在预制梁数量较多时尽量采用钢模或钢木结构模板；在工地预制时也多用木模。近年来，定型组合钢模板在房建工程中已大量使用，铁路、公路工程也逐渐使用。组合钢模板具有质量高、拆装方便、快速、节约木材、周转次数多、利于机械化施工等优点。定型组合式钢模板及其配件，国内已有多家工厂制造、出售，而且有出租的，但都应检验合格后使用。另外公路空心板梁常用充气橡胶管制作内模施工很方便。

关于模板的构造，主要由底模、侧模、端模和内模。底模除了设置底模与侧模、底模与端模及底模接长的联系构件，还应具有在其下布置振捣器的构造。侧模位于预制构件的两侧，常在横隔梁处分隔，当横隔梁间距较大时，可在其中间分隔。侧模由侧板、水平加劲肋、竖向加劲肋、斜撑等构件组成。箱形梁内模本身呈箱形，梁灌完后内模被围在梁体内，如何使内模安装、拆除方便迅速是一个关键问题。内模可采用钢模、木模、滑动模板或不抽出的心模。现举几个桥跨常用模板的例子。

如图 17—23 为公路常用 T 型梁的分片装拆式木模板结构。相邻横隔板之间的模板形成一个柜箱，在柜箱内的横挡上可安装附着式振捣器。梁体两侧的一对柜箱用顶部横木和穿过梁肋的螺栓拉杆来固定。并借立柱底的木楔进行装、拆调整。

如图 17—24 为16 mT形梁的中段模板横断面，为钢木混合结构。面板用4.5 cm厚的木板，表面钉以镀锌铁皮。框架用槽钢和角钢，上部用小槽钢作拉杆相连，下部在底模以下用螺丝拉杆与底模挤紧。段与段之间，用螺栓穿过端部框架相连。接缝处均嵌以橡胶或泡沫塑料做的止浆垫以防漏浆。止浆垫一般用柔软、耐用和弹性大的 5～8 mm橡胶板或厚10 mm左右的泡沫塑料做成。

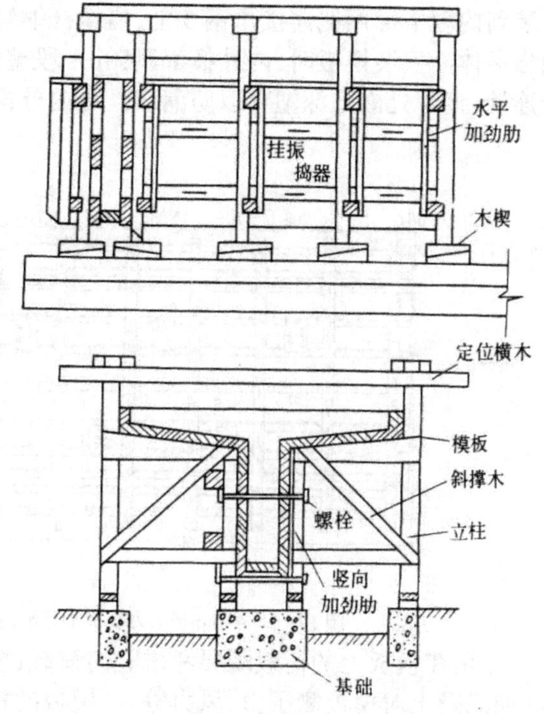

图 17—23　公路 T 梁木模板构造

图 17—25 为40 m跨预应力混凝土箱梁钢模板构造示例。

40 m箱梁模板，全梁内外模都分为八段。两端段各长5.3 m(变截面部分)，用一种模板；中间部分长30 m(等截面)分为六小段，每小段长5 m，用另一种模板。两种模板基本构造相同，中间部分5 m长一段内外模构造见图 17—25。内外模板都是钢模板，由8 mm厚钢板加焊纵横肋构成。横肋(水平肋)用带有加劲撑板的角钢焊于面板上形式；纵肋(竖向肋)用钢板焊成的 T 形钢条再焊于面板上形式，横肋由竖肋支承。外模纵肋上、下两端加拉杆或槽钢作为竖肋的支承。内模本身构成箱形，纵肋自身构成了闭合框架。

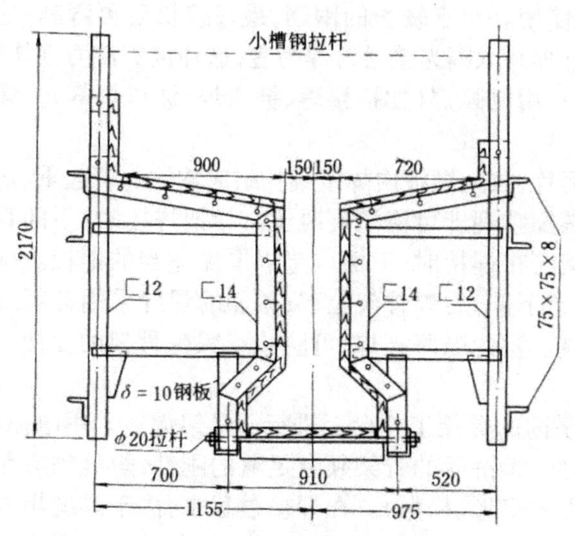

图 17—24　T 形梁模板

箱梁的外模与 T 梁内外模构造上可以完全一样，但箱梁的内模的拆除是一件较麻烦的事。图示钢模板，为了便于内模脱模并整段抽出梁体外，在竖向分为上、下两部分，上部高度较大，占内模大部分重量，下部较小。上下部在横向又分成两半，在中线处上下部都用铰连接(铰 1 和铰 2)。上下两部分在竖向连接处做成斜面以便于脱模。内模下部的顶面设有轻便轨道，拆除内模时，便将可伸缩撑杆 4 长度缩短，上部两侧内模都绕上部铰 1 转动即行脱模，利用内模下部的轻便轨道用小车将内模上部运出梁体外，然后将可伸缩撑杆 4 换装到内模下部两侧连接角钢 5 上，借撑杆缩短使内模两侧绕下部铰 2 转动即行脱模，再滑移拖出梁体。安装模板时，内外模都以5 m一段整体吊装。内外模分段连接处焊有连接角钢用螺栓连接，接缝处嵌泡沫塑料以防漏浆。在内外模外侧，备有托架 6，供安装振动器用。

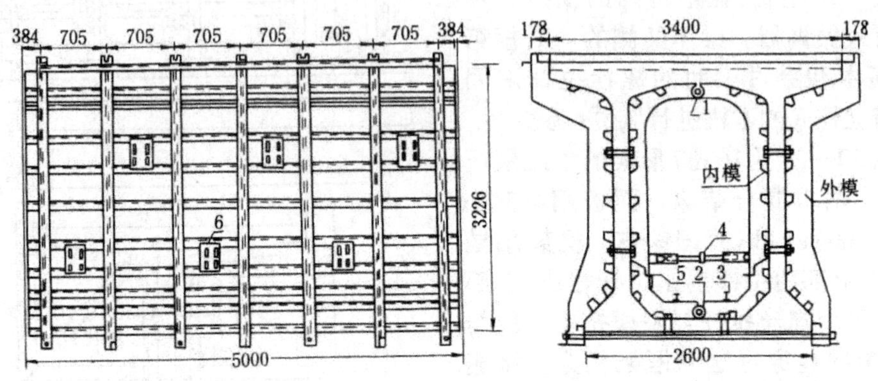

图 17—25　40 m预应力混凝土箱形截面无碴无枕梁中间段模板(单位:mm)

作用在模板上的荷载既要考虑竖向荷载(模板自重、新浇混凝土重量等)，又要考虑水平荷载(如混凝土对模板侧压力、风力等)。模板的构件要满足强度和刚度的要求，模板设计要通过计算最后确定。

(二)钢　　筋

钢筋混凝土梁的钢筋用量大、种类繁多、成型密集，其尺寸位置的准确与否与受力关系极大，这些特点给钢筋加工增加了难度和提出了高要求。如要求钢筋加工下料准确，要求严格掌握按设计尺寸弯制成型，对不同钢种的钢筋要分别堆放，以免混淆用错。

在钢筋加工前对受力钢筋应进行抽样测定强度，尤其对钢筋焊接接头需进行静力拉伸试验，凡强度低于设计要求时不得使用或降级使用。对于较长的钢筋，最好接长后再弯制，这样较易控制尺寸。有条件时钢筋接头应采用电焊并以闪光接触对焊为宜，这种接头传力性能好，且省钢料。在不能进行闪光接触对焊时，可采用电弧焊(如搭接焊、绑条焊、坡口焊等)。焊接接头在梁体内尽量错开布置。

钢筋的安装应尽可能先制成骨架片和网片，放入模板内焊接或扎结成整体。若起重、运输条件许可，应尽可能组成单元，吊入模板内稍加整理即可浇灌混凝土。骨架焊接时，不同直径钢筋的中心线应在同一平面上，为此，较细钢筋在焊接时，下面应垫以厚度适当的钢板。施焊顺序宜由中到边对称地向两端进行，先焊骨架下部，后焊骨架上部；相邻的焊缝采用分区对称跳焊，不得顺方向一次焊成。药皮要随焊随敲，按此顺序施焊，可防止或减少骨架的变形。下面举例说明：

装配式 T 梁钢筋骨架的组成与焊接在坚固的焊接工作台上进行。骨架焊接采用电弧焊，先焊成单片平面骨架，再将其组拼成立体骨架(组拼后的骨架须有足够的刚性，焊缝须有足够的强度，以免在搬运、安装和灌注混凝土过程中变形、松散)。在焊接过程中，由于焊缝填充金属及被焊金属温度的变化，骨架将会产生翘曲变形，同时在焊缝内将引起收缩力。为避免或减小这种变形和应力，采用双面焊缝，即先焊好一面的焊缝，而后将骨架翻身，再焊另一面的焊缝。当跨度较大,骨架翻身困难而不得不采用单面焊时,则在垂直骨架平面的方向做成预拱度(其大小可由实地测验而定)。同时,在焊接操作台上采用分层跳焊法,即从骨架中心向两端对称、错开地焊接,先焊骨架下部,后焊上部,如图 17—26(a);在同一截面处,如钢筋层次多,各道焊缝也应互相交错跳焊,如图 17—26(b),同时每道焊缝可分两层焊足高度,即先按跳焊顺序焊好焊缝的下层,经冷却后,再按跳焊顺序焊完上层。当多层钢筋直径不同时,则可先焊两直径相同的钢筋,再焊直径不同的钢筋。

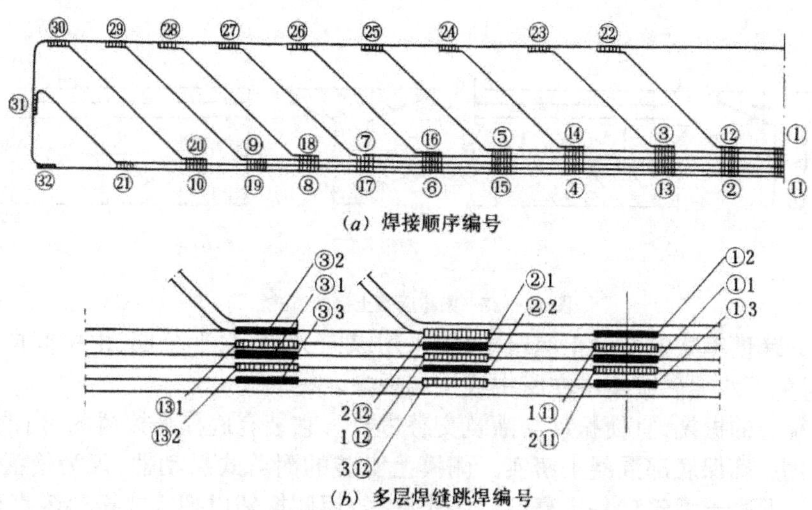

(a) 焊接顺序编号

(b) 多层焊缝跳焊编号

图 17—26 骨架焊缝焊接顺序示意图

实践表明,装配式简支梁钢筋骨架在焊接后,在骨架平面内还会发生两端上翘的变形。所以,梁的钢筋骨架放样时应预留拱度,除了焊接变形外,还应考虑建成后由恒载、徐变、部分活载引起的拱度不致过大。装配式 T 梁钢筋骨架的预留拱度数值由试验确定或参照表 17—2,当梁跨径较大时,预留拱度应由设计规定。

简支 T 梁钢筋骨架预留拱度 表 17—2

T 梁跨径(m)	<10	10	16	20
工作台上预留拱度(cm)	3	3~5	4~6	5~7

(三)混凝土

混凝土工作包括拌制、运输、浇筑、振捣、养护及拆模等工序。

混凝土一般采用机械搅拌。为了改善混凝土的技术特性,混凝土中常掺入少量的外加剂(主要有减水剂、早强剂、促凝剂、缓凝剂、加气剂和膨胀剂等)。比如混凝土中加入减水剂可提高混凝土的和易性,降低水灰比和用水量,节约水泥和提高强度,所以在预制梁中常用减水剂。工地进行混凝土拌制施工时,试验室应根据砂、石骨料的实际含水量换算成实际施工拌制的材料用量配合比(以质量比计)。也就是说工地实用配合比由试验室确定,并以配料通知单的形式通知工地执行,而且该配合比是随天气的变化不断调整的。

混凝土应以最小的周转次数、最短的距离,迅速从拌制地点运往灌筑地点。运输途中不能有离析现象,一经发现,就应进行二次拌制。当运距较远时,最好是用有搅拌设施的运输工具如搅拌运输车运输混凝土。用混凝土泵运送混凝土,可同时作水平和垂直运输,将拌合物由泵车直接运至模板内,适用于大、中桥结构物的浇筑,不仅效率较高,而且能保证混凝土的拌制质量。

自高处倾卸混凝土时应注意防止混凝土离析,其自由下落高度不应超过2 m;超过2 m时,应用溜管、溜槽或串筒运送;当落差超过10 m时,串筒内应附设减速设施。

梁体混凝土的浇筑方式,对中小跨径,一般采用水平浇筑方式(图 17—27(a)所示),其横隔梁的混凝土与梁肋同时浇筑;对于高而长的梁体,当混凝土供应量不能满足浇筑进度时,可采用斜层浇筑的方法(图 17—27(b))。

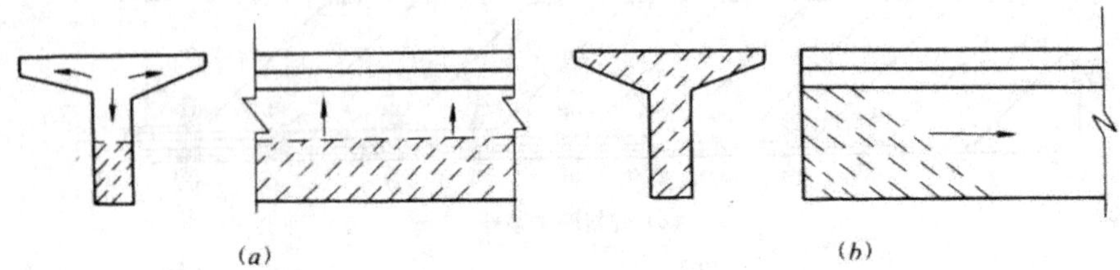

图 17—27 梁体混凝土浇筑方式

在预制40 m跨度箱梁的混凝土灌筑中,曾采用纵向分段、水平分层,由中间向两端呈台阶形灌筑方式,避免了水泥砂浆集中在跨中或一端现象。

预制梁混凝土的振捣,宜使振动与灌筑交替进行。它装有底模振捣器的,当混凝土开始灌筑时,以底振为主,确保底部混凝土密实。侧模上安装的附着式振动器,仅为使混凝土顺利通过腹板的手段。混凝土灌筑到一定高度后停止底振,用侧振辅以押入式振动棒直至灌完为止。为便于梁肋振捣,有时在腹板或下翼缘坡面上开设"天窗",以利振岛器振捣。

混凝土浇筑后需进行养护,以保持混凝土硬化时所需的温度与湿度。在常温下混凝土的养护方法,主要用潮湿的草袋、麻袋、稻草等覆盖,并常洒水,以防止日光直射及水分的蒸发,保持一定的温度。经养护,当混凝土强度达到设计强度的 25%～50%时,即可拆除梁的侧模;达到设计吊装强度并不低于设计标号的 70%时,就可起吊主梁。

二、预应力混凝土梁的制造

(一)后张法预应力混凝土梁

后张法预应力混凝土梁施工过程是:先浇筑混凝土(并在其中预留预应力筋孔道),待混凝土达到一定强度后,穿入预应力钢筋,进行张拉,最后锚固,拆除张拉设备。

1. 混凝土的浇筑

混凝土工艺与钢筋混凝土梁相同。但在灌注混凝土前,应按钢丝束布置预留孔道,以便以后穿束。孔道直径比钢丝束直径约大10 mm,其可由预埋钢丝网的胶管形成,也可用波纹管预先埋入形成。当用橡胶管制孔时,为增加胶管的刚性和保证孔道位置正确,在胶管内插入粗钢筋;当混凝土达到 4～8 MPa时,将胶管拔出。根据经验,胶管抽拔时间可参考表 17—3 或按下式估算:

$$H=\frac{100}{T}$$

式中 H——混凝土灌注完毕至抽拔胶管的时间(h);

T——预制构件的环境温度。

2. 穿入和张拉钢丝束

钢丝束应顺直，不扭转，并用细铁丝扎紧。穿束前应清除孔道内水分和杂物。

胶管抽拔时间表　表 17—3

环境温度(℃)	抽拔时间(h)
30 以上	3
30～20	3～5
20～10	5～8
10 以下	8～12

当梁体混凝土的强度达到设计强度的 70%～80%时，方可以进行穿束张拉。穿筋工作一般采用直接穿筋，较长的索筋可借助一根 $\phi5$ 的长钢丝作为引线，用卷扬机进行穿筋。对于那些普通钢筋配备较少而截面又是变化的构件，混凝土已达到设计强度而长期放置不施加预应力是不妥当的，它们可能因收缩而开裂。在力筋张拉以前，应对用于张拉的千斤顶和油泵的各部分加以检查和试验，保证油管不漏油和千斤顶正常工作。预应力筋张拉时，应按顺序对称地进行，以防过大的偏心压力导致梁体出现过大的侧弯现象。预应力筋的具体张拉程序和操作方法与所用的预应力筋形式、锚具类型和张拉机具有关。后张法张拉预应力筋所用的液压千斤顶按其作用可分为单作用(张拉)、双作用(张拉和顶紧锚塞)和三作用(张拉、顶锚和退楔)等三种型式。张拉体系分为利用锚头进行张拉的拉锚式体系和直接张拉钢丝的拉丝式体系。下面只介绍拉丝式体系预应力混凝土的张拉工艺。

锚头为钢制锥形锚头。张拉千斤顶用三作用千斤顶(其构造如图 17—28 所示)，千斤顶的最大张拉力为850 kN，有效行程为200 mm。

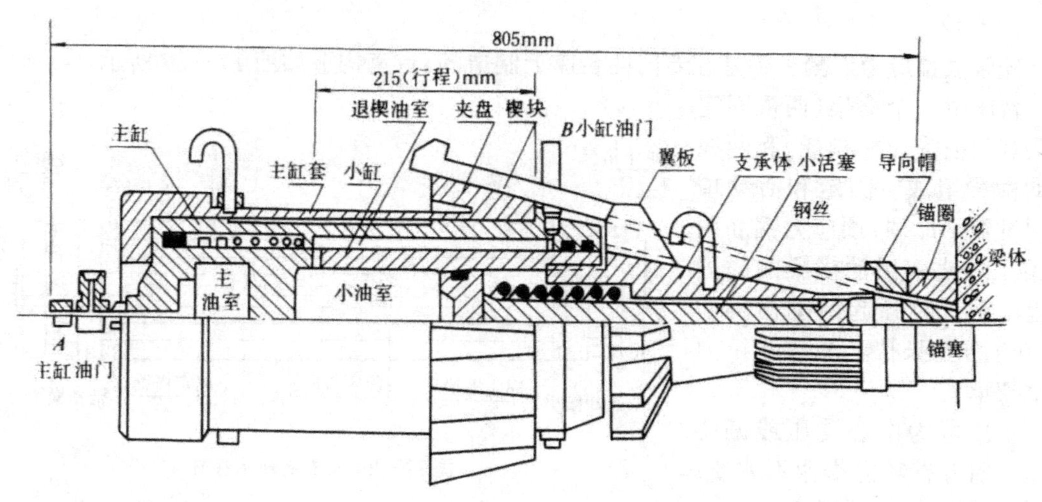

图 17—28　"85"三作用千斤顶

张拉程序(两端同时同步张拉)如下：

(1)钢丝穿过锚圈孔道，沿孔壁均匀排列，钢丝末端用楔块锚在千斤顶主油缸筒壁上夹盘的楔形槽内。楔块应对准支承体上的翼板，以便张拉完毕后退楔。千斤顶顶部通过导向帽顶在锚圈的端面上。

(2)先向主油缸内充油。油压一方面通过小油缸和支撑体将千斤顶顶紧在梁端锚圈上；一方面推动主油缸和主油缸套向后推开，带动夹盘后移，使楔紧在夹盘上钢丝进行张拉。当钢丝初应力为 30～150 MPa和千斤顶油压不大于3 MPa时，停止充油，划线作标记，作为量测钢丝伸长值的起点。

(3)主油缸内继续充油，至钢丝应力达到设计控制应力时，关死主油缸油门，量测钢丝伸长值。

(4)再向小油缸内充油,小活塞即向前推进,顶压锚塞,以锚固钢丝。

(5)钢丝锚固后,主油缸回油,小油缸继续充油,油压推动小油缸后退,楔块受小油缸上的翼板顶托,随小油缸后退,即自动退出。此时应量测钢丝回缩量。

(6)大小油缸均回油,活塞杆靠弹簧复位,张拉完毕。

张拉力设计值由计算确定。张拉力过大,可能使梁上翼缘混凝土产生竖向裂纹,下翼缘混凝土产生纵向裂纹,还可能使钢丝出现很大塑性变形而易于断裂。张拉力不足,则降低梁的抗裂性能,在荷截作用时下缘易开裂,影响梁的使用寿命。因此张拉时必须严格掌握操作规程,对张拉油泵、油压表、千斤顶及时检查标定。钢丝束实际张拉力由主油缸油压表读数控制。压浆前应用压缩空气清除管道内的杂物。水泥浆(水灰比不超过 0.4～0.5)用压浆机从锚塞中央的压浆孔压入。压浆机最高输浆压力以保证压入管道内水泥浆密实为准,一般为 600～700 kPa。为了保证管道压浆密实,不留存游离水,一般进行反复两次压浆,第二次(由乙端压)距第一次(由甲端压)间隔时间不少于30 min。

孔道压浆后应立即将梁端水泥浆冲洗干净,并将端面混凝土凿毛。封端混凝土的强度应不低于梁体强度。浇完封端混凝土并静置 1～2 h后,应按一般规定进行浇水养护。

(二)先张法预应力简支梁制造

先张法预应力梁施工过程为:先张拉预应力筋,后灌筑混凝土,当混凝土达到一定强度后放松钢筋。

1. 台座

先张法预应力混凝土梁是在专门的台座上制造的,台座构造如图 17—29 所示。

台座由一个框架(两根固定横梁和两根受压柱构成)和两根活动横梁组成。固定和活动横梁间设置千斤顶,预应力钢筋两端用工具锚在活动横梁的锚固板上。千斤顶顶起活动横梁使预应力筋受张拉。全部张拉力由框架承受。

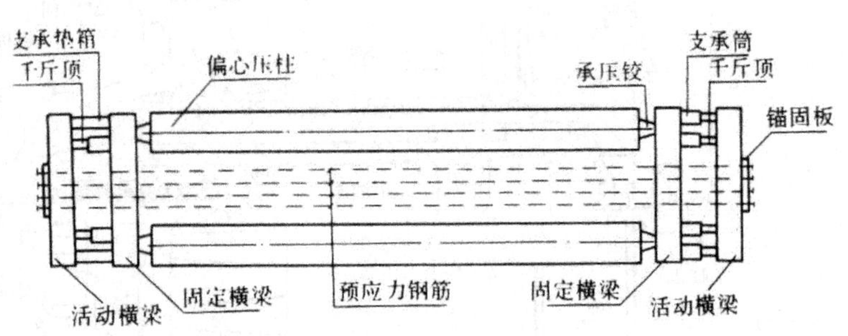

图 17—29 张拉台座示意图

承压可为中心受压或偏心受压。前者省料但作业不方便;后者则相反,一般用后者。

2. 初调应力

为使各束钢绞线(每束为 2 或 3 根钢绞线)的初应力基本相等,在整体张拉前采用 YC-60 型千斤顶,单束进行初调。应力为 $0.15R_y^j$($0.15R_y^j$ 为钢绞线抗拉极限强度)。

3. 整体张拉

在固定横梁与活动横梁之间设置两对、每对上下两台 YQ-320 型千斤顶。为了固定应力便于抽换千斤顶,在台座的一端每对千斤顶外侧各设置支承垫箱一具;台座另一端每对千斤顶外侧,各设一套螺旋顶式固定应力装置(支承筒)。其张拉程序如下:

(1)一端整体张拉至钢绞线应力为 0.65_y^j,放入支承垫箱。

(2)另一端超张拉至 0.85_y^j,并维持 5～15 min,以克服钢绞线的松弛损失,和满足测量伸长值的作业时间要求。

(3)退回至1.04 σ_k(σ_k 为控制应力,0.04 σ_k 为考虑支承筒压缩变形应力损失),并旋紧支承筒。

(4)钢绞线维持在 σ_k 的应力状态下，灌注混凝土并养生至放松强度(一般为 80%的设计强度)。

(5)放松钢绞线。

4. 灌注混凝土

梁体混凝土灌注次序是从一端向另一端推进，因梁体钢绞线密集且在高应力状态下，混凝土采用底模振捣(振动小车)。桥面和腹板用插捣器振捣。

5. 钢绞线整体放松

混凝土强度达到设计强度的 80%后，即可拆除模板放松钢绞线。放松钢绞线在两端同时整体放松。即千斤顶重新充油，使其稍超过设计吨位(即稍大于钢绞线控制应力 σ_k)，回松支承筒，取出支承垫箱，然后千斤顶回油至零。用氧炔焰切断钢绞线。

三、预制梁的架设

(一)用专用的架桥机架梁

新建铁路工程中，中小跨度桥梁为数最多。目前我国跨度在32 m以内的铁路桥梁，几乎全部采用钢筋混凝土梁和预应力混凝土梁，在新建铁路桥梁中这些梁占极大比重。在铺轨架梁阶段，架梁进度常常控制工期，如何提高架梁速度往往成为加快铁路建设的关键问题之一。

用专用的架桥机架梁有既快又省的效果。现有架桥机架梁速度，铁道部第二工程局在湘黔线使用胜利型架桥机架预应力混凝土梁，曾达到一天架八孔23.8 m梁或一天架五孔31.7 m梁的进度，这是其他架梁方法难以达到的。一般约 3～4 h架一孔梁(两片)。这样的架梁速度从加快铁路建设来讲仍嫌不够。

我国使用的架桥机，解放初期用双悬臂式，60 年代以来，陆续采用简支梁式(单梁或双梁)，最大起重能力130 t。实践证明，梁在工厂预制，用架桥机架设，在加速我国新建铁路施工和更新既有线路桥梁方面，都起了重要作用。铁道部基建总局将我国现行架桥机分为三种类型：即悬臂型、胜利型(含原来的战斗型，以单梁简支形式架梁)和红旗型(包括原来的燎原型，以双梁简支形式架梁)。为便于识别和统一掌握使用，将全路各局架桥机统一编号。编号用五位相连制，第一位表示类型，第二位表示起重能力，第三位表示设计制造年份，第四位表示同类型架桥机统一编号，第五位表示负责保管架桥机局名。例如编号为胜利—130—70—3(京局)，表示北京铁路局管理的胜利型“130 t”架桥机，1970 年制造，总编号为胜利型 3 号。

下面分别介绍胜利型和红旗型架桥机的主要组成部分、工作性能和架桥施工中有关问题。

1. 胜利型架桥机

胜利型架桥机设计的主导思想和技术要求是：

(1)在静止，简支状态起吊和架设桥梁，起吊桥梁后不运行；

(2)能自行，走行和起重都自配动力设备，集中操作，便于统一指挥；

(3)机身内喂梁，不用桥头岔线；

(4)架桥机外轮廓尺寸控制在隧道限界“隧限—2 甲”以内，能在隧道内和隧道口架梁；

(5)能架设跨度32 m以内的梁，起重能力为1 300 kN。图 17—30 为胜利型架桥机图。构成胜利型架桥机的主要组成部分为机臂、0 号柱、1 号柱、2 号柱及 1 号车。

机臂为全焊箱形截面梁，截面全高1.31 m，全宽1.0 m(两腹板间距0.76 m)，长46.4 m。前后端还各有长1.5 m和4.65 m的支架供装置固定和转向滑轮用，全长52.55 m。

0 号柱由两根方型截面柱组成，分五节用螺栓联接，联接处附铰，拆除联接螺栓后可折叠，柱上端与机臂铰接。架梁时立在前方桥墩上作为机臂前端的支承，运行时用机臂前端支架上的滑轮组将它折叠吊起随机运动(图 17—30(a))中虚线表示运行的 0 号柱折叠悬挂在机臂前端。

1 号柱和 2 号柱都设在 1 号车上，都呈门型，架梁时梁从门内通过。1 号柱上部设 4 个 250 kN升降油缸，2 号柱上部设 4 个350 kN升降油缸，利用两个柱上的升降油缸可使机臂从架梁正常位置上升200 mm。为铺轨时争取较大起吊净空，也可以使机臂从正常架梁位置下降 1.4 m，使架桥机降底到特级超限货物限界以内，长途运送时架桥机不用解体，参看图 16—30(b)。机臂在正常架梁位置时可将 2 号柱的升降油缸拉到低位使机臂前端抬头，便于 0 号柱在前方桥墩上对位。2 号柱上部还设有两个400 kN油缸可使机臂绕 1 号柱横向摆动，这样可使机臂前端最大摆头量为2.0 m。架梁时机臂由 0 号柱和 1 号柱支承，运行时机臂由 1、2 号柱支承。

1 号车除支承 1、2 号柱外，并配有动力和自行装置，可以自行。1、2 号柱之间设司机室，集中各项操作。

胜利型架桥机除上列主要部分外，还有吊梁小车，铺轨小车、托梁小车、2 号机动运梁车、龙门吊等。

吊梁小车两台(1、2 号)，沿设在机臂上缘的轨道走行，每台起重能力650 kN。当机臂呈臂状态时(0 号柱不支承机臂前端)，吊梁小车应紧靠 1 号柱停放。架梁时机臂呈简支梁状态，两台吊梁小车吊梁沿机臂运行。

铺轨小车两台(1、2 号)沿机臂下翼缘走行，能起吊由钢筋混凝土轨枕与50 kg/m钢轨组成的25 m长轨排。铺轨时机臂较架梁时缩回13 m。

拖梁小车 1 辆，在 1 号车上沿 1 号车中线走行，供喂梁时将梁由 1 号车尾拉到 1 号车前端，能用吊梁小车起吊桥梁。拖拉系用机动卷扬机。

2 号机动运梁车车身构造与 1 号车同，载重能力2 000 kN，配有自行设备和动力，可载梁自行。前端设由 2 个400 kN油压千斤顶构成的顶梁扁担，后端有拖梁小车沿 2 号车中线行走。2 号车与龙门吊配合完成将梁从运梁车转送到 1 号车喂梁的全部作业过程。

下面介绍这一作业过程。

参看图 17—30(a)。送梁列车将梁送到工地后，将第一片梁停放在龙门架吊梁范围内，两台龙门吊(每台起吊能力650 kN)将梁吊起，挂走运梁空车。随即 2 号车自行进入龙门吊吊梁范围，将梁落到 2 号车上。2 号车上的顶梁扁担和拖梁小车分别支承梁的前后端，这一程序号称“换装梁”。换装完毕，2 号车即自行到 1 号车尾部，利用顶梁扁担将梁前端落到 1 号车上的托梁小车上，这时梁已由 1、2 号车上的拖梁小车支承。用卷扬机拖拉 1 号车上的拖梁小车引梁前进向架桥机喂梁。梁前端到 1 号吊梁小车起吊位置时，用 1 号吊梁小车将梁前端吊起，并将拖梁小车送到1号车尾部。利用顶梁扁担将梁后端顶起，倒装到1号车上的拖梁小车上。这时梁前端由 1 号吊梁小车吊起，后端由 1 号车上的拖梁小车支承。再用卷扬机牵引拖梁小车前进直到梁的后端能用 2 号吊梁小车吊起。以后由 1、2 号吊梁小车吊梁到架梁位置落梁。

龙门吊由两组柱腿和一个顶盖组成，柱腿下有可伸缩的活动节，每台自重13.5 t。长途运送时解体装车如图 17—30(b)中所示。架梁时，龙门吊可在车站组装好，将柱腿下端活动节缩入柱腿，骑在运梁车上(用枕木垛支承在梁上)随梁车送到工地。到工地后将活动节放下支承于设在路肩上的枕木垛上即可进行作业。两台龙门吊的距离 L 随梁的跨度确定。龙门吊组装后净空宽3.698 m，高4.876 m，龙门内可通行机车。

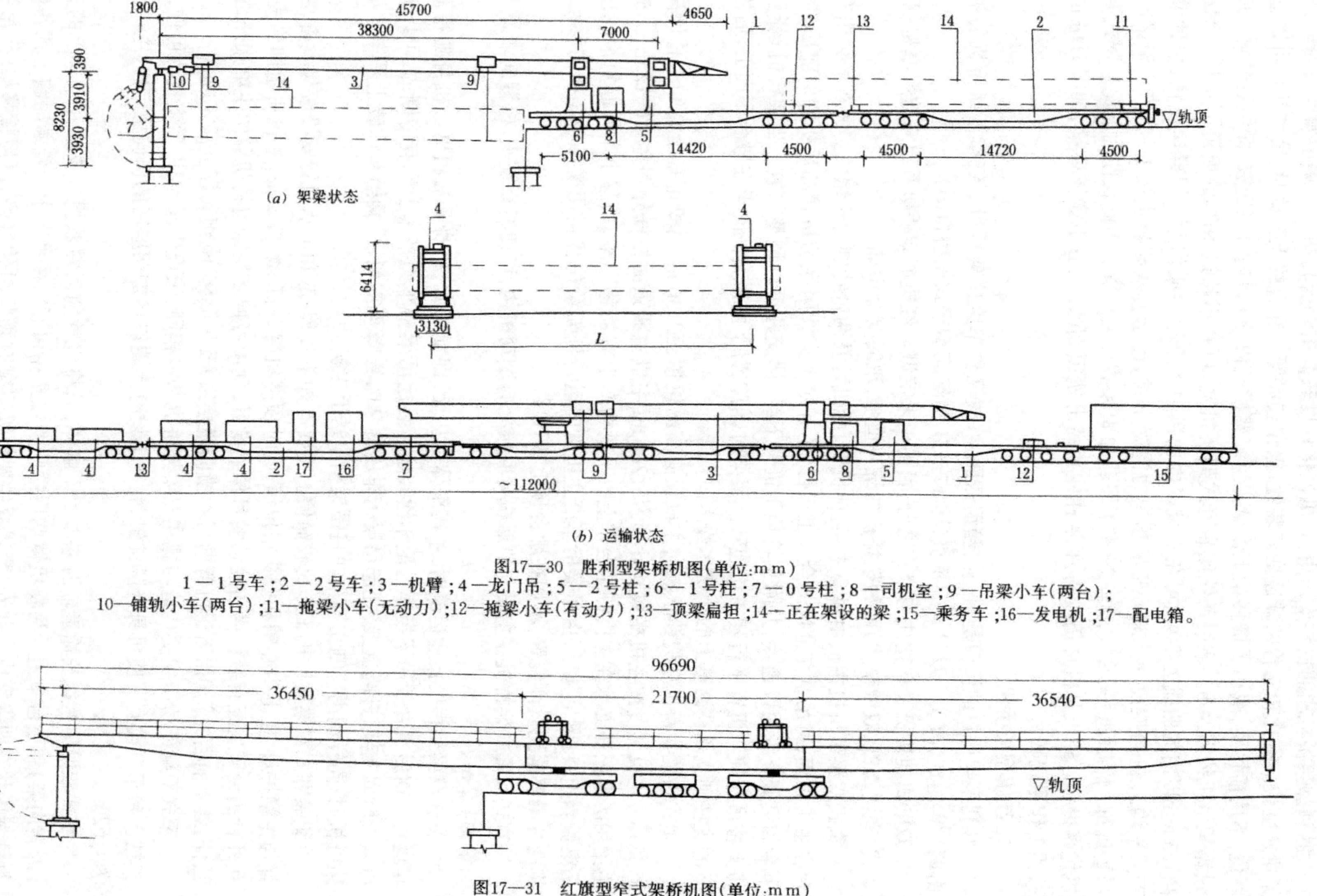

图17—30　胜利型架桥机图(单位:mm)

1—1号车;2—2号车;3—机臂;4—龙门吊;5—2号柱;6—1号柱;7—0号柱;8—司机室;9—吊梁小车(两台);10—铺轨小车(两台);11—拖梁小车(无动力);12—拖梁小车(有动力);13—顶梁扁担;14—正在架设的梁;15—乘务车;16—发电机;17—配电箱。

图17—31　红旗型窄式架桥机图(单位:mm)

胜利型架桥机能铺轨架梁两用，是机械化程度较高的综合性机械。集中操作，指挥方便，架梁速度快。有比较完善的减速变速装置，操作较灵便。在直线上架梁时，第二片梁可以直接就位，不用横移梁，减小了横移梁工作量。组装架桥机快，3 h以内可以完成，而组装悬臂 130—59 型架桥机约需24 h。适用条件比悬臂式架桥机宽，可在不超过 16‰的坡道上架桥，能在超高125 mm以内的曲线上架梁，可在 6 级以内的风力下进行架梁作业。架梁速度快，包括铺轨架梁平均3.5 h可架设一孔32 m跨度预应力混凝土梁，比悬臂式架桥机快 1～2 倍。架梁时不吊重运行，不需设桥头岔线，大大减小了线路加固和铺设工作量。因此在使用上比悬臂式架桥机优越得多。缺点是机身仍较高，1 号柱柱顶高出轨顶面6.32 m；不能横移梁，架梁时墩顶横移梁工作量仍较大。

2. 红旗型架桥机

胜利型架桥机的机臂是单一的箱型截面梁，故又称单梁式架桥机。红旗型架桥机的机臂由两片梁组成，故又称双梁式架桥机(图 17—31 为红旗型窄式架桥机图)。

双梁式架桥机又有宽式与窄式之分，目前尚未定型。红旗型架桥机系原来的燎原型(双臂宽式)和红旗型(双臂窄式)两种架桥机的统一型号，现简要介绍如下。

宽式双梁架桥机主机由机身主梁、前机臂、后机臂及两台特制台车组成。另有吊梁桁车两台在主机顶面，可吊重在全机的全长上运行，还有四个支臂附在前机臂和后机臂的前后端，柱下端和机臂下缘用铰连接，并附小轮挂于机臂下缘，使支柱可以调整位置。当架桥机运行时，将支柱吊起使与机臂平行随主机连转。架梁时，前机臂下两根支柱支承在墩台顶面上，后机臂下的支柱则支承在路基上的小枕木垛上。

宽式双梁架桥机在架梁状态时主机顶面高出轨顶面3.36 m，吊梁桁车全高3 m，总计高度6.36 m。主机宽度按主机横梁长计算为6.286 m(主机主梁顶面栏杆外侧宽为6.12 m)。机身主梁用两根弦杆支承在主机特制台车上。吊梁桁车上有横移小车，横移小车同起重滑轮组挂吊梁铁扁担，将梁吊起后，由吊梁桁车沿主机纵向运行到架梁位置再用横移小车横向移动，可将两片梁都落到设计位置，不用在墩台顶上横移梁。

宽式双梁式架桥机在主梁与前后机臂联接处有摆动机构，可使机臂摆头，机臂前端最大摆头量为4.2 m。

宽式双梁架桥机长途运输时，主机解体为三段，即前机臂、机身和后机臂。机身随特制台车运行。前后机臂及吊梁桁车另配车辆装运。装运吊梁桁车的平车上配有特制的、可以升降可以旋转的支架，升高支架，托起吊梁桁车旋转 90°，再降落支架，吊梁桁车即装上平车。组装架桥机时，同样利用特制支架很快将吊梁桁车送上主机。

组装宽式双梁架桥机工作比较简便。主要有如下过程：起顶前后机臂安设滚移设备，将机臂与主梁拼对，插上中心销和摆头空位销，同时顶高机臂，拆除滚移设备，主机拼组即告完成。此外特制台车上配有装设横向油顶的可伸缩横梁，利用可伸缩横梁可将机臂两主梁张开，支好弦杆，装上前后龙门(相当于机臂前后端横向联接系)及吊梁桁车，组装即全部完成。

窄式双梁架桥机主要构造与宽式双梁架桥机基本相同，未设中间支柱，后支柱为可伸缩的支柱。台车上设有可使机身升降油缸，台车下设有支腿以增加架梁时的横向稳定性，主机全宽为4.62 m。

窄式双梁架桥机长途运输时基本上不解体，只将机臂前后端收拢并支承在平车上的托架(即转向架)和小台车上。另将机臂前后端门架与支柱卸下装在平车上。组装时将上列各项恢复到架梁状态即告完成。此外，窄式双梁架桥机架梁时须将机臂升高，以便横移梁时，吊梁铁扁担可移到机臂底面以下。解体装车运送时将机臂落下。

双梁式架桥机架梁作业过程，宽式与窄式基本相同，图 17—32 为双梁窄式架桥机架梁步骤示意图。图 17—32(a)架桥机自行到桥头就位，对准位置，支好台车及前后支柱。宽式和窄式双梁架桥机短距离运行都有自行设备，可在桥头自行对准架梁位置。图 17—32(b)送梁机车将运梁车送于后机臂下，用吊梁桁车直接起吊桥梁运行到前端架梁位置。图 17—32(c)吊梁桁车走行到架梁位置后落梁到墩台上。图 17—32(d)架完一孔梁并铺好桥面后，起平前支柱，起高后支柱，架桥机自行到下一跨继续架梁。

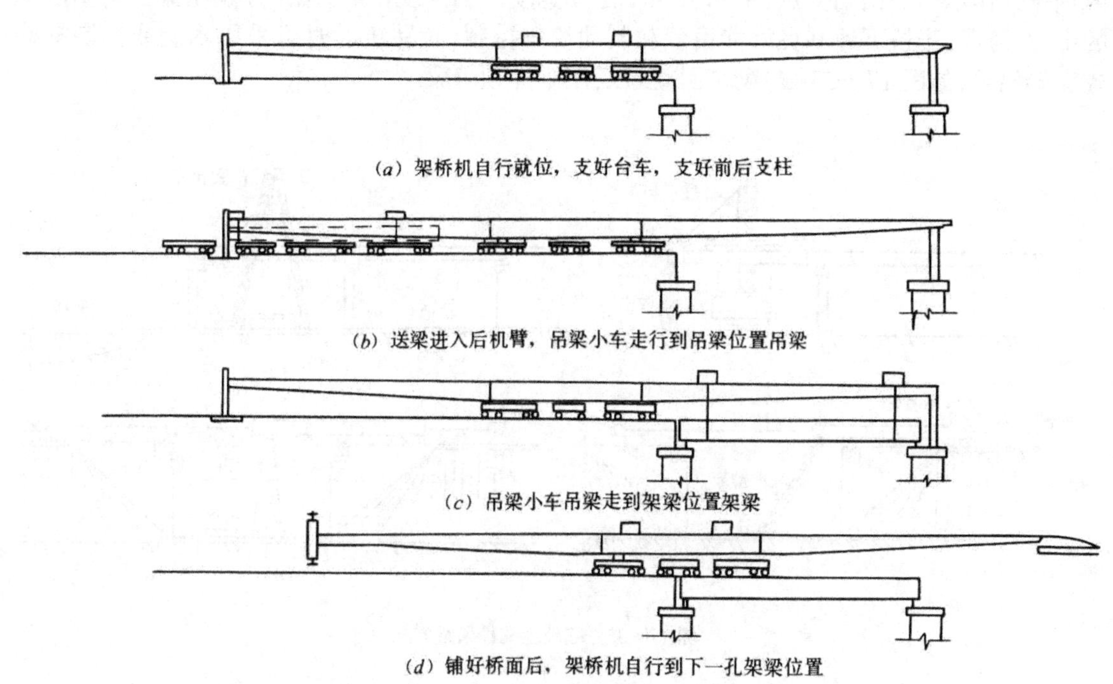

图 17—32　红旗型架桥机(窄式)架梁步骤示意图

红旗型架桥机独有的特点是前后两个方向都可架梁，只须调换前后支柱及门架即可，自行对位时前后机臂相互平衡，吊梁和走行时，轴重都比较小。此外，长途运行时基本上不解体，而且解体和组装都较迅速；在250 m半径的曲线上架梁，可不拨道，架桥机总重窄式为1 900 kN，是同等起重能力架桥机中最轻的一种，喂梁较简便。

在大坡道上架梁应严防制动系统出现故障或制动力不足，发生滑车事故。对单梁双梁式架桥机，应将 0 号柱或前支柱尽可能垫高以减小机臂的坡度。吊梁桁车制动设备应十分可靠并配备制动失灵时的保险措施。

(二)预制梁的其他架设方法

公路桥预制梁的架设和铁路桥不能使用专用架桥机时，可根据预制梁的大小、运输、起重设备和附近地势环境等条件，采用不同的架设方法。下面简要介绍几种架梁方法。

1. 自行吊车架梁

在桥不高，场地上又可设置行车便道时，用自行吊车(汽车吊车或履带吊车)架设小跨度梁十分方便(图 17—33(a))。视吊装重量不同，可单吊(一个吊车)或双吊(两台吊车)。此种方法机动性好，不需另外动力设备，不需很多的准备作业，架梁速度快，一般吊装能力为 150～1 000 kN，国外已出现4 100 kN的轮式吊车。

2. 跨墩门式吊车架梁

对于桥不太高，架设孔数较多，沿桥墩两侧铺设轨道不困难时，可采用跨墩龙门吊车架梁(图 17—33(b))。除吊车行走轨道外，其内侧尚应铺设运梁轨道，或者设便道用施车运梁。梁运到以后，用龙门吊车起吊，横移并就位。我国不少特大桥的引桥和河床平坦枯水期长、河床基本无水的桥梁大都采用此法架设。

3. 摆动排架式与移动支架架梁

对高度不大的小跨度梁，可考虑采用图 17—33(c)的摆动排架架梁方法。它是用木排架或钢排架作承力的摆动支点，由牵引绞车摆动速度。当梁就位后，用千斤顶落梁。对高度不大的中、小跨梁，当桥下地基良好能设置和制动绞车控制，简易轨道时可采用木制或钢制的移动式支架架梁，如图 17—33(d)梁牵引就位后用千斤顶落梁。

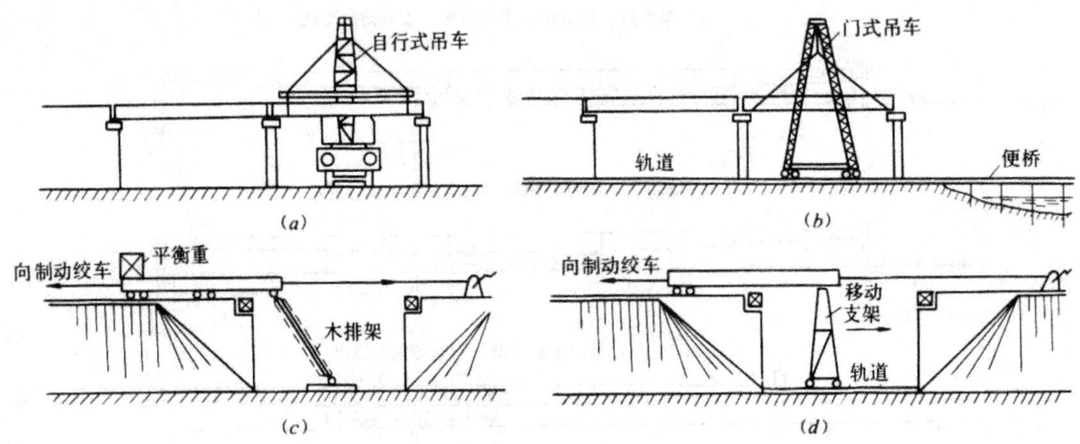

图 17—33　陆地上几种架梁方法

第十八章　预应力混凝土连续梁

连续梁是一种比较古老的桥型，它具有变形小、结构刚度好、行车平顺舒适有利于高速行车、伸缩缝少、养护简易、抗震能力强、混凝土收缩和徐变引起的变形小等优点。随着施工方法的不断改进，这种桥型的应用越来越广泛。

在已建成的预应力混凝土铁路桥中，连续梁桥是比较多的一种。最早建成的铁路预应力混凝土连续梁桥是 1951 年西德修建的五跨连续空心板梁桥，其最大跨径才21.57 m。我国第一座预应力混凝土铁路连续梁桥建于 1974 年，位于北京枢纽东北环线上，其跨度为26.7 m + 40.7 m + 26.7 m。近年来，铁路预应力混凝土连续梁桥在我国发展很快，陆续建成了一些跨度较大的预应力铁路连续梁桥，如广西南防线茅岭江连续梁桥，跨度为48 m + 80 m + 48 m；京广线武水河双线连续梁桥，跨度为40 m + 64 m + 40 m等等。预应力混凝土连续梁桥被认为是一种结构合理的大跨度梁桥，这种桥型会在我国铁路建设中广泛应用。

在公路桥梁中，连续梁桥的发展更快，仅在 70 年代至 80 年代间，对二百余座主跨大于100 m的预应力混凝土梁式桥作的统计中，连续梁桥的总数占 50%。

第一节　预应力混凝土连续梁桥的构造

一、截面形式

预应力混凝土连续梁桥的截面形式很多，一般应根据桥梁的跨径、宽度、对梁高的要求、支承形式、桥梁的总体布置和施工方法等方面确定。

连续梁的纵截面形式，跨度大于60 m时多采用变高度梁，但有时为了美观或施工等的要求，仍采用等高度梁。从连续梁受力的角度讲，为了适应向着支点逐渐增大的负弯矩和剪力的需要，采用变截面高度梁是有利的，而且这种变高度也非常有利于采用平衡悬臂灌筑或悬臂拼装。但是顶推法施工采用等截面高度梁是有利的。

这里需要指出的是，变截面高度梁的梁底曲线可做成多种形式，如大半径圆弧曲线、抛物线、正弦曲线和折线等。从与截面内力的配合和美观方面来看，以抛物线和正弦曲线为佳；但从施工方便来看，则以折线或圆弧曲线为好。

连续梁的横截面形式，主要有板、肋式截面和箱形截面。

在连续梁中，不仅要考虑弯矩数值上的变化，而且要考虑弯矩符号的变化。截面的核心距越大，轴向压力的偏心可以越大，即预应力钢筋合力的力臂越大，可以充分发挥预应力的作用。如图 18—1 中给出了常用截面的截面核心距。在矩形截面中，核心距离约为$\frac{1}{3}h$（h 为截面的高度）；具有宽翼缘的 T 型截面核心距约为0.4 h；箱形截面随腹板厚度对截面轮廓尺寸的比值而变化，有可能达到0.5 h。截面核心距的选择，主要决定于恒载与活载的比值，对于活载较

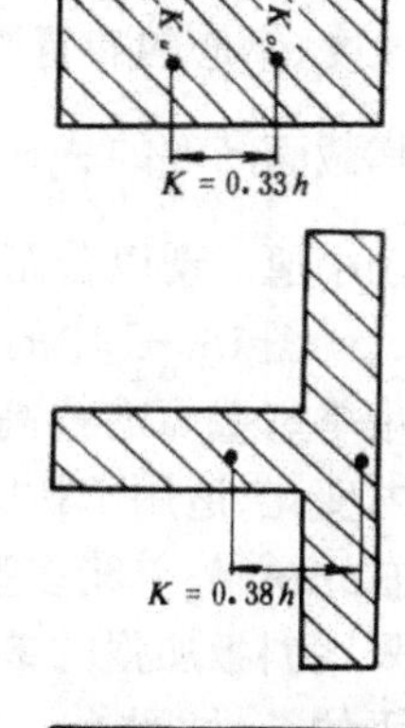

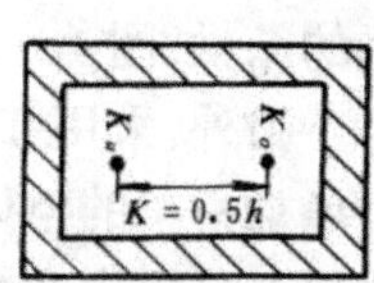

图 18—1　截面核心距离

大的铁路桥梁,宜采用核心距较大的箱形载面。从目前采用最多的施工方法即顶推法和悬臂施工法来说,采用箱形截面也是合适的,它的截面刚度大,抗扭性能好,动力稳定性也比较好。由于箱形截面的优越性,它也是公路连续梁的主要截面形式,但由于板、肋式截面构造简单、施工方便,所以在较小跨度的公路连续梁中板、肋式截面应用也不少。

下面就上述几种横截面形式作一简单的介绍。

(一)板、肋式截面

图 18—2 示出了典型的板、肋式截面的形式。

矩形实体截面已较少采用,代替它的是曲线型整体截面。实体截面常用于中小跨径,同时也用于以在支架上现浇为主的连续梁桥。当桥墩采用独柱支承时,常选用图 18—2(b)所示截面;当桥墩在横截面上是Y型支承时,可选用双峰型实体截面。空心板截面常用于跨径在15～30 m的连续梁桥,板厚一般取0.8～1.2 m。而肋式截面由于预制方便,常用于预制架设施工,并在梁段安装完之后,经体系转换为连续梁桥,即简支变连续或悬臂变连续的施工方法,其常用跨径为30～50 m,梁高为1.60～2.5 m。

(二)箱形截面

图 18—3 给出了常用公路桥梁(铁路桥梁可参考)箱形截面的形式。箱形截面在中墩支承处的梁高对等高梁约为跨度的$\frac{1}{16}\sim\frac{1}{26}$,对变高度梁约为跨度的$\frac{1}{12}\sim\frac{1}{22}$,而且对铁路桥梁应取较大的比值。变高梁的跨中梁高与支点梁高的比值约为0.2～0.85,平均取 0.4 左右。腹板的厚度应根据抗剪强度、钢筋的布置以及浇筑混凝土等要求来确定,通常梁在支承处的腹板厚度对等高度梁约为其截面高度的$\frac{1}{12}\sim\frac{1}{16}$,对变高度梁约为截面高度的$\frac{1}{15}\sim\frac{1}{20}$,腹板内有竖向预应力钢筋的可取较小值。现以公路桥梁为例做箱梁截面尺寸及应用范围的介绍:

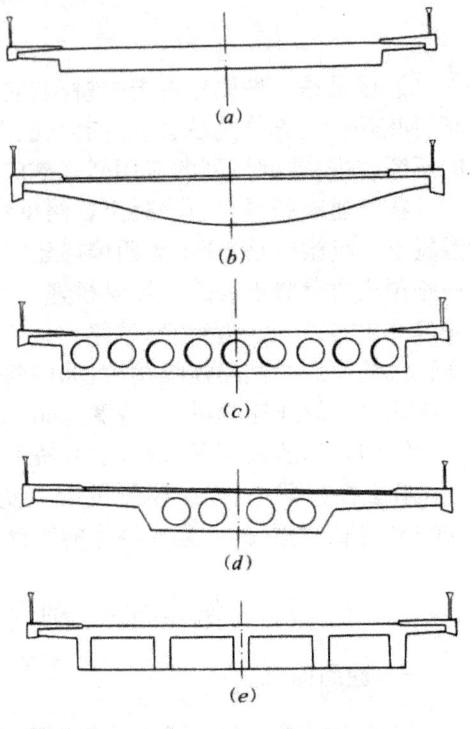

图 18—2 常用的板、肋式截面

图 18—3 中的单箱单室截面的梁高可在1.5～5.0 m内变化,用于桥宽小于18 m的桥梁;双箱单室截面的梁高为1～2 m,用于桥宽20 m左右的桥梁;单箱双室截面的梁高在1.5～5.0 m内变化,适用于桥宽在25 m左右的桥梁;圆空式单箱双室截面梁高为1～2 m,用于桥宽15 m左右的桥梁;单箱多室截面的梁高为1.5～3.0 m,其桥宽可不受限制;图 18—3(f)为带有斜撑或采用斜板加强的单箱单室截面,其常用的梁高为2～4 m,桥宽可达32 m;图 18—3(g)为曲线梁用的箱梁;图 18—3(h)、(i)为分离式箱形截面,分离式双箱双室桥宽可达47.7 m。

另外,采用T型和I型截面的公路预应力混凝土连续梁桥,因其横截面的抗扭刚度较小,为增加桥梁的整体性和良好的横向分布,一般均需设置中横隔梁和端横隔梁。其中中横隔梁数目及位置由主梁的构造和桥梁的跨径确定。由于箱形截面的抗弯、抗扭刚度均较大,除了在支点部位设置端隔梁外,为了施工方便,中间不设或尽量少设横隔梁,因为即使设了,起的作用也比较小。对于公路上的多箱截面,为了加强桥面板和各箱间的联系,常在箱间设置横隔梁。

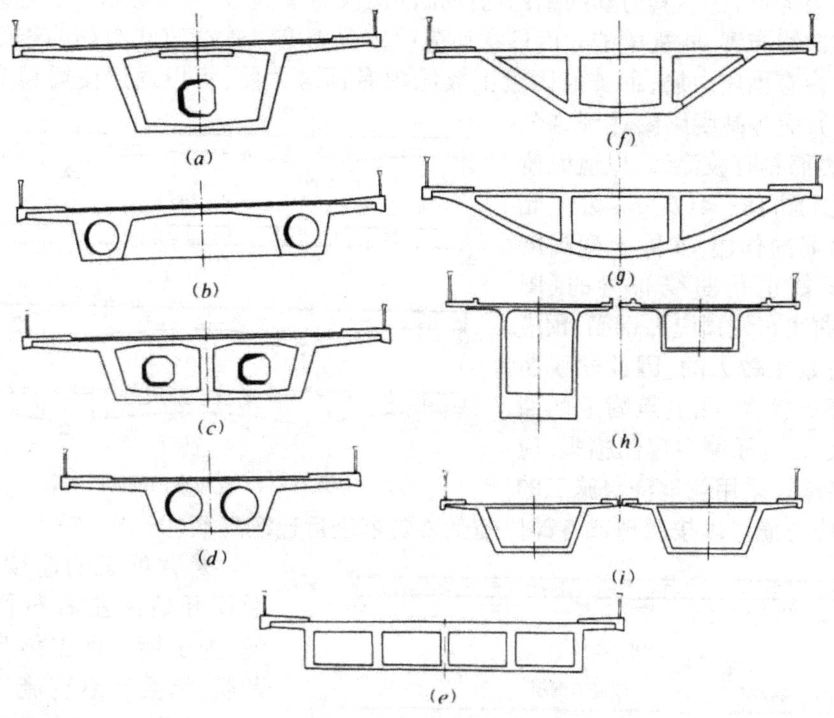

图 18—3　常用箱形截面形式

二、桥孔分跨

连续梁桥可以做成三跨或四跨一联的，也可以做成多跨一联的，但一般不超过六跨。每联跨数太多，联长就要加大，受温度变化及混凝土收缩等的影响产生的纵向变形也就较大，使伸缩缝及活动支座的构造复杂，对桥梁的墩台也是不利的；相反，每联的长度太短，则使伸缩缝的数目加多，也不利于高速行车。在已建成的预应力混凝土铁路连续梁桥中，多数采用三跨或四跨一联。

根据桥位水文、地质情况、通航要求、桥跨外形美观及经济性等方面的考虑，连续梁可以采用等跨或不等跨布置。从梁内弯矩分布来说，每联三跨以上的连续梁，等跨时边跨的跨中弯矩大于中间跨的跨中弯矩，为了使边跨和中跨的最大弯矩值接近相等，以便中跨与边跨的梁高一致，常用缩短边跨的办法来调整弯矩的分布(边跨也不能太小)。边跨与中跨的比值一般为0.5～0.7，三跨一联时多用0.6～0.67，对多跨连续梁，如果对跨度大小没有其它特别的要求，为了简化施工多数采用等跨布置。

三、预应力钢筋的布置

连续梁的预应力筋有在桥梁的纵向布置、横向布置和竖向布置三种形式。沿桥跨方向的力筋称为主筋，其数量和布筋位置要根据结构在使用阶段的受力状态确定，同时也要满足施工各阶段的受力要求。在此主要介绍的是纵向主筋的布置(不加说明时下文提到预应力钢筋即指纵向主筋)。

连续梁预应力钢筋的布置方式，有连续配筋和分段配筋两种(图 18—4)。考虑到连续梁的弯矩沿梁长变化的情况，连续梁跨中部分的钢筋要放置在梁的下翼缘内，中间支承附近的钢筋则应安设在梁的上翼缘内。无论哪种布筋方式，都要体现这个思想。

连续配筋的优点，在于其力筋的锚固与张拉都比较简单，而且锚头数目少。连续配筋可采用直线布置或曲线布置，要视梁的立面形状和荷载情况而定。连续直线布筋的连续梁要达到使跨中下翼缘内有预应力筋，而支点附近上翼缘内有预应力筋，可以通过使梁高变化的方法(图 18—4(*a*))；而等高度梁要达到这个目的，只能让力筋具有波浪形，以适应荷载内力的变化(图 18—4(*b*))。为了充分发挥预应力筋的作用，实际上变高度梁的预应力钢筋也是曲线布置的(图 18—4(*c*))。曲线布置预应力钢筋，预应力的摩阻损失是比较大的，因此曲线曲率半径一般都比较大；在支点附近的曲率半径无法太大，为了减少摩阻损失，应当采取专门措施。采用就地浇筑施工的连续梁，其预应力筋可以按照桥梁各部位的受力要求进行连续配筋(图 18—5)。

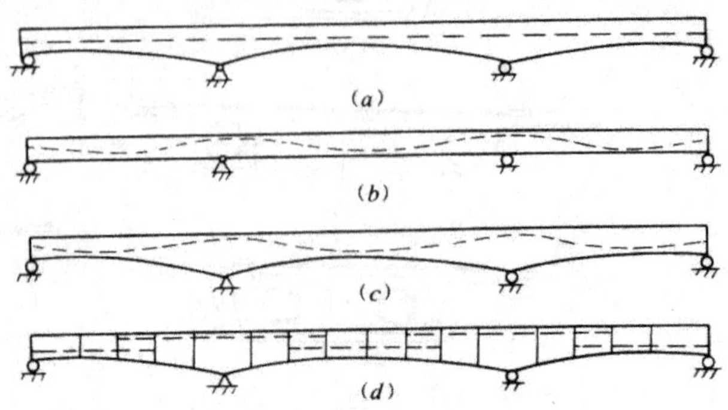

图 18—4 连续梁的配筋图示意

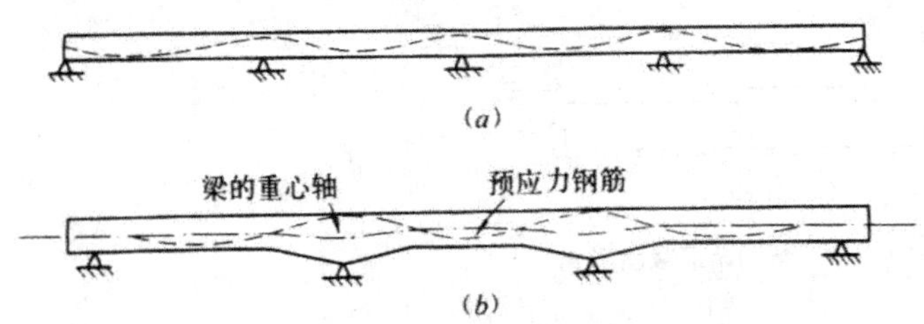

图 18—5 就地灌筑连续梁的预应力钢筋布置图

悬臂施工的连续梁桥，是从墩顶开始向左右对称悬臂施工的，为了能支承梁体自重和施工荷载，需要在悬臂施工时预加应力。这样就有了分段布筋的形式(图 18—4(*d*))。这种配筋方式，大部分力筋通过支座截面的上缘，随着悬臂施工的进程，分批锚固于各个梁段的连接处，组成承受负弯矩(施工中与成桥后)的强大配筋体系。在体系转换时，再张拉正弯矩力筋并补充其他在使用阶段所需的力筋(这部分力筋又称为二次张拉力筋或后期力筋)。正弯矩力筋分散锚固于翼缘板或腹板凸出的锯齿板上。连续梁分段配筋的缺点是力筋的锚头数量多，张拉受到箱内净空限制。

对于预制安装，由简支变连续或悬臂变连续施工的连续梁桥，它们的预应力筋也是采用分段配筋的。预制构件在预制时根据它所处的部位、受力情况以及考虑吊装的需要等先行配筋张拉，在体系转换之后再进行二次张拉。

连续梁预应力钢筋的布置和锚固在很大程度上取决于施工方法。例如采用分段顶推施工时，在顶推阶段和使用阶段梁的受力状况差异较大，根据这两个不同的受力阶段，预应力钢筋一般相应分为：①用以承受在顶推阶段的悬臂负弯矩和跨间正弯矩的所谓前期张拉钢筋；②用以满足使用阶段的要求而补充设置的后期张拉钢筋。为了使张拉施工方便，前期张拉钢筋通常为布置在截面上下缘的直线筋。分段顶推施工是逐段预制、逐段顶推的，前期预应力筋也就得分段张拉，并在截面接头处用连接器连接起来(其布置见图18—6)。如果截面的底板较薄，那么还必须在连接器处予以加厚。后期张拉力筋分为直筋和弯筋，直筋配置在支点截面的顶部和跨中截面的底部，弯筋设置在腹板内。腹

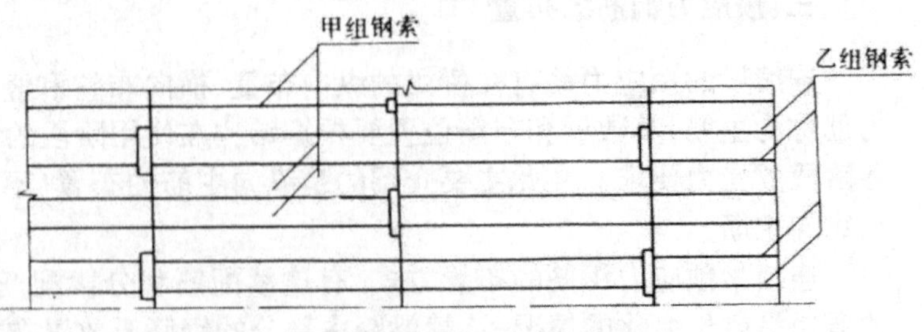

图 18—6 逐段接长力筋的连接器布置

板中起初只设置预应力筋的管道，当桥梁达到最终位置时，才穿束张拉，锚固在离支点截面的$\frac{1}{3}$跨径附近的腹板内侧的竖向锯齿板上(图18—7)。

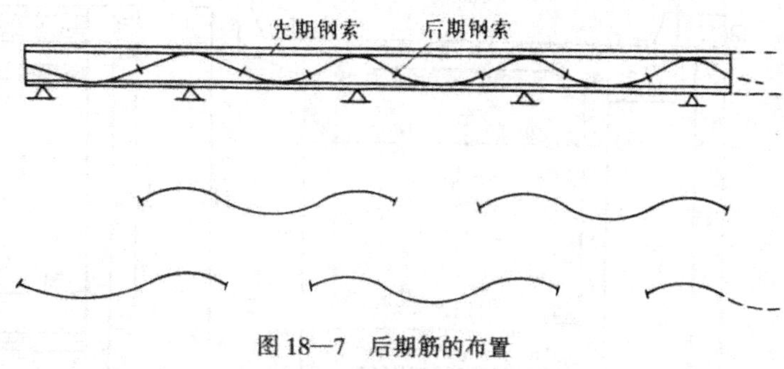

图 18—7　后期筋的布置

还有一种预应力筋的布置形式是体外布筋。体外筋又分为永久型和装拆型。前者是将力筋设置在主梁截面以外的管道内，利用横隔梁、转向块等结构物对梁施加预应力。这种体外筋不消弱主梁截面，不需预留孔道，预制节段的拼装可采用干缝接合，施工方便、迅速和便于更换。有些预应力钢筋只是在施工的某一阶段需要，装拆型体外力筋就是指在施工过程中为了满足施工荷载的要求，在主梁截面以外设预应力筋，施工完再去掉这些预应力筋，因为它们可能对桥的使用阶段是不利的。

施工阶段施加的预应力可能对运营不利，也有可能在运营阶段的某些预应力钢筋，在施工阶段反而不利，这就使得钢筋的布置更加复杂。图 18—8 为用悬臂法施工的连续梁的预应力钢筋布置图。其通过支承处的钢筋分段向下弯至腹板内，并锚固于各段的接缝处；跨中部分的钢筋，从反弯点处梁的顶部开始向下弯曲到跨中的底部，等接缝混凝土浇筑并达到设计强度后，在桥面板上进行张拉，并锚固于梁的顶部。

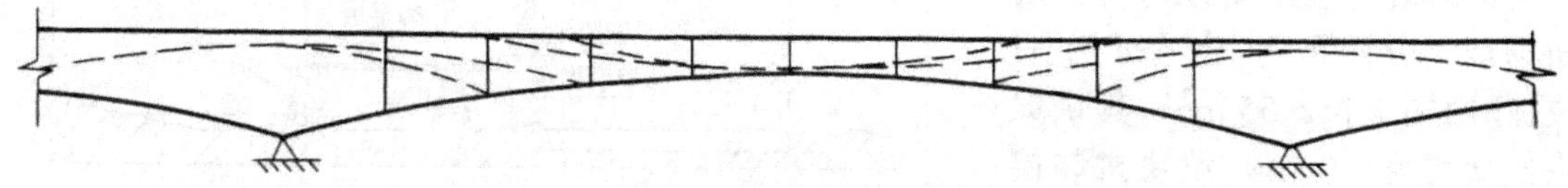
图 18—8　用悬臂法施工的连续梁的预应力筋布置图

总之，预应力混凝土连续梁桥的主筋布置是多种多样的，它与所选用的施工方法有密切关系，不同的施工方法要求不同的力筋布置，而力筋的数量则取决于结构的受力(使用阶段和施工阶段综合考虑)。下面举一构造实例，以便更明确地领会预应力筋的布置特点。

连续梁构造实例：

西(西安)延(延安)线狄家河桥是我国于 1977 年采用顶推法施工建造的第一座预应力混凝土连续梁铁路桥。考虑用顶推法施工要求截面具有较大的抗扭刚度，并能适应各截面在顶推过程中弯矩符号变化的特点，故梁部结构采用等高度的变截面箱形梁(图 18—9)。该桥的跨度为 4×40 m；箱形截面的高度为3.00 m，腹板厚度为16～52 cm，底板的宽度为2.60 m，底板厚度为23～40 cm，顶板的厚度为15～32 cm、全宽为3.90 m，仅在各支座处设置横隔板(即只有端横隔板)。梁部结构的混凝土标号为 450 号，预应力筋采用 5 根 ϕ 4 mm钢绞线组成的钢索，钢绞线的极限强度为1 600 MPa。

预应力钢筋的布置以运营阶段要求为主，并考虑顶推过程中，各截面弯矩变化(箱梁的每一截面在施工过程中均会出现最大的正负弯矩)的需要，对于那些仅在顶推过程中才需要的，而对运营阶段受力不利的预应力钢筋，顶推就位后予以拆除；那些对顶推阶段受力不利的，但在运营阶段必须有的预应力钢筋，则在顶推就位后再行张拉锚固。全部预应力钢筋都是分散式直线布置，分批截断锚固在锯齿板上，腹板内没有设预应力钢筋(图 18—10)。这与前面介绍的腹板内设弯曲筋是不同的，此处施工中张拉的预应力筋有些是装拆型的(那么这部分预应

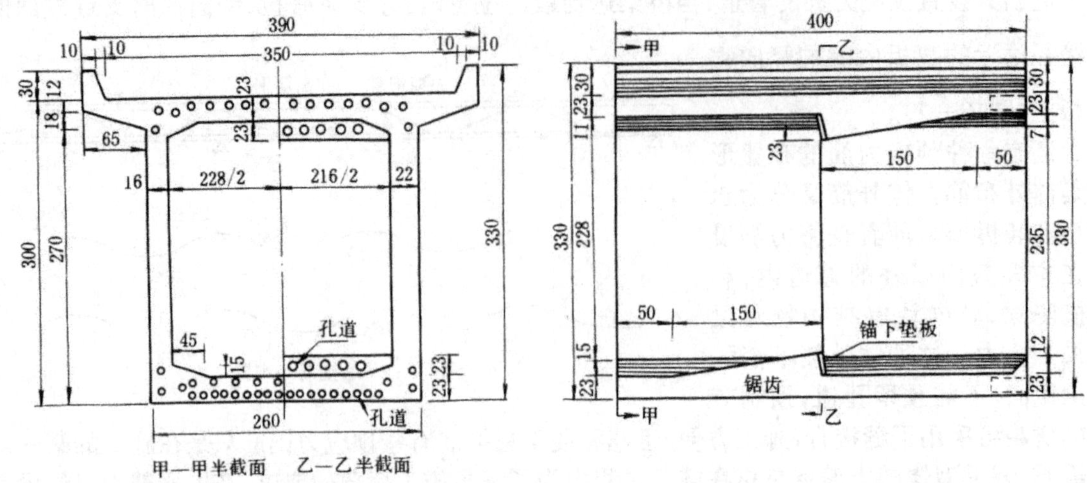

图 18—9　梁部结构预制块的构造图(分段顶推法施工)

力筋当然也不会造成运营阶段的不利),拆除后能满足运营阶段的受力要求,那么在宽度比较小的腹板内设置后期筋可能是没有必要的。从此可以看出,预应力筋的布置是比较灵活的,要根据实际的情况灵活处理。

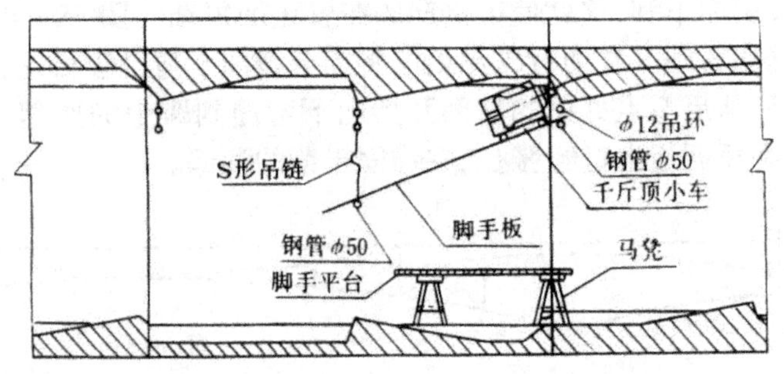

图 18—10　梁内顶部锯齿板张拉架示意图

梁部结构在延安方向桥台后面场地上分段预制,全梁分为 41 块,除两端块长2.55 m外,其余梁块长度均为4.00 m。梁块拼装接缝采用环氧树脂胶粘剂,故预制梁块必须依照全梁顺序接连灌筑,梁块之间不立端模,以达到各梁块间的接缝密贴。

四、关于横向和竖向预应力的施加

横向预应力的施加主要是为了加强桥梁的横向联系,增加悬臂板的抗弯能力;而竖向预应力的施加主要作用是提高截面的抗剪能力(竖向预应力可以使截面的主拉应力明显减小,甚至为零)。对桥面较宽的公路桥梁,施加横向预应力常常是必要的,横向预应力一般施加在横隔梁内或截面的顶板内。竖向预应力筋一般布置在截面的腹板内。

第二节　预应力混凝土连续梁桥的施工

随着桥梁结构的发展,对施工方法提出了各种不同的要求,促进了施工方法的发展来满足各种结构的需要;同时,先进的施工方法的应用,也会反过来促使新的桥梁结构形式的实现。从混凝土连续梁桥的发展,我们可以清楚地看到,施工技术的发展对桥梁的跨径和桥梁的纵、横截面形式等方面起着重要的作用。最初,混凝土连续梁的施工采用搭设支架就地现浇的方法,进入60年代以后,悬臂施工法和顶推法的应用,使预应力混凝土连续梁桥得到了迅速发展,其跨度也从30~40 m发展到200 m以上。当然,其他一些比较成熟的施工方法也一直在延用。

连续梁的优越性前已述及，可是支承的不均匀沉陷会引起连续梁内的强迫弯矩，但这不要当做一种缺点来评价。在预应力混凝土梁中，安装的微小误差所引起的强迫弯矩，会通过徐变而衰减；较大的安装误差可通过液压千斤顶将梁顶高以及在支座下设垫板来调整。

预应力连续梁桥的施工方法主要有：有支架现浇法、悬臂施工法、顶推法、移动模架逐孔架设法和装配一整体施工法等，下面分别作简单介绍。

一、有支架现浇法

有支架现浇又可分为固定式支架现浇和可移动式支架现浇。

(一)固定支架就地现浇

这种方法最古老但也最简便易行。现在使用的支架一般都用钢支架或钢木混合支架代替以前的木支架。它的主要特点是桥梁的整体性好，施工简便可靠，对机具和起重能力要求不高。对预应力连续梁来说不存在结构施工中的体系转换问题，也就不引起恒载徐变等的二次矩。但是需要大量的施工脚手架且施工工期长。

这种方法需采用一联同时搭设支架，按照一定的程序一次完成灌筑工作，待张拉预应力筋、压浆后移架。小跨径板梁桥一般采用从一端向另一端灌筑的施工顺序，先梁身后支点依次进行(图 18—11)。

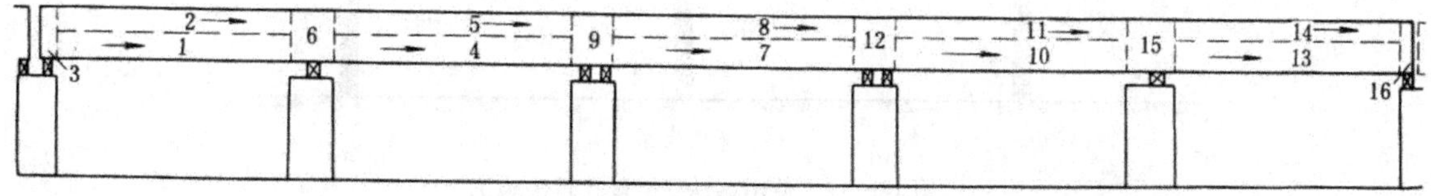

图 18—11　连续空心板梁桥的施工顺序

大跨径箱形截面梁施工时常分段进行。一种方法是水平层施工法，即先灌筑底板，待达到一定强度后进行腹板施工，最后灌筑顶板，若工程量较大，也可以让各部位分数次灌筑。另一种是分段施工法，根据施工能力每隔20～25 m设置连接缝，此连接缝一般设在弯矩较小的区段内，接缝的宽度约长1 m，待各段混凝土灌筑完成后，最后在接缝处施工合拢。

(二)移动支架现浇

当制造等截面的桥梁超过三孔时，就值得使用可移动支架。这种方法逐孔架设支架逐孔浇筑混凝土(或一直浇筑到下一孔的弯矩零点为止)，待已做完的一孔预施应力完毕后，可将模板连同支架一起落下并移至下一孔。如图 18—12 所示。

这种方法仅在地面比较平坦、地基有一定的承载能力，并且桥梁离地面不是太高时应用才是合理的。

二、移动模架逐孔施工法

这种方法是近年来以现浇预应力混凝土桥梁施工的快速化和省力化为目的发展起来的，其基本思想是：将机械化的支架和模板支承(或悬吊)在长度稍大于两跨、前端作导梁用的承载梁上，然后在桥跨内进行现浇施工，待混凝土达到一定强度后就脱模，并将整孔模架沿导梁前移至下一浇筑孔，如此有节奏地逐孔推进直至全桥施工完毕。这种施工方法适用于跨径达20～50 m的等跨和等高度连续梁桥的施工。

采用这种方法施工时，通常将现浇段的起点设在连续梁弯矩最小的截面处(约为支点向前5～6 m)，预应力筋锚固在浇筑的接缝处，当浇筑下一孔梁段前再用连接器将预应力筋接长。

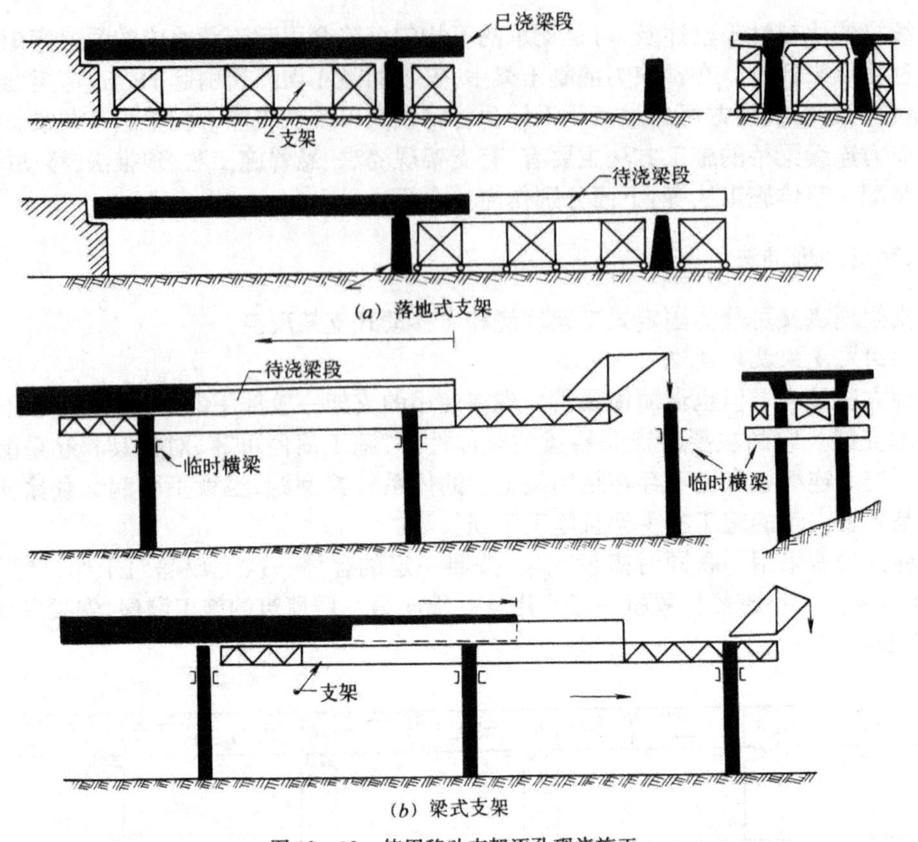

(*a*) 落地式支架

(*b*) 梁式支架

图 18—12 使用移动支架逐孔现浇施工

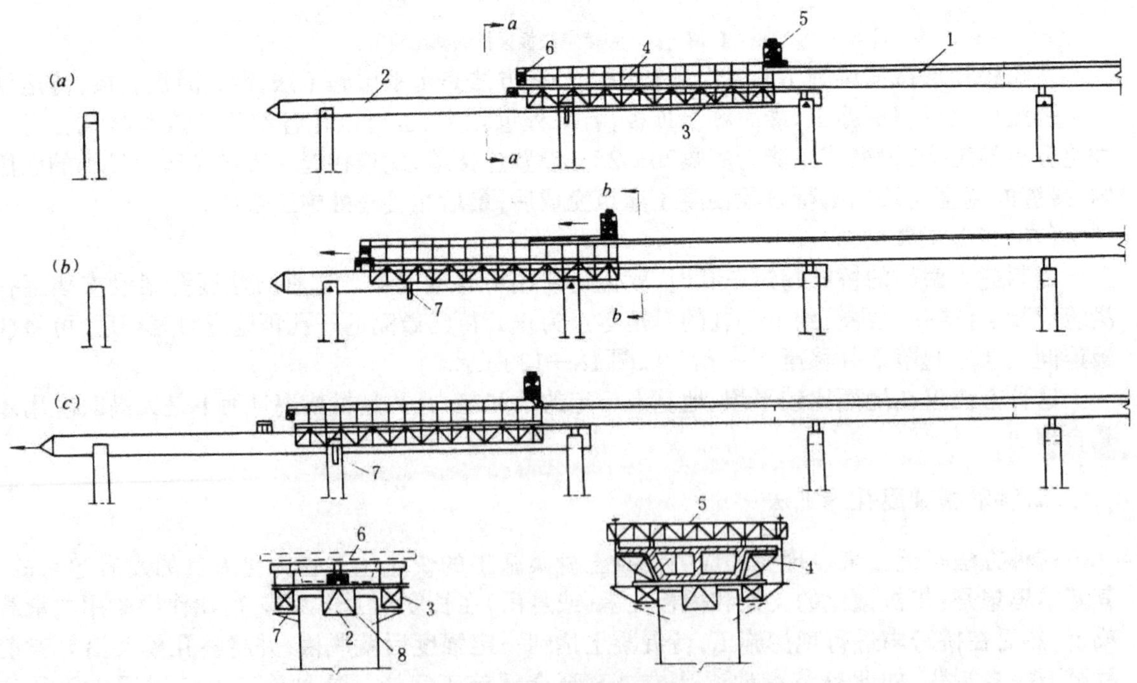

图 18—13 移动式模架逐孔施工法

(*a*)浇筑混凝土,施加预应力;(*b*)脱模移动模架梁;(*c*)模架梁就位后移动导梁,浇筑混凝土前准备工作

1—已完成的梁;2—导梁;3—模架梁;4—模架;5—后端横梁和悬吊平车;

6—前端横梁和支承平车;7—模架梁支承托架;8—墩台留槽。

图 18—13 给出了采用这种方法施工的推进图示和构造简图。

三、悬臂施工法

由德国 U. 劳斯特氏尔特所发明的混凝土悬臂浇筑法已被证实是建造大跨度桥梁的一种高产而又能多方面使用的方法。其优点在于施工设备较少，不影响桥下通航、通车，施工不受季节、河道水位的限制。悬臂施工法是预应力混凝土连续梁最常用的一种施工方法。

悬臂施工法一般分为悬臂浇筑法和悬臂拼装法。前者是在桥墩两侧对称地、逐段地就地浇筑混凝土，待混凝土达到一定强度后，张拉预应力筋，移动机具和模板继续施工；后者则是将预制节段块件从桥墩两侧依次对称地安装，同时张拉预应力筋使悬臂不断接长，直至合拢。

预应力混凝土连续梁采用悬臂施工有体系转换的问题。悬臂施工过程中，由于墩梁铰接而不能承受弯矩，因此，施工时要将墩、梁固结，等到悬臂施工结束，相邻悬臂端联接成整体，并张拉了承受正弯矩的下缘预应力筋之后，才卸除固结措施，使悬臂体系恢复到连续梁的墩梁铰接状态。图 18—14 示出了某三跨连续梁悬臂施工时的体系转换过程。当然，体系转换的方式有多种，应从结构受力好、施工方便的角度择优。

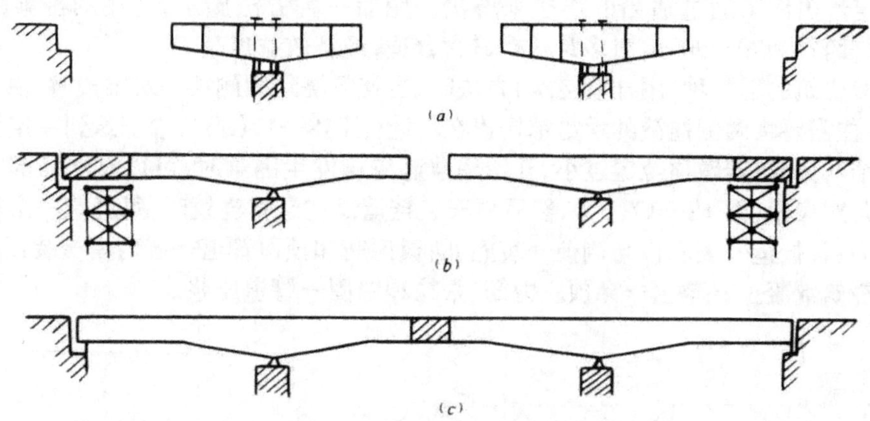

图 18—14　三跨连续梁悬臂施工体系转换过程

图 18—14(a)表示从桥墩向两侧用对称平衡的悬臂施工法建造双悬臂梁，此时结构体系如同 T 型刚架；图 18—14(b)为在临时支架上浇筑(或拼装)不平衡的边孔边段，安装端座，拆除临时固结，使墩上永久支座工作，此时结构为单悬臂体系；图 18—14(c)表示浇筑或拼装中跨中央段，使体系转化为三跨连续梁。

下面就悬臂施工的方法作简要介绍。

(一)悬臂浇筑施工

悬臂浇筑施工也有两种形式：一是直接从桥墩开始对称地、不断地悬出接长，梁体每2 ~5 m为一个节段，以挂篮(图 18—15)为施工机具，承受施工设备和新浇筑节段混凝土的重量并由支座和锚固装置将荷载传到已施工完的梁

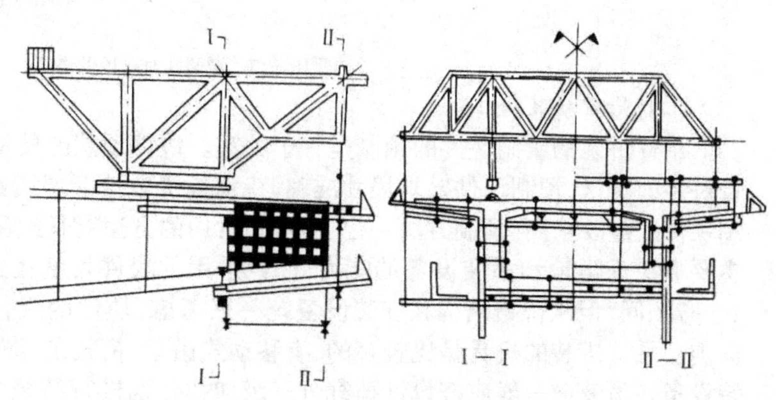

图 18—15　挂篮的一般构造图

身上(当后支座的锚固力不够,并考虑到行走的稳定,常需在挂篮的尾端加压重块)。这种方法是目前最常用的悬臂施工法。另一种是带支架梁的悬臂施工法(图 18—16),它是利用搁置在桥面板上长度约为跨径的1.6倍的钢梁,从墩身开始用挂篮向二边对称前移并浇筑8~10 m长的混凝土节段,该混凝土节段的预加应力使之可作为独立的悬臂承重。在混凝土节段达到新的一孔中央,并且先前的一孔梁已经合拢时,钢梁就可以继续向前推进。然后又从下一个墩开始,重新向两边对称地逐段向前浇筑。

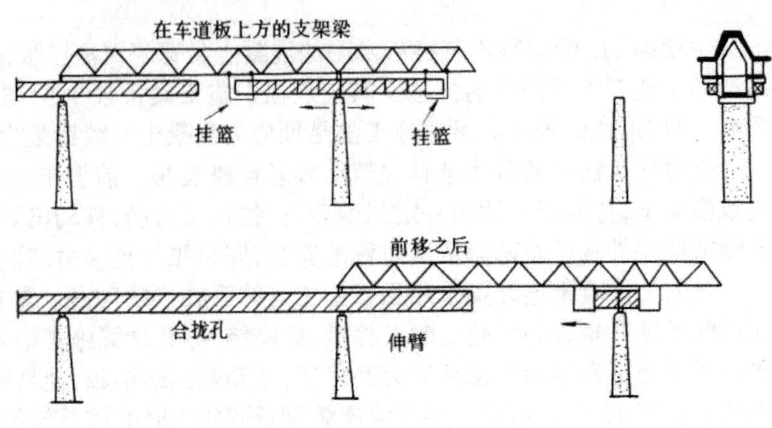

图 18—16　用带支架梁的悬臂施工法

悬臂的稳定性由钢梁通过适当的连接来解决。用后一种方法施工,适用的桥梁跨径为40~150 m,经济跨径为70~90 m,对多跨长桥最为合适,经济效益也高。

用悬臂浇筑的前一种(用挂篮浇筑)方法时,当挂篮浇筑墩侧第一对梁段时、由于墩顶位置的限制,往往需要将两侧挂篮的承重结构连在一起(图 18—17(a)),等浇筑到一定长度后再将两侧承重结构分开;若墩顶位置过小,开始用挂篮浇筑发生困难时,可以设立局部支架来浇筑墩侧的头几对梁段(图 18—17(b)),然后再安装挂篮。在悬臂浇筑时,每浇筑一个箱形梁段的程序一般为:移挂篮→装底模与侧模→装底、肋板钢筋和预留管道→装内模→装顶板钢筋和预留管道→浇筑混凝土→养生→穿预应力筋、张拉和锚固→管道压浆。

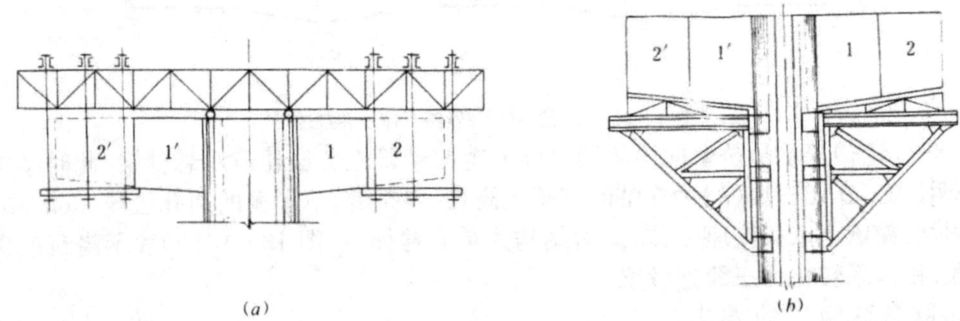

图 18—17　墩侧几对梁段的浇筑

(二)悬臂拼装施工

悬臂拼装的预制块件的预制是一个关键。块件预制的质量和定位的准确程度直接影响悬臂拼装的质量,预制块件要求尺寸准确,特别是拼装接缝要密贴,预留孔道的对接要顺畅。预制块件质量要求高,预制方法一定要合适,常用的方法有长线浇筑法和短线浇筑法。块件长度主要取决于运输和吊装设备的能力,已经采用的块件长度在1.4~6.0 m间,对应块件重量在14~70 t间,但从桥跨结构和安装设备统一来考虑,块件的最佳尺寸应使其重量在35~60 t范围内。悬臂拼装的机具是比较多的,有移动式吊车、桁式吊、缆索起重机、汽车吊、浮吊等等,吊装设备在吊装前一般应按设计荷载分三级加载分别进行荷载试验,以便提前发现并解决可能出现的问题。

悬臂拼装墩侧一对节段(亦称0#块,其余分别称1#、2#块等),大多采用就地现浇施工,也有采用预制装配的(但是由于该节段梁高与重量大,可将该块分数段预制吊装)。各块间(如0#和1#等)的连接方式主要有干接缝、胶接缝和湿接缝三种。采用哪一种接缝方式,要按设计要求办理。干接缝是两块间不涂任何物件,拼装靠拢,调整位置后即进行张拉;胶接缝是在接缝处涂以环氧树脂;湿接缝是在两块间浇筑数厘米厚的混凝土。图18—18给出了常用的接缝型式,其中图18—18(a)为湿接缝,由于施工费时,通常只用于拼装与就地浇筑的0#块连接的第一对块件和悬臂梁在支架上拼装的岸边孔桥跨结构。湿接缝的重要工序是检查、制作预应力筋的孔道(一般用镀锌的铁皮管制作,但也有设计无孔道的,当然可免除此工序),这种接缝有利于调整块件的拼装位置和增强接头的整体性;胶接缝主要形式如图18—18(b)(多齿型)、18—18(d)(单阶型)、18—18(e)(单齿型)和18—18(f)(平面型),胶接缝在涂胶前必须干燥,否则不能很好地粘结。当采用环氧树脂胶接时,涂胶(厚约0.88 mm)并将块件靠拢调整后张拉的挤压力的大小与粘结剂种类有关。还有一种形式如图18—18(c)所示的半干接缝,这种可用来在拼装过程中调整悬臂的平面和立面位置,它是以已拼装的块件的顶板和底板作为拼装块件的支托,而在腹板端面上有形成骨架的伸出钢筋,等浇筑混凝土后使块件接合成整体。干接缝有平面或齿形的,但由于这种接缝渗水,所以现在很少采用。

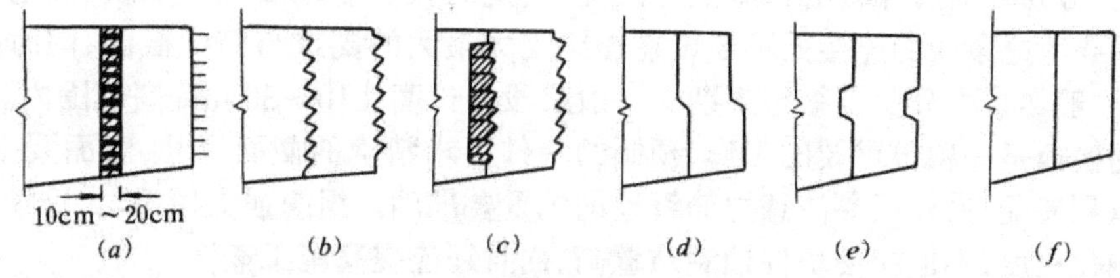

图18—18 接缝形式

拼装时随着块件的一对对安装,悬臂端块件和已安装的中间块件的挠度经常在变化,控制块件的安装高程是很重要的,为此,要事先绘制主梁各块件安装时的挠度变化曲线。在拼装过程中,起重吊钩要始终悬挂着块件,需要张拉多少根预应力筋后才能放松吊钩,应通过计算确定。

悬臂浇筑工艺和悬臂拼装工艺相比,前者的优点是起重吊装设备较轻,不需预制和存放梁体块件的场地,其缺点是每一段块件均在挂篮内浇筑,须达到一定强度后,才能脱模张拉,再延伸挂篮装模浇筑,因而工期较后者为长。在挂篮内装模、扎钢筋、浇筑混凝土,其质量也较难控制。悬臂拼装工艺优缺点与悬臂浇筑相反。

四、顶推法施工

预应力混凝土连续梁的顶推法施工,实质是钢桥拖拉架设法在预应力混凝土桥中的具体运用和发展,它以千斤顶为顶进动力,采用摩擦系数很小的滑移材料为梁的支垫进行桥梁安装的方法。此法设备简单,施工安全,需用的劳动力少,桥下不需支架,可保证正常的通航,对气候适应性强,而且在纵坡上和平曲线上均适用,是较好的桥梁架设方法之一。其缺点主要是受到顶推悬臂弯矩不能太大的限制,使顶推跨径不能太大(一般不超过50 m,顶推跨径超过63 m时要设临时支墩或其他辅助设施,一般认为大于70～80 m以上时是不经济的),而且不适用截面高度变化的梁,梁的截面高度比其他方法施工要大,临时预应力索用得也比较多。

顶推法的施工原理是沿桥的纵轴方向的桥台后面(不方便时可另设场地),分节段预制混凝土梁身,并用纵向预应力筋连成整体,然后通过水平液压千斤顶施力,借助不锈钢板和聚四氟乙烯模压板特制的滑动装置，将梁逐段向对岸顶进，就位后落架，更换正式支座完成桥梁施工。

这种方法的工艺程序根据预制场地的不同一般分为两种：一种是在桥一端或两端(桥纵轴线上)的引道上(或引桥或刚性好的临时支架)预制梁段；另一种是在桥纵轴线外预制短的梁段(受起重运输设备影响，一般不超过5 m)，再移运到纵轴线上分段拼装，施加预应力，然后顶推。下面就前者的施工程序作一介绍，后者施工程序大致相同。

(一)关于预制的场地

在桥台后面的引道(引桥)或刚性好的临时支架上设置预制场，它是预制箱梁和顶推过渡的场地，其长度一般为两倍预制梁段长度加2 m，宽度为桥梁宽度加 2×2.5 m。预制场地上空宜搭设固定或活动的作业棚，其长度应大于 2 倍的预制梁段长度，这样主要是为了使梁段预制作业不受天气变化(顶推法也适用于高寒地区施工)的影响及便于混凝土的养护。为了加快施工进度，可在桥两端均设预制场地，从两端相对顶推；但这样不但施工人员和各项设备均需加倍，而且在两端合拢时施工顶推也比较麻烦。

(二)梁段预制及其养护

顶推预应力主梁一般采用箱梁，可根据现场的实际情况，采用全断面整段浇筑或将梁段底板与腹板、顶板分开在前后邻接的台座上分次浇筑(此时预制场地要相应加长)。主梁的节段长度的划分主要考虑段间的连接处不要设在连续受力最大的支点与跨中截面，同时要考虑加工制作容易，一般尽量少分段以缩短工期。一般梁段的长度在10～30 m提高范围内。

预制用的模板是一项很重要的工作，预制的块件要求精确的截面尺寸，底面要平整，梁段端部要垂直以利装配，另外还要注意力筋管道的位置要准确。组织强大振捣、大型模板安装和提高施工机械化程度，不但能使块件预制质量高，而且还能提高施工速度。

预应力混凝土箱梁的顶推周期若采用加早强剂并蒸汽养护(养护时间在 2 天左右)一般约需 10 天，否则要延长。

(三)梁段施加预应力

顶推安装的预应力混凝土连续梁，在顶推过程中各截面要多次承受交替变化的正负弯矩，相应梁段中的预应力索有些是从顶推开始到连续梁就位都必须具有永久索，有些是在顶推过程中所必须的，但到连续梁顶推就位后须拆除的临时索，还有些是为了减少在顶推过程中产生的过大的反向弯矩，适当地减少张拉索数，等到全梁顶推就位后再按需要补充张拉的补充索。这三种预应力索都必须按设计规定进行穿束张拉或拆除，不得随意增减或漏掉。按照顶推需要每预制接长一段梁，必须在顶板、底板张拉设计规定的预应力索后，才可以继续顶推。对通长的永久索，应在两梁段间留出适当空间用特制的预应力筋连接器予以连接，张拉以后，再用混凝土填塞(高强钢丝的连接器如图18—19 所示)。

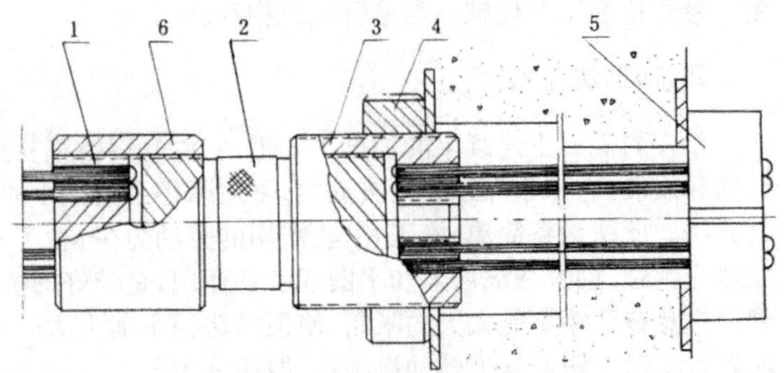

图 18—19　高强钢丝连接器

1—DM_B $^{-24}$锚环；2—连接器；3—DM_A $^{-24}$锚环；4—螺帽；5—DM_C $^{-24}$锚环；6—连接套筒。

(四)梁段顶推

为了减少在顶推时产生的内力以节省临时预应力索，应从减少顶推梁的悬臂弯矩入手。常用的方法有:①主梁前端设导梁,它是等截面或变截面的钢桁梁或钢板梁,且以刚度大变形小的钢板梁为好,其长度一般为顶推跨径的0.6~0.8倍,刚度为主梁刚度的$\frac{1}{9}\sim\frac{1}{15}$,过大或过小都将增加主梁顶推时的内力。导梁最好采用从根部至前端为变刚度或分段变刚度的。导梁的结构需通过计算,从受力状态分析,导梁的控制内力是导梁与箱梁连接处的最大正负弯矩和下弦杆(或下缘)承受的最大支点反力。②跨中设临时墩,临时墩可以减少主梁的顶推跨径,从而减少顶推时最大正负弯矩和它所产生的主梁截面应力。临时墩应能承受顶推最大荷载不致发生不能容许的沉陷,和承受顶推时的最大水平摩阻力时不致发生不能容许的水平位移。在有通航要求的河流中要防止船只的冲撞,同时除了要考虑水流的冲力外,也不能忽视流水的撞击。③在桥墩旁顺桥向设临时撑架,用以减小顶推跨径和梁的受力。但必须注意导梁的前端滑移到撑架时,将增加桥墩的偏心受荷弯矩。临时撑架多用于水上施工,施工完毕构件大多全部拆除,但也有的桥梁在施工后把撑架和主梁连成整体,形成连续撑架桥。④主梁前端设临时塔架,以斜缆索系于梁上加固,以减少悬臂弯矩,这种加固方法的一般布置见图18—20。⑤以上方法综合运用。

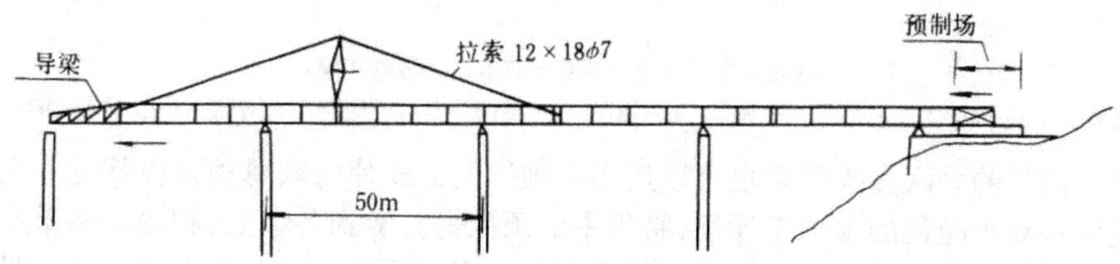

图18—20 用斜缆索加固的顶推施工

顶推时根据顶推的施力方法分为单点顶推和多点顶推;根据水平力的施加方式又分为水平—竖直千斤顶法和拉杆千斤顶法;根据顶推的方向分为单向和双向顶推。以上几种分类方式联用,可以有多种顶推方式。顶推施工前,应根据主梁长度、设计顶推跨度、桥墩能承受的水平推力、顶推设备和滑动装置等条件,选择适当的顶推方式。

顶推水平力是由水平千斤顶和竖向千斤顶交互使用而产生时称为水平—竖直千斤顶法;顶推水平力是由固定在墩台上的水平张拉千斤顶通过张拉锚碇在主梁上的拉杆而使主梁前进的,称为拉杆千斤顶法。

单点顶推是顶推装置集中设置在主梁预制场靠近的桥台或桥墩上,前方墩各支点上设置滑动支承。单点顶推装置又分为两种,一种是由水平千斤顶通过沿箱梁两侧的牵动钢拉杆给预制梁一个顶推力(即单点拉杆千斤顶法,图18—21);另一种则是由水平千斤顶与竖直千斤

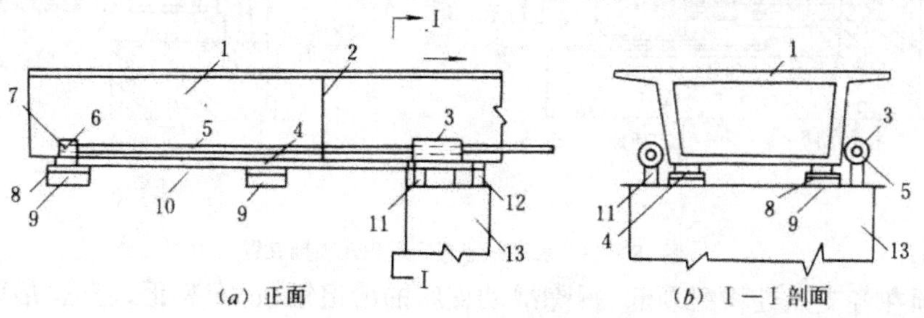

图18—21 单点拉杆千斤顶法

1—主梁;2—主梁工作缝;3—水平千斤顶;4—滑板;5—拉杆;6—拉杆锚碇架;7—拉杆锚碇器;8—滑道;9—滑道底板;10—预制台座;11—水平千斤顶支架;12—竖向千斤顶;13—桥台。

顶连用(即单点水平—竖直千斤顶法,图 18—22),将预制梁顶前,我国狄家河铁路桥、万江桥均采用这种方法施工。

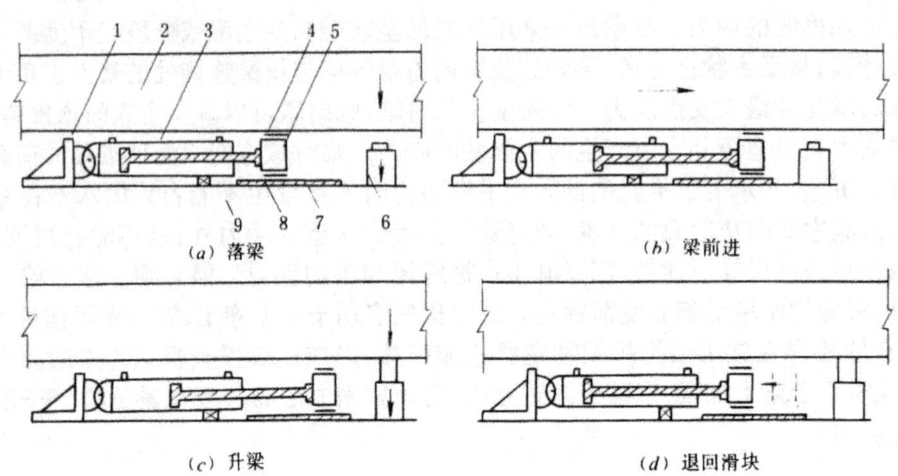

图 18—22 水平千斤顶与竖直千斤顶联用设备

1—顶推台背;2—主梁;3—水平千斤顶;4—摩擦垫;5—滑块;6—竖向千斤顶;7—滑道;8—滑板;9—墩台座石。

对于特别长的多联多跨桥梁也可以用多点顶推的方式使每联单独顶推就位。它是在每个墩台上设置一对小吨位的水平千斤顶,将集中的顶推力分散到各墩上,利用水平千斤顶传给墩台的反力来平衡梁体滑移时在桥墩产生的摩阻力。多点顶推法又分为多点水平—竖直千斤顶法和多点拉杆水平千斤顶法,其实只要将单点顶推法中的两种方法所用机具分散布置到每个墩台上即得到对应的两种多点顶推法。

多点顶推法的这两种方法的顶推程序与单点顶推基本相同,但要注意多点顶推法中的同步运行问题,因为顶推水平力是分散在各桥墩上,一般均需通过中心控制各千斤顶的出力等级,保证同时起动、同步前进、同时停止和同时换向。所谓同步包括桥墩左右两套顶推设备的同步运行和各个墩的顶推设备纵向同步运行。图 18—23 和图 18—24 分别示出了两种顶推装置。

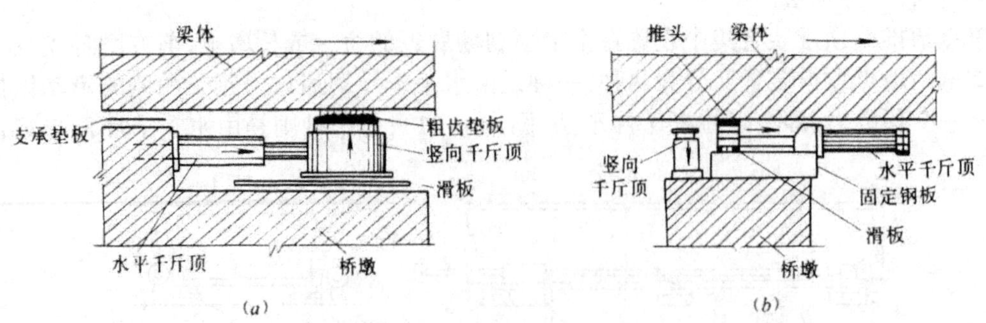

图 18—23 水平—竖直千斤顶式顶推装置

用千斤顶在各支点处将梁顶起,拆除滑动支座的滑道钢板,安装正式支座落梁就位。

五、装配—整体施工法

这种方法包括两种施工方式,即简支变连续、悬臂变连续(单悬臂变连续和双悬臂变连续)。其思路是按起吊安装能力将连续梁分段预制,然后用各种安装方法将预制构件安装至墩台或轻型的临时支架上,再现浇接头混凝土,最后通过张拉部分预应力筋使梁体连接成连续梁。这种施工方法一般采用等高度梁,施工过程中存在体系转换问题。采用不同的施工方式,梁内在施工中的弯矩值是不同的。

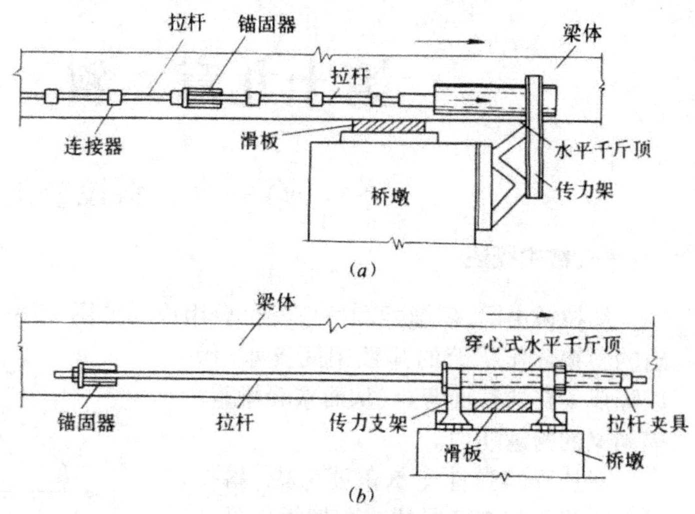

图 18—24　拉杆式顶推装置

图 18—25 表示简支变连续的施工方法。预制构件按简支梁配筋,安装时支承在墩顶两侧的临时支座上,待浇筑接头混凝土并达到规定强度后就张拉承受墩顶负弯矩的顶应力筋并锚固好,最后拆除临时支座,安上永久支座,使结构转换成连续体系。此法适用的最大跨径为40～50 m左右。

对于跨径不大的连续梁,如起重能力足够,预制构件的长度大于设计跨径,则可以按悬臂变连续的方法施工。这种方法一般需要临时支架(若悬臂端做成临时牛腿来支承中间段,就可不设临时支架)以浇筑接头混凝土。当起重能力不是很大时,也可以将每联连续梁多分几段预制,用先简支梁段连成单悬臂,再形成连续的施工方法。图 18—26 给出了简支变单悬臂再变连续的某桥的施工过程,图中若在安装墩顶段后先安装中间段,然后再安装边段,则最后将从双悬臂梁转换成连续梁(两种施工形式的最终的静载弯矩是不同的)。

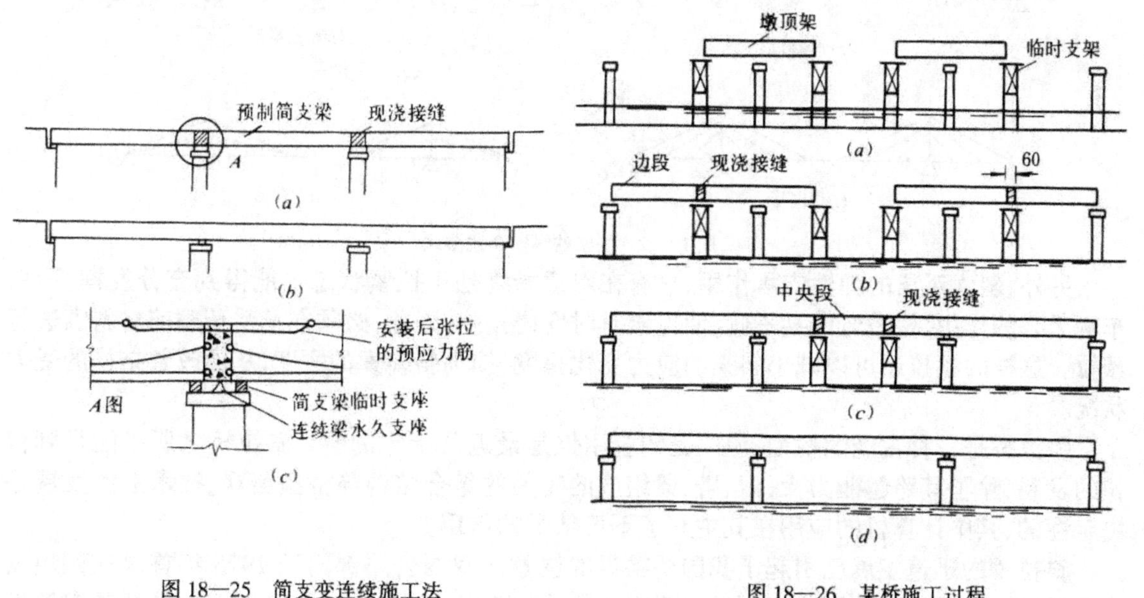

图 18—25　简支变连续施工法

图 18—26　某桥施工过程

第十九章　斜　拉　桥

第一节　斜拉桥的构造

一、结构概述

斜拉桥由梁、斜缆索和桥塔三部分组成。如图 19—1,斜拉桥的主要特点是利用由桥塔引出的斜缆索作梁跨的弹性中间支承,借以降低梁跨的截面弯矩,从而减轻梁重,提高梁的跨越能力。

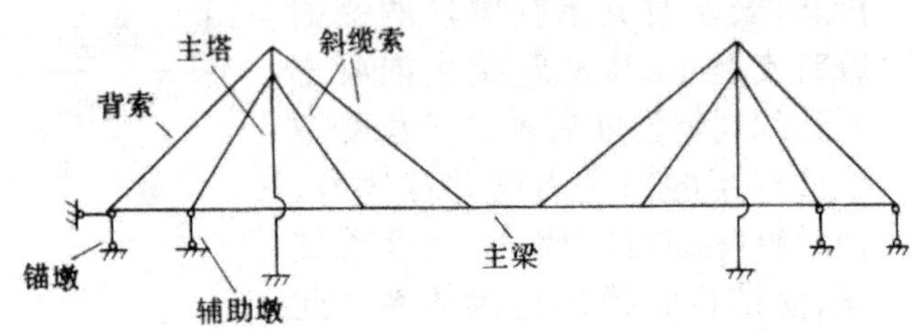

图 19—1　斜拉桥图示

只从索的弹性支承角度考虑,斜拉桥仅相当于在连续梁桥或刚架桥等母体结构的跨中加上了弹性支承,如图 19—2。但这种弹性支承没有设置墩台,思维方式很巧妙。斜拉桥的优点不仅在于此,斜索的水平分力对主梁产生的轴向预施压力的作用可以增强主梁的抗裂性能,节约高强度钢材的用量。当然这种预压力的作用,使主梁要考虑不使之在轴向力作用下失稳。从其发展规律上,索距变得较小,这也使得施工变得容易些。

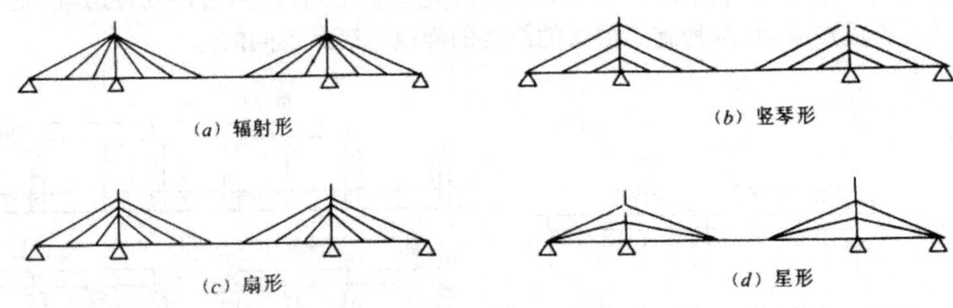

图 19—2　斜索的纵向布置形式

另外,斜索对梁的弹性支承作用,只有在斜索始终处于拉紧状态才能得到充分发挥,而由车辆活载的作用,桥塔弯向某一侧,使得索有时变得松弛,因此,必须在承受荷载前对斜索进行预拉。这样的预拉还可以减小斜索的应力变化幅度,提高斜缆索的刚度,从而改善结构的受力状况。

斜拉桥是一种古老的桥型,但广泛的应用仅是最近几十年的事。斜拉桥之所以能得到很快的发展,除了其跨越能力大,索、塔、梁组成的完美的组合结构与桥型美观,技术上的发展是决定性的,其中计算机的应用在其中起了不可估量的作用。

斜拉桥的迅速发展已引起了我国桥梁界的注意。我国公路部门于 1975 年首次在四川云阳汤溪河上建成第一座预应力混凝土公路斜拉桥,跨度35 m + 76 m + 35 m,主梁系单室箱型连续梁,梁高1 m,为跨度的 1/76。接着在上海、青岛先后修建了五座试验桥和大沽河桥等,为我国发展斜拉桥积累了一定的经验。

1993年,在上海建成的杨浦大桥,是全部由我国设计、施工的组合梁斜拉桥,跨度达602 m,是具有国际先进水平的。

斜拉桥轻巧柔细的外形也使结构抗振动性能差、刚度小和挠度变形较大;同时,斜索两端锚固处抗疲劳性能较差。所有这些缺点对动力影响较大的铁路荷载来说都非常不利。因此,铁路斜拉桥迄今在国内外建造得并不多,寥寥可数。

其中较典型的有:南斯拉夫贝尔格莱德萨瓦河桥是钢斜拉桥,跨度254 m;1972 年西德建成第二美因河(Main2nd)独塔斜拉桥,主跨148 m;日本柜石岛、岩黑岛桥是公铁两用钢斜拉桥,跨度达420 m;阿根廷萨特巴拉那河桥主跨达330 m,系公铁两用组合梁斜拉桥;我国也于1981 年在广西湘桂线红水河建成第一座跨度为48 m + 96 m + 48 m的预应力混凝土单线铁路斜拉桥。可喜的是近几年我国对铁路预应力斜拉桥开展了广泛的研究。在较短的时间内,无论在结构分析计算、模型试验方面,还是在斜拉索构造和防护、索力测试等方面都取得了不少新的进展和有益的经验。

二、斜拉桥的类型

斜拉桥从不同的角度,可以有多种分类。

(一)从斜缆索的角度分

1. 根据斜缆索的构造,可分刚性索斜拉桥与柔性索斜拉桥。刚性索斜拉桥拉索数少而集中,能提高主梁的刚度,减少高强度钢材的用量。用柔性索斜拉桥的缆索施工、安装方便,目前应用最多。

2. 根据斜缆索数量(或者说索距),可分为密索、多索与稀索体系,其特点见表 19—1。从索距的发展上看,其趋势是稀索→多索→密索。

稀索、多索与密索斜拉桥的比较　　表 19—1

	稀刚性索斜拉桥	密柔性索斜拉桥
特　点	1. 由于斜杆的抗拉刚度大,活载挠度非常小,利用车辆行驶;梁以受弯为主,梁较高; 2. 斜缆钢索和一般预应力混凝土构件中的预应力钢材一样,应力可以用得很足,所以高强钢丝用量少,节省钢材; 3. 主梁变形和斜绳索力都容易控制; 4. 斜缆和一般预应力混凝土构件一样,防锈蚀可靠,常常可以一劳永逸; 5. 因斜缆少,结构超静定次数低,计算简单; 6. 由于斜缆刚度大,作多主跨斜拉桥时对塔的刚度要求小	1. 索间距短,主梁小的弯矩小,以受压力为主,考虑稳定; 2. 每索的拉力较小,锚固点的构造简单; 3. 锚固点附近的应力流变化较小,补强范围也较小; 4. 伸臂施工时所需辅助支撑较少,甚至可不要; 5. 每根斜缆的截面较小,便于工厂制造,运输和架设方便; 6. 斜缆更换容易; 7. 许多密索的自振周期不一样,互相干扰,不易产生共振,可减少风振的危险; 8. 景观优美
索　距	20～60 m	4～10 m

注:介于稀索和密索之间还有多索斜拉桥,其索距在 20～10 m之间。

3. 从斜缆索的纵桥向布置上分,可分为辐射形索、竖琴形索、扇形索和星形索斜拉桥。如图 19—2。

(1)辐射形索斜拉桥:斜缆索由索塔上一点向主梁辐射,斜缆索沿梁分布。索的倾角最大,竖向分力大,弹性支承的效能最好,用钢量少。但索集中于塔上一点,使得塔的该部位受力大,施工难度大,构造复杂。

(2)竖琴式索斜拉桥:斜索互相平行,比较美观,斜索与索塔的连接构造简单,使得主梁和索塔得以分段安装或灌筑。

(3)扇形索斜拉桥：斜索在塔和主梁上都不集中于一点，且不互相平行。该种索用得最多的原因是其索、塔连接构造较简单，索的效能发挥得也比较好。

(4)星形索斜拉桥：斜缆在塔上分开布置，但向主梁方向却集中于一点。该种形式要求索在底端的锚固性要好，所以一般用于桥两端地质情况良好时的地锚体系，索在主梁上实现自锚是不多见的。

4. 从斜缆索的横向布置上分有单索面斜拉桥、双索面斜拉桥和三索面斜拉桥(如图 19—3，其中三索面未示出)。

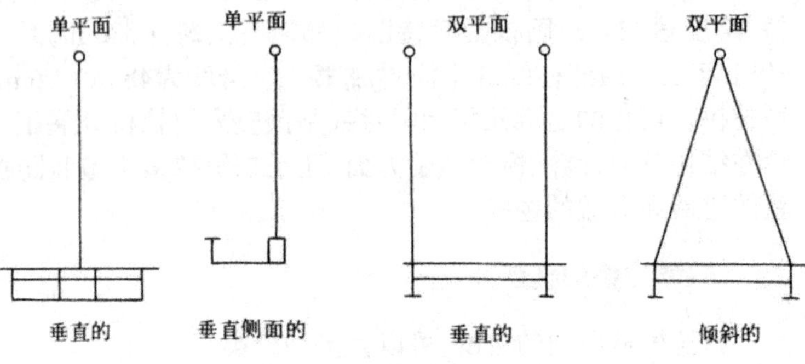

图 19—3　斜缆索的横向布置

(1)单面索：索面布置在中间分车带上，缆索锚固在路面的下部。这种布置很经济，但横桥向的刚度差。单索面只能用于公路桥。莱昂哈特认为，考虑刚度和经济性在内，单索面布置的适用范围可达600 m左右的跨度。

(2)双面索：横桥向有两个缆索面，一般都位于路面两侧，或者相向倾斜，交会于桥梁纵向中心线上。倾斜的双面索和倒 V 形索塔相结合，具有良好的抗风稳定性，适于大跨度斜拉桥，是国内外应用最多的索的横向布置形式。

(3)三面索：具有三个独立的竖直索面的三面索形式是在丹麦大贝尔特桥方案竞赛中提出的，其一在中垂线上，其余两个各沿一个外缘。这特别适于公、铁两用桥和由双车道过渡到多车道的城市桥。

从力学观点看：采用单面索时，斜缆对桥跨抗扭不起作用，因此主梁应采用抗扭刚度较大的截面；采用双面索时，作用于桥梁上的扭矩可由斜缆的正负轴力来抵抗。

从桥面宽度利用方面看：单面索由于斜缆下端锚固于主梁中心线上，除了构造需要之外，还有一个保护斜索不受车辆意外碰撞的问题，故桥面中央处必有一部分宽度不能利用，这部分宽度常用作上、下行方向车道的隔离带；而双索面在桥宽方向有两种布置方法，即斜缆下端锚固于桥宽之内(一般位于人行道部分)或位于桥面两侧外缘(栏杆外侧)，前者也有部分宽度无效，后者则必须有伸臂向梁体传递剪力和弯矩。

从施工养护角度看：斜缆下锚固点位于桥面宽度中间总是优于位于两侧外缘。

从美学和景观方面看：锚固点位于桥面宽度中间时，锚固细节不显眼，特别是单索面在美学上可避免双索面给人对桥面两侧斜索交错零乱的视景。

(二)从锚固体系上分

从锚固体系上分为自锚体系、地锚体系和半自锚半地锚体系。自锚为索下端锚固在主梁上或锚墩上；地锚是索下端锚于地基上。

(三)从桥塔的角度上分

从桥塔的角度上分为独塔斜拉桥与双塔斜拉桥。独塔斜拉桥一般是充分利用地形设置，塔两侧索的纵向布置形式一般不同；而双塔式一般采用对称布孔、布索。

(四)从塔的支承方式上分

从塔的支承方式上分为：悬浮体系、支承体系、塔梁固结体系和刚构体系。

1. 悬浮体系(图 19—4(a))：主梁在塔墩固结处由竖直索在此处吊住主梁。其特点是横向有限位装置，而纵向只设置相对较弱的限位装置，发生地震时，纵向限位装置破坏，使整桥在纵向成自由摆动，以利抗震。其优点是梁受力均匀（都是依靠索支承，无刚性支承），抗震性能好（振动周期长）；缺点是悬臂施工中要临时固结塔、梁，垂直索（0#索）调索麻烦。

2. 支承体系（图 19—4(*b*)）：主梁在塔墩上设有支点，接近于在跨度内具有弹性支承的三跨连续梁。这种体系的主梁内力在塔墩支点处产生急剧变化，出现了负弯矩尖锋，通常需加强支承区段的主梁截面。

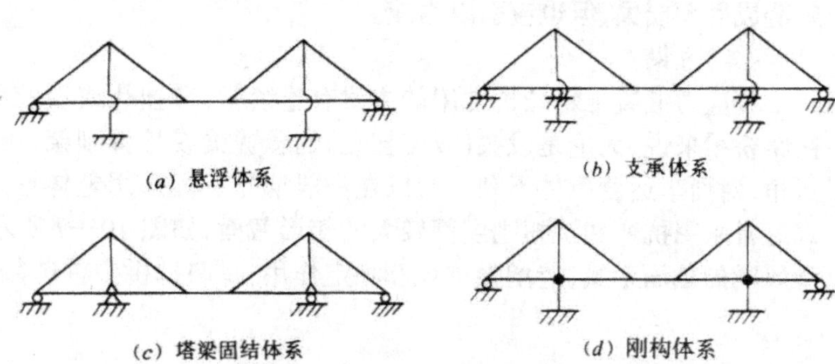

图 19—4 斜拉桥的结构体系

3. 塔梁固结体系（图 19—4(*c*)）：塔梁固结，但与墩分开，塔和梁的受力主要取决于它们的刚度化。采用这种形式的主梁大都采用箱形截面，此时不仅要在固结点对箱形截面作必要的补强，并且还要在其底下提供庞大的支座。

4. 刚构体系：墩、梁、塔固结。特点是结构刚度大、变形小，但附加力大。为了减小附加力，中间要加剪力铰。墩可做成双薄臂的（图 19—4(*d*)）。

（五）从主梁的角度划分

从主梁的角度可划分为钢桁梁、钢实腹梁、混凝土梁、组合梁等。

三、斜拉桥的构造

斜拉桥是一个由索、塔、梁三种基本构件组成的组合结构，下面从这三个组成部分对其构造做分别介绍。

（一）斜缆索

1. 刚性索：刚性索是由钢索外包预应力混凝土而成的刚性构件（图 19—5）。

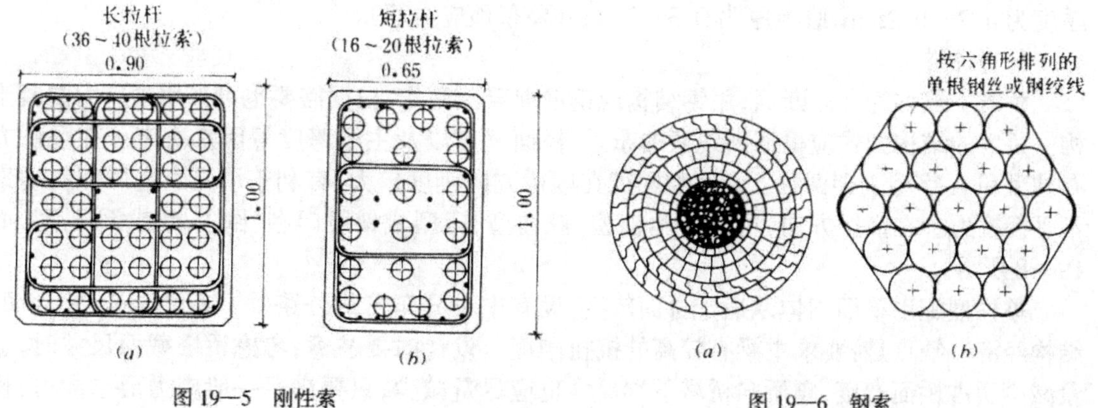

图 19—5 刚性索

图 19—6 钢索

2. 柔性索：目前国外斜拉桥常用的钢索为图 19—6 所示两种厂制钢索。图 19—6(*a*)所示的封闭钢索由异形钢丝轧制而成，它具有表面封闭、防腐化比较简便的优点。图 19—6(*b*)所示的预制平行钢索是由多根钢丝（或钢绞线）按六角形紧密排列而成，它的主要优点是弹性模量和疲劳强度都比封闭钢索高，而且比较容易按设计要求改变截面的大小，缺点是防护和安装费用高。

斜拉索防护是斜拉桥至关重要的问题。一旦防护失当或施工问题引起锈蚀,将危及全桥安全,国外斜拉桥中不乏斜索锈蚀而换索的教训。国内也有因此而斜索突然掉落的事例,虽然未造成巨大损失,但也应引以为戒。

(二)主梁

预应力混凝土斜拉桥常用的主梁有连续梁,带挂孔或设铰的悬臂梁和悬臂刚架等。对于铁路桥梁来说,无论是设铰(或带挂孔)的悬臂梁或悬臂刚架,由于刚度较差,且挠度曲线存在折角,对列车运营条件不利。所以在一般情况下都采用整体性强的连续梁。其主梁的截面形式通常采用抗弯和抗扭刚度都较大的箱形截面,如图 19—7 所示。图 19—7(f)表示做成流线型风嘴的截面形式,能增强抗风和稳定作用,是斜拉桥中首选截面形式。

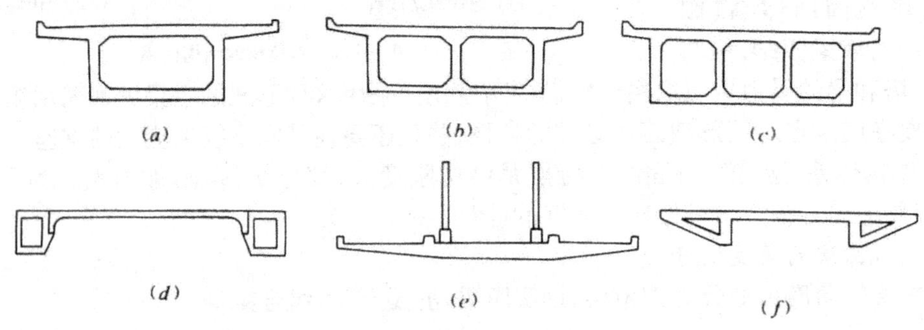

图 19—7　斜拉桥主梁的截面形式

预应力混凝土主梁的高跨比,稀索时一般为 1/40～1/70;密索时为 1/70～1/200。但铁路斜拉桥要求主梁有较大的刚度,因此,就目前已有的几座斜拉桥而言,主梁高跨比达到 1/50 以上。

箱形断面公路斜拉桥的断面尺寸(参考值)为:

顶板(桥面板)厚度,当横隔板间距3 m时为18 cm,4 m时为0.24 m,5 m时为0.30 m。底板厚度为 0.2～0.25 m,腹板厚为 0.3～0.4 m(要布预应力筋)。

(三)桥塔

桥塔一般均为空心断面,用钢结构或钢筋混凝土制作,根据需要也可采用预应力混凝土结构。桥塔的结构型式应根据斜缆索的布置、桥面宽度以及主梁跨度等因素决定。在顺桥方向有柱型和 A 字型刚架两种。A 字型刚架在顺桥方向刚度较大,有利于承受索塔两侧斜缆索的不平衡拉力。在横桥方向,可分为单柱型、双柱型、门型或斜腿门型、倒 V 型或倒 Y 型,如图 19—8 所示。

单柱型配以单面索体系适于桥面较宽,设有中央分车带的公路桥。其优点是:外形简洁、结构经济。缺点是:要求主梁有较高的抗扭刚度。设计时要注意:考虑桥塔截面尺寸时,应尽量减少所占桥面宽度,顺桥向桥塔下端尺寸也应尽量减少,只要满足一般应力要求即可;桥塔的上部则应满足斜缆索锚固或索鞍安装的要求。

倒 V 型或倒 Y 型桥塔,缆索可为单面索或双斜面索。当桥跨度大,又不宜在轴线上设置单柱型桥塔时可采用此类桥塔。其缺点是:需要一个宽度很大的桥墩以支承塔腿。设计改进的方法是:采用修正型桥塔,即顶部设有短横梁的斜拉式门型框架。

门型和斜腿门型桥塔特别适于桥面较窄的桥梁,如铁路桥。其优点是横向刚度较大。

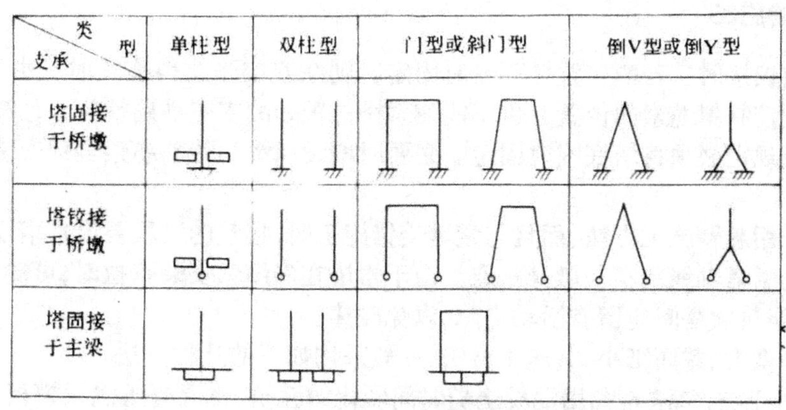

图 19—8 桥塔结构型式

第二节 斜拉桥的施工

一、概 述

斜拉桥的拉索一方面对主梁起着弹性支承的作用,大大减小了主梁的弯矩;另一方面斜缆索的水平分力对主梁产生轴向压力,这对混凝土斜拉桥而言,就相当于对混凝土主梁施加了预压力,是非常有利的,此可以增强梁的抗裂性,以致使其充分发挥高强钢材和混凝土的材料力学性能,使之代替钢斜拉桥以节约大量型钢。另外,混凝土斜拉桥的塔与梁的外形变化型式花样较多,容易适应景观要求而取得满意的造型。又由于其质量较钢斜拉桥大,提高了其结构体系的阻尼效果,改善了振动特性。抗风和抗震方面的稳定性能也均优于钢斜拉桥。混凝土斜拉桥的静载比重较大,因而变形方面的变化较小,故适用于铁路桥。本节介绍的主要是混凝土斜拉桥的施工。

斜拉桥的桥墩、索塔、梁体(加劲桁构)、主索(斜缆索)和锚碇应根据不同的结构型式、施工环境、施工技术、设备条件和工期要求等因素,编制实施性组织设计、施工技术设计和施工试验项目。

斜拉桥施工方案和施工程序直接影响斜拉桥的内力和变形,因此斜拉桥的设计就要包括施工方案和施工程序的设计,而且施工中必须严格按设计中的程序进行。这是斜拉桥施工的特点,应予注意。

施工计算的内容:

(1)施工指导文件。设计斜拉桥时,为了施工安全可靠,要充分研究其施工方法和顺序,其方法和顺序必须清楚地写在施工指导文件上。

(2)各施工阶段计算。在各施工阶段,必须根据当时的实际结构体系和荷载情况进行计算。施工过程中采用临时斜缆或临时支点时,也必须对包括这些临时构件在内的结构体系进行计算分析。

施工中还应考虑地震和台风(或大风)的袭击,但这只要对施工中最危险状态(一般为中跨合拢前)进行抗震、抗风检算。

(3)检算项目。在各施工阶段对各部件,包括临时部件的检算内容一般为:主梁的应力、挠度、转角、桥中线方向的长度变化;塔架的应力、顶部水平位移、倾斜角;斜缆(包括临时斜缆)拉力、伸缩量;支座(包括临时支座及临时支撑)的反力及变位量。

二、索塔的施工

塔底与墩铰接时，若墩与索塔不临时固定，则在安装张拉斜缆索时，由于索塔要摆动，就不能正确地控制斜缆索的位置，也不能使索塔位置处的支座准确就位，且浇筑索塔混凝土时也不利，故规定必须将塔底临时固定。必要时增设风缆，待斜缆索全部安装、张拉完毕后撤除。

若梁体采用悬臂施工方法，而且与索塔交错施工时，接筑的塔段要沿索塔摆动方向延伸提高使浇筑后的索塔轴线基本与墩身一致。由于索塔在斜缆索安装张拉时，可能发生一些摆动，因此，支架与浇筑索塔间应留有活动空隙，以免碰撞。

索塔的高度大、截面细小，其施工方法，一般采用如下的几种方法。

1. 滑模施工法：该法是利用混凝土随时间硬化的性质，将混凝土浇入模板内，经一定时间待混凝土强度达到能自立时，使模板上滑，进行连续混凝土施工。我国三台桥、安康桥等均采用此法。

2. 提升支架、提升滑模法：提升支架是由钢筋柱、顶框、中框、底框、顶紧器、提升支架的滑车组并通过横、斜撑连接成整体。钢筋柱一般可用 3ϕ32 钢筋焊成三角形组成，每节长约6 m，用法兰盘接高。每一塔柱内外侧，一般可各设 2 根钢筋柱。若塔柱外侧是斜腿时，外侧钢筋可用钢轴铰接来接高，使钢筋柱能随塔柱高度的倾斜度自由变化。顶框、中框及底框均用型钢组成，采用滑车组来提升支架。提升滑模法是采用 HQ-30 或 HQ-40 电动油压提模千斤顶安装在模板外侧（每塔柱约 8 台），用 ϕ25 圆钢拔杆固定在支架顶框上，拔杆承受拉力往上提升。模板内侧无任何支撑，便于钢筋和孔道预埋件的布设。采用该法施工，快速安全，并节约钢材。我国辽宁长兴岛斜拉桥索塔采用此法施工。

3. 爬升模板法：该法利用钢筋混凝土索塔柱内的粗钢筋骨架（或型钢）形成具有支承力的骨架来悬挂爬升工作平台，依靠工作平台提升模板、绑扎钢筋、浇筑混凝土等。随着钢筋骨架的接高，逐节爬升工作平台，完成每次预定高度的索塔浇筑。我国广东番禺洛溪大桥是采用爬升模板法施工的。

4. 其他方法：如利用万能杆件搭设支架，用一般普通模板浇筑（济南黄河大桥），或用大型定型模板，以加快模板构件的拼装（上海泖港桥）等。

三、主梁的施工

施工方法：大跨度混凝土斜拉桥的主梁，可以采取悬臂浇筑法、悬臂拼装法、顶推法、平转法或搭架现浇法来施工。选择何种施工方法应根据工期要求、场地情况、施工机具等因素综合考虑。

1. 悬臂施工法（包括悬臂拼装和悬臂浇筑）

不需要在河流中搭设支架，可以避免深水支架施工的困难和施工的危险性（如洪汛、流水、漂流物等冲刷或冲击），且可节约大量的钢木材料，其主要优点是几乎不干扰桥下交通，适用于大跨径斜拉桥，故国内大部分斜拉桥预应力混凝土主梁的施工广泛采用此法。

采用悬臂浇筑法施工，必须配备挂篮。挂篮是实现悬臂浇筑用的移动脚手架和模板支承结构。它一般由如下四部分组成：承重结构；模板梁及标高调整机构；平衡重及锚碇；行走机构。挂篮杆件制成后要试拼和预压，以便正式拼装时顺利进行。

这种方法的用钢量，总的来说要比完成状态所需要的有所增加，以适应在安装过程中增加的弯矩和剪力。

2. 顶推法施工

顶推工艺已在许多场合被成功地应用，这种方法通常用于不允许干扰桥下交通并且悬臂施工又不可行的地方。

(1)纵向顶推施工：先在河中设立一定数量的临时墩，将主梁顶推就位后安装斜缆索。采用这种方法，将桥面的巨大节段在滚轴或聚四氟乙烯支承板上推过桥墩。桥面从两边桥台向中心推进，或从一边桥台一直推向另一桥台。

该法适用于水深较浅、桥高不高之处。其优点是主梁施工时不需反复调整索力、观测挠度、计算挠度等；缺点是要搭设临时墩(图 19—9)。

(2)横向顶移施工：此法原理与纵向顶移基本相同。先在墩上游或下游适当位置处，将斜拉桥的索塔、主梁、斜拉索等修建好后，横移到设计桥位处。该法适用于桥位处有旧桥占据，且不允许长时间中断通车的条件下。但横移时全桥自重很大，施工时有一定困难。

3. 平转法施工

该法适用于跨径不大、高度不高的斜拉桥。国内个别斜拉桥已采用此法施工。

4. 搭设支架现场浇筑或安装

这种方案适用于搭设支架比较方便的河流，如河水深度小、流速不大、桥面高度不高；或用于浅滩处的斜拉桥边跨。该方案的优点是主梁施工方便、安全，不需要反复调整索力、观测挠度、计算挠度。但须具有支架设备的条件，国内有少量斜拉桥采用此法施工。

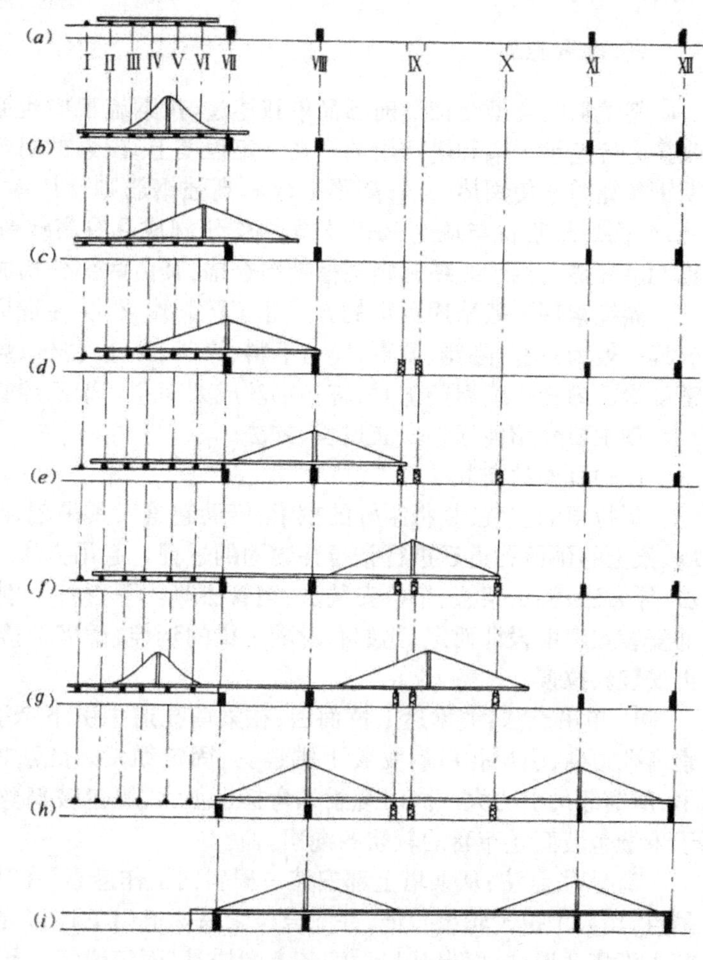

图 19—9 (德)尤利西大街桥安装过程

另外，悬臂浇筑连续梁段时预应力混凝土斜拉桥跨中合拢处，最易发生混凝土开裂或压坏混凝土等质量问题，其产生的原因较多，主要为：

(1)混凝土浇筑后的收缩和徐变、温度和日照变化的影响使浇筑的混凝土伸长或缩短产生裂缝或压坏。

(2)混凝土浇筑后跨中正弯矩超过混凝土容许拉应力产生裂缝；

(3)施工荷载的变化；

(4)边跨引桥在支架上浇筑，支架产生的弹性和非弹性变形等。

为防止这种情况的发生，采用下述梁段锁定方法：

(1)事先在合拢梁段箱梁的端部边肋内预埋型钢，型钢另一端伸入合拢段内；

(2)在合拢段作临时支撑和穿以部分预应力束进行张拉，撑住和拉住合拢段，同时释放桥梁被临时固定的活动支座。

(3)选择在温度变化不大的短时间(如夜间)用速凝混凝土浇筑合拢梁段，并预先穿好部分预应力束和释放桥梁被临时固定的活动支座，待混凝土强度达到4 MPa时，即张拉预应力束。

在主梁的施工中，还有一个很关键的问题就是主梁标高控制，随着主梁浇筑长度不断增长，主梁结构的标高和线性也在不断变化。为使主梁线性和标高最终符合设计值，施工中应随时对主梁标高进行测量和控制。在控制中，还必须考虑到主梁受体系温差和不均匀温升所引起的标高变化。

四、拉索施工

斜缆索的类型与构造前已简单叙述过，拉索施工中也必然涉及到锚头。锚头是将拉索的张拉力传递给主梁和塔架用的。在一定程度上，拉索的材料决定着它该使用的锚头类型。早期钢丝绳缆索使用热铸锚；高强钢丝和高强钢筋则使用镦头锚，后为提高镦头锚的耐疲劳性能，西德莱昂哈特与瑞士 BBR 公司协作研制成具有高疲劳性能冷铸锚(HighAmplitude 锚，简称 HiAm 锚)；钢铰线缆索则用槽销组合锚，其由两部分构成，一是槽销锚，二是辅助锚。

斜缆索现一般采用预定的方式让工厂制作，很少在现场编制，特别是大型斜拉桥。其工艺流程一般为：钢丝除锈、调直、应力下料、涂漆、穿锚、浇锚、烘锚、防腐、超张拉、标定。若采用高密度聚乙烯管作缆索防护时，应在钢丝成束即穿套聚乙烯管，然后再穿锚。

现主要介绍斜索的安装过程、方法。

(一)拉索的安装

斜拉索的安装，是将制好的拉索，借助起重工具吊起，与梁、塔上的锚碇结构连接；或穿过塔、梁上的预留孔道后进行张拉并锚固的过程。起吊方法一般有：单点吊、多点吊、缆索桁架床法、导索法、脚手架法、吊机安装法、钢管法等。下面将分别加以简单介绍。需注意的是，拉索的安装顺序由设计而定，比如有时随主梁的延伸、桥塔的接高而分批安装，有时是主梁就位后再安装斜拉索。

1. 单吊点法：缆索运上桥面后，在索塔孔道中引下牵引绳，连接缆索的上端，起吊并穿入索塔孔道内，引出孔口后安装上端锚具，固定缆索。此法较简便，安装迅速，但缆索只前端起吊，所需起吊引力大。同时缆索的弯折也很大，缠包玻璃丝布套的缆索容易破裂，故只能适用于未缠包玻璃丝布套的较软的缆索。

2. 多吊点法：从索塔上部安装一根斜向工作悬索，在其上按一定距离拴上滑轮组，组成多吊点，用人工拉滑轮组拉绳，并配合经索塔孔道引下连接在缆索上端的牵引绳均匀起吊缆索，穿入索塔孔道内，引出孔口后安装上端锚具，固定缆索。此法吊点分散，弯折小，在操作统一指挥下，可使缆索均匀起吊。

3. 桁架床法：在索塔上部安装一根斜向工作悬索，沿其长度方向悬挂若干节桁架，各节桁架用铰接相连，并在其顶部安装滚筒，待安装的缆索运到桁架下端，从索塔孔道内伸下的牵引绳拴在缆索的上端，拖拉缆索沿桁架上的滚筒上升，穿入索塔孔道内，引出孔口后安装上端锚具，固定缆索。此法结构合理，使用安全，可调节悬挂桁架的吊杆长度，使桁架挠度很小，便于缆索安装及张拉，缆索防护不易损坏，效果较好。但桁架安装复杂，速度慢。

4. 导索法：在安装缆索上方设置一斜向工作悬索(导索)，缆索运到工作悬索下端后，从索塔孔道内伸下牵引绳栓在缆索的上端，并在其上装第一个滑环，牵引缆索沿工作悬索上升，按一定距离装挂滑环，随升随挂，直至缆索穿入索塔孔道内引出孔口后，安装上端锚具，固定缆索。此法能安装成卷的缆索,施工简便。

上述各法,在缆索尾端均需拴以牵尾绳,控制缆索移位。

5. 脚手架法:先在安装缆索位置搭脚手架,将缆索抬到脚手架上安装。此法多用于刚性缆索的安装,可以在脚手架上就地浇筑保护缆索的混凝土。但搭设脚手架比较麻烦费时,特别是索塔高的情况下,更感不便。

6. 吊机安装法:按缆索长度在桥上设置一台或二台吊机,用特制的扁担梁捆扎缆索起吊,缆索上端由索塔孔道内伸出的牵引索引入索塔孔道内,下端穿入箱梁孔道,装锚具固定。此法简便快速,不易损坏缆索,适用于跨度较小、索塔较低的缆索安装。

7. 钢管法:用钢管作外防护的缆索,可先吊装钢管,然后将索塔孔道引下的牵引绳与在钢管内部通过的缆索上端连接,把缆索经钢管穿入索塔孔道内,引出孔口后安装锚具,固定缆索。此法比较简便,可以防止缆索损坏,但只适用于以钢管作外防护管、内压注水泥砂浆的缆索。但需在组索时先捆好定位箍,以定位箍在管内摩擦拖拉,使之不磨损缆索。

(二)缆索张拉

穿索后,在索端锚头上安装张拉连杆和张拉千斤顶,并实施张拉。张拉作业大致有如下几种方法:①用千斤顶直接张拉;②用临时钢索将主梁前端拉起;③用千斤顶将塔顶鞍座顶起;④将主梁先架设在高于设计标高位置上,待全部斜缆索安装锚固好后放松千斤顶落梁而使斜缆索受拉;⑤在支架上将主梁前端向上顶起。如在塔上张拉并向上安装斜缆索时,因斜缆索安装前,是按安装后的设计长度切割下料的,富余的长度不多,很不容易将斜缆索端头拽入索塔锚箱管道孔内,必须先在塔上张拉端锚头上安装连接器与引出杆(引出杆所需长度与直径应根据计算确定),从管道口伸出,缆索吊升至引出杆的连接器处时,即可与缆索端的锚具连接。再由塔上锚箱内张拉千斤顶,将缆索张拉就位。缆索锚头引出就位后应将引出的千斤顶、引出杆、连接器等拆除,再按设计要求进行纠正张拉。对于单根缆索,张拉的工序较简单,可一次张拉到设计吨位并锚固。对于由多根索组成的缆索组,张拉的工序是很复杂的,因为各索之间是有相互影响的,若按设计吨位张拉各索,张拉完毕时索力必然小于设计吨位。为此,可在设计时先计算出后张拉索使先张拉索损失多少张拉力,然后在设计吨位之上加上这部分损失值,进行超张拉,这样,当各索张拉完毕后正确的设计初拉力也就建立起来了。斜缆索的张拉与后张法预应力混凝土梁不同,不能在张拉时采用张拉力与延伸值双控制,而只能在张拉时以设计规定的拉力值控制并以延伸值作为校核。这是因为缆索的延伸值受梁和塔的变位影响(设计时虽考虑了这些影响,但梁和塔的实际刚度与张拉时的温度变化等因素难免与设计有出入,导致变位也不可能完全符合设计值)。

施工中的同步张拉是很重要的。为了避免张拉过程中索塔向一侧偏斜而导致索塔底部出现裂纹,索塔的顺桥向两侧对称的缆索应对称同步张拉;为了避免桥梁上下游两侧受力不均匀而发生扭转导致梁体出现裂纹,索塔上下游两侧对称的缆索应同步张拉;后安装斜缆索的斜拉桥连续梁,为了避免桥梁跨中两边受力不均匀导致跨中梁部出现裂纹,跨中两端对称位置的缆索也应同步张拉。

各索的安装、张拉顺序和次数在设计时已确定,施工时应按规定办理。混凝土斜拉桥采用不同的安装方法,不仅确定着恒载对体系的作用性质,而且对内力在结构中的分布也起着决定性的影响。

(三)斜缆索的防护

斜缆索的重要性是不言而喻的,其防护也是整个桥梁的安全保证。无论哪一种防护方法,它们都必须具有附着在钢丝表面的防锈层以及为保护这些防锈层而设置的保护层。斜缆索的防护可分为临时防护和永久防护。临时防护是指从缆索出厂到开始作永久防护的一段时间内所需做的防护,主要是防止因锈蚀使斜缆索劣化。永久防护主要是指保护防锈和保护层不致流失、老化等。防锈一般有钢丝镀锌、涂油、涂漆、涂沥青或将钢丝纳入聚乙烯套内安装锚头密封后喷防护油和充氮气等等;保护层的做法大致有:塑料管外套、铝管外套、钢丝网水泥套、玻璃钢防护套、聚乙烯管压注水泥浆防护、直接热紧压聚乙烯材料防护套等等。

(四)调索

施工中的索力调整主要是因为设计的必要张拉力与施工的必要张拉力之间有矛盾,因而有必要在整个施工过程中对拉索进行分期分批的张拉;成桥后的索力调整,可以用来调整结构的受力情况,改变主梁的内力分布,或用来调整梁、塔的标高和位移。通过调索使结构在全部恒载作用下处于由设计者选择的一个理想的受力状态(比如使其与刚性支承连续梁的受力状态相同、使塔与梁的弯矩最小、零位移等,甚至可以指定截面的内力),但调索一般只能近似达到此理想状态。

五、斜拉桥的施工控制简介

随着斜拉桥的发展,桥高与桥跨的比越来越小,纤细的主梁刚度小就使施工中的变形大;斜缆中的应力过大或不足会使桥跨结构应力分布及主梁线型与设计不符;施工中温度的变化、日照的不均匀也会影响施工变形,还有混凝土徐变的影响等等都会使得施工控制显得很重要。因为各施工阶段发生的应力和变形的误差如果不进行管理控制,积累进来必然会影响成桥后的应力和线型(200 m跨的斜拉桥施工中的一次变形有的可达1 m)。故施工阶段需要通过管理监测、严格控制,使各阶段的施工误差随时予以调整到规定范围。表19—2列出了斜拉桥施工测试的一些项目。

斜拉桥施工管理测试项目 表19—2

测试项目	测试内容	测试仪器
变形测试	主梁拱、挠度	水平仪
	主梁扭曲	
	主梁顺直度	经纬仪
	塔顶偏移	
应力测试	斜缆索力	根据具体情况选用
	支座反力	荷载传感器
	主梁应力	差动式、钢弦式、电阻片式传感器
温度测试	塔、索和梁构件温度	热敏电阻、热电偶
	整体气温	温度计

施工中对应力和变形的控制与实际施工有时是不一致的,比如施工中梁的挠度与控制值就有三种不一致:①梁的浇筑不一致;②张拉的不一致;③徐变的不一致。主要的原因有:①设计参数的不一致;②环境的影响(其中温度影响很大);③量测的误差;④施工的误差;⑤结构模型简化和计算误差(如边界条件的模拟和索的垂度等)。为此,较合适的施工控制应做的工作是对实测数据进行反馈修正。图19—10示出了斜拉桥的施工控制系统。

这里需要指出的是,成桥后的调索是斜拉桥架设中比较令人头痛的事(斜拉桥是超静定结构,调整某一根索的内力,不但会使整个桥梁中的全部索力变化,整个结构的内力都会重新分布),但是若施工中控制好的话,可以一次张拉成功,就不需要成桥后的调索。调索本身就证明基本上是失败的施工控制。

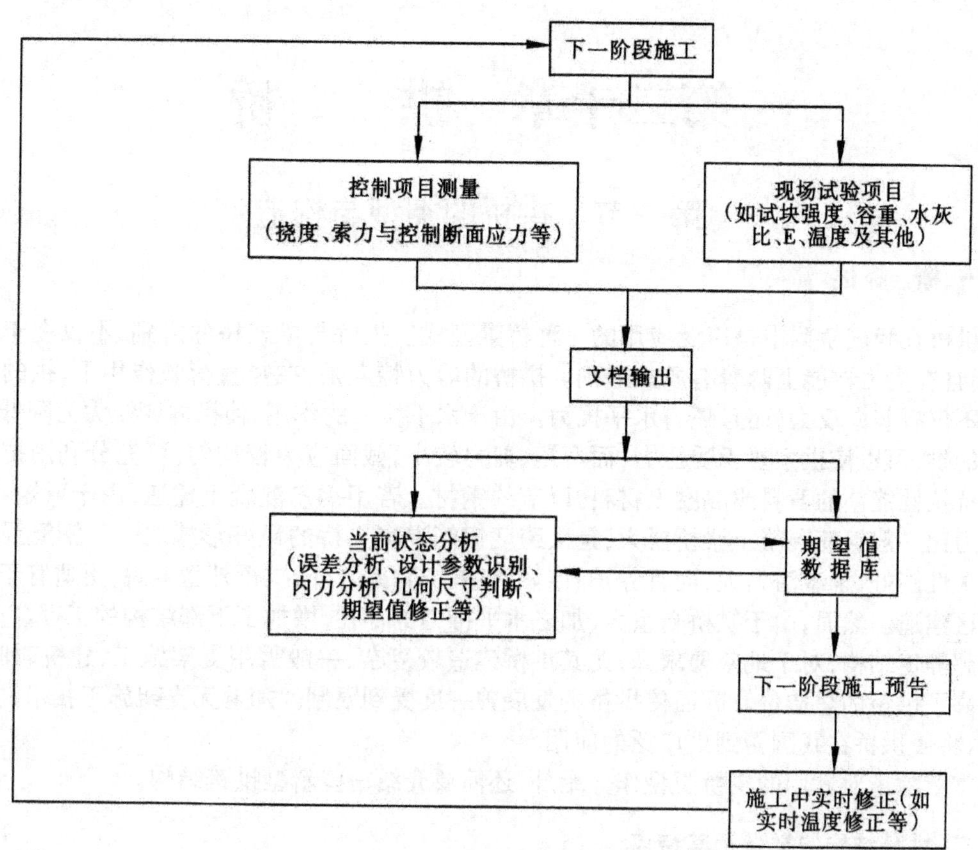

图 19—10　斜拉桥施工控制系统

第二十章 拱 桥

第一节 拱桥的类型与构造

一、概 述

拱桥在我国桥梁中是广泛应用的一种桥梁型式。拱桥与梁式桥的区别，不仅在于外形不同，而且在受力性能上两者有质的差别。拱桥的静力特点是，在竖直荷载作用下，拱的两端支承处不仅有竖向反力，而且还有水平推力。由于水平推力的作用，使拱内弯矩大为降低。设计合理的拱，可以使拱主要承受压力，而弯矩、剪力较小，截面应力较均匀，可充分利用抗压性能好而抗拉性能差的石料或混凝土材料，以节约钢材。若用钢筋混凝土建造，由于弯矩小，其跨越能力比一般钢筋混凝土梁桥要大，是大跨度钢筋混凝土桥的最好形式之一。钢筋混凝土拱桥耐久性能好，承载潜力大，而且养护、维修费用低；除此之外，拱桥外型美观，更适宜于城市或旅游区建造。然而，由于拱桥自重大，加之水平推力的存在，增加了下部结构的工程量；其次拱多为超静定结构，对于地基要求高；尤其拱桥建造较复杂，一般需用支架施工，建桥时间长，从而提高了拱桥的总造价。因而使拱桥的发展曾一度受到限制。随着无支架施工技术的发展和应用，将使拱桥在我国得到更广泛的应用。

本章除了对常用的拱桥类型作介绍外，还简要介绍一些新型拱跨结构。

二、拱跨结构的类型及其特点

拱桥的分类方法较多，许多教科书中介绍得较多，在此仅介绍几种比较常用及比较新颖的拱跨结构。

(一)桁架拱桥

钢筋混凝土桁架拱桥是在吸收双曲拱桥建造经验的基础上发展起来的一种具有水平推力的拱形桁架桥。因其自重较轻，适宜于在软土地基上建造，且整体性强，很受公路建设部门的欢迎。从受力角度讲，桁架拱桥的主要承重结构是桁架拱片，它是由拱和桁架两种结构体系组合而成，兼具两种结构的受力特点，可以充分发挥材料作用，受力合理。

桁架拱桥主要有：斜杆式、竖杆式和桁架肋拱式，如图 20—1。斜杆式桁架拱桥，承载能力较大，采用较广泛。

(二)预应力混凝土系杆拱桥

图 20—2 为系杆拱桥一般图式。

系杆拱的主要特点是拱的推力由系杆承受而不传给墩台。和简支梁一样不受地基不均匀下沉的影响，可适用于地质条件较差，墩台较高的情况，此外，因其建筑高度较小，建筑高度受限制时采用较为有利，其跨度一般认为在60～80 m以内比较合理。

根据系杆与拱肋的刚度关系，可分成刚梁(系杆)柔拱、刚梁(系杆)刚拱和柔系杆刚拱三种类型。当系杆与拱肋刚度的比值小于1/80～1/100 时，称为柔系杆，认为它只承受轴力，不承受弯矩，力学图示中认为系杆与拱肋是半铰连接。

国内外铁路用系杆拱桥并不多见。

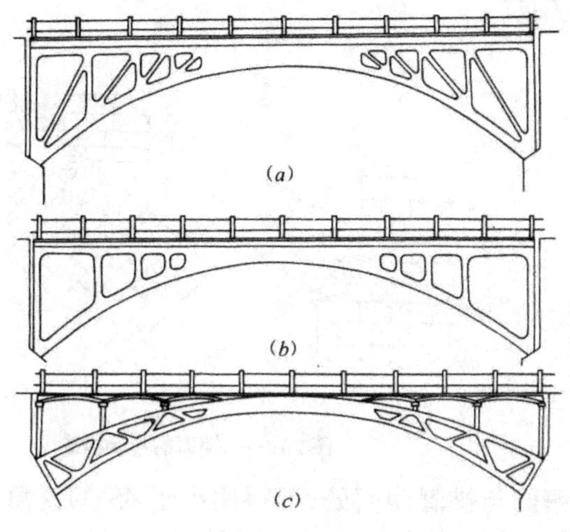

图 20—1　桁架拱桥

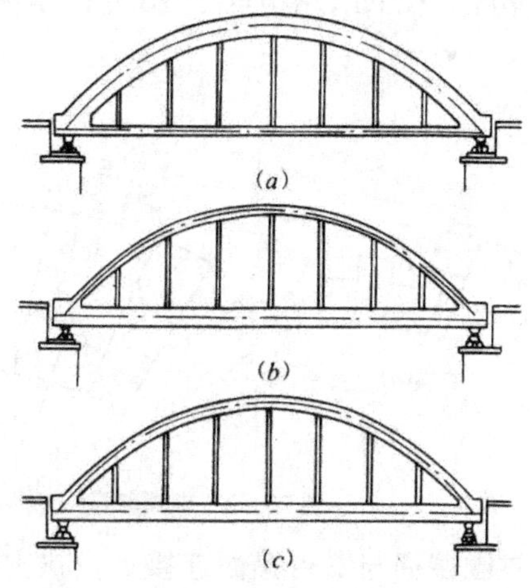

图 20—2　系杆拱桥图示

(三)双曲拱桥

其主拱圈由一个或数个小拱组成,由于主拱圈在纵向和横向均是曲线形,故称双曲拱桥。其拱桥截面的抵抗矩比相同截面积的实体矩形拱大,可省料,而且结构自重轻并宜预制装配,在公路桥中应用广泛。

(四)钢管混凝土拱桥

钢管混凝土即是将普通钢筋混凝土填入薄壁钢管中而形成的一种新型的建筑材料。它可以借助钢管对核心混凝土的套箍作用,使核心混凝土处于三向受力状态,在提高结构的承载力的同时,也增强了钢管承受荷载时管壁的稳定性。钢管混凝土作拱桥的拱肋(受压件)正好利用了钢管混凝土的优点,可以建筑轻质高强、跨度大、施工简便的新型拱跨结构。

我国对钢管混凝土结构的研究居当代国际先进水平,一些先进的施工工艺,如钢板的数控切割、混凝土的高位抛落无振捣法,混凝土的泵压顶升浇灌法,桥梁的转体施工法等,为钢管混凝土在桥梁上的应用创造了良好的条件。据不完全统计,从 1990 年 10 月首先建成的115 m四川旺苍大桥起,至今已建成四十座之多的钢管混凝土桥梁。其中钢管混凝土拱桥居多。钢管混凝土多做拱肋,也可做成桁架上下弦杆、立柱、塔桥等,其截面形式多种,如单管、哑铃型、集束钢管和管式多肢桁片等。

钢管混凝土具有施工工艺方面的很大优越性:首先钢管本身就是耐侧压的模板,同时还可以起到钢筋混凝土内纵向拉压钢筋和横向箍筋的作用,即所谓全方位钢筋,免去了装拆模板和绑扎钢筋的工序,简化了施工工艺,而且便于浇灌混凝土。

三、上承式拱桥的构造

上承式拱桥的上部结构由拱圈(肋)和拱上结构构成。

(一)拱圈(肋)的构造

拱圈(肋)是主要的承重结构。小跨度拱桥一般做成实体矩形拱圈,多用石料或混凝土砌体组成。

石拱桥中对拱圈所有的石料和砌筑方法都有严格的规定。石料要求未风化,其强度不低于 30 号,拱石宽度(拱轴方向)一般为25～40 cm,长度为宽度的1.5～4 倍,高度为宽度的1～2 倍,视起吊能力而定;砌缝最好砌成垂直于拱轴内弧线,错缝不小于10 cm,如图 20—3 所示。

灰缝厚度1～2 cm,用不低于 10 号的水泥砂浆砌筑。

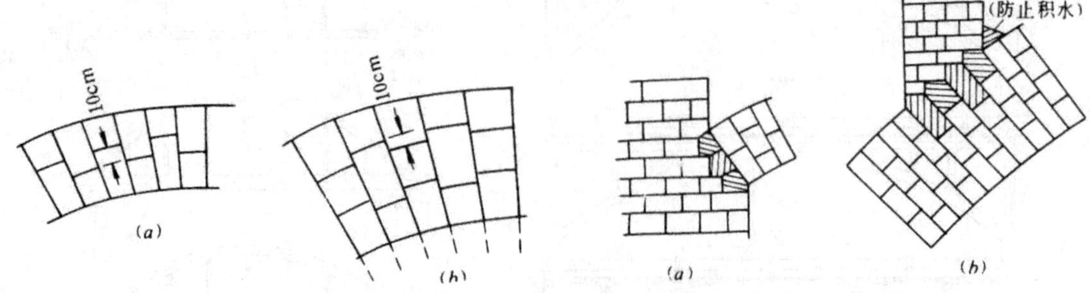

图 20—3　拱圈砌石

图 20—4　镶面的连接构造

拱圈镶面与墩台镶面连接处及拱上结构镶面与拱圈镶面处,不得用小于 45°的锐角石块,以防发生过高的应力集中而崩裂,必要时可采用五角石,如图 20—4 所示。

混凝土砌块一般采用 C 15～C25 混凝土,砌筑砌块所用砂浆采用75～100 号。

在中等跨度拱桥中,为减轻主拱自重,常用两条或多条分离式的平行拱肋来代替拱圈。拱肋一般用钢筋混凝土制作。在分离的肋拱之间,拱肋最外缘间的距离,一般不应小于跨径的 1/20,且须在拱顶和每一拱上横向刚架处设置刚性横撑,以保证拱肋的横向稳定性。如图 20—5 所示。

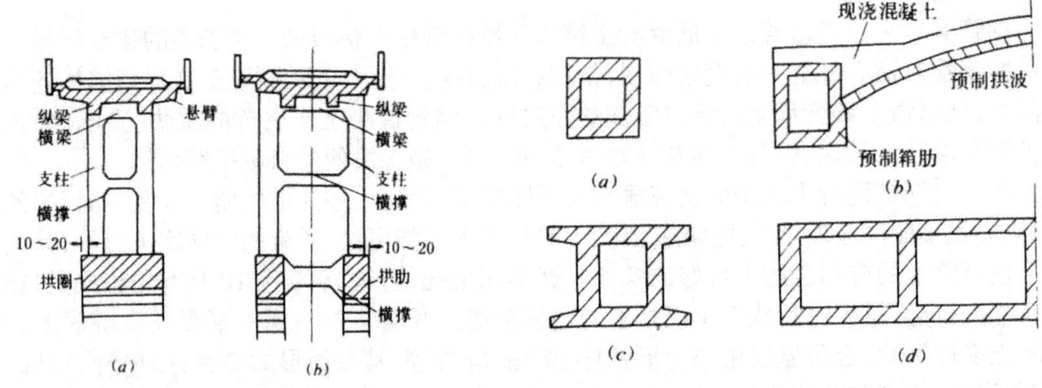

图 20—5　肋拱桥

图 20—6　箱形拱截面

拱肋的配筋,纵向受力钢筋按计算确定,一般上下对称配置,并弯成拱的形状。

大跨径拱桥的主拱圈,可采用箱形截面。箱形拱的拱圈,可以由一个闭合箱(单室箱)或由几个闭合箱(多室箱)组成。如图 20—6,每个闭合箱又由顶板、底板、肋板(侧板)组成。为提高拱箱抗扭能力,加强箱壁的局部稳定性,拱箱内每隔一定距离设一道横隔板。

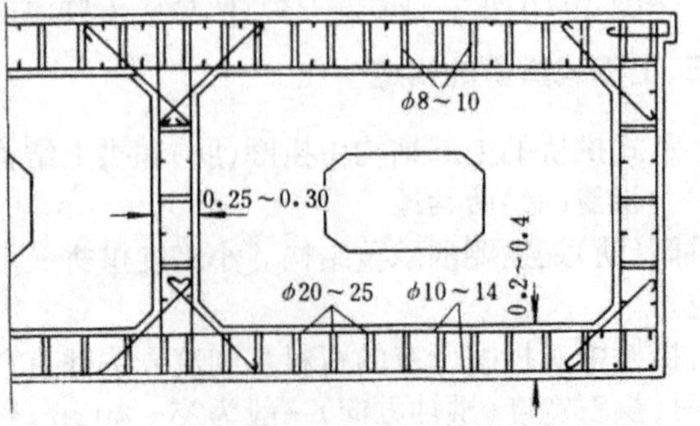

图 20—7　箱形拱圈钢筋构造

箱拱中的受力钢筋通常均对称布置在顶底板上,沿肋板高度上布有分布钢筋,其间距应按有关规范规定确定。如

图 20—7。

(二)拱上结构构造

拱桥拱上结构按其结构形式可分为实腹式和空腹式两种。如图 20—8。

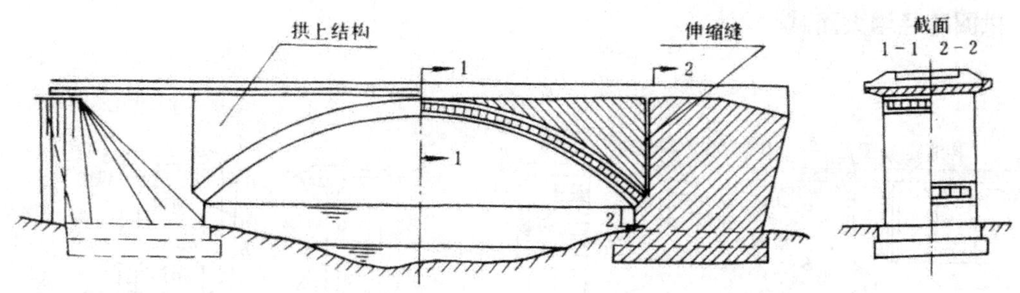

(a) 实腹式拱上结构构造

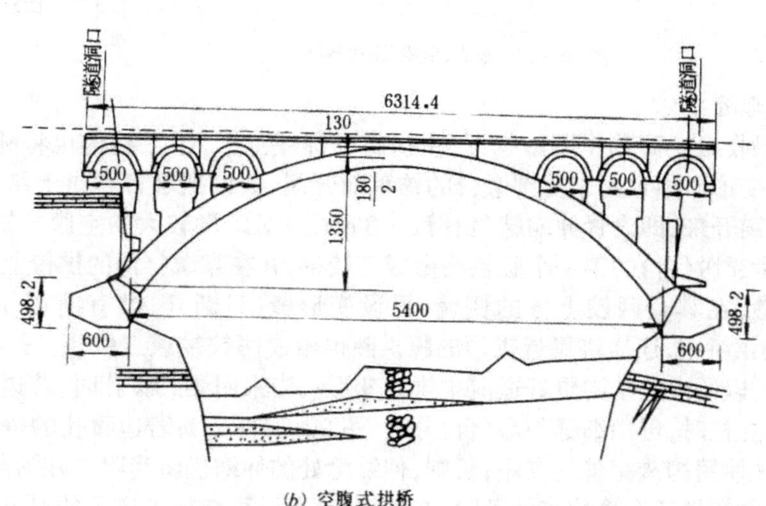

(b) 空腹式拱桥

图 20—8 实腹拱和空腹拱

实腹式拱桥拱上结构由侧墙、拱腹填料、护拱以及变形缝、防水层、泄水管和桥面等部分组成。

空腹式拱上结构由横墙或刚架(立柱)和桥面系组成。横墙通常用于小跨度拱桥(3～4 m),通常用石料或混凝土砌块砌成。为减轻重量,节约圬工或便于检修人员在拱上通行,当横墙较宽时(公路桥上),可在横墙的横向挖孔(图20—9)。横墙厚度一般不小于0.6 m。

刚架通常用钢筋混凝土制成。当刚架支柱较高时,应加横撑以便在横向形成一劲性刚架。立柱距拱圈边缘最好有10～20 cm距离,以利施工。

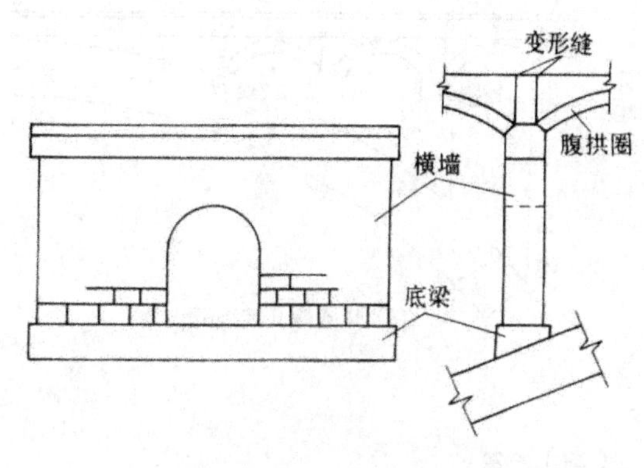

图 20—9 空腹横墙挖孔

铁路桥的桥面系可做板式、梁式或拱式(图 20—10)。板式桥面系的跨度一般不宜超过 3~4 m,板厚约25~30 cm,否则就不经济。为减轻重量,对大跨径拱桥,桥面系往往改用肋式纵梁,并在其上设置桥面板以形成道碴槽(如图 20—10)。在公路圬工拱桥上,还常采用拱式拱上结构(称拱式腹孔),其跨径一般选用2.5~5.5 m,也不宜大于主拱圈跨径的1/8~1/15,其比值随主拱圈跨径增大而减少。

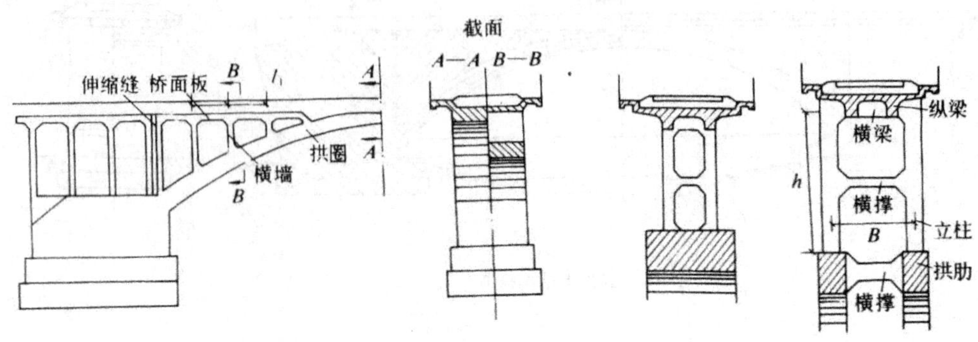

图 20—10 板式、梁式、拱式桥面

(三)伸缩缝与变形缝

在温度变化、材料收缩或荷载作用影响下,主拱将下降或上升,拱上结构也将随之变形。为了让拱上结构自由变形而不致由于受到墩台的约束而开裂,应该把墩台和拱上结构用一条横向的贯通缝完全隔离开来,即设置伸缩缝(留缝2~3 cm)。对跨度较大的空腹式拱桥,若采用拱式腹孔,一般将紧靠墩(台)的第一个腹拱圈做成三铰拱,并在靠墩(台)的拱铰上方的侧墙上,也相应设置伸缩缝,在其余两铰上方的侧墙,可设变形缝(只断开,没有缝宽,图 20—11(a))。在特大跨径的拱桥中,还需将靠近拱顶的腹拱圈也做成两铰拱或三铰拱。拱铰上方的侧墙仍需设置变形缝,以便拱上结构更好适应主拱的变形。当采用梁式腹孔时,若边腹孔在与墩(台)衔接处使用端立柱时,可用细缝与墩(台)分开(图 20—11(b));若边腹孔的桥面梁直接支承在墩(台)上,必须使用构造完善的支座,否则,伸缩缝处的伸缩仍将受阻。在活载作用下,这种跨度不大的纵梁的梁端还有翘起来的危险;在冲击作用下,可能将支座下的混凝土剪掉或敲碎(图 20—12)。

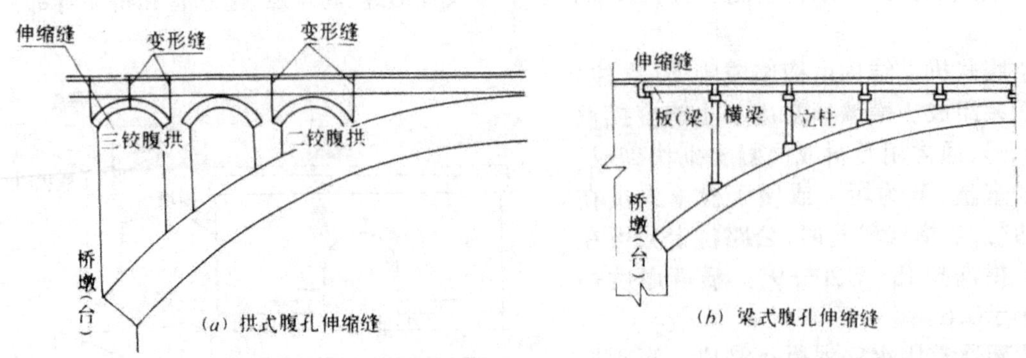

(a) 拱式腹孔伸缩缝　(b) 梁式腹孔伸缩缝

图 20—11

(四)拱铰

拱铰按其作用可分为永久性铰和临时性铰两类,永久性铰用于三铰拱或两铰拱中,除要满足设计计算的要求外,并能保证长期的正常使用。故要求较高,构造较复杂,造价也高。临时性铰是施工过程中,为消除或减少主拱的附加内力,以及对主拱内力作适当调整时在拱脚或拱顶设的铰;施工结束后将被封固,所以构造较简单。拱铰的详细构造不详述。

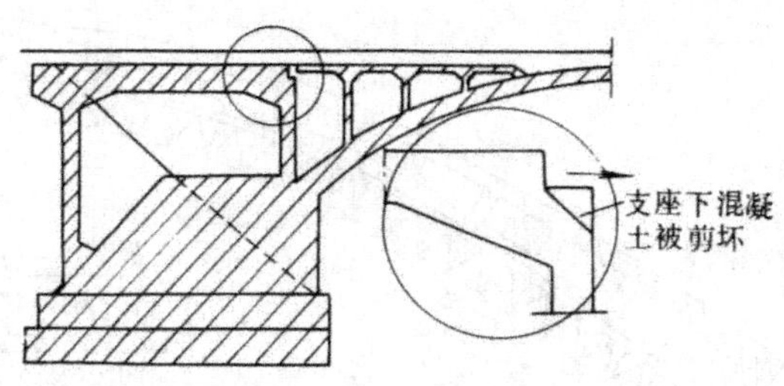

图 20—12　不完善的伸缩缝

第二节　拱桥的施工

拱桥的施工方法归纳起来有两大类:有支架施工和无支架施工。

一、有支架施工

其施工工序主要有:材料准备、拱圈放样、拱架制作和安装、拱圈及拱上结构砌筑等。下面主要介绍两个工序的内容。

(一)拱　架

拱架在拱桥修建期间,用以支承全部或部分主拱及拱上结构的重量,并保证主拱圈的形状符合设计要求。它必须有足够的强度、刚度和稳定性,同时又要求构造简单、制作容易、省料,可重复使用等。

1. 拱架的形式和构造

(1)木拱架

图 20—13 为常用的立柱斜撑式满布木拱架。其上部由斜梁(或称弓形木)、立柱、斜撑和水平系杆组成。斜梁跨度一般为1.5～3.0 m,斜梁上搁置间距0.6～0.7 m的横梁,再上铺3～5 cm厚纵向模板(也可不设横梁,而在斜梁上铺以较厚的纵向模板)。水平系杆之下为支架。卸落设备为砂筒、木楔或千斤顶,设置在拱盔(拱架上部)与支架之间。

每孔拱桥施工时,视拱圈宽度和重量而定设置拱架榀数,若榀数较多时,拱架之间要有充分的纵向及横向联结系。若自重不大,拱架高度较大时,其横向外侧需加斜撑或风缆以抵抗风力。

(2)钢拱架

目前国内已有的常备式钢拱架,是采用桁架式,其由单榀拱形桁架构成。榀间距离为0.4 m或1.9 m,桁架榀数视桥跨宽度和重量决定。可拼成三

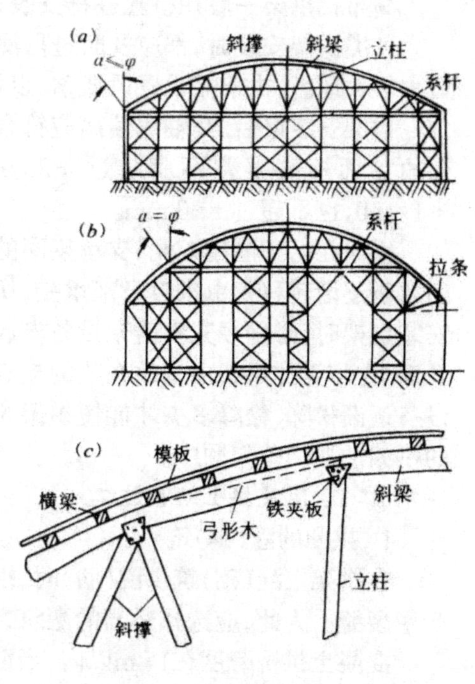

图 20—13　立柱斜撑式拱架

铰、两铰或无铰拱架，图 20—14 为两铰桁架式钢拱架的正面、截面图。

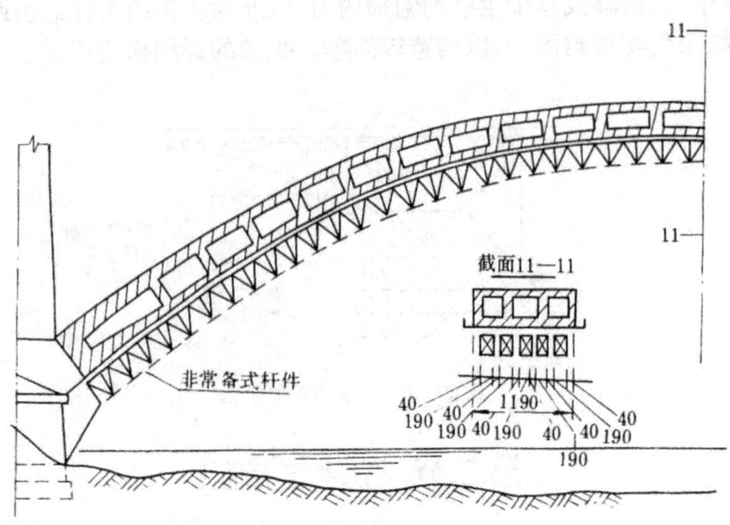

图 20—14　钢拱架构造形式(尺寸单位:cm)

拱架的基本构件包括联结系在内是预制常备式的；拱顶及拱脚的构件及下弦杆件、配件、铰、落架设备等则可按桥跨形式配制，以适用不同跨度和矢跨比的拱。当拟建拱桥的跨度大于 180 m时，可用两层拱架。

2. 拱架的制作、安装与卸落

为了使拱架具有准确的外形和尺寸，在制作前，一般要在样台上放出计入预拱度的拱架大样。然后制做杆件样板，以便按样板加工杆件。杆件加工完毕后，一般须先试拼，稍做局部修改，即可在桥孔中进行安装。

满布式拱架一般在桥孔逐杆安装；常备式钢桁架一般采用悬臂法逐节拼装。

各类拱架安装时，都应及时进行测量，以保证设计尺寸的准确。同时应注意施工安全；在风力较大地区，拱架需设置风缆索，以增强稳定性。

拱架安装好后，其轴线偏离应符合设计要求，拱架上用于拼装或灌筑拱圈(肋)的垫木或底模的顶面标高误差不应超过 +20 mm 或 −10 mm，而纵轴的平面位置不应大于跨径的 +1/100，也不超过 ±30 mm。

拱架在圬工灌砌期间，支承拱圈的全部重量，须待圬工凝固后方可拆除。为使拱架所支承的重量逐渐转移到由拱自身来承受，切忌将拱架突然拆除，或仅将其某一部分拆除。为此，在安装拱架时，必须预先将落架设备安放在适当位置，如在立柱斜撑式拱架中，安放在拱盔立柱下面；在带梁的拱架中安放在梁的支点；在拱式拱架中则安放在拱铰的位置上。卸落时，落架设备逐渐松降，松降多少才能使拱架脱离拱圈，必须预先计算。图 20—15 给出了有中间支承的拱架的典型落架顺序。

(二)拱圈及拱上结构施工

1. 拱圈的灌(砌)筑

在拱架上灌(砌)筑拱圈(肋)时，拱架将随荷载的增加而不断变形。有可能使已筑混凝土产生裂缝。为此，应选择适当的灌筑方法和次序。

混凝土拱桥跨度在15 m以内，当混凝土灌筑速度能保证在全部混凝土灌注完毕后而最先灌注的混凝土还未开始凝固时，可以自两拱脚开始，按拱圈全宽，对称地向拱顶连续灌注，在拱

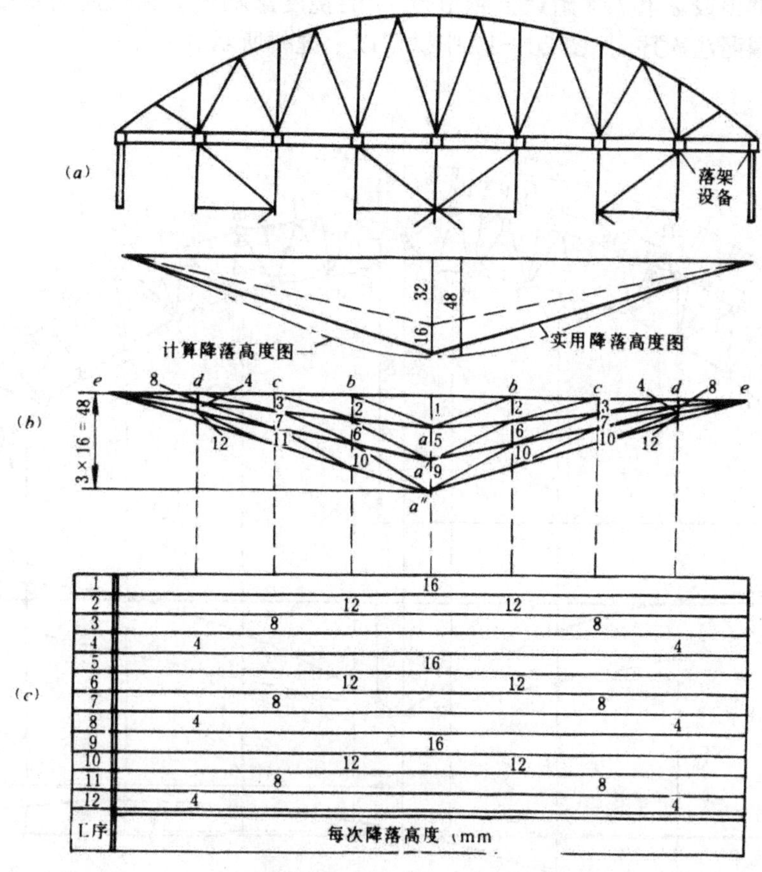

图 20—15　有中间支承的拱架降落图

顶合拢。如预计不能在限定的时间内完成，则须在拱脚处留一隔缝于最后浇筑。

跨度较大的拱桥，应采用分段灌注法，以避免因拱架变形而使先灌已凝的混凝土开裂，并减少混凝土的收缩应力。确定分段灌注的原则是使拱架的变形最小。分段灌注时，应在必要处预留空缝。图 20—16示出了小跨石拱桥的砌筑次序；图 20—16(*b*)示出了用立柱斜撑式拱架的中等跨度拱桥的灌注次序，影线部分为空缝，应设置在斜梁支点上，即转角最大处，其宽度应适合于上一段拱肋的灌筑立模和支承。图 20—16(*c*)示出了塔架式拱架，其空缝设在梁的支点上和挠度最大处，图 20—16(*d*)为三铰拱架，空缝设在铰上。由图 20—16可知，灌注工作总是对称于跨中进行的。拱段长度一般为6～15 m。

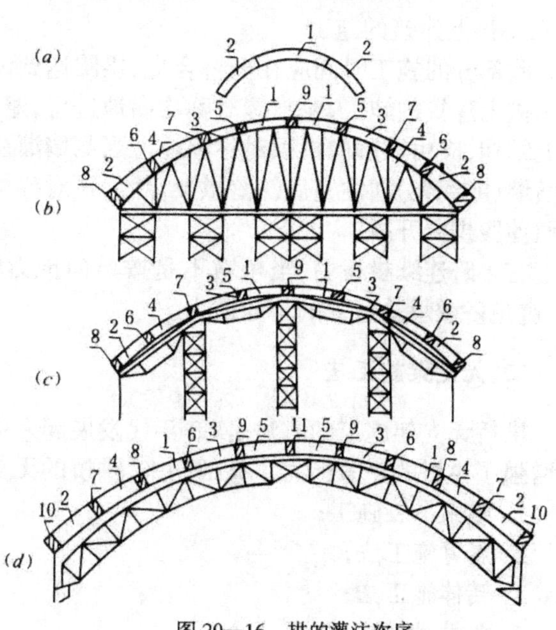

图 20—16　拱的灌注次序

对于大跨度拱桥，为控制拱圈灌注过

程中的拱架变形而拟定合理的拱圈灌注顺序时，最好先画出拱架的挠度影响线来。图 20—17 即为某三铰钢拱架拱顶铰 c 和 $l/4$ 附近上弦节点 D 的挠度影响线。根据此两条影响线即可拟定比较合理的拱圈灌注次序，如图 20—17 中拱架以上虚线所示。

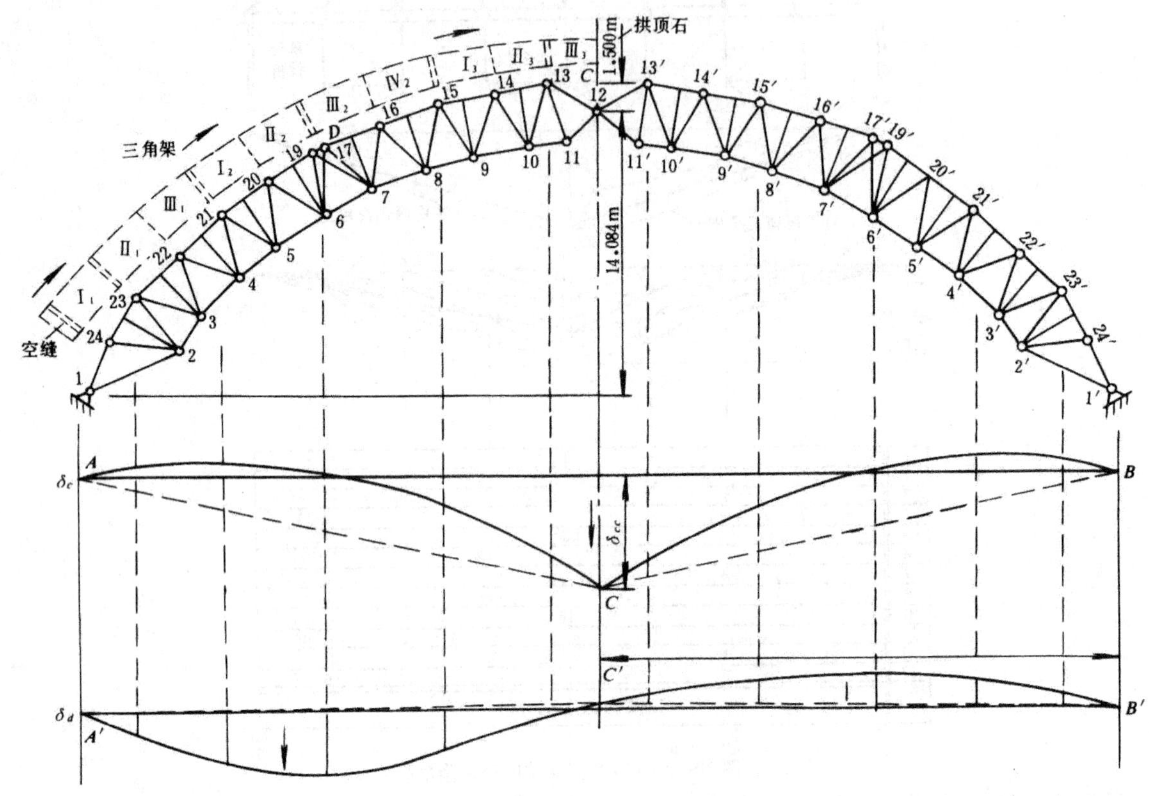

图 20—17　三铰钢拱架挠度影响线

2. 拱上建筑的施工

此部分的施工时间应在全桥合拢，拱圈达到设计强度的 30% 后进行。

拱上建筑的施工，应掌握对称均衡地进行，避免使主拱圈产生过大的不均匀变形，实腹式拱上结构，应由拱脚向拱顶对称灌注。当侧墙灌注好后，再填筑拱腹填料。空腹式拱桥一般是在横墙(或钢架)灌注完后卸落拱架，然后再对称均衡地安砌腹拱圈，以免由于主拱圈不均匀下沉而使腹拱圈开裂。

在多跨连续拱桥中，当桥墩不是按单向推力墩设计时，仍应注意相邻跨间的对称均衡施工，避免桥墩承受过大的单向推力。

二、无支架施工法

拱桥无支架施工的方法是 60 年代发展起来的，它的出现大大提高了拱桥的跨越能力，从而增强了拱桥的竞争能力。概括起来，拱桥的无支架施工方法有如下几种：

1. 缆索吊装施工；
2. 悬臂施工法；
3. 转体施工法；
4. 劲性骨架法。

下面将对各种施工方法分别作一简单介绍。

(一)缆索吊装施工

缆索吊装施工是目前拱桥无支架施工的主要方法之一。其工序大致包括:拱箱(肋)的预制、拱箱(肋)的移运和吊装、主拱圈的安砌、拱上建筑施工、桥面结构施工等。

图 20—18 为一缆索吊装施工示意图。缆索吊车由塔架、主索、牵引索、起重索、起重小车(行车)和风缆等构成。塔架立于桥台上或桥头高地,四面用风缆固定。主索即起重小车的轨索,用数根粗钢索构成,支承于塔架顶部的索鞍上,并用地垅锚固。一般用两组主索,如塔架可移动,也可用一组主索。牵引索牵引起重小车,使其能沿主索移动,起重索用于使起重小车的动滑轮组升降,牵引和起重均用绞车。此外还有结索,用于悬挂分索器和使主索、起重索和牵引索不至相互干扰和下垂。有关缆索吊车详细构造、计算及安装可参阅有关资料。

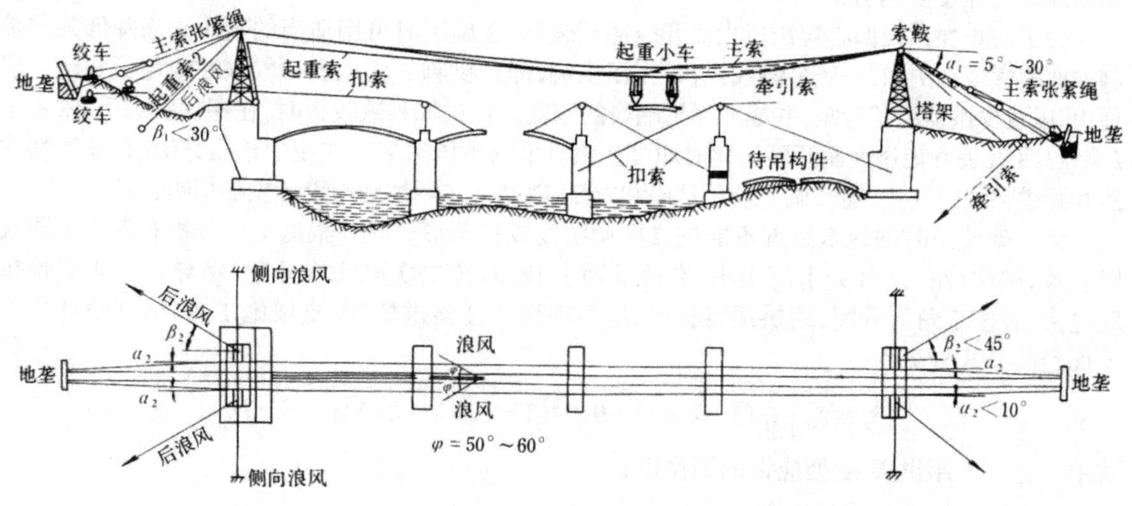

图 20—18 缆索吊装施工示意图

拱桥的构件在河滩或桥头岸边预制或预拼后,送至缆索下面,由起重小车起吊送至桥位安装。为使端段基肋在合拢前保持在一定位置,在其上用扣索临时系住,然后才能松开吊索。吊装应自一孔桥的两端向中间对称进行。在最后一节构件吊装就位,并将各接头位置调整到规定标高后,才能放松吊索并将各接头接整合拢。最后才将所有扣索撤去。

吊装施工的成败关键在于保证基肋(指拱肋、拱箱或桁架拱片)有足够的强度和稳定性,不仅要按单根构件在运输和吊装时的情况复核其强度和稳定性,更重要的是还要按基肋合拢时及合拢后所承担的荷载,检算其强度稳定性。关于强度和稳定性的计算方法,在此不做重点介绍,下面介绍一些加强稳定性和防止开裂的措施。

1. 设计措施

应适当选择无支架吊装拱桥的拱轴系数 m,其值愈大,裸肋时压力线与拱轴线偏离愈大,故裸肋所受偏心弯矩也愈大,常导致裸拱合拢后开裂。公路拱桥的拱轴系数一般不宜超过 3.5。

基肋截面宜采用刚度大而重量轻的形式,如倒 T 形、槽形或箱形等。其尺寸应考虑稳定性来拟定。基肋之间应设置足够的横隔板或横系梁以加强横向刚度,间距一般不超过3~5 m。拱端接头处,在平面上可适当放大,以加强其牢固性。

无铰拱的拱脚必须牢固嵌入拱座预留的壁龛内,嵌入深度不小于主筋的锚固长度要求。

但在吊装合拢前，拱脚须能稍微转动，以调整各接头标高，故合拢后才能封填拱座。

2. 施工措施

基肋吊装合拢要拟定正确的施工程序和施工细则并坚决按照执行。

拱桥跨度较大时，最好采用双基肋或多基肋合拢。此时基肋与基肋间的横系梁或横隔板必须紧随拱段的拼装即时焊连。必要时可在基肋的上下两平面内设置临时的交叉斜杆以缩短基肋的自由长度。端段拱肋就位后，除上端用扣索拉住使不下坠外，并应在左右两侧各用一对风缆牵住以免左右摆动。中段拱肋就位时，宜缓慢地松吊索，务使各接头顶紧，尽量避免简支搁置和冲击作用。当拱肋分五段吊装时，由于最后一段就位时或多或少的简支作用，第一个接头可能上升，而第二个接头可能下降，为此应在第一个接头下侧也设拉索牵住，以防失稳。

施工时一般在每一接头处都设一对横撑或一对横向风缆来加强基肋的稳定性。注意两侧横向风缆的角度要对称。

为了防止裸拱因偏心弯矩过大而开裂甚至破坏，在施工时可用适当的预压法来降低某些控制截面的弯矩。例如，一般悬链线拱，常先压拱脚，即在拱脚一段先砌一段拱波或盖板和浇一段顶板，以减少拱顶的正弯矩，并能增强拱端段的刚度。在拱轴系数较大时，在裸拱状态下，常由于$l/4 \sim l/8$处负弯矩过大而开裂。此时即可在该段采取预压措施。在使用预压方法时，应密切注意观测拱轴线的变化，随时调整预压地段和重量，以确保实际拱轴与设计拱轴相吻合。

无支架施工时的建筑拱度不能按二次抛物线或三角形分配。根据上述分析和施工观测实际发现，拱在$l/8 \sim l/4$处下沉很小，有的反而上升，若按二次抛物线分配，将导致$l/4$点预拱度过大；若按三角形分配，则拱顶有折点；均不理想。公路拱桥（无支架施工者）标准设计采用下面经验公式分配：

$$\delta_x = \delta_d \left\{ \frac{1}{2}(1-\cos\theta) + 0.04[1-\cos(2\times 2\theta)] \right\} = \delta_d \cdot B$$

式中　δ_x——距拱脚X处应设的预拱度；

δ_d——拱顶计算预拱度；

θ——X处虚拟相位角，如半拱分24段，则每段相位角增量$\Delta\theta = 7.5°$；在拱脚处$\theta = 0$；拱顶处$\theta = 24° \times 7.5 = 180°$。

上式在拱顶附近B稍大于1，取$B=1$。

也有在施工时采用将拱轴系数降低半级或一级，并以虚拟矢高f_1代替设计矢高f进行拱肋坐标放样，以使建成后拱的轴线符合设计要求的做法，其中：

$$f_1 = f + \Delta_d$$

式中的Δ_d为拱顶在弹性压缩、混凝土收缩、温度下降、墩台位移等因素下的挠度。

（二）悬臂施工法

其施工要点是：将拱圈（肋）、立柱与纵、横梁对称地分成几段，加上临时斜拉（压）杆、上弦杆预先组成桁式框架，用拉杆或缆索锚固于台后，然后用扒杆或吊车向跨中逐段悬臂施工，最后在拱顶合拢成拱。我国已用这种方法建成了十几孔跨度40 m以上的公路拱桥。

悬臂施工法，又根据拱圈构件的制作方式，分为悬臂浇筑和悬臂拼装两大类，下面分别予以介绍。

1. 悬臂浇筑法

此法为将拱圈、拱上立柱和预应力混凝土桥面板等齐头并进地、边浇筑边构成桁架的悬臂灌筑方法。施工时，用预应力钢筋临时作为桁架的斜拉杆和桥面板的临时明索，将桁架锚固在后面桥台上，其施工程序见图20—19。图20—19（a）为在边孔完成后，在桥面板上设置临时明索，然后在吊架上浇筑头一段拱圈。头一段拱圈浇筑完成并达到要求强度后，在其上设置临时预应力明索，并撤去吊架，直接系吊于斜拉杆上，然后在前端安装悬臂吊篮。图20—19(*b*)为吊篮逐段悬臂灌筑拱圈。当吊篮通过拱上立柱 P_2 位置后，即须立即灌注立柱 P_2 及 P_1 与 P_2 间桥面板，然后用吊篮继续向前灌注，至通过下一个立柱 P_3 位置后，再安装 P_1 与 P_2 间桥面板明索及斜拉杆 T_2 和灌注立柱 P_3 及 P_2 与 P_3 间桥面板。每当吊篮前进一步，须将桥面板临时明索收紧一次。这样一面用斜拉钢筋构成桁架，一面悬臂灌注前进，直至拱顶附近。最后拱顶部分可再次用吊架灌筑合拢。

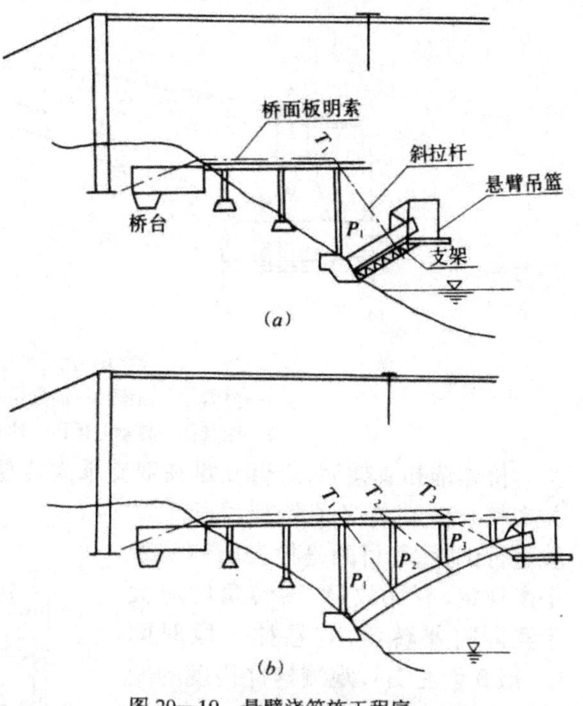

图 20—19　悬臂浇筑施工程序

2. 悬臂拼装法

这种方法是将拱圈的各个组成部分(侧板、上下底板等)，事先预制，然后将整孔桥跨的拱肋、立柱通过临时斜压(拉)杆和上弦拉杆组成桁架拱片。沿跨分作几段(一般3～7段)，再用横系梁和临时结构将两个桁架拱片组装成框构。每节框构整体运至桥位，由两端向跨中逐段悬臂拼装至合拢。悬臂伸出去的拱体通过弦拉杆和锚固装置固定于墩、台上，维持稳定。也可以是将拱圈的各个组成部分分别在拱圈上悬臂组拼成拱圈，然后利用立柱与临时斜杆和上拉杆组成桁架体系，逐节拼装，直至合拢。

(三)转体施工法

转体施工系将拱圈整体或分为两个半拱，在桥头将基肋预先拼装或灌筑，然后旋转就位后合拢。较之吊装方法，省去许多高空作业，但地形必须合适，才能节省支架。这种方法又可分为平转和立转两种方式。

1. 平转法施工

平转法安装是将桥体(上部构造)整跨或从跨中分成两上半跨，利用两岸地形搭架(简单支架或土胎模)预制。在桥台处设置转盘，将预制的整跨或半跨悬臂桥体置于其上，桥体混凝土达到设计强度后脱架，以桥台、锚碇体系或锚固桥体重力平衡，再用卷构机牵引转盘，将桥体平转至跨中合拢。用吊架灌筑合拢段接头混凝土，待其混凝土达到设计强度后，最终封固转盘，完成全桥。

平转安装目前可分为有平衡重转体和无平衡重转体两种形式，前者需要加平衡配重，后者可利用锚碇张拉平衡和自体平衡。

(1)有平衡重平转施工：桥体混凝土达到设计规定强度的70%以上后，应按桥梁类型采用外锚扣体系或内锚扣体系，对梁体进行张拉，提高梁体标高，脱离支架成为以转动体系为支点的悬臂状态。图20—20、图20—21为外锚扣体系、内锚扣体系示意图。

外锚扣体系是用外加扣索或拉杆扣住桥跨中点附近的扣点后，进行张拉、锚扣；内锚扣体系是利用结构本身作拉杆，如桁架拱或刚架拱的上弦。外锚扣体系适用于双曲拱桥、箱形拱等桥型;内锚扣体系适用于桁架拱、刚架拱等桥型。

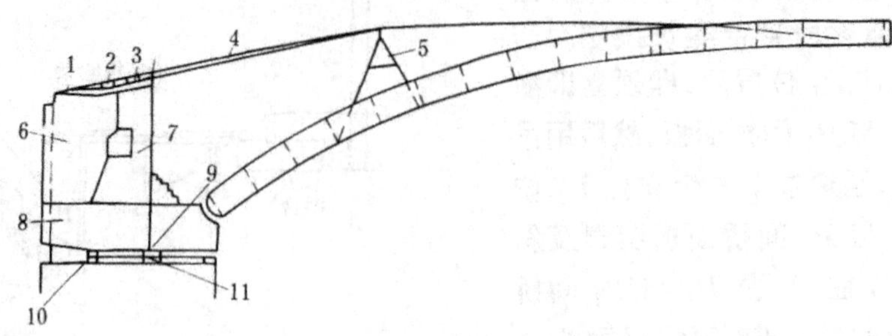

图 20—20 外锚扣体系示意图

1—尾索;2—顶梁;3—锚索;4—扣索;5—钢架;6—平衡重;7—墩身;8—转盘上板;9—轴心;10—环道;11—中心支承。

桥体锚扣脱架后,悬臂支承在双支承式转盘或单支承式转盘上(两种转盘的构造可参阅有关文献),转动前必须先利用配重试验进行试转,其目的是检查转体是否平衡稳定、有无故障,试转角度应大于实际需要转角,并悬挂一段时间(一般 3 天左右),观测构件挠度的变化。

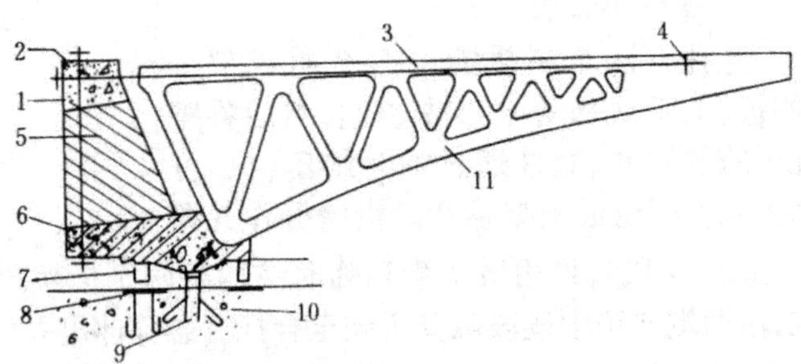

图 20—21 内锚扣体系示意图

1—竖直螺杆;2—台帽;3—水平螺杆;4—实腹系点;5—台背;6—上转盘;7—保险滚轮;8—行道板;9—钢管圆头转轴;10—下盘;11—桁架。

拱桥平转法施工,在跨中合拢以前是以两岸台为支点的单臂体系,待桥体合拢,接头混凝土达到设计要求强度后,桥体受力体系改换为拱体系,锚扣体系已成为多余,故应即撤除。

(2)无平衡重平转施工:用锚固体系取代平衡重,用锚固体系、转动体系和位控体系构成平衡的转体系统(如图 20—22)。转动体系由拱体、上转轴、下转轴、下转盘、下环道和扣索组成,其施工工序为:安装下转轴、浇筑下环道、安装转盘浇筑转盘混凝土、安装拱脚铰、浇筑铰脚混

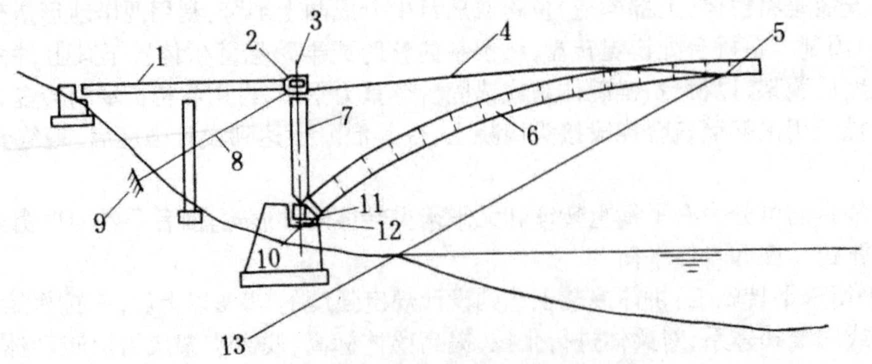

图 20—22 无平衡重平转法施工示意图

1—支撑;2—锚梁;3—上转轴;4—扣索;5—扣点;6—拱肋;7—墩上立柱;8—尾索;9—锚碇;10—下转轴心;11—转盘上板;12—环道;13—扣点缆风索(兼作转动牵引索)。

凝土、拼装拱体、穿扣索安装上转轴等。锚固体系由锚碇、尾索、支撑、锚梁(或锚块)及立柱组成。位控体系包括扣点缆风索和转盘牵引系统。

在完成上述构件、设备并经检查符合设计要求后,方可依次进行尾索张拉、扣索张拉、拱体平转、合拢卸扣等工序。在进行上述工序时,必须进行有关的施工观测。

四川巫山龙门大桥和涪陵乌江大桥就是采用无平衡重平转施工方法施工的。

2. 竖直面内转体(立转)施工

如桥跨越深谷,施工时可利用峡谷的有利地形,将桥分为两个半拱,分别在两岸简易支架上灌筑,如图 20—23。待混凝土结硬后,在半拱两端拉一钢索作用临时系杆以承受推力;然后借复式滑车和钢丝绳使两个半拱在立面上旋转合拢(如图 20—23 右半拱)。

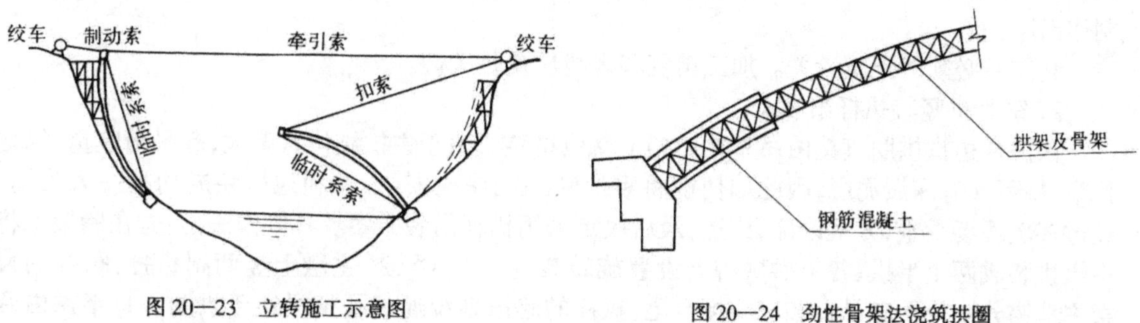

图 20—23　立转施工示意图

图 20—24　劲性骨架法浇筑拱圈

(四)劲性骨架法

这种施工方法的施工步骤是,用无支架方法架设好拱形的刚性骨架,然后围绕骨架浇筑混凝土,即把刚性骨架作为混凝土的钢筋骨架,不再回收。其特点是省去另造拱架工作,但用钢量较大。如图 20—24。

第三节　其他拱跨结构施工简介

一、钢管混凝土拱桥施工

三峡工程对外交通专用公路莲沱特大桥为中承式钢管混凝土拱桥,作为施工实例,下面对其做关键部分的介绍。

(一)主桥简介

该桥主桥为48.3 m + 114 m + 48.3 m飞燕式钢管混凝土拱桥,中拱为中承式悬链线无铰拱,净跨114 m,净矢高38 m,两侧边拱为上承式悬链线拱,净跨48.3 m。该桥共设两榀拱肋,拱肋断面除中拱两侧拱座、边拱拱座及边拱拱端部分为圆端型外,其余为竖直哑铃型。断面全高3 m,由上、下直径为1.2 m的钢管和腹腔组成。全桥共有 12 片 A 型横梁,13 片 B 型横梁,8 片刚性横梁及 2 片端横梁,其中 A 型横梁通过钢管立柱支承,B 型横梁通过吊杆与拱肋相连,刚性横梁和端横梁直接连于拱肋。全桥设置 17 根钢管混凝土横撑和 18 对钢管混凝土斜撑,横撑外径为1.0 m,斜撑外径为0.6 m,拱肋及横撑内灌注 C50 微膨胀混凝土,其中中拱拱脚段为 C50 微膨胀钢纤维混凝土。本桥每道拱肋设置 8 根 12—7ϕ5 纵向预应力钢绞线以平衡中拱产生的水平推力。钢铰成锚固于边拱拱端,从边拱直线段腹腔内穿出后,以体外明束形式全桥通长布置。体外束采用外径为 ϕ 114 mm钢管防护,管内压浆处理。施工阶段中拱产生的水平推力由设在 1# 、2# 墩之间的 8 根 12—7ϕ5 临时预应力钢束承受。随着工程进展中受力的需要,逐步进行临时束到永久束之间的受力转换。

(二)施工中的问题

该桥造形美观、结构新颖,施工也有一定的困难。受葛洲坝建成后回水的影响,该桥桥址处长年有水、河床淤积。钢管拱肋的加工制作,拱肋结构吊装,大方量、高标号、微膨胀钢纤维混凝土灌注,临时束与永久束的体系转换控制以及施工过程中拱肋、桥面线型控制都是关键技术。

(三)施工方法

1. 钢管拱肋的加工制造

该桥的所有钢结构加工均在工厂进行。拱肋的加工首先由定尺1.8 m的钢板(16Mnq 板,厚14 mm)卷制成单节钢管,其次根据计算结果进行放样和坡口加工,组焊成10.8 m的运输单元,然后再进行 1:1 总拼装,验收合格后解体出厂。每根横撑分两段(每段约9 m),斜撑为一段制作出厂。

制作时必须严把质量关。加工精度和焊缝质量是关键。

2. 钢管拱竖转扒杆吊装

该桥两边拱拱肋直接由吊车在胎架上就位拼装。由于主拱结构跨度大,起吊荷载重,场地狭窄,桥下又有深淤泥层,因此如何能将重约500 t的中拱安全、顺利地吊装成功是一大难题。经过多次现场考察,方案论证、比选,最后决定采用扒杆吊装方案。具体作法是:先在胎架上将中拱拼装成两个半拱,各半拱拱脚处设置旋转装置。在 1#、2# 主墩上竖两副扒杆,扒杆的背索主地锚分别设于宜昌台和三斗坪台尾,扒杆的起吊系统通过平衡梁连于拱肋。每半拱由两台20 t卷扬机同步起吊,将半拱拉起在空中合拢对接。

扒杆吊装施工技术要点:

①在胎架上精确拼装两个半拱,胎架顶部设有微调装置,保证了各半拱的拱轴线形和几何尺寸的精确度。

②精确安装旋转角和靠山角。旋转角和靠山角在工厂配对冲压而成,安装时一定要保证定位准确,尽量减少焊接变形。

③计算选择合理的吊点位置,并设计吊攀,保证拱肋在吊装过程中应力和变形最小。

④设计刚度较大的平衡架,保证两片拱肋同步提升,防止扭转。

⑤选用 2 台20 t慢速卷扬机同步起吊,起吊钢丝绳采用双联穿法以调整受力,使拱肋平衡起升。

⑥扒杆具有足够的强度和刚度,在起吊过程中,保证其不扭转,顶部偏移控制在尽量小的范围内。

⑦将后缆风绳受力调整均匀,地锚有足够的锚固力。

⑧合拢段设置锥形导管,保证合拢顺利。

实践证明,采用扒杆起吊、竖转拱肋方案,是成功的。其优点是:扒杆吊装各部受力明确,安全有保证;方法简便,操作容易,空中接头少,焊接质量和拱轴线型均好控制;扒杆材料可用作拱上立柱,节省费用。

3. 钢管混凝土灌注

该桥中拱拱脚段为 C50 钢纤维微膨胀混凝土,其余为 C50 微膨胀混凝土。为了保证灌注过程不间断,不堵管,保证混凝土的密实度和强度要求,施工中采取了以下几项措施:

①采用了流动性较大的高强度微膨胀混凝土。配合比为:(水泥 + 膨胀剂 EA):砂:卵石:水 = 1:1.29:1.93:0.39。

②采用抛落和顶升结合法灌注,中拱在桥面以下部分采用抛落法,以上部分为顶升法,边

拱曲线段为抛落法,直线段为顶升法。既保证了混凝土的顺利灌注,又保证了混凝土灌注的密实度。

③灌注过程中用计算机跟踪监测监控,通过加减配重的办法调整灌注过程中的拱轴变形。

④灌注钢纤维混凝土时,在拌合站采用人工分撒和在输送泵料斗上加钢筛过滤的办法,有效地减少了钢纤维的结团并防止了堵管现象,保证了灌注的顺利进行。

⑤采用附着式振动和插入式振捣,保证混凝土密实。

4. 预应力张拉及体系转换

根据拱肋结构受力需要,本桥在施工中设立了临时预应力束,以平衡施工过程中拱产生的水平推力。在中拱混凝土灌注过程中,根据结构受力需要,临时束共张拉了四次。全桥通长永久预应力钢束锚固于边拱拱端,其作用是为了抵抗成桥后中拱产生的水平推力。随着施工加载进程,永久束共分四次张拉,并在张拉过程中,临时束卸载,逐步实现临时束与永久束之间的体系转换。

5. 横梁施工

边拱 6 片刚性横梁和 2 片端横梁为 C30 微膨胀钢筋混凝土梁,中拱 2 片刚性横梁为 C30 微膨胀型钢筋混凝土梁,刚性横梁采用现浇的办法施工。具体做法是用支承于拱肋上的20 m军用梁作为受力支架,使用吊带悬吊模板,然后绑扎钢筋,浇筑混凝土。振捣棒人工振捣,洒水养护。

全桥 25 片 C50 预应力钢筋混凝土横梁,其中 B 型横梁 13 片,A 型横梁 12 片。根据现场条件分别采取现场预制吊装和就位现浇的方法。就位现浇施工过程为:先在拱肋立柱上安装角钢制成的牛腿,然后每片 A 型梁架设 2 片军用梁作为受力支架,其上铺设 10×10 的方木和厚5 cm的木底模。在安装底模时,精确计算出各断面的预留拱度值。底模安好后,进行钢筋绑扎、金属波纹管和侧模的安装等,再进行混凝土浇筑,待混凝土强度达到设计强度的 80%后,进行预应力穿束及张拉。其浇筑顺序为从两边拱端部向中拱推进。预制吊装的 B 型横梁除了注意预留拱度外,制梁工序与上述方法相同。起吊到位后,将吊杆穿入梁端预留孔内,安装梁下垫块和 DM 锚具,然后放松卷扬机,测量、调整梁顶标高和吊杆张力至设计要求。

6. 桥面板的预制和安装

5.6 m桥面板全桥共有 504 块,分别在桥的两端预制。板梁的铺设采用16 t吊车和卷扬机配合吊装。从边拱拱端至中拱刚性横梁之间的板梁,直接由16 t吊车吊装就位。中拱横梁上板梁铺设,考虑其侧向稳定问题,改由先利用拱肋由 2 台5 t卷扬机起吊,待每孔铺设 6 块板并在各片横梁之间连上槽钢后,再由16 t吊车吊装。在实际施工时采取了下述措施:一是从桥梁两端对称铺设,各孔铺设数量服从永久束和临时束受力转换的需要;二是用计算机跟踪监测铺装过程中结构的变形和应力变化情况,并根据其结果控制加载顺序,确保结构安全受力;三是精确测量每块桥面板橡胶支座的位置和标高,确保板梁支撑平稳,受力均匀。

7. 监测监控

根据设计要求,本桥对拱肋吊装、中拱合拢、横斜撑和立柱安装、钢管混凝土的分段灌注、横梁及预应力吊杆的安装、临时束与永久束的张拉、桥面板铺设及桥面铺装等各施工阶段进行了结构应力、变形的监测,并根据监测结果控制施工。

二、系杆拱桥、异型拱桥的施工

(一)施工方案

因为系杆拱结构中系梁和拱圈是相互牵连相互依赖的,主拱圈若无系梁维持则其外形虽是拱形而结构受力上则无系杆拱的结构特性，而系梁若不通过吊杆吊在拱肋上则无法独立跨越，所以，其上部结构施工首先要考虑的是“先梁后拱”还是“先拱后梁”。

先梁后拱法即先制作系梁，也必然采用有支架施工，但是刚梁柔拱的结构形式，也有无支架施工系梁的可能。有支架施工在支架上制作系梁，也无外乎现浇、预制拼装、整梁预制后拖拉就位等方法。系梁内预应力索张拉完成后，即可进行拱圈的施工，其方法可以采用任何一种拱肋施工方法，如支架现浇、无支架预制拼装、无支架施工等。

采用“先拱后梁”施工方案时，拱圈施工方法其原意就已考虑采用无支架施工方法，否则就没有必要采用“先拱后梁”的施工方案。先制作拱圈，在拱圈合拢前两墩台之间必须先行设置临时拉索，因为系杆拱结构完成后对墩台没有推力作用，故设计墩台时未考虑其抗推能力。临时拉索替代系梁作用，用来临时抵抗主拱的推力。

施工过程中，拱的推力随着施工过程逐渐增大，替代系梁作用的临时拉索的张力也需随之增加，以和拱推力平衡。临时张力过小或过大都是不合适的，因张力若与拱推力不平衡，力将作用到墩台上，增加墩台结构的负担。因此，施工中需不断量测台顶或墩顶的水平位移，不断地调整临时拉索的张力，这对施工安排和施工控制都增添了不少的麻烦和困难。

主拱圈施工方法可以采用无支架吊装或转体施工方法。

拱圈完成后，系梁先预制后可利用吊杆逐段拼装。拼装过程中，靠拱圈较平坦的一端，系梁在拼装过程中还需再设置临时索锚，以防系梁预制块向桥中心滑移。

“先拱后梁”的施工方法所对应的无支架施工方法因其工序多、控制难、施工设备多等原因而不常采用。只有在桥下通航(通车)净空有严格要求的情况下才考虑采用，或者当选择刚拱柔梁结构形式的情况下才宜采用。除此之外，应首先考虑“先梁后拱”的施工方案。

(二)施工中注意的问题

1. 在施工过程中，当拱圈是裸拱状态时，由于还没有安装吊杆，单由裸拱自重所产生的压力线与设计计算中计及吊杆力的拱压力线偏差较远，所以拱内会出现一定量的弯矩值。这可以通过对施工工序作局部调整，以改善裸拱状态下的拱圈受力状态，或者说可以避免额外配置结构在营运状态并不需要的多余的拱肋钢筋。

遇到这种情况，比如异型拱桥就可以在主拱圈落架前，先行在拱顶部位附近安装几根斜吊杆。至于先行安装几根吊杆以及需要张拉多少吨位，则需计算确定。

2. 采用刚性系梁时，要避免桥面板参与系梁的抗拉作用，以免使桥面结构开裂。要避免这种现象，可有如下做法：

(1)在桥面板安装并联好接缝后，即在桥面板和系梁能共同承担结构作用后，再张拉系梁中的预应力。这样，以后桥面板在承受一部分拉力时可由预应力张拉时所产生的压力来抵消，而且其受拉、受压的范围和程度是一致的。但这样做，势必加重系梁支架的负荷，使支架用量增多并且会增加支架下沉量。

(2)把桥面板与系梁在结构上分开，如把桥面板搁支在系梁和横梁上，使系梁中拉力不会再传递到桥面板结构，或者，仍把桥面板设计成与系梁固结，但隔一定距离在桥面板设置一道横通缝，同样能达到桥面板不参与系梁承受拉力。这些措施能达到减轻桥面板负荷的目的，但很大程度削弱了系梁的截面，大大降低了系梁的抗弯能力，并降低了结构刚度。

(3)在桥面板铺设完毕，联结接头浇筑之前，先落系梁支架，使桥面板能参与作用之前，占大部分的系梁拉力先由系梁单独承担，之后再联结桥面板与系梁的接头。其后的桥面铺装恒载和桥上营运荷载只占全部荷载的一小部分，这部分荷载所产生的系梁拉力即使还会传到桥面板结构中去，其数值已是相当有限，对结构不会产生危害了。

第三种方法既考虑了不致削减系梁的截面又不致过多增加桥面板的受力，宜于选用。

3. 调索工序要安排妥当。以异型拱桥为例，比较合适的安排是在桥面板已铺设，但桥面板与系梁接头尚未浇筑和在系梁支架落架之后进行。

4. 在桥面系未完成之前对吊索要安排初张拉。

在张拉时应注意如下各点：

(1)张拉前应将锚头和锚环配对并检查其质量；

(2)穿索和张拉时应注意保护钢索免受损伤；

(3)要有两种以上测量张拉力的手段；

(4)锚环旋紧程度要一致，以免各索受力不均；

(5)张拉应在上、下游两拱肋对称的情况下进行，尽量减少不平衡张拉力。

第四篇　隧道工程

第二十一章　铁路隧道构造

铁路隧道结构由主体建筑物和附属建筑物两部分组成。

隧道的主体建筑物是为了保持隧道的稳定,保证列车的安全运行而修建的,它由洞身衬砌和洞门组成。在洞口容易坍塌或有落石危险时则需要加筑明洞。隧道的附属建筑物是为了养护、维修工作的需要以及供电、通信等方面的要求而修建的,它包括:防排水设施;大小避车洞;电缆槽;长大隧道的通风道和通风机房;根据电讯传输衰耗和通信设计要求而设置的无人增音站洞;在电气化铁路上,当隧道较长或在隧道群地段,为了将接触线和承力索进行锚固而设置的下锚装置;用于存放维修接触网用的绝缘梯车的专门洞室(绝缘梯车洞)等等。隧道内需设置何种附属建筑物,应根据具体情况决定。

第一节　单、双线铁路隧道构造

一、洞身衬砌结构类型

(一)衬砌类型(支护的类型)

隧道开挖后,为了保持围岩的稳定性,一般需要进行支护(衬砌)。支护的方式有:外部支护,即从外部支撑着坑道的围岩(如整体式混凝土衬砌、砌石衬砌、拼装式衬砌、喷射混凝土支护等);内部支护,即对围岩进行加固以提高其稳定性(如锚杆支护、锚喷支护、压入浆液等);混合支护(内部与外部支护混合一起的衬砌)。

1. 整体式混凝土衬砌

它是指就地灌筑混凝土衬砌,也称模筑混凝土衬砌。其工艺流程为:立模——灌筑——养生——拆模。模筑衬砌的特点是:对地质条件的适应性较强,易于按需要成型,整体性好,抗渗性强,并适用于多种施工条件,如可用木模板、钢模板或衬砌台车等。为此,在我国铁路隧道工程中广泛采用。

2. 装配式衬砌

装配式衬砌是将衬砌分成若干块构件,这些构件在现场或工厂预制,然后运到坑道内用机械将它们拼装成一环接着一环的衬砌。这种衬砌的特点是:拼装成环后立即受力,便于机械化施工,改善劳动条件,节省劳力。目前多在使用盾构法施工的城市地下铁道中采用。在铁路隧道中由于装配式衬砌要求有一定的机械化设备,施工工艺复杂,衬砌的整体性及抗渗性差而未能推广使用。

3. 锚喷支护

锚喷支护是目前常用的一种围岩支护手段。采用锚喷支护可充分发挥围岩的自承能力,并有效地利用洞内净空,提高作业安全性和作业效率,并能适应软弱和膨胀性地层中的隧道开挖。还能用于整治坍方和隧道衬砌的裂损。

锚喷支护包括:锚杆支护,喷射混凝土支护,喷射混凝土锚杆联合支护,喷射混凝土钢筋网联合支护,喷射混凝土与锚杆及钢筋网联合支护,喷钢纤维混凝土支护,喷钢纤维混凝土锚杆联合支护,以及上述几种类型加设型钢支撑(或格栅支撑)而成的联合支护等等。

4. 复合式衬砌

复合式衬砌不同于单层厚壁的模筑混凝土衬砌,它把衬砌分成两层或两层以上,可以是同一种型式、方法和材料施作的,也可以是不同型式、方法、时间和材料施作的。目前大都采用内外两层实衬砌。按内外衬的组合情况可分为:锚喷支护与混凝土衬砌;锚喷支护与喷射混凝土衬砌;可缩性钢架(或格栅钢构拱架)喷射混凝土与混凝土衬砌;装配式衬砌与混凝土衬砌等多种组合形式。目前最通用的是外衬为锚喷支护,内衬为整体式混凝土衬砌。

复合式衬砌是先在开挖好的洞壁表面喷射一层早强的混凝土(有时也同时施作锚杆),凝固后形成薄层柔性支护结构(称初期支护)。它既能容许围岩有一定的变形,又能限制围岩产生有害变形。其厚度多在5~20 cm之间。一般待初期支护与围岩变形基本稳定后再施作内衬,通常为就地灌筑混凝土衬砌(称二次衬砌)。为了防止地下水流入或渗入隧道内,可以在外衬和内衬之间设防水层,其材料可采用软聚氯乙烯薄膜、聚异丁烯片、聚乙烯等防水卷材,或用喷涂乳化沥青及“881”等防水剂。

模型试验和理论分析的结果表明:复合式衬砌的极限承载能力比同等厚度的单层模筑混凝土衬砌可提高15%~25%,如能调整好内衬的施作时间,还可以改善结构的受力条件。

关于复合式衬砌内外层结构受力状态,是国内外近年来重点讨论的课题之一。一种看法认为:一般围岩中由于围岩具有自承能力,它与初期支护组合在一起能起到永久建筑物的作用。所以二次衬砌只是用来提高安全度的,另一种看法则认为,二次衬砌的承载作用是主要的,它不仅稳定围岩的变形而且在整个衬砌结构中占有主导地位。还有一种看法认为内、外衬砌是共同承载受力的。

总之,复合式衬砌可以满足初期支护施作及时、刚度小易变形的要求,且与围岩密贴,从而能保护围岩和加固围岩,促进围岩的应力调整,充分发挥围岩的自承作用。二次衬砌完成后,衬砌内表面光滑平整,可以防止外层风化,装饰内壁,增强安全感,是一种较为合理的结构型式,有其广阔的发展前途。

(二)整体式混凝土衬砌结构类型

铁路隧道衬砌断面根据地质及水文地质情况,并考虑施工条件,尽量采用标准设计图。当有较大的偏压、冻胀力、倾斜的滑动推力或施工中出现大量坍方以及七度以上地震区等情况时,则应根据荷载特点进行个别设计。

隧道衬砌按照不同的围岩类别,有直墙式衬砌和曲墙式衬砌两种形式。

1. 直墙式衬砌

这种类型的衬砌适用于地质条件比较好,垂直围岩压力为主而水平围岩压力较小的情况。主要适用于Ⅳ、Ⅴ类围岩,有时也可用于Ⅲ类围岩。衬砌由上部拱圈、两侧竖直边墙和下部铺底三部分组合而成。图21—1为单线非电化铁路隧道衬砌断面标准图的主要尺寸(适用于Ⅳ、Ⅴ类围岩)。拱部内轮廓线系由三心圆曲线组成。

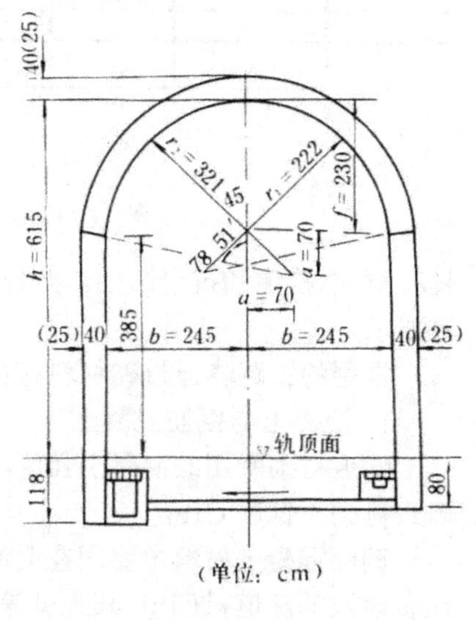

图 21—1

在地质条件较好时，为了节省圬工，直墙式衬砌在构造上采取若干改进措施如：在Ⅴ类围岩中采用大拱脚喷混凝土(或喷砂浆)边墙衬砌，如图 21—2 所示。在Ⅳ、Ⅴ类围岩中采用柱式边墙衬砌或连拱式边墙衬砌(统称为花边墙衬砌)。柱式边墙衬砌是作成一排均匀间隔的立柱，其尺寸一般不宜小于3 m，表面喷 3～5 cm厚的混凝土。柱间间隔不宜大于3 m。连拱墙衬砌则把边墙部分作成连拱形式，如图 21—3 所示(图中括号内尺寸用于Ⅴ类围岩)。

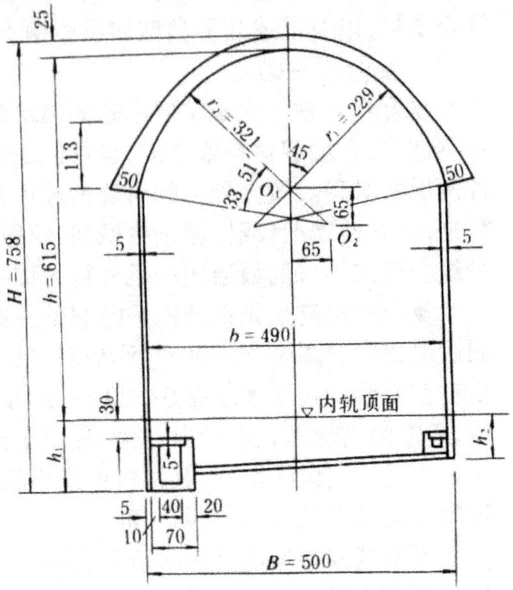

(单位：cm)

图 21—2

2. 曲墙式衬砌

曲墙式衬砌适用于地质较差，有较大水平围岩压力的Ⅲ类及以下的围岩。它由顶部拱圈、侧面曲边墙和底部仰拱(或铺底)组成。除在Ⅲ类围岩无地下水，且基础不产生沉降的情况下可不设仰拱，只做平铺底外，一般均设仰拱，以抵御底部围岩压力和防止衬砌沉降，并使衬砌形成一个环状的封闭整体结构，以提高衬砌的承载能力，图 21—4 为单线非电化铁路隧道衬砌Ⅱ类围岩直线断面曲墙式标准图，其内部轮廓线由五心圆曲线组成。

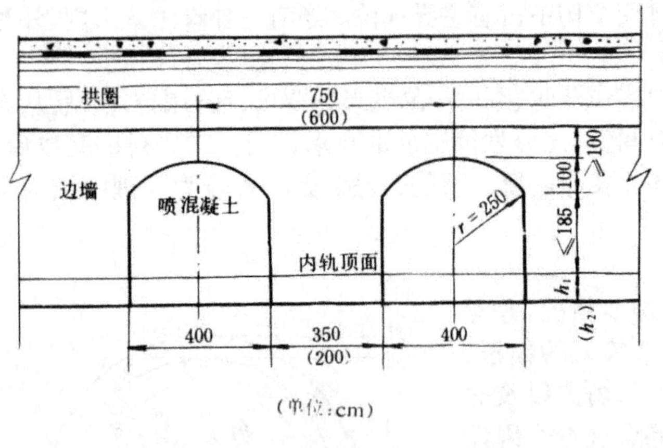

(单位：cm)

图 21—3

双线或三线隧道的洞身衬砌，可采取单孔式，四线隧道可采取双孔式。单孔式衬砌应满足双线或三线隧道衬砌净空要求。双孔式衬砌系有两个双线隧道组成，中间设隔墙，为节省圬工，隔墙上设有孔洞。图 21—5 为贵昆线上某四线铁路隧道的衬砌断面图，其隔墙厚度为 3 m，孔洞宽4 m，高3.6 m，纵向间隔为 2.6 m。

二、衬砌材料

修建隧道衬砌的材料，应具有足够的强度和耐久性，在某些环境中，还必须具有抗冻、抗渗和抗侵蚀性。此外，还应满足就地取材，降低造价，施工方便及易于机械化施工等要求。

常用的铁路隧道衬砌材料有：

1. 混凝土与钢筋混凝土

隧道衬砌所用的混凝土强度等级，对于直墙式衬砌不低于 C13，曲墙式衬砌及Ⅲ类围岩直墙式衬砌不低于 C18。

钢筋混凝土材料主要用在明洞衬砌及地震区、偏压、通过断层破碎带或淤泥、流砂等不良地质地段的隧道衬砌中，其强度等级不低于 C18。在特殊情况下可采用旧钢轨或焊接钢筋骨架进行加强。

2. 片石混凝土

为了节省水泥,在岩层较好地段的边墙衬砌,可采用片石混凝土(片石的掺量不应超过总体积的 20%)。此外,当起拱线以上1 m以外部位有超挖时,其超挖部分也可用片石混凝土进行回墙。选用的石料要坚硬,其抗压强度不应低于30 MPa,严禁使用风化片石,以保证其质量。

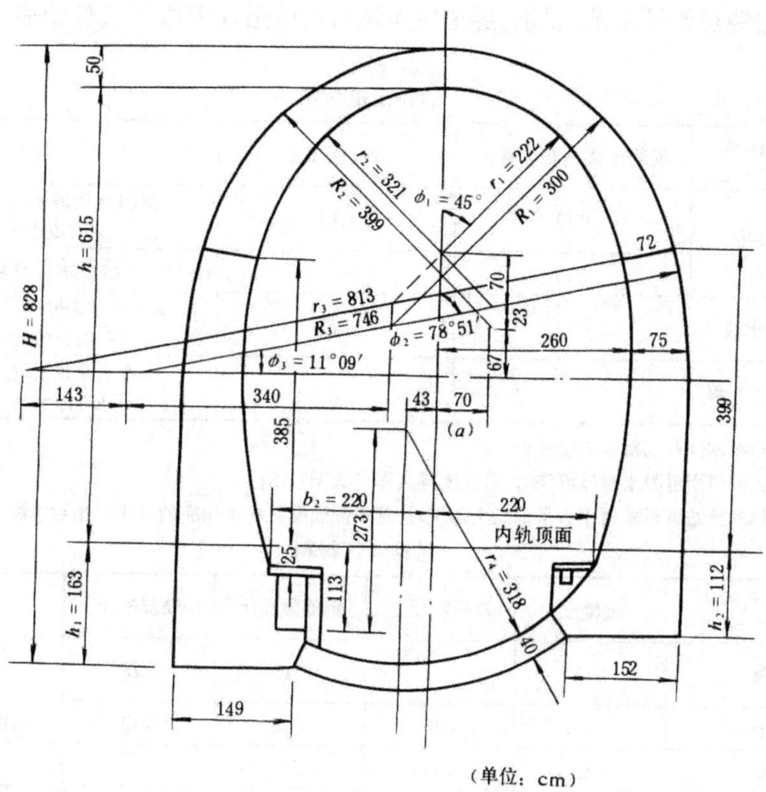

图 21—4

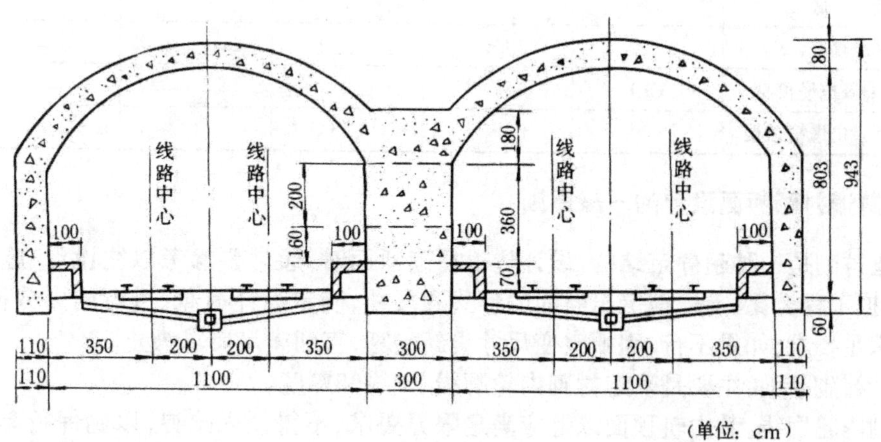

图 21—5

3. 料石或混凝土块

料石或混凝土预制块用强度等级不低于 M10 的水泥砂浆砌筑衬砌。其优点是:能就地取材,大量节约水泥和模板,可保证衬砌厚度并能较早地承受荷载。缺点是:整体性和防水性差,施工进度慢，要求砌筑技术高。

4．喷射混凝土

喷射混凝土材料用在锚喷支护中，混凝土强度等级不低于C28，使用的水泥标号不低于325号，并优先选用普通硅酸盐水泥，细骨料采用坚硬耐久的中砂或粗砂，细度模量宜大于2.5砂的含水率宜控制在5%～7%。粗骨料采用坚硬耐久的卵石或砾石，粒径不应大于15 mm。

按照《铁路隧道设计规范》要求，隧道中建筑材料的强度等级不应低于表21—1及表21—2的规定。

洞门建筑材料　　表21—1

工程部位＼材料种类	混凝土或钢筋混凝土	片石混凝土	砌　　体
端　　墙	C13	C13	M10水泥砂浆砌片石、块石镶面或混凝土预制块镶面
顶　　帽	C13		M10水泥砂浆砌粗料石
翼墙和洞口挡土墙	C13	C13	M7.5水泥砂浆砌片石（严寒地区用M10水泥砂浆砌片石）
侧沟、截水沟　护坡等			M5水泥砂浆砌片石（严寒地区用M7.5水泥砂浆砌片石）

注：①砌体包括石砌体和混凝土块砌体；

②严寒地区洞门用混凝土整体灌筑时，其强度等级不应低于C18；

③片石砌体的胶结材料采用小石子混凝土砌筑时，其最低强度等级及相应的适用范围与水泥砂浆同。

衬砌建筑材料　　表21—2

工程部位＼材料种类	混凝土	片石混凝土	钢筋混凝土	喷混凝土	砌　　体
拱　　圈	C13		C18	C18	M10水泥砂浆砌粗料石或混凝土块
边　　墙	C13	C13	C18	C13	M10水泥砂浆砌片石
仰　　拱	C13	C13	C18		
棚洞盖板			C18		
铺　　底	C8				
仰拱填充	C8	C8			
水沟沟身及电缆槽身	C13				
水沟盖板及电缆槽盖板			C13		

三、隧道衬砌断面设计的一般原则

隧道衬砌是一种超静定结构，设计隧道衬砌断面时，通常要参考以往设计、施工和运营的经验，根据工程类比，首先拟定出断面的形式和尺寸，确定设计荷载，进行内力分析，验算其强度是否满足要求，如果不行，则须改变尺寸重新验算，直到满足要求为止。

设计衬砌断面，主要是确定衬砌内轮廓线、轴线和厚度。

衬砌内轮廓线，其内轨顶面以上应满足限界要求，不得侵入限界，以确保行车安全。轨顶面以下尺寸根据轨道类型确定，力求开挖和衬砌数量为最小。并考虑施工中易于加宽和拱架制作简便等因素。

衬砌断面的轴线应尽量与压力曲线相重合，使衬砌断面承受压应力，以充分发挥衬砌材料的抗压能力。为此，当衬砌承受的垂直压力大于水平压力时，可采用直墙式衬砌；当衬砌承受较大的垂直压力和水平压力时,可采用曲墙式衬砌;当衬砌有沉陷的可能或承受底鼓压力时宜修筑仰拱。

衬砌各截面的厚度随工程及水文地质条件不同而变化。根据以往的经验,单线铁路隧道衬砌拱顶截面的厚度一般为 30～60 cm,双线铁路隧道衬砌拱顶截面厚度为 40～100 cm。衬砌可以是等厚的,也可以将拱脚和边墙较拱顶加厚 20%～50%。仰拱可以改善衬砌整体受力条件,尤其隧道底部地质不良时更是如此。其厚度一般稍小于拱顶的厚度。所确定的各截面厚度尺寸最后应通过内力分析检算决定。

《铁路隧道设计规范》规定,承载的隧道建筑物各部分结构的截面最小厚度不应小于表 21—3 所列的数值,以满足构造上的要求。

截面最小厚度(cm)　　表 21—3

建筑材料种类	隧道和明洞衬砌			洞门端墙、翼墙和洞口挡土墙
	拱圈	边墙	仰拱	
混凝土	20	20	20	30
片石混凝土		50	50	50
浆砌粗料石或混凝土块	30	30		30
浆砌块石		30		30
浆砌片石		50		50

第二节　洞门与明洞

一、洞　　门

(一)洞口位置的选择

隧道位置选定以后,隧道的长度由它的两端洞口位置来确定(即隧道长度为其进出口洞门墙外表面与线路内轨顶面标高线交点之间的距离)。

洞口是隧道进出的咽喉,又是隧道施工中的主要通道。洞口位置选择是否合理,将对隧道的施工工期、造价、运营安全等有很大的影响。所以在隧道线路设计中,洞口位置的选择是一项很重要的工作。

隧道的进出口是隧道建筑物唯一暴露部分,也是整个隧道的薄弱环节,由于洞口所处的地质条件差(多为严重风化的堆积体),覆盖层厚度也较薄,若地形倾斜又易造成浅埋偏压,加之受地表水的冲刷等原因,容易造成山体失稳,产生滑动和坍塌。如洞口位置选择不当,可能招致洞口坍方而无法进洞,或病害整治工程量过大,甚至遗留后患,这在以往的隧道工程中曾有过不少教训。

根据我国多年实践经验,总结出"早进晚出"的原则。即在决定隧道洞口位置时,为了确保施工、运营的安全,宁可早一点进洞,晚一点出洞,这样做,虽然隧道修长了一些,却较安全可靠。当然,并不意味着进洞越早越好,出洞越晚越好,而是应当从安全等多方面比较确定。

理想的洞口位置应选择在地质良好,地势开阔,施工方便的地方,且技术、经济合理,但在实际工程中难以完全满足这些要求,为此,在选择隧道洞口位置时应注意以下几个原则:

1. 洞口不宜设在垭口沟谷的中心或沟底低洼处,不要与水争路。因为,在一般情况下,垭口沟谷在地质构造上是最薄弱的,常会遇到断层带、古坍方、冲积层等松散地质。此外,地表流水都汇集在沟底,再加上洞口路堑开挖,破坏了山体原有的平衡,更容易引起坍方,甚至不能进洞。

2. 洞口应避开不良地质地段,如断层、滑坡、岩堆、岩溶、流砂、泥石流、盐岩、多年冻土、雪崩、冰川等,且要避开地表水汇集处。

3. 不破坏或少破坏地表坡面,当隧道线路通过岩壁陡立、基岩裸露处时,最好不刷动或少刷动原生地表,以保持山体的天然平衡。此时,洞口位置应根据具体情况,采取贴壁进洞;或设置一段明洞(当山坡上有落石、掉块而难以清除时);或修建特殊结构洞门如悬臂式洞门、钢筋混凝土锚杆洞门、洞门桥台联合结构、悬臂式托 盘基础洞门、长腿式洞门等。

4. 处于漫坡地形的隧道,其洞口位置变动范围较大,一般应采取延长隧道的办法,以解决路堑弃土及排水的困难,如工期允许可根据"土方调配"来确定隧道洞口位置。

5. 洞口线路宜与等高线正交,使隧道正面进入山体,洞口结构物不致受到偏侧压力。对于傍山隧道因限于地形,有时无法与等高线正交,只能斜交进洞时,其交角不应太小(不小于45°),并根据具体情况,采取斜交洞门、台阶式正交洞门或修建一段明洞。

6. 当线路位于有可能被淹没的河滩或水库回水影响范围以内时,隧道洞口标高应高出洪水位加波浪高度,以防洪水灌入隧道。

7. 为了确保洞口的稳定和安全,边坡及仰坡均不宜开挖过高。过去,从单纯的经济观点出发,把隧道洞口位置选定在所谓隧道与明堑的等价点上,即开挖每米明堑的造价与每米隧道的施工与运营换算造价相等时的隧道"经济洞口"位置上。此时,往往隧道定得偏短,明堑挖得过深,边、仰坡也很高。这样不仅施工时容易发生坍方,行车后边坡也常滚石掉块,危及行车安全,最后不得不再修建明洞接长隧道,不但增加了投资,还对施工和运营造成后患,教训十分深刻。例如,宝天段隧道共123座,修建明洞接长隧道的59座,占隧道总数的48%;天兰段隧道共43座,修建明洞接长隧道的18座,占隧道总数的42%;川黔线隧道66座,修建明洞接长隧道的27座,占隧道总数的41%。所以,应根据开挖控制高度及坡度(参考表21—4)来决定洞口位置。

隧道洞口边仰坡的允许开挖高度及坡率 表21—4

围岩分类		边仰坡坡率	边仰坡开挖最大高度(m)	说　明
Ⅵ		≤0.3	20	1. 边仰坡开挖最大高度,指洞口的垂直等高线的控制断面 2. 软岩坡面宜加设防护 3. 本表未考虑地下水对坡面稳定的影响因素 4. 本表不包括其它特种土类
Ⅴ	硬　岩	1:0.3～1:0.5	18～20	
	软　岩	1:0.5～1:0.75	16～18	
Ⅳ	硬　岩	1:0.5～1:0.75	16	
	软　岩	1:0.75～1:1	14～16	
Ⅲ	硬　岩	1:0.75～1:1	12～14	
	软　岩	1:1～1:1.25	12	
	土　质	1:1～1:1.25	10～12	
Ⅱ		1:1.25～1:1.5	10	
Ⅰ		<1:1.5	<10	

8. 当洞口附近遇有水沟或水渠横跨线路时,可设置拉槽开沟的桥梁或涵洞,排泄水流,如水量较大,上述方法仍不能满足要求时,应修建明洞接长隧道,把水流引到洞顶水沟中排走。

9. 当洞口地势开阔有利于施工场地布置时,可利用弃碴有计划有目的地改造洞口场地,以便布置运输便道,材料堆放场,生产设施用地及生产、生活用房等。另外,在桥隧相连时,应注意防止因弃碴乱堆,堵塞桥孔或推坏桥梁墩台建筑物的情况。

总之,隧道洞口位置的选择,应根据地形、地质条件,考虑边坡、仰坡的稳定,结合洞外有关工程及施工难易程度,本着"早进晚出"的指导思想,全面综合地分析确定。

(二)洞门的作用

洞门的作用有以下几个方面：

1. 减少洞口土石方开挖量。洞口段范围内的路堑是根据地质条件以一定的边坡开挖的，当隧道埋置较深时，开挖量较大，设置隧道洞门可以起到挡土墙的作用，减少土石方开挖量。

2. 稳定边、仰坡。修建洞门可减小引线路堑的边坡高度，缩小正面仰坡的坡面长度，使边坡及仰坡得以稳定。

3. 引离地表水流。地表水流往往汇集在洞口，如不排除，将会浸害线路，妨碍行车安全。修建洞门可以把水流引入侧沟排走，确保运营安全。

4. 装饰洞口。洞口是隧道唯一外露部分，是隧道的正面外观。修建洞门可起装饰作用，特别在城市附近、风景区及旅游区内的隧道更应配合当地的环境，给予艺术处理进行美化。

(三)洞门的形式(类型)

洞门类型根据地形、地质，并结合衬砌类型及工作特点，可分为一般隧道门、明洞门、棚洞门和特殊洞门，如表 21—5 所示。

表 21—5

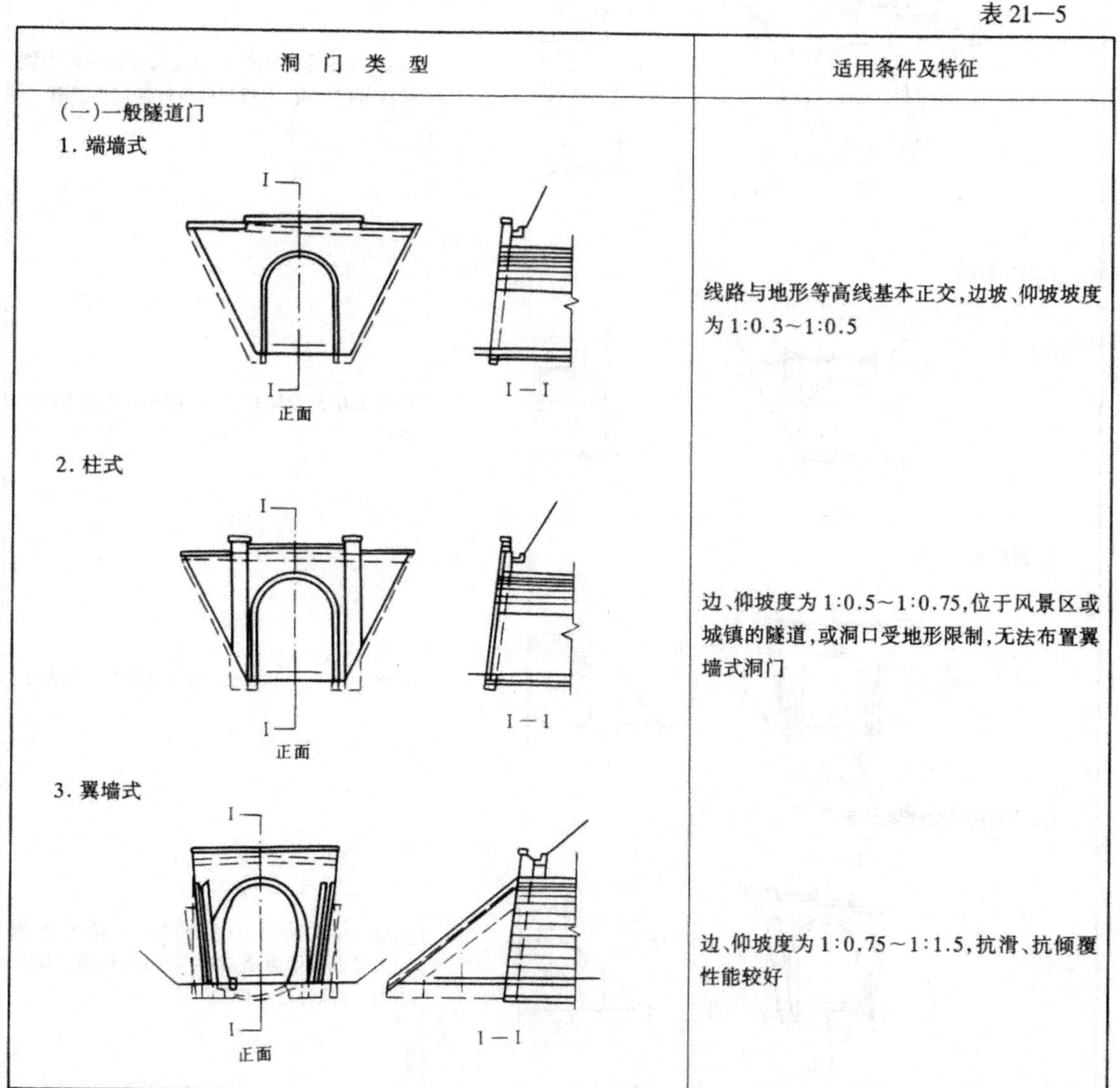

洞　门　类　型	适用条件及特征
(一)一般隧道门	
1. 端墙式 I　I　I—I　正面	线路与地形等高线基本正交，边坡、仰坡坡度为 1:0.3～1:0.5
2. 柱式 I　I　I—I　正面	边、仰坡度为 1:0.5～1:0.75，位于风景区或城镇的隧道，或洞口受地形限制，无法布置翼墙式洞门
3. 翼墙式 I　I　I—I　正面	边、仰坡度为 1:0.75～1:1.5，抗滑、抗倾覆性能较好

续上表

洞　门　类　型	适用条件及特征
4. 带耳墙翼墙式 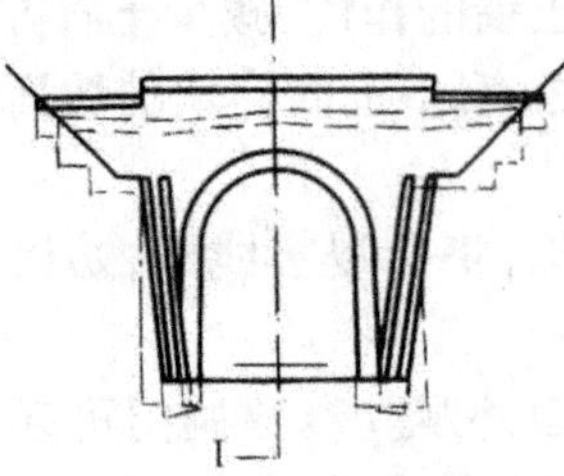 I I 正面 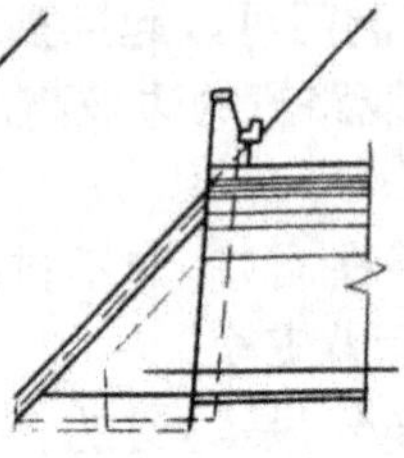　　I—I	边、仰坡度为1:0.75～1:1.5,具有翼墙式特点,并能拦截仰坡径流及风化剥落体
5. 台阶式 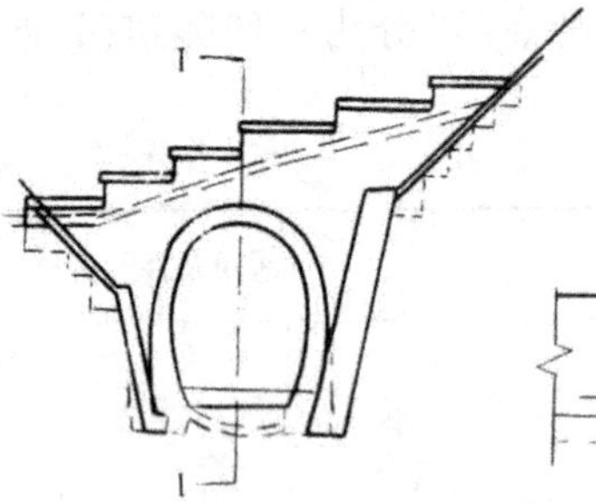 I I 正面 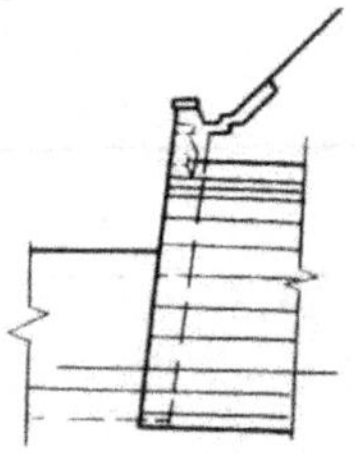　　I—I	边、仰坡度为1:0.5～1:1.25,可减少靠山侧仰坡开挖高度,一般与偏压衬砌配合使用
(二)明洞门 1. 柱式 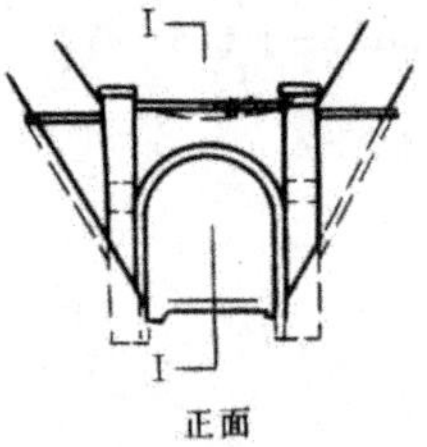 I I 正面 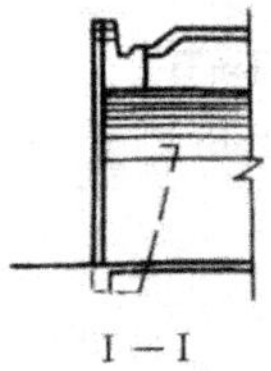　　I—I	边坡1:0.5,路堑较对称,且有横向排水地形条件
2. 翼墙式 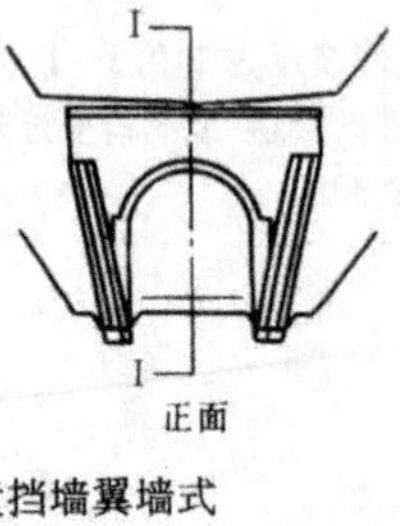 I I 正面 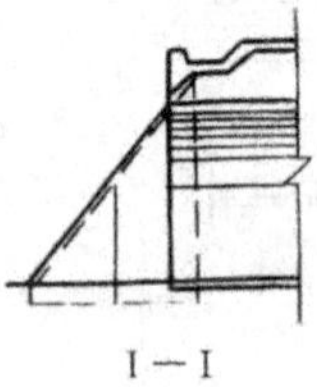　　I—I	边坡1:0.75～1:1.25,对称及较对称的路堑
3. 不对称路堑挡墙翼墙式 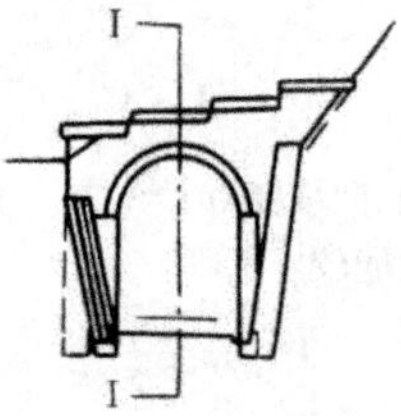 I I 正面 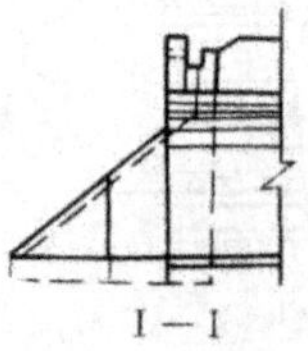　　I—I	边坡为1:0.5～1:1.25的不对称路堑,外侧边坡较低采用翼墙,靠山侧边坡较高采用挡土墙,以降低边坡高度

续上表

洞门类型	适用条件及特征
4. 半路堑挡墙翼墙式 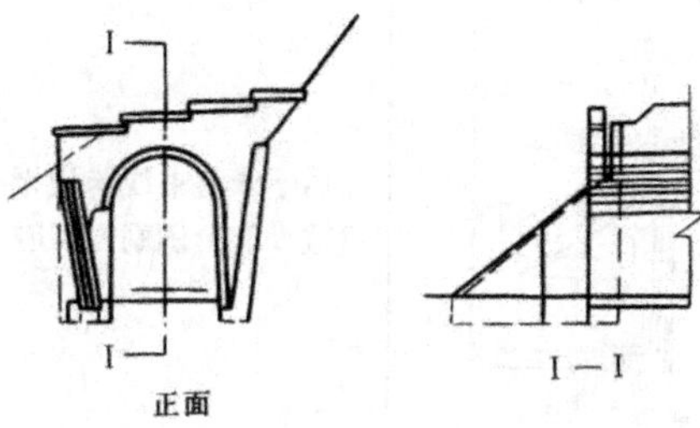 正面	边坡为1:0.5～1:1.25的半路堑,外侧地形宽敞,靠山侧边坡较高采用挡土墙,外侧采用翼墙,防止填土锥体侵入路基
5. 单侧挡墙式 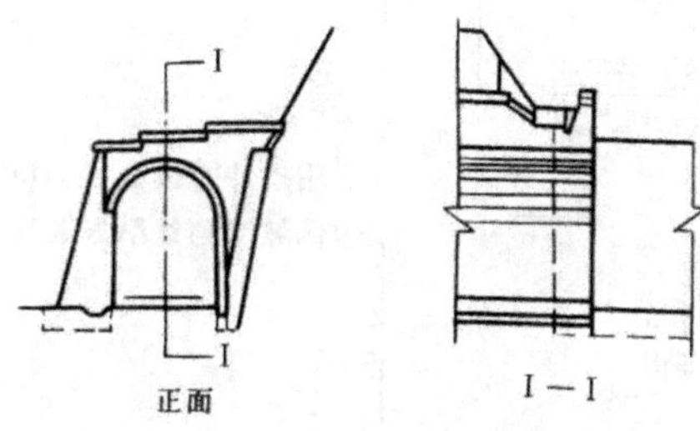 正面	边坡为1:0.5～1:1.25的半路堑,外侧地形狭窄,为减少靠山侧边坡高度设置挡土墙
(三)棚洞门 1. 梁式棚洞门 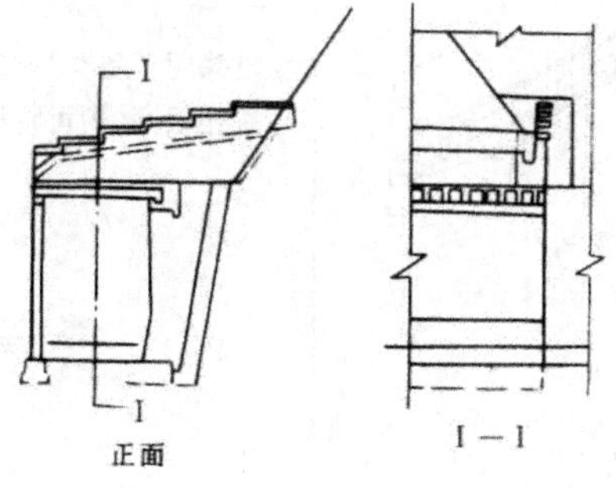 正面	用于边坡有少量坍方落石病害的半路堑,外侧地形狭窄或内外墙基软硬差别较大,不宜修建明洞的地段
2. 悬臂棚洞门 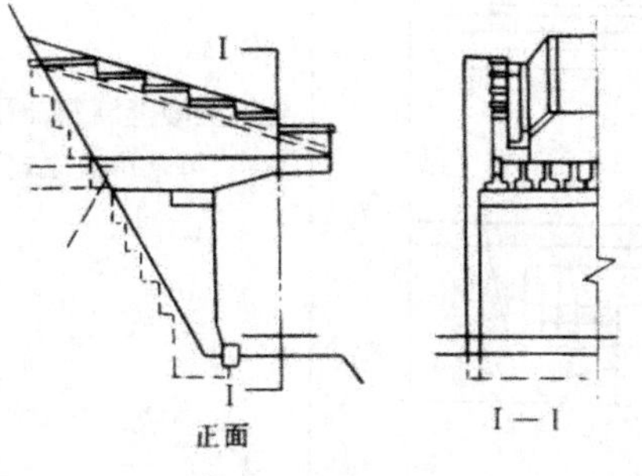 正面	适用于半路堑,坡面有少量落石,外侧难以设置基础的地段

续上表

洞 门 类 型	适用条件及特征
(四)特殊洞门 1. 斜交式 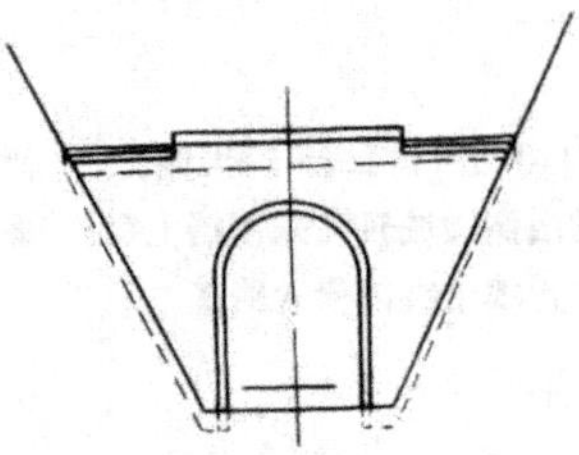 正面 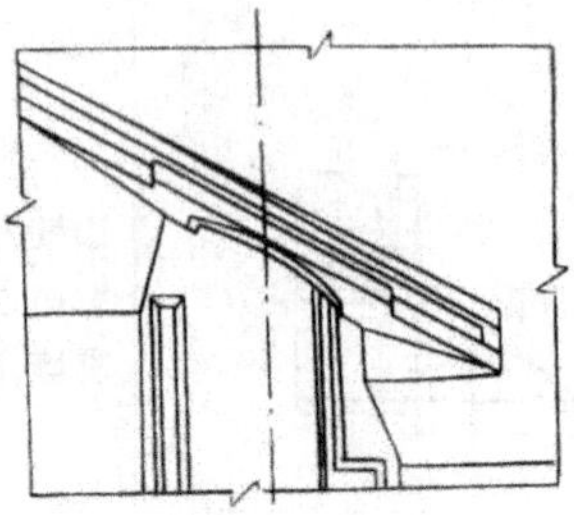 平面	适用于线路中线与地形等高线斜交的地形，可减少靠山侧刷方高度及隧道长度
2. 半斜交半正交 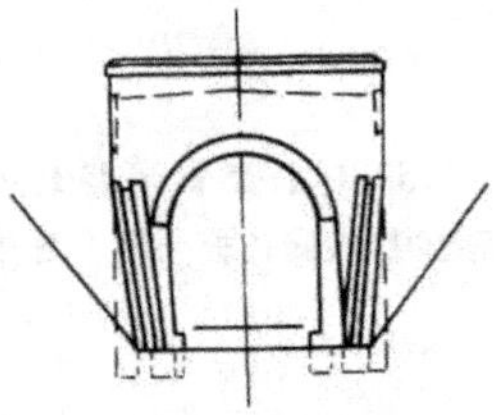 正面 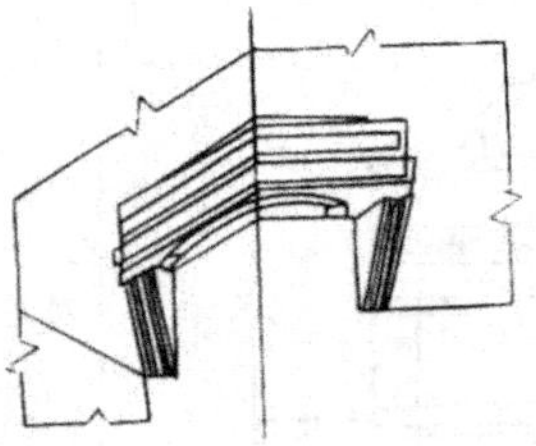 平面	适用条件同斜交式，其优点是可以避免一侧边仰坡交角处刷方太高
3. 斜交台阶式 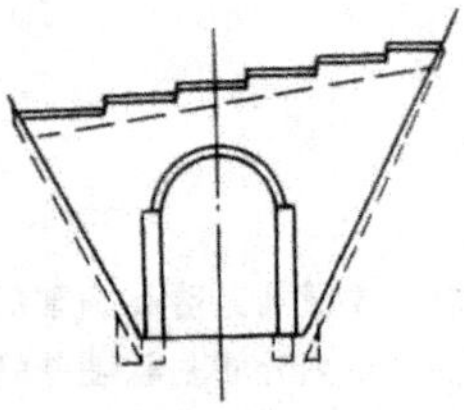 正面 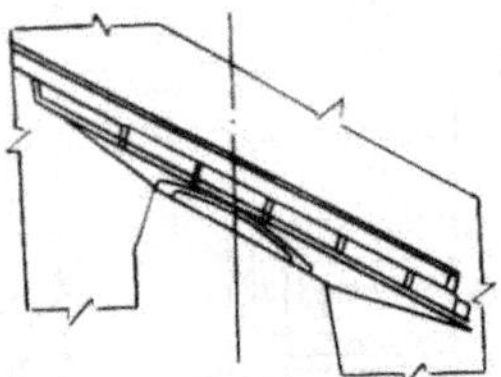 平面	在已采用了斜交洞门的情况下，靠山侧仰坡开挖还很高，则可将洞门端墙设置成台阶式
4. 钢筋混凝土基础悬臂式 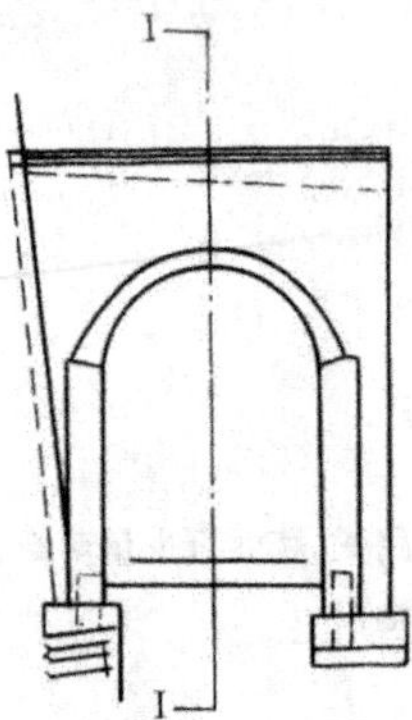 正面 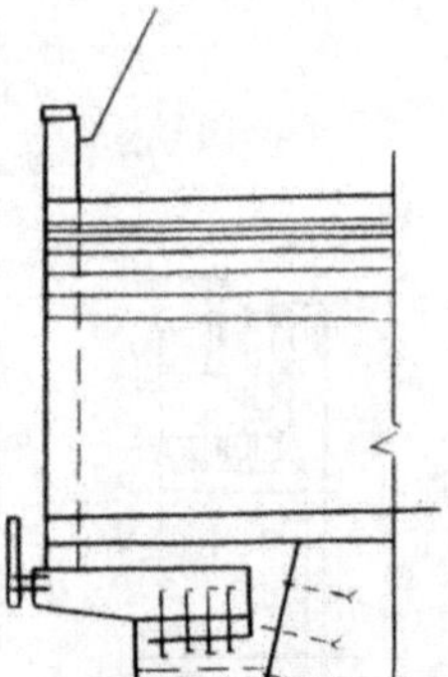 Ⅰ—Ⅰ	地形陡峻至倒悬，洞门墙及洞口段衬砌基础悬空，可采用直立式墙，钢筋混凝土悬臂基础

续上表

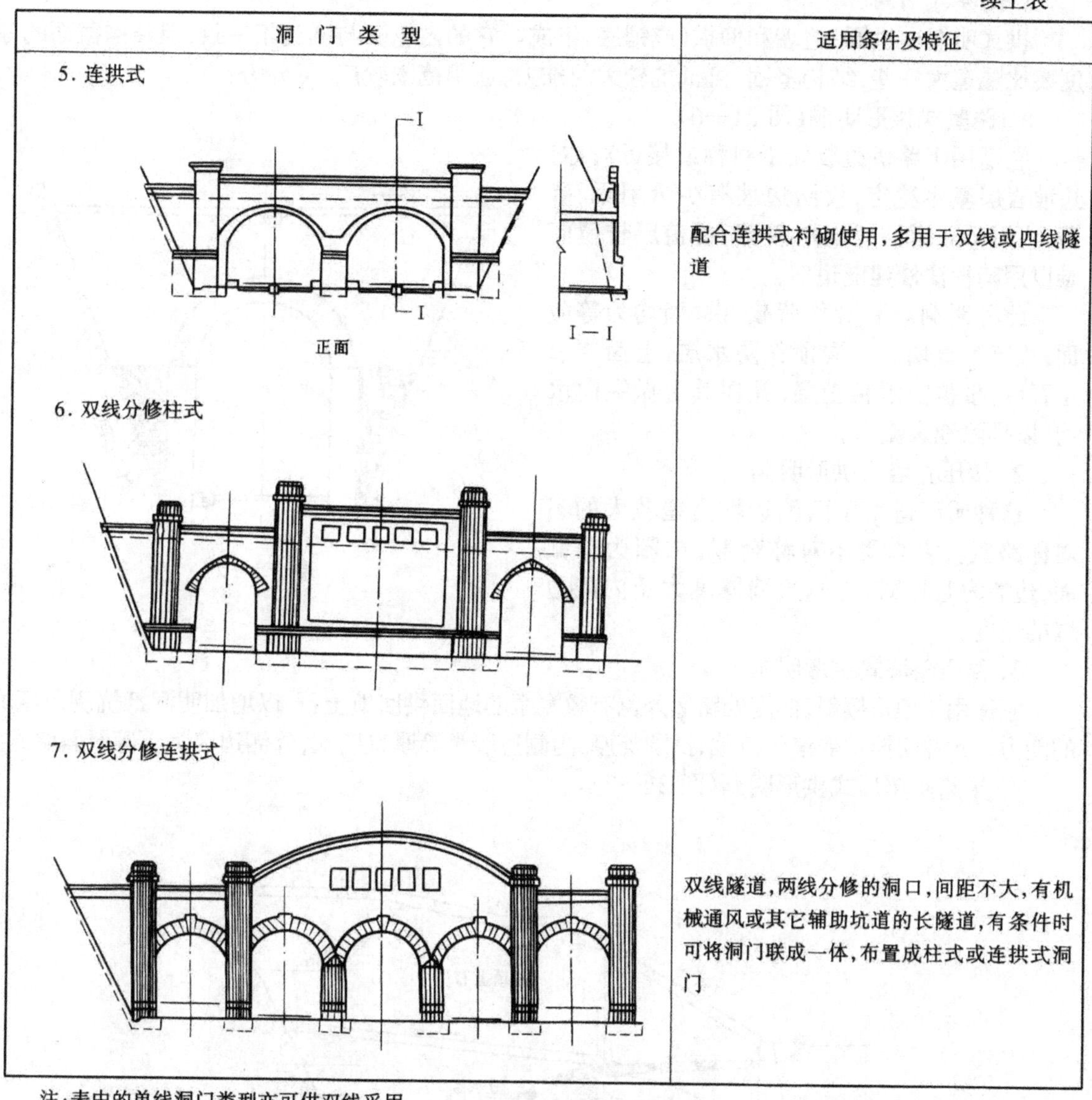

洞 门 类 型	适用条件及特征
5. 连拱式	配合连拱式衬砌使用，多用于双线或四线隧道
6. 双线分修柱式	
7. 双线分修连拱式	双线隧道，两线分修的洞口，间距不大，有机械通风或其它辅助坑道的长隧道，有条件时可将洞门联成一体，布置成柱式或连拱式洞门

注：表中的单线洞门类型亦可供双线采用。

由表21—5可知，洞门的形式较多，选择洞门形式应根据洞口的地形、地质条件、隧道长度和所处的位置等而定，特别要注意洞口施工后地形改变的特点而切勿硬套定型设计图，使所选择的洞门不能发挥它应有的作用。

二、明　　洞

用明挖法修建的隧道称为明洞。

明洞一般修筑在隧道的进出口处，当遇到地质差且洞顶覆盖层较薄，用暗挖法难以进洞时，或洞口路堑边坡上有落石而危及行车安全时，或铁路、公路、河渠必须在铁路上方通过，且不宜做立交桥或涵渠时，均需要修建明洞。它是隧道洞口或线路上起防护作用的重要建筑物，在铁路线上使用得较多。

明洞的结构类型常因地形、地质和危害程度的不同，有多种形式，采用最多的为拱式明洞和棚式明洞两种。

(一)拱式明洞

拱式明洞由拱圈、边墙和仰拱(或铺底)组成。它的内轮廓与隧道相一致,但结构截面的厚度要比隧道大一些,结构坚固,可抵抗较大的推力,适用范围较广,可分为:

1．路堑式拱形明洞(图 21—6)

它适用于路堑边坡处于对称或接近对称,边坡岩层基本稳定,仅防边坡有少量坍塌、落石,或用于隧道洞口岩层破碎,覆盖层较薄而难以用暗挖法修建隧道时。

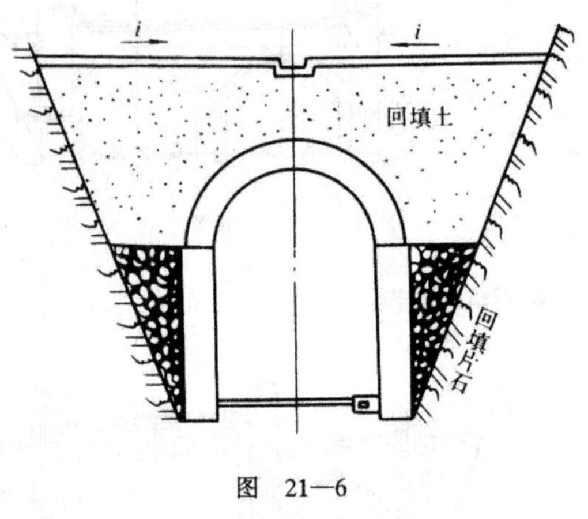

图 21—6

此种明洞承受对称荷载,拱、墙均为等截面,边墙为直墙式。洞顶作防水层,上面夯填土石后,覆盖防水粘土层,并在其上做纵向水沟,以排除地表流水。

2．偏压直墙式拱形明洞

这种明洞适用于两侧边坡高差较大的不对称路堑。它承受不对称荷载,拱圈为等截面,边墙为直墙式,外侧边墙厚度大于内侧边墙的厚度。

3．偏压斜墙式拱形明洞

它适用于地形倾斜,低侧处路堑外侧有较宽敞的地面供回填土石,以增加明洞抵抗侧向压力的能力。此种明洞承受偏压荷载,拱圈等厚,内侧边墙为等厚直墙式,外侧边墙为不等厚斜墙式。

4．半路堑单压式拱形明洞(图 21—7)。

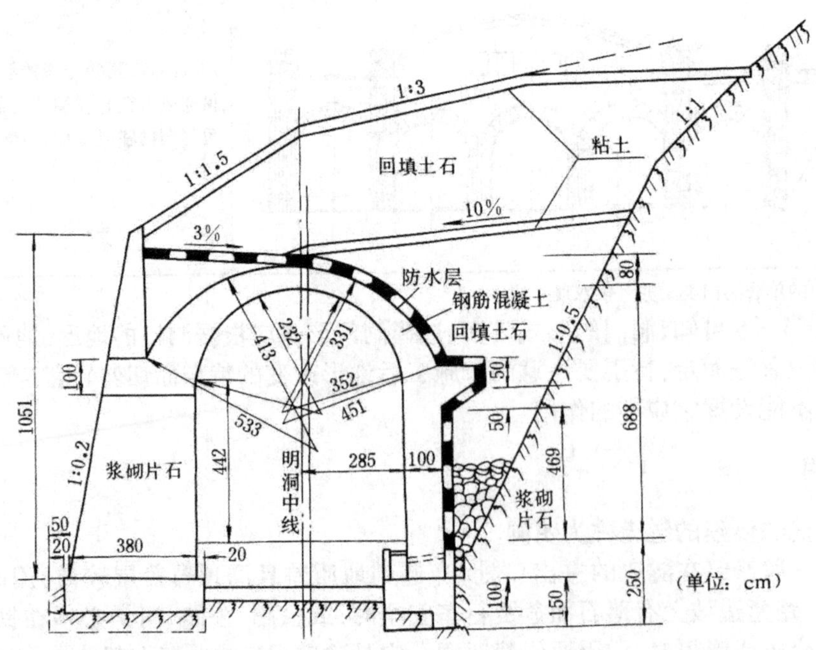

图 21—7

它适用于傍山隧道洞口或傍山线路上半路堑地段。因外侧地形狭小,地面陡峻,无法回填土石,以平衡内侧压力。

此种明洞荷载不对称，承受偏侧压力，拱圈为等截面(有时也可能采用变截面)，内侧边墙为等厚直墙，外侧边墙为设有耳墙的不等厚斜墙。由于外墙尺寸较大，为了节省圬工，可做成连拱墙式。另外，特别要注意处理好外墙基础，以防因外墙下沉而使结构开裂。

(二)棚式明洞(简称棚洞)

当山坡的坍方、落石数量较少，山体侧向压力不大，或因受地质、地形限制，难以修建拱式明洞时可采用棚式明洞。

棚式明洞常见的结构形式有盖板式、刚架式和悬臂式三种。

1. 盖板式明洞(图 21—8)

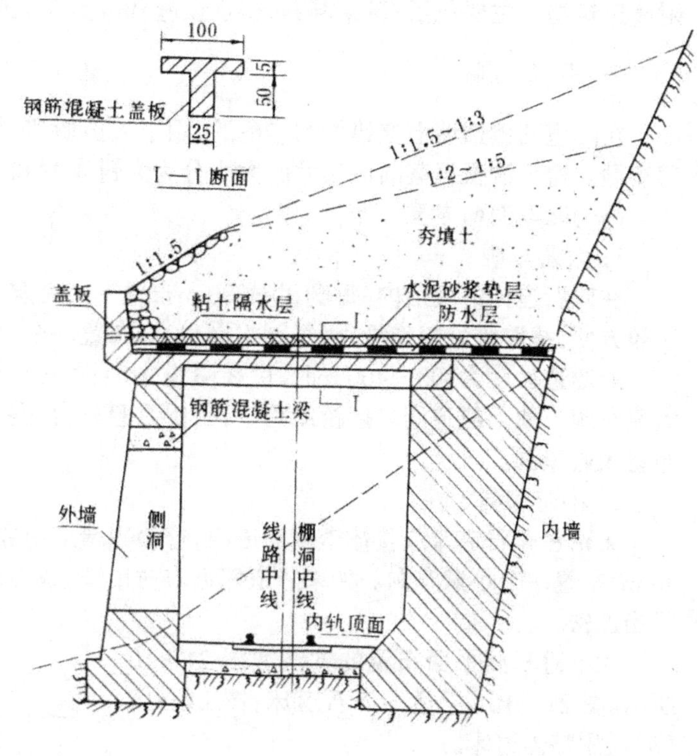

图 21—8

它由内墙、外墙及钢筋混凝土盖板组成简支结构，其上回填土石，以保护盖板受山体落石的冲击。这种明洞的内侧应置于基岩或稳定的地基上，一般为重力式墩台结构，厚度较大，以抵抗山体的侧向压力。当基岩层完整，坡面较陡，地面水不大，采用重力式内墙开挖量较大时，可采用钢筋混凝土锚杆式内墙。外墙只承受由盖板传来的垂直压力，厚度较薄，要求的地基承载力较小。外墙也可做成梁式(即中间留有侧洞)以适应地形和节省圬工。

2. 刚架式明洞

当地形狭窄，山坡陡峻，基岩埋置较深而上部地基稳定性差时，为了使基础置于基岩上且减小基础工程，可采用刚架式外墙，此时称明洞为刚架式明洞(有时也可采用长腿式明洞)。

该明洞主要由外侧刚架、内侧重力式墩台结构、横顶梁、底横撑及钢筋混凝土盖板组成。并做防水层及回填土石处理。

3. 悬臂式棚洞(图 21—9)

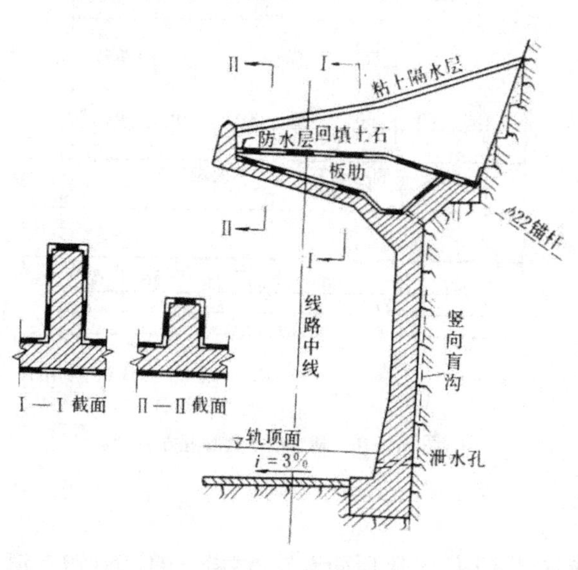

图 21—9

对稳定而陡峻的山坡，外侧地形难以满足一般棚洞的地基要求，且落石不太严重的情况，可修建悬臂式棚洞。它的内墙为重力式，上端接筑悬臂式横梁，其上铺以盖板，在盖板的内端设平衡重来维持结构受外荷载作用下的稳定性。同时为了保证棚洞的稳定性，要求悬臂必须伸入稳定的基岩内。

第三节　隧道附属建筑物

为了使隧道正常使用，保证列车安全运营，铁路隧道除修筑主体建筑物外，还要修建一些附属建筑物。主要包括：避车洞、防排水设施和电力及通讯信号的安放设备等。

一、避 车 洞

在隧道两侧边墙上交错均匀修建的、用于人员躲避、放置线路维修车辆、料具等的洞室叫避车洞。避车洞根据其断面尺寸的大小分为大避车洞和小避车洞两种。

(一)避车洞的布置

1. 大避车洞

在碎石道床的隧道内，每侧相隔300 m布置一个大避车洞，在整体道床的隧道内，因人员躲避较方便，线路维修工作量小，每侧相隔420 m布置一个大避车洞。

当隧道长度为300～400 m时，可在隧道中间设一个大避车洞，长度小于300 m时，可不设大避车洞。如果隧道洞口接桥或路堑，当桥无避车台、路堑侧沟无平台时，应与隧道一并考虑布置大避车洞。

2. 小避车洞

无论在碎石道床或整体道床隧道内，每侧边墙上应在大避车洞之间间隔60 m(双线隧道按30 m)布置一个小避车洞。如果隧道邻近农村市镇，或曲线半径较小，视距较短时，小避车洞可适当加密。

大小避车洞平面布置的方法如图 21—10 所示。图 21—10(a)适用碎石道床，图 21—10(b)适用整体道床。

避车洞不得设于衬砌断面变化处或沉降缝处。工作缝、伸缩缝应避开避车洞。

3. 避车洞底部标高

当避车洞位于直线上且隧道内有人行道时，避车洞底面应与人行道顶面齐平，无人行道时，避车洞的底面应与道碴顶面(或侧沟盖板顶面)齐平；隧道内采用整体道床时，应与道床面齐平。

当避车洞位于曲线上时，因受曲线外轨超高的影响，碎石道床隧道内，在各种不同的超高值 E 时，线路内侧和外侧轨枕端头道床面(即避车洞底面)低于内轨顶面的高度分别为 h_1 和 h_2，如图 21—11 所示，其值为：

内侧：$h_1 = 25 + 0.33E$　(cm)

外侧：$h_2 = 25 - 1.33E$　(cm)

式中　E——曲线外轨超高值(cm)。

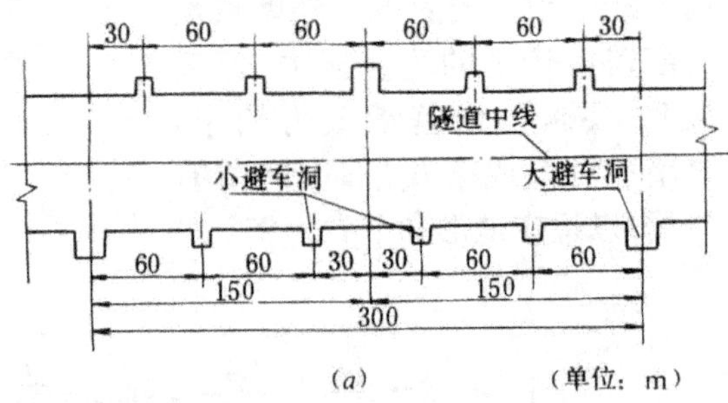

(a)　(单位：m)

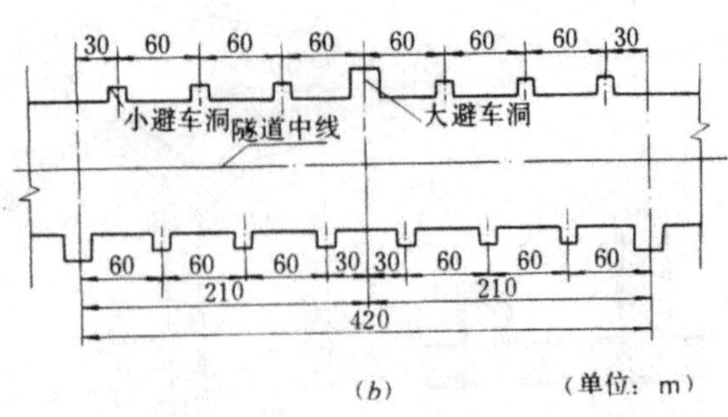

(b)　(单位：m)

图 21—10　避车洞平面布置方法

25 cm为隧道内线路采用钢筋混凝土轨枕未加超高时，内轨顶面至轨枕端头道床面(避车洞底面)的高度。当线路为整体道床时,应根据钢轨、扣件的类型,道床结构形式、尺寸等另行确定。

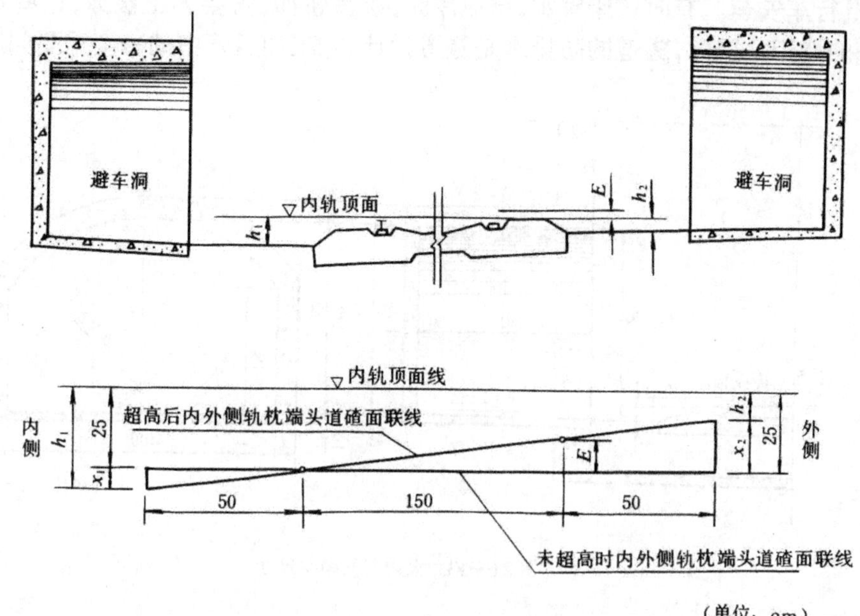

图 21—11 曲线隧道避车洞底部标高确定

为了使避车洞的位置明显,应将洞内全部及洞周边30 cm宽粉刷成白色,在洞的两侧各10 m处的边墙上标一白色箭头指向避车洞,在洞顶上方中央应设一照明灯,如图 21—12 所示。

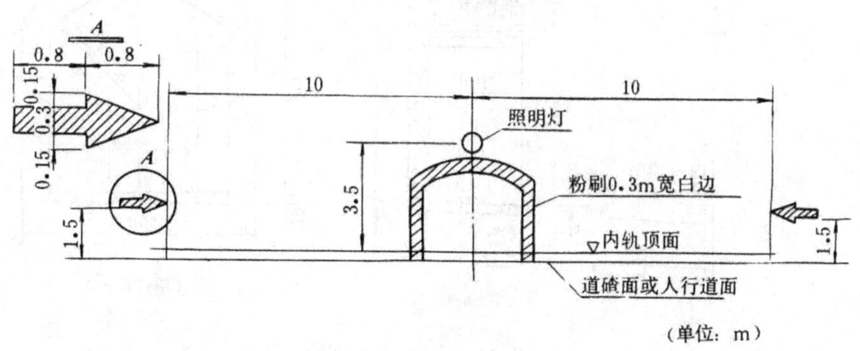

图 21—12 避车洞显眼标志设置

(二)避车洞的净空尺寸及衬砌类型

1. 避车洞尺寸

大避车洞的净空尺寸为4.0 m(宽)×2.5 m(深)×2.8 m(中心高),如图 21—13。

小避车洞的净空尺寸为2.0 m(宽)×1.0 m(深)×2.2 m(中心高),如图 21—14。

2. 避车洞衬砌类型

避车洞衬砌类型应和隧道衬砌类型相适应。

二、防排水设施

保持隧道干燥是使其能够正常运营、延长使用寿命的主要条件之一。隧道内经常有一些地下水渗漏进来,洞内维修工作也会带来一些废水,保持不了干燥。隧道潮湿,洞内钢轨及扣件易于锈蚀,木枕易于腐烂,从而降低了设备的使用寿命。隧道漏水还容易引起漏电事故和造成金属的电蚀现象。在严寒地区，冬季渗入洞内的水结成冰凌，倒挂在衬砌拱顶上，侵入净空限界，危及行车安全。有时道床冒水，结成冰膜，遮盖轨面，需要人工破冰，这些都增加了隧道维修养护的费用。因此，隧道的防排水是隧道设计、施工和运营中的一个重要问题。

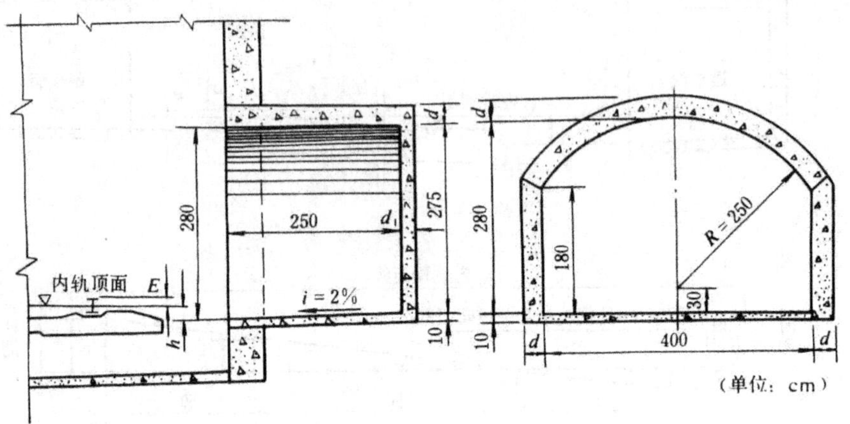

图 21—13　大避车洞净空尺寸

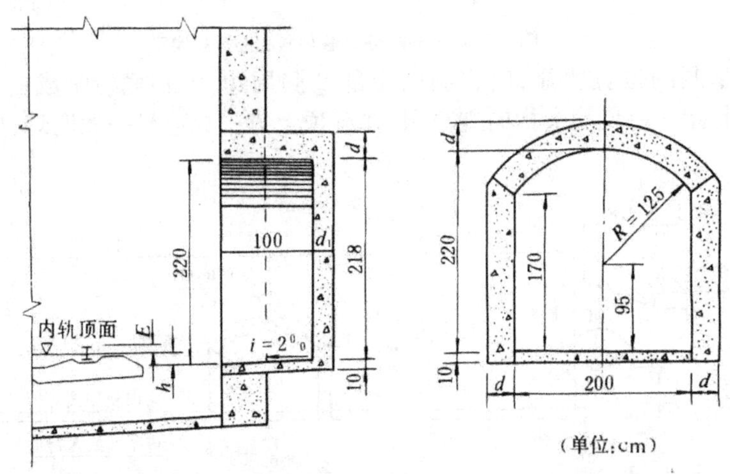

图 21—14　小避车洞净空尺寸

我国隧道工作者通过理论和实践经验的总结，提出了"以排水为主，截、堵、排相结合"的综合治水方法。

（一）截——是指截断地表水和地下水流入隧道的通路。为了防止地表水渗入地层内，主要采取以下措施：

1. 在洞口仰坡外缘5 m以外，设置天沟，并加以铺砌。当岩石外露，地面坡度较陡时可不设天沟。仰坡上可种植草皮、喷抹灰浆或加以铺砌。

2. 对洞顶天然沟槽加以整治，使山洪渲泄畅通。

3. 对洞顶地表的陷穴、深坑加以回填，对裂缝进行堵塞。处理隧道地表水时，要有全局观点，不应妨碍当地农田水利规划，做到因地制宜，一改多利，各方满意。

（二）堵——是指衬砌防水，即堵住地下水从衬砌背后渗入隧道内。其办法是在衬砌外围、衬砌中间或在其内表面设置防水层，或进行压浆。

1．防水层。防水层种类很多，大致可归纳为两类。一类为粘贴式防水层，如用沥青将油毡（或麻布）粘贴在衬砌的外表面（适用于明挖修建的地下工程），复合式衬砌在初期支护与二次模筑衬砌之间可粘贴软聚氯乙烯薄膜、聚异丁烯片、聚乙烯片等防水卷材。另一类为喷涂式防水层，如“881”涂膜防水胶、阳离子乳化沥青等防水剂。

2．压浆。向衬砌背后压注水泥砂浆，用以充填衬砌与围岩之间的空隙，以堵住地下水的通路，并使衬砌与围岩形成整体，改善衬砌受力条件。采用压浆分段堵水，使地下水集中在一处或几处后再引入隧道内排出，此法可收到良好的防水效果。

（三）排——是将地下水排入隧道内，再经由洞内水沟排走。“以排为主”就是给地下水以排的出路，但不是只排不堵，而是为了“排”就必须“截”、“堵”。所以，必须在排的基础上，采取排、截、堵的综合治理方法。

隧道内设置的排水建筑物有：

1．排水沟。除了长度在100 m以下，且常年干燥无水的隧道以外，一般的隧道都应设置排水沟，使渗漏到洞内的和从道床涌出的地下水，沿着带有流水坡的排水沟，顺着线路方向引出洞外。排水沟的断面按排水量计算确定，但一般沟底宽不应小于40 cm，沟深不应小于35 cm。沟底纵坡宜与线路纵坡相一致，特殊情况下，其纵坡不小于1‰。同时，道床底面的横坡不应小于2‰。水沟上面应设有预制的钢筋混凝土盖板，其顶面应与避车洞底面齐平。排水沟在一定长度上应设检查井，以便随时清理残碴。

排水沟有两种形式：一种是侧式水沟，如图21—15所示。这种形式的水沟设在线路的两侧或一侧，视水流量大小而定。当为一侧时，应设在来水的一侧；如为曲线隧道，则应设在曲线内侧。双侧水沟隔一定距离应设一横向联络沟，以平衡不均匀的水流量。另一种是中心式水沟，如图21—16所示。隧道采用整体式道床时，水沟设在线路中线的下方，或设在双线隧道两线路之间。

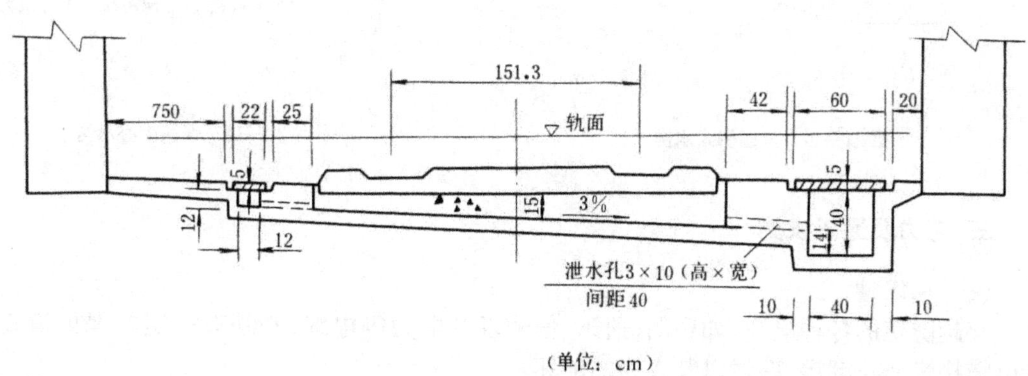

图21—15　侧式水沟

在严寒地区，为了不使流水冻结而堵死水沟，应采取防寒措施。一般可修筑浅埋保温水沟，即将水沟沟身加深，用轻质混凝土做成上、下两层，各自设钢筋混凝土盖板。两层盖板之间用保温材料填充密实，其厚度不小于70 cm，如图21—17所示。但当浅埋保温水沟不足以防止冻害时，可设置中心深埋渗水沟，如图21—18所示，即利用地温本身的作用，达到保温防冻害之目的。当隧道内冻结深度较深，用明挖法会影响边墙稳定时，可采用暗挖法修筑泄水洞。

2．盲沟。在衬砌背后，用片石或埋管设置环向或竖向盲沟，以汇集衬砌周围的地下水，并通过盲沟底部泄水孔（或预埋管）引入隧道侧沟排出。

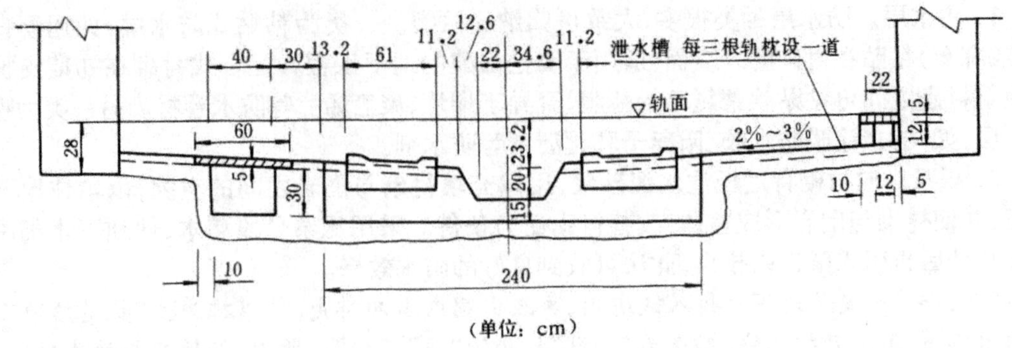

（单位：cm）

图 21—16　中心式水沟

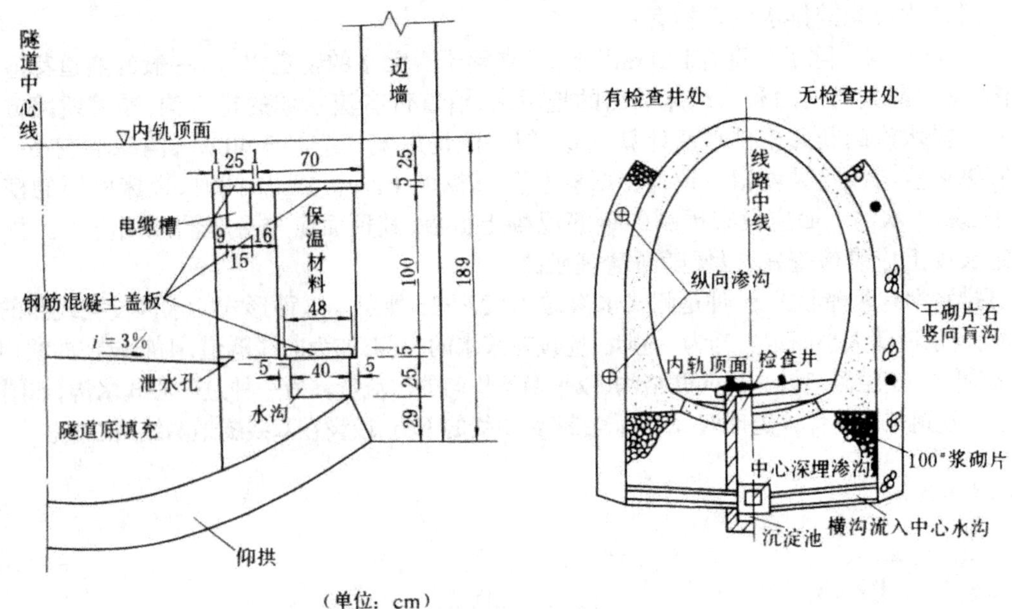

（单位：cm）

图 21—17　保温侧式水沟

图 21—18　保温中心水沟

三、电力及通讯设施

（一）电缆槽

穿越隧道的各种电缆，如照明、通讯、信号以及电力等电缆，必须有一定的保护措施，即设置电缆槽来防止潮湿、腐烂以及人为的破坏。

电缆槽用混凝土浇筑，可与水沟同侧并与水沟并行，或设置在水沟的异侧。槽内铺以细砂做垫层，低压电缆可直接放在垫层面上，高压电缆则吊在槽边预埋的托架上。槽顶设有盖板防护。盖板顶面应与避车洞底面或道床顶面齐平。当电缆槽与水沟同侧并行时，应与水沟盖板齐平。通信、信号电缆可设在一个电缆槽内，也可以分设。但通信、信号电缆必须和电力电缆分槽设置。

电缆槽在转折处，应以不小于1.2 m的半径曲线联接，以免电缆弯曲而折断。

隧道长度大于500 m时，需在设有电缆槽的同侧大避车洞内设置余长电缆槽；隧道长度在500～1 000 m时，需在隧道中间设置一处；1 000 m以上的隧道则每隔500 m增设一处。

(二)信号继电器箱和无人增音站洞

隧道内如需设置信号继电器时，则应在电缆槽同侧设置信号继电器箱洞，其宽度为2 m，深度为2 m，中心宽度为2.2 m。

根据电讯传输衰耗和通讯设计要求，在隧道内设置无人增音站时，其位置可根据通信要求确定，亦可与大避车洞结合使用，如不能结合时，则另行修建，其尺寸同大避车洞。

电力牵引的长隧道，如需设置存放维修接触网的绝缘梯车洞时，宜利用施工辅助坑道或避车洞修建，其间距约500 m。

四、运营通风建筑物

列车通过隧道时，会排出大量煤烟及有害气体，同时还会散发出许多热量。此外，衬砌缝隙也不时渗透出某些天然地下有害气体和潮湿气体，再加上维修人员在工作时不断呼出二氧化碳，这些因素使隧道内空气变得污浊、炽热和潮湿，时间一长，其浓度变大，就会使人呼吸困难，健康受到威胁，工作效率也随之降低，洞内线路也易被腐蚀。为此，必须进行洞内通风，将有害气体及热量等排出洞外，并把新鲜空气引入洞内。

运营隧道的通风有自然通风和机械通风两种。自然通风是利用洞内的天然风流和列车运行所引起的活塞风来达到通风的目的。

机械通风是当自然通风不能满足要求时采用通风机械将洞内外气体进行交换，来达到通风之目的。《铁路隧道设计规范》规定，蒸汽机车牵引的单线隧道，长度在1.5 km以上或内燃机车牵引，长度在20 km以上，宜设置机械通风。机械通风方式分为纵向式和横向式两类。

(一)纵向式通风

它是在通风机的作用下，使风流沿着隧道轴线方向流动的通风方式，这种通风方式又以通风形式不同分为：

1. 洞口风道式通风

这种通风方式是把通风机设置在隧道高洞口端处，通风道与隧道联通。当列车车尾一出洞口，立即开动通风机，把已被活塞风挤到出洞口段内的污浊空气排出洞外。与此同时，洞外新鲜空气由低洞口端随着风流带进隧道内，从而完成一次通风作业。

为防止通风机工作时，新鲜空气从高洞口吸进隧道造成空气短路，降低通风效果，需在高洞口设置一个用钢或钢木结构组成的框架式帘幕。它用轨道电路与信号系统进行连锁，当列车驶向隧道时，帘幕自动提起，在列车过后即自动落下，图 21—19 所示的为一座3 km隧道采用的洞口风道纵向式通风布置图。

由于帘幕的笨重及起落的可靠性较差，近年来多采用缩小风道口断面和减小吹入风流与隧道中线的夹角、提高吹入风速等办法来取代帘幕。

2. 喷嘴式通风

对于列车运行密度大，长度不太长的隧道，可采用环形喷嘴式通风形式，如图 21—20 所示。它是在隧道洞口处的衬砌上方，设计一个汇集新鲜空气的空气室，室的尽端在衬砌周边上做成环形喷嘴通向洞内。开动通风机，洞外新鲜空气被压送到空气室，当积聚到一定压力时，由喷嘴以高速和极小的交角喷进隧道内，形成稳定风流。洞口段可不做帘幕，新鲜空气不会从洞口溢出，反而会由于高速风流引起的负压，带进一些新鲜空气。这种通风形式结构复杂，施工工艺要求高，维修不方便且能量损失大，效率低。

3. 竖井、斜井式通风

长大隧道纵剖面为人字坡时，污浊空气常积聚在坡顶。若在隧道施工中，为增加开挖工作面而设置竖井或斜井作为辅助坑道时，可利用这些辅助坑道作为通风道，把通风机置于竖井或斜井处，借助于通风机和竖井的换气作用，以达到通风之目的。图21—21为竖井通风系统布置。

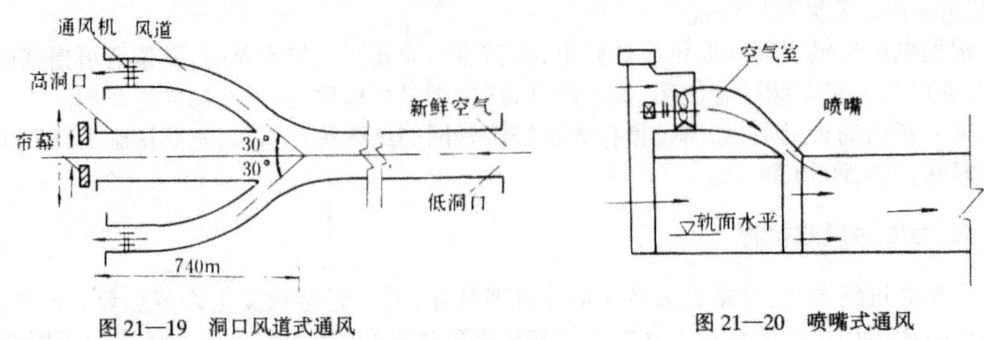

图21—19 洞口风道式通风

图21—20 喷嘴式通风

(二)横向式通风

这种通风方式的特点是：隧道内风流方向与隧道轴线方向成正交，如图21—22所示。

图21—21 竖井通风系统

图21—22 横向式通风

它是隔出隧道部分断面作为沿洞身轴线的通风渠。开动通风机，把新鲜空气先送入隧道底部的压入通风渠，再经出风口沿隧道全长范围内均匀吹入隧道内。而污浊空气，则经隧道顶部的吸出风渠吸出洞外。

横向式通风系统，能将新鲜空气沿隧道全长范围内均匀吹入，而污浊空气就地直接被吸出，通风效果较好，在公路隧道中使用最适宜。

隧道通风所需新鲜空气的风量和风压必须经过计算确定，根据计算确定的风量和风压，再选择合适的通风机。铁路隧道一般是用轴流式通风机，其特点是风量较大而风压并不高。有关计算和风机的选择可参考其它书籍。

第二十二章　铁路隧道施工

隧道施工的主要工序有开挖、出碴、支护和衬砌。它的施工过程是在地层中挖出土石，以形成符合设计的隧道断面轮廓，并进行必要的支护和衬砌，以控制围岩的变形，确保隧道长期安全使用。为了保证主要工序的进行，要配备必要的动力和机具设备，以及保持地下施工环境良好的通风、照明、排水、防尘等辅助设施。

在修建隧道时必须充分考虑到隧道工程埋置于地质条件多变的地下，施工环境差，工作面狭窄，工序较多，彼此干扰大等特点，应该在保证安全的条件下，均衡快速地进行施工。

第一节　隧道施工基本方法

隧道施工技术是一项综合性较强的技术。隧道作为长条形管状结构物，必然会遇到多种多样的地质情况。为此，要求施工方法应有相应的灵活性，一方面要向大断面快速掘进发展，另一方面要考虑遇到不良地质的应变能力，在选择施工方法时，应本着尽量保持围岩的稳定性，使之既便于控制围岩的变形，又能达到最优的施工效率。在具体选择施工方法时，一般应考虑如下几个因素：

1. 工程的重要性，这从工程的规模，使用上的特殊要求，工期的缓急等方面体现出来；
2. 隧道所处的工程地质和水文地质条件；
3. 施工技术条件及机械装备情况；
4. 周围环境方面的要求和限制；
5. 施工单位的习惯做法。

在选择施工方法时，要讲究经济效益，在满足安全、质量、施工进度的前提下，应尽量采用造价低的施工方法。

至今为止，人们已在实践中创造出了能够适应各种围岩的隧道施工方法，它们可分为：矿山法、掘进机法、沉管法、顶进法、明挖法及盖挖法等。

矿山法因最早应用于矿石开挖而得名，它包括传统矿山法和新奥法。这种方法多数情况下都需要采用钻眼爆破进行开挖，从我国铁路隧道发展趋势来看，今后将逐渐推广新奥法。

掘进机法包括隧道掘进机法和盾构法。前者适用于石质围岩，后者则适用于土质围岩，尤其是适用于软土、流砂、淤泥等特殊地层。

沉管法、顶进法、明挖法及盖挖法用来修建水底隧道、地下铁道、城市市政隧道以及埋置很浅的山岭隧道。

下面介绍矿山法修建隧道的几种常用方法。

一、全断面一次开挖法

全断面一次开挖法就是按照隧道设计轮廓一次爆破成型，然后修建衬砌的施工方法。

(一)施工顺序

1. 用钻孔台车钻眼,然后装药联线;

2. 退出钻孔台车,引爆炸药,开挖出整个隧道的断面轮廓;

3. 排除危石,安装拱部锚杆(必要时)和喷射第一层混凝土;

4. 用装碴机械将石碴装入出碴车运出洞外;

5. 安装边墙锚杆(必要时)和喷射第一层混凝土;

6. 必要时拱、墙喷射第二层混凝土;

7. 按上述工序开始下一轮循环作业;

8. 在围岩和初期支护基本稳定后,或按施工组织要求的日期施作二次模筑混凝土衬砌及灌筑隧道底部混凝土。

(二)适用条件

1. Ⅳ～Ⅵ类整体性好的围岩;用于Ⅲ类围岩时,围岩应具备从全断面开挖到支护前这段时间内,保持其自身稳定的条件;

2. 有大型施工机械;

3. 隧道长度或施工区段长度不宜太短,根据经验一般不应小于1 km,否则采用大型机械化施工,其经济性较差。

采用全断面一次开挖法,必须要注意机械设备的配套,以充分发挥机械设备的效率。隧道机械化施工,有三条主要作业线,即开挖作业线、锚喷作业线及模筑混凝土衬砌作业线。它们所采用的大型机械设备主要有:

1. 开挖作业线　钻孔台车、装药台车、装载机配合自卸汽车(无轨运输时)、装碴机配合矿车及电瓶车或内燃机车(有轨运输时)。

2. 锚喷作业线　混凝土喷射机、混凝土喷射机械手、锚喷作业平台、进料运输设备及锚杆注浆设备。

3. 模筑混凝土作业线　混凝土拌合工厂、混凝土输送车及输送泵、施作防水层作业平台、衬砌钢模台车。

为加快隧道建设必须实现隧道施工机械化,而隧道工程新技术新工艺的推广又为机械化施工奠定了基础。同时,机械化的发展又推动了隧道施工工艺水平的不断提高。

在机械设备选型时应遵循:生产性、可靠性、经济性、维修性、环保性、耐用性、灵活性及配套性等八个原则。从目前看,要组合一个比较完善的适应铁路隧道施工的国产群机系统是比较困难的。但向国外引进设备,不仅造价高,而且零部件供应有困难,维修性差。唯一可行的方案是走国产化道路,以适应隧道施工机械化的需要。

(三)施工特点

1. 工序少,便于施工组织和施工管理;

2. 开挖一次成型,对围岩扰动少,有利于围岩的稳定性;

3. 开挖断面大,可采用深孔爆破以提高爆破效果,加快掘进速度,如衡广线上的大瑶山双线隧道最深钻孔达5.15 m,单口月成洞达150～240 m;

4. 作业空间大,有利于采用大型施工机械设备,实现综合机械化施工,从而提高劳动生产率,减轻施工人员的劳动强度,降低工程造价。

二、台　阶　法

台阶法是指正台阶二步开挖法,它是全断面一次开挖法的变化方法。这种方法对地质的适应性较强,也可以说是全地质型方法。目前我国约70%的隧道开挖采用此法,它多用于围岩能短期内处于稳定的地层中。

台阶法根据台阶长度不同,划分为长台阶法、短台阶法和超短台阶法三种,如图 22—1 所示。至于施工中究竟采用哪一种台阶法,则要根据下面两个条件来决定:

1. 对初期支护形成闭合断面的时间要求。围岩越差,要求闭合时间越短。

2. 对上部断面施工所采用的开挖、支护、出碴等机械设备需要施工场地大小的要求。

在软弱围岩中以前一条件为主并兼顾后者,以确保施工安全。在较好围岩中主要考虑如何更好地发挥机械设备的效率,保证施工中的经济效益,为此只考虑后一条件。下面对各种台阶法作一简要介绍。

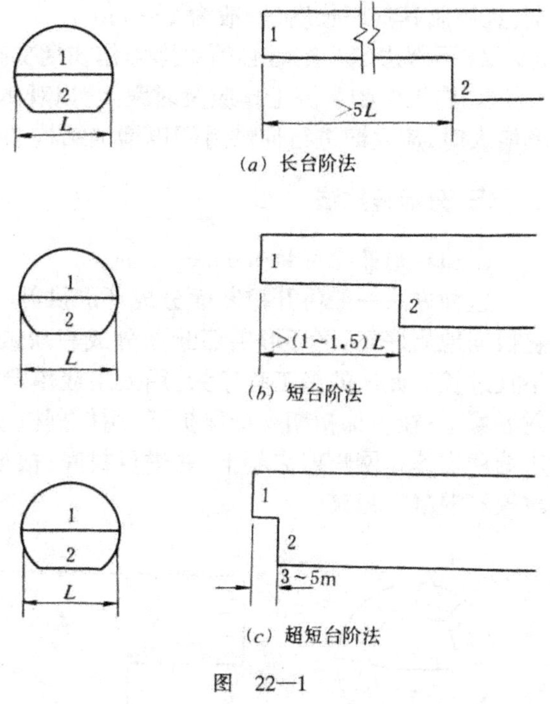

图 22—1

(一)长台阶法(图 22—1(*a*))

这种方法的上下台阶之间的距离较远,一般上台阶超前50 m以上,或大于 5 倍洞跨。施工中上下部可配属同类型机械进行平行作业。当机械不足时也可用同一套机械设备交替作业,即在上部断面开挖一个进尺后,再在下部断面开挖一个进尺。当隧道长度较短或长隧道各区段需尽早贯通时,可先将上半断面全部挖通后,再进行下半断面施工,此种方法称为半断面法。相对于全断面来说,长台阶法一次开挖的断面要小些,对维持开挖面的稳定有利。它的适用范围较全断面法广泛。

(二)短台阶法(图 22—1(*b*))

这种方法上部台阶长度小于 5 倍但大于 1~1.5 倍洞跨,上下断面多采用平行作业。由于短台阶法可缩短支护闭合时间,改善初期支护的受力条件,有利于控制围岩的变形,因此它的适用范围较广,在Ⅱ~Ⅵ类围岩中都能采用,尤其适用于Ⅱ~Ⅲ类围岩。

短台阶法的缺点是上部台阶出碴时对下部断面施工干扰较大,不能全部平行作业,为解决这种施工干扰,可采用悬吊式长皮带机运输上台阶石碴。双线隧道中,可在上下断面中间或一侧设置运输斜坡道,将上台阶石碴直接装车运出。

采用这种施工方法应注意,初期支护全断面封闭的施作一般要在距开挖面30 m以内进行,当初期支护变形显著时,要提前闭合。在施工中应研究在保证机械正常工作前提下的台阶最短长度。

(三)超短台阶法(图 22—1(*c*))

这种方法上台阶仅超前 3~5 m,只能采用交替作业施工。由于上部断面施工作业场地狭小,只能使用小型机具施工,如有条件可设置移动式平台,为机械施工创造条件。

超短台阶法多用于机械化程度不高的各类围岩中,但在软弱围岩中施工时,应特别注意开挖工作面的稳定性,必要时可采用加固地层的措施。

超短台阶法的缺点是:上下断面相距较近,机械设备集中,作业时相互干扰大,生产效率低,施工速度慢。

在上述台阶法施工中，开挖下部断面要求做到：

1. 下部断面开挖和封闭应在上部断面初期支护基本稳定后进行，或在采取有效措施，如扩大拱脚、打拱脚锚杆、加强支护纵向联接等后进行，以确保初期支护的稳定性。当围岩较差时，下部断面开挖采取单侧落底或双侧交错落底的施工方法，以免初期支护两侧拱脚同时悬空，且控制其落底长度(一般为 1～3 m)。

2. 下部边墙开挖后必须立即施作初期支护。

3. 施工中的量测工作应及时跟上，以观测拱顶、拱脚和边墙中部的位移值，当发现位移速率增大时，应立即进行仰拱封闭以增加结构的刚度。

三、分部开挖法

(一)环形开挖留核心土法

这种方法一般将开挖断面分成环形拱部、上部核心及下部台阶三部分，如图 22—2 所示。它根据地质好坏，将环形拱部断面分成一块或几块开挖。环形开挖进尺一般为 0.5～1.0 m，不宜过长。此法的施工程序为：用人工或单臂掘进机开挖环形拱部；架立钢支撑挂钢丝网，喷射混凝土；在拱部初期支护保护下，用挖掘机或单臂掘进机开挖核心土和下部台阶；随即接长边墙钢支撑挂网喷射混凝土，并进行封底；根据围岩和初期支护变形情况或施工安排，施作二次模筑混凝土衬砌。

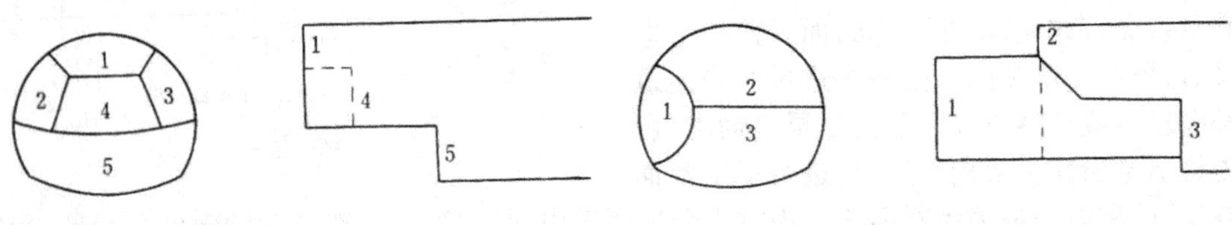

图 22—2　　　　图 22—3

由于拱部开挖高度较小及地层比较松软，锚杆不易成型，所以施工中一般不设置锚杆。

环形开挖留核心土法，因上部留有核心土以支挡开挖工作面，且施工时能迅速及时地施作拱部初期支护，所以开挖工作面稳定性好。核心土和下部台阶开挖都是在拱部初期支护保护下进行的，施工比较安全。它一般在土质及软弱围岩中使用较多，曾在大秦线军都山隧道黄土段及断层带地段，北京地铁复兴门折返线等工程中采用，都取得了良好的效果。

这种方法的主要优点是：与短台阶法相比较，台阶长度可加长，减少上下台阶施工干扰，与下面所要介绍的侧壁导坑法相比较，其施工机械化程度较高，能加快施工进度。但当遇到围岩松软时，应结合地层加固措施，对开挖作业面及开挖前方地层予以加固，以确保施工安全。

(二)侧壁导坑法

此法根据侧壁导坑开挖的个数，分为单侧壁导坑法及双侧壁导坑法两种。

1. 单侧壁导坑法

这种方法一般将断面分成三块，即侧壁导坑 1、上台阶 2、下台阶 3，如图 22—3 所示。

侧壁导坑尺寸应本着充分利用台阶的支承作用，并考虑机械设备和施工条件而定。其宽度不宜超过 0.5 倍洞宽，高度以到起拱线为宜。这样，导坑可采用二步正台阶开挖，不需要设置工作平台，人工架立钢拱架也较方便。对侧壁导坑与台阶之间的距离，则没有硬性规定，以不发生施工干扰为宜。在短隧道中可先挖通侧壁导坑，然后开挖上、下台阶。两台阶之间的距离视围岩情况可参照短台阶法或超短台阶法确定。单侧壁导坑法的施工顺序为：

(1)开挖侧壁导坑,施作初期支护并尽快封闭;

(2)开挖上台阶,施作拱部初期支护,使其一侧支承在导坑的初期支护上,另一侧支承在下台阶上;

(3)开挖下台阶,施作边墙初期支护并尽快施作底部初期支护,使整个断面闭合,以提高结构刚度;

(4)拆除侧壁导坑临空部分的初期支护;

(5)施作二次模筑混凝土衬砌。

单侧壁导坑法将整个断面分成数块,每块开挖宽度小,封闭型的侧壁导坑初期支护承载能力大。此法适用于断面跨度大、地表沉陷难以控制的软弱松散围岩中的浅埋隧道。它曾在埋深与洞跨之比为0.67的北京地铁复兴门折返线应用并获得成功。

2. 双侧壁导坑法

这种方法将整个断面分成四块:左右侧壁导坑1、上台阶2、下台阶3、如图22—4所示。侧壁导坑尺寸,高度以到起拱线为宜,宽度不宜超过断面最大跨度的1/3。左右侧导坑错开的距离应根据开挖一侧导坑所引起的围岩应力分布不影响另一侧已成导坑为原则,一般为10~15 m左右。上下台阶之间的距离,应视围岩情况参照短台阶法或超短台阶法确定。

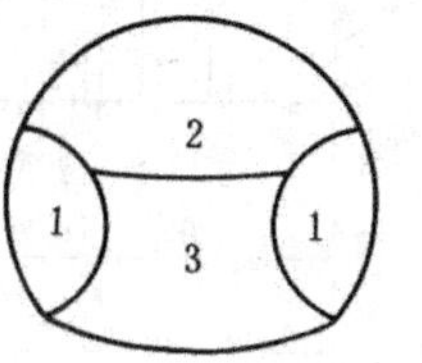

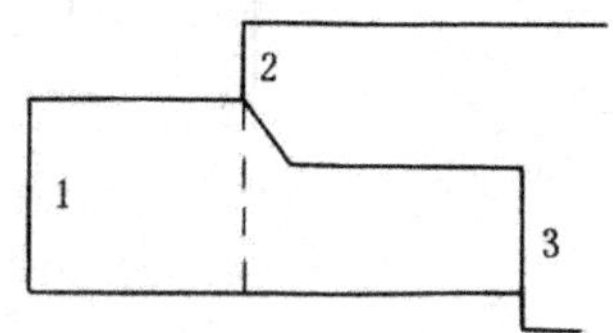

图 22—4

双侧壁导坑法适用于断面跨度较大,地表沉陷要求严格,围岩条件特别差,用单侧壁导坑法难以控制围岩变形时的浅埋隧道中。现场实测表明,双侧壁导坑法引起的地表沉陷仅为短台阶法的1/2。此法施工安全,但速度慢,因为有两个侧壁而成本较高。它曾在衡广复线上的香炉坑隧道、大秦线上的西坪隧道通过坍方体时,以及北京地铁西单车站工程中应用,效果较好。

(三)中隔壁法

这种方法是将断面从中间隔开,分成四块,上半断面左右分成①、②,下半断面左右分成③、④。断面每块开挖和支护后形成闭合单元,有利于围岩稳定,减小净空变位及地表沉陷。各分块纵向间隔距离视围岩变形情况,参照短台阶法或超短台阶法决定。

中隔壁法适用于断面跨度大,地表沉陷量要求较小的软弱围岩中的浅埋隧道。日本在修建城市地铁及三线高速公路隧道时成功地采用了此法。

(四)漏斗棚架法

此法的全名叫下导坑漏斗棚架法,亦称下导坑先墙后拱法。我国曾在80年代以前广泛采用此法修建硬岩铁路隧道(Ⅲ~Ⅳ类围岩)。它根据开挖分部的多少,又可分为六步法、五步法、四步法及三步法等,如图22—5所示为六步法的施工步骤。此法的主要施工程序是:首先开挖下导坑①(一般为双车道断面),在下导坑开挖面后约30~50 m处开始架设漏斗棚架,然后在漏斗棚架上方向上,"挑顶"开挖②、③部,并扩大开挖④部及开(挖刷帮)⑤部。它们之间的距离以互不干扰施工为原则,一般为15~20 m。挑顶、扩大及刷帮爆炸下来的石碴直接堆放在棚架上,并通过漏碴口用人工装入斗车运出洞外。以上各部开挖完成以后,应及时检查断面尺寸,如有欠挖应立即补炮。待漏斗棚架拆除后开挖⑥部边墙及水沟,应根据装碴能力采取单侧轮换或两侧同时开挖爆破,以防石碴堵塞运输轨道影响施工。整个隧道断面开挖完毕,在一定距离外(不小于20 m)灌注边墙Ⅶ部和拱圈Ⅷ部混凝土衬砌。最后铺底及修筑水沟。

当开挖中遇到拱部石质变坏时，则应在开挖③、④部后进行拱圈衬砌，成为下导坑先拱后墙法，俗称“蘑菇形”开挖法，如图22—6所示。

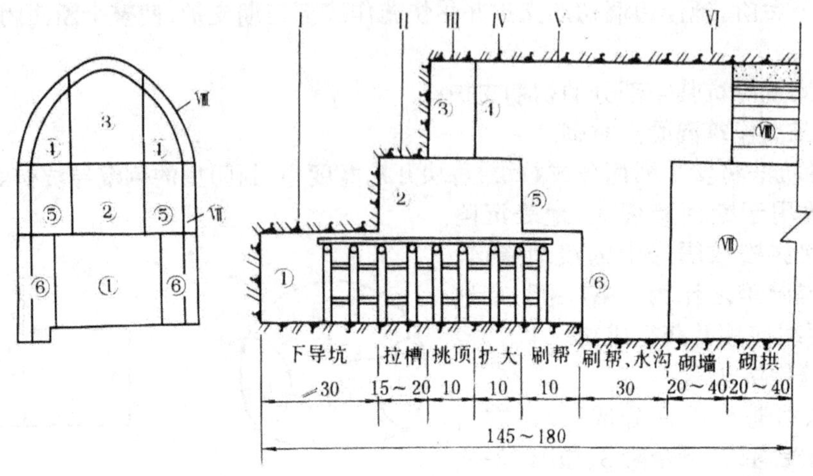

图 22—5

采用漏斗棚架法应注意，下导坑是领先工序，开挖速度直接影响着整个隧道的施工进度，应予以重视。漏斗棚架是堆放和装碴的关键结构，必须有足够的强度和刚度，以承受爆破时的冲击波作用。

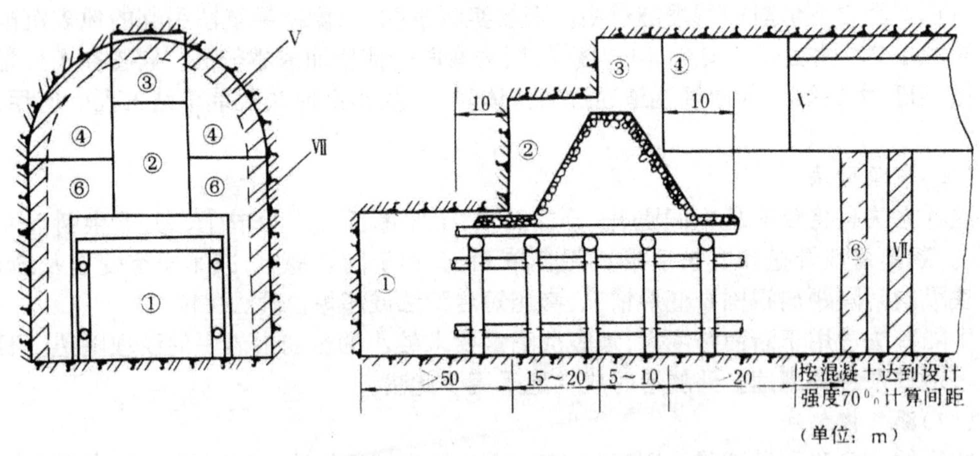

图 22—6

漏斗棚架法的优点是：便于人工及小型机具开挖；挑顶、扩大、刷帮的石碴通过漏斗棚架装碴效率高；工作面多便于安排较多人力，加快施工进度。它的缺点是：棚架用料多，且架、拆费工；断面分块多，开挖对围岩的扰动次数多；施工干扰大，在开挖边墙时爆破易砸坏风、水管路及电力线路和堵塞运输道路，棚架拆除后如发现拱部有危石，则难以处理。

（五）上下导坑法

它的全名叫上下导坑先拱后墙法，又称拱圈支承法。它是我国80年代前在软质地层（Ⅱ～Ⅲ类围岩）中采用传统矿山法修建铁路隧道的基本方法。

此法的主要施工程序如图22—7所示，首先开挖下导坑①（一般为双车道断面），并尽快架设木支撑；在下导坑开挖后(应大于50 m)开挖上导坑②、③和架设木支撑；在上下导坑之间纵向每隔5 m左右开挖一个漏斗孔(如图 21—7 中虚线所示)，便于上部断面出碴，漏斗孔的位置，若下导坑为单车道则设置在中央，若为双车道则设置方向应偏向重车道；由上导坑向两侧扩挖④部，边挖边架立扇形支撑；在扇形支撑间架立模型板灌筑拱圈混凝土Ⅴ，灌筑拱部混凝土时应用预制的混凝土短撑逐一替换扇形木支撑；开挖中层⑥；左右错开纵向跳跃开挖马口⑦、⑨(跳挖马口的方法根据石质好坏有：对挖法、错挖法及顺挖法等)；紧跟马口开挖后立即架立边墙模型板，由下而上灌筑边墙混凝土Ⅷ、Ⅹ；开挖水沟及铺底。

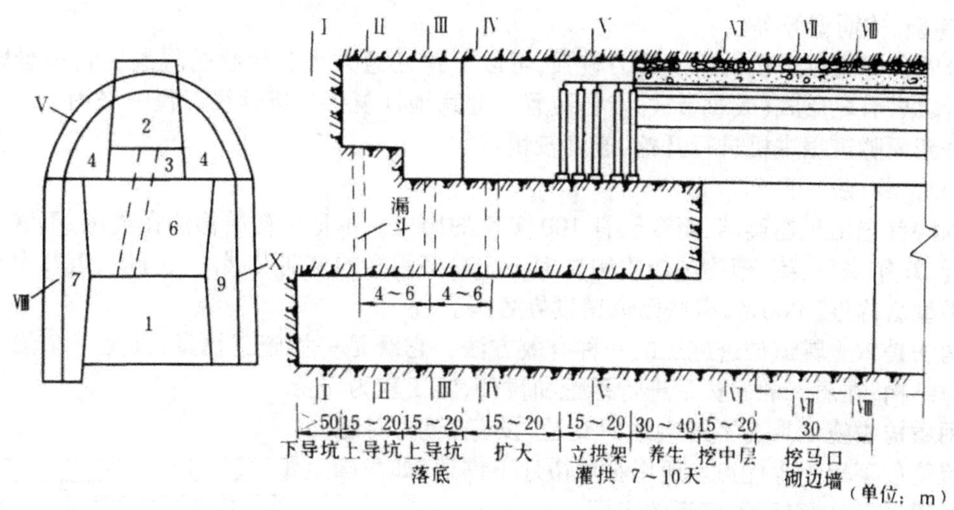

图 22—7

采用上下导坑法应注意开挖马口时避免拱圈两侧拱脚同时悬空而造成掉拱事故。在墙顶与拱脚的联接处应保证衬砌的整体性。

此法的优点是：在拱圈保护下进行拱下各工序作业，施工比较安全；工作面多，便于拉开工序和安排较多人力，加快施工进度；当地质变化时改变施工方法容易。它的缺点是：开挖两个导坑成本高；开挖马口时施工干扰大；衬砌整体性差；工序多不便于施工管理。

四、其他施工方法

铁路隧道施工方法，除了上述的几种方法外，在一些特殊条件下，还可采用其它一些施工方法，如隧道掘进机法、盾构法、沉管法、顶进法、明挖法及盖挖法等。下面将这些方法作一简要的介绍。

(一)隧道掘进机法

隧道掘进机是一种机械化的隧道掘进设备，它包括装有切削刀具的旋转切削头；石碴装载设备；机身前进的推进装置和支撑装置；控制方向的激光准直仪；安装临时支撑的设备和其它机械装置。

近十多年来，掘进机的制造和应用技术有了迅速发展，国外应用掘进机已达到月掘进2 000 m以上。所制造的掘进机最大直径达11.176 m。我国在掘进机的制造和使用方面也取得了一定成绩。至今已制成并投入使用的隧道掘进机已达50余台，刀盘直径最大达6.8 m，在引滦的南线工程中使用的SJ-58A型隧道掘进机，最高月进尺为201.53 m。秦岭隧道工程也将用掘进机施工。

隧道掘进机具有一次成洞、连续掘进、速度快、洞壁光滑、对围岩扰动小、施工质量好等优点;并且能改善施工条件,降低劳动强度。但是掘进机施工方法一经采用,就不能像钻爆法施工那样可以自由变更施工方法,因此难以适应复杂多变的地质情况。

由于隧道掘进机大多为圆形断面,所以它主要用于水利工程中,如我国天生桥、鲁布格等水利工程中都曾使用过。

目前使用的隧道掘进机种类很多,按适用地层可分为土质隧道掘进机、软岩隧道掘进机及硬岩隧道掘进机。按成洞方式可分为全断面隧道掘进机和部分断面隧道掘进机。

全断面隧道掘进机,目前使用较多的为圆形断面,其主要型号有:罗宾斯型、乍瓦型、英格索尔-兰德型、休斯型等等。

部分断面隧道掘进机的适应能力较强,可以开挖任意大小及形状的隧洞。它呈悬臂状结构,液压操纵,有轮胎式(或履带式)走行装置。北京地铁复兴门折返线工程中采用了由日本引进的部分断面隧道掘进机进行开挖,速度较快。

(二)盾 构 法

盾构法首先出现在英国,至今已有100多年的历史。本世纪初盾构法在美国、苏联得到了发展。近20年来日、英、德等国的盾构技术正朝着多用途的方向发展。仅日本,近几十年共制造各种类型盾构近2 000台,有些已远销世界各国。

盾构法是软土隧道掘进施工的一种有效方法。它既是一种施工机具,又是一个强有力的临时支撑结构,在盾壳的保护下进行开挖和衬砌,施工较为安全。

采用盾构法施工具有不影响地面交通,没有震动,对地面邻近建筑物危害较小等优点。所以在城市地下铁道(如我国上海地铁工程)施工中得到了广泛的应用。

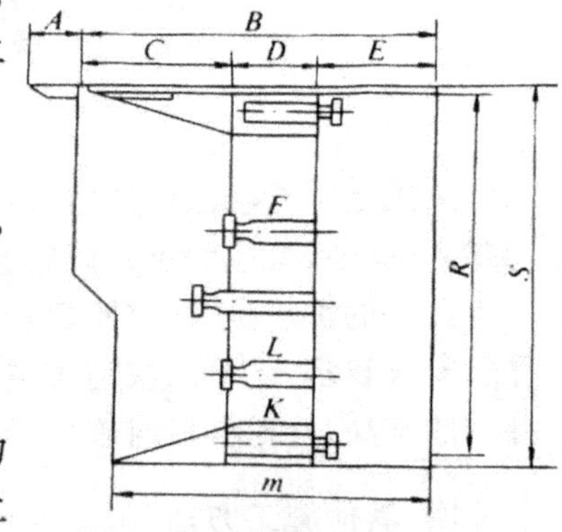

1. 盾构构造(图22—8)

普通盾构由切口环、支承环、盾尾组成。为了开挖和推进,还有推进机构、取土机构、拼装或现浇筑混凝土机构。

图 22—8

A—前檐长;B—盾构上部长;C—切口环长;D—支承环长;E—盾尾长;F—开挖面千斤顶;K—盾构千斤顶;L—平台千斤顶;R—盾尾内径;S—盾构外径;m—盾构下部长。

2. 盾构类型

按断面形状分:

(1)圆形。它便于拼装衬砌和操作,是目前使用最多最为普遍的一种盾构,以小直径(平均直径为3.5 m)为多。我国上海延安东路越江公路隧道使用的由上海江南造船厂研制的圆形盾构直径为10 m。日本上野双线隧道使用的圆形盾构直径为12.8 m,东京湾 海底公路双线隧道使用的直径为13.9 m的圆形盾构是目前世界上最大的圆形盾构。

(2)半圆形盾构。一般作为隧道拱部的临时支撑。

(3)矩形及马蹄形(或椭圆形)盾构。由于这类盾构推进时其四周阻力分布不均匀,且不便于拼装衬砌和操纵,故很少使用。

按掘削方法分:

(1)人工开挖式盾构。在盾壳的掩护下用人工进行掘进。根据土壤性质的不同,安装有前檐或挡土支撑等稳定开挖面的机构。

(2)半机械化盾构。它是在人工开挖式盾构的前端加设或改用一些挖掘式装碴机械,以代替人工开挖,但此时开挖工作面应能以自稳为宜。

(3)机械化盾构。在盾构前部安装切削刀头,用机械连续地进行开挖。它适用于土质单一,工作面能短期自稳的地层。

按开挖工作面状态分:

(1)开胸式盾构。它是工作面全部或大部分敞开的结构。它要求工作面能自稳,否则应采取辅助施工方法使其满足稳定条件。可采用人工、半机械或机械开挖。

(2)闭胸式盾构。它的前端用钢板封闭,利用盾构的推进使土壤产生塑性流动,从隔板的出碴口流出。用调节出碴口大小、推力和推进速度来保持开挖面的稳定和防止前进中的偏向。

(3)气压或局部气压盾构。在含水地层施工时,为了保持开挖面的稳定,防止坍塌,保证施工人员的安全,可采用气压盾构。即在盾尾后面安设气闸,通过压缩空气使工作面保持一定气压(一般为 0.1～0.15 MPa),来防止开挖面涌入大量地下水。但施工人员在高压下工作,劳动条件差,工作效率低。

局部气压盾构,是在盾构内做隔墙,只在隔墙前与开挖面之间加压,施工人员在正常气压下工作,劳动条件较好。

(4)泥水加压式盾构。这种盾构的旋转切削头后面有一个用隔板密封起来的泥浆室,其间充满从地面泥水加工处理间输送来的有压泥浆。泥浆的压力比开挖面的地下水压力要高,以保持开挖面的稳定。弃碴和泥浆混合后由输送管抽出洞外,送到加工处理间进行碴泥分离处理,以便泥浆再重复利用。

泥水加压盾构原是为水底超软弱地层隧道施工而研制的,现已推广应用到各种软土地层。它与气压盾构相比,改善了工作条件,免去了漏气、喷发等危险,减小了地层受扰动程度,施工进度也较快。不足之处是泥浆处理,碴泥清、运所占场地较大,工艺设备复杂,成本较高。

(5)土压式盾构(图 22—9)。这种盾构是将开挖下来的土砂先滞留在旋刀转盘及排土螺旋输送器内,使土砂对开挖面提供一定的压力,以支撑开挖面,并起到隔水作用。积土压力根据开挖进度通过螺旋输送器的出土量来调整,使开挖土量与排出土量达到平衡。此法具有泥水加压式盾构的优点,而无泥浆处理所需场地的缺点。它在开挖面不稳定的软土层及含水层中均可使用。

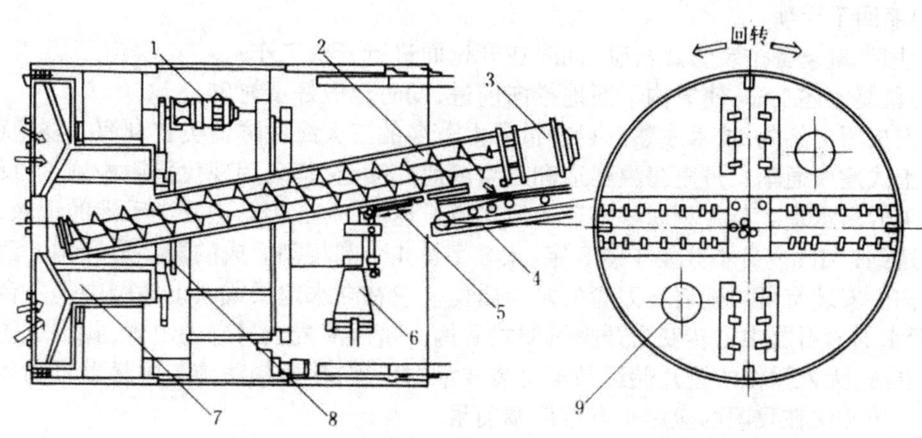

图 22—9

1—刀盘用油马达;2—螺旋运输机;3—螺旋运输机油马达;4—皮带运输机;
5—闸门千斤顶;6—管片拼装器;7—刀盘支架;8—隔壁;9—紧急用出入口。

(6)插板式盾构,又称插刀式盾构。此种盾构是传统插板法原理与现代液压技术的结合,它用许多独立的插板来组合成不同形状和尺寸的断面,可自由选择衬砌结构类型。它推进时不需要用已安装好的管片环作为千斤顶的支承后盾,而是利用设在插板和支承框架之间的液压缸,将单块或成组插板推向前进,当所有插板都推进了一个行程时,所有的液压缸都同步收缩。由于插板外表面与地层间的摩擦力大于支承架与底部插板间的摩擦力而将支承架向前拖动。

插板式盾构能以极小的沉陷量从其它建筑物的下面掘进通过。图 22—10 所示的为配置现浇混凝土的插板式盾构。这种盾构在开挖的同时可以安设任意类型的支护,逐个地推进插板,不会在盾构前方形成高压区,避免地面上拱。也可紧挨着地面建筑物的基础推进而不会危及建筑物。

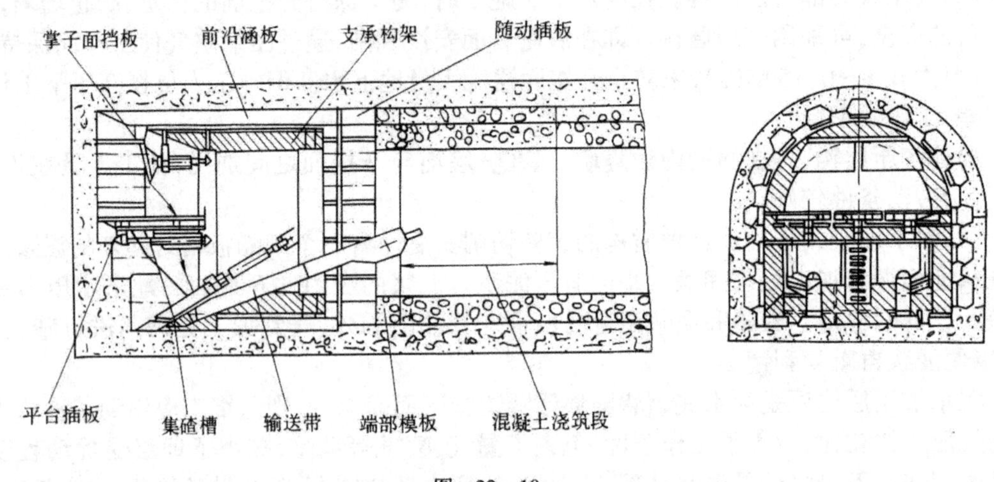

图 22—10

使用插板式盾构不需要在工程终点处设置拆装竖井,它可将框架部分和插板折起来从已衬砌的洞内退出,并可重复使用。由于它是敞口的,所以适用于开挖面无地下水且较稳定的地层。

3. 盾构施工过程

(1)盾构掘进相当于装配式衬砌的一环长度(一般为 0.5～1.0 m);

(2)千斤顶顶在已拼装好的管片环上,使盾构推进到前面已挖好的空间内;

(3)缩回千斤顶;

(4)用举重设备拼装管片衬砌,同时在开挖面进行开挖工作;

(5)重复上述工序,使盾构不断地推向前进,同时也做好了衬砌。

盾构法历史悠久,技术成熟。目前世界上著名的三大海底隧道英吉利海峡隧道(1994 年 5 月 6 日正式建成通车)、丹麦海峡隧道和东京湾海底隧道,都采用现代化盾构施工,反映了各国盾构施工的新水平。英吉利海峡隧道的盾构推进速度 1990 年已达月进千米的记录,耐水压的压力已达到1 MPa。日本开发了横 8 字、正 8 字及 4 个圆相割而成的器字形盾构。西欧开发出了在盾构上安装有可切削岩石刀盘的复合盾构。它在含水地层或软土地层中是一台土压式盾构,在无水的岩石层中则转变为开胸机械式盾构。挤压混凝土衬砌的出现,找到了防止地面沉陷的新办法,无人操作的管片储运乃至拼装技术的出现,使盾构法施工中最繁重的体力劳动得以减轻。盾构法在我国的应用也有着广阔前景。

(三)沉 管 法

沉管法全名叫预制管段沉埋法。它是修筑穿越江河、港湾、海峡的水底隧道的方法之一。此法的施工要点是:先在船坞中或船台上预制钢壳混凝土或钢筋混凝土的隧道管段(其长度一般为 60～100 m);然后两端用临时封墙密闭,浮放在水中,用拖轮运至预先挖好沟槽、整好地基的隧道设计位置上,接着往管段内灌水,使之下沉至预定的标高。在各管段沉放就位后在水中将各节管段连接起来,再在隧道上面覆土回填,最后抽出隧道内的水,并拆除管段内的密封墙，完成内部装修后即构成隧道。

图 22—11(a)为一般沉埋管段水底隧道的纵断面图。在船台上制作的管段其横断面多采用圆形，如图 22—11(b)所示。而在船坞内制作的管段多为矩形断面，如图 22—11(c)所示。

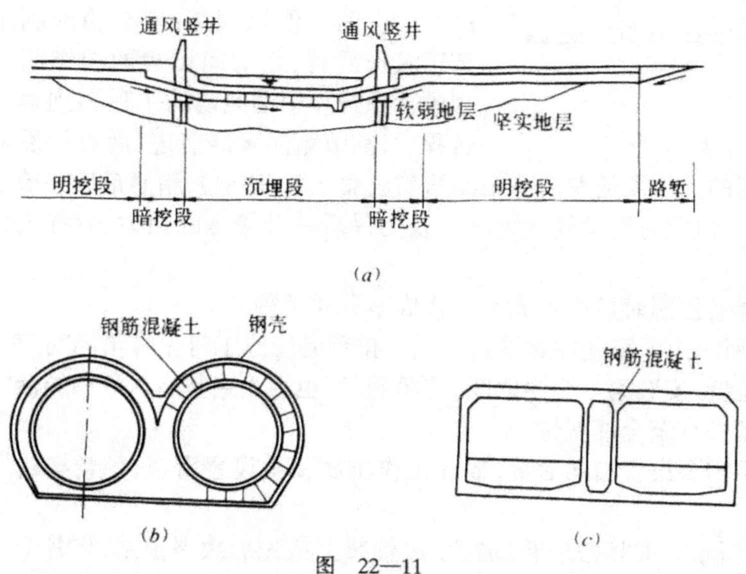

图 22—11

沉埋管段的地基处理，大体上有两种方法。一种是先铺法，即先在沟底两侧打桩安设导轨，然后投放粗砂、碎石等铺垫材料，沿导轨将之刮平，管段下沉后将垫层压实并通过底板压浆将垫层胶结；另一种是后填法，将管段直接放在沟底临时支座上，沉放完毕的管段与地基之间的空隙用粗砂填满，形成连续支承。

采用沉管法修筑水底隧道的优点是，覆盖层不需要很大，只要防止船只下锚时不会损坏隧道即可。为此，其两端引道较短，能适用于各种地层条件。因隧道结构是预制的，质量较高，现场工作少，工期较其它方法短，施工安全。不足之处是管段浮运就位时影响水面船只的航行，施工技术复杂，隧道会产生不均匀沉陷，而使接头漏水。

(四)顶 进 法

在修建城市人行通道或地下铁道穿越地面铁路(或公路)的立交工程中，可采用顶进法施工。它的特点是在保证地面交通安全运行的同时，在地面以下工作坑内将预制好的钢筋混凝土箱形框架(箱涵)，用机械力量顶入地层中，成为一个地下结构建筑物。

顶进法是这类方法的总称。它可分为顶入法(后顶法)、中继间法、牵引法、对顶法、顶拉法、对拉法等。目前施工时常用的方法为顶入法和中继间法。下面将这两种方法作一简要介绍。

1. 顶入法。此法是在线路的一侧设置工作坑，坑底设有滑板，在滑板上预制钢筋混凝土箱涵。箱涵的前端制有突出的刃角，在离箱涵尾部不远处修筑后背，用后背的反力将箱涵顶入路基。顶进时箱涵前端刃角处不断挖土，随顶随挖，直至箱涵全部顶入路基为止。

顶入法的施工工艺流程为：

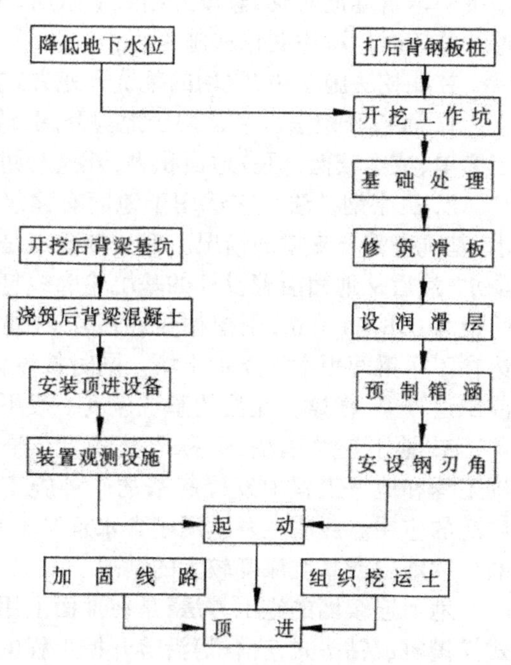

由于顶入法工序简单，施工方便，主体结构一次预制完成，且一次顶入就位，因而使用较广。

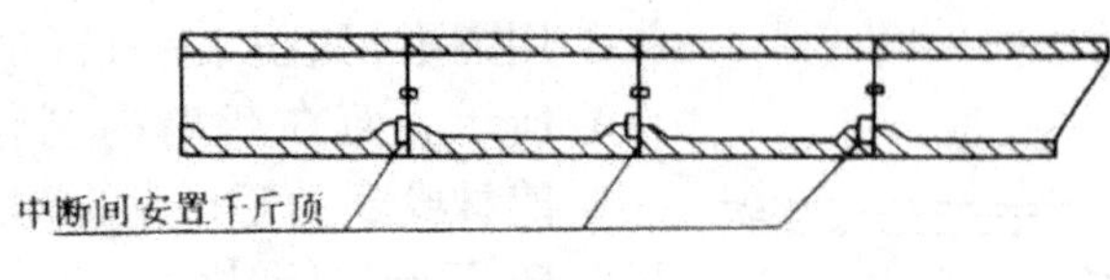

图 22—12

2．中继间法。当箱涵较长时，可将其分成若干节，用中继间法顶进，如图 22—12 所示。它的工作原理是：前节箱涵利用后节箱涵作后背，用节间设置的中继间千斤顶进行顶进。中继间内的千斤顶到达最大行程后，前节箱涵暂停前进，而进行后节箱涵的顶进。此时，前节中继间的千斤顶随着后节箱涵的前进而压缩（回镐），箱涵最后一节还是要依靠后背的反力进行顶进。但此时后背的最大反力仅为最后一节箱涵的顶力，后背工程可大为减少。

采用中继间法顶进的箱涵，预制时可布置成并列式或串联式两种。

并列式如图 22—13（a）所示。即箱涵在靠铁路一侧并排预制。施工时先将箱涵"1"顶入，然后将箱涵"2"平移到顶进位置，安装第一个中继间，待箱涵"2"也顶入路基后再平移箱涵"3"，安装第二个中继间，再继续顶进直至全部就位。

箱涵横移可用顶进法，但需要设置横向后背，或在工作坑底板上设置滑道，用卷扬机及滑轮组牵引的办法拖拉就位。

串联式如图 22—13（b）所示。即将数节箱涵在顶进轴线上按先后次序预制，将各个中继间一次安装完成，起动后即可连续顶进直至全部就位。

上述两种布置形式各有其优缺点，并列式虽可减少滑板长度及传力顶柱，但要增加横移作业。串联式虽可连续顶进，但后背距铁路较远，需要较多顶柱，而且中继间在顶进时往往产生前后节箱涵错牙现象。为此，需在前后节箱涵间设置剪力楔、传力钢筋及钢搭棒等，以增强中继间抗剪强度。一般施工场地布置无困难时，多采用串联法布置。

（五）明 挖 法

明挖法是当隧道埋深较浅时的一种施工方法，它可将地面挖开，形成露天的基坑，然后在基坑中修筑隧道衬砌，敷设外贴式防水层，最后用土回填。铁路明洞以及隧道洞口段不能用暗挖法施工时均可用明挖法施工。

在明挖法施工中，常用的基坑开挖方式有：

1．敞口开挖法。它适用于地势开阔，地面空旷，土质稳定，地下水位较低的情况。此法施工简单，成本较低，但占地面积大，开挖及回填土方量大。

2．工字钢桩法。它适用于地面有建筑物，地层松软含水，基坑壁需要支撑的情况。此法的要点是：首先进行人工降水，然后从地面沿着设计的基坑轮廓线打入工字钢桩，其间距为 0.8～1.0 m，用挖掘机在基坑内进行挖土，边挖土边在工字钢间用木板支护土壤。同时按设计要求架设一道或二道腰梁、横撑。此法的基坑深度一般不超过15 m。

3．地下连续墙法，又称槽壁法。它是近 30 年来在基础工程和地下工程中发展起来的一种施工方法，并得到了广泛的应用。此法主要适用于含水且又不能采用人工降水的松软地层或基坑深度较大的情况。

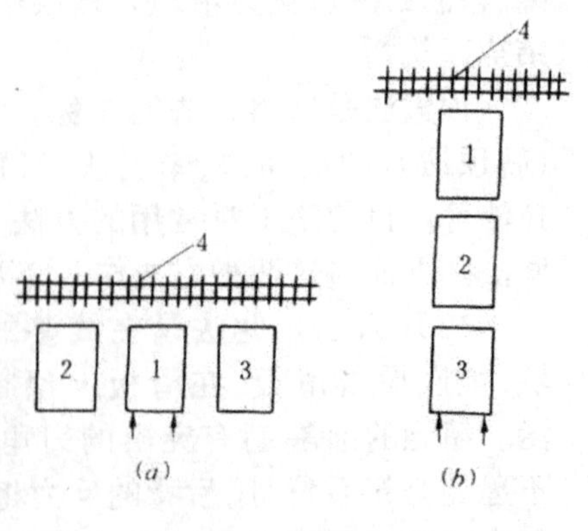

图 22—13

（a）并列式 （b）串联式

1、2、3—箱涵；4—线路。

地下连续墙的施工方法，是在地面上用挖槽机械（挖斗式挖槽机或钻头式挖槽机）沿着开挖工程的周边（如地下结构的边墙),依靠泥浆(又称稳定液)护壁,开挖一定长度的沟槽,再将预制好的钢筋笼放入沟槽内,利用导管在充满稳定液的沟槽中进行水下混凝土灌注。相互邻接的槽段由特别接头(即施工接头)进行连接。这样就成为狭长的地下钢筋混凝土墙,其施工程序如图 22—14 所示。此法的特点是沟槽内始终充满着由膨润土、水和添加物所组成的混合液(称稳定液或泥浆)作为沟槽的支护。

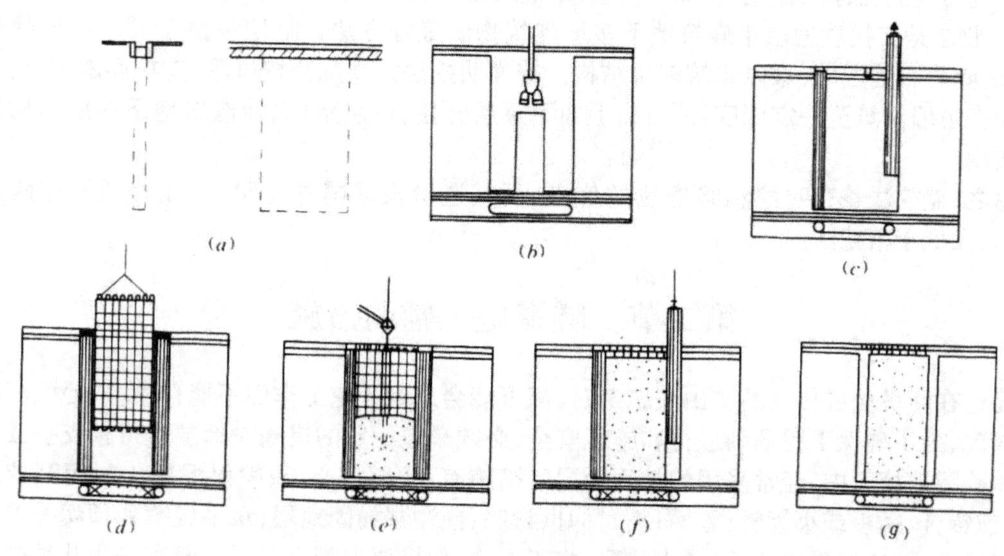

图 22—14

(a)准备开挖的地下连续墙沟槽;(b)用专用机械进行沟槽开挖;(c)安放接头管;(d)安放钢筋笼;(e)水下混凝土灌筑;(f)拔除接头管;(g)已完工的槽段。

钢筋混凝土的地下连续墙按设计要求,可作为临时支护结构,也可作为永久结构的一部分。

地下连续墙法的优点是:施工时不产生大量噪音和震动,灌注混凝土无需模板,节省木材和劳力。但其成本较高,泥浆处理较麻烦。

(六)盖 挖 法

采用明挖法修建城市附近浅埋隧道或地下铁道,其最大缺点是对城市交通及居民生活干扰较大,往往不易被人们所接受。

50 年代末期,意大利北部工业城市米兰开始修建地下铁道时,承担土建施工的伊科斯公司创造了一种“伊科斯工艺”,它把地下连续墙的施工方法首先应用于修筑地下铁道工程中的边墙结构。施工时先修筑边墙,然后铺设顶盖,在顶盖的掩护下向下开挖并修筑底板,这种方法在米兰地铁的区间隧道和车站工程中取得了成功,当时被称为“米兰法”。随后此法在欧洲和日本广泛推广应用,并成为在城市街道下修筑地下多层车站行之有效的一种施工方法。

一般明挖法的施工程序是:开挖—底板—边墙—顶盖—回填并恢复路面,即先挖后盖,称之为挖盖法或叫“自下而上”的施工方法。而盖挖法则反其道而行之,其施工程序是:边墙—顶盖—回填并恢复路面—开挖—底板,即先盖后挖,亦称“自上而下”的施工方法。

盖挖法除施工程序与一般方法不同外,还具有如下特点:

1. 盖挖法的边墙既为结构的永久性边墙,又兼有基坑支护的双重作用,因而可简化施工程序,降低工程造价。另外,边墙用混凝土等刚性材料修筑,其变形量极小,因而可靠近地面建筑物的基础施工,而不致对其产生影响。

2. 采用盖挖法施工，占地宽度比一般明挖法小，且无振动和噪音。

3. 盖挖法的顶盖一般均距地表面很近，这可缩短从破坏路面、修筑顶盖到恢复路面所需的时间，从而最大限度地减少对地面交通的干扰。对宽度较大的双跨或三跨结构尚可对顶盖进行横向分段施工，以利地面交通。

4. 盖挖法由于是自上而下分层修建，先修的顶盖成为基坑内的一道横撑，如为多层结构，则盖板均将起到支撑的作用，从而可免去或减少施工时的水平支撑系统。

5. 此法是在松软地层中修筑地下多层建筑物的最好方法。暗挖法由于其断面形状和工艺特征，除岩石地层外，难以修筑多层结构。普通明挖法如基坑开挖过深，支护亦困难，而盖挖法只要将边墙修筑至一定深度，便可自上而下逐层开挖，逐层建筑，使修筑地下多层结构比较容易实现。

总之，盖挖法兼有明挖和暗挖法的优点，而其造价根据国外经验，只比普通明挖法高约10%，大大低于暗挖法。

第二节　隧道施工辅助措施

无论在新奥法或传统的矿山法施工时，都可能会遇到开挖工作面不能自稳，或地面沉陷过大的情况，为了确保工程顺利进行和施工安全，必须采取一定的措施对地层进行预支护或预加固。铁路隧道施工中，经常采用的加固地层的措施有：预留核心土；喷射混凝土封闭开挖工作面；超前锚杆、插板或小钢管；管棚；临时仰拱封底；预注浆加固地层；水平旋喷和预切槽等。这些措施的选用，应视围岩条件、涌水状况、施工方法、环境要求等而定。一般宜采用几种措施综合治理。

一、超前锚杆

1. 定义

超前锚杆又称斜锚杆，是沿隧道纵向在拱上部开挖轮廓线外一定范围内向前上方倾斜一定外插角，或者沿隧道横向在拱脚附近以向下方倾斜一定外插角的密排砂浆锚杆。前者称拱部超前锚杆，后者称边墙超前锚杆(图 22—15)。

拱部超前锚杆用以支托拱上部临空的围岩，起插板作用。边墙超前锚杆用在先拱后墙法开挖边墙的过程中，将起拱线附近岩体所承受的较大拱部荷载传递至深部围岩，从而提高施工中的围岩稳定性。

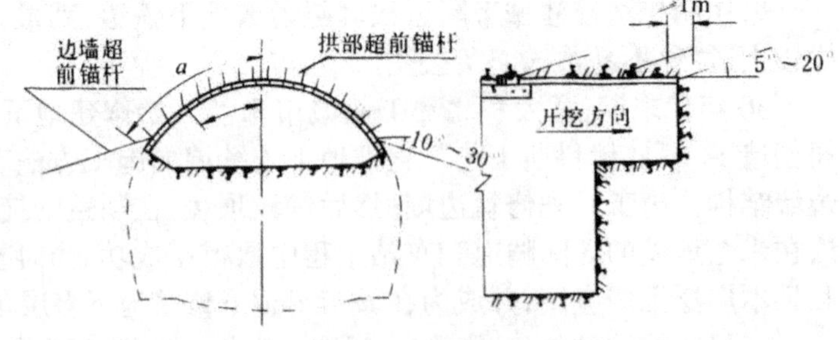

图 22—15　超前锚杆布置

2. 经验参数

(1)设置范围：对于拱部超前锚杆，设隧道拱部外弧半长为 a 则 $l=\frac{1}{2}a\sim\frac{2}{3}a$。式中 l 为需要设超前锚杆范围内之半弧长，如图 22—15 所示。

(2)锚杆直径：Ⅱ类围岩为 20～24 mm，Ⅲ类围岩为 18～22 mm。

(3)锚杆长度：3～5 m，与钻孔机具的钻眼能力和开挖工序的循环进尺相配合。拱部超前锚杆纵向两排之间应重叠1 m以上的水平搭接段。

(4)锚杆间距：Ⅱ类围岩为30～50 cm，Ⅲ类围岩为40～60 cm。

(5)锚杆钻孔：钻孔直径 D 不小于40 mm，拱部超前锚杆钻孔口位于开挖轮廓线以外10～20 cm；边墙超前锚杆钻孔口位于起拱线以上10～20 cm，可设一排或数排。

(6)锚杆外插角：拱部为Ⅱ类围岩5°～20°，Ⅲ类围岩5°～30°；边墙为10°～30°。

(7)充填砂浆标号不小于200号，宜用早强砂浆。

二、小导管注浆

1. 定义

小导管是沿隧道纵向在拱上部开挖轮廓线外一定范围内向前上方倾斜一定角度，或者沿隧道横向在拱脚附近向下方倾斜一定角度的密排注浆花管(图22—16)。注浆花管的外露端通常支于开挖面后方的格栅钢架上，共同组成预支护系统。

注浆小导管既能加固洞壁一定范围内的围岩，又能支托围岩，其支护刚度和预支护效果均大于超前锚杆，适用于较干燥的砂土层、砂卵(砾)石层、断层破碎带、软弱围岩浅埋段等地段的隧道施工。

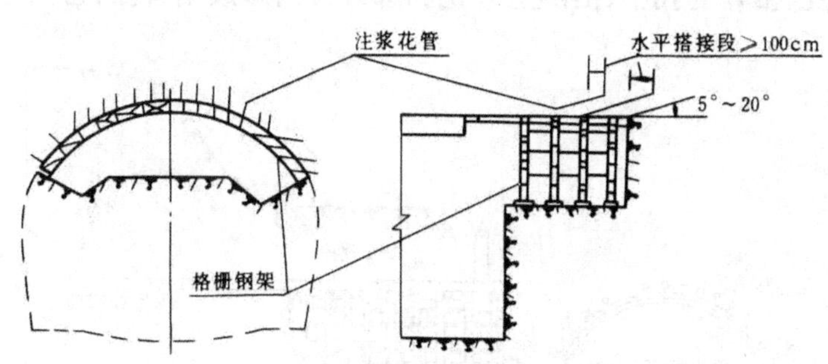

图22—16　小导管布置形式(拱部)

2. 经验参数

(1)小导管直径：小导管用ϕ42～50 mm热轧无缝钢管加工制成，长度3～5 m。

(2)小导管构造：小导管前部应钻注浆孔，孔径为6～8 mm，孔间距10～20 cm，呈梅花形布置。前端加工成锥形，尾部长度不小于30 cm，作为不钻注浆孔的预留止浆段(图22—17)。

(3)小导管注浆参数：通常压注水泥砂浆，水灰比 $w/c=0.5\sim1.0$。当围岩破碎，岩体止浆效果不好时，亦可采用水泥—水玻璃双液注浆，将浆液凝结时间控制在数分钟之内。注浆压力为0.5～1.0 MPa，必要时在孔口设止浆塞。

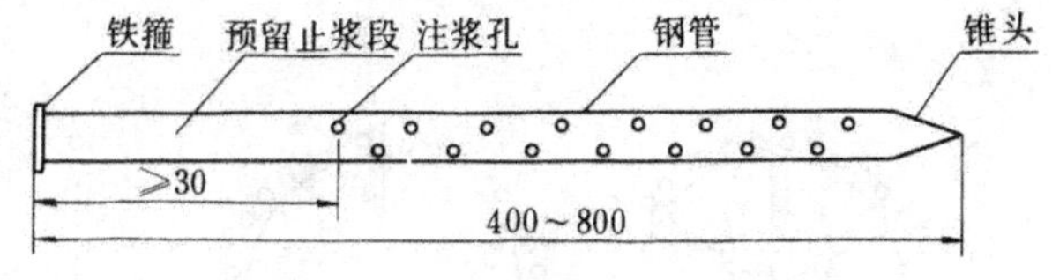

图22—17　小导管构造(单位：cm)

浆液扩散半径 R 可根据导管排列密度确定，考虑注浆扩散范围相互重叠的情况，可按下式计算：

$$R=(0.6\sim0.7)L_0 \tag{22—1}$$

式中　L_0——导管中心间距，m。

单根导管注浆量 Q 按下式计算：

$$Q=\pi R^2 Ln \tag{22—2}$$

式中　R——浆液扩散半径(m)；

L——导管长度(m)；

n——围岩空隙率(%)。

(4)小导管环向设置间距一般为20～50 cm，外插角10°～30°。两组小导管间纵向水平搭接长度不小于100 cm。

3. 与格栅钢架组成预支护系统

(1)格栅钢架又称格构梁,施工现场多称为花拱。常用 ϕ22～30 mm主筋和 ϕ12～16 mm构造筋,经冷弯焊接而成。其与注浆小导管组合成的预支护系统具有类似管棚的作用,也可称为短管棚。具有如下特点:

a. 比超前锚杆或小导管的支护能力强大。

b. 比管棚简单易行,灵活经济。但支护能力较弱。

c. 格栅钢架内空间被喷射混凝土充填、覆盖,具有较好的防水性能。

d. 充填的喷射混凝土与围岩和钢筋均紧密粘结,形成一个刚度较接近的共同变形体,受力条件合理。

三、管　　棚

1. 特点

管棚是将钢花管(导管)安插在已钻好的孔中,沿隧道开挖轮廓外排列形成钢管棚,管内注浆,有时还可加钢筋笼,并与强有力的型钢钢架组合成预支护系统(如图 22—18),以支承和加固自稳能力极低的围岩,对防止软弱围岩的下沉、松弛和坍塌等有显著的效果。其特点是支护能力强大,适用于含水的砂土质地层或破碎带,以及浅埋隧道或地面有重要建筑物地段。但其施工技术复杂,造价较高。

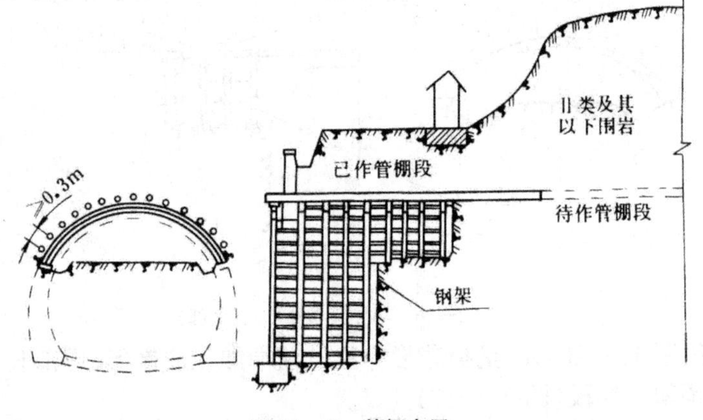

图 22—18　管棚布置

2. 管棚形状

管棚的形状有如图 22—19 所示 7 种,随隧道开挖面形状和导管的布置方式而异。

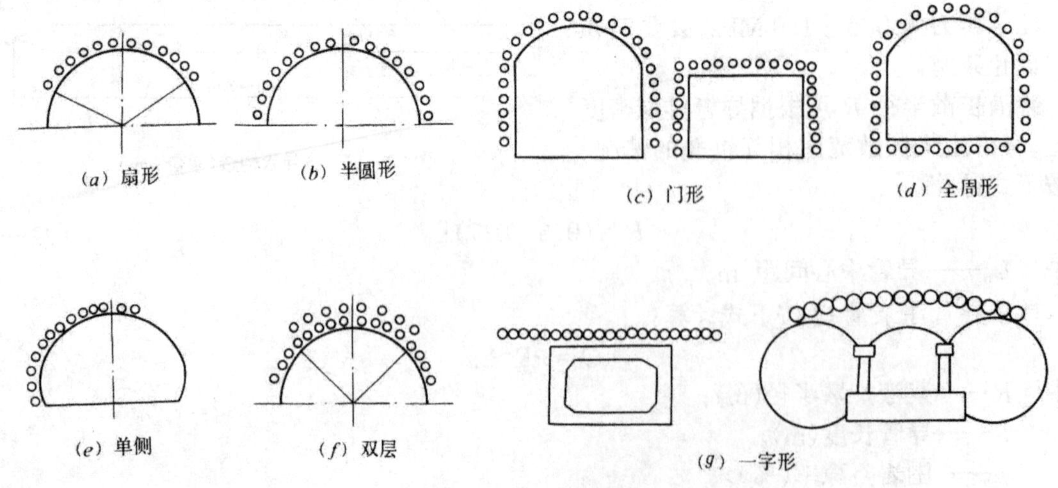

图 22—19　管棚形状

3. 导管的经验参数

(1)导管为热轧无缝钢管,外径 80～180 mm,长度为 10～45 m,分段安装,分段长 4～6 m,两段之间用"V"型对焊或丝扣连接。

(2)导管上须钻注浆孔,孔径为 10～16 mm,孔间距为 15～20 cm,呈梅花型布置(如图 22—20)。导管尾部留有不钻孔的止浆段。

导管注浆有两种形式:一种是通过导管上的注浆孔向地层内注浆,既加固地层又充填导管;另一种是向导管内灌注水泥砂浆或混凝土,砂浆或混凝土的标号为 200～300 号。

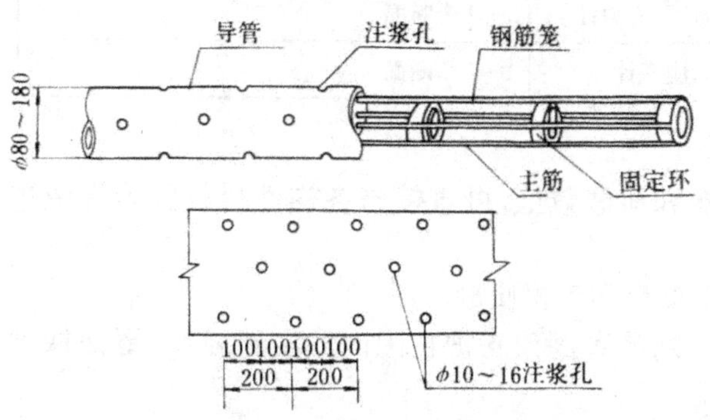

图 22—20　导管构造(单位:mm)

(3)导管中可增设钢筋笼,以提高导管的抗弯能力。

钢筋笼形式如图 22—20 所示,由四根主筋和固定环组成。主筋直径为 16～20 mm,固定环用短管节或钢筋环焊接而成。

(4)与管棚配合使用的钢架,可采用钢轨、H 型钢及钢管等加工制成。

4. 导管设置间距应根据地层性质(裂隙、地下水等)、地层压力、导管设置部位(隧道的顶部、侧边、底部)、钻孔机具性能及隧道开挖方法等条件确定,一般为 30～50 cm,或按 $2.0d \sim 2.5d$ 估算(d 为导管外径)。纵向两组管棚间应有不小于1.5 m的水平搭接长度。

5. 导管安装技术要求:

(1)当导管钻孔的孔壁不致坍塌时,可采用直接撞击法将导管撞击至设计位置。

当导管钻孔的孔壁容易坍塌时,则宜用导管与钻头同时钻进的方法,导管前端安装钨钴合金片等硬质钻头(图 22—21)。

(2)导管安装偏差⊿为:

$$\Delta \leqslant 0.006l \sim 0.015l \qquad (22\text{—}3)$$

式中　⊿——导管安装偏差;

l——导管长度。

导管钻孔可预留 1°左右的外插角。

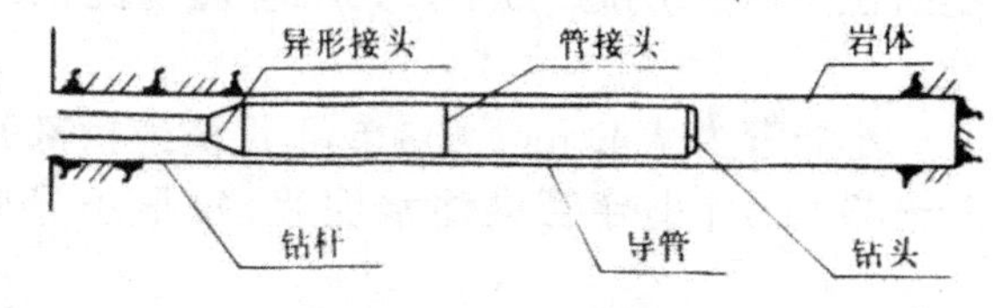

图 22—21　导管的安装方法

四、预 切 槽

自从 60 年代末法国工程师们在巴黎地铁的隧道工程中重新使用机械预切槽方法以来,近三十多年来这一新的施工方法已得到很大发展而日趋成熟,已从最初的用于硬岩施工的方法发展为能适用于软、硬不同地层的施工方法,形成了一套独特的施工工艺,开发了专门的施工机械。目前这种新施工措施已在法、日、意等许多国家的地铁、铁路、公路隧道以及城市排污管道、矿山巷道等各种地下工程中广泛应用,同时也引起了德、俄等各国地下工程界的广泛关注。

五、预支护施工监测

(一)监测项目的确定

在施作预支护的隧道工程中,应设置专门的监测项目。管棚施工地段,要求监测的项目较多(表 22—1),其中拱顶下沉和净空变化为必测项目,其余的监测项目只可适当减少些测点,但属于不可缺少项目。

管棚施工监测技术要求 表 22—1

监测项目	测 试 要 求	监测手段	测 点 布 置
拱顶下沉	推算导管及钢架变形	水准仪、水准尺	应在钢架上及钢架之间分别设点
净空变化	推算导管及钢架变形	净空变化测定计	应在钢架上及钢架之间分别设点
钢架荷载	钢架上作用荷载及钢架的基础反力	土压计或压力盒	导管处、导管间及钢架基脚处分别设测点
导管应力	导管的受力状态	应力、应变计	导管内壁及导管下缘设测点,1~2 个断面
钢筋笼应力	钢筋笼的受力状态	钢筋计及应力计	1~2 个断面
钢架内应力	钢架的受力状态	应力、应变计	1~2 个断面

(二)监测的目的

1. 实测预支护系统中各构件的应力、应变和荷载数值,可直接与各构件材料的容许值进行比较,以验证和检查预设计参数。

2. 根据监测信息进行施工管理,确保施工安全和工程质量。

3. 鉴于隧道预支护设计方法尚不成熟,特别是管棚预支护在国内的实践较少,更需探索监测技术,积累监测数据,总结设计和施工的经验,以逐步充实和完善预支护的设计理论和监测、施工技术。

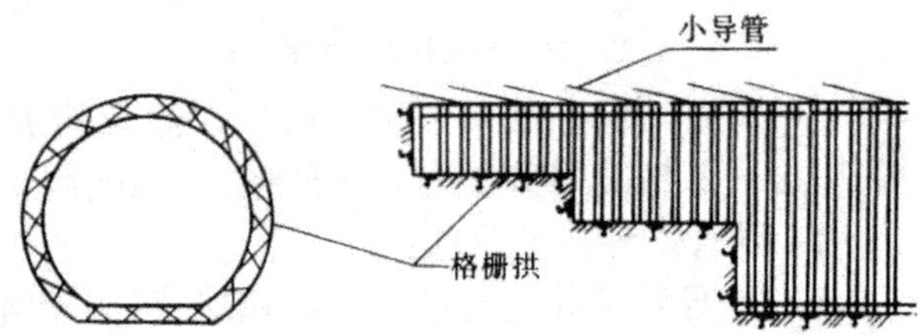

图 22—22 复兴门折返线双线隧道小导管图

六、预支护施工实例

1. 北京地铁复兴门折返线,地表覆盖厚10 m,为永定河冲积粉细砂砾石或砾砂层,属Ⅱ类围岩,无胶结,自稳能力极低。隧道位于地下水位线以上。采用图 22—22 所示小导管、格栅钢架、锚喷、复合式衬砌等工程措施。

小导管为 ϕ 32 mm,长3.5 m,沿隧道拱部开挖轮廓线布置,仰角 10°~20°;格栅钢架如图 22—23 所示;小导管内注水泥浆,每根小导管进浆量为 15~30 L/min,注浆孔口压力为 0.5 MPa。注浆后,在导管外围形成 0.6~1.2 m左右的砂石、砂浆胶结硬壳,从而提高了开挖面围岩的自稳能力,使施工顺利进行。

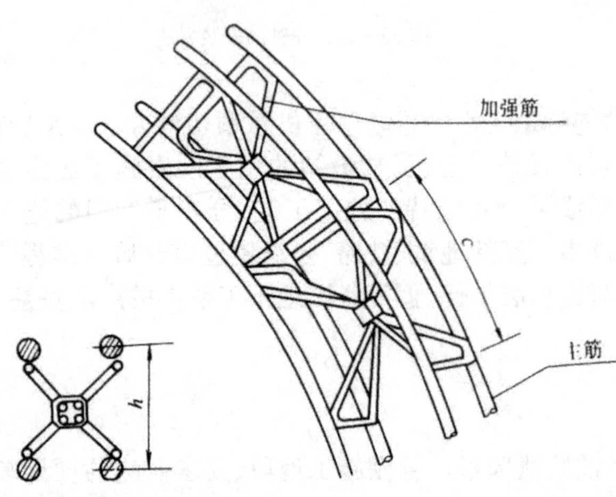

图 22—23 复兴门折返线隧道格栅钢架

2. 重庆市向阳公路隧道进口端为弃置的石碴及块石堆积物,最大覆盖厚22 m,地面有公路和建筑物,隧道施工中要求严格控制地表下沉。采用长40 m、ϕ 108 mm、壁厚6 mm、间距400 mm的长导管;钢架采用 15~24 kg/m钢轨,纵向间距1 m;导管内灌筑 1:1:0.5 水泥砂浆。因而保证了堆积地段隧道施工的安全(图 22—24)。

在施工中,当导管钻进30 m时,实测其前端下沉量为 20~30 cm,钻孔左右偏差为

10～20 cm，其施工误差可供设计参考。

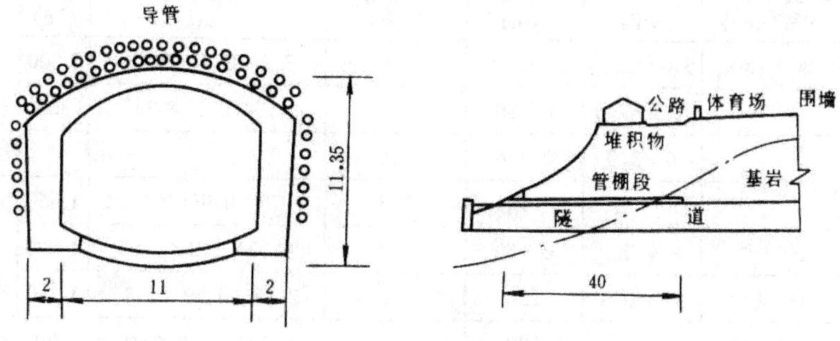

图 22—24　向阳隧道管棚(单位：m)

七、预支护施工主要机具设备

在预支护施工中，管棚、锚杆和注浆等施工需配备专门的机械和设备。主要机具设备列于表 22—2 至表 22—7 中。

管棚主要施工机具　　表 22—2

名称及规格型号	用　途	产地或制造厂
XY-2B 型钻机	导管钻孔或注浆钻孔	重庆探矿机械厂
TU-100 型钻机	导管钻孔或注浆钻孔	石家庄探矿机械厂
BW-250 型泥浆泵	水泥注浆	衡阳探矿机械厂
$S_2B16/36$ 型双液注浆泵	双液注浆	成都 420 厂

常用注浆钻机性能规格　　表 22—3

钻机型号	生产厂	钻进能力(m)	孔径(mm)	可钻钻孔角度	钻进方式
PD-200	日本	70		水平 −40°～+40° 竖直 −25°～+25°	冲击-回转
HCR-C300	日本	200		0°～360°	冲击-回转
古河凿岩机 322D	日本	150		0°～360°	冲击-回转
矿研钻探 OP-1	日本	150		0°～360°	冲击-回转
CBY-70　BY-70A	前苏联	50	60～70	0°～360°	
XU-300	重庆探矿厂	300	75～110	75°～90°	回转
XU-100 XJ-100	北京探矿厂	100	75～110	75°～90°	回转
KD-100	北京探矿厂	100	75～100	0°～360°	回转
TXU-75	石家庄煤机厂	75	50～89	0°～360°	回转

钻孔机械适应性　　表 22—4

钻进方式 / 围岩条件	回转式	冲击式	冲击-回转式	喷射式	打入式
石质围岩	○	○	◎		
砾石层20 cm以上	○	○	○		
砂砾层	◎	○	○	○	○
砂　层	○		○	◎	○
软弱层				○	○

注：◎合适；○可以。

注浆泵性能规格 表 22—5

型号	活塞直径×冲程(mm)	压力(MPa)	排量(L/min)	原动机功率(kW)	外形尺寸长×宽×高(m)	重量(kg)	其它
YSB-250/120	80×150	5.0～12.0	50～250	75	3.9×0.7×1.725	3 000	镇江煤机厂
KBY-50/70		0.5～7.0	0～50	7.5	1.3×0.72×0.7	300	石家庄煤机厂
SZB-16/30		0～3.0	0～16	1.5			铁科院西南所设计
aTGZ60/210		6.0～21.0	16～60	7.5	1.75×0.945×1.12	1 050	锦西泵厂
aMJ-3/40		4.0	0～50	7.5	1.13×1.0×1.05	1 000	
BW-250/50	89×150	5.0	250	24	2.17×0.82×1.77	1 120	石家庄煤机厂
TBW-200/40	85×140	4.0	200	18	1.67×0.89×1.6	680	石家庄煤机厂
TBW-50/15	15×50	1.5	50	2.2	1.054×0.353×0.465	192	石家庄煤机厂
SYB-50/50-1		0～3.5 0～5.0	0～50 0～32				江南造船厂
HFV-2A	65×300	0.2～5.0	0～100	11	0.9×0.6×2.0	386	日本产
HFV-2B	57×300	0.2～12.0	0～45	11	2.0×0.5×1.0	290	日本产
HFV-2C	100×300	3.0～13.0	0～200	22	0.9×1.1×2.2	1 600	日本产
HFV-5D	96×262	0～10.0	0～70×2	22	1.6×0.45×0.83	1 350	日本产
PF-40A	90×300	0～15.0	0～113×2	30			日本产

止浆塞类型及技术特性 表 22—6

特性＼类型	机械式				水力膨胀式	
	单管三爪止浆塞	单管异径止浆塞	孔内双管止浆塞	小型双管止浆塞	单管止浆塞	双管止浆塞
胶塞直径(mm)	90;110;120;130	90;110;120;130	110;120;130	42;75;90;110	110;120;130	110;120;130
胶塞长度(mm)	150～200	150～200	200	150～200	1 000	1 000
最大压力(MPa)	6～10	6～10	6	3	10	6～8
胶塞数量(个)	2～4	2～4	2～4	1～3	1	1
适用条件及特点	1. 地面注浆的分段上行或下行式注浆； 2. 套管内或孔壁较完整的裸孔内止浆	1. 地面注浆的下行式(前进式)注浆； 2. 变径台阶设在硬岩位置	1. 分段上行或下行式注浆； 2. 混合器与止浆塞组装成一体	1. 适用于工作面预注浆； 2. 套管或孔壁较完整的裸孔内止浆	1. 分段上行或下行工注浆； 2. 套管或孔壁较完整的裸孔内止浆	1. 分段上行或下行式注浆； 2. 同时下入钻孔两趟管路

混合器类型及技术特性 表 22—7

特性＼类型	弹簧半球式混合器	方盒式球阀混合器	孔内球阀混合器	孔口球阀混合器
进口内径(mm)	20	20	39	30
出口内径(mm)	25	20	65	39
钢球直径(mm)	—	25	36	46
浆液流量(L/min)	<20	<50	<250	<250
承受压力(MPa)	2	3	8	13
适用条件	适用于小压力注浆	工作面或地面预注浆	地面预注浆	工作面或地面预注浆

第三节　隧道洞内爆破

一、爆破对固体介质的破坏作用

炸药的爆炸反应是有机物的氧化还原反应，具有高温、高压和高速度的特点。炸药的爆炸过程是爆轰波的传播过程，也是爆炸生成气体和初始作功的过程。当炸药在岩(土)体中爆炸时，爆轰波轰击岩面，以冲击波形式向岩体内部传播，形成动态应力场。冲击波作用时间极短，能量密度很高，使炮孔周围岩石产生粉碎性破坏。爆炸气体静压和膨胀作功，有使岩石质点作远离药包中心运动的倾向，岩体受切向拉力，其强度达到岩石抗拉强度时，则岩石破坏，产生径向裂隙。在爆炸结束的瞬间，随着温度下降，气体逸散，介质又为释放压缩能而回弹，从而又可能产生环向裂缝。在爆破力作用下，在偏离径向45°的方向上还可能产生剪切裂缝。在这些裂缝的交错切割和剩余爆破力的作用下，岩石即被破碎和移位。

(一)无限介质中的爆破作用

假定将药包埋置在无限介质中进行爆破，则在远离药包中心不同的位置上，其爆破作用是不相同的。大致可以划分为四个区域，如图22—25所示。

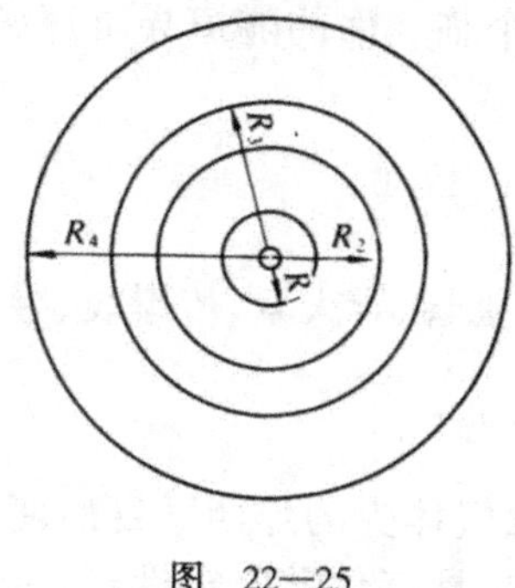

图　22—25

1. 压缩粉碎区。它是指半径为 R_1 范围的区域。该区域内介质距离药包最近，受到的压力最大，故破坏最大。当介质为土壤或软岩时，压缩形成一个环形体孔腔；介质为硬岩时，则产生粉碎性破坏，故称为压缩粉碎区。

2. 抛掷区。R_1 与 R_2 之间的范围叫抛掷区。在这个区域内介质受到的爆破力虽然比压缩粉碎区小，但介质的结构仍然被破坏成碎块。炸药爆炸能量除对介质产生破坏作用外，尚有多余能量使被破坏的碎块获得运动速度，在介质处于有临空面的空间时，则在临空面方向上被抛掷出去，产生抛掷运动。

3. 破坏区。该区又叫松动区，是指 R_2 与 R_3 之间的区域。爆炸能量在此区域内只能使介质破裂松动，已没有能力使碎块产生抛掷运动。

4. 震动区。R_3 与 R_4 之间的范围叫爆破震动区。在此范围内，爆炸能量只能使介质发生弹性变形，不能产生破坏作用。

(二)临空面与爆破漏斗

临空面又叫自由面，是指暴露在大气中的开挖面。在假定的无限介质中爆破，抛掷和松动是无法实现的。而在有临空面存在的情况下，足够的炸药爆炸能量就会在靠近临空面一侧实现爆破抛掷，其结果是形成一个圆锥形的爆破凹坑，此坑就叫爆破漏斗。爆破抛起的岩块，一部分落在漏斗坑之外形成爆破堆积体或飞石，另一部分回落到漏斗坑之内，掩盖了真正的爆破漏斗，形成看得见的爆破坑，叫做可见爆破漏斗，如图22—26所示。

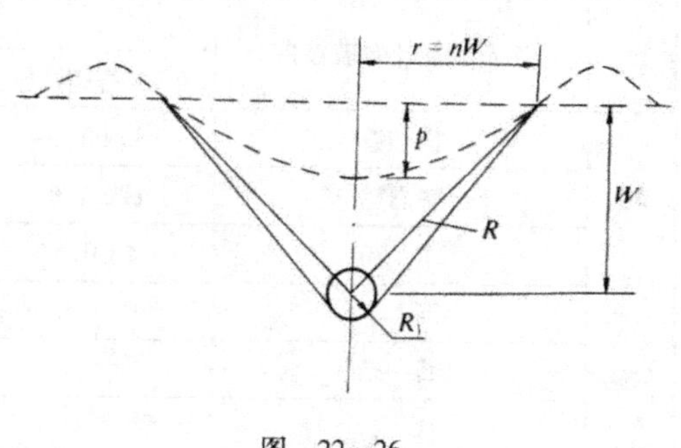

图　22—26

爆破漏斗由以下几何要素组成：药包中心到自由面最短距离，称为最小抵抗线(W)；最小抵抗线与自由面交点到爆破漏斗边沿的距离，叫爆破漏斗半径(r)；药包中心到爆破漏斗边沿的距离叫破裂半径(R);可见漏斗深度(p);压缩圈半径(R_1)等。

爆破漏斗半径 r 与最小抵抗线 W 的比值 n($n=\frac{r}{W}$),称为爆破作用指数,这是一个描述爆破漏斗大小、爆破性质、抛掷堆积情况等因素的重要相关系数。通常把 $n=1$ 的爆破称为标准抛掷爆破,其漏斗称为标准抛掷爆破漏斗;$n>1$ 的爆破称为加强抛掷爆破或扬弃爆破;$0.75<n<1$ 的爆破称为加强松动或减弱抛掷爆破;$n\leqslant0.75$ 的爆破称为松动爆破。平坦地形的松动爆破结果,只能看到岩土破碎和隆起,并没有爆破漏斗可见。

临空面数目多少对爆破效果有很大影响,增加临空面是改善爆破状况,提高爆破效果的重要途径。

(三)柱状药包爆破特点

炮孔法爆破的装药结构,形成圆柱状延长药包,简称柱状药包。由炸药爆炸特性所确定,球形药包爆炸应力波的传播方向,是以药包中心为圆心成球面状向四周辐射传播,而柱状药包爆炸应力波的传播方向,则是以药包轴线为轴线,沿着垂直药包表面的平面向四周传播。所以,当炮孔方向垂直于临空面,即最小抵抗线与炮孔装药轴线重合时,大多数爆炸作用力的作用方向是平行于临空面而指向岩体内部,使炮孔周围岩体压缩、变形和破碎,只有靠近孔口的少量炸药爆炸力将孔口附近部分碴石抛出。这种情况对于只有一个临空面的隧道导坑爆破,是非常不利的。

二、爆破器材

爆破器材是指炸药和起爆、传爆材料。起爆传爆材料主要包括雷管、导火索、传爆线、导爆管等能够提供和传递起爆能量,使炸药发生爆炸的材料。

(一)炸　　药

隧道爆破使用的炸药,应该是爆炸威力大、使用安全、产生有毒气体少的炸药。目前使用最广的是铵梯炸药。铵梯炸药的主要成份是硝酸铵、木粉和梯恩梯,具有化学安定性好,爆炸后无固体残渣,产生有毒气体少,对震动、摩擦不敏感等特点。而且制造简单,原料来源丰富,价格便宜,使用安全,并可通过调整配料比例即能制成威力、性能各异的多种混合炸药,以满足多种爆破需要。铵梯炸药的缺点是抗水性能差,容易吸潮结块,结块后将会影响其爆炸性能,降低爆炸威力等。目前在一般隧道中多使用 2# 岩石硝铵炸药,在有瓦斯的隧道中则使用煤矿硝铵炸药。其成份及性能参数见表 22—8。

我国通常将隧道用的炸药制成药卷使用,标准药卷规格为外径 ϕ 32 mm,装药净重150 g,长度为200 mm。药卷规格见表 22—9 所列。

硝铵炸药参数　　表 22—8

组成性能及爆破参数		炸药名称			
		2# 岩石硝酸铵	2# 抗水岩石硝酸铵	2# 煤矿硝酸铵	2# 抗水煤矿硝酸铵
组成(%)	硝酸铵	85±1.5	84±1.5	71±1.5	72±1.5
	梯恩梯	11±1.0	11±1.0	10±0.5	10±0.5
	木　粉	4±0.5	4.2±0.5	4±0.5	22±0.5
	沥　青		0.4±0.1		0.4±0.1
	石　蜡		0.4±0.1		0.4±0.1
	食　盐			1.5±1.0	1.5±1.0

续上表

	组成性能及爆破参数		炸药名称			
			2# 岩石硝酸铵	2# 抗水岩石硝酸铵	2# 煤矿硝酸铵	2# 抗水煤矿硝酸铵
性能	水份(%)不大于		0.3	0.3	0.3	0.3
	密度(g/cm^3)		0.95~1.10	0.95~1.10	0.95~1.10	0.95~1.10
	猛度(mm)不小于		12	12	10	10
	爆力(ml)不大于		320	320	250	250
	殉爆距离(cm)	浸水前不小于	5	5	5	4
		浸水后不小于		3①		3①
	爆速(m/s)		3 600	3 750	3 600	3 600
爆破参数	氧平衡(%)		3.38	0.37	1.28	1.48
	比容(L/kg)		924	921	782	783
	爆热(kcal/kg)		881	959	792	793
	爆温(℃)		2514	2 654	2 230	2 244
	爆压(MPa)		3 306.1	3 587.4	3 306.1	3 306.1

注:①侵入水中1 m,时间1 h。

用于光面爆破的炸药,有爆速低、猛度小、密度小的要求,通常制成小直径药卷。其规格性能见表22—10。

在有水情况下爆破,需要采用抗水炸药。目前比较适合有水隧道使用的是乳化油炸药。它具有良好的抗水、抗爆、耐低温和安全等性能,对环境污染少,可以在现场进行加工。

药卷规格 表22—9

药卷外径(mm)	32±1	35±1	38±1
装药净重(g)	150±1	180±3	230(200)±5
药卷长度(mm)	200	200	200(180)

光面爆破专用炸药规格性能 表22—10

炸药名称	药卷规格(直径×长度)(mm×cm)	爆速(m/s)	密度(g/cm^3)	线装药密度(kg/m)
1# 岩石硝铵	20×20~60	2900~3200	0.85~1.05	0.35
2# 岩石硝铵	20×20~60	2600~3000	0.85~1.05	0.35
2# 岩石硝铵	25×20~25	3000~3200	0.85~1.05	0.50
低爆速炸药	20×20	1800		

目前制成药卷使用的乳化油炸药规格有两种:一种是直径32 mm,长200 mm,每卷重约170 g的药卷,通常用于常规的爆破;另一种是光面爆破使用的直径为20 mm,长400~500 mm,药重150~190 g的筒装药卷。

(二)雷　管

1. 火雷管。用导火索喷出火焰引爆的雷管叫火雷管,又名普通雷管。火雷管按照管内装药的不同,分成10种号码,号数越大起爆能力越强。工程上常用6# 及8# 两种,其构造如图22—27(*a*)所示。

2. 电雷管。用电流引爆的雷管称为电雷管。它主要由电发火装置和一个火雷管部分组成,品种较多。常用的有即发电雷管和迟发电雷管。迟发电雷管又称延期电雷管,有秒延期和毫秒(微差)延期之分,如图22—27(*b*)所示。

即发电雷管是把点火用的电桥丝埋入引爆药内，当通以足够的电流之后，即刻就可以引起爆炸。

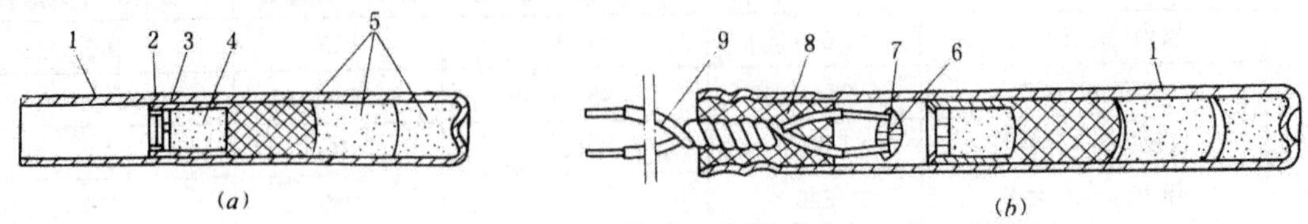

图 22—27

1—外壳；2—加强帽；3—绢片；4—正起爆炸药；
5—副起爆炸药；6—电桥丝；7—发火药；8—密封圈；9—脚线。

秒延期电雷管是在电引火装置与起爆药之间安装了延期药或安装一段精制的导火索，使通电点火后能延长一段以秒计的时间间隔，然后才爆炸。由于延期时间较长，精确度不太高，多用于分段起爆。

毫秒延期电雷管的延期元件是用特殊化学物质组成的缓燃剂，延期时间较为精确，可以实现微差爆破。

国产延期电雷管的分段间隔和延期时间见表 22—11。

延期电雷管的段别和延期时间　　表 22—11

段别	秒延期雷管(s)	毫秒延期雷管(ms)				
		系　　列				
		Ⅰ	Ⅱ	Ⅲ	Ⅳ	Ⅴ
1	<0.1	<5	<13	<13	<13	<4
2	1.0+0.5	25±5	25±10	100±10	300±30	10±2
3	2.0+0.6	50±5	50±10	200±20	600±40	20±3
4	3.1+0.7	75±5	$75\pm^{15}_{10}$	300±20	900±50	30±4
5	4.3+0.8	100±5	110±15	400±30	1 200±60	40±6
6	5.6+0.9	125±7	150±20	500±30	1 500±70	60±7
7	7.0+1.0	150±7	$200\pm^{20}_{25}$	600±40	1 800±80	80±10
8		175±7	250±50	700±40	2 100±90	110±15
9		200±7	310±30	800±40	2 400±100	150±20
10		225±7	380±35	900±40	2 700±100	200±25
11			460±40	1 000±40	3 000±100	
12			550±45	1 100±40	3 300±100	
13			650±50			
14			760±55			
15			880±60			
16			1 020±70			
17			1 200±90			
18			1 400±100			
19			1 700±130			
20			2 000±150			

注：Ⅰ—高精度系列；Ⅱ—普遍应用的系列；Ⅲ、Ⅳ—小秒量延期电雷管；Ⅴ—直插式延期电雷管。

3．导爆管。为配合非电导爆管起爆系统使用的导爆管(又称非电雷管)，亦有即发和延期之分。它是由导爆管传递的爆轰波进行点火，由延期药实现延期的，如图 22—28 所示，其结构构造与毫秒电雷管相似，用途、效果与电雷管基本相同。

(三)其他爆破器材

除上述爆破所必需的炸药、雷管外，常用的爆破器材尚有导火索、导爆索、导爆管、导电线。

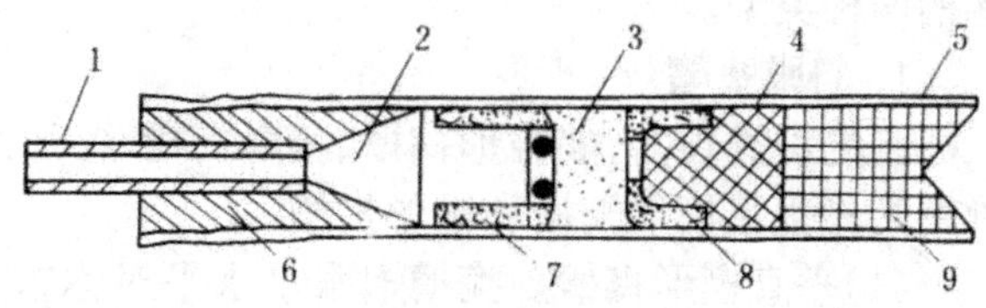

图 22—28

1—塑料导爆管；2—消爆空腔；3—延期炸药；4—正起爆炸药；5—金属管壳；6—塑料联接套；7—空信帽；8—加强帽；9—副起爆炸药。

1. 导火索又称导火线，由药芯和索壳组成。外径5.2～5.8 mm，药芯为黑火药。药芯外面包裹棉、麻、纤维和防潮层，呈圆索状。正常燃烧速度为110～130 s/m，其作用是传递火焰给火雷管，配合火花起爆法使用。外表多呈白色。

2. 导爆索又称传爆线，结构上与导火索相似。索芯用高级烈性炸药制成，其作用是传递爆炸，可以用雷管直接引爆炸药。传爆速度一般为6 800～7 200 m/s。为了与导火索区别，外表涂成红色或红黄相间颜色。导爆索可以构成单独的导爆索网路，形成导爆索起爆法。

3. 导爆管原称诺尼尔管，用半透明高压聚乙烯塑料制成。外径3.0 mm，内径1.5 mm，管的内壁涂有薄层高能炸药，每米约20 mg。当管壁炸药受到足够强度冲击波作用时，便能以1 900～2 000 m/s的速度稳定传爆，直至引爆雷管。

4. 国产导电线有橡皮线、塑料线和裸体线等，还有铜芯线和铝芯线之分，工程爆破中一般不用裸体导线。选择导电线时应考虑尽量降低电爆网路中的电阻值，以保证有足够的电流通过每个电雷管。

三、隧道内常用的爆破方法

隧道内常用的爆破方法是传统的炮眼爆破。其主要内容包括掏槽爆破技术、炮眼参数确定及炮眼布置、装药起爆等。

(一)炮眼种类和作用

隧道开挖爆破的炮眼数目，多在几十至一百多范围内。炮眼类型则由于这些炮眼所在的位置、爆破作用、布置方式和有关参数的不同而大体上可分为如下几种：

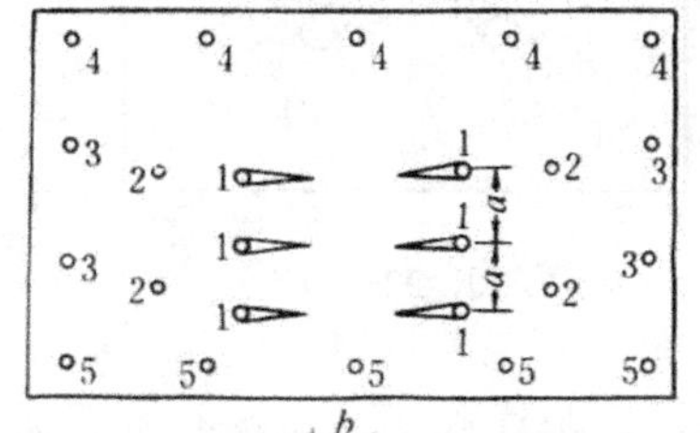

图 22—29

1—掏槽眼；2—辅助眼；3—帮眼；4—顶眼；5—底眼。

1. 掏槽眼。针对隧道开挖爆破只有一个临空面的特点，为提高爆破效果，宜先在开挖断面的适当位置(一般在中央偏下部)布置几个掏槽炮眼，如图22—29中的1[#]炮眼。爆破时让其最先起爆，为邻近炮眼的爆破创造临空面。

2. 辅助眼。位于掏槽炮眼与周边炮眼之间的炮眼称为辅助眼，如图22—29中的2[#]的炮眼。其作用是扩大掏槽眼炸出的槽口，为周边炮眼的爆破创造临空面。

3. 周边眼。沿隧道周边布置的炮眼称为周边眼，如图22—29中的3[#]、4[#]、5[#]炮眼。其作用是炸出一个合适的爆破轮廓。按其所在位置不同，又可分为帮眼(3[#]眼)、顶眼(4[#]眼)和底眼(5[#]眼)。

(二)掏槽型式

掏槽爆破质量的好坏，直接影响整个隧道爆破的成败。根据施工方法、开挖断面大小、围岩状况和凿岩机具的不同,可将掏槽方式分为斜眼掏槽和直眼掏槽两种类型。

1. 斜眼掏槽

它的种类很多,如锥形掏槽、爬眼掏槽、各种楔形掏槽、单斜式掏槽等等。隧道爆破中比较常用的是垂直楔形掏槽和锥形掏槽。

(1)垂直楔形掏槽。掏槽炮眼呈水平对称布置(图 22—29),爆破后将炸出楔形槽口。炮眼轴线与开挖面之间的夹角 α,上下两炮眼的间距 a 和同一平面上一对掏槽眼眼底的距离 b,是影响此种掏槽爆破效果的重要因素,这些参数随围岩类别的不同而不同,表 22—12 列出一些经验数值供参考。

爆 破 参 数 表 22—12

围岩类别	α	斜 度 比	a(cm)	b(cm)	炮眼数量(个)
Ⅲ类以下	70°~80°	1:0.27~1:0.18	70~80	30	4
Ⅳ类	75°~80°	1:0.27~1:0.18	60~70	30	4~6
Ⅴ类	70°~75°	1:0.37~1:0.27	50~60	25	6
Ⅵ类	55°~70°	1:0.47~1:0.37	30~50	20	6

(2)锥形掏槽。这种炮眼呈角锥形布置。根据掏槽炮眼数目的不同分为三角锥、四角锥及五角锥等。图 22—30 所示的为四角锥掏槽,它常用于受岩层层理、节理、裂隙等影响较大的围岩和竖井中的开挖爆破。其有关参数见表 22—13。

斜眼掏槽具有操作简单,精度要求较直眼掏槽低,能根据岩层情况改变掏槽角度和方式、掏槽眼数量少,炸出槽口大等优点。但是因斜度影响,炮眼最大深度受到开挖面宽度或高度限制,不便钻成深眼。

2. 直眼掏槽

锥形掏槽眼角度和距离 表 22—13

围岩类别	α	a(cm)	眼数(个)
Ⅲ类以下	70°	100	3
Ⅳ类	68°	90	4
Ⅴ类	65°	80	5
Ⅵ类	60°	70	6

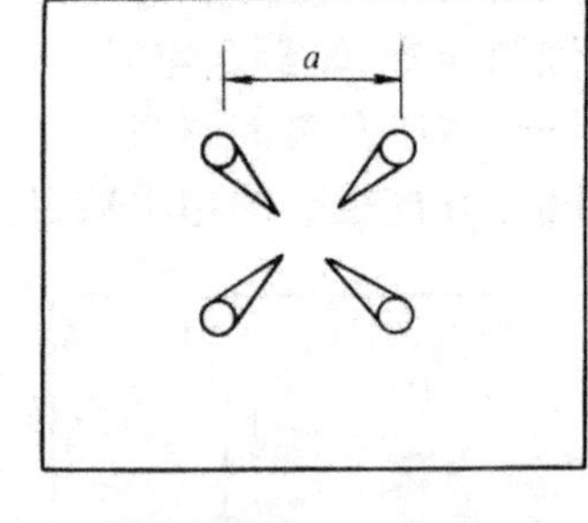

图 22—30

所有掏槽炮眼均垂直于开挖面的掏槽形式,称为直眼掏槽。

直眼掏槽不受围岩软硬和开挖断面大小的限制,可以钻深眼,长短钻杆配合可实行各台凿岩机同时作业,爆破碴石集中,便于快速出碴,且不易打坏支撑排架及其它设备。但必须严格控制钻眼方向和相互距离,否则会影响掏槽效果。目前多利用钻孔台车钻眼,并采取大直径中空直眼掏槽,常用形式有:

(1)柱状掏槽。它是充分利用大直径空眼作为临空孔和岩石破碎后的膨胀空间,使爆破后能形成柱状槽口的掏槽爆破。作为临空孔的空眼数目,视炮眼深度而定,一般当孔眼深度小于 3.0 m时取一个;孔眼深度为 3.0~3.5 m时,采用双临空孔;孔眼深度为 3.5~5.15 m时采用三个孔,如图 22—31 所示。试验表明,第一个起爆装药孔离开临空孔的距离应不大于 1.5 倍临空孔直径 D。

(2)螺旋形掏槽。中心眼为空眼，邻近空眼的装药眼与空眼之间距离逐渐加大，其联线呈螺旋形状，如图 22—32 所示。装药眼与空眼之间距离分别为 $a=(1.0\sim1.5)D$；$b=(1.2\sim2.5)D$；$c=(3.0\sim4.0)D$；$d=(4.0\sim5.0)D$。D 为空眼直径，一般不宜小于 100 mm，亦可用 $\phi60\sim70$ mm 的钻头钻成 8 字形双孔。爆破按 1、2、3、4 顺序起爆。

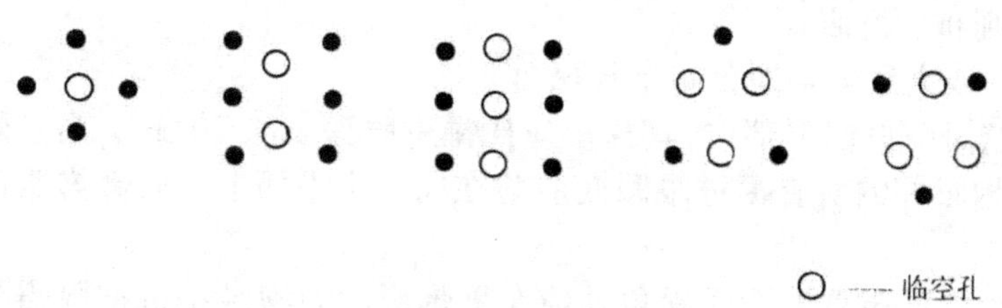

图 22—31

(三)炮眼数量

炮眼数量受地质条件、断面大小、炸药性能等因素影响。合适的炮眼数量，其有效容积应能容纳下每爆破循环所需要的炸药量。其计算公式为

$$N=\frac{qs}{a\gamma} \tag{22—4}$$

式中 N——炮眼数量；

q——单位用药量，一般取 $q=1.1\sim2.4\ \mathrm{kg/m^3}$；

s——开挖断面积($\mathrm{m^2}$)；

a——装药系数，即装药长度与炮眼全长的比值，随围岩、炮眼类别不同而不同，一般取 $a=0.5\sim0.8$；

γ——每延米药卷的炸药重量(kg/m)。

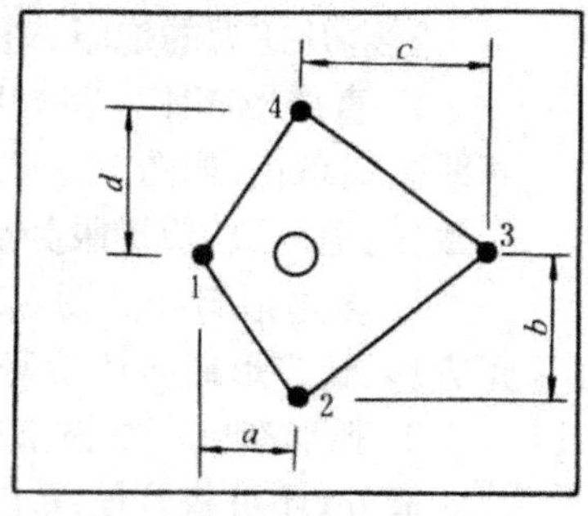

图 22—32

2# 岩石硝铵炸药每米重量见表 22—14。

2# 岩石硝铵炸药每米重量 表 22—14

药卷直径(mm)	32	35	38	40	45	50
γ(kg/m)	0.78	0.96	1.10	1.25	1.59	1.90

(四)炮眼深度

炮眼深度是指炮眼底到开挖作业面的垂直距离。合理的炮眼深度，对提高掘进速度和炮眼利用率都有较大影响。随着凿岩、装碴运输设备的改进，目前普遍存在加长炮眼深度以减少作业循环次数的趋势。

确定炮眼深度的方法有两种。一种是采用斜眼掏槽时，炮眼长度受开挖面大小的影响，炮眼深度不易过大。故最大炮眼深度 L 一般取断面宽度(或高度)B 的 $0.5\sim0.7$ 倍，即 $L=(0.5\sim0.7)B$。

另一种方法是利用每一掘进循环所要求的进尺数及实际的炮眼利用率来确定，即

$$L=\frac{l}{\eta} \tag{22—5}$$

式中 L——炮眼深度(m)；

l——每掘进循环的计划进尺数(m)；

η——炮眼利用率，一般要求不低于 85%。

所确定的炮眼深度应与装碴运输能力相适应，使每个作业班能完成整数个循环，而且使掘进每米坑道消耗的时间最少，炮眼利用率最高等。目前较多采用的炮眼深度为 1.2 m～

3.5 m。

(五)炮眼布置

在一般情况下,应按下述原则布置炮眼:

1. 将计算出的炮眼数目均匀或大致均匀地分布于开挖面上。

2. 掏槽眼一般应布置在开挖面中央偏下部位,其深度应比掘进眼深 15~20 cm。为求炸出平整的开挖面,除掏槽和底部炮眼外的所有掘进眼眼底应落在同一个平面上。底部炮眼深度一般与掏槽眼相同。

3. 周边炮眼应严格按照设计位置布置。断面拐角处应布置炮眼。为满足钻机钻眼需要和减少超欠挖,周边眼设计位置应考虑 0.03~0.05 的外插斜率。并应使前后两排炮的衔接台阶高度(即锯齿形的齿高)最小为佳。此高度一般要求为10 cm左右,最大也不应大于15 cm。

4. 当炮眼深度超过2.5 m时,靠近周边炮眼的内圈炮眼,应与周边眼有相同的斜率倾角。

5. 当岩层层理明显时,炮眼方向应尽量垂直于层理面,如节理发育,则炮眼位置应避开节理,以防卡钻和影响爆破效果。

隧道开挖面的炮眼,遵守上述原则可以有以下几种布置方法:

1. 直线形布眼。将炮眼按垂直方向或水平方向,围绕掏槽开口成直线形逐层排列,简称直线图式布孔,如图 22—33 所示。这种布孔图式,形式简单且易掌握,同排炮眼的最小抵抗线一致,间距一致,前排眼为后排眼创造临空面,爆破效果较好。

2. 多边形布孔。图 22—34(*a*)布孔形式是围绕着掏槽开口,由里向外将炮孔逐层布置成正方形、长方形或多边形等基本规则的图式。

3. 弧形布孔。如图 22—34(*b*)所示,顺着拱部弧形轮廓线,把炮孔布置成逐层的弧形图式。此外,还可将开挖面上部炮孔布置成弧形,下部炮孔布置成直线形,以构成混合型布孔图式。

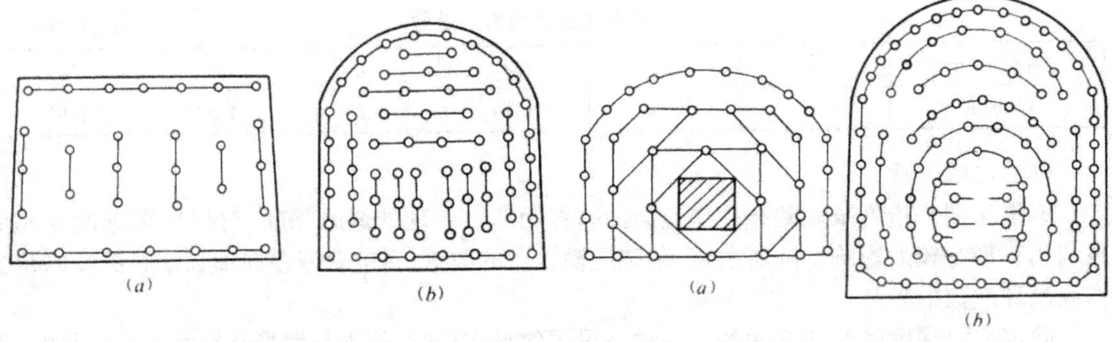

图 22—33　　图 22—34

4. 圆形布孔。当开挖断面为圆形时,可将炮孔围绕断面中心逐层布置成圆形图式。这种布孔图式,多用在圆形隧洞、泄水洞以及圆柱形竖井的开挖中。

(六)炸药量的计算及分配

炮孔装药数量的多少,是影响爆破效果的重要因素。药量不足,会出现炸不开、块度偏大、炮眼利用率低、轮廓线不整齐等现象;药量过多则会破坏围岩的稳定,抛碴分散影响装运,而且很不安全。合理的药量应根据所使用炸药的性能、地质条件、开挖面情况及爆破的质量要求来确定。目前多采取先用体积法计算出一个循环的用药总量,然后按各种类型炮眼的爆破特性进行分配,再在爆破实践中加以检验和修正,直到取得良好的爆破效果为止。用体积法计算用药总量 Q 的公式为

$$Q = qV \tag{22—6}$$

式中 Q——一个爆破循环的总药量(kg)；

V——岩石体积(m^3)，且 $V = ls$；

其他符号同式(22—5)。

总的炸药量应分配到各个炮孔中去。由于各种炮眼的作用及受到的岩石夹制情况不同，装药数量亦不相同。通常按装药系数 α 进行分配，α 可参考表 22—15 取值。

装药系数 α 值 表 22—15

围岩类别 / 炮眼名称	Ⅱ、Ⅲ	Ⅳ	Ⅴ	Ⅵ
掏槽眼、底眼	0.5	0.55	0.6	0.65~0.80
辅助眼	0.4	0.45	0.5	0.55~0.70
周边眼	0.4	0.45	0.55	0.60~0.75

四、周边眼的控制爆破

周边眼的爆破结果，反映了整个洞室爆破的成洞效果。实践表明，采用一般方法进行爆破，不仅对围岩扰动大，而且难以爆破出理想的开挖轮廓，故目前多采用控制爆破技术进行爆破。隧道控制爆破是指光面爆破和预裂爆破。预裂爆破是光面爆破的一种，是由于首先起爆周边眼，在其它炮眼未爆破之前先沿着开挖轮廓线预爆破出一条用以反射地震应力波的裂缝而得名。

光面爆破是通过正确确定爆破参数和施工方法，使爆破后的围岩断面轮廓整齐，最大限度地减轻爆破对围岩的震动和破坏，尽可能维持围岩原有完整性和稳定性的爆破技术。其主要标准为：开挖轮廓成型，无明显的爆破裂缝；围岩壁上均匀留下 50% 以上的半面炮眼痕迹；岩面平整，超挖和欠挖符合规定要求，无危石等。

光面爆破对围岩扰动小，又尽可能保存了围岩自身原有的承载能力，从而改善了衬砌结构的受力状况；又由于围岩壁面平整，减少了应力集中和局部落石现象，增加了施工安全度；减少了超挖和回填量，若与锚喷支护相结合，能节省大量混凝土数量，降低工程造价，加快施工进度；因光面爆破可减轻震动和保护岩体，所以它是在松软及不均质的地质岩体中较为有效的开挖爆破方法。

光面爆破的成功与否主要取决于爆破参数的确定。其主要参数包括：周边炮眼的间距，光面爆破层的厚度，周边炮眼密集系数和装药集中度等。影响光面爆破参数选择的因素很多，通常是采取简单的计算并结合工程类比加以确定，在初步确定后一般都要在现场爆破实践中加以修正改善。

1. 周边炮眼间距 E。在不偶合装药的前提下，光面爆破应满足炮孔内静压力合力 F 必须小于爆破岩体的极限抗压强度，而大于岩体的极限抗拉强度的条件，如图 22—35 所示。即

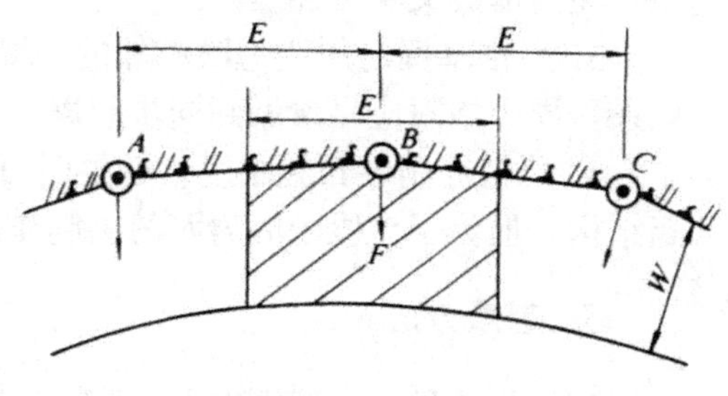

图 22—35

$$[\sigma_p] \cdot E \cdot L \leqslant F \leqslant [\sigma_c] \cdot d \cdot L$$

$$E \leqslant \frac{[\sigma_c]}{[\sigma_p]} \cdot d = K_i \cdot d \tag{22—7}$$

式中 $[\sigma_p]$——岩体的极限抗拉强度(MPa)；

$[\sigma_c]$——岩体的极限抗压强度(MPa)；

F——炮孔内炸药爆炸静压力合力(N)；

d——炮孔直径(cm)；

L——炮孔深度(cm)；

K_i——孔距系数，$K_i=\frac{[\sigma_c]}{[\sigma_p]}$。

从上式中可以看出，周边炮眼间距与岩体的抗拉、抗压强度以及炮眼直径有关。一般取 $K_i=10\sim16$，当炮眼直径为 34～45 mm时，$E=350\sim700$ mm。在选择 E 值时，还应考虑当坑道跨度小和围岩节理裂隙发育时，E 值宜取小些。此外，还应注意不同品种的炸药对 E 值也有影响。

2. 光面层厚度及炮眼密集系数。光面层就是周边炮眼爆破的那一部分岩层。其厚度就是周边炮眼的最小抵抗线 W。

周边炮眼间距 E 与最小抵抗线 W 的比值 k（$k=\frac{E}{W}$）称为周边炮眼的密集系数，又称炮眼邻近系数。其大小对光面爆破效果有较大的影响，实践表明，光面爆破以 $k=0.8$ 左右为宜，光面层厚度一般应取 50～90 cm。

3. 装药量。周边炮眼的装药量，通常用线装药密度，即每米长炮眼的装药数量来表示。该数量既能提供足够的破岩能量，又不会造成围岩过度的破坏。通常应根据围岩条件、炸药品种、孔距和光面层厚度等因素综合考虑确定。

正确的技术措施，是获得良好光面爆破效果的重要保证。在光面爆破中，常采用的技术措施有：

1. 使用低爆速、低猛度、低密度、传爆性能好、爆炸威力大的炸药。

2. 采用不偶合装药结构。药卷直径小于炮孔直径，使药卷与炮孔壁之间留有空气间隙的装药结构称之谓不偶合装药结构。炮眼直径与药卷直径之比值 m 称为不偶合装药系数（$m=\frac{D}{d}$），如图 22—36 所示。由于空气是可以压缩的，所以采用不偶合装药爆破时，通过空气间隙再作用到炮孔壁上的冲击波强度将大为减弱，空气间隙起到了缓冲的作用，故不偶合装药爆破又叫缓冲爆破。

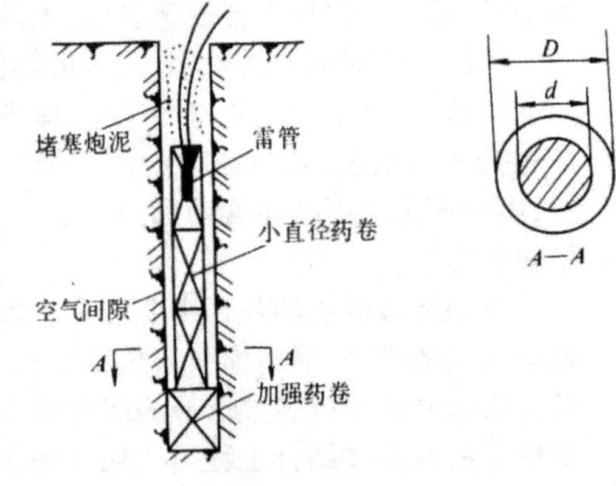

图 22—36

3. 严格掌握与周边炮眼相邻的内圈炮眼的爆破效果。周边炮眼应尽量做到同步起爆。

4. 严格控制装药集中度。必要时可采取间隔装药结构。但为了克服眼底岩石的夹制作用，通常在炮眼底部需要加强装药。

五、起爆方法

在工程爆破中，比较常用的起爆方法有火花起爆法、导爆索起爆法、电力起爆法和导爆管系统起爆法等。在目前的隧道开挖爆破中多采用导爆管系统起爆法，故下面仅介绍此法，其余方法从略。

导爆管起爆系统是由导爆管、分流连接装置和终端雷管组成。

导爆管本身不具有炸药特性，不会因振动、撞击、摩擦或火花作用而爆炸，对电流也不产生感应，故十分安全。一般的打结、交叉也不影响其传爆作用。传爆后管壁依然完好无损。

导爆管系统可以用专门的击发枪、击发笔击发引爆，也可以采用火雷管、电雷管、导爆索以及其它凡能够提供足够冲击波能量的装置进行击发引爆。

导爆管起爆系统的传爆元件是导爆管本身，导爆管的接长和传爆的分流则可以使用专门的分流连接元件，也可以利用导爆管雷管的爆炸来实现。

导爆管起爆网路有串联、并联和混合联等多种联接方式。在隧道爆破中，针对隧道开挖断面较小，炮眼数量多而密集的特点，多采用以集束联接为主的混合联接方式，如图 22—37 所示。

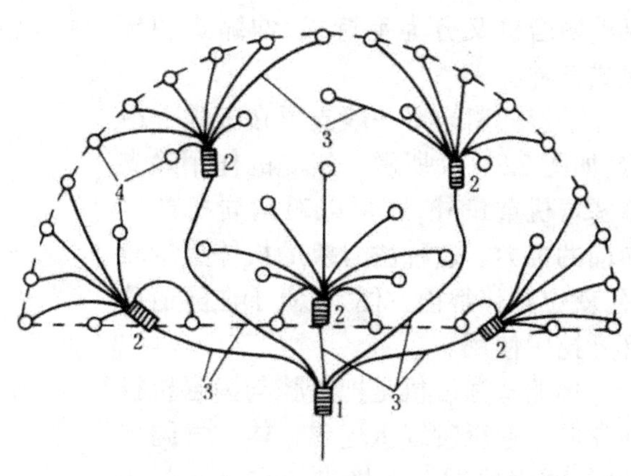

图 22—37

1—引爆雷管；2—导爆管雷管与导爆管束联接结；3—导爆管；4—炮孔。

集束联接方法，是把若干根导爆管捆绑在一个非电雷管上，利用雷管爆炸的冲击波来实现分流传爆。根据导爆管传爆和导爆管雷管分流传爆的特性，在非电导爆管起爆系统中，可以实现孔外延期方式起爆。其方法是，在各炮孔内装入非电即发雷管，在孔外按起爆顺序要求，把相应的导爆管分别捆绑在段数与其对应的非电延期雷管上起爆，即可达到顺序起爆的延期效果。当雷管段数不足，即只有少数几段延期雷管可供使用时，为获得较长的延期时间，可以把段数相同或不相同的若干个雷管串联使用，如图 22—38 所示。图中终端各炮的延期时间，是串联各雷管延期时间的总和。必须注意的问题是，当先后起爆时差较大时，有时会破坏后续起爆网路而造成拒爆，需要有相应的防范措施。

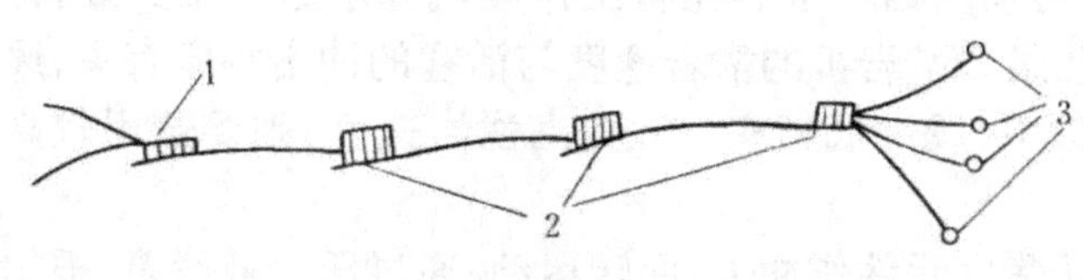

图 22—38

1—引爆雷管；2—串联延期雷管；3—终端起爆雷管。

导爆管起爆系统具有起爆可靠、操作简便、技术先进、抗水性能强、抗冲击、对电和火焰没有危险、制造简单、成本低廉等优点，是目前工程爆破各种起爆方法中比较好的一种起爆系统。不足之处在于，当无仪器准确检查网路敷设质量时，无法预先发现网路联接中可能存在的弊病；在较大规模网路爆破中，存在着由于导爆管传爆速度误差的叠加而可能产生相互影响的问题，需要有防范措施；在有瓦斯的坑道中尚不能应用，有待进一步研究解决。

六、钻爆施工

钻爆施工是把钻爆设计付诸实施的重要环节，包括钻孔、装药、堵塞和爆破后可能出现问题的处理等过程。

(一)钻孔机具

目前在隧道开挖爆破中，广泛采用的钻孔机具为凿岩机和钻孔台车。

1. 凿岩机

它的种类较多，按使用动力可分为风动凿岩机、内燃凿岩机、电动凿岩机和液压凿岩机四种类型。按钻进工作原理不同，则可分为冲击转动式、旋转式及旋转冲击式。

目前在隧道开挖中，广泛使用的是风动凿岩机和液压凿岩机。

(1)风动凿岩机。它又称风枪，以压缩空气为动力，具有结构简单，制造容易，操作方便，作业安全，不怕超负荷和反复起动，在多水、多尘等不良环境中仍能正常工作等特点。不足之处在于压缩空气供应设备复杂，能量利用率低，成本高，噪音大等。

根据支承和向前推进方式的不同，风动凿岩机又分为手持式、伸缩式和导轨式三种。

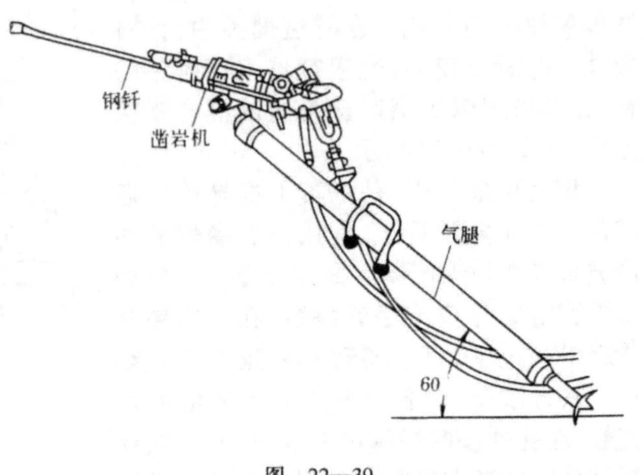

图 22—39

手持式凿岩机一般支承在气腿上凿岩，如图 22—39 所示。气腿的作用除支承凿岩机重量外，还可以对凿岩机产生向前的推力。这种凿岩机的机体重量较轻，就位转移都很方便，适宜于在隧道分部开挖中使用。

伸缩式凿岩机是把气腿与凿岩机机体在同一条纵轴线上连成一体。气腿伸长时，凿岩机即向上推进。它是专门用来朝上打竖向炮眼的。

导轨式凿岩机的重量多在45 kg以上，安装在导轨上，由自动推进器向前推进，随导轨转向，可以在各个方向上钻孔眼，适于安装在台车上使用。

风动凿岩机的工作过程是冲击旋转式凿岩。开机后，气缸内向前运动的活塞锤击钢钎尾端，通过钻杆传递能量，将钻头打入岩石。活塞后退(回程)时，带动钻杆旋转一个角度，随着活塞反复往返运动，即可频繁旋转锤击凿岩，再利用钻杆中心孔将工作废气和水送到钻头处，把钻头处的岩粉排出孔外，最后形成圆形的孔眼。凿岩机的凿岩速度与活塞的冲击频率有关，风动凿岩机的冲击频率一般在2 500 次/min以下，属中低频率。欲提高凿岩速度，则要选用较高频率的凿岩机械。

(2)液压凿岩机。它是由液压马达驱动凿岩元件作冲击、回转运动，通过压力补偿泵，根据岩石坚硬程度调节油量、压力和冲击频率进行凿岩的，具有广泛的适应性。

液压凿岩机与风动凿岩机比较有以下特点：①动力消耗一般仅为风动凿岩机的1/3～1/2，能量利用率则可高出风动凿岩机一倍以上；②凿岩速度比风动凿岩机高 50%～150%，在花岗岩石中纯钻进速度可达 170～200 cm/min；③能针对不同硬度岩石，自动调节在高频低能或低频高能状态下工作，以增高凿岩功效；④结构设计比较合理，主要表现在：全部运动部件几乎都是在油液中工作，润滑条件好，使用寿命长；活塞直径几乎与钻杆直径相同，使钻杆承受的应力峰值降低，传递能量好，使用时间长；排气和噪音问题处理得好，改善了开挖面的工作环境。但液压凿岩机也存在着重量大，附属装置多，仅能在台车上使用；需要在有专门设施的车间和具有专门技术的人员进行维修保养；对液压油选择和密封管理要求严格；制造精度高，造价高。

2. 液压凿岩台车

它安装有多台重型液压凿岩机，可以同时进行多孔凿岩，适宜于在大断面或全断面隧道开挖中使用。按结构形式的不同，可分为门架式、梯架式和液压钻臂式。按行走方式不同则可分为轮胎式、履带式和轨道式。当前我国较普遍采用的是四臂和两臂轮胎式全液压凿岩台车。

四臂台车是将四台液压凿岩机，分上下两层安装在四条配有推进器的液压钻臂上，钻臂和操作平台则安装在特制的汽车底盘上，可以回转 180°，正逆向均可操作，行驶速度为16 km/h。

TH286-2 型全液压四臂凿岩台车的总体尺寸：长15 m，宽3.5 m，高6.3 m，使用钻杆长度5 525 mm，钻头直径48 mm，中孔扩孔钻头直径102 mm。伸缩钻臂可承重500 kg，覆盖面积为

15.2 m×12.5 m。除钻炮眼和锚杆孔外。它尚可进行装药，安装锚杆，找顶排险等作业。并且该车具有机动性强，钻眼速度快，噪音小，适应性强等特点，适宜在双线隧道全断面或半断面开挖中使用，经改装后也可使用于单线隧道全断面开挖。

图 22—40 所示为轮胎式液压两臂凿岩台车，外形尺寸：长11.63 m，宽2.5 m，高3.75 m，工作高度7.0 m，工作宽度12.7 m，适宜在中、小断面的隧道开挖中使用，其构造特性与四臂轮胎式液压台车大致相同。

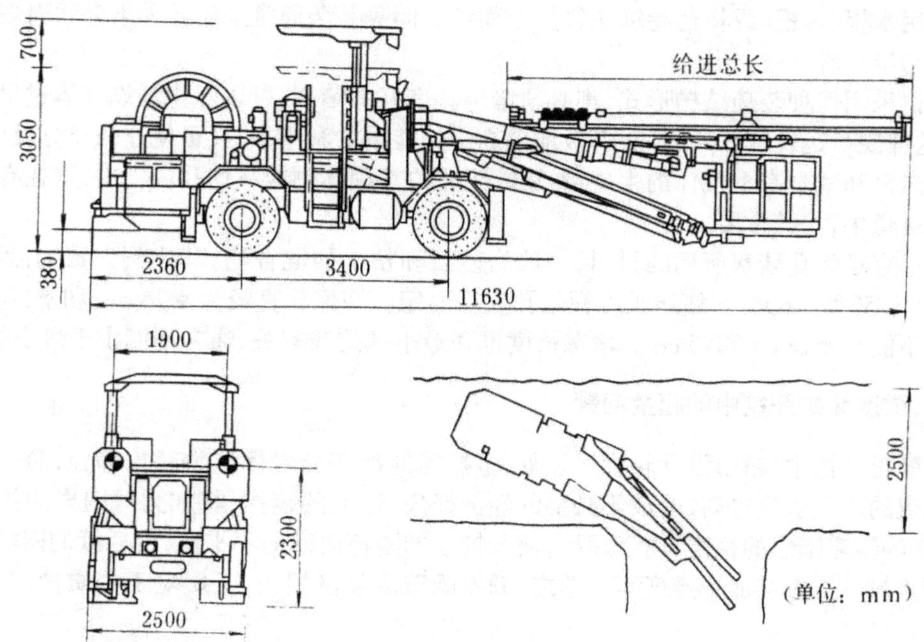

图 22—40

目前我国现场使用的全液压凿岩台车，多为瑞典阿托拉斯公司生产或国内生产的同类产品。控制系统包括液压系统、气控系统、电气系统和冲洗水系统。

(二)钻　孔

为保证达到良好的爆破效果，应严格按照设计的炮孔位置、深度、角度和孔径进行钻孔，如出现偏差，应由现场技术人员确定其取舍，必要时应废弃重钻。

(三)装　药

在炸药装入炮孔之前，应将炮孔中的残碴积水排除干净，并仔细检查炮孔的位置、深度、角度是否符合设计要求，有不正确者应采取补救措施，或废弃重钻。装药时应严格按照设计的炸药数量进行装填。隧道爆破中常采用的装药结构有连续装药、间隔装药及不偶合装药等，如图 22—41 所示。连续装药结构按照雷管所在位置不同，又可

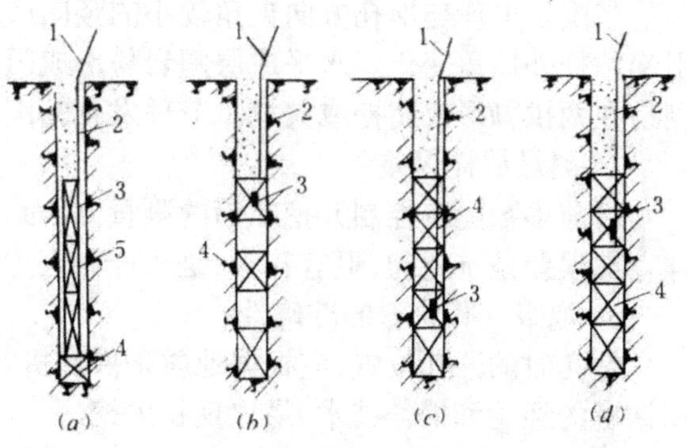

图 22—41

(a)不偶合装药；(b)间隔装药；(c)反向起爆装药；(d)正向起爆装药。

1—引线；2—炮泥；3—雷管；4—药卷；5—小直径药卷。

分为正向起爆和反向起爆。正向起爆是把雷管装在靠近炮孔口部位，雷管聚能穴朝向孔底；反向起爆则是把雷管安装在靠近孔底部位，雷管聚能穴朝向孔口。反向起爆爆炸波由孔底传向孔口，爆炸气体作用时间较长，有利于克服岩体的夹制作用，故爆破效果较正向起爆好。但反向起爆较早地装入起爆药卷，会影响后续装药质量，还容易损伤起爆引线而造成拒爆。

不偶合装药一般采用小直径药卷，用塑料翼片扩张式套管将药卷固定在炮孔中央部位，底部装加强药卷。通常用于光面爆破。

当药卷直径较大，而又需要降低装药集中度时，可采用不连续的间隔装药结构。其间隔距离可以用木棍、竹棍、或将药卷绑在竹片上固定。间隔装药通常采用导爆索串联引爆。

(四)堵　塞

无论采用何种装药结构形式，都必须堵塞。良好的堵塞，可以阻止爆炸气体过早从炮孔中冲出，这样既可延长其作用时间，有效地提高爆炸能量的利用率，又可使炸药充分反应，释放出最大的热量和减少有毒气体的生成量，还能阻止灼热固体颗粒从炮孔内飞出，这在有瓦斯爆炸危险的坑道中，尤其重要。

对小直径炮孔堵塞所用的材料，一般为砂石和粘土的混合物，其比例大致为砂石 50%～40%，粘土 50%～60%。堵塞长度视炮孔直径而定。当炮孔直径为 ϕ 25 mm和 ϕ 50 mm时，堵塞长度不能小于18 cm和45 cm。堵塞长度也和最小抵抗线有关，通常不能小于最小抵抗线。

七、隧道爆破开挖中的超挖问题

在隧道开挖中，超出设计轮廓线以外，多挖掉的那部分岩体称为超挖部分，简称超挖。超挖使隧道的建筑造价提高，造成不必要的经济损失；过大的超挖，将加大对围岩的扰动深度和范围，影响隧道围岩的稳定；由于超挖，使开挖成的隧道内壁面不平整，使后续的网喷、防水、模筑混凝土衬砌工作增加了难度等。总之，超挖既造成经济损失，又影响工程质量，对隧道的危害很大。

造成超挖的原因是多方面的，各种因素的影响程度也不尽相同，施工中的超挖，往往是多种因素综合作用的结果。隧道超挖的主要因素有如下几种：

1．围岩层理与节理

当围岩出现与炮孔方向夹角较小的竖向或水平成层的层理或节理时，因夹制作用不同，会引起钻杆外插角变化。水平成层围岩易形成门框形断面，而在框角处超挖最多，竖向倾斜岩层则易在两拱脚形成超挖或欠挖。节理发育的围岩，更容易形成局部超挖。

2．测量放样误差

目前多数隧道控制开挖断面的测量方法是用支距法和极坐标法，由人工在岩面上画线，这样存在误差是难免的，更有甚者，是放样时人为地不适当放大轮廓尺寸。

3．炮眼开孔位置的准确性

钻孔时的开孔位置，应根据地质条件和机具设备由钻爆设计确定。但实际掌握时只能凭司钻者的经验和操作技术，易出现超欠挖。

4．凿岩机机体构造的影响

用凿岩机钻眼时，由于构造原因，凿岩机机体与周边岩壁之间，必须有一定的作业空间。为了避免欠挖，则钻杆必然有一个外插角，实际开挖成的轮廓线呈锯齿形，锯齿凹入岩壁部分即构成超挖。

表 22—16 所列的为不同炮眼长度及不同外插角引起的平均线性超挖值和相应于每延米隧道的超挖量。

平均线性超挖值和每延米隧道超挖量　　表 22—16

外插角 θ（斜率） \ 超挖值 \ 孔深 L(m)	5			3			2		
	平均线超值(cm)	每延米超挖量(m^3)		平均线超值(cm)	每延米超挖量(m^3)		平均线超值(cm)	每延米超挖量(m^3)	
		单线	双线		单线	双线		单线	双线
1°(1.8%)	4.4	0.75	1.14	2.6	0.44	0.68	1.7	0.29	0.44
2°(3.4%)	8.7	1.48	2.26	5.2	0.88	1.35	3.5	0.60	0.91
3°(5.4%)	13.1	2.23	3.41	7.9	1.34	2.05	5.2	0.88	1.35
4°(7%)	17.5	2.98	4.55	10.5	1.79	2.73	7.0	1.19	1.82
5°(8.8%)	22.0	3.74	5.72	13.1	1.23	3.41	8.7	1.48	2.26

注：计算每延米超挖量时，铁路单、双线隧道开挖断面周长分别按17 m和26 m计算。

从表 22—16 可以看出，当外插角一定时，线性超挖值与孔深成正比，故深孔比浅孔超挖多；当炮孔长度一定时，超挖值与钻杆外插角的正切成正比。外插角一般都很小，可近似认为超挖值与外插角成正比。隧道施工规范要求，周边眼底最多不能超出开挖轮廓线15 cm，因此，钻3 m深炮孔时，外插角应在 3°以内，钻5 m深炮孔时，外插角应控制在 2°以内。

5. 爆破方法与参数

实践证明爆破方法不同超挖量亦不相同。普通爆破法比光面、预裂爆破法超挖量大很多，这是因为前者对周边炮眼的间距、装药量等未予控制。即使是采用光面爆破，如果参数不合理，或缺乏小直径药卷，或起爆雷管段数过少等，都会使超挖量加大。

从上述情况看，超挖包括两部分，一部分是为了修正设计的开挖净空尺寸而必要的外插值和考虑到测量、立模等误差而必要的加宽值，即所谓的允许超挖值；另一部分是由地质因素、钻爆或其它施工原因所引起的超挖。前一部分应尽量减小，后一部分则应设法避免。

控制超挖的主要措施有：

1. 根据地质条件选择合适的爆破方法和钻爆参数。一般讲，硬岩隧道宜采用光面爆破，软岩隧道宜采用预裂爆破，分部开挖时则宜采用预留光面层爆破较好。

2. 光面爆破应使用低密度、低爆速、低猛度、高爆力的炸药。要合理选用起爆雷管段数，掌握好内圈炮眼的爆破效果。

3. 测量放样要正确。必须划出隧道开挖轮廓线和炮孔位置。用激光导向时，拱顶、拱腰、起拱线及轨面水平位置均应设置激光点。

4. 加强钻孔技术管理，提高钻孔精度。严格控制开孔位置、外插角和孔底位置。加强钻孔管理，提高钻孔人员素质。

5. 建立健全开挖、测量、爆破质量管理检查制度。严格按照设计标准施工和验收。

第四节　装碴与运输

将开挖的石碴迅速装车运出洞外，是提高隧道掘进速度的重要环节。该项作业往往占全部开挖作业时间的一半左右，控制着隧道的施工速度。因此，正确选择并准备足够的装碴机械和运输车辆，确定合理的装碴运输方案，维修好线路，减少相互干扰，提高装碴效率是加快隧道施工速度，尤其是加快长大隧道施工速度的关键。

目前我国隧道开挖普遍采用有轨运输和无轨运输。有轨运输铺设轻型窄轨线路，用专门的出碴车辆装碴，小型机车牵引，适用于各种隧道开挖方法。无轨运输则多采用装载机装碴，自卸汽车运输，仅适用于全断面、半断面等大断面开挖隧道的出碴运输。

一、有轨运输

有轨运输基本上不排出有害气体，对空气污染较轻，设备构造简单，容易制作；占用空间小而且固定等。不足之处在于轨道铺设较复杂，维修工作量大；调车作业复杂；开挖面延伸轨道影响正常装碴作业等。

(一)装碴机械和出碴车辆

1. 装碴机械。隧道用的装碴机又称装岩机，要求外形尺寸小，坚固耐用，操作方便和生产效率高。较为常用的有以下几种：

(1)翻斗式装碴机又称铲斗后卸式装碴机，有风动和电动之分。它是利用机体前方的铲斗铲起石碴，经机体上方将石碴投入机后的车斗内。该机具有构造简单，操作方便的特点，但装载宽度一般只有1.7～2.2 m，如图22—42所示。

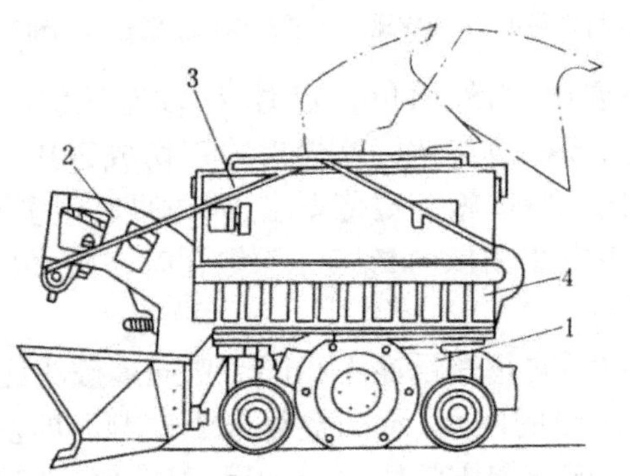

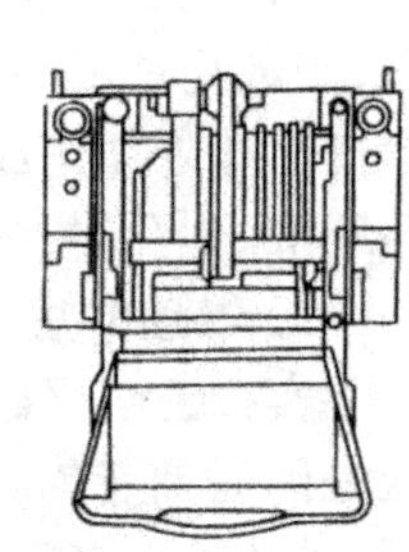

图　22—42

1—行走部分；2—铲斗；3—操纵箱；4—回转部分。

(2)铲斗式电动装碴机，如图22—43所示。该类装碴机具有装碴效率高，适应性强的特点。它是利用机体前方的铲斗先将石碴铲起，再向上折叠倒入铲斗后面的料槽内，由料槽中的传送皮带将石碴经机体上方传送到机体后面，并装入斗车。该机能装满较长的斗车，调车时间短，颇受现场欢迎。

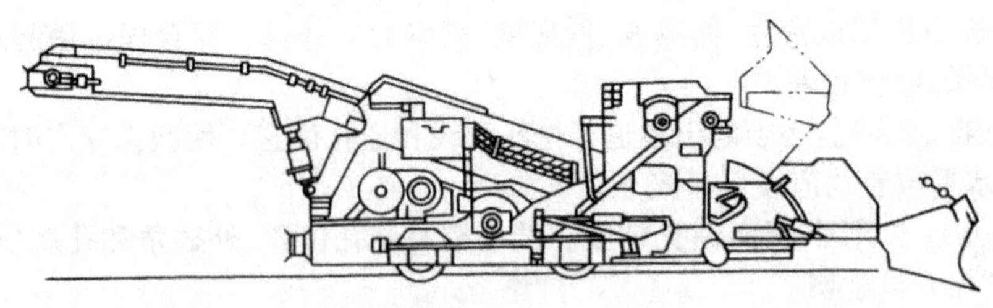

图　22—43

(3)蟹爪式装碴机。它是一种连续装碴机械，在前端装有倾斜受料盘，其上装有一对蟹爪(也称双臂)，如图22—44所示。装碴时全机向前推进，将受料盘插入碴堆，两个蟹爪连续交错扒取石碴，经皮带(或链条)输送机将石碴装入车辆。该类机具多为电动履带式，也有轮胎式和轨道式，装碴效率较高。

除上述几种装碴机械外，现场较常用的还有立爪式装碴机、耙斗式装碴机等。

2. 出碴车辆。有轨运输较普遍采用的出碴车辆有斗车、梭式矿车和槽式列车等。

斗车是应用最为广泛的出碴工具。断面形状多为V形和U形，容积一般为0.5～1.1 m^3。小型斗车具有轻便、灵活、周转方便等特点，但单个斗车调车需占用较多的作业时间。为此，近年来现场已研制出大容积如6 m^3乃至30 m^3的大斗车，用压气装置卸碴。

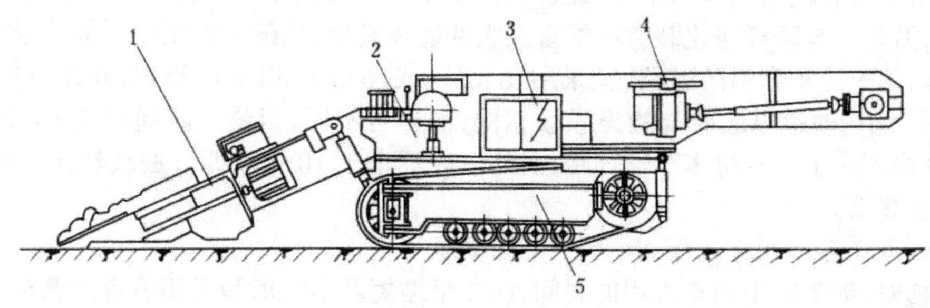

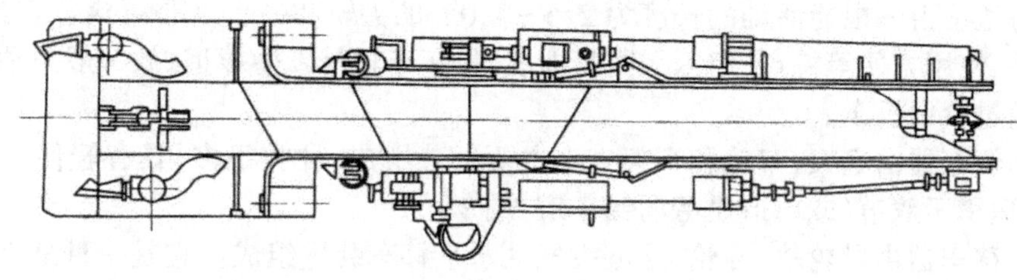

图 22—44

1—机头;2—液压系统;3—电气系统;4—运输机;5—行走部分。

梭式矿车由前后车体组成车箱,底部安装刮板式运输机,其外形如梭。使用时,将车停在适宜位置从一端装(卸)碴,适时开动刮板运输机,即可将石碴装满或卸净。它可以单车运输,也可以组成列车运输;可以在栈桥上单轨道卸碴,也可以在双轨线路上向侧面卸碴。但搭接成列使用时,只能是单轨正面端卸碴。梭式矿车是一种新型的高效率出碴运输设备,由机车牵引,一般与凿岩台车、高效率装碴机械等配套组成机械化作业线。

槽式列车是由一个接碴车、若干个仅有两侧侧板而没有前后档板的斗车单元和一个卸碴车串联组成的长槽形列车,在其底板处安装有贯通整个列车的风动链板式输送带,如图22—45所示。使用时由装碴机向接碴车内装碴,装满接碴车后,开动链板传送带使石碴在列车内移动一个车位,如此反复装移石碴,即可装满整个列车。卸碴时采取类似的操作,由卸碴车将石碴卸去。

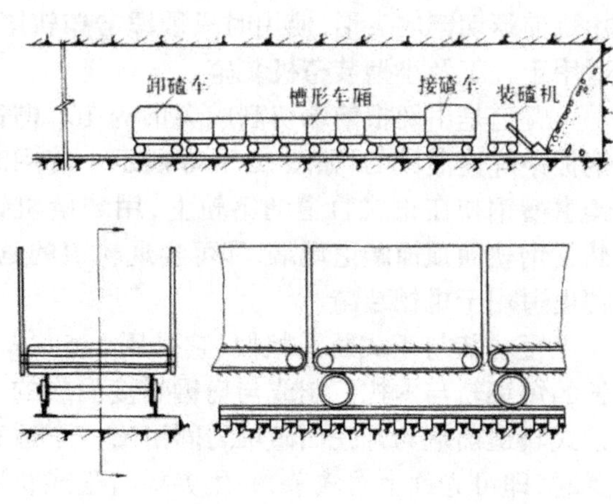

图 22—45

(二)牵引机车与道路

常用的牵引机车分电动和内燃两类。

隧道施工中较为常用的电动牵引车为蓄电池电机车俗称电瓶车。它具有体积小,占用空间小,不排放有害气体,不需要架设供电线路,使用较安全等特点,但也存在需要有专门的充电设备,充电工作比较麻烦,牵引力有限等不足。故在长大隧道施工中有时采用接触式或接触—蓄电池混合供电式电动机车牵引,即在成洞地段采用接触式供电,非成洞地段用蓄电池供电。这种方式可以延长蓄电池使用时间,但接触供电线路的架设和维修工作量大,且容易发生触电事故。

内燃机车具有较大的牵引动力，配合大型斗车可以加快出碴速度。但在机车运行中排出有毒废气，需要安装废气净化装置或配备强大的通风设施，故隧道施工中一般不采用。

隧道内用于机车牵引的道路，宜采用16 kg/m或16 kg/m以上的钢轨，轨距一般为600 mm或750 mm。洞内轨道纵坡应与隧道纵坡相同，洞外可不同，但最大不超过2%。最小曲线半径，在洞内应不小于7倍机车车辆轴距，洞外一般不小于10倍轴距。曲线轨道应有适当的加宽和外轨超高值。

(三)调车设备和轨道延伸

在装碴时，为了减少调车占用的时间，应尽量缩短调车距离和采用适宜的调车设备。较常用的调车设备有简易道岔、平移调车器、水平移车器和浮放道岔等。

简易道岔由一根能活动的长度为2.5～4.0 m的尖轨和一个岔心组成。它具有构造简单、铺设容易、使用方便等特点，但因无附带曲线，机车车辆易发生掉道，故一般只适用于人推斗车而不能通过牵引机车。

平移调车器由底架、车轮和车架三个主要部分组成，种类很多，具有轻便、调车快、易拆移等优点，适用于双道(或单道设旁洞错车道)调车。

水平移车器由导轮轨、导轮、导链或气动水平移车装置组成。它是一种从上方将斗车提起离开钢轨，再水平横移至另一股道上的调车装置。移车速度较快，但也易出故障。

浮放道岔是浮放在运输轨道上的调车设备，可用机车或装碴机牵引移位。它可以浮放在靠近开挖面的轨道上，供装碴时调车用；也可以浮放在区间轨道上，作调车渡线使用。根据不同的调车作业需要，尚可分为浮放渡线、浮放调车盘、菱形浮放道岔等。

轨道延伸，是指隧道开挖面附近不足一节钢轨长度部分和掘进进尺部分实施的临时性轨道延伸。常用的方法有扣轨、爬道、短轨节等。

扣轨是把钢轨轨头朝下反扣在正式轨道钢轨外侧，轨头紧贴正式钢轨轨腰，在扣轨外侧用轨块顶撑并用道钉固定，两股钢轨之间用短木撑支顶住，以保持轨距。为便于顶进碴堆，可将扣轨前端切割成尖形，使用时只须锤击扣轨尾部，即可将轨道向前延伸。扣轨延伸轨道，一般适用于人工及小型装碴机装碴。

爬道是由两根前端切割成尖形的10#槽钢和钢板条焊连而成的，如图22—46所示。使用时将爬道槽钢扣在正式轨道的钢轨上，用装碴机铲斗贴紧钢轨面顶撞爬道尾端，即可实现轨道的延伸。爬道适用于机械装碴。

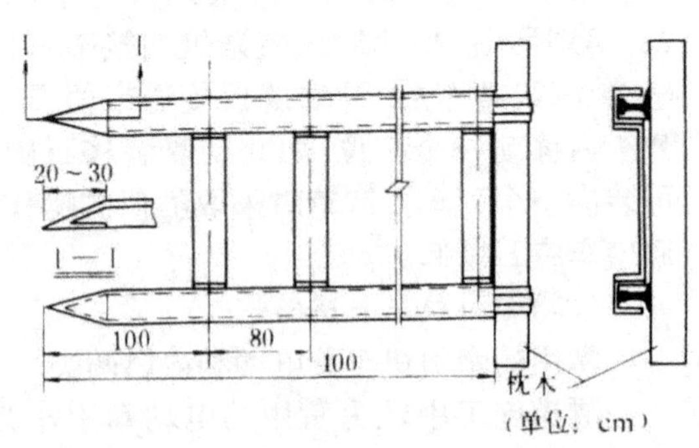

图　22—46

短轨节与正式轨道相似，它是用1.5～2.0 m长的短钢轨与木枕钉制或与扁钢焊接而成的。当正式轨道前端与开挖面碴堆之间清出一个适宜位置时，即可先铺上短轨节，并用夹板与正式轨道连接，随后继续出碴。也可在短轨节上安放爬道进行装碴。

(四)轨道布置与调车方法

轨道布置对于行车调度、车辆周转、出碴进料影响较大，应根据隧道长度、工期要求及开挖方法等选择合理的方案进行布置。调车方法是指结合洞内轨道布置，在开挖面附近为配合出碴所进行的调车作业。

常用的轨道布置形式有单车道和双车道。

单车道运输能力较低，一般用在地质较差的较短隧道中。为解决错车问题，在成洞地段可铺设会车线，其有效长度应能容纳一个列车，一般为 50～60 m如图 22—47(a)所示。在距离开挖面 20～30 m处应铺设 5～10 m长的简易道岔岔线或安装平移调车器供出碴调车之用。

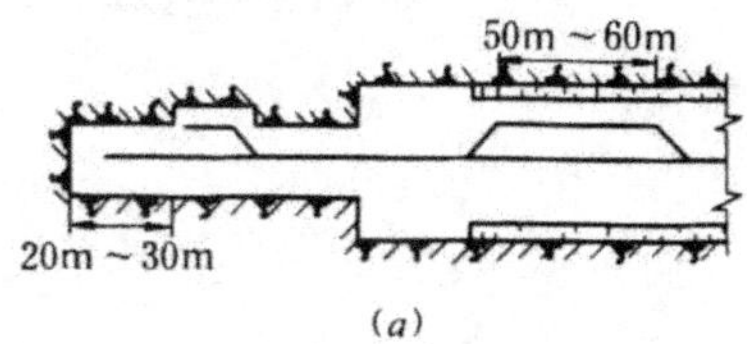

(a)

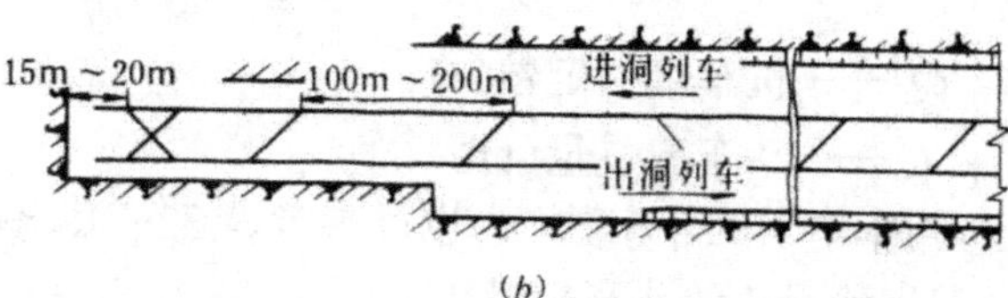

(b)

图 22—47

当隧道地质条件较好，要求施工速度快和运输能力较大时，应开挖双线导坑断面，布置双车道运输。双车道可使轨道随掘进延伸，一次铺成。进出隧道的列车各行一股道，具有互不影响、车辆周转快的特点，是提高隧道运输效率的主要方法之一。为满足调车需要，每隔 100～200 m设一渡线，每隔 2～3 个渡线铺设一反向渡线，如图 22—47(b)所示。在距导坑开挖面 15～20 m处设置菱形浮放道岔，空斗车和装满石碴的斗车分别停在两股道上，用单机车或双机车进行调车作业。

当隧道施工采用平行导坑方案时，则平行导坑为施工出碴、进料运输提供了有利条件。通常采取在平行导坑中设单车道加双车道，正洞为单车道加局部双车道，两者共同构成一个完整的双股道运输体系，如图 22—48 所示。利用平行导坑组成的运输系统具有运输能力大、相互干扰少等特点，适用于施工速度要求快的隧道。

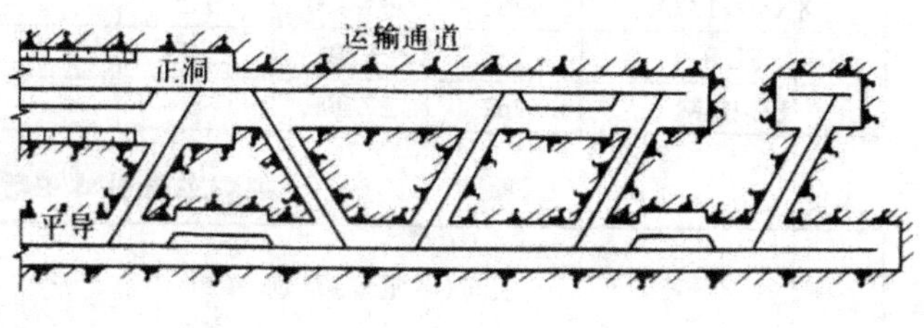

图 22—48

隧道洞外应布置卸碴线、错车线和各种用途的专用线。

卸碴线应不少于两条，以便使重载列车尽快卸碴回空，避免因等待卸碴而延误时间。卸碴线还应具有随着卸碴的进行而向前延伸和向横向拨移的功能。

为解决洞外错车问题，在洞外适当位置应设置错车线。要求道岔设置合理，并有足够的有效长度，以减少列车运行中的相互干扰。

洞外砂、石、木料堆放场，水泥库、木工棚、机车车辆修理停放场，充电房、混凝土搅拌站等均应铺设专用线。专用线应力求紧凑，与运输正线分开布置，以减少对出碴运输的干扰。

出碴运输道路是有轨运输的命脉，其质量优劣对隧道掘进速度影响很大。因此，必须设固定的专业小组进行铺设和维修，以保证运输道路畅通无阻，避免脱轨掉道等事故的发生。

(五)机车、斗车数目的确定和列车运行图

1. 机车、斗车数目的确定

为了提高有轨运输能力，加快隧道施工速度，应备齐足够数量的牵引机车和出碴斗车。

(1)机车牵引定数 Q_c

$$Q_c = \frac{F}{\omega + i_p} - W \quad (\mathrm{t}) \tag{22—8}$$

式中 F——机车牵引力(N)，见表 22—17；

ω——列车的单位阻力(N/t)，考虑附加阻力，可近似取80 N/t；

i_p——坡度单位阻力，取运输道路的最大限制坡度(‰)；

W——机车自重(t)。

(2)每列车牵引的斗车数目 n

$$n=\frac{Q_c}{Q+q} \quad (辆) \tag{22—9}$$

式中 Q_c——机车牵引定数(t)；

Q——斗车载重量(t)。

每列车牵引的斗车数(n)也可参考表 22—18 确定。

(3)出碴需要的斗车数量 y

$$y=\frac{N}{n_1} \quad (台) \tag{22—10}$$

电瓶车主要规格、性能 表 22—17

型号 \ 性能	轨距(mm)	牵引力(N)	速度(km/h)	最小回转半径(m)	长×宽×高(mm)	生产厂
8 t两用	750	13 300	5.4	7	4 570×1 346×2 144	沈阳桥梁厂
CXK-8/600	600	11 600	6	7	4 450×1 053×1 410	国产
XK8-7/132A	762	11 400	7.5	7		湘潭电机厂
EL-8	750	7 200	3.75	8	4 060×1 000×1 400	进口(德国)
BL-10-M	762	17 000	8		5 230×1 540×1 370	进口(日本)

每列车牵引斗车数量(辆) 表 22—18

机车(电瓶车)类型			线路坡度(‰)				
			5	10	15	20	25
牵引能力	8 t两用	列车总重(t)	80	59	45	37	30
		列车斗车数(辆)	23	17	13	11	9
	EL-8	列车总重(t)	41	30	22	17	14
		列车斗车数(辆)	12	9	7	5	4

式中 N——每工班出碴总车数，即 $N=\frac{V\cdot K}{m\cdot n_2}$，

其中 V——开挖数量(实方)(m^3)，

K——土石松散系数，松软土石为 1.1~1.2，坚硬岩石为 1.15~1.6，

m——斗车容积(m^3)，

n_2——斗车装满系数，一般为 0.7~0.9；

n_1——每工班车辆循环次数，即

$$n_1=\frac{T}{t}$$

其中 T——每工班净出碴时间(min)，

t——车辆循环一次需要的时间(min)。

(4)需要机车数量 N_c

$$N_c=\frac{N}{n\cdot m_1} \quad (台) \tag{22—11}$$

式中 N、n 意义同前；

m_1——每工班机车的循环次数,即 $m_1=\frac{T}{T_p}$

其中 T—— 同前,

T_p——机车循环一次需要的时间(min),由调车、编组、运行、会车、卸碴等时间综合求得。

上述计算数目为实际需用量。备用数量:斗车为需用量的40%~50%,机车为需用量的50%~100%。此外,还应考虑进料需要的斗车数。

2. 列车运行图

编制列车运行图,是为了统一指挥调度列车运行,加速车辆周转,充分发挥运输能力的有效作用,减少干扰,消除局部积压车辆,堵塞轨道等不良现象,确保隧道各工序都能正常施工。

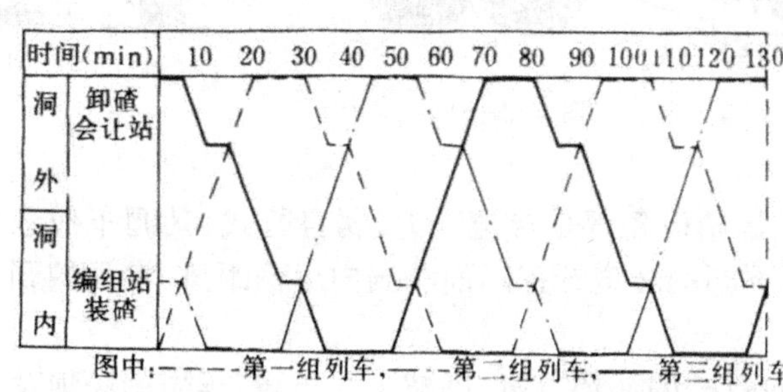

图 22—49

列车运行图是根据隧道施工方法,轨道布置及机车车辆配备情况,各施工工序在隧道中所处的位置和进度安排,以及装碴、调车、编组、运行、错车、卸碴、列车解体等所需要的时间,综合考虑确定列车数量后编制而成的。

列车运行图(图22—49)横坐标表示时间,纵坐标表示距离,列车的运行用斜线表示,装碴、卸碴、编组、解体,调车等用水平线表示。该图所示的是一个隧道的出碴列车运行图,共有三组列车,洞内设编组站一个,洞外设会让站一个。以第一组列车为例,重车运行20 min,卸碴10 min,空车返回到会让站5 min,在会让站停车待避5 min,再运行10 min到编组站,在编组站停车待避5 min,再行车5 min到终点,空车解体、装碴、重车编组15 min,全列车往返循环一次共75 min。

在实际的隧道施工中,运行图中所需要的时间应实测确定,随着隧道施工的不断向前推进和卸碴线的不断向前延伸,运输距离愈来愈长,因此运行图也要定期修正。

当列车运行图编制完成,一旦付诸实施之后,各项作业均应遵照执行,不得随意改动,以免扰乱全局计划。

二、无轨运输

无轨运输主要是指汽车运输。随着大型装载机械及重载自卸汽车的研制和生产,近年来无轨运输在隧道掘进中得到了愈来愈广泛的应用。无轨运输不需要铺设复杂的运输轨道,具有运输速度快、管理工作简单、配套设备少等特点。但由于内燃机排放大量废气,对洞内空气污染较为严重,尤其在长大隧道中使用,需要有强大的通风设施。

1. 装载机。它又称前端式装载机,用内燃机驱动,由发动机、传动系统、液压系统、制动系统、作业装置、转向装置和电气仪表等组成,分轮胎式及履带式两种,如图22—50所示。

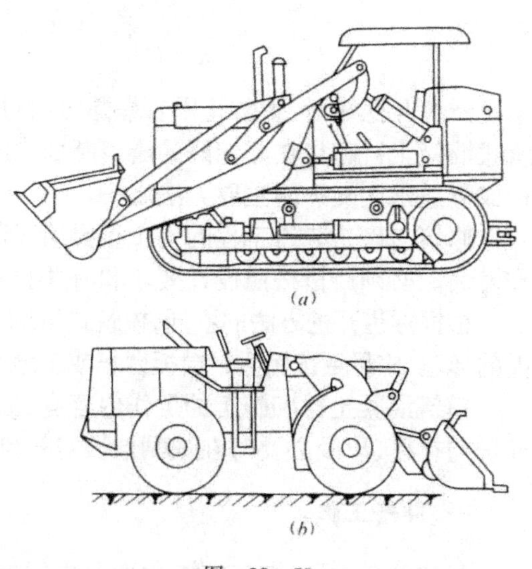

图 22—50

装载机一般与大型自卸汽车配套使用,它本

身也可以将铲斗装满石碴，作短距离运输。

装载机体积较大，铲斗较宽，装碴效率高，适用于大断面隧道施工开挖的装碴作业。因其自配动力，有较大的机动性，在集碴条件不太好的情况下，也可以发挥较大的作用。而且能用来进行清底作业。

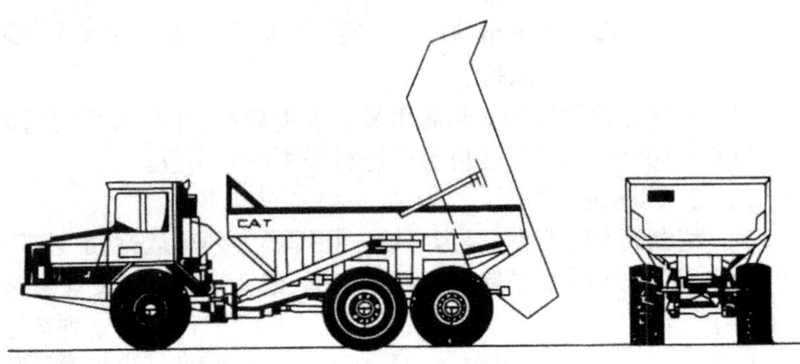

图 22—51

2. 自卸汽车。它又称翻斗车，如图22—51所示。在隧道工程中，应选用车身低短、车斗容量大、转弯半径小、车体坚固、轮胎耐磨、配有废气净化装置、并能双向驾驶的自卸汽车，以增加运行中的灵活性，避免洞内回车和减轻对洞内空气的污染。

3. 调车作业。由于无轨运输采用的装碴、运碴设备都是自配动力，属自行式，其调车作业主要是解决回车、错车和装碴场地问题。根据不同的隧道开挖断面和洞内运输距离，常用的调车方式有：

(1)有条件构成循环通路时，最好制定单向行驶的循环方案，以减少回车、错车需用场地及待避时间；

(2)当开挖断面较小，只能设置单车通道而装碴点距洞口又较近时，可考虑汽车倒行进洞至装碴点装碴，正向开行出洞，不设置错车、回车场地，如果洞内运行距离较长时，可在适当位置将导洞向侧壁加宽构成错车、回车场地，以加快调车作业；

(3)当隧道开挖断面较大，足够并行两辆汽车时，应布置成双车通道，在装碴点附近回车，空车、重车各行其道，可以提高出碴速度；

(4)在采用装载机装碴、汽车运输的情况下，要充分利用双方都有机动能力的特点，可以采取双方同时机动或一方机动，另一方固定的方式进行装碴。

第五节　隧道衬砌施工

隧道开挖好后，为防止围岩暴露时间过久而引起风化、松动和坍塌，应及时修筑衬砌。模筑式混凝土衬砌是在开挖好的隧道断面内架立模型板，灌筑混凝土而形成的整体式衬砌。是构成隧道永久支护的主要方法之一。

修筑衬砌是隧道工程的一个重要组成部分，衬砌施工质量的优劣，关系到隧道的使用状况和寿命。必须严格按照设计要求和有关技术规则进行施工。

根据隧道开挖方法的不同，模筑式衬砌分为先拱后墙和先墙后拱两种方式。采用全断面开挖的隧道，应尽量选用金属模板台车或工地临时拼装的所谓“土台车”来灌筑整体混凝土衬砌。

模筑混凝土衬砌施工的工作内容有：灌筑前的准备工作，混凝土的制备与运送，灌筑作业，养护与拆模，以及必要时在成洞地段对衬砌背后进行的压浆工作等。

一、准备工作

衬砌施工前的准备工作，主要是中线、水平的测量，开挖断面的检查，支(拱)架模板的架立与检查，以及灌筑地点的清理等。对断面欠挖部位应凿除。

采用先拱后墙法施工时，拱架的架立按以下步骤进行：

1. 用断面测量方法检查开挖断面尺寸，并做好记录，修正不符合要求的部位。

2. 根据测设的中线和衬砌净空宽度，放出首尾两排拱架位置处的十字线；根据水准基点高程和预留沉落量值（见表22—19）并考虑施工误差，在岩壁上标出起拱线标高。

预 留 沉 落 量 表22—19

围岩类别	Ⅰ	Ⅱ	Ⅲ	Ⅳ及Ⅳ以上
预留沉落量(cm)	15～20	10～15	5～10	≤5

3. 清除浮碴，整平拱脚基面，在两边拱脚部位铺设纵向卧木，其位置由中线及水平标高控制，并用石碴填塞稳固。根据拱架间距，在卧木上标出拱架位置。若为直线隧道，即可据此架立拱架。若为曲线隧道，尚需考虑两个问题：一是中线偏移值的影响，所有上述工作均应以隧道中心线为准进行；二是内外侧起拱线弧长不相等的影响，一般取内侧起拱线处拱架间距为1 m，外侧弧线长出部分 ΔL 用下式计算确定：

$$\Delta L = \frac{b}{R - \frac{b}{2}} \quad (\mathrm{m}) \qquad (22\text{—}12)$$

式中 R——曲线半径(m)；

b——拱架全宽(m)，一般取隧道起拱线处内轮廓宽度。

4. 拱架就位后，用夹板螺栓拧紧固定，纵向用长螺栓将各排拱架联接成整体。经检查无误后，即安装模板灌筑混凝土。

先墙后拱法衬砌施工，是先架立边墙的支架模板，灌筑边墙混凝土。可以利用加大断面的边墙支架立带兼作立柱，或者待边墙衬砌拆模后重新安放立柱，架设横梁，做成拱圈衬砌施工的承台，再按先拱后墙法步骤架立拱架，进行拱部衬砌施工。

目前现场已广泛使用钢拱架和钢模板。钢拱架由38 kg/m的旧钢轨弯制而成，分成左右两片，用夹板螺栓连接。连接时加上相应长度的短轨头，可以实现不同加宽值的隧道断面净空要求。钢模板用钢板、角钢焊制而成，分拱模、墙模等类型，注意配套使用。

二、混凝土的制备与运送

混凝土应采用机械搅拌，严格按照选定的配合比供料和加水。当隧道不太长时，搅拌站可以设在洞外，以减少洞内干扰。隧道较长时，一般应设在洞内，或采用搅拌车运送混凝土，以防运输时间过长而离析或初凝。

混凝土运输应使用专制的运送斗车。途中运输的时间应尽量缩短，一般不应超过45 min。运至灌注地点的混凝土如有离析现象时，应进行再搅拌后方可灌注入模。由搅拌站运出的混凝土，在任何情况下均不得在中途加水。

三、混凝土灌筑施工

混凝土应分层灌注和捣固，采用插入式振动棒捣固时，每层厚度不得超过40 cm；人工捣固时，每层厚度为30 cm。

拱圈衬砌应从两侧拱脚开始，对称、分层成辐射状向拱顶方向进行灌注和捣固，如图22—52所示。

灌注边墙衬砌时，混凝土的自由倾落高度不得超过2 m。超过2 m时应加串筒，以免砂浆和石子分离，影响灌注质量。当边墙厚度大于40 cm，且无地下水时，可掺入不超过15%的片石，以节约水泥用量。掺入混凝土的片石块度不宜过小，片石与片石以及片石与岩壁或模板之间，应留有10 cm左右的空隙，用混凝土充填并捣固。

拱墙背后的超挖部分，必须进行回填。边墙基底以上1 m以及采用先拱后墙法施工的隧道拱脚以上1 m范围内，应使用同级混凝土填筑。其余超挖部分，可视其范围大小及围岩稳定情况，选用同级混凝土、片石混凝土或浆砌片石回填；围岩稳定且干燥无水时，亦可用干砌片石回填。

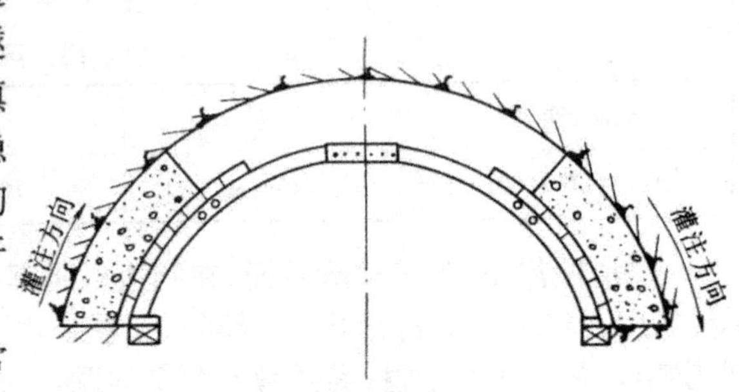

图 22—52

先拱后墙法在进行拱圈衬砌的施工中，常会遇到一些因受围岩压力影响，预先无法拆除的支撑需要处理。处理方法应视围岩压力大小，可以用临时的短木柱或永久的混凝土短柱，直接或间接支撑在拱架上进行顶替，必要时还可增设辅助横梁托住背柴，然后拆下原来的支撑立柱。临时短木柱应在混凝土灌注到位时拆除。当地层压力很大，原有支撑不允许有任何松动，上述替换支撑方法无法实施时，只好用铁皮或木盒将立柱围住，待混凝土衬砌获得强度后再取出。必须注意的是，所有替换支撑的方法，都有可能造成围岩的二次松弛，必须仔细谨慎操作，任何疏忽和大意，都有可能造成坍方。

灌注混凝土应连续进行。如遇特殊情况，中断间歇时间超过了混凝土初凝时间时，应中止灌注工作，至少经过24 h，待混凝土强度达到1.2 MPa以上后，按有关接灌规定进行处理后再行灌注。

拱圈混凝土由两侧拱脚自下而上灌注到拱顶部位0.8～1.0 m宽时，需要进行封顶工作。封顶分为活封顶(又叫刹尖)和死封顶。拱圈衬砌朝着一个方向推进出现的封顶为活封顶；当拱圈衬砌由两个方向对着灌注碰到一起时，会形成死封顶。死封顶应选在围岩较好、无超挖的地点。死封顶方法是在拱顶留出一个0.4 m的方形缺口，待四周其它混凝土灌注完毕24 h后，将缺口挡板拆除凿毛，把缺口需要的混凝土按量放入一个活底木盒内，再用千斤顶顶住木盒活底，将混凝土顶入缺口中，如图 22—53 所示。

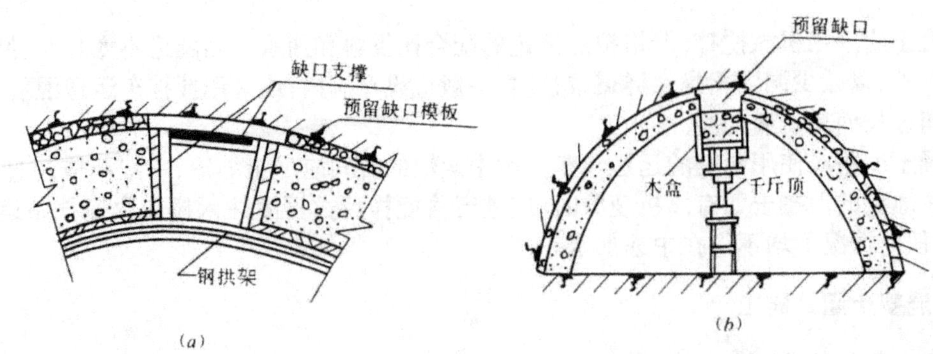

图 22—53

在先拱后墙法施工中，当边墙混凝土灌注到接近拱脚部位时，应留下10～20 cm高的缺口，如图 22—54 所示。待边墙混凝土凝固收缩24 h后，再用稠度较大的干硬性混凝土填塞密实，并用模型板封闭养生。

四、模筑混凝土灌注作业机械化

模筑混凝土灌注作业机械化，是指利用大断面开挖的有利条件，采用全断面金属模板台车、混凝土泵和输送管道所进行的综合模筑施工作业。

金属模板台车简称钢模台车，是用厚度为 4～6 mm的钢板和型钢肋条组成2 m长的模板壳拼接段。每套钢模由几个拼接段用螺栓连结而成，其长度视一次灌注的环节长度确定，一般为 4～12 m。每个拼接段由下至上包括基脚模板、边墙模板、拱脚模板、拱腰模板和加宽块模板等。模板下方由车架支承，顶部和两侧用螺旋千斤顶与车架连结，千斤顶可供收放、安装和拆除模板用。车架是模板的支承结构和灌注混凝土的工作平台。每个模板拼接段均设有收拢铰和连接铰。当混凝土灌注好后约12 h便可撤走支承车架，留下钢模板支承已灌好的衬砌进行养护。支承车架可退到后方拆模，或携带模板穿行到前方继续立模灌注混凝土。钢模台车的构造见图 22—55。

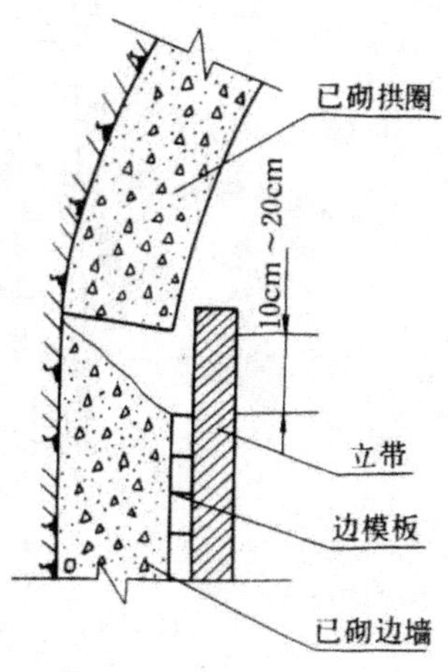

图 22—54

配合钢模台车灌注混凝土的机械，有风动混凝土输送泵（图 22—56(*a*)）和混凝土输送器(图 22—56(*b*))。

输送器主体部分是一个钢罐体，上方装有锥形阀门和料斗。打开阀门即可装入搅拌好的混凝土，关闭阀门送入压缩空气，就能迫使混凝土进入输送导管并向前运动进行混凝土浇筑。当风压为0.7 MPa时，其水平输送距离可达200 m以上，垂直输送距离大于35 m。输送器结构简单，不需要传动系统和动力装置，不易磨损。但耗风量大，需要配备专用的储气罐(约3 m^3)。

混凝土输送泵以电力为动力，由活塞运动驱使混凝土沿着输送管路向前运动。最大水平运距可达300 m，垂直运距达40 m。

考虑到管道输送的摩擦阻力，混凝土应保持一定的流动性。以坍落度在10 cm左右，水灰比在 0.5～0.6 之间，粗集料使用卵石为好。水泥用量应为 280～300 kg/m^3，并要求包括水泥在内的所有小于0.2 mm粒径的细粉含量不应小于350 kg/m^3，且粗集料在输送的混凝土中应呈浮游状态。为使混凝土在管道中容易滑动和降低水灰比，必要时可掺用加气剂或 5%～8%左右的煤灰、火山灰、硅藻等。

按照输送机具在洞内的位置不同，混凝土入模方式有两种：一是输送机具安放在灌注作业区后方成洞地段，这样混凝土灌注与掘进互不干扰，但输送管道增长，会加大输送阻力；二是把输送机具置于灌注前方导洞之中，则灌注操作较为方便，但可能与开挖运输发生干扰。

五、混凝土的养护与拆模

一般情况下，衬砌混凝土灌注后 10～12 h，即应开始浇水养护。养护延续时间和每天洒水次数，应根据衬砌灌注地段的气温、相对湿度和所使用水泥的品种确定。使用普通硅酸盐水泥时，一般应连续养护 7～14 d。在严寒地区冬季灌注混凝土时，应采取防寒措施，防止冻坏衬砌。

为防止混凝土开裂和损伤，拆模工作应满足下列要求：

1. 直边墙混凝土应达到设计强度的 25%；
2. 曲边墙和围岩压力不很大的拱圈混凝土需达到设计强度的 70%；
3. 围岩压力很大的拱圈混凝土要求达到设计强度的 100%；
4. 所有养护和拆模工作，都必须遵照有关的规程进行。拆模工作应谨慎从事，防止碰伤

模板
台车
托架
垂直油缸
侧向油缸
穿行高度6880
衬砌高度7480
762
1100
700
762
1800
3900
5300（W=400）
A向
（单位：mm）
液压操纵台
电机
油箱
A向
8000
8100
9500
10900
2250
2500
4810

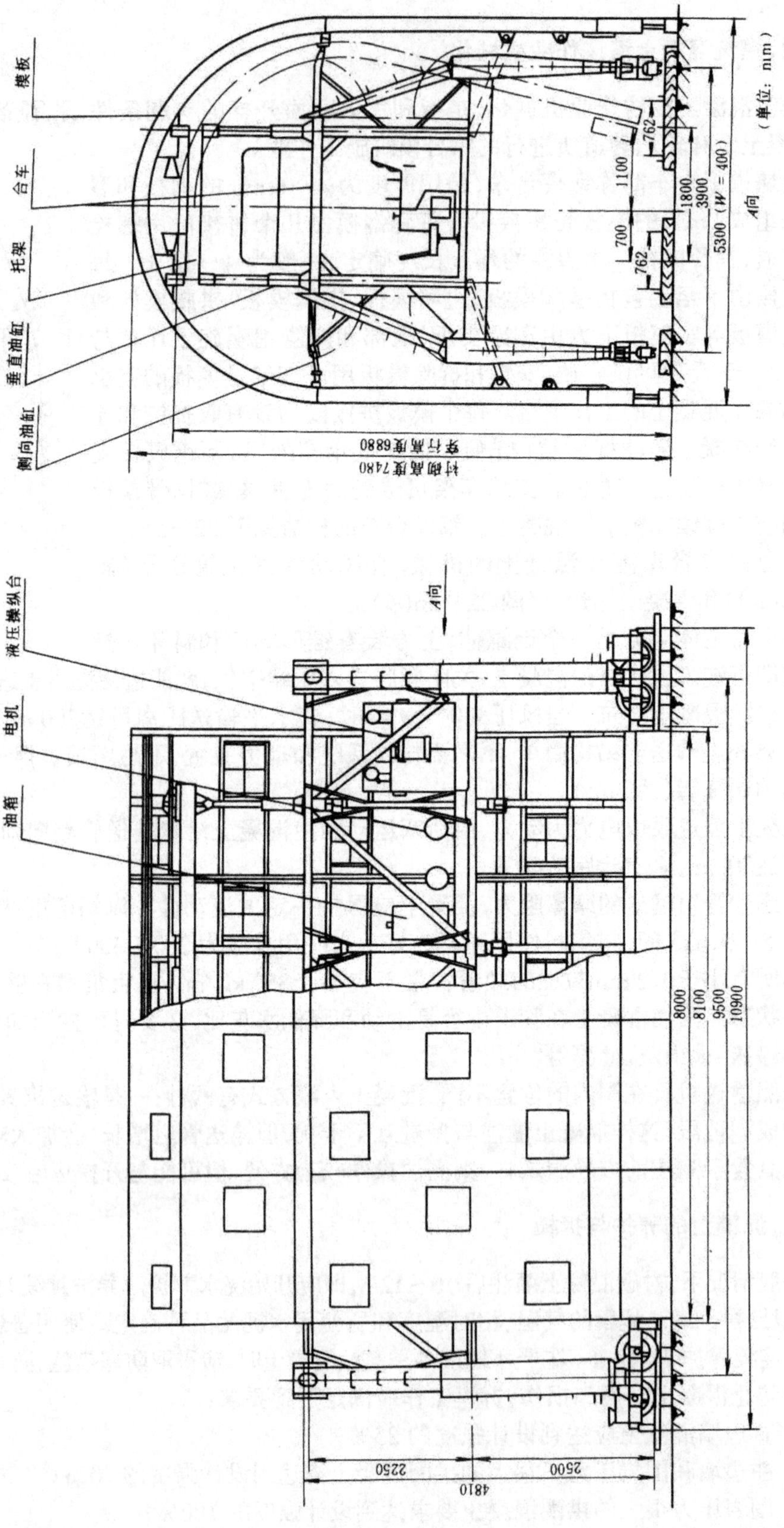

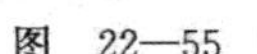

图 22—55

边、角、楞面。混凝土衬砌应作到内实、外光、顺直美观。

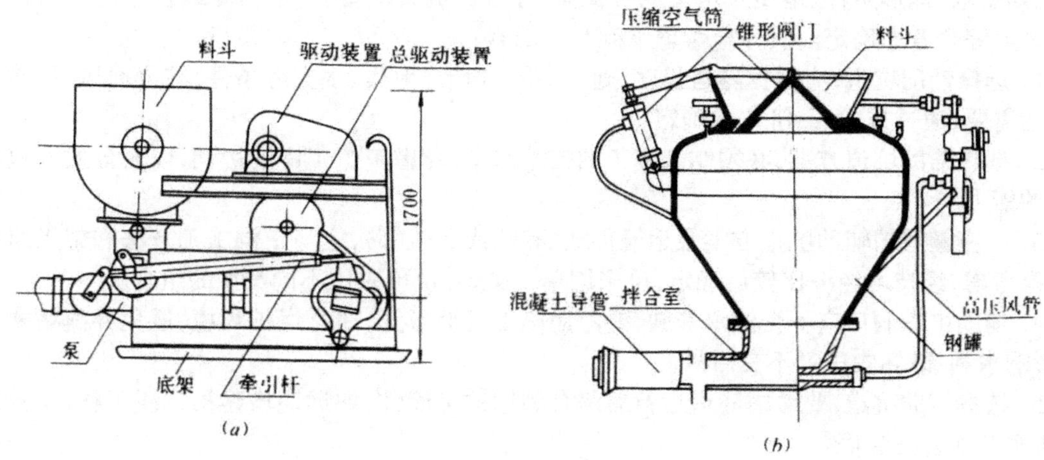

图 22—56

六、压　　浆

模筑混凝土施工,由于超挖回填不密实和混凝土坍落度的影响,往往在衬砌背后与围岩之间留有空隙,使衬砌与围岩不密贴,不能很好地控制围岩的进一步变形和水的渗透,因此,在多数情况下需要进行压浆工作。压浆工作宜在与衬砌作业区保持 70～100 m距离范围内,同时向前推进,如留待隧道衬砌完成后再行压浆,则效果不好。

压浆工作分初次压浆和检查压浆两步进行。初次压浆用压气式双筒压浆机,在 0.4～0.5 MPa压力下压注 1:1～1:1.5 的水泥砂浆,其水灰比 1:1,延散度开始为 16～20 cm,终了时为 15～16 cm,在1 h的压注时间内不得有离析现象。检查压浆是在初次压浆孔之间另钻孔眼,用活塞式电动压浆泵,在 0.6～1.0 MPa压力下压注纯水泥浆液,其延散度在开始时为 26～30 cm,终了时不小于 14～15 cm,在30 min压注时间内不得产生离析现象。

压浆孔应视地层裂缝和含水情况进行布置,其间距一般为 1.0～2.0 m。压浆工作应分段进行,每段长度不小于20 m。从隧道两侧衬砌下部开始,自下而上对称压注。初次压浆时,当下排孔压注时上排孔出现冒浆,即可认为已经压满。检查压浆若压力已达到规定数值,并持续 15～20 min不再吸浆,则表示该孔已压满。

隧道坡度由洞口向洞内为上坡时,由洞口开始向洞内方向推进压注即可。当为下坡时,拱部衬砌应每隔 20～30 m用混凝土同时灌注 0.3～1.0 m宽的隔墙,以防止压浆时浆液远流,影响压浆效果。隔墙之间的超挖部分,应使用片石充填紧密,以减少压浆材料的消耗。

第六节　隧道辅助坑道

隧道施工的基本方式,是从两个洞口开始开挖和衬砌,在隧道中部最后贯通。这时只有两个作业面,因此速度不可能很快。这种方式一般只适应于工期要求不紧或短隧道的施工。对于控制工期的长大隧道,仅用两个作业面施工是不够的,通常多采取开挖辅助坑道,增辟作业面的方法,以加快施工速度,达到满足工期要求的目的。

辅助坑道的形式有横洞、平行导坑、斜井和竖井。

辅助坑道的作用除增加作业面以加快施工速度,缩短工期外,还为改善施工条件、减少施工干扰、合理布置施工中的管路、线路提供了有利条件。辅助坑道形式的选择,应根据隧道长度、工期要求、地形条件、地质及水文地质状况、劳力及机具配备、场地情况以及今后能否被利用等因素综合考虑确定。具体应考虑下列几个因素:

1. 选择辅助坑道,应根据隧道长度、施工期限、地形、地质、水文等条件,结合通风、排水及弃碴的需要,通过技术、经济比选确定。

2. 选择辅助坑道方案,必须结合施工的技术水平,考虑施工工序的协调,以充分发挥机具设备的能力。

3. 一座隧道的辅助坑道方案及运输形式(有轨或无轨等),应与正洞施工方法和施工组织等统筹考虑,经技术经济比较后确定,可采用单一类型,也可采用不同类型的组合。

4. 辅助坑道洞口应不受洪水威胁,要考虑施工场地布置,注意保护环境,避免弃碴堵塞河道,影响水利,破坏农田等不良后果。

5. 选择辅助坑道,要考虑隧道运营后综合利用的可能性,如远期增建第二线工程,运营通风、排水及战备需要等。

6. 选择辅助坑道时,在方案比选中应分析辅助坑道本身的工期及其对主体工程缩短工期的作用,从而降低工程造价,提高经济效益。

一、横　　洞

横洞是比较好的辅助坑道形式,当地形条件适宜时,应优先考虑选用。横洞常用于傍山沿河而且侧向覆盖层较薄的隧道。也用于洞口有大量土石方阻挡,或洞口处严重坍方,或有其它障碍一时难以进洞施工,而地形条件允许设置横洞的隧道。

横洞位置应选在地质条件和地形条件较好的地方。横洞长度一般不超过隧道长度的1/10～1/7,否则就不经济。

横洞底面标高应与隧道底面标高一致。为便于排水和运输,向外应有3‰～6‰的下坡,如图22—57所示。横洞断面与单线或双线导坑断面相同。

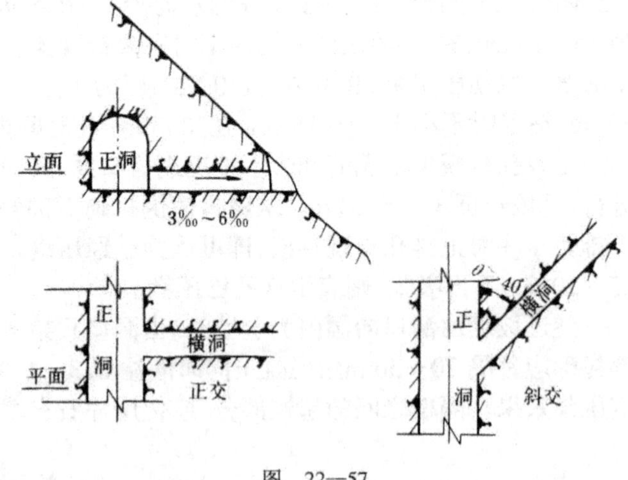

图　22—57

横洞与隧道的平面交角以90°为宜,斜交时的交角不应小于40°。横洞与正洞的联接形式有双联式或单联式(见表22—20),相交处用半径不小于12 m的曲线联接。

横洞具有施工简单,不需要特殊的机具设备,出碴运输方便,造价比较低廉等优点。但选用横洞方案,必须有合适的地形条件。

二、平行导坑

平行导坑是修建在隧道一侧与隧道走向平行、掘进面总是超前于隧道正洞开挖作业面的导坑。平行导坑的造价约为隧道工程造价的15%～25%。因此,只有在长度超过3 000 m以上的长大越岭隧道,而且受地形或其它条件限制,不宜或无法选用横洞方案时采用。平行导坑通过横通道与隧道正洞多处联结,每个横通道进入正洞可增加两个新的作业面,如图22—58所示。

横洞与隧道的联接形式　　表 22—20

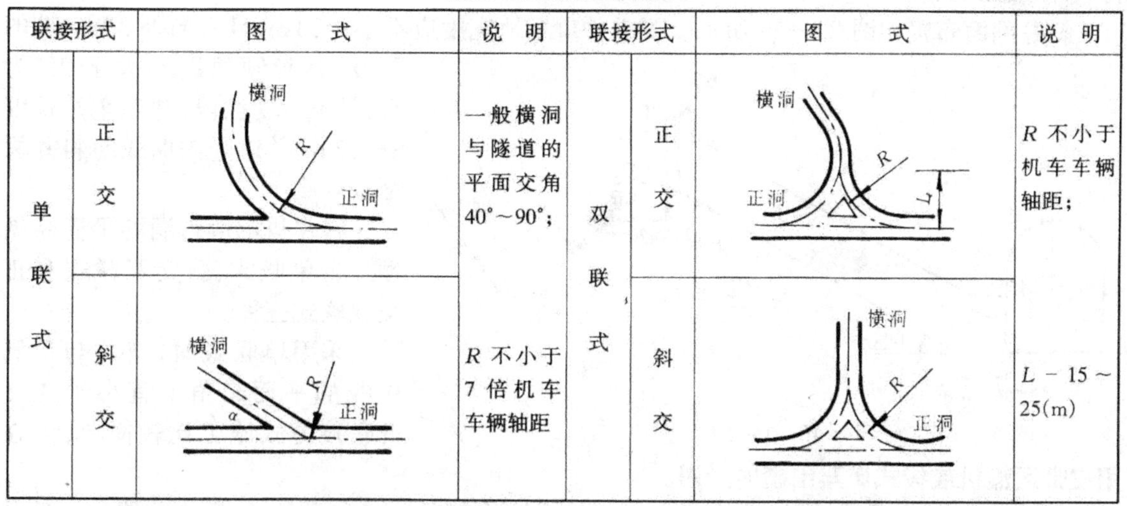

联接形式		图　式	说　明	联接形式		图　式	说　明
单联式	正交	横洞 R 正洞	一般横洞与隧道的平面交角 40°～90°;	双联式	正交	横洞 R 正洞 L	R 不小于机车车辆轴距;
	斜交	横洞 R α 正洞	R 不小于 7 倍机车车辆轴距		斜交	横洞 R 正洞	L - 15～25(m)

一般情况下,平行导坑应设在地下水流向隧道的上游一侧,如规划中有二线隧道时、亦可设在二线隧道位置,供将来作为二线施工的导坑用。当上述两个条件都不存在时,可设在地质条件较好的一侧。平行导坑与隧道正洞之间的最小净距离,应视地质条件、施工方法、导洞跨度等因素确定,并考虑由于导洞开挖而形成的两个"自然拱"不相接触为好,否则容易造成坍方。目前在中等及以上岩层中常采用的间距为20 m。平行导坑的底面标高应低于隧道正洞底面标高0.2～0.6 m,以利正洞排水和运输。平行导坑的纵向坡度,原则上应与隧道正洞纵坡相一致。

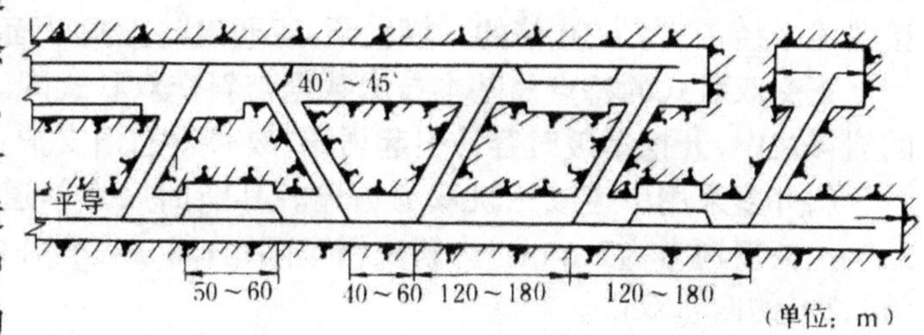

图　22—58

横通道应结合避车洞位置,按 120～180 m的间隔距离布置。为方便运输调车作业,每隔 3～4 个横通道应设置一个反向横通道。从维持围岩稳定和运输顺畅考虑,横通道与正洞的平面交角,一般以 40°～45°为宜,如图 22—58 所示。

为充分发挥平行导坑的作用,其开挖面应经常超前于隧道作业面不小于两个横通道间距的距离。为此,平行导坑应以小断面掘进,并尽量配备良好的机具设备,做好掘进施工的各种保障工作。

在平行导坑中,一般都采用单道运输。为满足运输调车的需要,可每隔 2～3 个横通道铺设一个双股道的会车站,其有效长度一般为 50～60 m,如图 22—58 所示。

平行导坑除了增加正洞施工作业面外,还具有提前探明地质情况,为正洞施工提供可靠地质资料,布置"三管两路",减少正洞施工干扰,排水,布置测量导线网和同正洞组成巷道式通风系统等作用。

平行导坑除个别地质松软地段需要作局部衬砌外,一般均不作衬砌或作简单的锚喷支护。

三、斜　　井

斜井是从隧道侧上方,以倾斜井筒通向隧道正洞的辅助坑道。适用于长度在1 000 m以上,埋深较浅或隧道中线斜上方有纵横沟谷低凹地形,可作弃碴场地的隧道。斜井运输需要有较强的牵引动力。斜井的施工和使用,都比横洞、平行导坑复杂,但比竖井简单。斜井长度一般不宜超过200 m。

斜井剖面布置如图 22—59 所示。要求井口场地宽度应不小于20 m,且有向外 3%左右的下坡、井身倾角以不大于 25°为宜,且不设变坡段,井底车站长度 8～12 m,并以竖向曲线与斜井联结。

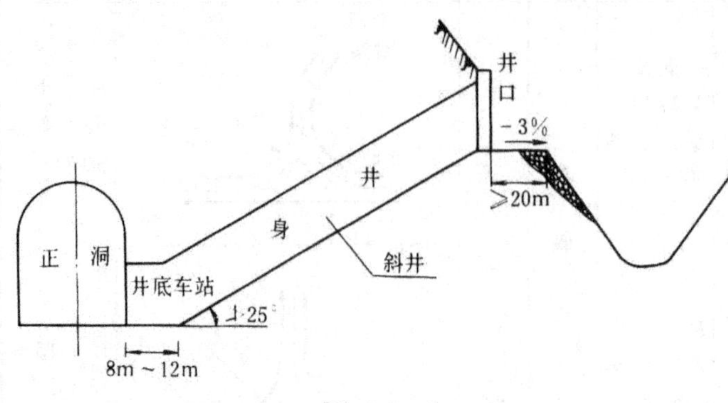

图 22—59

斜井与隧道正洞的平面联结型式有单联式、斜交双联式和正交双联式三种。

采用单联式时,斜井与正洞中线的平面交角不宜小于 40°。此联接方式施工比较简单,多在用皮带运输机或梭式矿车出碴时采用。

图 22—60 为斜交双联式,特点是在对着斜井的井底车站前方,有一段安全岔线。一旦在斜井中发生溜车事故时,不会影响正洞施工的安全。其技术数据为:斜井井底变坡点与正洞中心线的距离应不小于 25～30 m;车站长度不小于 8～12 m;安全岔线长度不小于 8～10 m;联接曲线半径 R = 7～10 倍的车辆轴距;双通道与正洞平面交角为 30°～35°。

正交双联式的特点及基本技术数据与斜交双联式同。不同的是安全岔线设于两通道中间的岩体之中,开挖爆破时容易引起坍塌,故必须加强支护。

斜井多采用单道或三轨双道运输。其断面尺寸单道时底宽为2.6 m,三轨双道时底宽为3.4 m,高度通常为2.6 m。为解决错车问题,通常在斜井中部铺设一段长度为 20～30 m,底宽为4.1 m的四轨双道。

斜井施工与一般的导坑施工基本相同,所不同的是必须准确控制掘进方向,使其与斜井坡度方向相一致。常用控制斜井掘进方向的方法有激光照准法和坡度尺放线法。

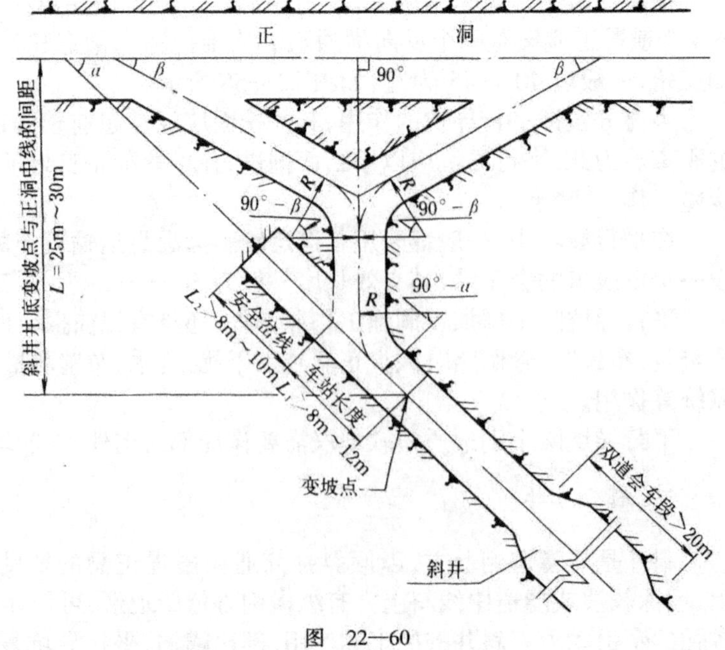

图 22—60

激光照准法是在斜井井口附近的某一高度上安装激光器,使激光器发出光束的方向与斜井坡度一致,用量测光束高度来控制开挖面的底部标高。为防止开挖爆破等因素影响光束方向的准确性,斜井每掘进 30～40 m,应使用经纬仪测量一次坡度,并对光束方向加以校正。

坡度尺放线法是根据斜井设计坡角,制作两个直角边为2 m长的三角尺。使用时,在坑壁或支撑立柱上,用水平仪抄平,选一合适位置,钉上钉子(或打锚杆),挂上坡度尺,当三角尺边水准气泡居中时,则斜边所示方向即为斜井的坡度方向。用同样方法向斜井下坡方向引伸5 m左右,再挂另一三角尺。两尺水准气泡均居中后,用细麻线紧贴两尺斜边拉紧,即可检查线下任一位置的开挖标高。

斜井通常采用卷扬机牵引斗车进行运输。为防止钢丝绳或斗车脱钩等发生溜车事故,常采用的安全措施有:

1. 井口阻车装置。为防止洞外车辆意外溜入井内,通常在井口外约2 m处安设阻车装置。常用的阻车装置是安全闸,又称手提式木挡,如图 22—61 所示。正常运输车辆通过时,提起木挡开闸放行,其它时间均上闸,以防失控车辆溜入井内。另一种阻车装置为井口阻车器,它是用 8~15 kg/m钢轨弯制而成,形状如"L"形,如图 22—62 所示,拐角设有转动轴,一端配置重使另一端竖立高出轨面阻车。当井下牵引车辆上来时,由轮轴碰倒阻车器上端而通过。当有车下入井内时,则必须由摘挂人员踩下脚踏方可通过,故此装置亦可防止意外溜车。

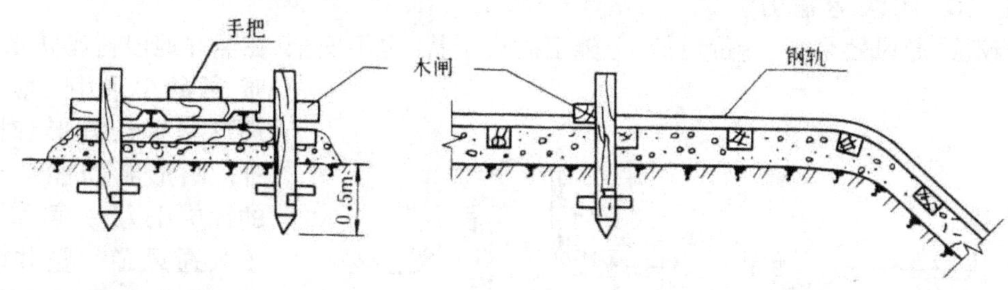

图 22—61

2. 设置阻车安全索,如图 22—63(*a*)所示。在井身适当位置的两侧岩壁上凿孔,埋设铁环,将 ϕ 25 mm钢丝绳横挂在铁环上,派专人看守,随时摘挂,亦可阻挡意外溜下来的车辆。

3. 断绳脱钩保险器。用 ϕ 25 mm圆钢两根,一端弯成环状套在邻近牵引钢丝绳的车辆轮轴上,另一端弯成抓钩并吊在钢丝绳上,如图 22—63(*b*)所示。当发生意外的断绳或脱钩时,则抓钩自动下落钩住轨枕,拉住斗车不使其下溜。

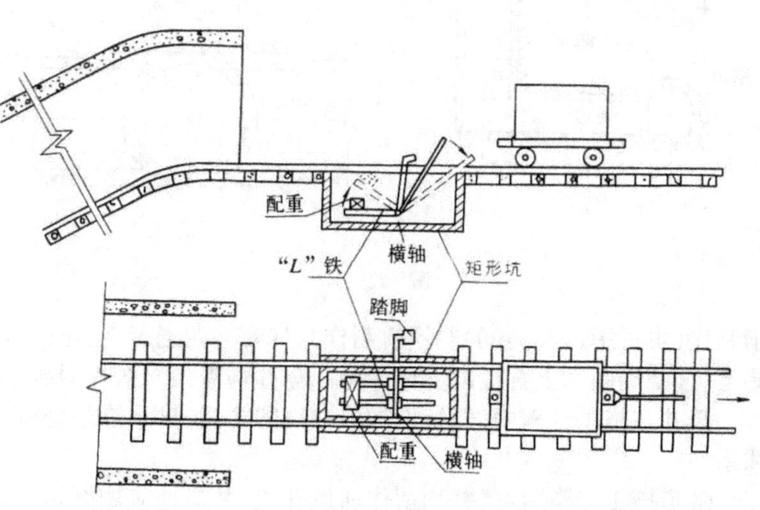

图 22—62

四、竖　　井

当隧道较长而某些地段埋置较浅时,可采用竖井来增辟工作面。由于竖井出碴运输系用吊罐或罐笼进行,需要井架和提升机具,设备多而复杂,功率也较大,施工操作及技术要求均较横洞、斜井复杂,其出碴运输、排水也受到很大限制。同时采用竖井施工时,施工效率较低,只相当于由进(出)口施工的 30%~50%,因此,除了特长或地形特别有利的隧道外,一般都很少采用。另外,在一些特定的条件下,例如在一些埋深很浅的地方使用竖井作为运送混凝土的进料孔，或作为运营时的通风孔道时，可以考虑竖井方案。

竖井位置以设在隧道中心线的一侧为宜。竖井中心与隧道中心之间的距离一般为15～20 m，其间用通道联结，如图22—64(a)所示。此种联结方法，施工安全，对正洞的施工没有影响，但这种方法通风效果不太好。竖井也有在隧道正上方直接联结的，如图22—64(b)所示。此法运输方便、提升较快、通风效果好、造价也低，但施工时有干扰，也不安全，在竖井地段衬砌防水设施较难，故较少采用。竖井的断面形状有长方形和圆形两种。圆形断面能承受较大的地层压力，并可留作隧道永久通风道。竖井断面大小应根据所使用的提升、通风、排水等设备的尺寸来确定，通常用直径4.5～6.0 m的圆形断面。当有两个以上的竖井时，其间距不宜小于300 m，竖井井筒长度不宜超过150 m，否则工程造价过高，施工也复杂，且效率低。

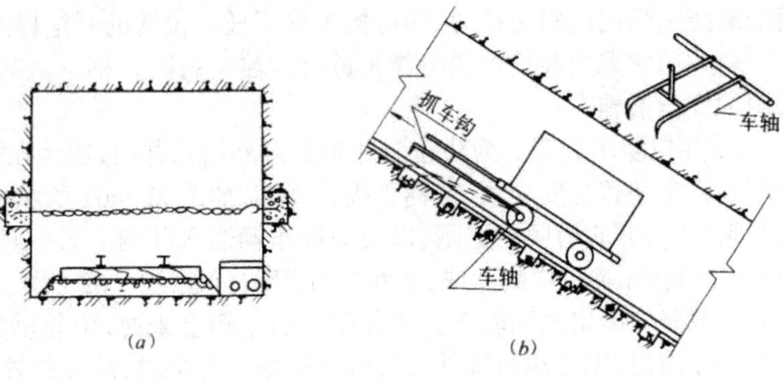

图 22—63

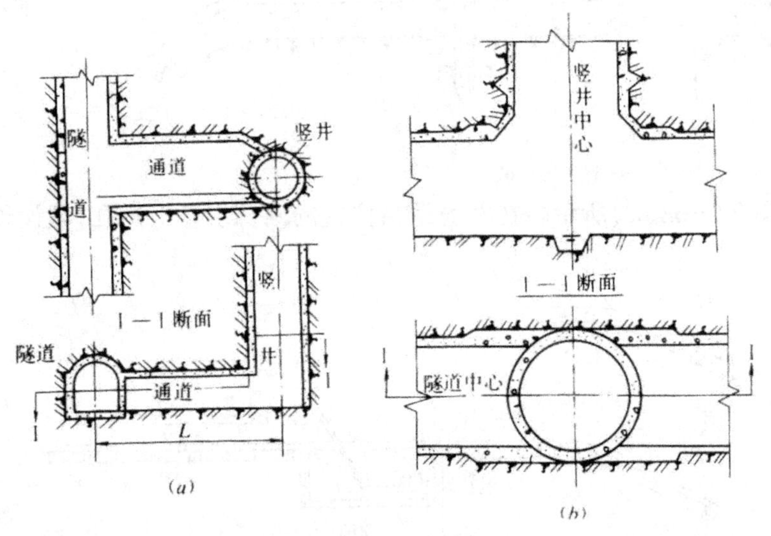

图 22—64

竖井的支撑常使用挂圈。挂圈采用16#或18#槽钢制作(也可用15 kg/m的旧钢轨制作)，挂圈间距通常为1 m。下一挂圈通过挂钩挂在上一挂圈上，挂圈周围插上背板以支撑井壁。竖井均需做永久性衬砌。

竖井在施工过程中，要特别加强井口的防洪、排水措施，并应有信号装置，以便与井下进行联系。

隧道施工完毕后，竖井均留作通风孔道，井口处应做好防水处理。

第七节　新奥法施工

一、新奥法施工中应掌握的几个基本环节

隧道施工有两大工序，一是开挖，二是衬砌。传统方法采用荷载——结构模式，认为围岩产生荷载，衬砌支承荷载，两者是分开的。从新奥法概念出发，它采用地层结构模式，围岩不但产生荷载，且能承受荷载。围岩与衬砌(支护)形成一个共同受力的整体，其中围岩是主要的受

力体系。因此按新奥法原则修建隧道时,在施工中应掌握如下几个基本环节:

1. 由于岩体是隧道的主要承载结构,在施工中必须充分保护岩体,使之免受破坏,以保证遗留岩体的强度。

2. 为充分发挥岩体的结构作用,一方面允许其变形能达到支护结构周围岩体中形成承载环的量级;另一方面必须控制其变形,使岩体不致于过度松弛而丧失或大大降低其承载能力。

3. 变形的控制主要通过支护结构的支护抗力效应来实现。因此,施工中应合理地决定支护结构参与工作的时间,各种支护手段的相互配合,底拱闭合时间,一次掘进长度,半拱地段长度……等。

4. 施工中进行实地量测监视,及时提出可靠的、足够数量的量测信息。

5. 选择支护手段时,一般应选用与围岩全面、牢固、紧密接触,且能及时施设和有随时加强可能的支护手段。为此多采用喷混凝土,并多数与锚杆和金属网联合使用,必要时应配合钢支撑。

6. 地下洞室在力学上看作为一个厚壁圆筒,为此,合理的隧道形状应为圆形或椭圆形。在施工中应使之短期内闭合,以充分发挥其承载作用。

7. 要特别注意中间的施工阶段。为减少应力变化的次数和影响范围的相互干扰,开挖中应尽量减少中间阶段而采用全断面开挖,或至少采用拱部超前的半断面开挖。

8. 为加强承载能力,提高安全储备及设置防水层,可采用二次支护的模筑衬砌。

9. 有外水压力和渗透水压力时,应采取可靠的排水措施,以解除对外衬的作用。

二、新奥法施工特点

新奥法施工有三个特点:

1. 由于锚喷技术的应用,隧道开挖断面分块大,以减少开挖中应力重分的次数,有利于保护围岩体的强度;

2. 施工方法对地质条件的适应性较强。也就是采用的施工方法与传统法比较更能适应不同的地质条件,不再因地质条件的变化而大幅度地改变施工方法;

3. 采用对围岩扰动小、开挖面光滑平整的光面爆破和预裂爆破。

三、施工方法

目前国内外按新奥法原则修建隧道时一般采用如下几种施工方法:

(一)全断面一次开挖法

它适用于开挖后在围岩自稳时间的$\frac{1}{2}$时间内完成初期支护。也有的根据围岩中弹性波纵波传布的速度来决定。对于硬岩波速大于4.0 km/s,对于软岩波速大于3.5 km/s时认为可以采用全断面一次开挖法。

(二)台阶分层开挖法

它根据其台阶长度又可分为:

1. 长台阶法

采用一个台阶,其长度为100~150 m。

2. 短台阶法

它采用一个台阶,其长度为20~50 m。

3. 紧跟台阶法

它也采用一个台阶,其长度为 3～5 m。

4. 多层台阶法

其台阶的层数根据地质条件决定,台阶长度一般为 3～5 m。

台阶法开挖对地质条件的适应性好,可以说对所有的地质条件全能适应。但在施工中到底采用哪种台阶法开挖为好,应按下列条件决定:

(1)支护形成闭合断面的时间;

(2)机械(具)设备对施工场地大小的要求。

当石质好时只考虑第二个条件;当石质差时,两个条件都要考虑。

从目前国内外情况看,施工中以台阶法为主,约占整个开挖方法中的 70%左右。

(三)侧壁导坑法

侧壁导坑法又叫眼镜法,日本人叫眼镜工法。它又分为单侧壁导坑法(适用于单线隧道)如图 22—65 所示,双侧壁导坑法(适用于双线隧道)如图 22—66 所示。

侧壁导坑法特点是分单元开挖而每个单元形成封闭断面,施工安全可靠。国外日本、西德用得较多,我国也有采用。它一般适用于浅埋软围岩中,对于浅埋隧道要控制因开挖而引起的地表沉陷量,为此必须控制开挖过程中隧道周边的收敛值,而采用侧壁导坑法开挖较有利。当然有条件采用盾构法更好。大秦线上的西坪隧道成功地采用了双侧壁导坑处理坍方,这在我国还是第一次。北京地铁西单车站用双眼镜法施工获得了成功。

(四)拱部留有核心环向开挖法

如图 22—67 所示。用此法成功地通过了大秦线上的军都山隧道进口端浅埋黄土地段。北京地铁复兴门358 m折返段,也采用此法施工,称"北京地铁浅埋暗挖法"。在施工中采取了管超前、少扰动,早喷锚、强支护、紧密闭,勤量测的十八字施工安排。

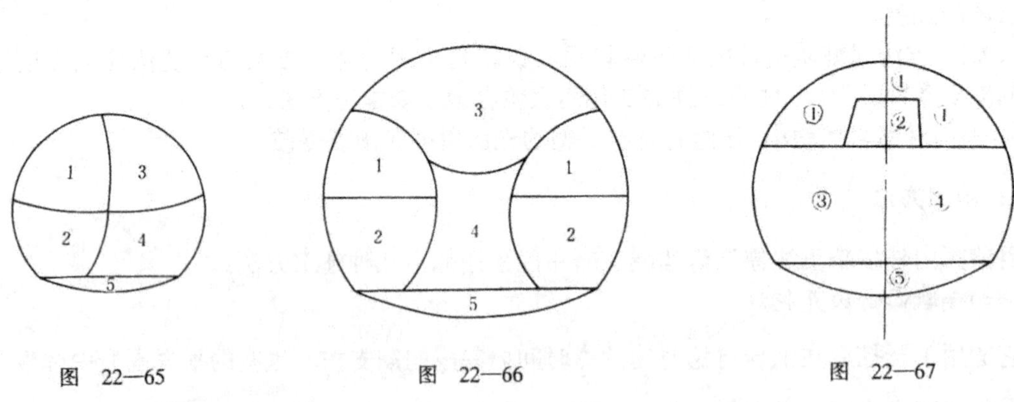

图 22—65　图 22—66　图 22—67

四、支护方法

隧道开挖后,为了保持围岩的稳定性,一般需进行支护,人们在多年的地下工程实践中提出了支护围岩的一些方法:从外部来支护围岩,如整体式模筑混凝土衬砌、石砌体衬砌、拼装式衬砌及喷混凝土支护等;从内部加固围岩以提高围岩强度及稳定性如锚杆支护、锚喷支护、压注各种浆液等。

新奥法施工一般采用柔性的锚喷支护(喷混凝土支护、喷混凝土加锚杆支护、喷混凝土加锚杆加钢筋网或钢支撑的总称)作为初期支护,二次衬砌一般采用模筑混凝土衬砌,两者组成复合式衬砌,两层衬砌之间根据实际情况加设防水层,其材料可用塑料防水板或其它隔水材料。

(一)初期支护

1. 喷混凝土支护

(1)喷混凝土作用、特点

所谓喷混凝土(指干喷)是将水泥、砂子、石子、速凝剂按一定的比例均匀地搅拌后送入喷射机,借助压缩空气将干混合料通过管道压送到喷头与高压水混合,以很高的速度喷射到岩壁表面凝结而成混凝土(如图22—68所示)。由于喷混凝土颗粒在高速度(约76~125 m/s)的猛烈冲击下,混凝土被连续地捣固和压实,同时在管道内的摩擦和喷射时的撞击,能使混凝土具有紧密的结构和较好的物理力学性能。

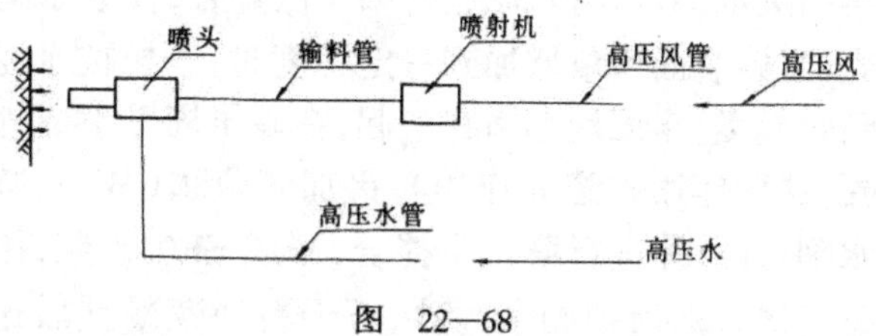

图 22—68

根据试验及施工实践,喷混凝土有如下几个作用和特点:

①充填裂隙加固围岩

喷混凝土在喷射过程中,受到高压的重复冲击作用,使混凝土颗粒充填围岩的节理、裂隙及凹凸不平面,并与岩壁紧密地粘结在一起,再加上速凝剂的作用,使早期高强度的喷混凝土与围岩形成一个整体。从力学角度讲,在初始应力发展时施加一个约束应力,使与围岩中的单轴或双轴应力相平衡。

②封闭围岩表面防止风化

当隧道围岩壁面喷上一层混凝土后,完全隔绝了围岩与水和空气对围岩的破坏作用。

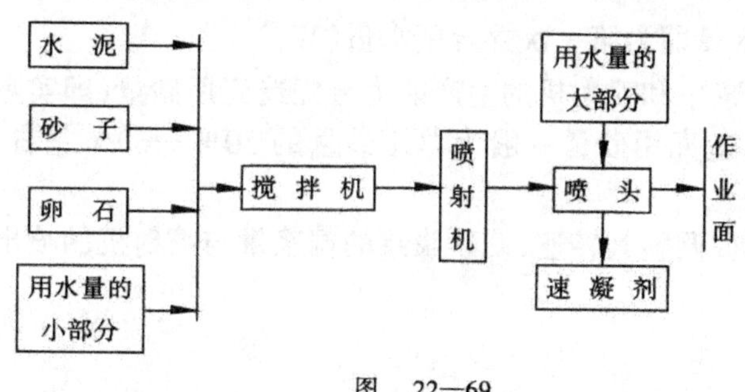

图　22—69

③喷混凝土与围岩组成共同承载结构

由于喷混凝土充填了围岩的节理、裂隙,把分裂的岩块紧密地粘结咬合在一起,靠喷混凝土与围岩的粘结力及其自身的抗剪力形成一个共同受力的承载结构。

(2)湿喷混凝土

我国在50年代开始从国外引进了喷混凝土技术,70年代列为全国新技术推广项目,但以往国内外多采用干喷技术,它存在着粉尘浓度大,作业环境恶劣,回弹损失大和混凝土后期强度不稳定等缺点。为此近期提出了几种湿喷混凝土方法:

①混合喷射法。它的工艺流程如图22—69所示。

②复式混合喷射法,其工艺流程如图22—70所示。

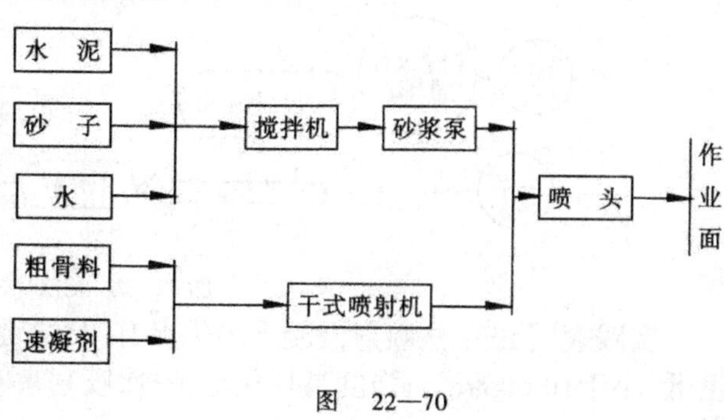

图　22—70

③半湿喷或潮喷法。将砂、石粗细骨料预加水湿润成潮湿状,再拌合水泥使搅拌成水灰比0.24~0.37的混合料,在喷头处再加水成塑性状态后由喷嘴喷出。

④湿喷法。全部粗细骨料、水泥和水加入搅拌机拌合,然后送到风送型或泵送型喷射机,在喷射机内加入液体速凝剂后

送至喷嘴喷出。

图 22—71 为大秦线军都山隧道采用的混合湿喷混凝土方法的工艺流程。

(3)SEC 法喷混凝土

SEC 法(即水泥裹砂法)为日本所创,目前我国也推广使用该法。它的工艺流程如图 22—72 所示。

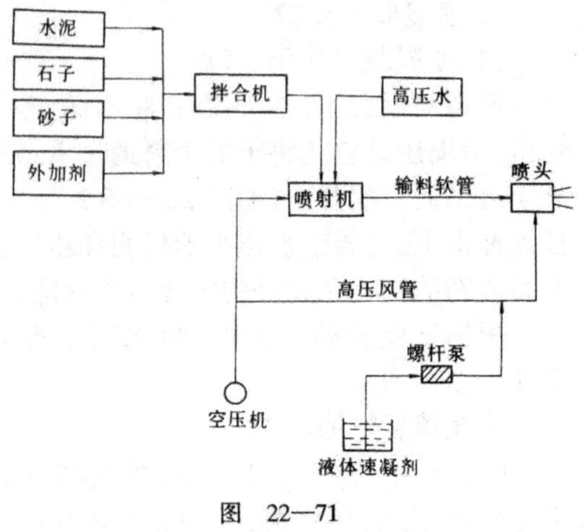

图 22—71

整个工艺流程分为砂浆和骨料二个系统。具体做法是:将部分砂子用表面水调匀机将砂粒表面含水率调节均匀,然后按最佳造壳水灰比加入第一次水(W_1)与水泥进行第一次拌合,使砂子造壳(当砂表面水量增加到一定程度时,砂粒被水泥颗粒包裹,牢固地粘附在一起,在砂子周围形成外壳,这种作用称造壳作用),再加剩余水(W_2)、减水剂(A_d)等进行第二次拌合,制成 SEC 砂浆,用泵压送。然后把剩余的砂、石干料加速凝剂后送入干式喷射机,两者在混合管混合后由喷嘴喷出。

该法的关键是砂浆的最佳含水量,水少了成干粉状,水多了与普通砂浆相同。最佳含水量与水泥用量、砂的细度模数有关,应通过试验确定,一般为总用水量的 30%~40%。用最佳含水量拌合出的砂浆遇水基本不破坏,砂粒无裸露现象,外壳圆滑,干后外壳用手搓不掉,二次拌合时水泥流失也很少。

用最佳含水量减去造壳用砂的天然含水量即为第一次拌合用水量(W_1)。

当喷射混凝土配合比确定后,应根据砂浆泵和喷射机的生产能力分配造壳用砂量(即实际配料情况应与设备输送能力相符),经实践,造壳用砂量一般为总用砂量的 50%~60%左右。SEC 砂浆的流动度控制在 23~28 cm为宜。

在喷射过程中应通过砂浆泵的调速电机,调整其转速,使砂浆泵的输浆量与喷射机的喷出量相匹配。

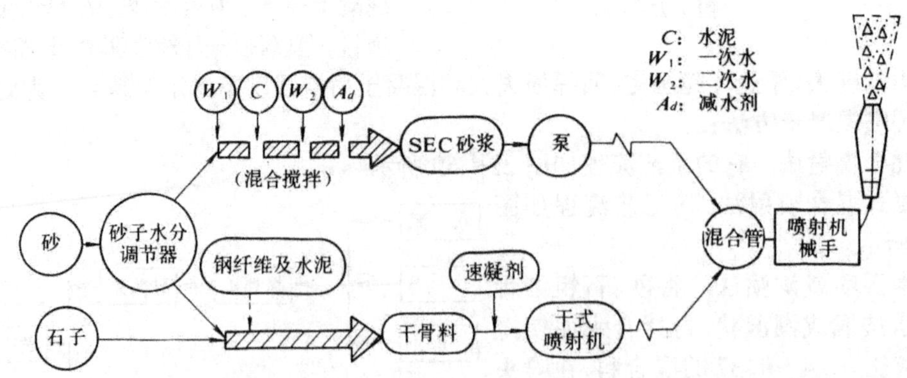

图 22—72 SEC 法工艺流程

实践表明 SEC 法喷射混凝土的优点有:粘结性能良好;回弹量少(一般低于 15%);粉尘浓度低(小于10 mg/m^3);强度高且稳定;一次喷射厚度大(可达 10~40 cm);有涌水时也容易喷敷。

(4)钢纤维喷射混凝土

由于喷射混凝土在抗拉、抗弯、抗裂、抗冲击性等方面都存在明显的不足，喷层开裂、剥落时有发生，并导致落石、渗水等一系列病害。因此，自70年代以来，世界各国特别是瑞典、日本、美国等，为了改善喷射混凝土的性能，提高其质量，相继开展了钢纤维喷射混凝土的研究和应用，并在实际工程中收到了良好的技术经济效益。

钢纤维喷射混凝土是指在喷射混凝土中加入一定数量的钢纤维。由于钢纤维均匀分布在混凝土中，为混凝土提供了非连续性的微型配筋，从而提高了材料的抗拉、抗弯、抗冲击和耐磨性以及早期强度、韧度和延展性，并改善了其它物理力学性能。

①钢纤维喷射混凝土的特性。其抗拉、抗弯、抗冲击及抗拉拔强度详见表22—21。

钢纤维喷射混凝土抗拉、抗弯、抗冲击、抗拉拔强度　　表22—21

项　　目	抗拉强度(MPa)	抗弯强度(MPa)	抗冲击(次)	抗拉拔强度(MPa)
素喷射混凝土	28.4	4.8	10～40	6.9
钢纤维喷射混凝土	46.8	6.9～7.6	100～500	12.4

注：钢纤维喷射混凝土的冲击试验，是用4.5 kg的重锤从4.6 m高度落在直径为150 mm，厚为38～63 mm的圆盘形试件中心处的钢球上，记录28 d龄期的钢纤维喷射混凝土试件破裂和分离所需的打击次数。

拉拔试验是在喷射混凝土中埋入直径25 mm、埋深30 mm的拉拔锚杆进行的，其数据由14 d龄期的材料测得。

钢纤维喷射混凝土的早期强度比素混凝土大为提高，这一特性对围岩的快速支护及隧道的病害整治具有特别意义。表22—22为钢纤维喷射混凝土和素喷射混凝土早期强度的比较。

拉裂性、弹性模量和延展性均为抗裂性的重要指标即韧度。韧度被定义为材料完全分离前所吸收的总能量。它可由应力—应变曲线或荷载—挠度曲线下的面积求得。对素混凝土，其韧度与裂纹的扩展有关，而当混凝土内含有钢纤维时，如纤维未被拉断或拔出，则裂纹不会扩展。研究表明，钢纤维喷射混凝土的韧度至少比素喷射混凝土大一个数量级。

钢纤维喷射混凝土和素喷射混凝土早期强度比较　　表22—22

龄期(h)	素喷射混凝土(MPa)	钢纤维喷射混凝土(MPa)
2	0.004	0.027
4	0.018	0.059
8	0.114	0.197
24	3.816	4.997
72	11.09	12.31
120	13.95	15.72
168	15.78	17.42

试验表明，钢纤维喷射混凝土的弹性模量大于素喷射混凝土的弹性模量。在喷射混凝土中投放的钢纤维越多，其弹性模量越高。但过多的钢纤维会导致拌合的困难和管道、喷嘴处的堵塞。一般钢纤维的掺入量为喷射混凝土体积的1%～2%。

衡量钢纤维喷射混凝土延展性的指标之一是它在90%极限荷载下的拉应变。该应变值愈大，材料的延性愈好，美国卡顿进行的快速加载弯曲试验说明，在90%极限荷载作用下，钢纤维喷射混凝土试件外缘的拉应变为320～440 $\mu\varepsilon$，而素喷射混凝土只有192 $\mu\varepsilon$。

必须指出，钢纤维喷射混凝土的物理力学性能，受到钢纤维的形状、长径比、掺入量及在混凝土中的分布状态、排列方向等各种因素的影响。

②钢纤维喷射混凝土的原材料及其配合比。钢纤维用于喷射混凝土中，其直径一般为0.25～0.4 mm，长为20～30 mm，长径比为60～100。截面形状为圆形或矩形，外形为平直或端头带弯钩。常用的钢纤维为碳素钢纤维，而用于耐高温混凝土的为不锈钢纤维。

水泥一般采用425号普通硅酸盐水泥；细骨料砂子最大粒径为6.0 mm；粗骨料石子最大

粒径不超过15 mm。

钢纤维喷射混凝土的配合比应根据设计强度及喷射工艺要求通过试验确定。表22—23为国外常用的钢纤维喷射混凝土配合比。

③钢纤维喷射混凝土施工工艺。喷射钢纤维混凝土时,可直接使用现有的喷射混凝土机械或将其稍加改进。

为了减少堵塞,应尽量取消输料管90°弯头及减少其直径的突然变化。选用的钢纤维长度应不大于输料管直径的一半。

目前瑞典等国已研制出用于单独喂送钢纤维的专门设备。在钢纤维喷射混凝土施工中,最重要的问题是均匀拌合、防止钢纤维结团和降低回弹量。

钢纤维喷射混凝土配合比　表22—23

材　料	细骨料钢纤维喷射混凝土(kg/m³)	9 mm骨料钢纤维喷射混凝土(kg/m³)
水泥	446～558	445
砂子	1 679～1 483	880～697
9 mm骨料		700～875
钢纤维	39～157	39～150
水灰比	0.4～0.45	0.4～0.45

由于钢纤维喷射混凝土有很多优越性,因此在工程上有着各种特殊的用途。如隧道衬砌施工和加固;高路基边坡稳定和桥墩台加固;工业及民用建筑工程支护加固等。

(5)喷射混凝土的质量检查

为了确保喷射混凝土的质量,应作如下检查:

①每批原材料进库(场),均应进行质量检查与验收。施工中对喷射混凝土及水泥砂浆的原材料、配合比及拌合均匀性,每工班至少检查二次,尤其要注意控制砂子的含水量。

②喷射混凝土强度检查。检查喷射混凝土强度时,应就地提取混凝土试件,其数量为单线隧道每20延长米,双线隧道每10延长米至少在拱部和边墙各取一组,材料或配合比变更时另取一组,每组至少取三块,进行抗压强度试验。当有特殊设计要求时,可增做抗拉强度、喷射混凝土与岩面的粘结力、抗渗性等相应的试验。

合格条件是:同批试块(指同一配合比)的抗压强度平均值,不得低于C18;任一组试块抗压强度平均值,最低不得低于设计强度等级的85%,同批试块为3～5组时,低于设计强度等级的试块组数不得多于一组。

强度不符合要求时,应查明原因,采取措施,一般可用加厚的办法予以补强。

③喷层与围岩粘结情况的检查。可用锤敲击,如有空响应凿除洗净重喷。

④喷层厚度的检查。可用插针、凿孔等方法检查。喷射时可插入长度比设计厚度大5 cm的粗铁丝,纵、横向1～2 m设一根作为施工控制用。衬砌完成后单线隧道每20延长米,双线隧道每10延长米至少检查一个断面,从拱顶中线起每隔2 m凿孔检查一个点。

合格条件是:每个检查断面上,全部检查孔处喷射混凝土的厚度60%以上应不小于设计厚度,其余均不小于设计厚度的1/2。但钢筋网喷射混凝土的最小厚度应不小于6 cm。

(6)回弹物料的利用

根据现场实践表明,采用干法喷射混凝土时回弹量较大,除应设法减少回弹外,尚应将回弹物料回收利用。方法之一是将洁净而尚未凝固的回弹物料按一定比例掺入混合料中(掺入量不宜大于15%),重新搅拌后喷射(不宜用于喷射拱顶);其二是利用它浇灌普通混凝土结构或预制构件。

2.锚杆支护

(1)锚杆的支护作用

锚杆系利用围岩自身强度来支护围岩,属内部支护。它的主要作用有:

①悬吊作用:通过锚杆把欲脱落的岩块悬吊在深部完整坚硬的围岩上;

②组合梁作用:用锚杆把层状岩体连接在一起,增加层间摩阻力,而形成组合梁;

③加固作用:用锚杆将坑道周围有节理、裂隙岩体或软弱岩体紧压在一起,以增加岩体的强度。各锚杆所形成的压缩区彼此连接,形成一个坚固的岩石承载环又叫加固带,起加固作用。

锚杆可分为端部锚固式、全长胶结式(或全长摩擦式)及并用式三类,端部锚固式有楔缝型、膨胀型和胶结型。全长胶结式有砂浆胶结型和树脂胶结型。全长摩擦式为开缝式摩擦锚杆。在锚喷支护中一般采用全长砂浆胶结型锚杆。

(2)锚杆长度和直径的确定

①锚杆长度确定

不论是起悬吊作用的锚杆或是靠摩阻力来达到支护目的锚杆,都必须选定合适的锚杆长度。在坚硬及中等硬岩中的锚杆,需支承住松动岩石的重量,并伸入到稳定岩层一定长度。在软弱围岩中的锚杆,其长度应超出塑性区范围。

按施工经验确定锚杆长度:

根据隧道开挖宽度选定。锚杆长度 L 应与隧道开挖宽度 B 及地质条件相适应,对于中等以上硬岩及开挖面能自稳的隧道 $L\geqslant\left(\frac{1}{3}\sim\frac{1}{4}\right)B$,软弱围岩则 $L\geqslant\left(\frac{1}{2}\sim\frac{1}{3}\right)B$。

根据锚杆限制围岩变形量选定。端部锚固式锚杆 $L\geqslant\frac{[\mu]}{2\%}$($[\mu]$——围岩允许位移值);全长胶结式锚杆 $L\geqslant\frac{[\mu]}{5\%}$。

根据围岩稳定性选定。如围岩稳定,仅为防止其表层断裂或松动,$L=1.5\sim2.5$ m。如围岩不稳定,用锚杆限制围岩变形或起到有效的支护作用时,$L>2.5$ m,但最长不能超出隧道开挖宽度之半。

按理论计算确定锚杆长度:

隧道周围形成塑性区时。

$$L=a\left\{\left[(1-\sin\varphi)\frac{\sigma_y+C\cdot\cot\varphi}{C\cdot\cot\varphi}\right]^{\frac{1-\sin\varphi}{2\sin\varphi}}\cdot2\sin\varphi-1\right\}\tag{22—13}$$

式中 φ——围岩内摩擦角;

C——围岩粘结力;

σ_y——围岩自重垂直应力($\sigma_y=\gamma h$,γ——围岩容重,h——隧道埋置深度);

a——隧道开挖半径。

隧道周围形成松散区时

$$L=a\left(\frac{1+2\lambda}{2\lambda-1}-1\right)\tag{22—14}$$

式中 $\lambda=\frac{1+\sin\varphi}{1-\sin\varphi}$,$a$、$\varphi$ 意义同上。

锚杆实际长度为上述计算长度 L,加上外露长度(10~15 cm),再加上锚固长度(15~30 cm)。

②锚杆直径确定

锚杆一般采用螺纹钢或圆钢制成。端部锚固式锚杆,锚杆的抗拉强度应大于锚固力即 σ_L

$\cdot\frac{\pi d^2}{4} > N$ 则：

$$d \geqslant \sqrt{\frac{4N}{\pi\sigma_L}} \tag{22—15}$$

式中 N——锚杆拉拔力，由拉拔试验求得；

σ_L——锚杆材料的抗拉极限强度。

全长胶结型锚杆，按胶结材料与孔壁围岩粘结破坏计算。

$$P = \pi dL\tau$$

$$d = \frac{P}{\pi L\tau} \tag{22—16}$$

式中 P——粘结破坏时承载力，由拉拔试验求得；

L——锚杆锚固长度；

τ——胶结材料与孔壁围岩单位表面积上的粘结力，一般取10 kg/cm^2～15 kg/cm^2。

(3)锚杆布置

①局部布置

对于节理、裂隙较发育的硬岩，重点布置在拱部受拉破坏区；对于水平成层岩体锚杆尽可能与岩层面垂直；在其他情况下锚杆应沿径向布置使之构成楔形状。

②系统布置

软弱围岩中锚杆起加固作用时，沿隧道周边有规则地进行布置。系统锚杆一般呈梅花形布置，纵、横间距为 0.6～1.5 m，其密度约为 0.6～3.6 根/m^2。

③其他布置

坑道开挖中的临时支护，如顶部布置成与水平成 10°～30°夹角的超前锚杆；与拱部或掌子面成直角的垂直锚杆；加固拱脚的斜向锚杆等等。

3. 钢支撑

对于自稳时间很短的Ⅰ、Ⅱ类围岩隧道，或浅埋偏压隧道，当早期围岩压力增长快，需要提高初期支护的强度和刚度时，或隧道处于粉细砂、砂卵石、土夹石地层、大面积淋水地段以及为了抑制围岩过大的变形，需要增强支护抗力时，可采用钢架喷射混凝土作为初期支护。

钢支撑的最大特点是：架设后立即受力，且强度和刚度均较大，可承受开挖时引起的松动压力。钢架可分为型钢钢架和格栅网构钢架两种类型。

(1)型钢钢架

工程上采用的型钢钢架有：工字形钢、H 形钢、槽钢、U 形钢、钢管及钢轨等材料。但是这类钢架较重，架设困难，特别是采用全断面法开挖时，拱部难以架设，且在工地也不便于加工制作。另外，钢架与喷射混凝土结合不良，粘结力较小，与围岩的接触面上因难以保证喷射混凝土充填密实，而影响其整体性。故目前现场只有十分必要时才使用。

(2)格栅网构钢架

由于型钢钢架存在上述缺陷，目前广泛使用格栅网构钢架，我国早期现场又称为“花拱”，其特点为：

①质量轻，加工制作容易，架设方便，省工省料；

②与喷射混凝土结合良好，能形成整体钢筋混凝土结构；

③易与锚杆、超前小导管形成整体(可以从网构中穿过，不影响其强度)。

格栅网构钢架的结构型式有两种：一种为图 22—73 所示，该结构型式曾在我国大秦铁路西坪隧道及北京地铁西单车站施工横通道中采用。模型试验及现场量测分析表明，它的结构合理，受力良好，并有一定的强度储备。

另一种为图 22—74 所示，它曾在大秦铁路军都山隧道，北京地铁复兴门至西单区间隧道及其他隧道中应用，具有受力后能与围岩共同工作，各向刚度及稳定性良好等特点。

钢架的纵向间距应根据所支护的围岩而定，一般为 0.75～1.2 m，两榀钢架之间设置直径为 20～22 mm的纵向钢拉杆。

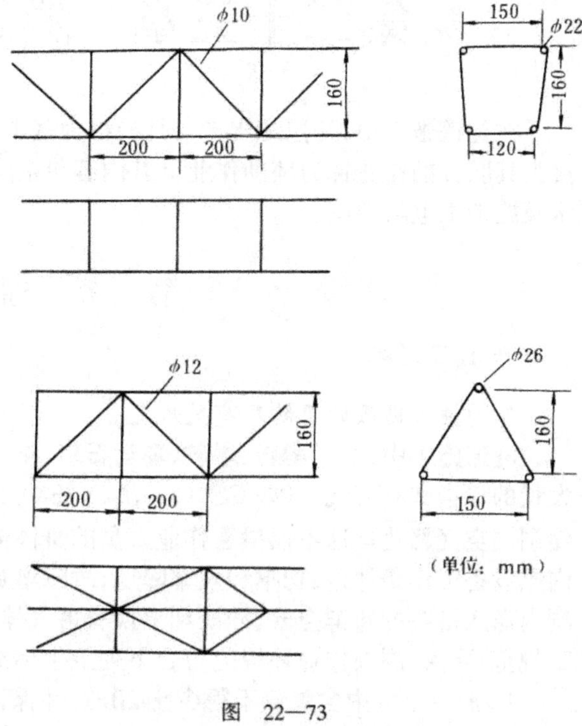

图 22—73

(二)二次衬砌

在新奥法中，二次衬砌目前一般是采用模筑混凝土衬砌。其作用有：

1. 与初期支护（如喷混凝土，锚杆，金属网等）组成统一的承载结构来共同承载。由于二次衬砌多数是在变形趋于基本稳定之后才修筑的，因此一般情况下认为是不承载的。但在软弱围岩中，岩石流变所引起的延滞变形经历的时间较长，二次衬砌后仍有一定的变形量，再加上锚杆的腐蚀失效和地下涌水所造成的围岩物理力学性能的降低而使二次衬砌承载。

2. 作为安全储备。在初期支护作用下，即使围岩已经稳定，但在一定条件下，如水的渗入、震动、锚杆失效……等，会使围岩强度降低，因此，随着时间的增长，荷载可能会增大。没有强度储备，就会降低整个支护体系的安全度。

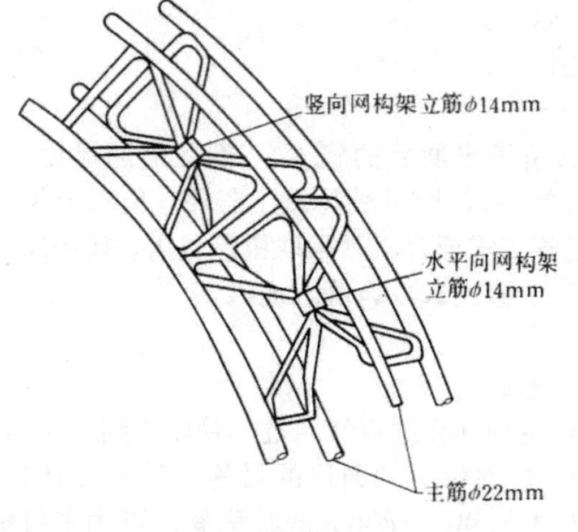

图 22—74

3. 作为隧道的装饰结构，并增加安全感，以及隧道内壁面光滑平顺可减小其粗糙度，从而降低通风阻力，或过水阻力（有压输水隧洞）。

从复合式衬砌的整体受力来看，初期支护和二次衬砌是两个互为影响的变数，如初期支护做得牢靠，二次衬砌的受力就会减小，其衬砌厚度可减薄；相反，如初期支护较柔弱，二次衬砌所受的力就会增大，二次衬砌必须加强。为此，支护结构要达到限制围岩的变形以保证隧道结构物的使用空间及其稳定性。初期支护和二次衬砌之间有着各种组合形式，而问题是如何来组合才能达到最佳的经济效益，这是需要研究的课题。

至于二次衬砌所需厚度的确定，如作为安全储备，则不需进行力学计算，一般采用 25～30 cm；如作为一个承载结构应采用力学方法计算，目前采用的方法有：有限元数值分析法；二次衬砌荷载反分析法；信息控制法及结构矩阵分析法等。

第二十三章　隧道施工辅助作业

在隧道施工中，开挖和支护(衬砌)称为基本作业。为基本作业提供必要的施工条件，并直接为其服务的作业称为辅助作业。其内容包括施工通风与防尘；压缩空气供应，施工供水与排水及施工供电与照明。

第一节　通风与防尘

一、施工通风

(一)施工通风的目的及有关规定

隧道施工中，由于凿岩、爆破、装运石碴、喷射混凝土等作业及内燃动力设备进洞，而产生大量的粉尘和有害气体(如 CO、CO_2、NO_2、SiO_2、H_2S 等)，含煤地层的隧道还有瓦斯(CH_4)，致使洞内空气恶化。这不仅损害作业人员的身体健康，降低工作效率，而且因洞内缺氧，而导致内燃设备工作条件差，功率和效率降低，故障增加，废气排放量增多。通风的目的是不断地向洞内送入足够的新鲜空气，冲淡和更换有害气体，降低粉尘浓度和洞内温度。按《铁路隧道施工规范》要求，洞内作业环境应符合下列卫生标准：

1. 洞内空气中含氧量不得少于 20%，并保证洞内施工人员每人有3 m^3/min的新鲜空气。如洞内采用内燃机械作业时，1 kW供风量不宜小于3 m^3/min。

2. 粉尘最高容许浓度1 m^3空气中含有 10%以上游离二氧化硅的粉尘为2 mg。

3. 有害气体最高容许浓度为：一氧化碳最高容许浓度为30 mg/m^3。在特殊情况下，施工人员必须进入工作面时，浓度可为100 mg/m^3，但工作时间不得超过30 min；二氧化碳按体积计不得大于 0.5%；氮氧化物(换算成 NO_2)为5 mg/m^3以下。

4. 洞内气温不得超过28 ℃；噪声不得大于90 dB。

(二)通风方式

隧道长度不足300 m或离洞口100 m范围地段或坑道贯通后的施工，一般无需通风设备，而依靠洞内外温差(或高差)产生的空气对流形成自然通风，即可满足施工需要。但对于长隧道离洞口100 m以远的施工，依靠自然通风不能满足施工需要时必须采取机械通风。按照风道类型、通风机安装位置的不同，机械通风可分为风管式、巷道式及风墙式通风。

1. 风管式通风

此种通风形式的风流经由管道输送，可分为三种形式。

(1)压入式通风，如图 23—1(*a*)所示。开动风机将洞外新鲜空气通过风管压送到工作面，而工作面的污浊空气沿巷道排出洞外，形成人为的空气对流达到通风的目的。对于长 100～400 m的独头巷道，一般一台风机即可满足要求。对于长 400～800 m的独头巷道可用多机串联供风。

(2)抽出式通风，如图 23—1(*b*)所示。开动风机，将工作面的污浊空气经风管排出洞外，此时工作面处于低压状态，而洞外新鲜空气必然流向洞内，形成空气对流，达到通风的目的。

这种通风方式的特点是：巷道内空气新鲜而工作面附近空气污浊；风机离工作面距离近

(10 m左右)爆破时易被石块砸坏。这种方式适用于长度在400 m以内的独头巷道,但一般不单独作用,常与压入式风机配合组成混合式通风。

(3)混合式通风,如图 23—1(*c*)所示。它布置两条风管,一条为压入式风管向工作面压送新鲜空气,另一条为抽出式风管,将污浊空气抽出洞外。

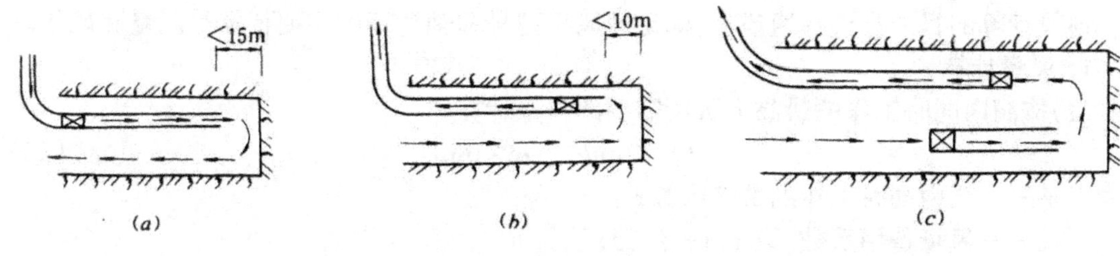

图 23—1

这种通风方式的特点是:整个坑道及工作面的空气新鲜、明亮,是施工现场常用的通风方式,可适用于长度 800～1 500 m左右的独头巷道。

为了提高混合式通风效果,必须注意如下几个问题:

①压入和抽出两台风机必须同时开动;

②抽出风机的能力应大于压入风机能力的 20%～30%;

③抽出风机和压入风机的位置布置最小要错开30 m,以免在洞内形成风流短路;

④压入风机的风管端部与工作面间的距离应在风流有效射程之内,一般为 15～20 m。

风管式通风设备简单,灵活方便,易于拆装,但管道断面小,随着管道的加长,通风阻力也随之增大,而且由于接头处漏风,往往降低通风效果。

2. 巷道式通风

设有平行导坑为辅助坑道的长隧道,可布置成巷道式通风。它是由主风流循环系统和局部风流循环系统相互配合而达到通风目的,如图 23—2 所示。

(1)主风流循环系统。利用平行导坑与主隧道的横向联络通道,作为风道,在平行导坑口部侧面的风道口处设置主风扇,通风时把平行导坑口部设置的两道挡风门关闭。当主风扇向外抽风时,平行导坑内空气产生负压,正洞外面新鲜空气即向洞内补充,污浊空气经由最前端横通道进入平行导坑再经施工通风道排出洞外,从而形成以坑道为通风道的主风流循环系统,凡处于主风流范围内的污浊空气很快被排出洞外。

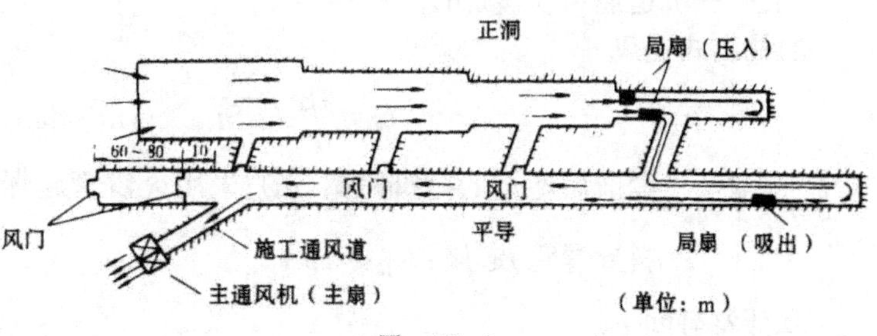

图 23—2

挡风门是巷道式通风的关键之一,为此必须做到:

①平行导坑口设置两道风门,其间距为 1.2～1.5 倍出碴列车长度,一般为 60～80 m。设置两道风门的目的是,保证当列车通过平行导坑口时,始终有一道风门处于关闭状态,而不出现风流短路。

②不作运输的横通道应及时关闭,以减少风流损失。

③设置的挡风门应顺风关,逆风开,要做到严密不漏风,应派专人看守和维修。

(2)局部风流循环系统。正洞及平行导坑开挖作业区,必须配置风扇,形成局部风流循环系统，如在图 23—2 中，正洞开挖作业区布置一台压入式风机，压入新鲜空气，工作面处的污浊气体即随主风流系统经横通道、平行导坑排出洞外。为了平行导坑开挖作业区通风，可布置成以抽出式风机为主、压入式风机为辅的混合式通风。主风流中部分新鲜空气由压入式风机压送到平行导坑工作面，而污浊气体由抽出式风机抽至平行导坑中排出洞外。

(三)通风计算

通风计算的目的是选择通风机，确定通风机型号和轴功率的主要依据是风量和风压。

1. 风量计算

(1)按洞内同时工作的最高人数所需要的风量计算

$$Q = 3\,mk \quad (\mathrm{m^3/min}) \tag{23—1}$$

式中 m——洞内同时工作的最多人数；

k——风量备用系数，取 1.1～1.25；

3——每人每分钟所需新鲜空气量($\mathrm{m^3}$/人·min))。

(2)按冲淡洞内同时爆破采用的最多炸药量所产生的有害气体需要的风量计算

①巷道式通风

$$Q = 500\,A/t \quad (\mathrm{m^3/min}) \tag{23—2}$$

式中 A——洞内同时爆破的最多炸药量(kg)；

t——通风时间(min)。

②管道式通风

1)压入式通风

$$Q = \frac{7.8}{t}\sqrt[3]{AS^2L^2} \quad (\mathrm{m^3/min}) \tag{23—3}$$

式中 t——爆破后通风时间(min)；

A——工作面同时爆破最多炸药用量(kg)；

S——坑道开挖断面面积($\mathrm{m^2}$)；

L——坑道通风长度(m)。

2)抽出式通风

$$Q = \frac{18}{t}\sqrt{ASL_{抛}} \quad (\mathrm{m^3/min}) \tag{23—4}$$

式中 $L_{抛}$——爆破后炮烟的抛掷距离(m)；采用火雷管起爆：$L_{抛} = 15 + A$；采用电雷管(或塑料导爆管)起爆：$L_{抛} = 15 + \dfrac{A}{5}$。

其他符号同上。

3)混合式通风

采用混合式通风，要求抽出风机能力大于压入风机能力，即 $Q_{抽} > Q_{压}$。所以只计算 $Q_{压}$ 即可。$Q_{压}$ 按式(23—3)计算，但式中 L 改为 $L_{入口}$(抽出风机到工作面的距离)。

(3)按冲淡内燃机产生的有害气体所需风量计算

$$Q = Q_0 N \quad (\mathrm{m^3/min}) \tag{23—5}$$

式中 Q_0——单位功率所需风量指标，建议采用 3.8～4.0($\mathrm{m^3/(min \cdot kW)}$)；

N——各种内燃机械设备按使用时间比例的总功率，其值为：

$$N = N_1K_1 + N_2K_2 + N_3K_3 + \cdots \quad (\mathrm{kW})$$

其中 N_1、N_2、N_3——各种柴油机械额定功率(kW)，

K_1、K_2、K_3——时间系数，即各类内燃机设备每1 h工作时间的百分率。

(4)按最小风速验算风量

$$Q \geqslant V_{min} \cdot S_{max} \quad (m^3/min) \tag{23—6}$$

式中 V_{min}——保证洞内稳定风流之最小风速，全断面开挖时为0.15 m/s，导坑开挖时为0.25 m/s；

S_{mas}——开挖最大断面积(m^2)。

按上述四种情况计算后，取其中最大者为计算风量。要求通风机提供的风量为

$$Q_{供} = PQ \quad (m^3/s) \tag{23—7}$$

式中 Q——计算所需风量；

P——管道漏风系数。

P 值与风管直径、长度、接头质量、风压、风管材料等因素有关，是个大于 1 的系数，可在有关设计手册中查用。如采用胶质风管时，P 值可参考表 23—1。

2. 风压计算

胶质风管的 P 值 表 23—1

风管长度(m)	50	100	150	200	250	300	400	500
P 值	1.04	1.08	1.11	1.14	1.16	1.19	1.25	1.30

为保证将所需风量送到工作面，并在出风口处保持一定的风速，则要求通风机的风压足以克服沿途所有的阻力。

通风机应具备的风压为

$$h_{机} \geqslant \sum h_{摩} + \sum h_{局} + \sum h_{正} \tag{23—8}$$

式中 $h_{摩}$——沿程摩擦阻力，按下式计算：

$$h_{摩} = 9.8\alpha \frac{LUP}{S^3} Q^2 \quad (Pa) \tag{23—9}$$

其中 α——风道摩擦阻力系数，管道式通风时，金属风管 α 取$(3\sim5)\times10^{-4}$，浸胶风管 α 取$(2.5\sim3.5)\times10^{-4}$，巷道式通风时，根据巷道特征，从有关设计手册查得，

L——风管长度(m)，

U——风管周边长度(m)，

P——风管漏风系数，巷道 $P=1.2\sim1.3$，管道 P 值查有关设计手册，

S——风道断面积(m^2)，

Q——计算风量(m^3/s)；

$h_{局}$——沿程局部阻力，包括风道转弯和断面变化所产生的阻力，按下式计算：

$$h_{局} = 9.8\xi \frac{PQ^2}{2gS^2} \quad (Pa) \tag{23—10}$$

其中 ξ——局部阻力系数，从有关设计手册中查取，

g——重力加速度；

$h_{正}$——风流遇到的正面阻力，只有在计算巷道式通风时才需考虑，按下式计算：

$$h_{正} = 0.6\varphi \frac{S_m PQ^2}{(S - S_m)^3} \quad (Pa) \tag{23—11}$$

其中 φ——正面阻力系数，当一列车走行时 $\varphi=1.15$，当一列车或一辆斗车停放时 $\varphi=0.5$，如两列车(或斗车)停放，间距超过1.0 m时，则逐一相加，

S_m——阻塞物断面积(m^2)。

上述计算中未考虑高原地区海拔高度对风压的影响,当隧道位于高原地区应加大风量和风压。

(四)通风机的选择

根据所算得的风量 $Q_{供}$ 及风压 $h_{机}$,从通风机技术性能表或通风机"特性曲线"图中选取合适的通风机型号。

通风机有轴流式和离心式两种,在隧道施工通风中主要使用轴流式通风机。它具有风量大、效率高、结构紧凑、重量轻等优点。

对于风管式通风,当管道较长,需要较高风压时,可采用数台通风机进行串联。对于巷道式通风,当需要较大风量时,可将数台通风机并联使用。通风机应有备用数量,一般为计算能力的 50% 。

(五)通风管理

隧道施工通风要取得良好的效果,除合理选择通风设备外,还必须加强通风管理,并要求做到以下几点:

1. 对通风系统应有全面规划和合理布局,使各种形式的"循环风"覆盖到各个工作面,以实现通风换气。要绘出详细的通风布置图,图中标明通风洞尺寸以及它与平行导坑的连接方式;主扇的型号和台数;局扇的型号及设置方法;各种材质风管的分布及安设三通的位置;风门的位置及开启方向;用箭头标明风流的循环路线等。

2. 管路安设要顺直、严密、布置要合理。

3. 在各个施工环节中应做到不破坏通风系统的正常工作条件。

4. 加强管理,注意通风设备的安装与维修。

二、防　　尘

在隧道施工中,凿岩、装碴、喷射混凝土等作业都有粉尘产生,对人体危害最大的是粒径小于10 μm的粉尘,它在空气中长期浮游,最易吸入人体内。为了使坑道内的含尘量降低到2 mg/m^{3}以下,必须采取综合防尘措施,归纳起来有如下几个方面:

1. 采用湿式凿岩,用高压水冲洗孔眼使岩粉变成浆液流出。

2. 使用机械通风也是降低洞内粉尘浓度的重要手段。在主要作业(钻眼、装碴等)时间内,应始终开动风机保持通风。

3. 喷雾洒水不仅可以清除爆破、出碴所产生的粉尘,而且可溶解少量有害气体,并能降低坑道温度,使空气变得明净清爽。常用的喷雾器有人字型、W 型和鸭嘴型,它们的构造都很简单,目前已能生产出自动喷雾器(即自动打开、自动关闭)。

4. 工作面作业人员在装碴前要先行喷雾洒水,冲洗工作面附近的岩壁,以防止粉尘扬起。

5. 工作人员应带防尘口罩,防止粉尘吸入体内,这也是有效防尘方法之一。

此外,喷射混凝土采用半湿式或湿式喷射作业,可减少或消除混合料在拌合、运送及喷射时所产生的粉尘。

第二节　压缩空气供应

隧道施工中开挖、支护和衬砌三条主要作业线所采用的机械(具)设备,应向电气化、液压化、自动化方向发展。但在现阶段,除少数长大隧道外,大部分隧道施工时仍采用以压缩空气为动力的风动机械(具)设备。

压缩空气俗称高压气,即经空气压缩机压缩后的具有一定压力的空气。要保证风动机械

(具)设备正常运转,压缩空气必须具有足够的风量和风压。

一、供风量的计算

空气压缩机(称空压机或压风机)站应提供能满足各种风动机械(具)设备正常运转及输送损耗所需要的风量。供风量的大小可根据下式计算:

$$Q_{供} = \sum nq_1 k_1 c + La \quad (m^3/min) \tag{23—12}$$

各种机械(具)同时工作系数值 表 23—2

机械(具)类型	同时使用台数	同时工作系数
锻钎机	1~2	1~0.75
装碴机	1~2　3~4	1~0.75　0.7~0.6
槽式列车	1~2　3~4	1~0.7　0.65~0.55
压浆机	1~2　3~4	1~0.75　0.7~0.55
喷射混凝土机	1~2	1~0.75
风动输送混凝土泵	1~2	1~0.6

式中　n——同时使用的各种风动机械(具)的台数;

q_1——每台风动机械(具)的耗风量,可查阅有关机械手册(m^3/min);

k_1——因机械磨损而使用风量增大的系数,取 $k_1 = 1.2 \sim 1.3$;

c——同时工作系数,见表 23—2 及表 23—3;

L——高压风输送管路的理论长度,即实际铺设的管路长度与配件折算的管路长度之和(配件折算成管路长度查有关机械手册)(km);

a——每1 km高压风管在单位时间内的漏风量,取 $a = 1.5 \sim 2.0 m^3/(km \cdot min)$。

风镐和凿岩机同时工作系数 表 23—3

使用台数	2	3	4	5	6	7	8	9	10	15	20	30
同时工作系数	0.9	0.9	0.8	0.8	0.8	0.77	0.75	0.7	0.7	0.6	0.58	0.5

二、空压机站

空压机站主要由空压机、配电设备、储风缸(俗称风包,用于均衡风压及排泄高压风中的油和水)、送风管及其配件、循环水池(用于冷却空压机)等组成。

空压机按动力来源可分为电动和内燃两种。短隧道可采用移动式内燃空压机,长隧道可采用固定式大型电动空压机。

空压机所配置的台数应按下式计算确定:

$$N = \frac{Q_{供}}{q_2 u} k_2 k_3 \quad (台) \tag{23—13}$$

式中　$Q_{供}$——计算供风量,按式(23—12)计算;

q_2——一台空压机生产的能力;

u——海拔高度对空压机生产能力影响的折减系数,见表 23—4;

海拔高度影响折减系数 表 23—4

海拔高度(m)	u 值	海拔高度(m)	u 值	海拔高度(m)	u 值	海拔高度(m)	u 值
0	1.0	800	0.91	1 600	0.82	2 400	0.74
200	0.98	1 000	0.88	1 800	0.80	2 600	0.72
400	0.95	1 200	0.86	2 000	0.78	2 800	0.70
600	0.93	1 400	0.84	2 200	0.76	3 000	0.69

k_2——空压机磨损引起效率降低的修正系数,取 $k_2 = 1.05 \sim 1.10$;

k_3——备用系数，取 $k_3=1.3\sim1.5$。

空压机站一般应靠近洞口，与铺设的高压风管路同侧，并注意防洪、防火、防爆破，机房要求地形宽敞，通风良好，地基坚固。空压机组采用并列式布置，两空压机之间的净距不小于1.5 m，此外，还应考虑空压机出入、调换、加油、加水等方便。

三、高压风管管径的选择

高压风管管径应根据可能出现的最大风量和容许的最大风压损失来确定。使之满足：能通过计算的最大供风量；送风管末端的风压不小于0.6 MPa，以保证高压风通过胶管到达风动机械(具)后仍能保持0.5 MPa的风压，即风压损失 $\Delta P=0.1$ MPa。

高压风管管径选择可按下列步骤进行：

1. 计算出送风管路最大的理论长度；
2. 根据最大供风量及送风管管路最大的理论长度，由表23—5查得风管直径；
3. 根据查得的风管直径及最大供风量，查表23—6得出。风压损失 ΔP 值，当 $\Delta P\leqslant$ 0.1 MPa时，则查得的风管直径即可使用，否则必须将风管直径加大一级，并按上述步骤重新选取，直至满足要求为止。

容许通过风量与管径、管长关系　　表23—5

容许通过风量 $Q_{标}$(m³/min) ＼ 管长 L(m) 风管内径 d(mm)	100	200	400	600	800	1 000	1 250	1 500	2 000	3 000	5 000
50	16	11	8	6	5						
70	46	33	23	19	16	15					
100	98	70	50	40	35	31	28	25	22	18	14
125	177	125	89	72	68	56	50	47	40	32	25
150	289	205	145	119	102	92	83	75	65	53	41
200		436	309	252	218	196	174	160	138	113	87
250						348	315	284	245	202	158
300									401	325	303

注：本表系按送风钢管始端风压为0.7 MPa，钢管末端风压为0.6 MPa，即风压通过管路的损失为0.1 MPa计算。

风　压　损　失　　表23—6

风压损失 ΔP(MPa) ＼ 风管内径 d(mm) 最大供风量 Q(m³/min)	50	75	100	125	150	200	250	300
10	0.416	0.047						
20	1.653	0.188						
30		0.422	0.092					
40		0.751	0.155	0.051				
50		1.175	0.257	0.08				
60			0.37	0.114	0.043			
70			0.504	0.155	0.059			
80			0.658	0.203	0.076	0.017		
90			0.833	0.257	0.097	0.021		

续上表

风压损失 ΔP (MPa) 风管内径 d(mm) 最大供风量 $Q(m^3/min)$	50	75	100	125	150	200	250	300
100			1.025	0.317	0.12	0.026	0.008	
110				0.383	0.144	0.032	0.010	
120				0.456	0.172	0.038	0.012	
130				0.536	0.202	0.044	0.014	
140					0.234	0.052	0.016	
150					0.269	0.059	0.019	0.007
160					0.305	0.067	0.021	0.008
170						0.076	0.024	0.009
180						0.085	0.027	0.01
190						0.095	0.030	0.011
200						0.105	0.033	0.013

注:本表系按送风管始端风压0.7 MPa,送风管长度(含配件当量长度)为1 000 m计算而得。

四、高压风管管路铺设要求

1. 管路铺设时应做到平、顺、直,接头严密,架设牢固,使之尽量减少风压损失。

2. 有平行导坑的隧道,主风管路一般布置在平行导坑内横通道对面一侧,支管路从轨道下方穿过进横通道到正洞。

3. 独头巷道的隧道,风管应位于水沟异侧。

4. 有计划地安装洞内支管路及闸阀,做到既满足各工点施工需要,又应尽量减少管路配件数量。

5. 主风管路设在距工作面 30～40 m处,其末端配有分风器用的 ϕ50～ϕ75 mm高压胶管。风枪用的高压胶管一般为 ϕ 19 mm,其长度不超过10 m。

6. 严寒地区的洞外管路应采取防冻措施。

第三节　供水与排水

一、施工供水

隧道施工中由于凿岩、防尘、喷射混凝土、灌筑混凝土衬砌、混凝土养护及空压机冷却等需要大量用水。另外,施工人员生活(饮水及洗澡)也要用水,因此要有供水设施。

(一)水质要求

凡无臭味,不含有害矿物质的洁净天然水都可以作施工用水,但仍应做水质试验分析。对拌制混凝土的用水,要求硫酸盐含量不大于1 500 mg/L,氢离子含量(pH 值)不少于 4,且无油、糖、酸等杂质。作为防尘用水,要求大肠菌指数每升水中不超过三个。生活用水要求新鲜清洁。

(二)用水量估算

用水量与隧道工程的规模、施工进度、施工人员数量、机械化程度等条件有关,变化幅度较大,一般可参照表 23—7 来估算1 d的用水量,再加一定的储备量。

(三)供水方式

供水方式主要根据水源情况而定。在选择水源时，应根据当地季节变化，要求有充足的水量，保证不间断供水。通常应尽量利用自流水源，以减少抽水机械设备。工程中具体做法一般是把山上流水或泉水，河水或地下水(打井)用抽水机扬升到山顶的蓄水池中，然后利用地形高差形成水压，通过管路送达使用地点。蓄水池形式一般为开口式，其构造见图 23—3。水池容量根据最大计算用水量、水源及抽水机等情况而定。为防止抽水机发生故障或偶尔停电，还应考虑备用水量。根据经验可按1 d用水量的1/2～2/3来修建。

1 天的用水量　　表 23—7

用水项目	单　位	耗水量	说　明
风枪用水	t/(h·支)	0.2	
喷雾用水	t/(min·台)	0.03	每次放炮后喷雾30 min
衬砌用水	t/h	1.5	包括混凝土养护及洗石用水
机械用水	t/(台·d)	5.0	循环冷却用水
浴池用水	t/次	15.0	
生活用水	t/(人·d)	0.02	

蓄水池位置应选择在基底坚固的山坡上，避开隧道洞顶，以防水池下沉开裂后漏水渗入隧道，造成山体滑动或洞内坍方。

水从水池出水口到达隧道开挖面，其水压应不小于0.3 MPa，所以水池与隧道贯通开挖面间应有一定的高差值，即

$$H \geqslant 1.2(30 + h_{损}) \quad (\mathrm{m}) \qquad (23—14)$$

式中　1.2——水压储备系数；

$h_{损}$——管路的全部水头损失，其值为

$$h_{损} = \sum h_{摩} + \sum h_{局}$$

其中　$h_{摩}$——管路摩擦损失，

$h_{局}$——管路局部损失。

图　23—3

管路水头损失的计算可查阅有关手册。

供水管道，主管直径一般为 75～150 mm，支管直径为50 mm。管路铺设时应保证质量，确保不漏水，严寒地区应有防冻措施。

二、洞内排水

隧道施工中应将洞内工程废水及地下水及时排出洞外，以防坑道浸水影响施工和淹没工作面。洞内排水方式按开挖方向及线路坡度情况分为两种。

(一)上坡进洞施工的排水方式

一般只需随着隧道的延伸，在一侧(或两侧)开挖排水沟，使水顺坡自然排出洞外。

设有平行导坑的隧道，可将正洞的水通过横通道引入平行导坑排出洞外。

(二)下坡进洞施工的排水方式

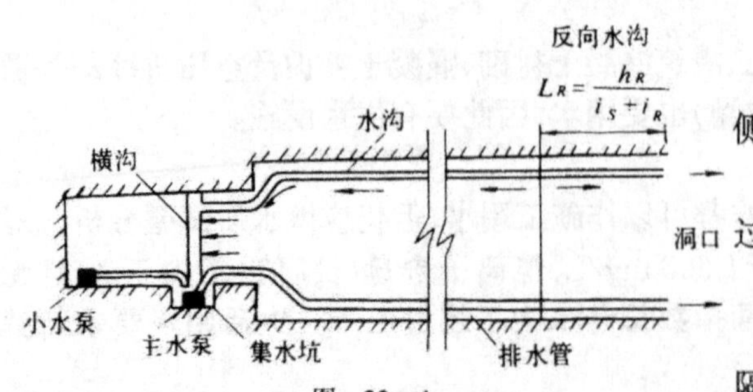

图　23—4

采用抽水机排水，如图 23—4 所示。即间隔一定距离开挖集水坑，开挖面的积水用小水泵抽到最近的集水坑内，再用大抽水机抽出，经排水管路排出洞外。此时，应配备有足够的排水备用设施。注意防止突然遇到地下水囊、暗河等，淹没坑道。必要时应在坑道中钻设探测水眼。

第四节　供电与照明

隧道施工中,电动机械及照明都需要用电。因此,保证洞内供电非常重要。

一、供电线路

隧道供电电压一般是三相四线400/230 V,动力机械电压标准是380 V,成洞地段照明用220 V,工作地段照明用24～36 V。

对于长隧道考虑到低压输电因线路过长而使末端电压降得太多,故用6～10 kV高压电缆进洞,然后在洞内适当地点设变电站,将高压电流变为400/380 V,再送至工作地点,洞内220 V照明线均应使用防潮绝缘导线,并架设在离地面2.2 m以上高的瓷瓶上。高压电缆的架设高度应高出地面3.5 m。

二、施工照明

隧道施工采用电灯照明,照明光线要充足均匀。以往施工照明采用白炽灯,它既费电,亮度又差,且易造成事故。近年来已开始采用高压钠灯、低压卤钨灯、钠铊铟灯,镝灯等新光源。

1. 高压钠灯

此种灯的发光效率为80～120 lm/W,透雾性能好,没有眩光。尽管洞内放炮后烟雾弥漫,但灯下物体仍清晰可见,此灯能经受爆破冲击波的震动,诱虫少,使用寿命长(达2 000～5 000 h),是洞内施工较理想的照明光源。

2. 低压卤钨灯

这种灯的发光效率为20～30 lm/W,通常使用的有两种,一种为36 V300 W或36 V500 W卤钨灯,寿命大于600 h,亮度为白炽灯的两倍,另一种是36 V500 W溴钨灯,使用寿命大于500 h,亮度为白炽灯的三倍,适用于作业面照明。

3. 钠铊铟灯

它是一种新型气体放电灯,发光效率为60～80 lm/W,光色好,适用于大面积照明,灯的使用寿命为1 000～2 000 h。但在洞内使用时透烟雾性能差,悬挂高度在15 m以下时有眩光。

4. 镝　灯

镝灯是一种高强度气体放电灯,发光效率在70 lm/W以上。显色性能好,光色洁白,清晰宜人,灯的使用寿命大于500 h,适用于洞外场地照明。